中财传媒版 2021 年注册会计师全国统一考试辅导系列丛书 · 注定会赢

审计重难点点拨及通关训练

注册会计师考试编写组　编

中国财经出版传媒集团
中国财政经济出版社

图书在版编目（CIP）数据

审计重难点点拨及通关训练/注册会计师考试编写组编．--北京：中国财政经济出版社，2021.3

（中财传媒版2021年注册会计师全国统一考试辅导系列丛书．注定会赢）

ISBN 978－7－5223－0349－9

Ⅰ.①审…　Ⅱ.①注…　Ⅲ.①审计－资格考试－自学参考资料　Ⅳ.①F239

中国版本图书馆CIP数据核字（2021）第011673号

责任编辑：黄双蓉　　责任校对：胡永立

封面设计：王　颖　　责任印制：党　辉

审计重难点点拨及通关训练

SHENJI ZHONGNANDIAN DIANBO JI TONGGUAN XUNLIAN

中国财政经济出版社 出版

URL：http：//www.cfeph.cn

E－mail：cfeph@cfeph.cn

社址：北京市海淀区阜成路甲28号　邮政编码：100142

营销中心电话：010－88191522

天猫网店：中国财政经济出版社旗舰店

网址：https：//zgczjjcbs.tmall.com

北京鑫海金澳胶印有限公司印刷　各地新华书店经销

成品尺寸：185mm×260mm　16开　35.5印张　897 000字

2021年3月第1版　2021年3月北京第1次印刷

定价：96.00元

ISBN 978－7－5223－0349－9

（图书出现印装问题，本社负责调换，电话：010－88190548）

本社图书质量投诉电话：010－88190744

打击盗版举报热线：010－88191661　QQ：2242791300

前 言

中国注册会计师制度恢复重建至今已经走过41个春秋，41年风雨历程见证了注册会计师事业的辉煌，而注册会计师考试是其很重要的组成部分。注册会计师考试编写组通过对教材的详细阅读与专门研究，对教材中的知识点进行了深度的梳理与分析。在本系列丛书中，我们将教会考生如何备考、如何抓住重难点以及如何理解以前年度真题。通过对本系列丛书的学习，考生可以更加深入地了解历年考试的重点，更好地把握2021年教材的新变化。书中还附有相应的练习题，帮助考生巩固所学知识、顺利通过考试。

注册会计师考试科目多、章节内容广、知识点庞杂，考生常常反映考试难度大，甚至有的考生在备考过程中就选择了放弃。其实，考生如果能够把握正确的复习方法和应试技巧，顺利通过考试并没有想象中那么困难。复习时，首先应当按考试大纲规定的范围和相应的辅导教材进行全面、系统的学习；其次抓住重点章节和重点内容强化知识储备；最后有针对性地多做练习，以掌握答题思路和技巧，并加深对重点难点的理解和把握，方法得当，教辅应手，往往事半功倍！

注册会计师考试编写组以注册会计师考试教材为起点，认真剖析知识点与考试的关系，精准把握考试定位，方便考生理解和记忆，书中主要包含以下三个部分：

第一部分为重难点点拨及通关训练。其中每章又包括五个子部分：

第一个子部分是每章2021年教材内容主要变化。这一部分主要是解读新教材的变化，帮助考生了解今年教材与以往的不同之处，把握教材新动向。

第二个子部分是每章近五年考情统计分析。这一部分主要是对每一章节近五年的考试分值分布与考点分布进行了统计，帮助考生了解重点所在，使考生复习时有的放矢。

第三个子部分是每章的重难点解析。这一部分是对教材知识点进行深度解析，为了考生使用方便，我们对每个重难点标有不同的星级，以此来对其重要程度进行区分，且重难点后设有包括真题的经典例题，以求更好地帮助考生把握重点难点。

第四个子部分是通关练习。这一部分旨在帮助考生巩固所学知识点，掌握答题的思路和技巧，加深对重点和难点的理解和把握。

第五个子部分是通关练习答案及解析。

第二部分是跨章节综合题演练，包括跨章节综合练习题和跨章节综合练习题答案及解析两个子部分。这部分以对历年考试真题的详尽分析为基础，全面、系统、综合地将跨章节的考点加以涵盖，有助于考生通过练习掌握知识链，提高应试的综合能力和水平。

第三部分是全真模拟试题及参考答案，包括两套模拟试题及其答案。通过本部分的演练，帮助考生熟悉题型，了解题量，争取最大的通过机会。

本系列丛书的撰写倾注了编写团队大量的心血和情感，团队成员经验丰富、熟悉专业、了解考生的需求。我们的最终目标就是希望能真正帮助考生攻克每一个难关，提高考生的应试能力，使考生能轻松通过考试，顺利拿下证书。

预祝各位考生取得好成绩！

目 录

第一部分 重难点点拨及通关训练

第二部分　跨章节综合题演练

第三部分　全真模拟试题及参考答案

目录

第一部分 重难点点拨及通关训练

第一章　审计概述

2021 年教材内容主要变化

本章主要变化知识：对“审计的目的”进行重新表述。

本章近五年考情统计分析

本章考题主要以客观题为主，但是针对个别的知识点（如认定等），常常结合审计实务（教材第三编内容），以主观题（综合题）的形式考查。

本章属于最重要的考试章节之一，最近五年平均考试分值一般在 8 分左右。

（一）近五年考试分值分布

题型	2016 年	2017 年	2018 年	2019 年	2020 年
单选题	2	5	5	3	4
多选题	2	4	8	4	2
简答题	—	—	—	—	—
综合题	—	—	—	—	—
合计	4	9	13	7	6

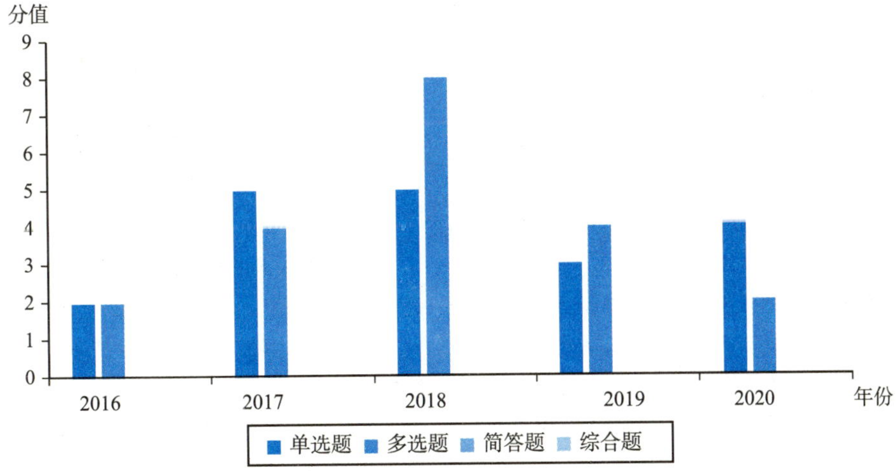

（二）近五年考试考点分布

高频考点内容	年度及题型分布
审计概念	2019 年单选、2018 年单选、2017 年单选
审计要素	2020 年单选、2019 年多选、2018 年单选、2018 年多选、2017 年单选、2017 年多选、2016 年单选、2016 年多选
职业怀疑与职业判断	2018 年单选、2018 年多选、2017 年单选、2017 年多选、2016 年单选
审计风险模型	2020 年单选、2018 年单选、2017 年单选
保证程度	2020 年多选、2019 年多选
审计基本要求	2018 年多选
审计固有限制	2020 年单选、2019 年单选、2018 年多选

重难点解析

本章内容属于审计原理的基础章节，主要阐述审计的概念、保证程度、注册会计师审计和政府审计、审计业务的三方关系人、审计证据、审计的总体目标、认定、具体审计目标、保持职业怀疑、合理运用职业判断、重大错报风险、检查风险、重大错报风险与检查风险的关系、审计的固有限制等。

【小贴士】本章内容的学习，需要结合后续有关章节内容。例如，有关认定、具体审计目标和重大错报风险应与教材第三编（各类交易和账户余额的审计）的有关内容结合学习。

重难点 1：审计的概念★★

（一）审计的定义

财务报表审计是指注册会计师对财务报表是否不存在重大错报提供合理保证，以积极方式提出意见，增强除管理层之外的预期使用者对财务报表信赖的程度。

（二）核心要点

1. 审计的用户（审计产品的提供对象）

审计的用户是财务报表的预期使用者，即审计可以用来有效满足财务报表预期使用者的需求。

【小贴士】审计的用户包括管理层，但是，如果审计用户只有管理层，则不能称其为审计。

2. 审计的目的（满足用户的需求）

审计的目的是改善财务报表的质量或内涵，增强除管理层之外的预期使用者对财务报表的信赖程度，即以合理保证的方式提高财务报表的可信度，而不涉及为如何利用信息提供建议。

【小贴士】审计不涉及为如何利用信息提供建议，否则有损独立性。

3. 保证程度（产品质量要求）

注册会计师应当提供合理保证，不能提供绝对保证。

【小贴士】绝对保证的保证程度为百分之百，由于受到审计程序、审计对象等的固有限制，作为形成审计意见基础的审计证据大多是说服性的而非结论性的，所以，只能做到合理保证。

4. 独立性和专业性（实现审计目的的基础）

审计的基础是独立性和专业性，通常由具备专业胜任能力和独立性的注册会计师来执行，注册会计师应当独立于被审计单位和预期使用者。

【小贴士】在审计三方关系中，注册会计师既要独立于委托人（包括管理层），又要独立于除管理层之外的预期使用者，也就是说，注册会计师始终处于中立地位。

5. 审计报告（审计的最终产品）

审计报告就是注册会计师把审计结果传递给有关财务报表使用者。

【小贴士】注册会计师审计的最终产品为审计报告，不是审计后的财务报告；注册会计师审计也不同于政府审计，政府审计项目结束后，项目组提交审计报告，派出机关要根据审计报告出具审计决定书，案情严重的还要出具案件移送书。

【经典例题】

【真题·单选题】（2020）下列有关财务报表审计的说法中，错误的是（ ）。

A. 财务报表审计的目的是发现所有由于错误或舞弊导致的重大错报

B. 财务报表审计能够提高财务报表的可信度

C. 财务报表审计能够提供高水平的保证

D. 财务报表审计的基础是独立性和专业性

【答案】A

【解析】审计的目的是改善财务报表的质量或内涵，增强除管理层之外的预期使用者对财务报表的信赖程度，即以合理保证的方式提高财务报表的可信度，而不涉及为如何利用信息提供建议。由于审计的固有限制，审计无法发现所有由于错误或舞弊导致的重大错报，故选项 A 错误。

【真题·单选题】（2018）下列有关财务报表审计的说法中，错误的是（ ）。

A. 财务报表审计的目的是改善财务报表的质量或内涵

B. 财务报表审计的基础是独立性和专业性

C. 财务报表审计可以有效满足财务报表预期使用者的需求

D. 财务报表审计提供的合理保证意味着注册会计师可以通过获取充分、适当的审计证据消除审计风险

【答案】D

【解析】选项 D 错误，由于审计的固有限制，注册会计师据以得出结论和形成审计意见的大多数审计证据是说服性的而非结论性的，因此，审计只能提供合理保证，不能提供绝对保证。消除审计风险意味着审计风险可以降为零，进而可以得出审计的保证程度为 100%，很显然是错误的。

【真题·单选题】（2020）下列有关审计报告预期使用者的说法中，错误的是（ ）。

A. 注册会计师可能无法识别所有的预期使用者

B. 预期使用者不包括被审计单位的管理层

C. 预期使用者可能不是审计业务的委托人

D. 预期使用者不包括执行审计业务的注册会计师

【答案】B

【解析】预期使用者是指预期使用审计报告和财务报表的组织或人员，包括被审计单位的管理层，故选项 B 错误。

重难点 2：保证程度★★★

（一）注册会计师的业务范围

注册会计师根据是否提供保证程度将其业务范围划分为两大部分，即鉴证业务与相关服务，具体如下图所示。

【小贴士】本教材主要讲述财务报表审计（前 19 章内容）和企业内部控制审计（第二十章），这两部分属于合理保证的鉴证业务；审阅业务属于有限保证的鉴证业务，在教材中不涉及，但是往往作为考试的范围；其他鉴证业务主要包括预测性财务信息审核等，从保证程度看可能是合理保证鉴证业务，也可能是有限保证鉴证的业务；相关服务是注册会计师提供的非鉴证业务，注册会计师提供非鉴证业务时无保证程度规范要求。

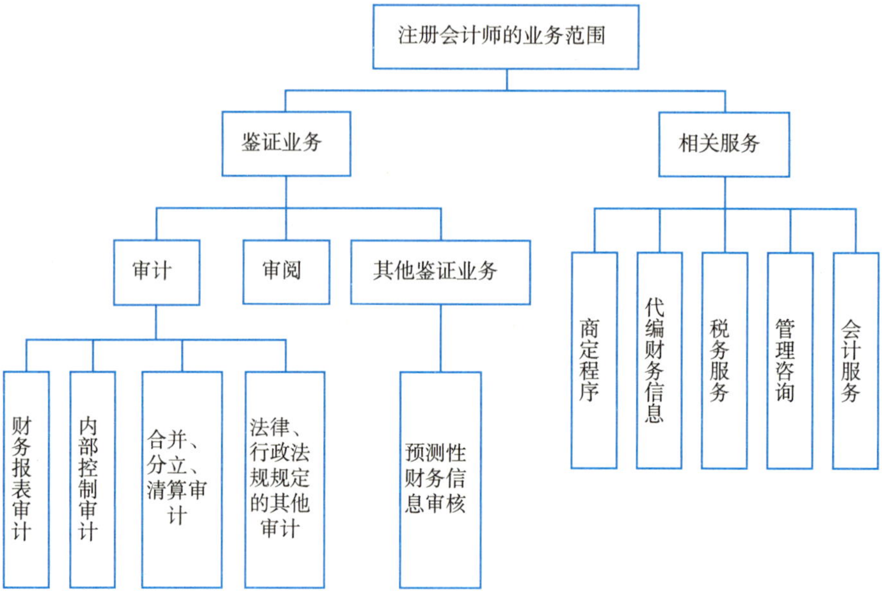

【经典例题】

【真题·多选题】（2019）下列不属于鉴证业务的有（　　）。

A. 财务报表审阅

B. 财务报表审计

C. 对财务信息执行商定程序

D. 代编财务信息

【答案】CD

【解析】鉴证业务包括审计、审阅和其他鉴证业务。相关服务包括税务代理、代编财务信息、对财务信息执行商定程序等。

【真题·多选题】（2018）下列有关鉴证业务保证程度的说法中，正确的有（　　）。

A. 审计提供合理保证，审阅和其他鉴证业务提供有限保证

B. 合理保证是高水平的保证，有限保证是中等水平的保证

C. 合理保证以积极方式得出结论，有限保证以消极方式得出结论

D. 合理保证所需证据数量较多，有限保证所需证据数量较少

【答案】CD

【解析】对于选项A，其他鉴证业务可能是合理保证的鉴证业务，也可能是有限保证的鉴证业务，故选项A错误；对于选项B，合理保证是高水平的保证，有限保证是低于高水平的保证，而并非中等水平的保证，故选项B错误。

（二）合理保证和有限保证

以财务报表审计和审阅为例，合理保证的鉴证业务和有限保证的鉴证业务的区别，如下表所示。

区别	合理保证（财务报表审计）	有限保证（财务报表审阅）
目标	在可接受的低审计风险下，以积极方式对财务报表整体发表审计意见，提供高水平的保证（即合理保证）	在可接受的审阅风险下，以消极方式对财务报表整体发表审阅意见，提供有意义水平的保证。该保证水平低于审计业务的保证水平
证据收集程序	通过一个不断修正的、系统化的执业过程，获取充分、适当的证据，证据收集程序包括检查记录或文件、检查有形资产、观察、询问、函证、重新计算、重新执行、分析程序等	通过一个不断修正的、系统化的执业过程，获取充分、适当的证据，证据收集程序受到有意识的限制，主要采用询问和分析程序获取证据

续表

区别	合理保证（财务报表审计）	有限保证（财务报表审阅）
所需证据数量	较多	较少
检查风险	较低	较高
财务报表的可信性	较高	较低
提出结论的方式	以积极方式提出结论。例如："我们认为，ABC 公司财务报表在所有重大方面按照企业会计准则的规定编制，公允反映了 ABC 公司 20×1 年 12 月 31 日的财务状况以及 20×1 年度的经营成果和现金流量"	以消极方式提出结论。例如："根据我们的审阅，我们没有注意到任何事项使我们相信，ABC 公司财务报表没有按照企业会计准则的规定编制，未能在所有重大方面公允反映被审阅单位的财务状况、经营成果和现金流量"

【经典例题】

【真题·单选题】（2017）下列有关财务报表审计和财务报表审阅的区别的说法中，错误的是（　　）。

A. 财务报表审计所需证据的数量多于财务报表审阅

B. 财务报表审计提出结论的方式与财务报表审阅不同

C. 财务报表审计采用的证据收集程序少于财务报表审阅

D. 财务报表审计提供的保证水平高于财务报表审阅

【答案】C

【解析】选项 C 错误，财务报表审计是合理保证业务，注册会计师需要合理运用检查、观察、询问、函证、重新计算、重新执行和分析程序等审计程序，而在财务报表审阅中，保证程度是有限保证，运用的审阅程序有限，主要采用询问和分析程序。

【真题·多选题】（2020）下列各项中，属于合理保证鉴证业务的有（　　）。

A. 财务报表审计业务

B. 内部控制审计业务

C. 审计和审阅以外的其他鉴证业务

D. 财务报表审阅业务

【答案】AB

【解析】选项 C，其他鉴证业务可能提供合理保证，也可能提供有限保证；选项 D，财务报表审阅业务提供的是有限保证。

重难点 3：注册会计师审计和政府审计★★

（一）我国审计监督体系

在审计分类体系中，按照主体分类是基本分类，可以将审计划分为政府审计（国家审计）、内部审计（部门、单位内部审计）和注册会计师审计（民间审计），三大主体既相互联系，又各司其职，职能与目标有所侧重，它们共同构成了我国审计监督体系，如下图所示。

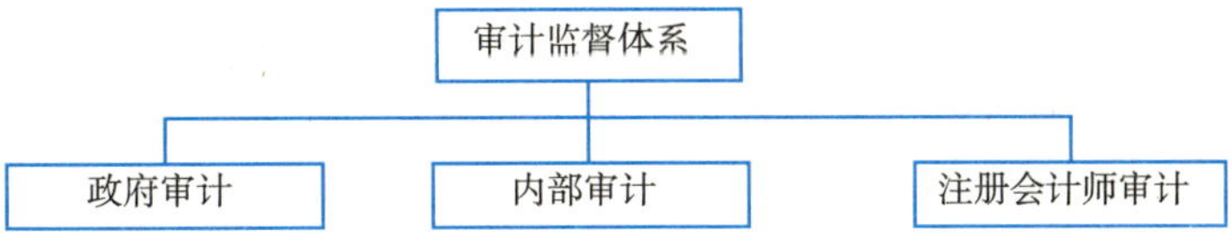

（二）注册会计师审计和政府审计的区别

注册会计师审计与政府审计的区别如下表所示。

区别	注册会计师审计	政府审计
目标和对象不同	注册会计师依法对企业财务报表进行审计，确定其是否符合会计准则和相关会计制度，是否公允反映了财务状况、经营成果和现金流量	对政府的财政收支或者国有金融机构和企事业组织财务收支进行审计，确定其是否真实、合法和具有效益

续表

区别	注册会计师审计	政府审计
审计的标准不同	《中华人民共和国注册会计师法》和财政部批准发布的注册会计师审计准则	《中华人民共和国审计法》和审计署制定的国家审计准则
经费或收入来源不同	注册会计师审计是市场行为，是有偿服务，费用由注册会计师和审计客户协商确定，但是注册会计师在发表审计意见时，独立性不能受到干扰 【小贴士】受托有偿	政府审计是行政行为，政府审计机关履行职责所必须的经费，列入同级财政预算，由同级人民政府予以保证 【小贴士】强制无偿
取证权限不同	注册会计师审计受市场行为的局限，在获取审计证据时，很大程度上有赖于企业及相关单位配合和协助，对企业及相关单位没有行政强制力	政府审计具有更大的强制力，各有关单位和个人应当支持、协助审计机关的工作，如实向审计机关反映情况，提供有关证明材料 【小贴士】尽管强于注册会计师审计，但是取证权限也弱于公安、纪检等部门
对发现问题的处理方式不同	注册会计师对审计过程中发现的问题只能提请企业调整有关数据或进行披露，没有行政强制力；如果企业拒绝调整和披露，注册会计师需根据具体情况予以反映，具体表现为出具保留意见或否定意见的审计报告 【小贴士】就有关问题也可向国家监管等部门汇报	审计机关对违反国家规定的财政收支、财务收支行为可在职权范围内作出审计决定或者向有关主管机关提出处理、处罚意见 【小贴士】政府审计机关对于处理、处罚意见的执行，需要国家其他部门的配合

【经典例题】

【例题·多选题】下列各项中，属于政府审计的依据的有（　　）。

A.《中华人民共和国审计法》

B.《中华人民共和国注册会计师法》

C. 国家审计准则

D. 注册会计师审计准则

【答案】AC

【解析】对于选项 B 和选项 D，属于注册会计师的审计标准。

重难点 4：审计业务的三方关系人★★★

审计三方关系是对审计性质的基本描述。三方关系人包括注册会计师［第一方］、被审计单位管理层［第二方］和财务报表的预期使用者［第三方］。

【小贴士】对于财务报表审计而言，审计业务要素包括审计业务的三方关系人、财务报表、财务报表编制基础、审计证据和审计报告。对于该部分知识点，一方面需要从总体掌握审计业务要素涵盖的内容，另一方面对于重要的要素需要深入理解。

【经典例题】

【真题·单选题】（2020）下列各项中，不属于审计业务要素的是（　　）。

A. 财务报告编制基础

B. 审计报告

C. 财务报表

D. 审计准则

【答案】D

【解析】对财务报表审计而言，审计业务要素包括审计业务的三方关系人、财务报表（选项 C）、财务报表编制基础（选项 A）、审计证据和审计报告（选项 B）。

（一）注册会计师

1. 注册会计师含义

注册会计师是指取得注册会计师证书并在会计师事务所执业的人员，通常是指项目合伙人或项目组其他成员，有时也指其所在的会计师事务所。

【小贴士】如果审计业务涉及特殊知识和技能，注册会计师可以利用专家协助工作，确保项目组在整体上具有胜任能力。

2. 注册会计师的职责

按照审计准则的规定对财务报表发表审计意见是注册会计师的责任。为履行这一职责，注册会计师应当遵守相关职业道德要求，按照审计准则的规定计划和实施审计工作，获取充分、适当的审计证据，并根据获取的审计证据得出合理的审计结论，发表恰当的审计意见。注册会计师通过签署审计报告确认其责任。

（二）被审计单位管理层

1. 管理层和治理层的含义

管理层是指对被审计单位经营活动的执行负有经营管理责任的人员。管理层包括部分或全部治理层成员。

治理层是指对被审计单位战略方向以及管理层履行经营管理责任负有监督责任的人员或组织。治理层的责任包括监督财务报告过程。

【小贴士】

（1）财务报表审计并不减轻管理层或治理层的责任；

（2）管理层或治理层对编制财务报表承担完全责任；

（3）如果财务报表存在重大错报，而注册会计师通过审计没有发现，并不能减轻管理层和治理层对财务报表的责任。

2. 审计工作前提

（1）按照适用的财务报告编制基础编制财务报表，并使其实现公允反映；

（2）设计、执行和维护必要的内部控制，以使财务报表不存在由于舞弊或错误导致的重大错报；

（3）向注册会计师提供必要的工作条件，包括允许注册会计师接触与编制财务报表相关的所有信息（如记录、文件和其他事项），向注册会计师提供审计所需的其他信息，允许注册会计师在获取审计证据时不受限制地接触其认为必要的内部人员和其他相关人员。

【小贴士】上述三项内容之所以成为审计工作的前提，究其主要原因是，若上述三个条件不能满足将不具备执行审计的条件。

（三）预期使用者

预期使用者是指预期使用审计报告和财务报表的组织或人员。

（1）如果审计业务服务于特定的使用者或具有特殊目的，注册会计师可以很容易地识别预期使用者。

例如，企业向银行贷款，银行要求企业提供一份反映财务状况的财务报表，那么，银行就是该审计报告的预期使用者。

（2）注册会计师可能无法识别使用审计报告的所有组织和人员，尤其在各种可能的预期使用者对财务报表存在不同的利益需求时。此时，预期使用者主要是指那些与财务报表有重要和共同利益的主要利益相关者。

例如，在上市公司财务报表审计中，预期使用者主要是指上市公司的股东。

注册会计师应当根据法律法规的规定或与委托人签订的协议识别预期使用者。

（3）审计报告的收件人应当尽可能地明确为所有的预期使用者，但在实务中往往很难做到这一点。原因很简单，有时审计报告并不向某些特定组织或人员提供，但这些组织或人员也有可能使用审计报告。

例如，注册会计师为上市公司提供财务报表审计服务，其审计报告的收件人为“××股份有限公司全体股东”，但除股东之外，公司债权人、证券监管机构等显然也是预期使用者。

【经典例题】

【真题·单选题】（2020）下列有关审计报告预期使用者的说法中，错误的是（　　）。

A. 预期使用者可能包括被审计单位的管理层

B. 预期使用者可能不是审计业务的委托人

C. 注册会计师应当识别所有的预期使用者

D. 预期使用者不包括执行审计业务的注册会计师

【答案】C

【解析】注册会计师可能无法识别使用审计报告的所有组织和人员，尤其在各种可能的预期使用者对财务报表存在不同的利益需求时。审计报告的收件人应当尽可能地明确为所有的预期使用者，但在实务中往往很难做到这一点。

【真题·单选题】(2018) 下列各项中，通常不属于审计报告预期使用者的是（　　）。

A. 被审计单位的股东

B. 被审计单位的管理层

C. 对被审计单位财务报表执行审计的注册会计师

D. 向被审计单位提供贷款的银行

【答案】C

【解析】预期使用者是指预期使用审计报告和财务报表的组织或人员。注册会计师审计目标是对财务报表发表审计意见，不是审计报告的预期使用者，故选择选项C。

重难点5：审计证据★★

【小贴士】对于本部分内容尽管在第三章会详述，但是因有关观点仅在本节阐述，第三章不会涉及，所以应该深刻领会本章有关观点表述。

（一）审计证据的定义

证据是指注册会计师为了得出审计结论和形成审计意见而使用的必要信息。

审计证据在性质上具有累积性，主要是在审计过程中通过实施审计程序获取的。

（二）审计证据的获取

审计证据还可能包括从其他来源获取的信息，如以前审计中获取的信息或会计师事务所接受与保持客户或业务时实施质量控制程序获取的信息。

除从被审计单位内部其他来源和外部来源获取的信息外，会计记录也是重要的审计证据来源。同样，被审计单位雇用或聘请的专家编制的信息也可以作为审计证据。

【小贴士】审计证据既包括支持和佐证管理层认定的信息，也包括与这些认定相矛盾的信息。在某些情况下，信息的缺乏（如管理层拒绝提供注册会计师要求的声明）本身也构成审计证据，可以被注册会计师利用。

【经典例题】

【真题·多选题】(2018) 下列各项中，可能构成审计证据的有（　　）。

A. 注册会计师在本期审计中获取的信息

B. 被审计单位聘请的专家编制的信息

C. 注册会计师在以前审计中获取的信息

D. 会计师事务所接受业务时实施质量控制程序获取的信息

【答案】ABCD

【解析】选项A正确，审计证据在性质上具有累积性，主要是在审计过程中通过实施审计程序获取的；选项B正确，被审计单位雇用或聘请的专家编制的信息也可以作为审计证据；选项C正确，审计证据还可能包括从其他来源获取的信息，如以前审计中获取的信息；选项D正确，审计证据包括会计师事务所接受与保持客户或业务时实施质量控制程序获取的信息。

重难点6：审计的总体目标★★

审计的总体目标主要包括如下两方面内容：

（1）对财务报表整体是否不存在由于舞弊或错误导致的重大错报获取合理保证，使能对财务报表是否在所有重大方面按照适用的财务报告编制基础编制发表审计意见；

（2）按照审计准则的规定，根据审计结果对财务报表出具审计报告，并与管理层和治理层沟通。

重难点7：认定★★★

（一）认定的含义

认定是指管理层对财务报表作出的明确或

隐含的表达，注册会计师将其用于考虑可能发生的不同类型的潜在错报。注册会计师的工作就是要确定管理层的认定是否恰当。

（二）认定的类型

1. 关于所审计期间各类交易、事项及相关披露的认定

（1）发生：记录或披露的交易和事项已发生，且这些交易和事项与被审计单位有关。该认定为定性问题，相关错报错在性质上，不是金额上。

①错报的性质：不该入账入了账。

②典型的手段：虚构。

③代表性错报：确认了不该确认的营业收入。

（2）完整性：所有应当记录的交易和事项均已记录，所有应当包括在财务报表中的相关披露均已包括。该认定为定性问题，相关错报错在性质上，不是金额上。

①错报的性质：该入账的没入账。

②典型的手段：隐瞒。

③代表性错报：隐瞒了已发生的销售交易。

（3）准确性：与交易和事项有关的金额及其他数据已恰当记录，相关披露已得到恰当计量和描述。该认定为定量认定，是在符合发生、完整性认定的前提下针对金额的量化认定。错报在金额上，而不是性质上。

①错报的性质：入账的金额不正确。

②典型的手段：多记或少记金额。

③代表性错报：金额不正确。

（4）截止：交易和事项已记录于正确的会计期间。该认定在符合发生、完整性认定的前提下专门针对期间的认定。

①错报的性质：入账的会计期间不正确。

②典型的手段：提前或推迟入账。

③代表性错报：将下期的收入计入本期或将本期的收入推迟到下期。

（5）分类：交易和事项已记录于恰当的账户。该认定是在符合发生、完整性认定的前提下针对会计账户是否恰当的认定。

①错报的性质：入账的会计账户不正确。

②代表性错报：将应计入甲账户的交易计入乙账户。

（6）列报：交易和事项已被恰当地汇总或分解且表述清楚，相关披露在适用的财务报告编制基础下是相关的、可理解的。

2. 关于期末账户余额及相关披露的认定

【小贴士】该类认定的理解与“关于所审计期间各类交易、事项及相关披露的认定”中各类认定相同或相近。

（1）存在：记录的资产、负债和所有者权益是存在的。

与发生认定类似，错报主要表现形式为，不该入账的入了账。

（2）权利和义务：记录的资产由被审计单位拥有或控制，记录的负债是被审计单位应当履行的偿还义务。

【小贴士】该认定与期末余额认定独有，错报主要表现为定性的认定错误。

（3）完整性：所有应当记录的资产、负债和所有者权益均已记录，所有应当包括在财务报表中的相关披露均已包括。

（4）准确性、计价和分摊：资产、负债和所有者权益以恰当的金额包括在财务报表中，与之相关的计价或分摊调整已恰当记录，相关披露已得到恰当计量和描述。

（5）分类：资产、负债和所有者权益已记录于恰当的账户。

（6）列报：资产、负债和所有者权益已被恰当地汇总或分解且表述清楚，相关披露在适用的财务报告编制基础下是相关的、可理解的。

重难点8：具体审计目标★★★

【小贴士】具体审计目标的制定，既要依据审计总体目标，还要充分考虑管理层的有关认定。

（1）与所审计期间各类交易、事项及相关披露相关的认定与具体审计目标如下表所示。

认定类别	具体审计目标
发生	确认已记录的交易是真实的
完整性	确认已发生的交易确实已经记录
准确性	确认已记录的交易是按正确金额反映的
截止	确认接近于资产负债表日的交易记录于恰当的期间
分类	确认被审计单位记录的交易经过适当分类
列报	确认被审计单位的交易和事项已被恰当地汇总或分解且表述清楚，相关披露在适用的财务报告编制基础下是相关的、可理解的

（2）与期末账户余额及相关披露相关的认定与具体审计目标，如下表所示。

认定类别	具体审计目标
存在	确认记录的金额确实存在
权利和义务	确认资产属于被审计单位的权利，负债属于被审计单位的义务
完整性	确认已存在的金额均已记录
准确性、计价和分摊	确认资产、负债和所有者权益以恰当的金额包括在财务报表中，与之相关的计价或分摊调整已恰当记录
分类	确认资产、负债和所有者权益已记录于恰当的账户
列报	确认资产、负债和所有者权益已被恰当地汇总或分解且表述清楚，相关披露在适用的财务报告编制基础下是相关的、可理解的

（3）认定、具体审计目标和审计程序之间的关系举例，如下表所示。

【小贴士】该部分内容学习需要结合教材第三编的内容。

认定	审计目标	审计程序
存在	资产负债表列示的存货存在	实施存货监盘程序
完整性	销售收入包括了所有已发货的交易	检查发货单和销售发票的编号以及销售明细账
准确性	销售业务是否基于正确的价格和数量，计算是否准确	比较价格清单与发票上的价格、发货单与销售订购单上的数量是否一致，重新计算发票上的金额
截止	销售业务记录在恰当的期间	比较上一年度最后几天和下一年度最初几天的发货单日期与记账日期
权利和义务	资产负债表中的固定资产确实为公司所有	查阅所有权证书、购货合同、结算单和保险单
准确性、计价和分摊	以净值记录应收款项	检查应收账款账龄分析表、评估计提的坏账准备是否充足

重难点9：保持职业怀疑★★★

（一）职业怀疑的含义

职业怀疑，是指注册会计师执行审计业务的一种态度，包括采取质疑的思维方式，对可能表明由于舞弊或错误导致错报的情况保持警觉，以及对审计证据进行审慎评价。

（二）保持职业怀疑的内容

1. 职业怀疑在本质上要求秉持一种质疑的理念

注册会计师应当具有批判和质疑的精神，摒弃“存在即合理”的逻辑思维，寻求事物的真实情况。

【小贴士】职业怀疑与客观和公正、独立性两项职业道德基本原则密切相关。

2. 职业怀疑要求对引起疑虑的情形保持警觉

（1）相互矛盾的审计证据；

（2）引起对文件记录、对询问的答复的可靠性产生怀疑的信息；

（3）表明可能存在舞弊的情况；

（4）表明需要实施除审计准则规定外的其他审计程序的情形。

3. 职业怀疑要求审慎评价审计证据

（1）质疑相互矛盾的审计证据的可靠性；

（2）在怀疑信息的可靠性或存在舞弊迹象时，注册会计师需要作出进一步调查，并确定需要修改哪些审计程序或实施哪些追加的审计程序；

（3）审计中的困难、时间或成本等事项本身，不能作为省略不可替代的审计程序或满足于说服力不足的审计证据的理由。

4. 职业怀疑要求客观评价管理层和治理层

（1）即使以前正直、诚信的管理层和治理层也可能发生变化，注册会计师不应依赖以往对管理层和治理层诚信形成的判断；

（2）即使注册会计师认为管理层和治理层是正直、诚实的，也不能降低保持职业怀疑的要求，不允许在获取合理保证的过程中满足于说服力不足的审计证据。

（三）保持职业怀疑的作用

1. 有助于识别和评估重大错报风险

【小贴士】对该内容的理解需要结合第七章（风险评估）。

（1）在识别和评估重大错报风险时，保持职业怀疑有助于注册会计师设计恰当的风险评估程序，有针对性地了解被审计单位及其环境；

（2）有助于使注册会计师对引起疑虑的情形保持警觉，充分考虑错报发生的可能性和重大程度，有效识别和评估重大错报风险。

2. 有助于进一步审计程序的运用

【小贴士】对该内容的理解需要结合第八章（风险应对）。

（1）在设计和实施进一步审计程序以应对重大错报风险时，保持职业怀疑有助于注册会计师针对评估出的重大错报风险，恰当设计进一步审计程序的性质、时间安排和范围，降低选取不适当的审计程序的风险；

（2）有助于注册会计师对已获取的审计证据表明可能存在未识别的重大错报风险的情形保持警觉，并作出进一步调查。

3. 有助于评价审计证据

【小贴士】对该内容的理解需要结合第三章（审计证据）。

（1）在评价审计证据时，保持职业怀疑有助于注册会计师评价是否已获取充分、适当的审计证据以及是否还需执行更多的工作；

（2）有助于注册会计师审慎评价审计证据，纠正仅获取最容易获取的审计证据，忽视存在相互矛盾的审计证据的偏向。

4. 有助于应对舞弊

【小贴士】对该内容的理解需要结合第十三章（对舞弊和法律法规的考虑）。

（1）保持职业怀疑有助于使注册会计师认识到存在由于舞弊导致的重大错报的可能性，不会受到以前对管理层、治理层正直和诚信形成的判断的影响；

（2）使注册会计师对获取的信息和审计证据是否表明可能存在由于舞弊导致的重大错报风险始终保持警惕；

（3）使注册会计师在认为文件可能是伪造的或文件中的某些条款可能已被篡改时，作出进一步调查。

【经典例题】

【真题·单选题】（2018）下列有关职业

怀疑的说法中，错误的是（　　）。

A. 保持职业怀疑是注册会计师的必备技能

B. 注册会计师应当在整个审计过程中保持职业怀疑

C. 保持职业怀疑是保证审计质量的关键要素

D. 保持职业怀疑可以使注册会计师发现所有由于舞弊导致的错报

【答案】D

【解析】选项D错误，财务报表审计的保证程度为合理保证，非绝对保证。

【例题·多选题】下列有关职业怀疑的说法中，正确的有（　　）。

A. 职业怀疑要求注册会计师摒弃“存在即合理”的逻辑思维

B. 职业怀疑要求注册会计师对引起疑虑的情形保持警觉

C. 职业怀疑要求注册会计师审慎评价审计证据

D. 职业怀疑要求注册会计师假定管理层和治理层不诚信，并以此为前提计划审计工作

【答案】ABC

【解析】选项D错误，注册会计师应当客观评价管理层和治理层，注册会计师不应依赖以往对管理层和治理层诚信形成的判断，也不能直接假定管理层和治理层缺乏诚信。

重难点10：合理运用职业判断★★★

1. 职业判断的含义

职业判断，是指在审计准则、财务报告编制基础和职业道德要求的框架下，注册会计师综合运用相关知识、技能和经验，作出适合审计业务具体情况、有根据的行动决策。

2. 运用职业判断的重要领域

（1）确定重要性，识别和评估重大错报风险；

（2）为满足审计准则的要求和收集审计证据的需要，确定所需实施的审计程序的性质、时间安排和范围；

（3）为实现审计准则规定的目标和注册会计师的总体目标，评价是否已获取充分、适当的审计证据以及是否还需执行更多的工作；

（4）评价管理层在运用适用的财务报告编制基础时作出的判断；

（5）根据已获取的审计证据得出结论，如评价管理层在编制财务报表时作出的会计估计的合理性；

（6）运用职业道德概念框架识别、评估和应对对职业道德基本原则不利的影响。

3. 衡量职业判断质量的标准

（1）准确性或意见一致性，即职业判断结论与特定标准或客观事实的相符程度，或者不同职业判断主体针对同一职业判断问题所作判断彼此认同的程度。

（2）决策一贯性和稳定性，即同一注册会计师针对同一项目的不同判断问题，所作出的判断之间是否符合应有的内在逻辑，以及同一注册会计师针对相同的职业判断问题，在不同时点所作出的判断是否结论相同或相似。

（3）可辩护性，即注册会计师是否能够证明自己的工作，通常，理由的充分性、思维的逻辑性和程序的合规性是可辩护性的基础。

4. 对职业判断作出的适当书面记录

（1）对职业判断问题和目标的描述；

（2）解决职业判断相关问题的思路；

（3）收集到的相关信息；

（4）得出的结论以及得出结论的理由；

（5）就决策结论与被审计单位进行沟通的方式和时间。

【经典例题】

【真题·多选题】（2017）下列各项中，通常需要注册会计师运用职业判断的有（　　）。

A. 确定财务报表整体的重要性

B. 确定审计工作底稿归档的最晚日期

C. 确定是否利用被审计单位的内部审计工作

D. 评价审计抽样的结果

【答案】ACD

【解析】选项B不恰当，审计准则对审计工作底稿的归档期限准则规定为审计报告日后60天内，无需职业判断。

【例题·多选题】下列有关职业判断的说法中，正确的有（　　）。

A. 如果有关决策不被该业务的具体事实和情况所支持，职业判断并不能作为注册会计师作出不恰当决策的理由

B. 注册会计师恰当记录与被审计单位就相关决策结论进行沟通的方式和时间，有利于提高职业判断的可辩护性

C. 保持职业怀疑有助于注册会计师提高职业判断质量

D. 职业判断涉及与具体会计处理和审计程序相关的决策，但不涉及与遵守职业道德要求相关的决策

【答案】ABC

【解析】选项D错误，职业判断涉及注册会计师如何运用职业道德概念框架识别、评估和应对职业道德基本原则不利的影响。

重难点11：重大错报风险★★★

（一）重大错报风险的含义

重大错报风险是指财务报表在审计前存在重大错报的可能性。

（二）重大错报风险的类别

重大错报风险包含财务报表层次和认定层次两个层次，注册会计师应当从两个层次考虑重大错报风险。

1. 财务报表层次重大错报风险

（1）财务报表层次重大错报风险与财务报表整体存在广泛联系，可能影响多项认定；

（2）财务报表层次重大错报风险通常与控制环境有关，但也可能与其他因素有关，如经济萧条等；

（3）财务报表层次重大错报风险难以界定于某类交易、账户余额和相关披露的具体认定；相反，此类风险增大了认定层次发生重大错报的可能性；

（4）与注册会计师考虑由舞弊引起的风险尤其相关。

2. 认定层次重大错报风险

（1）注册会计师同时考虑各类交易、账户余额和披露认定层次的重大错报风险，考虑的结果直接有助于注册会计师确定认定层次上实施的进一步审计程序的性质、时间安排和范围。

（2）注册会计师在各类交易、账户余额和披露认定层次获取审计证据，以便能够在审计工作完成时，以可接受的低审计风险水平对财务报表整体发表审计意见。

（3）认定层次的重大错报风险又可以进一步细分为固有风险和控制风险。

【经典例题】

【真题·单选题】（2019）下列有关重大错报风险的说法中，错误的是（　　）。

A. 注册会计师应当从财务报表层次和各类交易、账户余额和披露认定层次考虑重大错报风险

B. 重大错报风险指财务报表在审计前存在重大错报的可能性

C. 重大错报风险可进一步区分为固有风险和检查风险

D. 注册会计师可以定性或定量评估重大错报风险

【答案】C

【解析】选项C错误，认定层次的重大错报风险又可以进一步细分为固有风险和控制风险。

（三）固有风险

1. 固有风险的含义

固有风险是指在考虑相关的内部控制之前，某类交易、账户余额或披露的某一认定易于发生错报（该错报单独或连同其他错报可能是重大的）的可能性。

2. 固有风险的示例

（1）复杂的计算比简单计算更可能出错；

（2）受重大计量不确定性影响的会计估

计发生错报的可能性较大；

（3）产生经营风险的外部因素也可能影响固有风险，例如，技术进步可能导致某项产品陈旧，进而导致存货易于发生高估错报；

（4）维持经营的流动资金匮乏、被审计单位处于夕阳行业等，可能影响多个认定的固有风险。

（四）控制风险

1. 控制风险的含义

控制风险是指某类交易、账户余额或披露的某一认定发生错报，该错报单独或连同其他错报是重大的，但没有被内部控制及时防止或发现并纠正的可能性。

2. 控制风险的特点

（1）控制风险取决于与财务报表编制有关的内部控制的设计和运行的有效性。

（2）由于控制的固有局限性，某种程度的控制风险始终存在。

【经典例题】

【真题·单选题】（2018）下列有关固有风险和控制风险的说法中，正确的是（　　）。

A. 固有风险和控制风险与被审计单位的风险相关，独立财务报表审计而存在

B. 财务报表层次和认定层次的重大错报风险可以细分为固有风险和控制风险

C. 注册会计师无法单独对固有风险和控制风险进行评估

D. 固有风险始终存在，而运行有效的内部控制可以消除控制风险

【答案】A

【解析】选项 B 错误，认定层次的重大错报风险又可以进一步细分为固有风险和控制风险；选项 C 错误，注册会计师既可以对固有风险和控制风险进行单独评估，也可以对其进行合并评估；选项 D 错误，固有风险是指在考虑相关的内部控制之前，某类交易、账户余额或披露的某一认定易于发生错报（该错报单独或连同其他错报可能是重大的）的可能性。

【真题·单选题】（2020）下列各项中，不属于审计的固有限制来源的是（　　）。

A. 管理层编制财务报表时需要作出判断

B. 管理层可能不提供注册会计师要求的全部信息

C. 注册会计师在合理的时间内以合理的成本完成审计的需要

D. 注册会计师对重大错报风险的评估可能不恰当

【答案】B

【解析】审计的固有限制源于：（1）财务报告的性质；（2）审计程序的性质；（3）在合理的时间内以合理的成本完成审计的需要。故 B 选项错误。

重难点 12：检查风险★★

1. 检查风险的含义

检查风险是指如果存在某一错报，该错报单独或连同其他错报可能是重大的，注册会计师为将审计风险降至可接受的低水平而实施程序后没有发现这种错报的风险。

2. 检查风险的成因

（1）检查风险取决于审计程序设计的合理性和执行的有效性。

（2）由于注册会计师通常并不对所有的交易、账户余额和披露进行检查，以及其他原因，检查风险不可能降低为零。

（3）其他原因包括注册会计师可能选择了不恰当的审计程序、审计过程执行不当，或者错误解读了审计结论。

3. 降低检查风险的对策

注册会计师可以通过适当计划、在项目组成员之间进行恰当的职责分配、保持职业怀疑态度，对审计项目组成员执行的工作进行指导、监督和复核，尽可能降低检查风险。

重难点 13：重大错报风险与检查风险的关系★★★

（一）审计风险定义

审计风险指财务报表存在重大错报时，注册会计师发表不恰当审计意见的可能性。审计

风险取决于重大错报风险和检查风险，具体审计风险模型如下：

审计风险 = 重大错报风险 × 检查风险

（二）检查风险与重大错报风险的反向关系

根据审计风险模型（审计风险 = 重大错报风险 × 检查风险），注册会计师通过风险评估程序，了解被审计单位及其环境，评估的重大错报风险，在既定的审计风险水平下，则：

检查风险 = 审计风险（既定）/ 重大错报风险

在既定的可接受审计风险水平下，可接受的检查风险水平与认定层次重大错报风险的评估结果呈反向关系：评估的重大错报风险越高，可接受的检查风险越低；反之，评估的重大错报风险越低，可接受的检查风险越高。

【经典例题】

【真题·单选题】（2017）下列有关检查风险的说法中，错误的是（　　）。

A. 检查风险是指注册会计师未通过审计程序发现错报，因而发表不恰当审计意见的风险

B. 检查风险取决于审计程序设计的合理性和执行的有效性

C. 检查风险通常不可能降低为零

D. 保持职业怀疑有助于降低检查风险

【答案】A

【解析】选项 A 错误，本选项的表述属于审计风险的定义。检查风险是指如果存在某一错报，该错报单独或连同其他错报可能是重大的，注册会计师为将审计风险降至可接受的低水平而实施程序后没有发现这种错报的风险。

重难点 14：审计的固有限制★★

（一）财务报告的性质

许多财务报表项目涉及主观决策、评估或不确定性，金额本身存在一定的变动幅度，这种变动幅度不能通过实施审计程序予以消除。

例如，资产减值等会计估计通常如此。即便如此，审计准则要求注册会计师特别考虑在适用的财务报告编制基础下会计估计是否合理，相关披露是否充分，会计实务的质量是否良好（包括管理层判断是否可能存在偏向）。

（二）审计程序的性质

（1）管理层或其他人员可能有意或无意地不提供与财务报表编制相关的或注册会计师要求的全部信息；

（2）舞弊可能涉及精心策划和蓄意实施以进行隐瞒，注册会计师不应被期望成为鉴定文件真伪的专家；

（3）审计不是对涉嫌违法行为的官方调查。

（三）财务报告的及时性和成本效益的权衡

注册会计师需要在合理时间内以合理成本对财务报表形成审计意见。

（1）计划审计工作，以使审计工作以有效的方式得到执行；

（2）将审计资源投向最可能存在重大错报风险的领域，并相应地在其他领域减少审计资源；

（3）运用测试和其他方法检查总体中存在的错报。

【经典例题】

【真题·单选题】（2019）下列各项中，不属于审计固有限制的来源的是（　　）。

A. 注册会计师获取审计证据的能力受到法律上的限制

B. 注册会计师可能满足于说服力不足的审计证据

C. 管理层可能不提供编制财务报表相关的全部信息

D. 管理层在编制财务报表的过程中可能运用到判断

【答案】B

【解析】审计的固有限制源于：（1）财务报告的性质（选项 D）；（2）审计程序的性质（选项 A、选项 C）；（3）在合理的时间内以合理的成本完成审计的需要。

通关练习

（一）单选题

1. 下列关于财务报表审计含义的理解，正确的是（　　）。

A. 财务报表审计可以用来有效满足财务报表预期使用者的需求

B. 财务报表审计的目的特定情形下，可以为如何利用信息提供建议

C. 财务报表审计的基础是独立性和权威性

D. 财务报表审计的最终产品是财务报表和审计报告

2. 下列关于审计证据的说法，不正确的是（　　）。

A. 会计账簿属于重要的审计证据来源

B. 被审计单位聘请的法律顾问提供的信息不能作为审计证据

C. 某些时候信息的缺乏本身也构成审计证据

D. 不同来源或不同性质的信息可以证明同一项认定

3. 下列有关审计目标的表述，不正确的是（　　）。

A. 审计目标分为审计的总体目标、认定和具体审计目标

B. 审计的总体目标是指注册会计师为完成整体审计工作而达到的预期目的

C. 具体审计目标是指注册会计师通过实施审计程序以确定管理层在财务报表中确认的各类交易、账户余额、披露层次认定是否恰当

D. 注册会计师在了解每个项目的认定后，就很容易确定每个项目的具体目标

4. 下列各项中，不属于注册会计师对财务报表审计的总体目标的是（　　）。

A. 对财务报表整体是否不存在由于舞弊或错误导致的重大错报获取合理保证

B. 根据审计结果对财务报表出具审计报告

C. 与管理层和治理层沟通审计结果

D. 确定被审计单位内控是否健全

5. 由于市场竞争对手推出新产品，为防止现有产品因滞销而导致大量积压，甲公司采用了宽松的赊销策略。据此，注册会计师应当关注的重大错报风险是（　　）。

A. 销售费用的准确性

B. 营业成本项目的准确性认定

C. 营业收入项目的发生认定

D. 应收账款的准确性、计价和分摊认定

6. 下列各事项中，不属于违反完整性认定的是（　　）。

A. 赊销一批产品，合同已履行，具备收入确认条件，但由于年末忙于结账，至12月31日尚未登记收入明细账

B. 12月15日采购商品时，已收到该商品，但发票账单未收到，故12月31日尚未进行会计处理

C. 12月31日应计提短期借款利息50 000元，只计提35 000元

D. 12月25日发生销售商品退回，12月28日收到退回商品，由于仓储人员疏忽，截至12月31日尚未入账

7. 下列有关职业怀疑的理解，不恰当的是（　　）。

A. 若审计证据之间相互矛盾，就应该保持警觉

B. 职业怀疑在本质上要求秉持一种质疑的理念

C. 注册会计师可以在审计成本与信息的可靠性之间进行权衡，但审计中的困难等不能作为省略不可替代的审计程序的理由

D. 风险评估后，注册会计师认为管理层和治理层是正直、诚实的，可以适当降低保持职业怀疑的要求

8. 下列各项关于职业判断的说法中，错误的是（　　）。

A. 职业判断能力是衡量注册会计师胜任能力的核心要件

B. 职业判断对于适当地执行审计工作是必不可少的

C. 随着信息技术发展，未来在审计领域将不需要职业判断

D. 注册会计师需要对职业判断作出适当的书面记录

9. 下列有关职业怀疑的说法中，错误的是（　　）。

A. 审计程序的时间安排，有可能会阻碍注册会计师保持职业怀疑

B. 会计师事务所的业绩评价机制，会削弱注册会计师对职业怀疑的保持程度

C. 遵守独立性的要求，可以增强注册会计师在审计中保持职业怀疑的能力

D. 注册会计师保持职业怀疑合理性，在很大程度上取决于其胜任能力

10. 以下关于审计风险相关概念的理解中，不正确的是（　　）。

A. 检查风险高，则审计风险一定高

B. 固有风险高，则注册会计师就要多搜集证据

C. 检查风险取决于审计程序设计的合理性和执行的有效性

D. 可接受的检查风险降低时，注册会计师需要在期末实施更多的审计程序

11. 注册会计师在确定可接受的检查风险时，应当采取的有效措施是（　　）。

A. 调节重要性水平的高低

B. 深入了解内部控制，以降低控制风险

C. 深入了解被审计单位，以降低固有风险

D. 合理设计和有效实施进一步审计程序

12. 下列关于检查风险的说法中，错误的是（　　）。

A. 检查风险是指注册会计师未能通过审计程序发现重大错报，进而发表不恰当审计意见的风险

B. 检查风险通常不可能降低为零

C. 保持职业怀疑有助于降低检查风险

D. 检查风险的高低取决于审计程序设计的合理性和执行的有效性

13. 有关固有风险和控制风险的表述中，正确的是（　　）。

A. 控制风险与被审计单位的风险管控相关，独立于财务报表审计而存在

B. 重大错报风险可以分解为固有风险和控制风险

C. 注册会计师无法单独对固有风险进行评估

D. 固有风险始终存在，而运行有效的内部控制可以降低固有风险

14. 关于财务报表审计与审阅业务的说法中，不恰当的是（　　）。

A. 审计属于合理保证，保证程度高于审阅业务

B. 审阅属于有限保证，保证程度低于审计业务

C. 审阅保证程度低于审计业务，但是高于相关服务，属于中等水平

D. 审阅业务以消极方式提出结论

15. 下列有关财务报表审计业务三方关系人的说法中，不正确的是（　　）。

A. 如果审计业务不存在除责任方之外的其他预期使用者，那么该业务不构成审计业务

B. 审计业务的三方关系人分别是被审计单位管理层、注册会计师和财务报表预期使用者

C. 审计报告的收件人应当尽可能地明确为所有的预期使用者

D. 财务报表审计可以在一定程度上减轻管理层或治理层的责任

（二）多选题

1. 下列有关责任方的说法中，错误的有（　　）。

A. 责任方可能是预期使用者，但不一定是唯一的预期使用者

B. 责任方可能是审计业务的委托人

C. 责任方是指被审计单位的管理层，但可能包括治理层

D. 责任方应对编制财务报表承担绝大多数责任

2. 下列各项关于审计报告的说法中，正确的有（　　）。

A. 审计报告是注册会计师与财务报表预期使用者沟通的主要手段

B. 审计报告是财务报表预期使用者阅读财务报表的重要附件

C. 审计报告过于标准化模式，致使信息量低、相关性差

D. 审计报告信息量过低，将严重影响注册会计师在社会公众的心目中的形象

3. 下列有关年度财务报表审计的相关说法中，不恰当的有（　　）。

A. 审计对象是预测的财务状况、经营业绩和现金流量

B. 审计对象的载体是财务报表和账簿

C. 在财务报表审计中，财务报告编制基础即是标准

D. 注册会计师在确定有关标准是否适当时，不需要运用职业判断

4. 因审计程序的性质导致的审计固有限制，以下理解恰当的有（　　）。

A. 舞弊可能涉及精心策划和蓄意实施以进行隐瞒

B. 管理层可能有意地不提供与财务报表编制相关的信息

C. 管理层编制财务报表需要根据事实和情况，常常需要作出判断

D. 审计不是对涉嫌违法行为的官方调查

5. 有关注册会计师执行下列业务提供的保证程度的说法中，不正确的有（　　）。

A. 对财务信息执行商定程序提供较低水平保证

B. 代编财务信息业务提供较低水平保证

C. 鉴证业务提供合理保证

D. 财务报表审阅提供有限保证

6. 下列各项关于注册会计师审计和政府审计的说法中，正确的有（　　）。

A. 审计目标不同

B. 审计对象不同

C. 取证权限相同

D. 对发现问题的处理方式不相同

7. 下列有关审计的固有限制的说法中，注册会计师认为不正确的有（　　）。

A. 审计工作可能因管理层的舞弊而受到限制

B. 审计工作可能因低价竞争而受到限制

C. 审计工作可能因项目组成员整体素质不足而受到限制

D. 审计工作可能因运用会计估计等而受到限制

8. 下列各项中，与期末账户余额及相关披露相关的认定相关的有（　　）。

A. 权利和义务

B. 准确性、计价和分摊

C. 发生

D. 截止

9. A注册会计师在审计中发现甲公司2020年3月的某项生产用设备少计提了折旧，由此应将（　　）认定的重大错报风险评估为高水平。

A. 营业成本的准确性

B. 营业收入的合理性

C. 存货的准确性、计价和分摊

D. 固定资产的准确性、计价和分摊

10. 下列有关具体审计目标的说法中，正确的有（　　）。

A. 对于尚未履行合同销售交易，在销售收入账中记录了该项业务，违反了发生目标

B. 将已经出售商品，买方寄存商品列入被审计单位的存货中，违反了存在认定

C. 在财务报表附注中隐瞒关联方关系，违反了完整性目标

D. 如果在销售交易中，在销售收入账中记录金额与发票上的价格不符，违反了完整性或发生目标

11. 下列各项中，注册会计师可以据以衡量职业判断质量的有（　　）。

A. 准确性　　　　B. 可辩护性

C. 决策一贯性　　　D. 意见一致性

12. 下列各项中，属于固有风险较高的有（　　）。

A. 手机生产企业生产的手机

B. 涉及复杂计算的业务

C. 鲜活、易腐的商品存货

D. 盐业生产企业销售的食盐

13. 下列关于重大错报风险的说法中，正确的有（　　）。

A. 重大错报风险是指如果存在某一错报，注册会计师实施程序后没有发现这种错报的风险

B. 重大错报风险是指财务报表在审计前存在重大错报的可能性

C. 注册会计师可以通过实施审计程序，将重大错报风险降低至适当的低水平

D. 注册会计师可以将认定层面的固有风险和控制风险，单独进行评估

14. 注册会计师不可能将检查风险消除，其主要原因包括（　　）。

A. 注册会计师通常采用抽样的方法

B. 注册会计师的审计时间受到限制

C. 注册会计师选择了不恰当的审计程序

D. 注册会计师的审计成本受到限制

15. 管理层在资产负债表中列报应收账款及其金额，下列各项属于隐含认定的有（　　）。

A. 记录的应收账款是存在的

B. 应收账款以恰当的金额包括在财务报表中，与之相关的计价或分摊调整已恰当记录

C. 所有应当记录的应收账款均已记录

D. 记录的应收账款都由被审计单位所有

通关练习答案及解析

（一）单选题

1. 【答案】A

【解析】选项 B 不正确，审计的目的是改善财务报表的质量或内涵，增强除管理层以外的预期使用者对财务报表的信赖程度，即以合理保证的方式提高财务报表的可信度，而不涉及为如何利用信息提供建议；选项 C 不正确，审计的基础是独立性和专业性。选项 D 不正确，审计的最终产品是审计报告。

2. 【答案】B

【解析】除从被审计单位内部其他来源和外部来源获取的信息外，会计记录也是重要的审计证据来源（选项 A）。同样，被审计单位雇用或聘请的专家编制的信息也可以作为审计证据（选项 B 不正确）。在某些情况下，信息的缺乏（如管理层拒绝提供注册会计师要求的声明）本身也构成审计证据，可以被注册会计师利用（选项 C）。不同来源或不同性质的证据可以证明同一项认定（选项 D），注册会计师可以考虑获取证据的成本与所获取信息有用性之间的关系。

3. 【答案】A

【解析】选项 A 不正确，审计目标分为审计的总体目标和具体审计目标。

4. 【答案】D

【解析】选项 D 错误，注册会计师的总体目标是：（1）对财务报表整体是否不存在由于舞弊或错误导致的重大错报获取合理保证，使得注册会计师能够对财务报表是否在所有重大方面按照适用的财务报告编制基础编制发表审计意见；（2）按照审计准则的规定，根据审计结果对财务报表出具审计报告，并与管理层和治理层沟通。

5. 【答案】D

【解析】选项 D 恰当，为防止现有产品因滞销而导致大量积压，甲公司采用了宽松的赊销策略。所以与应收账款的准确性、计价和分摊认定有关。

6. 【答案】C

【解析】选项 C，12 月 31 日应计提短期借款利息 50 000 元，只计提 35 000 元，属于准确性认定。

7. 【答案】D

【解析】选项D不恰当，即使注册会计师认为管理层和治理层是正直、诚实的，也不能降低保持职业怀疑的要求，不允许在获取合理保证的过程中满足于说服力不足的审计证据。

8. 【答案】C

【解析】选项C错误，随着信息技术发展，未来在审计领域离不开职业判断。

9. 【答案】B

【解析】选项B错误，会计师事务所的业绩评价机制会促进或削弱注册会计师对职业怀疑的保持程度，这取决于这些机制如何设计和执行。

10. 【答案】A

【解析】审计风险模型中的审计风险指的是可接受的审计风险，是一个既定的常数，所以如果重大错报风险较高，检查风险就要低，注册会计师就要多做程序（选项A错误，选项B正确）；检查风险是指如果存在某一错报，该错报单独或连同其他错报可能是重大的，注册会计师为将审计风险降至可接受的低水平而实施程序后没有发现这种错报的风险。检查风险取决于审计程序设计的合理性和执行的有效性（选项C正确）；当可接受的检查风险降低时，说明重大错报风险较高，注册会计师通过修改实质性程序的性质、时间安排和范围降低检查风险（选项D正确）。

11. 【答案】D

【解析】选项A不正确，重要性水平是注册会计师站在财务报表使用者的角度对财务报表错报的严重程度的判断，不能为了降低审计风险而人为调高重要性水平；注册会计师无法降低控制风险和固有风险，故选项B、C不正确；选项D正确，根据审计风险模型，审计风险＝重大错报风险×检查风险，注册会计师通过风险评估程序，了解被审计单位及其环境后评估重大错报风险，根据评估的重大错报风险确定检查风险，根据确定的检查风险来设计和实施进一步审计程序，通过实施进一步审计程序来降低检查风险。

12. 【答案】A

【解析】A选项错误，检查风险是指如果存在某一错报，该错报单独或连同其他错报可能是重大的，注册会计师为将审计风险降至可接受的低水平而实施程序后没有发现这种错报的风险。

13. 【答案】A

【解析】选项B错误，认定层次的重大错报风险可以进一步细分为固有风险和控制风险；选项C错误，注册会计师既可以对固有风险和控制风险进行单独评估，也可以进行合并评估；选项D错误，固有风险是客观的，不能通过内部控制予以降低。

14. 【答案】C

【解析】选项C不恰当，审阅属于有限保证（低于审计业务的保证水平）的鉴证业务，注册会计师需将审阅业务风险降至审阅业务环境下可接受的水平，以此作为以消极方式提出审阅结论的基础。

15. 【答案】D

【解析】选项D错误，财务报表审计并不减轻管理层或治理层的责任。

（二）多选题

1. 【答案】AD

【解析】选项A错误，责任方可能是预期使用者，但如果是唯一的预期使用者，则不能称为审计；选项D错误，被审计单位的管理层和治理层应对编制财务报表承担完全责任，而不是绝大多数责任。

2. 【答案】ABC

【解析】选项D不正确，标准化审计报告产生的缺陷导致公众产生“信息差距”，也就是说，财务报表预期使用者作出的明智投资和信托决策需要的信息，与他们从审计报告和已审计财务报表中得到的信息之间存在着较大的差距。这种“信息差距”会影响资本市场的效率和资本的成本。

3. 【答案】ABD

【解析】选项A不恰当，审计对象是历史的财务状况、经营业绩和现金流量；选项B不恰当，审计对象的载体是财务报表；选项 D 不恰当，注册会计师在运用职业判断对审计对象作出合理一致的评价或计量时，需要有适当的标准。

4. 【答案】ABD

【解析】选项 C 属于财务报告的性质导致的审计的固有限制，这种限制并不是由审计程序的性质导致的，所以不恰当。

5. 【答案】ABC

【解析】选项 A、B 不属于鉴证业务，不存在保证程度的规范要求。选项 C，鉴证业务包括审计业务、审阅业务等，而审阅业务提供的是有限保证。

6. 【答案】ABD

【解析】选项 C 不正确，注册会计师审计和政府审计的取证权限不同，政府审计具有更大的强制力，而注册会计师审计受市场行为的局限，在获取审计证据时，很大程度上有赖于企业及相关单位配合和协助，对企业及相关单位没有行政强制力。

7. 【答案】BC

【解析】审计的固有限制源于：（1）财务报告的性质（选项 D）；（2）审计程序的性质（选项 A）；（3）在合理的时间内以合理的成本完成审计的需要。

8. 【答案】AB

【解析】选项 C、D 属于与交易与事项及相关披露相关的认定。

9. 【答案】ACD

【解析】甲公司少提了 3 月份的折旧，会造成设备的账面价值不准确，同时该设备用来生产产品，会造成设备的折旧计入存货成本的金额不准确，如果生产的产品售出，会造成营业成本记录的不准确，故选项 A、C、D 是恰当的。

10. 【答案】AC

【解析】选项 B 不正确，将已经出售商品，买方寄存商品列入被审计单位的存货中，违反了权利和义务目标；选项 D 不正确，如果在销售交易中，在销售收入账中记录金额与发票上的价格不符，违反了准确性目标。

11. 【答案】ABCD

【解析】衡量职业判断质量可以基于下列三个方面：（1）准确性或意见一致性；（2）决策一贯性和稳定性；（3）可辩护性。

12. 【答案】ABC

【解析】对于选项 D，盐业生产企业销售的食盐，从性质上固有风险较低。

13. 【答案】BD

【解析】重大错报风险是指财务报表在审计前存在重大错报的可能性，故选项 A 错误，选项 B 正确。选项 C 错误，重大错报风险与被审计单位的风险相关，且独立于财务报表审计而存在，注册会计师不能降低重大错报风险。选项 D 正确，注册会计师可以对固有风险和控制风险进行单独评估，也可以对两者进行合并评估。

14. 【答案】AC

【解析】注册会计师不可能将检查风险降低为零的原因包括注册会计师通常不对所有的交易、账户余额和披露进行检查，以及其他原因，其他原因包括注册会计师可能选择了不恰当的审计程序、审计过程执行不当，或者错误解读了审计结论。故选项 A、C 正确。

15. 【答案】CD

【解析】选项 A、B 属于明确的认定。

第二章　审计计划

2021 年教材内容主要变化

本章内容无变化。

本章近五年考情统计分析

本章考题主要以客观题和主观题（简答题）为主，但是针对个别的知识点（如重要性等），也可以结合审计实务（教材第三编内容），以主观题（综合题）的形式考查。

本章属于重要的考试章节之一，最近五年平均考试分值一般在 6 分左右。

（一）近五年考试分值分布

题型	2016 年	2017 年	2018 年	2019 年	2020 年
单选题	3	2	1	3	3
多选题	2	—	4	4	2
简答题	—	—	—	—	—
综合题	1	—	4. 5	—	0. 5
合计	6	2	9. 5	7	5. 5

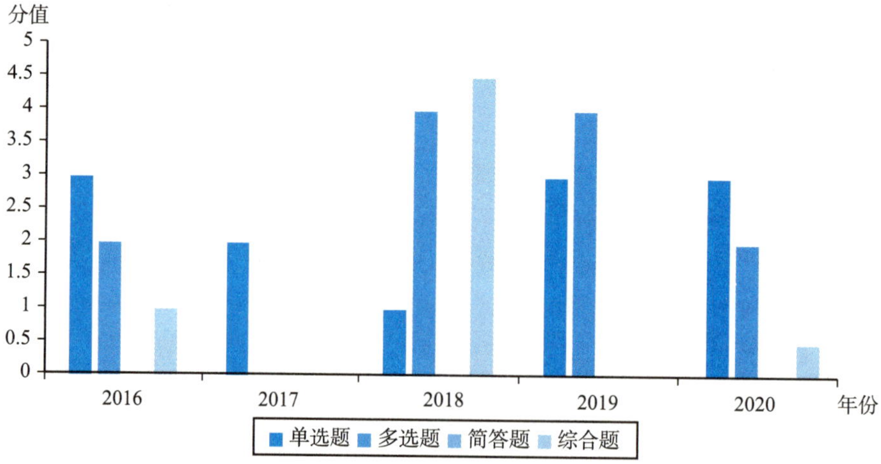

（二）近五年考试考点分布

高频考点内容	年度及题型分布
实际执行重要性	2018 年单选、2018 年综合、2017 年单选、2016 年综合
业务约定书	2019 年单选、2018 年多选、2016 年单选
明显小微错报临界值	2019 年多选、2018 年多选、2018 年综合
重要性	2020 年单选、2020 年多选、2019 年单选、2016 年单选
错报及评价	2018 年综合、2016 年单选
初步业务活动	2020 年单选、2019 年多选、2016 年多选
审计计划	2020 年综合、2019 年单选

重难点解析

本章内容属于审计原理的基础章节，主要阐述初步业务活动的目的和内容、审计的前提条件、审计业务约定书、具体审计计划、重要性的含义、重要性水平的确定、对错报的考虑等。

【小贴士】对本章内容的学习，需要结合后续有关章节内容。例如，初步业务活动的目的和内容与教材第七编（质量控制）；具体审计计划、重要性水平、对错报的考虑与教材第四编（各类交易和账户余额的审计）。

重难点 1：初步业务活动的目的和内容★★

（一）初步业务活动的目的

（1）确保注册会计师具备执行业务所需要的独立性和专业胜任能力；

（2）确定不存在因管理层诚信问题而可能影响注册会计师保持该项业务意愿的情况；

（3）确保会计师事务所与被审计单位之间不存在对业务约定条款的误解。

（二）初步业务活动的内容

（1）针对保持客户关系和具体审计业务实施相应的质量控制程序；

（2）评价遵守职业道德规范的情况，如评价独立性等；

（3）就业务约定条款与被审计单位达成一致理解。

【经典例题】

【真题·多选题】（2019）下列各项中，属于注册会计师应当进行的初步业务活动的有（　　）。

A. 评价遵守相关职业道德要求的情况

B. 确定审计范围和项目组成员

C. 就审计业务约定条款与被审计单位达成一致

D. 针对接受或保持客户关系实施相应质量控制程序

【答案】ACD

【解析】注册会计师初步业务活动的内容包括：（1）针对保持客户关系和具体审计业务实施相应的质量控制程序；（2）评价遵守相关职业道德要求的情况；（3）就审计业务约定条款达成一致意见。而选项 B，确定审计范围和项目组成员属于业务承接后，制定总体审计策略考虑的事项。

【真题·多选题】（2018）下列各项中，会计师事务所在执行客户接受与保持程序时应当获取相关信息的有（　　）。

A. 具有执行业务必要的素质和专业胜任能力

B. 没有信息表明客户缺乏诚信

C. 能够遵守相关职业道德要求

D. 具有执行业务必要的时间和资源

【答案】ABCD

【解析】会计事务所应当制定有关客户关系和具体业务接受与保持的政策和程序，以合理保证只有在下列情况下，才能接受或保持客户关系和具体业务：（1）能够胜任该项业务，并具有执行该项业务必要的素质、时间和资源（选项A、选项D）；（2）能够遵守相关职业道德要求（选项C）；（3）已考虑客户的诚信，没有信息表明客户缺乏诚信（选项B）。

重难点2：审计的前提条件★★★

审计的前提条件主要包括管理层在编制财务报表时采用可接受的财务报告编制基础，以及就管理层的责任与注册会计师达成一致意见。

（一）财务报告编制基础适当，且能够为预期使用者获取

承接鉴证业务的条件之一是标准适当，且能够为预期使用者获取。因此，作为鉴证业务之一的审计业务，亦是如此。

【经典例题】

【真题·单选题】（2020）下列各项因素中，注册会计师在确定财务报告编制基础的可接受性时通常无需考虑的是（　　）。

A. 编制财务报表的目的

B. 注册会计师是否充分了解财务报告编制基础

C. 法律法规是否规定了适用的财务报告编制基础

D. 被审计单位的性质

【答案】B

【解析】在确定编制财务报表所采用的财务报告编制基础的可接受性时，注册会计师需要考虑下列相关因素：第一，被审计单位的性质（选项D）；第二，财务报表的目的（选项A）；第三，财务报表的性质（例如，财务报表是整套财务报表还是单一财务报表）；第四，法律法规是否规定了适用的财务报告编制基础（选项C）。

（二）就管理层的责任达成一致意见

管理层认可并理解其责任，是审计工作的前提，这对独立审计工作是至关重要的。

（1）按照适用的财务报告编制基础编制财务报表，并使其实现公允反映。

实现公允列报的报告目标非常重要，因而在与管理层达成一致意见的执行审计工作的前提中需要特别提及公允列报，或需要特别提及管理层负有确保财务报表根据财务报告编制基础编制并使其实现公允反映的责任。

（2）设计、执行和维护必要的内部控制，以使财务报表不存在由于舞弊或错误导致的重大错报。

由于内部控制的固有限制，无论其如何有效，也只能合理保证被审计单位实现其财务报告目标。注册会计师按照审计准则的规定执行的独立审计工作，不能代替管理层维护编制财务报表所需要的内部控制。因此，注册会计师需要就管理层认可并理解其与内部控制有关的责任与管理层达成共识。

（3）向注册会计师提供必要的工作条件。

包括允许注册会计师接触与编制财务报表相关的所有信息（如记录、文件和其他事项），向注册会计师提供审计所需要的其他信息，允许注册会计师在获取审计证据时不受限制地接触其认为必要的内部人员和其他相关人员。

【经典例题】

【真题·单选题】（2018）下列各项中，不属于财务报表审计的前提条件的是（　　）。

A. 管理层设计、执行和维护必要的内部控制，以使财务报表不存在由于舞弊或错误导致的重大错报

B. 管理层按照适用的财务报表编制基础编制财务报表，并使其实现公允反映

C. 管理层承诺将更正注册会计师在审计过程中识别出的重大错报

D. 管理层向注册会计师提供必要的工作条件

【答案】C

【解析】是否更正重大错报是在承接业务后才需要考虑的，一般考虑对审计意见的影响，故选项 C 不属于财务报表审计的前提条件。

【真题·单选题】（2020）下列各项因素中，注册会计师在确定财务报告编制基础的可接受性时通常无需考虑的是（　　）。

A. 被审计单位的性质

B. 编制财务报表的目的

C. 注册会计师是否充分了解财务报告编制基础

D. 法律法规是否规定了适用的财务报告编制基础

【答案】C

【解析】在确定编制财务报表所采用的财务报告编制基础的可接受性时，注册会计师需要考虑下列相关因素：第一，被审计单位的性质；第二，财务报表的目的；第三，财务报表的性质；第四，法律法规是否规定了适用的财务报告编制基础。故 C 选项错误。

重难点 3：审计业务约定书★★

审计业务约定书是指会计师事务所与被审计单位签订的，用以记录和确认审计业务的委托与受托关系、审计目标和范围、双方的责任以及报告的格式等事项的书面协议。

【小贴士】会计师事务所承接任何审计业务，都应与被审计单位签订审计业务约定书。

（一）审计业务约定书的基本内容

审计业务约定书的具体内容和格式可能因被审计单位的不同而不同，但应当包括以下主要内容：

（1）财务报表审计的目标与范围；

（2）注册会计师的责任；

（3）管理层的责任；

（4）指出用于编制财务报表所适用的财务报告编制基础；

（5）提及注册会计师拟出具的审计报告的预期形式和内容，以及对在特定情况下出具的审计报告可能不同于预期形式和内容的说明。

（二）审计业务约定书的特殊考虑

1. 考虑特定需要

【经典例题】

【例题·多选题】如下项目中，属于在审计业务约定书中考虑特定需要的有（　　）。

A. 财务报表审计的目标与范围

B. 关于注册会计师按照《中国注册会计师审计准则第 1504 号——在审计报告中沟通关键审计事项》的规定，在审计报告中沟通关键审计事项的要求

C. 预期管理层将允许注册会计师接触管理层知悉的与财务报表编制相关的所有信息（包括与披露相关的所有信息）

D. 管理层同意向注册会计师及时提供财务报表草稿（包括与财务报表及披露的编制相关的所有信息）和其他所有附带信息（如有），以使注册会计师能够按照预定的时间表完成审计工作

【答案】BCD

【解析】选项 A，属于审计业务约定书的基本内容。

2. 组成部分的审计

3. 连续审计

4. 审计业务约定条款的变更

在完成审计业务前，如果被审计单位或委托人要求将审计业务变更为保证程度较低的业务，注册会计师应当确定是否存在合理理由予以变更。如果没有合理的理由，注册会计师不应同意变更业务。具体业务的变更的原因主要包括以下三个方面：

（1）环境变化对审计服务的需求产生影响；

（2）对原来要求的审计业务的性质存在误解；

（3）无论是管理层施加的还是其他情况引起的审计范围受到限制。

上述第（1）项和第（2）项通常被认为

是变更业务的合理理由，但如果有迹象表明该变更要求与错误的、不完整的或者不能令人满意的信息相关，注册会计师不应认为该变更是合理的。

【经典例题】

【真题·单选题】（2019）通常无需包含在审计业务约定书中的是（　　）。

A. 财务报表审计的目标与范围

B. 出具审计报告的日期

C. 用于编制财务报表所适用的财务报告编制基础

D. 管理层和治理层的责任

【答案】B

【解析】审计业务约定书的具体内容和格式可能因被审计单位的不同而不同，但应当包括以下主要内容：（1）财务报表审计的目标与范围；（2）注册会计师的责任；（3）管理层的责任；（4）指出用于编制财务报表所适用的财务报告编制基础；（5）提及注册会计师拟出具的审计报告的预期形式和内容，以及对在特定情况下出具的审计报告可能不同于预期形式和内容的说明。故选项B不属于审计业务约定的内容。

【真题·多选题】（2018）下列各项中，通常可以作为变更审计业务的合理理由的有（　　）。

A. 环境变化对审计服务的需求产生影响

B. 客观因素导致审计范围受到限制

C. 委托方对原来要求的审计业务的性质存在误解

D. 管理层对审计范围施加限制

【答案】AC

【解析】无论是管理层施加的还是其他情况引起的审计范围受到限制都不认为是变更审计业务的合理理由，故选项B、选项D不正确。

重难点4：具体审计计划★★

具体审计计划比总体审计策略更加详细，其内容包括为获取充分、适当的审计证据以将审计风险降至可接受的低水平，项目组成员拟实施的审计程序的性质、时间和范围。

1. 风险评估程序（第七章讲述）

为了充分识别和评估财务报表重大错报风险，注册会计师计划实施的风险评估程序的性质、时间安排和范围。

2. 进一步审计程序（第八章讲述）

针对评估的认定层次的重大错报风险，注册会计师计划实施的进一步审计程序的性质、时间安排和范围，即控制测试和实质性程序的性质、时间安排和范围。进一步审计程序包括控制测试和实质性程序。

3. 计划的其他审计程序（第四编讲述）

其他审计程序是指上述进一步审计程序的计划中没有涵盖的，根据其他审计准则的要求注册会计师应当执行的既定程序。

在审计计划阶段，除了按照《中国注册会计师审计准则第1211号——通过了解被审计单位及其环境识别和评估重大错报风险》进行计划工作，注册会计师还需要兼顾其他准则中规定的、针对特定项目在审计计划阶段应执行的程序及记录要求。例如，《中国注册会计师审计准则第1141号——财务报表审计中与舞弊相关的责任》（第十三章讲述）、《中国注册会计师审计准则第1324号——持续经营》（第十七章讲述）、《中国注册会计师审计准则第1142号——财务报表审计中对法律法规的考虑》（第十三章讲述）及《中国注册会计师审计准则第1323号——关联方》（第十七章讲述）等准则中对注册会计师针对这些特定项目在审计计划阶段应当执行的程序及其记录作出了规定。

【经典例题】

【真题·单选题】（2020）下列有关计划审计工作的说法中，错误的是（　　）。

A. 在制定总体审计策略时，注册会计师应当考虑初步业务活动的结果

B. 注册会计师制定的具体审计计划应当

包括风险评估程序、计划实施的进一步审计程序和其他审计程序

C. 注册会计师在制定审计计划时，应当确定对项目组成员的工作进行复核的性质、时间安排和范围

D. 具体审计计划通常不影响总体审计策略

【答案】D

【解析】注册会计师应当针对总体审计策略中所识别的不同事项，制定具体审计计划，并考虑通过有效利用审计资源以实现审计目标。值得注意的是，虽然制定总体审计策略的过程通常在具体审计计划之前，但是两项计划具有内在紧密联系，对其中一项的决定可能会影响甚至改变对另外一项的决定，故选项D错误。

【真题·多选题】（2016）下列各项中，属于具体审计计划的活动的有（　　）。

A. 确定重要性

B. 确定是否需要实施项目质量控制复核

C. 确定风险评估程序的性质、时间安排和范围

D. 确定进一步审计程序的性质、时间安排和范围

【答案】CD

【解析】选项A、选项B属于制定总体审计策略时需要考虑的内容。

重难点5：重要性的含义★★★

（一）含义

（1）如果合理预期错报单独或汇总起来可能影响财务报表使用者的经济决策，则错报是重大的；

（2）对重要性的判断是根据具体环境作出的，并受错报金额、性质或受两者共同作用的影响；

（3）判断某事项对财务报表使用者是否重大，是在考虑财务报表使用者整体共同的财务信息需求的基础上作出的。

【小贴士】由于不同财务报表使用者对财务信息的需求可能差异很大，因此不考虑错报对个别财务报表使用者可能产生的影响。

【真题1·单选题】（2020）下列有关财务报表整体的重要性的说法中，错误的是（　　）。

A. 注册会计师应当从定性和定量两个方面考虑财务报表整体的重要性

B. 财务报表的审计风险越高，财务报表整体的重要性金额越高

C. 财务报表整体的重要性可能需要在审计过程中作出修改

D. 注册会计师应当在制定总体审计策略时确定财务报表整体的重要性

【答案】B

【解析】财务报表的审计风险越高，财务报表整体的重要性金额越低，故选项B错误。

（二）财务报表审计流程中运用重要性的主要节点

1. 计划和实施报表审计工作阶段

（1）确定风险评估程序的性质、时间安排和范围；

（2）识别和评估重大错报风险；

（3）确定进一步审计程序的性质、时间安排和范围。

2. 审计报告阶段

（1）评价识别出的错报对财务报表的影响；

（2）评价未更正错报对审计报告中审计意见的影响。

【小贴士】在整个业务过程中，随着审计工作的进展，注册会计师应当根据所获得的新信息更新重要性。

【经典例题】

【真题·单选题】（2019）下列各项中，不属于注册会计师使用财务报表整体重要性的目的的是（　　）。

A. 识别和评估重大错报风险

B. 决定风险评估程序的性质、时间安排和范围

C. 确定审计中识别出的错报是否需要累积

D. 评价已识别的错报对审计意见的影响

【答案】C

【解析】注册会计师使用整体重要性水平（将财务报表作为整体）的目的有：(1) 决定风险评估程序的性质、时间安排和范围；(2) 识别和评估重大错报风险；(3) 确定进一步审计程序的性质、时间安排和范围。选项C，确定审计中识别出的错报是否需要累积，是在错报沟通阶段明显微小错报的运用。

重难点6：重要性水平的确定★★★

在计划审计工作时，注册会计师应当确定一个合理的重要性水平，以发现在金额上重大的错报。

（一）财务报表整体的重要性（重要性水平）

由于财务报表审计的目标是注册会计师通过执行审计工作对财务报表发表审计意见，因此，注册会计师应当考虑财务报表整体的重要性（整体的重要性水平）。只有这样，才能得出财务报表是否公允反映的结论。

1. 重要性水平确定的时间

在计划审计工作（制定总体审计策略）时，注册会计师应当确定一个可接受的重要性水平，以发现在金额上重大的错报，以此作为衡量重大错报的界限。

2. 重要性水平确定的方法

财务报表层次的重要性水平确定尽管需要专业判断，但是一般可采用如下公式：

重要性水平 = 基准 × 百分比

(1) 适当的基准。

选择适当的基准需要综合考虑以下5项因素：

①报表要素（如资产、负债、所有者权益、收入和费用）。

②是否存在财务报表使用者特别关注的项目。

③被审计单位的性质、所处的生命周期阶段（成立/成长/成熟）以及所处行业和经济环境。

例如，对于以营利为目的的实体，通常以经常性业务的税前利润作为基准。

④被审计单位的所有权结构和融资方式。

例如，如果被审计单位仅通过债务而非权益进行融资，财务报表使用者可能更关注资产及资产的索偿权，而非被审计单位的收益。

⑤基准的相对波动性。如果经常性业务的税前利润不稳定，选用其他基准可能更加合适，如毛利或营业收入。

【小贴士】如果被审计单位的经营规模较上年度没有重大变化，通常使用替代性基准确定的重要性不宜超过上年度的重要性。

【经典例题】

【真题·多选题】(2020) 下列各项审计工作中，注册会计师需要使用财务报表整体重要性的有（　　）。

A. 决定风险评估程序的性质、时间安排和范围

B. 识别和评估重大错报风险

C. 评价已识别的错报时财务报表的影响

D. 确定实际执行的重要性

【答案】ABCD

【解析】注册会计师使用整体重要性水平（将财务报表作为整体）的目的有：(1) 决定风险评估程序的性质、时间安排和范围；(2) 识别和评估重大错报风险；(3) 确定进一步审计程序的性质、时间安排和范围。在整个业务过程中，随着审计工作的进展，注册会计师应当根据所获得的新信息更新重要性。在形成审计结论阶段，要使用整体重要性水平和为了特定类别交易、账户余额和披露而确定的较低金额的重要性水平来评价已识别的错报对财务报表的影响和对审计报告中审计意见的影响。通常而言，实际执行的重要性通常为财务报表整体重要性的50%~75%，所以在确定实际执行的重要性时，也需要使用财务报表整体的重要性，故选择选项A、B、C、D。

【真题·单选题】（2020）下列有关财务报表整体的重要性的说法中，错误的是（　　）。

A. 注册会计师应当从定性和定量两个方面考虑财务报表整体的重要性

B. 财务报表使用者的范围越广，财务报表整体的重要性金额越低

C. 注册会计师应当在制定具体审计计划时确定财务报表整体的重要性

D. 财务报表整体的重要性可能需要在审计过程中作出修改

【答案】C

【解析】注册会计师应当在制定总体审计策略时确定财务报表整体的重要性，故选项C错误。

【真题·多选题】（2019）下列各项因素中，注册会计师在确定财务报表整体重要性时通常需考虑的有（　　）。

A. 被审计单位所处行业和经济环境

B. 被审计单位所处的生命周期

C. 以前年度是否存在审计难度

D. 财务报表预期使用者的范围

【答案】ABD

【解析】注册会计师在选择基准时，通常考虑被审计单位的性质、所处的生命周期以及所处行业和经济环境；而在为选定的基准确定百分比时，要考虑财务报表使用者的范围。而注册会计师在确定财务报表整体重要性时无需考虑以前年度的审计情况，如以前年度是否存在审计难度等。故选项C不属于考虑的因素。

【真题·单选题】（2016）下列有关在确定财务报表整体的重要性时选择基准的说法中，正确的是（　　）。

A. 注册会计师应当充分考虑被审计单位的性质和重大错报风险，选取适当的基准

B. 对于以营利为目的的被审计单位，注册会计师应当选取税前利润作为基准

C. 基准一经选定，需在各年度中保持一致

D. 基准可以是本期财务数据的预算和预测结果

【答案】D

【解析】选项A错误，注册会计师在确定重要性基准时，不需要考虑重大错报风险；选项B错误，对于以营利为目的的被审计单位，注册会计师通常选取经常性业务的税前利润作为基准；选项C错误，重要性水平的基准是可以根据被审计单位的实际情况变化的，并不是各年度中保持一致。

（2）适当的百分比。

在确定百分比时，除了考虑被审计单位是否为上市公司或公众利益实体外，其他因素也会影响注册会计师对百分比的选择，这些因素包括但不限于：

①财务报表使用者的范围；

②被审计单位是否由集团内部关联方提供融资或是否有大额对外融资（如债券或银行贷款）；

③财务报表使用者是否对基准数据特别敏感（如特殊目的财务报表的使用者）。

【小贴士】经常性业务的税前利润对应的百分比通常比营业收入对应的百分比要高。对以营利为目的的制造行业实体，经常性业务的税前利润的5%是适当的；对非营利组织，总收入或费用总额的1%是适当的。

（二）特定类别的交易、账户余额或披露的重要性（重要性水平）

特定类别的交易、账户余额或披露发生错报时，虽然错报金额低于财务报表整体的重要性，但如能合理预期该错报可能影响报表使用者作出的经济决策，这些使用者可能根据这些认定作出决策（例如，关联方交易、预计负债的完整性等），应确定该认定的重要性水平。

【小贴士】在此主要强调特定类别的交易、账户余额或披露，不是所有的交易、账户余额或披露，这需要运用职业判断。

【经典例题】

【真题·多选题】（2020）下列各项因素中，可能表明注册会计师需要确定特定类别交易、账户余额或披露的重要性水平的有（　　）。

A. 是否存在与被审计单位所处行业相关的关键性披露

B. 财务报表使用者是否特别关注财务报表中单独披露的业务的特定方面

C. 是否存在对特定财务报表使用者的决策可能产生影响的披露

D. 适用的财务报告编制基础是否影响财务报表使用者对特定项目计量或披露的预期

【答案】ABD

【解析】根据被审计单位的特定情况，下列因素可能表明存在一个或多个特定类别的交易、账户余额或披露，其发生的错报金额虽然低于财务报表整体的重要性，但合理预期将影响财务报表使用者依据财务报表作出的经济决策：（1）法律法规或适用的财务报告编制基础是否影响财务报表使用者对特定项目计量或披露的预期（选项D）；（2）与被审计单位所处行业相关的关键性披露（选项A）；（3）财务报表使用者是否特别关注财务报表中单独披露的业务的特定方面（选项B）。

（三）实际执行的重要性（重要性水平）

1. 定义

实际执行的重要性，是指注册会计师确定的低于财务报表整体的重要性的一个或多个金额，旨在将未更正和未发现错报的汇总数超过财务报表整体的重要性的可能性降至适当的低水平。

如果适用，实际执行的重要性还指注册会计师确定的低于特定类别的交易、账户余额或披露的重要性水平的一个或多个金额。

2. 确定实际执行的重要性应考虑的因素

（1）对被审计单位的了解（在实施风险评估程序的过程中会得到更新）；

（2）前期审计工作中识别出的错报的性质和范围；

（3）根据前期识别出的错报对本期错报作出的预期。

3. 实际执行的重要性在审计中的作用

（1）注册会计师在计划审计工作时可以根据实际执行的重要性确定需要对哪些类型的交易、账户余额和披露实施进一步审计程序。

通常选取金额超过实际执行的重要性的财务报表项目，因为这些财务报表项目有可能导致财务报表出现重大错报。

【小贴士】上述观点不代表注册会计师可以对所有金额低于实际执行的重要性的财务报表项目不实施进一步审计程序，这主要出于以下考虑：

①单个金额低于实际执行的重要性的财务报表项目汇总起来可能金额重大（可能远远超过财务报表整体的重要性），注册会计师需要考虑汇总后的潜在错报风险；

②对于存在低估风险的财务报表项目，不能仅仅因为其金额低于实际执行的重要性而不实施进一步审计程序；

③对于识别出存在舞弊风险的财务报表项目，不能因为其金额低于实际执行的重要性而不实施进一步审计程序。

（2）运用实际执行的重要性确定进一步审计程序的性质、时间安排和范围。

例如，在实施实质性分析程序时，注册会计师确定的已记录金额与预期值之间的可接受差异额通常不超过实际执行的重要性。

又如，在运用审计抽样实施细节测试时，注册会计师可以将可容忍错报的金额设定为等于或低于实际执行的重要性。

4. 确定实际执行的重要性的经验值

【小贴士】通常而言，财务报表层次实际执行的重要性为财务报表整体重要性的50%～75%。

（1）接近财务报表整体重要性50%的情况。

①首次接受委托的审计项目；

②连续审计项目，以前年度审计调整较多；

③项目总体风险较高，例如处于高风险行业、管理层能力欠缺、面临较大市场竞争压力或业绩压力等；

④存在或预期存在值得关注的内部控制缺陷。

（2）接近财务报表整体重要性75%的情况。

①连续审计项目，以前年度审计调整较少；

②项目总体风险为低到中等，例如处于非高风险行业、管理层有足够能力、面临较低的市场竞争压力和业绩压力等；

③以前期间的审计经验表明内部控制运行有效。

【小贴士】在实际运用时为了简化，一般可以选择财务报表整体重要性的50%或者75%。

【经典例题】

【真题·单选题】（2020）下列有关实际执行的重要性的说法中，错误的是（　　）。

A. 实际执行的重要性应当低于财务报表整体的重要性

B. 在所有审计业务中，注册会计师都应当确定实际执行的重要性

C. 注册会计师可以确定一个或多个实际执行的重要性

D. 注册会计师无需对金额低于实际执行的重要性的财务报表项目实施进一步审计程序

【答案】D

【解析】注册会计师在计划审计工作时可以根据实际执行的重要性确定需要对哪些类型的交易、账户余额和披露实施进一步审计程序，即通常选取金额超过实际执行的重要性的财务报表项目，因为这些财务报表项目有可能导致财务报表出现重大错报。但是，这不表明注册会计师可以对所有金额低于实际执行的重要性的财务报表项目不实施进一步审计程序，这主要出于以下考虑：（1）单个金额低于实际执行的重要性的财务报表项目汇总起来可能金额重大（可能远远超过财务报表整体的重要性），注册会计师需要考虑汇总后的潜在错报风险；（2）对于存在低估风险的财务报表项目，不能仅仅因为其金额低于实际执行的重要性而不实施进一步审计程序；（3）对于识别出存在舞弊风险的财务报表项目，不能因为其金额低于实际执行的重要性而不实施进一步审计程序，故选项D错误。

【真题·单选题】（2019）下列因素中，注册会计师在确定实际执行的重要性时无需考虑的是（　　）。

A. 是否为首次接受委托的审计项目

B. 是否存在财务报表使用者特别关注的项目

C. 是否存在值得关注的内部控制缺陷

D. 前期审计中识别出的错报的数量和性质

【答案】B

【解析】通常而言，实际执行的重要性通常为财务报表整体重要性的50%～75%。

例如，如果存在下列情况，注册会计师可能考虑选择较低的百分比来确定实际执行的重要性：首次接受委托的审计项目；连续审计项目，以前年度审计调整较多；项目总体风险较高，例如处于高风险行业、管理层能力欠缺、面临较大市场竞争压力或业绩压力等；存在或预期存在值得关注的内部控制缺陷。而是否存在财务报表使用者特别关注的项目一般在确定重要性基准时需要考虑的，故选择选项B。

重难点7：对错报的考虑★★★

（一）错报的概念

错报是指某一财务报表项目的金额、分类、列报或披露与按适用的财务报告编制基础应列示的金额、分类、列报或披露之间存在的差异；或者根据注册会计师的判断，为使财务报表在所有重大方面实现公允反映，需要对金额、分类、列报作出的必要调整。

（二）错报的成因

（1）收集或处理用以编制财务报表的数据时出现错误；

（2）遗漏某项金额或披露；

（3）由于疏忽或明显误解有关事实作出不正确的会计估计；

（4）注册会计师认为管理层对会计估计作出不合理的判断或对会计政策作出不恰当的选择和运用；

（5）信息的分类、汇总或分解不恰当。

【经典例题】

【例题·多选题】下列各项中，通常属于错报形成根源的有（　　）。

A. 收集或处理用以编制财务报表的数据时出现错误

B. 遗漏某项金额或披露

C. 由于疏忽或明显误解有关事实作出不正确的会计估计

D. 信息的分类、汇总或分解不恰当

【答案】ABCD

【解析】错报的成因主要包括：（1）收集或处理用以编制财务报表的数据时出现错误（选项A）；（2）；遗漏某项金额或披露（选项B）；（3）由于疏忽或明显误解有关事实作出不正确的会计估计（选项C）；（4）注册会计师认为管理层对会计估计作出不合理的判断或对会计政策作出不恰当的选择和运用；（5）信息的分类、汇总或分解不恰当（选项D）。

（三）明显微小错报

1. 总体要求

注册会计师在制定总体审计策略和审计计划时，需要确定一个明显微小错报的临界值，低于该临界值的错报视为明显微小的错报，可以不累积。

2. 确定临界值应当考虑的因素

（1）以前年度审计中识别出的错报（包括已更正和未更正错报）的数量和金额；

（2）重大错报风险的评估结果；

（3）被审计单位治理层和管理层对注册会计师与其沟通错报的期望；

（4）被审计单位的财务指标是否勉强达到监管机构的要求或投资者的期望。

3. “明显微小错报”不等同于“不重大错报”

（1）明显微小错报的临界值可能是财务报表整体重要性的3%～5%，一般不超过财务报表整体重要性的10%。

（2）“不重大错报”有两种情形：

①如果针对某一交易、账户余额或披露认定层次，“不重大错报”是指低于对应的“实际执行的重要性”的错报。

②如果针对判断审计意见类型时，“不重大错报”是指低于“财务报表整体的重要性”的错报。

【经典例题】

【真题·多选题】（2018）下列各项因素中，注册会计师在确定明显微小错报的临界值时通常需要考虑的有（　　）。

A. 以前年度审计中识别出的错报的数量和金额

B. 财务报表使用者的经济决策受错报影响的程度

C. 重大错报风险的评估结果

D. 被审计单位的财务指标是否勉强达到监管机构的要求

【答案】ACD

【解析】在确定明显微小错报的临界值时，注册会计师可能考虑以下因素：（1）以前年度审计中识别出的错报的数量和金额（选项A）；（2）重大错报风险的评估结果（选项C）；（3）被审计单位治理层和管理层对注册会计师与其沟通错报的期望；（4）被审计单位的财务指标是否勉强达到监管机构的要求或投资者的期望（选项D）。而选项B，财务报表使用者的经济决策受错报影响的程度，不属于考虑的因素。

（四）错报的分类

1. 事实错报

事实错报是指毋庸置疑的错报。

2. 判断错报

判断错报是指管理层对会计估计作出不合理的判断或不恰当地选择和运用会计政策而导致的差异。

3. 推断错报

推断错报指通过测试样本估计出的总体的错报减去在测试中发现的已经识别的具体错报。

通关练习

（一）单选题

1. 注册会计师按照审计准则执行工作的前提是管理层认可并理解其责任，下列有关管理层责任的说法中，错误的是（　　）。

A. 按照适用的财务报告编制基础编制财务报表，并使其实现公允反映

B. 设计、执行和维护必要的内部控制，以使财务报表不存在错报

C. 向注册会计师提供必要的工作条件

D. 允许注册会计师在获取审计证据时不受限制地接触其认为必要的内部人员

2. 下列关于计划审计工作的说法中，错误的是（　　）。

A. 计划审计工作贯穿审计全过程

B. 计划审计工作包括考虑审计程序性质和时间决策

C. 计划审计工作的性质和范围，将因审计业务情况的变化、被审计单位的规模和复杂程度等不同而不同

D. 审计工作底稿中只需记录在审计过程中对具体审计计划作出的重大修改，无需记录理由

3. 在总体审计策略阶段，下列各项中与考虑重大错报风险较高的审计领域最相关的是（　　）。

A. 审计资源

B. 报告目标、时间安排及所需沟通的性质

C. 审计方向

D. 审计范围

4. 注册会计师在制定总体审计策略的审计资源的规划时，以下不属于对审计资源规划所需考虑的事项是（　　）。

A. 就复杂的问题考虑是否聘请专家

B. 由谁负责指导助理人员的工作

C. 何时召开项目组成员讨论会

D. 项目组审计工作总体涵盖的范围

5. 下列有关在确定财务报表整体的重要性时选择基准的说法中，正确的是（　　）。

A. 对于以营利为目的的被审计单位，注册会计师应当选取营业收入作为基准

B. 对于国际企业集团设立的研发中心，注册会计师应当选取研发收入作为基准

C. 根据被审计单位的经营情况的变化，重要性水平的基准可以根据实际来变化

D. 基准不能是本期财务数据的预算和预测结果

6. 下列情形中，注册会计师通常考虑采用75%百分比，确定实际执行的重要性的是（　　）。

A. 连续审计情形下，以前年度审计调整较少

B. 被审计单位首次接受委托执行审计

C. 被审计单位审计年度面临较大的竞争压力

D. 预期本年被审计单位存在较多值得关注的内部控制缺陷

7. 下列关于实际执行的重要性的说法中，不正确的是（　　）。

A. 注册会计师应当确定实际执行的重要性，不能超过财务报表整体重要性

B. 注册会计师根据实际执行的重要性确定对哪些类型的交易、账户余额和披露实施进一步审计程序

C. 以前年度审计调整越多，评估的项目总体风险越高，实际执行的重要性通常为财务报表整体重要性的75%

D. 注册会计师应当确定实际执行的重要性，以评估重大错报风险并实施进一步审计程序

8. A注册会计师首次承接W公司2020年度财务报表审计业务，确定的W公司财务报表整体的重要性水平为200万元，则实际执行的重要性水平下列适当的是（　　）万元。

A. 180　　　　B. 100

C. 10　　　　　D. 150

9. 下列各项因素中，注册会计师在确定明显微小错报临界值时，通常无需考虑的是（　　）。

A. 以前年度审计中识别出的错报

B. 被审计单位的财务指标是否勉强达到监管机构的要求或投资者的期望

C. 被审计单位治理层和管理层对注册会计师与其沟通错报的期望

D. 被审计单位的财务报表预期使用者范围

10. 下列选项中，关于错报的理解错误的是（　　）。

A. 错报可能是由于错误或舞弊导致的

B. 注册会计师认为管理层对会计估计作出不合理的判断或对会计政策作出不恰当的选择和运用可能导致错报

C. 错报不包括因疏忽遗漏的金额

D. 明显微小错报不需要累积

11. 下列各项中，不属于审计业务约定书基本内容的是（　　）。

A. 财务报表审计的目标

B. 财务报表审计的范围

C. 收费的计算基础和收费安排

D. 注册会计师拟出具的审计报告的预期形式和内容

12. 下列各项有关审计计划的说法中，正确的是（　　）。

A. 审计计划分为总体审计策略和具体审计计划两个层次

B. 制定总体审计策略应该考虑管理层认定

C. 总体审计策略影响具体审计计划，因此不存在根据具体审计计划调整总体审计策略的情形

D. 确定实际执行的重要性属于具体审计计划内容

13. 下列各项，不属于在确定实际执行的重要性时考虑的因素是（　　）。

A. 了解被审计单位，实施风险评估程序的结果

B. 前期审计工作中识别出的错报的性质和范围

C. 注册会计师根据前期情况对本期错报作出的预期

D. 报表使用者的期望值

14. 以下项目中，不属于注册会计师修改重要性水平的合理理由的是（　　）。

A. 审计过程中获取新信息

B. 被审计单位决定的一个重要组成部分

C. 约定的审计收费基础发生变化

D. 通过实施进一步审计程序，注册会计师对被审计单位及其经营所了解的情况发生变化

15. 实际执行的重要性通常为财务报表整体重要性的50% ~75%，下列项目属于接近财务报表整体重要性50%的是（　　）。

A. 连续接受委托的审计项目

B. 以前年度审计调整较少

C. 存在或预期存在值得关注的内部控制缺陷

D. 以前期间的审计经验表明内部控制运行有效

（二）多选题

1. 下列各项，属于注册会计师开展的初步业务活动的内容有（　　）。

A. 与被审计单位之间不存在对业务约定条款的误解

B. 评价遵守相关职业道德要求的情况

C. 针对保持客户关系和具体审计业务实施相应的质量控制程序

D. 就审计业务约定条款达成一致意见

2. 下列各项，属于开展初步业务活动的目的有（　　）。

A. 确保具备执行业务所需的独立性和能力

B. 确定不存在因管理层诚信问题而可能影响注册会计师保持该项业务的意愿的事项

C. 确保与被审计单位之间不存在对业务约定条款的误解

D. 评价遵守相关职业道德要求的情况

3. 注册会计师在制定总体审计策略时，应当考虑的事项包括（　　）。

A. 审计报告目标

B. 审计报告时间安排

C. 审计资源

D. 拟实施的进一步审计程序

4. 在理解重要性概念时，下列表述中不正确的有（　　）。

A. 如果合理预期错报（包括漏报）单独或汇总起来可能影响财务报表使用者依据财务报表作出的经济决策，则通常认为错报是重大的

B. 对重要性的判断是要根据具体环境作出的，无需考虑错报性质的影响

C. 重要性的确定离不开职业判断

D. 判断某事项对财务报表使用者是否重大，需要考虑对个别财务报表使用者的财务信息需求

5. 下列有关审计业务约定书的说法中，正确的包括（　　）。

A. 审计业务约定书应当包括注册会计师的责任和管理层的责任

B. 如果集团公司的注册会计师同时也是组成部分注册会计师，则无需向组成部分单独致送审计业务约定书

C. 对于连续审计，注册会计师可能不需要每期都向被审计单位致送新的审计业务约定书

D. 对于连续审计，如果法律法规的规定发生变化，可能导致注册会计师修改审计业务约定条款

6. 下列各项中，属于具体审计计划的有（　　）。

A. 计划实施的风险评估程序的性质、时间安排和范围

B. 计划实施的进一步审计程序的性质、时间安排和范围

C. 计划向高风险领域分派的项目组成员人选

D. 就复杂的问题考虑聘请专家的人选

7. 下列各项中，属于注册会计师运用财务报表整体重要性水平的目的有（　　）。

A. 决定风险评估程序的性质、时间安排和范围

B. 评价已识别的错报对财务报表的影响和对审计意见的影响

C. 确定是否承接审计业务

D. 识别和评估重大错报风险

8. 下列有关重要性的说法中，正确的有（　　）。

A. 确定一项错报是否重大，要从性质和金额两方面进行考虑

B. 注册会计师应当在制定具体审计计划时确定财务报表整体的重要性

C. 计划审计工作时，注册会计师应当确定一个合理的重要性水平，以发现金额上的重大错报

D. 注册会计师在确定实际执行的重要性时需要考虑计划的重要性

9. 在确定财务报表整体的重要性时，通常应先选定一个基准，下列各项中，对基准的选择不恰当的有（　　）。

A. 对于盈利水平保持稳定的企业，以资产作为基准

B. 针对公益性质的基金会，一般以捐赠收入或捐赠支出总额作为确定重要性的基准

C. 针对近年来经营状况大幅波动，盈利和亏损交替发生的企业，可以采用过去3～5年经常性业务的平均税前利润作为基准

D. 对于侧重于抢占市场份额的新兴企业，以资产总额作为基准

10. 下列关于确定财务报表整体重要性的说法中，不正确的有（　　）。

A. 如果被审计单位的经营规模较上年没有重大变化，通常使用替代性基准确定的重要性可以超过上年度的重要性

B. 在确定百分比时，注册会计师要考虑财务报表使用者是否对基准数据特别敏感

C. 在确定百分比时，注册会计师应当考虑被审计单位是否为公众利益实体

D. 在连续审计中，注册会计师为被审计单位选择的基准在各年度应当保持一致，不能变化

11. 下列各项中，属于具体审计计划活动

的有（　　）。

A. 确定财务报表整体重要性

B. 确定风险评估程序的性质、时间安排和范围

C. 确定进一步审计程序的性质、时间安排和范围

D. 确定控制测试的性质、时间安排和范围

12. 下列因素中，注册会计师在评价财务报告编制基础的可接受性时，需要考虑的有（　　）。

A. 财务报表的目的

B. 被审计单位的性质

C. 财务报表使用者的期望

D. 财务报表的性质

13. 下列各项中，通常不属于变更审计业务的合理理由的有（　　）。

A. 审计环境变化对审计服务的需求产生影响

B. 客观因素导致审计范围受到限制

C. 管理层对审计范围施加限制

D. 委托方对原来要求的审计业务的性质存在误解

14. 关于特定类别交易、账户余额或披露的重要性水平，下列说法中，不正确的有（　　）。

A. 确定是否确定特定类别交易、账户余额或披露的重要性水平时，需要执业判断

B. 特定类别交易、账户余额或披露的重要性水平，应低于财务报表整体的重要性水平

C. 确定特定类别交易、账户余额或披露的重要性水平，只考虑金额

D. 如果财务报表整体重要性水平合理，则不需确定特定类别交易、账户余额或披露的重要性

15. 为确定审计的前提条件是否存在，下列各项中，注册会计师应当执行的工作有（　　）。

A. 确定管理层是否有违规行为

B. 确定管理层是否认可并理解其与财务报表相关的责任

C. 确定管理层在编制财务报表时采用的财务报告编制基础是否是可接受的

D. 确定被审计单位内控是否健全

（三）简答题

W 会计师事务所接受委托审计上市公司甲公司 2020 年度财务报表，上市公司甲公司是 W 会计师事务所的常年审计客户，事务所委派 A 注册会计师担任审计项目合伙人。在执行审计计划工作时，有关决策如下：

（1）首先确定财务报表整体重要性，通过实施进一步审计程序，发现甲公司及其经营情况发生变化，可以决定适当修改财务报表整体的重要性。

（2）由于财务报表含有高度不确定性的大额估计，A 注册会计师认为应该确定一个比不含有该估计的财务报表整体的重要性更低的重要性。

（3）在考虑了财务报表整体重要性水平以及甲公司管理层的期望后，确定实际执行的重要性。

（4）将明显微小错报的临界值确定为财务报表整体重要性的 3% ~ 5%，绝不能超过财务报表整体重要性的 10%。

（5）具体审计计划的核心内容之一是确定重要性。

【要求】针对上述第（1）~（5）项，逐项指出 A 注册会计师的决策是否恰当。如不恰当，简要说明理由。

通关练习答案及解析

（一）单选题

1. **【答案】**B

【解析】管理层认可并理解其对财务报表的责任包括：（1）按照适用的财务报告编制基础编制财务报表，并使其实现公允反映（选项 A）；（2）设计、执行和维护必要的内部控

制，以使财务报表不存在由于舞弊或错误导致的重大错报（选项 B 错误）；(3) 向注册会计师提供必要的工作条件，包括允许注册会计师接触与编制财务报表相关的所有信息（选项 C）；向注册会计师提供审计所需要的其他信息，允许注册会计师在获取审计证据时不受限制地接触其认为必要的内部人员和其他相关人员（选项 D）。

2.【答案】D

【解析】选项 D 错误，如果注册会计师在审计过程中对总体审计策略或具体审计计划作出重大修改，应当在审计工作底稿中记录作出的重大修改及其理由。

3.【答案】C

【解析】在确定审计方向时，注册会计师需要考虑重大错报风险较高的审计领域，故选择选项 C。

4.【答案】D

【解析】注册会计师应当在总体审计策略中清楚地说明审计资源的规划和调配，包括确定执行审计业务所必需的审计资源的性质、时间安排和范围。①向具体审计领域调配的资源（选项 A）；②向具体审计领域分配资源的多少；③何时调配这些资源；④如何管理、指导、监督这些资源（选项 B、选项 C）。选项 D 属于在确定审计范围时应该考虑的因素。

5.【答案】C

【解析】选项 A 不正确，对于以营利为目的的被审计单位，注册会计师可能选取经常性业务的税前利润作为基准；选项 B 不正确，对于国际企业集团设立的研发中心，注册会计师应当选取研发收入作为基准，应该以成本或营业费用为基准；选项 D 不正确，基准可以是本期财务数据的预算和预测结果。

6.【答案】A

【解析】如果存在下列情况，注册会计师可能考虑选择较高的百分比来确定实际执行的重要性：(1) 连续审计项目，以前年度审计调整较少；(2) 项目总体风险为低到中等，例如处于非高风险行业、管理层有足够能力、面临较低的市场竞争压力和业绩压力等；(3) 以前期间的审计经验表明内部控制运行有效。故应该选择选项 A。

7.【答案】C

【解析】选项 C 不正确，以前年度审计调整越多，评估的项目总体风险越高，越应当确定一个较低水平的实际执行的重要性，通常为财务报表整体重要性的 50%。

8.【答案】B

【解析】选项 B 正确，一般而言，注册会计师确定的实际执行的重要性水平是财务报表整体重要性水平的 50% ~75%，首次承接的审计业务适用较低的百分比。

9.【答案】D

【解析】选项 D 不正确，在确定明显微小错报的临界值时，注册会计师可能考虑以下因素：(1) 以前年度审计中识别出的错报（包括已更正和未更正错报）的数量和金额；(2) 重大错报风险的评估结果；(3) 被审计单位治理层和管理层对注册会计师与其沟通错报的期望；(4) 被审计单位的财务指标是否勉强达到监管机构的要求或投资者的期望。

10.【答案】C

【解析】选项 C 错误，错报包括因疏忽遗漏的金额。

11.【答案】C

【解析】选项 C 属于审计业务约定书的特殊考虑，不属于基本内容。

12.【答案】A

【解析】选项 B 错误，制定具体审计计划应该考虑管理层认定；选项 C 错误，注册会计师可能会在具体审计计划中制定相应的审计程序，并相应调整总体审计策略的内容；选项 D 错误，确定实际执行的重要性属于总体审计策略内容。

13.【答案】D

【解析】选项 D 不正确，确定实际执行的重要性考虑下列因素的影响：(1) 对被审计单位的了解（这些了解在实施风险评估程序的过程中得到更新）；(2) 前期审计工作中识别出的错报的性质和范围；（3）根据前期识别出的错报对本期错报作出的预期。

14.【答案】C

【解析】由于存在下列原因，注册会计师可能需要修改财务报表整体的重要性和特定类别的交易、账户余额或披露的重要性水平：（1）审计过程中情况发生重大变化（如决定处置被审计单位的一个重要组成部分）；（2）获取新信息；（3）通过实施进一步审计程序，注册会计师对被审计单位及其经营所了解的情况发生变化。故选择选项C。

15.【答案】C

【解析】选项A、B、D属于实际执行的重要性通常为财务报表整体重要性75%的情况。

（二）多选题

1.【答案】BCD

【解析】选项A是初步业务活动的目的，不是初步业务活动的内容。

2.【答案】ABC

【解析】选项D是初步业务活动的内容，不是初步业务活动的目的。

3.【答案】ABC

【解析】选项D属于具体审计计划的内容。

4.【答案】BD

【解析】选项B不正确，对重要性的判断是根据具体环境作出的，并受错报的金额或性质的影响，或受两者共同作用的影响；选项D不正确，判断某事项对财务报表使用者是否重大，不需要考虑对个别财务报表使用者的财务信息需求。

5.【答案】ACD

【解析】选项B表述错误，如果母公司的注册会计师同时也是组成部分注册会计师，需要考虑下列因素，决定是否向组成部分单独致送审计业务约定书：（1）组成部分注册会计师的委托人；（2）是否对组成部分单独出具审计报告；（3）与审计委托相关的法律法规的规定；（4）母公司占组成部分的所有权份额；（5）组成部分管理层相对于母公司的独立程度。

6.【答案】AB

【解析】确定审计程序的性质、时间安排和范围是具体审计计划的核心（选项A、B）；选项C、D均属于总体审计策略的内容。

7.【答案】ABD

【解析】注册会计师使用财务报表整体重要性水平的目的有：（1）决定风险评估程序的性质、时间安排和范围（选项A）；（2）识别和评估重大错报风险（选项D）；（3）确定进一步审计程序的性质、时间安排和范围。在形成审计结论阶段，要使用整体重要性水平和为了特定交易类别、账户余额和披露而确定的较低金额的重要性水平来评价已识别的错报对财务报表的影响和对审计报告中审计意见的影响（选项B）。对于选项C，确定是否承接审计业务不涉及财务报表整体重要性水平问题。

8.【答案】ACD

【解析】选项B错误，注册会计师应当在制定总体审计策略时确定财务报表整体的重要性。

9.【答案】AD

【解析】选项A不正确，对于盈利水平保持稳定的企业，以经常性税前利润作为基准；选项D不正确，对于侧重于抢占市场份额的新兴企业，以营业收入作为基准。

10.【答案】AD

【解析】选项A错误，如果被审计单位的经营规模较上年没有重大变化，通常使用替代性基准确定的重要性不能超过上年度的重要性；选项D错误，注册会计师为被审计单位选择的基准在各年度中通常会保持稳定，但是并非必须保持一贯不变，注册会计师可以根据经济形势、行业状况和被审计单位具体情况的变化等对采用的基准作出调整。

11.【答案】BCD

【解析】具体审计计划应当包括风险评估程序、计划实施的进一步审计程序和其他审计程序（选项B、C、D）；重要性水平是在总体审计策略确定的，选项A属于在总体审计策略中需要考虑的内容。

12. 【答案】ABD

【解析】在确定编制财务报表所采用的财务报告编制基础的可接受性时，注册会计师需要考虑下列相关因素：第一，被审计单位的性质；第二，财务报表的目的；第三，财务报表的性质；第四，法律法规是否规定了适用的财务报告编制基础（选项 A、B、D）；而选项 C 不属于考虑的因素。

13. 【答案】BC

【解析】选项 A 和选项 D 属于变更审计业务的合理理由。

14. 【答案】CD

【解析】选项 C 不正确，确定特定类别交易、账户余额或披露的重要性水平，不仅要考虑金额还要考虑性质；选项 D 不正确，即使财务报表整体重要性水平合理，注册会计师也需要根据具体情况决定是否需要针对特定类别的交易、账户余额或披露确定重要性。

15. 【答案】BC

【解析】选项 B、C 正确，审计的前提条件，是指管理层在编制财务报表时采用可接受的财务报告编制基础，以及管理层对注册会计师执行审计工作的前提的认同。

（三）简答题

【答案】

（1）恰当。

（2）不恰当。

理由：财务报表含有高度不确定性的大额估计，注册会计师并不会因此而确定一个比不含有该估计的财务报表整体的重要性更高或更低的重要性，也就是说，注册会计师在确定重要性水平时，不需考虑与具体项目计量相关的固有不确定性。

（3）不恰当。

理由：确定实际执行的重要性，不需要考虑甲公司管理层的期望。

（4）不恰当。

理由：注册会计师可能将明显微小错报的临界值确定为财务报表整体重要性的 3% ~ 5%，也可能低一些或高一些，但通常不超过财务报表整体重要性的 10%，除非注册会计师认为有必要单独为重分类错报确定一个更高的临界值。

（5）不恰当。

理由：具体审计计划的核心内容之一是确定重要性。

第三章　审计证据

2021 年教材内容主要变化

本章内容无实质变化。

本章近五年考情统计分析

本章考题主要以客观题和主观题（简答题）为主，但是针对个别的知识点（如函证），也可以结合审计实务（教材第三编内容），以主观题（综合题）的形式考查。

本章属于非常重要的考试章节之一，最近五年平均考试分值一般在 10 分左右。

（一）近五年考试分值分布

题型	2016 年	2017 年	2018 年	2019 年	2020 年
单选题	2	3	3	4	2
多选题	2	2	—	2	—
简答题	1. 5	3	5	5	7. 5
综合题	—	4	1	1	—
合计	5. 5	12	9	12	9. 5

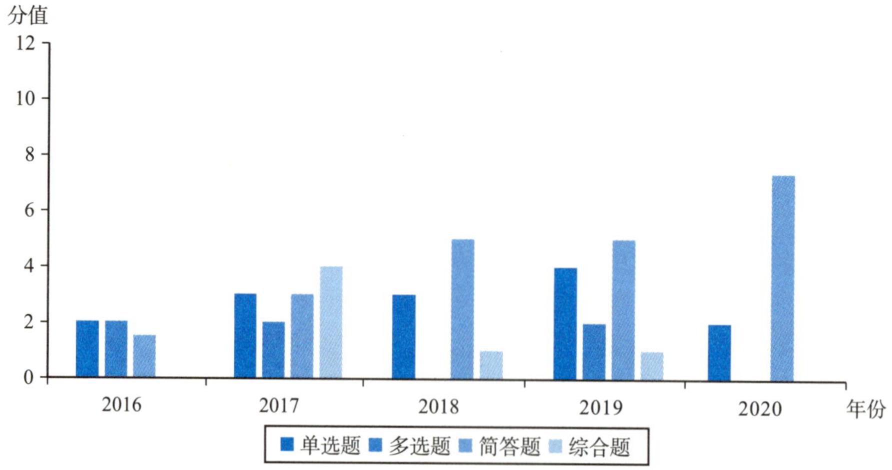

（二）近五年考试考点分布

高频考点内容	年度及题型分布
审计证据	2020年单选、2019年单选、2019年简答、2019年综合、2018年单选、2017年单选、2017年综合、2016年单选、2016年简答
询问程序	2020年简答、2018年单选、2017年综合
函证	2020年简答、2018年简答、2017年多选、2017年简答、2016年多选
分析程序	2020年单选、2020年简答、2019年单选、2019年多选、2018年单选、2017年单选、2016年单选
实质性分析	2019年单选、2018年综合、2017年单选

重难点解析

本章内容为审计证据相关内容，属于审计的基础章节，主要包括审计证据的性质、获取审计证据的程序、函证和分析程序四个主要部分。

【小贴士】本章内容的学习，需要结合后续有关章节内容。例如，有关函证、分析程序和实质性分析与第二编（审计测试流程）和第三编（各类交易和账户余额的审计）相联系。

重难点1：审计证据的含义★★

（一）审计证据的定义

审计证据是指注册会计师为了得出审计结论、形成审计意见而使用的所有信息。

（二）审计证据的构成

审计证据包括构成财务报表基础的会计记录所含有的信息和其他的信息。

1. 会计记录中含有的信息

【小贴士】依据会计记录编制财务报表是被审计单位管理层的责任，注册会计师应当测试会计记录以获取审计证据。

（1）会计记录主要包括原始凭证、记账凭证、总分类账和明细分类账、未在记账凭证中反映的对财务报表的其他调整，以及支持成本分配、计算、调节和披露的手工计算表和电子数据表。

（2）会计记录取决于相关交易的性质，它既包括被审计单位内部生成的手工或电子形式的凭证，也包括从与被审计单位进行交易的其他企业收到的凭证。

（3）除此之外，会计记录还可能包括：

①销售发运单和发票、顾客对账单以及顾客的汇款通知单；

②附有验货单的订购单、购货发票和对账单；

③考勤卡和其他工时记录、工薪单、个别支付记录和人事档案；

④支票存根、电子转移支付记录（EFTs）、银行存款单和银行对账单；

⑤合同记录；

⑥记账凭证；

⑦分类账账户调节表。

【小贴士】将这些会计记录作为审计证据时，其来源和被审计单位内部控制的相关强度（对内部生成的证据而言）都会影响注册会计师对这些原始凭证的信赖程度。

2. 其他的信息

会计记录中含有的信息本身并不足以提供充分的审计证据作为对财务报表发表审计意见的基础，注册会计师还应当获取用作审计证据的其他的信息。

3. 两类审计证据的关系

财务报表依据的会计记录中包含的信息和其他的信息共同构成了审计证据，两者缺一不可。

（1）如果没有财务报表依据的会计记录，审计工作将无法进行。

（2）如果没有其他的信息，可能无法识别重大错报风险。

（3）只有将两者结合在一起，才能将审计风险降至可接受的低水平，为注册会计师发表审计意见提供合理基础。

【经典例题】

【真题·单选题】（2020）下列有关审计证据的说法中，错误的是（　　）。

A. 审计证据可能包括与管理层认定相矛盾的信息

B. 在某些情况下，信息的缺乏本身也构成审计证据

C. 审计证据可能包括被审计单位聘请的专家编制的信息

D. 审计证据不包括以前审计中获取的信息

【答案】D

【解析】审计证据可能包括从其他来源获取的信息，如以前审计中获取的信息或会计师事务所接受与保持客户或业务时实施质量控制程序获取的信息，故选项 D 错误。

【真题·单选题】（2020）下列有关审计证据的相关性的说法中，错误的是（　　）。

A. 审计证据的相关性是审计证据适当性的核心内容之一

B. 审计证据的相关性影响审计证据的充分性

C. 审计证据的可靠性影响审计证据的相关性

D. 审计证据的相关性可能受测试方向的影响

【答案】C

【解析】审计证据的相关性是指用作审计证据的信息与审计程序的目的和所考虑的相关认定之间的逻辑联系。审计证据的可靠性是指证据的可信程度，并不影响审计证据的相关性，故选项 C 错误。

【例题·单选题】下列关于审计证据的说法中，正确的是（　　）。

A. 审计证据是指注册会计师为了得出审计结论、形成审计意见而使用的财务信息

B. 会计记录中含有的信息是注册会计师对财务报表发表审计意见的基础

C. 会计记录包括原始凭证、记账凭证、总分类账和明细分类账

D. 注册会计师可以依据被审计单位的会计记录开展审计工作

【答案】A

【解析】审计证据是指注册会计师为了得出审计结论、形成审计意见而使用的所有信息，因此选择选项 A。

重难点 2：审计证据的充分性★★★

【小贴士】注册会计师应当保持职业怀疑态度，运用职业判断，评价审计证据的充分性和适当性。

（一）含义

审计证据的充分性是对审计证据数量的衡量，主要与注册会计师确定的样本量有关。

（二）审计证据充分性的影响因素

（1）注册会计师确定的样本量；

（2）注册会计师获取的审计证据的数量受其对重大错报风险评估的影响（评估的重大错报风险越高，需要的审计证据可能越多）；

（3）审计证据质量的影响（审计证据质量越高，需要的审计证据可能越少）。

【小贴士】注册会计师仅靠获取更多的审计证据可能无法弥补其质量上的缺陷。

重难点 3：审计证据的适当性★★★

审计证据的适当性，是对审计证据质量的衡量，即审计证据在支持审计意见所依据的结论方面具有的相关性和可靠性。

【小贴士】相关性和可靠性是审计证据适当性的核心内容，只有相关且可靠的审计证据

才是高质量的。

（一）审计证据的相关性

1. 含义

指用作审计证据的信息与审计程序的目的和所考虑的相关认定之间的逻辑联系。

【小贴士】用作审计证据的信息的相关性可能受测试方向的影响。

2. 审计证据相关性的认识

（1）特定的审计程序可能只为某些认定提供相关的审计证据，而与其他认定无关。

（2）有关某一特定认定（如存货的存在认定）的审计证据，不能替代与其他认定（如该存货的计价认定）相关的审计证据。

（3）不同来源或不同性质的审计证据可能与同一认定相关。

3. 控制测试的目的

控制测试旨在评价内部控制在防止或发现并纠正认定层次重大错报方面的运行有效性。

设计控制测试以获取相关审计证据，包括识别一些显示控制运行的情况（特征或属性），以及显示控制未恰当运行的偏差情况。然后，注册会计师可以测试这些情况是否存在。

4. 实质性程序的目的

实质性程序旨在发现认定层次重大错报，包括细节测试和实质性分析程序。

设计实质性程序包括识别与测试目的相关的情况，这些情况构成相关认定的错报。

【经典例题】

【例题·多选题】关于审计证据相关性的说法中，错误的有（　　）。

A. 审计程序可以为财务报表认定提供相关的审计证据

B. 为存货的存在认定获取的审计证据，同样可以为存货计价认定提供相关证据

C. 用作审计证据的信息的相关性可能受测试方向的影响

D. 不同来源或不同性质的审计证据可能与同一认定相关

【答案】AB

【解析】特定的审计程序可能只为某些认定提供相关的审计证据，而与其他认定无关，因此选择选项 A。有关某一特定认定（如存货的存在认定）的审计证据，不能替代与其他认定（如该存货的计价认定）相关的审计证据，因此选择选项 B。

（二）审计证据的可靠性

1. 含义

审计证据的可靠性是指证据的可信程度。

【小贴士】审计证据的可靠性受其来源和性质的影响，并取决于获取审计证据的具体环境。

2. 判断审计证据可靠性时考虑的原则

（1）从外部独立来源获取的审计证据比从其他来源获取的审计证据更可靠。

（2）内部控制有效时内部生成的审计证据比内部控制薄弱时内部生成的审计证据更可靠。

（3）直接获取的审计证据比间接获取或推论得出的审计证据更可靠。

（4）以文件、记录形式（无论是纸质、电子或其他介质）存在的审计证据比口头形式的审计证据更可靠。

【小贴士】一般情况下，口头证据往往需要得到其他相应证据的支持。

（5）从原件获取的审计证据比从传真件或复印件获取的审计证据更可靠。

【小贴士】注册会计师在按照上述原则评价审计证据的可靠性时，还应当注意可能出现的重要例外情况。如果注册会计师不具备评价证据的专业能力，那么即使是直接获取的证据，也可能不可靠。

【经典例题】

【真题·单选题】（2019）下列各项中，不影响审计证据可靠性的是（　　）。

A. 用作审计证据的信息与相关认定之间的关系

B. 被审计单位内部控制是否有效

C. 审计证据的来源

D. 审计证据的存在形式

【答案】A

【解析】用作审计证据的信息与相关认定之间的关系，指的是审计证据的相关性，不影响可靠性，因此选择选项A。

【真题·单选题】（2018）下列有关审计证据的适当性的说法中，错误的是（　　）。

A. 审计证据的适当性包括相关性和可靠性

B. 审计证据的适当性不受审计证据的充分性的影响

C. 审计证据的适当性影响审计证据的充分性

D. 审计证据的适当性是对审计证据质量和数量的衡量

【答案】D

【解析】审计证据的充分性是对审计证据数量的衡量，审计证据的适当性是对审计证据质量的衡量，故选项D错误。

（三）充分性和适当性之间的关系

1. 基本要求

充分性和适当性是审计证据的两个重要特征，两者缺一不可，只有充分且适当的审计证据才是有证明力的。

2. 审计证据适当性对审计证据充分性的影响

注册会计师需要获取的审计证据的数量也受审计证据质量的影响。审计证据质量越高，需要的审计证据数量可能越少。也就是说，审计证据的适当性会影响审计证据的充分性。

3. 审计证据质量"一票否决"

尽管审计证据的充分性和适当性相关，但如果审计证据的质量存在缺陷，那么注册会计师仅靠获取更多的审计证据可能无法弥补其质量上的缺陷。

【小贴士】如果注册会计师获取的证据不可靠，那么证据数量再多也难以起到证明作用。

【经典例题】

【真题·单选题】（2019）下列有关审计证据的充分性和适当性的说法中，错误的是（　　）。

A. 审计证据的充分性和适当性分别是对审计证据数量和质量的衡量

B. 只有充分且适当的审计证据才有证明力

C. 审计证据的充分性会影响审计证据的适当性

D. 审计证据的适当性会影响审计证据的充分性

【答案】C

【解析】注册会计师需要获取的审计证据的数量受审计证据质量的影响。审计证据质量越高，需要的审计证据数量可能越少。也就是说，审计证据的适当性会影响审计证据的充分性。但如果审计证据的质量存在缺陷，那么注册会计师仅靠获取更多的审计证据可能无法弥补其质量上的缺陷。因此选择选项C。

【真题·单选题】（2016）下列有关审计证据的可靠性的说法中，正确的是（　　）。

A. 可靠的审计证据是高质量的审计证据

B. 审计证据的充分性影响审计证据的可靠性

C. 内部控制薄弱时内部生成的审计证据是不可靠的

D. 从独立的外部来源获得的审计证据可能是不可靠的

【答案】D

【解析】只有相关且可靠的审计证据才是高质量的，因此选项A不正确；注册会计师需要获取的审计证据的数量也受审计证据质量的影响。审计证据质量越高，需要的审计证据数量可能越少。也就是说，审计证据的适当性会影响审计证据的充分性，因此选项B不正确；内部控制有效时内部生成的审计证据比内部控制薄弱时生成的审计证据更可靠，因此选项C不正确；从外部独立来源获得的审计证据比从其他来源获取的审计证据更可靠，因此选择选项D。

重难点4：评价充分性和适当性时的特殊考虑★★★

（一）对文件记录可靠性的考虑

1. 审计工作不涉及鉴定文件记录的真伪

审计工作通常不涉及鉴定文件记录的真伪，注册会计师也不是鉴定文件记录真伪的专家，但应当考虑用作审计证据的信息的可靠性，并考虑与这些信息生成和维护相关控制的有效性。

2. 识别出文件记录可能伪造时的处理

如果在审计过程中识别出的情况使其认为文件记录可能是伪造的，或文件记录中的某些条款已发生变动，注册会计师应当作出进一步调查，包括直接向第三方询证，或考虑利用专家的工作以评价文件记录的真伪。

（二）使用被审计单位生成信息时的考虑

（1）注册会计师为获取可靠的审计证据，实施审计程序时使用的被审计单位生成的信息需要足够完整和准确。

（2）如果针对这类信息的完整性和准确性获取审计证据是所实施审计程序本身不可分割的组成部分，则可以与对这些信息实施的审计程序同时进行。

（3）在某些情况下，注册会计师可能打算将被审计单位生成的信息用于其他审计目的。在这种情况下，获取的审计证据的适当性受到该信息对于审计目的而言是否足够精确和详细的影响。

（三）证据相互矛盾时的考虑

（1）如果针对某项认定从不同来源获取的审计证据或获取的不同性质的审计证据能够相互印证，与该项认定相关的审计证据则具有更强的说服力。

（2）如果从不同来源获取的审计证据或获取的不同性质的审计证据不一致，表明某项审计证据可能不可靠，注册会计师应当追加必要的审计程序。

（四）获取审计证据时对成本的考虑

（1）注册会计师可以考虑获取审计证据的成本与所获取信息的有用性之间的关系，但不应以获取审计证据的困难和成本为由减少不可替代的审计程序。

（2）在保证获取充分、适当的审计证据的前提下，控制审计成本也是会计师事务所增强竞争能力和获利能力所必须的。

【经典例题】

【真题·单选题】（2020）下列有关审计证据的说法中，错误的是（　　）。

A. 审计证据可能包括与管理层认定相矛盾的信息

B. 信息的缺乏本身不构成审计证据

C. 审计证据可能包括以前审计中获取的信息

D. 审计证据可能包括被审计单位聘请的专家编制的信息

【答案】B

【解析】在某些情况下，信息的缺乏（如管理层拒绝提供注册会计师要求的声明）本身也构成审计证据，可以被注册会计师利用，故选项B错误。

重难点5：审计程序★★★

（一）审计程序的作用

1. 定义

审计程序是指注册会计师在审计过程中的某个时间，对将要获取的某类审计证据如何进行收集的详细指令。

【小贴士】审计程序基于审计的不同阶段和目的单独或组合起来，可用作风险评估程序、控制测试和实质性程序，如下表所示。

总体审计程序	应用方式	审计程序
风险评估程序（必须实施） 控制测试（可以不做） 实质性程序（必须实施）	→ 单独或组合起来应用 ←	检查 观察 询问 函证 重新计算 重新执行 分析程序

【小贴士】在设计审计程序时，注册会计师通常使用规范的措辞或术语，以使审计人员能够准确理解和执行。

2. 目的

通过实施审计程序，获取充分、适当的审计证据，以满足对财务报表发表意见。

【小贴士】受到成本的约束，注册会计师不可能检查和评价所有可能获取的证据，因此对审计证据充分性、适当性的判断是非常重要的。

3. 注册会计师利用审计程序获取审计证据的决策

注册会计师利用审计程序获取审计证据的决策如下表所示。

决策内容	涉及内容
选用何种审计程序	审计程序
对选定的审计程序，应当选取多大的样本规模	审计抽样方法
应当从总体中选取哪些项目	审计抽样方法
何时执行这些程序	审计程序

（二）审计程序的种类

【小贴士】在审计过程中，注册会计师可根据（获取审计证据）需要单独或综合运用以下审计程序，以获取充分、适当的审计证据。

1. 检查

（1）定义。

检查是指注册会计师对被审计单位内部或外部生成的，以纸质、电子或其他介质形式存在的记录和文件进行审查，或对资产进行实物审查。

（2）对审计证据可靠性的影响。

检查记录或文件可以提供可靠程度不同的审计证据，审计证据的可靠性取决于记录或文件的性质和来源，而在检查内部记录或文件时，其可靠性则取决于生成该记录或文件的内部控制的有效性。

（3）获取审计证据的缺陷。

检查有形资产可为其存在提供可靠的审计证据，但不一定能够为权利和义务或计价等认定提供可靠的审计证据。

2. 观察

（1）含义。

观察是指注册会计师查看相关人员正在从事的活动或实施的程序。

（2）获取审计证据的缺陷。

观察可以提供执行有关过程或程序的审计证据，但观察所提供的审计证据仅限于观察发生的时点，而且被观察人员的行为可能因被观察而受到影响，这也会使观察提供的审计证据受到限制。

3. 询问

（1）含义。

询问是指注册会计师以书面或口头方式，向被审计单位内部或外部的知情人员获取财务信息和非财务信息，并对答复进行评价的过程。

【小贴士】作为其他审计程序的补充，询问广泛应用于整个审计过程中。

（2）询问程序作用。

①知情人员对询问的答复可能为注册会计

师提供尚未获悉的信息或佐证证据。

②对询问的答复也可能提供与注册会计师已获取的其他信息存在重大差异的信息。

③在某些情况下，对询问的答复为注册会计师修改审计程序或实施追加的审计程序提供了基础。

（3）获取审计证据的缺陷。

尽管对通过询问获取的审计证据予以佐证通常特别重要，但在询问管理层意图时，获取的支持管理层意图的信息可能是有限的。

（4）询问程序的佐证方式。

针对某些事项，注册会计师可能认为有必要向管理层和治理层（如适用）获取书面声明，以证实对口头询问的答复。

4. 函证

【小贴士】函证程序的全过程在本章重难点6～13详细介绍。

（1）含义。

函证是指注册会计师直接从第三方（被询证者）获取书面答复以作为审计证据的过程，书面答复可以采用纸质、电子或其他介质等形式。

（2）适用范围。

①当针对的是与特定账户余额及其项目相关的认定时，函证常常是相关的程序。

②注册会计师可能要求对被审计单位与第三方之间的协议或交易条款进行函证。

③函证程序还可以用于获取不存在的某些情况的审计证据，例如“背后协议”。

【小贴士】函证不必仅仅局限于账户余额。

5. 重新计算

重新计算是指注册会计师对记录或文件中的数据计算的准确性进行核对。重新计算可通过手工方式或电子方式进行。

6. 重新执行

重新执行是指注册会计师独立执行原本作为被审计单位内部控制组成部分的程序或控制。

7. 分析程序

（1）含义。

分析程序指注册会计师通过分析不同财务数据之间以及财务数据与非财务数据之间的内在关系，对财务信息作出评价。

（2）适用范围。

①分析不同财务数据之间以及财务数据与非财务数据之间的内在关系，对财务信息作出评价。

②在必要时对识别出的、与其他相关信息不一致或与预期值差异重大的波动或关系进行调查。

【经典例题】

【真题·单选题】（2019）下列审计程序中，不适用于细节测试的是（　　）。

A. 函证　　　　B. 检查

C. 重新执行　　D. 询问

【答案】C

【解析】重新执行是指注册会计师独立执行原本作为被审计单位内部控制组成部分的程序或控制，因此选择选项C。

【真题·单选题】（2018）下列有关询问程序的说法中，错误的是（　　）。

A. 询问可以以口头或书面方式进行

B. 询问适用于风险评估、控制测试和实质性程序

C. 注册会计师应当就管理层对询问作出的口头答复获取书面声明

D. 询问是指注册会计师向被审计单位内部或外部的知情人员获取财务信息和非财务信息，并对答复进行评价的过程

【答案】C

【解析】针对某些事项，注册会计师可能认为有必要向管理层和治理层（如适用）获取书面声明，以证实对口头询问的答复。因此选择选项C。

重难点6：函证决策★★★

（一）函证决策的目的

注册会计师应当确定是否有必要实施函证以获取认定层次的充分、适当的审计证据。

（二）函证决策考虑因素

函证决策考虑的因素如下表所示。

函证决策考虑的因素	应当考虑因素	评估的认定层次重大错报风险； 函证程序针对的认定； 实施函证以外的其他审计程序
	可能考虑因素	被询证者对函证事项的了解； 预期被询证者回复函证的能力和意愿； 预期被询证者的客观性

（三）评估的认定层次重大错报风险

（1）评估的认定层次重大错报风险水平越高，注册会计师对通过实质性程序获取的审计证据的相关性和可靠性的要求越高。注册会计师要设计实质性程序获取更加相关和可靠的审计证据，或者更有说服力的审计证据。

【小贴士】函证程序的运用对于提供充分、适当的审计证据可能是有效的。

（2）评估的认定层次重大错报风险水平越低，注册会计师需要从实质性程序中获取的审计证据的相关性和可靠性的要求越低。

（3）如果认为某项风险属于特别风险，注册会计师需要考虑是否通过函证特定事项以降低检查风险。

（四）函证程序针对的认定

（1）函证可以为某些认定提供审计证据，但是对不同的认定，函证的证明力是不同的。

【示例】函证应收账款，可能为存在、权利和义务认定提供相关可靠的审计证据，但不能为计价和分摊认定提供证据。

（2）对特定认定，函证的相关性受注册会计师选择函证信息的影响。

【示例】应付账款完整性认定时，需要获取没有重大未记录负债的证据，但向主要供应商函证，即使记录显示应付金额为零，也需要函证。

（五）实施除函证以外的其他审计程序

针对同一项认定可以从不同来源获取审计证据或获取不同性质的审计证据。

（六）确定是否选择函证程序作为实质性程序考虑因素

（1）被询证者对函证事项的了解。

（2）预期被询证者回复询证函的能力或意愿。

【示例】在下列情况下，被询证者可能不会回复，也可能只是随意回复或可能试图限制对其回复的依赖程度：

①被询证者可能不愿承担回复询证函的责任；

②被询证者可能认为回复询证函成本太高或消耗太多时间；

③被询证者可能对因回复询证函而可能承担的法律责任有所担心；

④被询证者可能以不同币种核算交易；

⑤回复询证函不是被询证者日常经营的重要部分。

（3）预期被询证者的客观性。

【经典例题】

【真题·多选题】（2017）下列各项因素中，通常影响注册会计师是否实施函证的决策的有（　　）。

A. 评估的认定层次重大错报风险

B. 函证信息与特定认定的相关性

C. 被询证者的客观性

D. 被审计单位管理层的配合程度

【答案】ABC

【解析】评估的认定层次重大错报风险水平越高，注册会计师对通过实质性程序获取的审计证据的相关性和可靠性的要求越高（选项A）。对特定认定，函证的相关性受注册会计师选择函证信息的影响（选项B）。预期被询证者的客观性（选项C）。函证是注册会计师直接从第三方（被询证者）获取书面答复以作为审计证据的过程，因此不选择选项D。

重难点7：函证的内容★★★

（一）函证的对象

1. 银行存款、借款及与金融机构往来的

其他重要信息（结合教材第十二章货币资金）

注册会计师应当对银行存款（包括零余额账户和在本期内注销的账户）、借款及与金融机构往来的其他重要信息实施函证程序，除非有充分证据表明某一银行存款、借款及与金融机构往来的其他重要信息对财务报表不重要且与之相关的重大错报风险很低。

【小贴士】如果不对这些项目实施函证程序，注册会计师应当在审计工作底稿中说明理由。

2. 应收账款（结合教材第九章第五节）

注册会计师应当对应收账款实施函证程序，除非有充分证据表明应收账款对财务报表不重要，或函证很可能无效。

【小贴士】如果认为函证很可能无效，注册会计师应当实施替代审计程序，获取相关、可靠的审计证据。如果不对应收账款函证，注册会计师应当在审计工作底稿中说明理由。

3. 函证的其他内容

注册会计师可以根据具体情况和实际需要对下列内容（包括但并不限于）实施函证：(1) 交易性金融资产；(2) 应收票据；(3) 其他应收款；(4) 预付账款；(5) 由其他单位代为保管、加工或销售的存货；(6) 长期股权投资；(7) 应付账款；(8) 预收账款；(9) 保证、抵押或质押；(10) 或有事项；(11) 重大或异常的交易。

【小贴士】函证通常适用于账户余额及其组成部分（如应收账款明细账），但是不一定限于这些项目。

（二）函证程序实施的范围

如果采用审计抽样的方式确定函证程序的范围，无论采用统计抽样方法，还是非统计抽样方法，选取的样本应当足以代表总体。

注册会计师可以确定从总体中选取特定项目进行测试。选取的特定项目可能包括：

(1) 金额较大的项目；

(2) 账龄较长的项目；

(3) 交易频繁但期末余额较小的项目；

(4) 重大关联方交易；

(5) 重大或异常的交易；

(6) 可能存在争议、舞弊或错误的交易。

（三）函证的时间

注册会计师通常以资产负债表日为截止日，在资产负债表日后适当时间内实施函证。如果重大错报风险评估为低水平，注册会计师可选择资产负债表日前适当日期为截止日实施函证，并对所函证项目自该截止日起至资产负债表日止发生的变动实施实质性程序。

（四）管理层要求不实施函证时的处理

1. 总体要求

当被审计单位管理层要求对拟函证的某些账户余额或其他信息不实施函证时，注册会计师应当考虑该项要求是否合理，并获取审计证据予以支持。

2. 具体情况分析对待

(1) 如果认为管理层的要求合理，注册会计师应当实施替代审计程序，以获取与这些账户余额或其他信息相关的充分、适当的审计证据。

(2) 如果认为管理层的要求不合理，且被其阻挠而无法实施函证，注册会计师应当视为审计范围受到限制，并考虑对审计报告可能产生的影响。

3. 注册会计师的应对

分析管理层要求不实施函证的原因时，注册会计师应当保持职业怀疑态度，并考虑：

(1) 管理层是否诚信；

(2) 是否可能存在重大的舞弊或错误；

(3) 替代审计程序能否提供与这些账户余额或其他信息相关的充分、适当的审计证据。

【经典例题】

【真题·简答题】（2018）ABC会计师事务所的A注册会计师负责审计甲公司2017年度财务报表。审计工作底稿中与函证相关的部分内容摘录如下：

(1) 甲公司2017年年末的一笔大额银行借款已于2018年初到期归还。A注册会计师检查了还款凭证等支持性文件，结果满意，决定不实施函证程序，并在审计工作底稿中记录了不实施函证程序的理由。

（2）A注册会计师评估认为应收账款的重大错报风险较高，为尽早识别可能存在的错报，在期中审计时对截至2017年9月末的余额实施了函证程序，在期末审计时对剩余期间的发生额实施了细节测试，结果满意。

（3）A注册会计师对应收乙公司的款项实施了函证程序。因回函显示无差异，A注册会计师认可了管理层对应收乙公司款项不计提坏账准备的处理。

（4）A注册会计师拟对甲公司应付丙公司的款项实施函证程序。因甲公司与丙公司存在诉讼纠纷，管理层要求不实施函证程序。A注册会计师认为其要求合理，实施了替代审计程序，结果满意。

（5）A注册会计师评估认为应付账款存在低估风险，因此，在询证函中未填列甲公司账面余额，而是要求被询证者提供余额信息。

【要求】针对上述第（1）~（5）项，逐项指出A注册会计师的做法是否恰当。如不恰当，简要说明理由。

【答案】

（1）不恰当。应当对重要的银行借款实施函证程序。

（2）不恰当。重大错报风险较高时，应当考虑在期末或接近期末实施函证/在期末审计时应再次发函；只有重大错报风险评估为低水平，才可以在期中实施函证。

（3）不恰当。函证不能为计价与分摊认定/应收账款坏账准备的计提提供充分证据。

（4）不恰当。还应考虑可能存在重大的舞弊或错误，以及管理层的诚信度。

（5）恰当。

重难点8：询证函的设计★★★

（一）设计询证函的总体要求

注册会计师应当根据特定审计目标设计询证函。询证函的设计服从于审计目标的需要，如下表所示。

审计目标	询证函设计内容
账户余额的存在	注册会计师应当在询证函中列明相关信息，要求对方核对确认
账户余额的完整性认定	注册会计师需要改变询证函的内容设计或者采用其他审计程序

（二）设计询证函需要考虑的因素

【小贴士】注册会计师应当考虑所审计的认定以及可能影响函证可靠性的因素。

1. 函证的方式

（1）积极式函证（结合教材第九章第五节）。如果采用积极的函证方式，注册会计师应当要求被询证者在所有情况下必须回函，确认询证函所列示信息是否正确，或填列询证函要求的信息。积极式函证分为列明函证信息和不列明函证信息两种方式，如下表所示。

方式	含义	优缺点
列明函证信息	在询证函中列明拟函证的账户余额或其他信息，要求被询证者确认所函证的款项是否正确	询证函的回复能够提供可靠的审计证据。缺点是被询证者可能对所列示信息根本不加以验证就予以回函确认。注册会计师通常难以发觉是否发生了这种情形
不列明函证信息	在询证函中不列明账户余额或其他信息，而要求被询证者填写有关信息或提供进一步信息	询证函要求被询证者作出更多的努力，可能会导致回函率降低，进而导致注册会计师执行更多的替代程序

【小贴士】在采用积极的函证方式时，只有注册会计师收到回函，才能为财务报表认定提供审计证据。

（2）消极的函证方式，如下表所示。

含义	缺点	使用条件
注册会计师只要求被询证者仅在不同意询证函列示信息的情况下才予以回函	对消极式询证函而言，未收到回函并不能明确表明预期的被询证者已经收到询证函或已经核实了询证函中包含的信息的准确性。因此，未收到消极式询证函的回函提供的审计证据，远不如积极式询证函的回函提供的审计证据有说服力	同时存在下列情况时，注册会计师可考虑采用消极的函证方式： ①重大错报风险评估为低水平； ②涉及大量余额较小的账户； ③预期不存在大量的错误； ④没有理由相信被询证者不认真对待函证

【小贴士】积极式函证和消极式函证两种方式的结合使用。在实务中，注册会计师也可将这两种方式结合使用。

【示例】当应收账款的余额是由少量的大额应收账款和大量的小额应收账款构成时，注册会计师可以对所有的或抽取的大额应收账款样本项目采用积极的函证方式，而对抽取的小额应收账款样本项目采用消极的函证方式。

2. 以往审计或类似业务的经验

在判断实施函证程序的可靠性时，注册会计师通常会考虑来自以前年度审计或类似审计业务的经验，包括回函率、以前年度审计中发现的错报以及回函所提供信息的准确程度等。

【小贴士】当注册会计师根据以往经验认为，即使询证函设计恰当，回函率仍很低，应考虑从其他途径获取审计证据。

3. 拟函证信息的性质

注册会计师应当了解被审计单位与第三方之间交易的实质，以确定哪些信息需要进行函证。

4. 选择被询证者的适当性

注册会计师应当向对所询证信息知情的第三方发送询证函。同时还要考虑函证所提供的审计证据的可靠性还受到被询证者的能力、独立性、客观性、回函者是否有权回函等因素的影响。

5. 被询证者易于回函的信息类型

询证函所函证信息是否便于被询证者回答，影响到回函率和所获取审计证据的性质。

【小贴士】对获得被审计单位管理层授权的询证函，被询证者可能更愿意回函，在某些情况下，如果没有获得授权，被询证者甚至不能够回函。

【经典例题】

【例题·单选题】注册会计师在执行函证程序时，下列说法正确的是（　　）。

A. 当注册会计师根据以往经验认为，即使询证函设计恰当，回函率仍很低，应考虑实施消极的函证方式获取审计证据

B. 注册会计师应当了解被审计单位与第三方之间的交易，以确定函证方式的选择

C. 对获得被审计单位管理层授权的询证函，被询证者可能更愿意回函，在某些情况下，如果没有获得授权，被询证者甚至不能够回函，因此注册会计师实施函证前需要与被审计单位进行沟通，以商定函证对象

D. 注册会计师要考虑函证所提供的审计证据的可靠性还受到被询证者的能力、独立性、客观性、回函者是否有权回函等因素的影响

【答案】D

【解析】注册会计师应当向对所询证信息知情的第三方发送询证函。同时还要考虑函证所提供的审计证据的可靠性受到被询证者的能力、独立性、客观性、回函者是否有权回函等因素的影响，因此选择选项D。

重难点9：函证过程的控制★★★

【小贴士】注册会计师应当对函证的全过

程保持控制。

（一）函证发出前的控制措施

1. 要求

（1）询证函经被审计单位盖章后，应当由注册会计师直接发出。

（2）为使函证程序能有效地实施，在询证函发出前，注册会计师需要恰当地设计询证函，并对询证函上的各项资料进行充分核对。

2. 核对资料时的注意事项

（1）询证函中填列的需要被询证者确认的信息是否与被审计单位账簿中的有关记录保持一致。

（2）考虑选择的被询证者是否适当，包括被询证者对被函证信息是否知情、是否具有客观性、是否拥有回函的授权等。

（3）是否已在询证函中正确填列被询证者直接向注册会计师回函的地址。

（4）是否已将部分或全部被询证者的名称、地址与被审计单位有关记录进行核对，以确保询证函中的名称、地址等内容的准确性。

3. 可以执行的程序（包括但不限于）

（1）通过拨打公共查询电话核实被询证者的名称和地址；

（2）通过被询证者的网站或其他公开网站核对被询证者的名称和地址；

（3）将被询证者的名称和地址信息与被审计单位持有的相关合同等文件核对；

（4）对于供应商或客户，可以将被询证者的名称、地址与被审计单位收到或开具的增值税专用发票中的对方单位名称、地址进行核对。

（二）通过不同方式发出询证函时的控制措施

根据注册会计师对舞弊风险的判断，以及被询证者的地址和性质、以往回函情况、回函截止日期等因素，询证函的发出和收回可以采用邮寄、跟函、电子形式函证（包括传真、电子邮件、直接访问网站等）等方式。

1. 通过邮寄方式发出询证函时采取的控制措施

为避免询证函被拦截、篡改等舞弊风险，在邮寄询证函时，注册会计师可以在核实由被审计单位提供的被询证者的联系方式后，不使用被审计单位本身的邮寄设施，而是独立寄发询证函。

【小贴士】不得使用被审计单位本身的邮寄设施，应独立寄发询证函。

2. 通过跟函的方式发出询证函时采取的控制措施

如果注册会计师认为跟函的方式能够获取可靠信息，可以采取该方式发送并收回询证函。

（1）如果被询证者同意注册会计师独自前往被询证者执行函证程序，注册会计师可以独自前往。

（2）如果注册会计师跟函时需有被审计单位员工陪伴，注册会计师需要在整个过程中保持对询证函的控制，同时，对被审计单位和被询证者之间串通舞弊的风险保持警觉。

【小贴士】在我国目前的实务操作中，由于被审计单位之间的商业惯例还比较认可印章原件，所以邮寄和跟函方式更为常见。

3. 电子方式发送询证函

如果注册会计师根据具体情况选择通过电子方式发送询证函，在发函前可以基于对特定询证方式所存在风险的评估，考虑相应的控制措施。

【经典例题】

【真题·简答题】（2019）ABC 会计师事务所的 A 注册会计师负责审计甲公司 2018 年度财务报表。审计工作底稿中与函证相关的部分内容摘录如下：

（1）A 注册会计师对甲公司年内已注销的某人民币银行账户实施函证，银行表示无法就已注销账户回函。A 注册会计师检查了该账户的注销证明原件，核对了亲自从中国人民银行获取的《已开立银行结算账户清单》中的相关信息，结果满意。

（2）在实施应收账款函证程序时，A 注册会计师将财务人员在发函信封上填写的客户地址与销售部门提供的客户清单中的地址进行核对后，亲自将询证函交予快递公司发出。

(3) 甲公司根据销售合同在发出商品时确认收入。客户乙公司回函确认金额小于函证金额，甲公司管理层解释系期末发出商品在途所致。A注册会计师检查了合同、出库单以及签收单等支持性文件，并与乙公司财务人员电话确认了相关信息，结果满意。

(4) A注册会计师对应收账款余额实施了函证程序，有15家客户未回函。A注册会计师对其中14家实施了替代程序，结果满意；对剩余一家的应收账款余额，因其小于明显微小错报的临界值，A注册会计师不再实施替代程序。

(5) 甲公司未对货到票未到的原材料进行暂估。A注册会计师从应付账款明细账中选取90%的供应商实施函证程序，要求供应商在询证函中填列余额信息。

【要求】针对上述第(1)~(5)项，逐项指出A注册会计师的做法是否恰当。如不恰当，简要说明理由。

【答案】

(1) 恰当。

(2) 不恰当。客户清单属于内部信息/客户清单并不是用以验证发函地址准确性的适当证据；应当通过合同、公开网站等来源核对地址。

(3) 恰当。

(4) 不恰当。应对所有未回函的余额实施替代程序。

(5) 不恰当。应从供应商清单中选取函证对象/从应付账款明细账中选取函证对象不足以应对低估风险。

重难点10：积极式函证未收到回函时的处理★★

(一) 要求（规定动作）

如果在合理的时间内没有收到询证函回函时，注册会计师应当考虑必要时再次向被询证者寄发询证函。

(二) 实施替代程序（替补方式）

如果未能得到被询证者的回应，注册会计师应当实施替代审计程序。

(三) 必要程序的情况判断（无可替代）

注册会计师可能识别出认定层次重大错报风险，且取得积极式函证回函是获取充分、适当的审计证据的必要程序的情况可能包括：

(1) 可获取的佐证管理层认定的信息只能从被审计单位外部获得；

(2) 存在特定舞弊风险因素。

(四) 对审计工作和审计意见的影响（后果评价）

如果注册会计师认为取得积极式函证回函是获取充分、适当的审计证据的必要程序，则替代程序不能提供注册会计师所需要的审计证据。在这种情况下，如果未获取回函，注册会计师应当确定其对审计工作和审计意见的影响。

【经典例题】

【例题·多选题】针对积极式函证未收到回函时的说法正确的有（　　）。

A. 如果在合理的时间内没有收到询证函回函时，注册会计师应当考虑实施替代程序

B. 如果注册会计师认为取得积极式函证回函是必要程序，如果未获取回函，注册会计师应当确定其对审计工作和审计意见的影响

C. 注册会计师识别出被审计单位存在特定舞弊风险因素，此时取得积极式函证回函是获取充分、适当的审计证据的必要程序

D. 注册会计师认为可获取的佐证管理层认定的信息只能从被审计单位外部获得时，取得积极式函证回函是获取充分、适当的审计证据的必要程序

【答案】CD

【解析】注册会计师可能识别出认定层次重大错报风险，且取得积极式函证回函是获取充分、适当的审计证据的必要程序的情况可能包括：可获取的佐证管理层认定的信息只能从被审计单位外部获得；存在特定舞弊风险因素，因此选择选项C和选项D。

重难点11：评价函证的可靠性★★★

评价函证可靠性的内容如下表所示。

函证的可靠性	评价函证可靠性时考虑	询证函回函方式
取决于注册会计师设计询证函、实施函证程序和评价函证结果等程序的适当性	（1）对询证函的设计、发出及收回的控制情况； （2）被询证者的胜任能力、独立性、授权回函情况、对函证项目的了解及其客观性； （3）被审计单位施加的限制或回函中的限制	邮寄方式收到的回函； 跟函方式收到的回函； 电子形式收到的回函； 对询证函的口头答复

【小贴士】如果可行的话，注册会计师应当努力确保询证函被送交给适当的人员。在验证回函的可靠性时，注册会计师需要保持职业怀疑。

（一）通过邮寄方式收到的回函

通过邮寄方式发出询证函并收到回函后，注册会计师可以验证以下信息：

（1）被询证者确认的询证函是否是原件，是否与注册会计师发出的询证函是同一份；

（2）回函是否由被询证者直接寄给注册会计师；

（3）寄给注册会计师的回邮信封或快递信封中记录的发件方名称、地址是否与询证函中记载的被询证者名称、地址一致；

（4）回邮信封上寄出方的邮戳显示发出城市或地区是否与被询证者的地址一致；

（5）被询证者加盖在询证函上的印章以及签名中显示的被询证者名称是否与询证函中记载的被询证者名称一致。在认为必要的情况下，注册会计师还可以进一步与被审计单位持有的其他文件进行核对或亲自前往被询证者进行核实等。

【小贴士】如果被询证者将回函寄至被审计单位，被审计单位将其转交注册会计师，该回函不能视为可靠的审计证据。在这种情况下，注册会计师可以要求被询证者直接书面回复。

（二）通过跟函方式收到的回函

注册会计师可以实施以下审计程序：

（1）了解被询证者处理函证的通常流程和处理人员；

（2）确认处理询证函人员的身份和处理询证函的权限；

（3）观察处理询证函的人员是否按照处理函证的正常流程认真处理询证函。

（三）以电子形式收到的回函

（1）对以电子形式收到的回函，由于回函者的身份及其授权情况很难确定，对回函的更改也难以发觉，因此可靠性存在风险。

（2）注册会计师和回函者采用一定的程序为电子形式的回函创造安全环境，可以降低该风险。如果注册会计师确信这种程度安全得到适当控制，则会提高相关回函的可靠性。

【小贴士】电子函证程序涉及多种确认发件人身份的技术，如加密技术、电子数码签名技术、网页真实性认证程序。

（3）当注册会计师存有疑虑时，可以与被询证者联系以核实回函的来源及内容。必要时，注册会计师可以要求被询证者提供回函原件。

（四）对询证函的口头回复

（1）只对询证函进行口头回复不是对注册会计师的直接书面回复，不符合函证的要求，因此，不能作为可靠的审计证据。

（2）在收到对询证函口头回复的情况下，注册会计师可以要求被询证者提供直接书面回复。

（3）如果仍未收到书面回函，注册会计师需要通过实施替代程序，寻找其他审计证据以支持口头回复中的信息。

【小贴士】无论是采用纸质还是电子介质，被询证者的回函中都可能包括免责或其他限制条款。

（五）回函中存在免责或其他限制性条款

【小贴士】这种限制不一定使回函失去可靠性，注册会计师能否依赖回函信息以及依赖的程度取决于免责或限制条款的性质和实质。

1. 对回函可靠性不产生影响的条款

（1）回函中格式化的免责条款可能并不会影响所确认信息的可靠性，实务中常见的这种免责条款。

【示例】

①“提供的本信息仅出于礼貌，我方没有义务必须提供，我方不因此承担任何明示或暗示的责任、义务和担保”。

②“本回复仅用于审计目的，被询证方、其员工或代理人无任何责任，也不能免除注册会计师做其他询问或执行其他工作的责任”。

（2）其他限制条款如果与所测试的认定无关，也不会导致回函失去可靠性。

2. 对回函可靠性产生影响的限制条款

一些限制条款可能使注册会计师对回函中所包含信息的完整性、准确性或注册会计师能够信赖其所含信息的程度产生怀疑，实务中常见的此类限制条款。

【示例】

①“本信息是从电子数据库中取得，可能不包括被询证方所拥有的全部信息”；

②“本信息既不保证准确也不保证是最新的，其他方可能会持有不同意见”；

③“接收人不能依赖函证中的信息”。

3. 注册会计师对限制性条款的应对

（1）如果限制条款使注册会计师将回函作为可靠审计证据的程度受到了限制，则注册会计师可能需要执行额外的或替代审计程序。

（2）在特殊情况下，如果限制条款产生的影响难以确定，注册会计师可能认为要求被询证者澄清或寻求法律意见是适当的。

4. 其他特殊情况时注册会计师的应对

（1）如果认为询证函回函不可靠，注册会计师应当评价其对评估的相关重大错报风险（包括舞弊风险），以及其他审计程序的性质、时间安排和范围的影响。

【小贴士】注册会计师可以通过直接打电话给被询证者等方式以验证回函的内容和来源。

（2）注册会计师应当在考虑舞弊导致的财务报表重大错报风险的基础上，适当选择函证的方式，谨慎分析和评价函证结果。

【经典例题】

【真题·多选题】（2016）下列有关询证函回函可靠性的说法中，错误的有（　　）。

A. 被询证者对于函证信息的口头回复是可靠的审计证据

B. 询证函回函中的免责条款削弱了回函的可靠性

C. 由被审计单位转交给注册会计师的回函不是可靠的审计证据

D. 以电子形式收到的回函不是可靠的审计证据

【答案】ABD

【解析】只对询证函进行口头回复不是对注册会计师的直接书面回复，不符合函证的要求，因此，不能作为可靠的审计证据。因此选择选项A。回函中存在免责或其他限制性条款是影响外部审计函证可靠性的因素之一，但这种限制不一定使回函失去可靠性，注册会计师能否依赖回函信息以及依赖的程度取决于免责或限制条款的性质和实质。因此选择选项B。电子形式收到的回函，由于回函者的身份及其授权情况很难确定，对回函的更改也难以发觉，因此可靠性存在风险。注册会计师和回函者采用一定的程序为电子形式的回函创造安全环境，可以降低该风险。如果注册会计师确信这种程序安全并得到适当控制，则会提高相关回函的可靠性。因此选择选项D。如果被询证者将回函寄往被审计单位，被审计单位将其转交给注册会计师，该回函不能视为可靠的审计证据。因此不选择选项C。

重难点12：对不符事项的处理★★★

（一）要求

注册会计师应当调查不符事项，以确定是

否表明存在错报。

（二）可能显示财务报表存在的错报或潜在错报

（1）询证函回函中指出的不符事项可能显示财务报表存在错报或潜在错报。

（2）不符事项还可能显示被审计单位与财务报告相关的内部控制存在缺陷。

（3）某些不符事项并不表明存在错报。

【示例】注册会计师可能认为询证函回函的差异是由于函证程序的时间安排、计量或书写错误造成的。

【经典例题】

【例题·多选题】下列有关询证函回函的说法中，错误的有（　　）。

A. 注册会计师应当调查不符事项，以确定错报

B. 被询证的甲公司回复，与审计客户之间不存在往来款项未结清状况，经询问被审计客户，该笔应收账款已经由银行托收，企业尚未记账

C. 询证函回函中指出的不符事项显示财务报表存在错报

D. 询证函回函中的某些不符事项并不表明存在错报

【答案】AC

【解析】注册会计师应当调查不符事项，以确定是否表明存在错报，因此选择选项A。询证函回函中指出的不符事项可能显示财务报表存在错报或潜在错报，因此选择选项C。

重难点13：实施函证时需要关注的舞弊风险迹象以及采取的应对措施★★★

（一）注册会计师需要关注的舞弊风险迹象

（1）管理层不允许寄发询证函；

（2）管理层试图拦截、篡改询证函或回函，如坚持以特定的方式发送询证函；

（3）被询证者将回函寄至被审计单位，被审计单位将其转交注册会计师；

（4）注册会计师跟进访问被询证者，发现回函信息与被询证者记录不一致；

（5）从私人电子信箱发送的回函；

（6）收到同一日期发回的、相同笔迹的多份回函；

（7）位于不同地址的多家被询证者的回函邮戳显示的发函地址相同；

（8）收到不同被询证者用快递寄回的回函，但快递的交寄人或发件人是同一个人或是被审计单位的员工；

（9）回函邮戳显示的发函地址与被审计单位记录的被询证者的地址不一致；

（10）不正常的回函率；

（11）被询证者缺乏独立性。

（二）针对舞弊风险迹象注册会计师可以采取的应对措施

（1）验证被询证者是否存在、是否与被审计单位之间缺乏独立性，其业务性质和规模是否与被询证者和被审计单位之间的交易记录相匹配；

（2）将与从其他来源得到的被询证者的地址（如与被审计单位签订的合同上签署的地址、网络上查询到的地址）相比较，验证寄出方地址的有效性；

（3）将被审计单位档案中有关被询证者的签名样本、公司公章与回函核对；

（4）要求与被询证者相关人员直接沟通讨论询证事项，考虑是否有必要前往被询证者工作地点以验证其是否存在；

（5）分别在中期和期末寄发询证函，并使用被审计单位账面记录和其他相关信息核对相关账户的期间变动；

（6）考虑从金融机构获得被审计单位的信用记录，加盖该金融机构公章，并与被审计单位会计记录相核对，以证实是否存在被审计单位没有记录的贷款、担保、开立银行承兑汇票、信用证、保函等事项。根据金融机构的要求，注册会计师获取信用记录时可以考虑由被审计单位人员陪同前往。在该过程中，注册会计师需要注意确认该信用记录没有被篡改。

重难点14：分析程序的目的★★★

（一）定义

分析程序，是指注册会计师通过分析不同财务数据之间以及财务数据与非财务数据之间的内在关系，对财务信息作出评价。分析程序还包括在必要时对识别出的、与其他相关信息不一致或与预期值差异重大的波动或关系进行调查。

（二）注册会计师实施分析程序的目的

注册会计师实施分析程序不同目的的适用范围和要求如下表所示。

目的	适用范围	要求
用作风险评估程序	以了解被审计单位及其环境（了解被审计单位及其环境并评估财务报表层次和认定层次的重大错报风险）	注册会计师必须实施
用作实质性程序	比细节测试能更有效地将认定层次的检查风险降至可接受的水平时，分析程序可以用作实质性程序	在针对评估的重大错报风险实施进一步审计程序时，注册会计师可以将分析程序作为实质性程序的一种，单独或结合其他细节测试，收集充分、适当的审计证据
用作总体复核	在审计结束或临近结束时对财务报表进行总体复核	在审计结束或临近结束时，注册会计师应当运用分析程序，在已收集的审计证据的基础上，对财务报表整体的合理性作最终把关，评价报表仍然存在重大错报风险而未被发现的可能性，考虑是否需要追加审计程序，以便为发表审计意见提供合理基础

【小贴士】注册会计师在风险评估阶段和审计结束时的总体复核阶段必须运用分析程序，在实施实质性程序阶段可选用分析程序。

【经典例题】

【真题·单选题】（2020）下列有关分析程序的说法中，错误的是（　　）。

A. 注册会计师不需要在所有审计业务中运用分析程序

B. 对某些重大错报风险，分析程序可能比细节测试更有效

C. 分析程序并不适用于所有财务报表认定

D. 分析程序所使用的信息可能包括非财务数据

【答案】A

【解析】注册会计师在风险评估阶段和审计结束时的总体复核阶段必须运用分析程序，故选项A错误。

【真题·单选题】（2016）下列有关分析程序的说法中，正确的是（　　）。

A. 分析程序是指注册会计师通过分析不同财务数据之间的内在关系对财务信息作出评价

B. 注册会计师无需在了解被审计单位及其环境的各个方面实施分析程序

C. 细节测试比实质性分析程序更能有效地将认定层次的检查风险降至可接受的水平

D. 用于总体复核的分析程序的主要目的在于识别那些可能表明财务报表存在重大错报风险的异常变化

【答案】B

【解析】注册会计师在风险评估阶段和审计结束时的总体复核阶段必须运用分析程序，在实施实质性程序阶段可选用分析程序。因此选项B正确。

重难点15：用作风险评估程序★★★

（一）总体要求

注册会计师在实施风险评估程序时，应当运用分析程序，以了解被审计单位及其环境。注册会计师应当围绕了解被审计单位及其环境

并评估重大错报风险这一目的运用分析程序。

【小贴士】在这个阶段运用分析程序是强制要求。

（二）在风险评估程序中的具体运用

1. 应遵守的规范

注册会计师在将分析程序用作风险评估程序时，应当遵守《中国注册会计师审计准则第1211号——通过了解被审计单位及其环境识别和评估重大错报风险》的相关规定。

2. 具体运用

（1）可以将分析程序与询问、检查和观察程序结合运用，以获取对被审计单位及其环境的了解，识别和评估财务报表层次及具体认定层次的重大错报风险。

（2）应重点关注关键的账户余额、趋势和财务比率关系等方面，对其形成一个合理的预期，并与被审计单位记录的金额、依据记录金额计算的比率或趋势相比较。

（3）如果分析程序的结果显示的比率、比例或趋势与注册会计师对被审计单位及其环境的了解不一致，并且被审计单位管理层无法提出合理的解释，或者无法取得相关的支持性文件证据，注册会计师应当考虑其是否表明被审计单位的财务报表存在重大错报风险。

（4）注册会计师无须在了解被审计单位及其环境的每一方面时都实施分析程序。

【小贴士】在对内部控制的了解中，注册会计师一般不会运用分析程序。

（三）风险评估过程中运用的分析程序的特点

风险评估程序中运用分析程序的主要目的在于识别那些可能表明财务报表存在重大错报风险的异常变化。

【小贴士】与实质性分析程序相比，在风险评估过程中使用的分析程序所进行比较的性质、预期值的精确程度，以及所进行的分析和调查的范围都并不足以提供充分、适当的审计证据。

【经典例题】

【真题·单选题】（2018）下列有关用作风险评估程序的分析程序的说法中，错误的是（　　）。

A. 此类分析程序的主要目的在于识别可能表明财务报表存在重大错报风险的异常变化

B. 此类分析程序所使用数据的汇总性较强

C. 此类分析程序通常不需要确定预期值

D. 此类分析程序通常包括对账户余额变化的分析，并辅之以趋势分析和比率分析

【答案】C

【解析】在运用分析程序时，注册会计师应重点关注关键的账户余额、趋势和财务比率关系等方面，对其形成一个合理的预期，因此选项C是错误的。

重难点16：用作实质性程序★★★

（一）总体要求

1. 要求

注册会计师应当针对评估的认定层次重大错报风险设计和实施实质性程序。

2. 范围

实质性程序包括对各类交易、账户余额和披露的细节测试以及实质性分析程序。

3. 定义

实质性分析程序是指用作实质性程序的分析程序，它与细节测试都可用于收集审计证据，以识别财务报表认定层次的重大错报风险。

4. 注册会计师考虑运用实质性分析程序的情形

（1）当使用分析程序比细节测试能更有效地将认定层次的检查风险降至可接受的水平时，注册会计师可以考虑单独或结合细节测试，运用实质性分析程序。

（2）实质性分析程序不仅仅是细节测试的一种补充，在某些审计领域，如果重大错报风险较低且数据之间具有稳定的预期关系，注册会计师可以单独使用实质性分析程序获取充分、适当的审计证据。

5. 注册会计师实质性程序时考虑不实施

实质性分析程序的情形

（1）针对认定层次的重大错报风险，注册会计师实施细节测试而不实施分析程序，同样可能实现实质性程序的目的。

（2）分析程序有其运用的前提和基础，它并不适用于所有的财务报表认定。

尽管分析程序有特定的作用，但并未要求注册会计师在实施实质性分析程序时必须使用分析程序。

【小贴士】相对于细节测试而言，实质性分析程序能够达到的精确度可能受到种种限制，所提供的证据在很大程度上是间接证据，证明力相对较弱。从审计过程整体来看，注册会计师不能仅依赖实质性分析程序，而忽略对细节测试的运用。

6. 注册会计师设计、实施实质性分析程序的考虑

无论单独使用或与细节测试结合使用，注册会计师都应当：

（1）考虑针对所涉及认定评估的重大错报风险和实施的细节测试（如有），确定特定实质性分析程序对这些认定的适用性；

（2）考虑可获得信息的来源、可比性、性质和相关性以及与信息编制相关的控制，评价在对已记录的金额或比率作出预期时使用数据的可靠性；

（3）对已记录的金额或比率作出预期，并评价预期值是否足够精确以识别重大错报（包括单项重大的错报和单项虽不重大但连同其他错报可能导致财务报表产生重大错报的错报）；

（4）确定已记录金额与预期值之间可接受的，且无需做进一步调查的差异额。

（二）确定实质性分析程序对特定认定的适用性

（1）实质性分析程序通常更适用于在一段时期内存在预期关系的大量交易。分析程序的运用建立在这种预期的基础上，即数据之间的关系存在且在没有反证的情况下继续存在。

（2）某一分析程序的适用性，取决于注册会计师评价该分析程序在发现某一错报单独或连同其他错报可能引起财务报表存在重大错报时的有效性。

（3）在某些情况下，不复杂的预测模型也可以用于实施有效的分析程序。

（4）不同类型的分析程序提供不同程度的保证。

（5）对特定实质性分析程序适用性的确定，受到认定的性质和注册会计师对重大错报风险评估的影响。

（6）在针对同一认定实施细节测试时，特定的实质性分析程序也可能视为是适当的。

【经典例题】

【真题·单选题】（2017）下列有关实质性分析程序的适用性的说法中，错误的是（　　）。

A. 实质性分析程序通常更适用于在一段时间内存在预期关系的大量交易

B. 实质性分析程序不适用于识别出特别风险的认定

C. 对特定实质性分析程序适用性的确定，受到认定的性质和注册会计师对重大错报风险评估的影响

D. 注册会计师无需在所有审计业务中运用实质性分析程序

【答案】 B

【解析】 考虑针对所涉及认定评估的重大错报风险和实施的细节测试（如有），确定特定实质性分析程序对这些认定的适用性，因此选项B是错误的。

（三）数据的可靠性

1. 注册会计师对已记录的金额或比率作出预期时数据来源于内部或外部

（1）来自被审计单位内部的数据包括：①前期数据，并根据当期的变化进行调整；②当期的财务数据；③预算或预测；④非财务数据等。

（2）外部数据包括：①政府有关部门发布的信息；②行业监管者、贸易协会以及行业

调查单位发布的信息；③经济预测组织，包括某些银行发布的预测消息；④公开出版的财务信息；⑤证券交易所发布的信息等。

【小贴士】数据的可靠性直接影响根据数据形成的预期值。数据的可靠性越高，预期的准确性也将越高，分析程序将更有效。注册会计师计划获取的保证水平越高，对数据可靠性的要求也就越高。

2. 数据的可靠性的影响因素

数据的可靠性受其来源和性质的影响，并取决于获取该数据的环境。因此，在确定数据的可靠性是否能够满足实质性分析程序的需要时，下列因素是相关的：

（1）可获得信息的来源。例如，从被审计单位以外的独立来源获取的信息可能更加可靠。

（2）可获得信息的可比性。

（3）可获得信息的性质和相关性。

（4）与信息编制相关的控制，用以确保信息完整、准确和有效。

【小贴士】当针对评估的风险实施实质性分析程序时，如果使用被审计单位编制的信息，注册会计师可能需要考虑测试与信息编制相关的控制（如有）的有效性。

当这些控制有效时，注册会计师通常对该信息的可靠性更有信心，进而对分析程序的结果更有信心。对与非财务信息相关的控制运行有效性进行的测试，通常与对其他控制的测试结合在一起进行。

【经典例题】

【真题·综合题（部分）】（2019）甲公司是ABC会计师事务所的常年审计客户，主要从事轨道交通车辆配套产品的生产和销售。A注册会计师负责审计甲公司2018年度财务报表，确定财务报表整体的重要性为1 000万元，实际执行的重要性为500万元。

资料四：

A注册会计师在审计工作底稿中记录了实施进一步审计程序的情况，部分内容摘录如下：

（2）A注册会计师采用实质性分析程序测试甲公司2018年度的借款利息支出，发现已记录金额与预期值之间存在600万元差异，因可接受差异额为500万元，A注册会计师要求管理层更正了100万元的错报。

【要求】针对资料四第（2）项，假定不考虑其他条件，指出A注册会计师的做法是否恰当。如不恰当，简要说明理由。将答案直接填入答题区的相应表格内。

【答案】

事项序号	是否恰当（是/否）	理　由
（2）	否	差异超过可接受的差异额，注册会计师应当调查该差异，而不是将超出部分直接作为错报

（四）评价预期值的准确程度

（1）精准度。

准确程度是对预期值与真实值之间接近程度的度量，也称精确度。

（2）分析程序的有效性。

分析程序的有效性很大程度上取决于注册会计师形成的预期值的准确性。预期值的准确性越高，注册会计师通过分析程序获取的保证水平将越高。

（3）注册会计师评价作出预期的准确程度是否足以在计划的保证水平上识别重大错报时，应当考虑的主要因素：

①对实质性分析程序的预期结果作出预测的准确性。

②信息可分解的程度。

③财务和非财务信息的可获得性。

【小贴士】在设计实质性分析程序时，注册会计师应考虑是否可以获得财务信息（如预算和预测）以及非财务信息（如已生产或已销售产品的数量），以有助于运用分析程序。

（五）已记录金额与预期值之间可接受的差异额

（1）在设计和实施实质性分析程序时，注册会计师应当确定已记录金额与预期值之间可接受的差异额。

（2）注册会计师在确定已记录金额与预期值之间可接受的，且无需做进一步调查的差异额时，受重要性和计划的保证水平的影响。在确定该差异额时，注册会计师需要考虑一项错报单独或连同其他错报导致财务报表发生重大错报的可能性。

（3）注册会计师评估的风险越高，越需要获取有说服力的审计证据。因此，为了获取具有说服力的审计证据，当评估的风险增加时，可接受的、无需做进一步调查的差异额将会降低。

（4）如果在期中实施实质性程序，并计划针对剩余期间实施实质性分析程序，注册会计师应当考虑实质性分析程序对特定认定的适用性、数据的可靠性、评价预期值的准确程度以及可接受的差异额，并评估这些因素如何影响针对剩余期间获取充分、适当的审计证据的能力。

（5）注册会计师还应考虑某类交易的期末累计发生额或账户期末余额在金额、相对重要性及构成方面能否被合理预期。

【小贴士】如果认为仅实施实质性分析程序不足以收集充分、适当的审计证据，注册会计师还应测试剩余期间相关控制运行的有效性或针对期末实施细节测试。

【经典例题】

【真题·单选题】（2020）在实施实质性分析程序时，注册会计师需要对已记录的金额或比率作出预期。下列各项因素中，与作出预期所使用数据的可靠性无关的是（　　）。

A. 可获得信息的相关性

B. 信息的可分解程度

C. 可获得信息的可比性

D. 与信息编制相关的控制

【答案】B

【解析】数据的可靠性受其来源和性质的影响，并取决于获取该数据的环境。因此，在确定数据的可靠性是否能够满足实质性分析程序的需要时，下列因素是相关的：（1）可获得信息的来源。（2）可获得信息的可比性（选项C）。（3）可获得信息的性质和相关性（选项A）。（4）与信息编制相关的控制，用以确保信息完整、准确和有效（选项D）。

【真题·单选题】（2020）在实施实质性分析程序时，注册会计师需要确定已记录金额与预期值之间的可接受的差异额。下列各项因素中，注册会计师在确定可接受的差异额时通常无需考虑的是（　　）。

A. 实际执行的重要性

B. 明显微小错报的临界值

C. 计划的保证水平

D. 评估的重大错报风险

【答案】B

【解析】在实施实质性分析程序时，注册会计师确定的已记录金额与预期值之间的可接受差异额通常不超过实际执行的重要性（选项A）；注册会计师在确定已记录金额与预期值之间可接受的，且无需做进一步调查的差异额时，受重要性和计划的保证水平的影响（选项C）；注册会计师评估的风险越高，越需要获取有说服力的审计证据。因此，为了获取具有说服力的审计证据，当评估的风险增加时，可接受的、无需做进一步调查的差异额将会降低（选项D）。

【真题·单选题】（2019）下列有关实质性分析程序的说法中，错误的是（　　）。

A. 实质性分析程序达到的精确度低于细节测试

B. 实质性分析程序并不适用于所有财务报表认定

C. 实质性分析程序提供的审计证据是间接证据，因此无法为相关财务报表认定提供充

分、适当的审计证据

D. 注册会计师可以对某些财务报表认定同时实施实质性分析程序和细节测试

【答案】C

【解析】当使用分析程序比细节测试能更有效地将认定层次的检查风险降至可接受的水平时，注册会计师可以考虑单独或结合细节测试，运用实质性分析程序（选项 C 错误）。

重难点 17：用于总体复核★★★

（一）总体要求

在审计结束或临近结束时，注册会计师运用分析程序的目的是确定财务报表整体是否与其对被审计单位的了解一致，注册会计师应当围绕这一目的运用分析程序。

【小贴士】这时运用分析程序是强制要求，注册会计师在这个阶段应当运用分析程序。

（二）总体复核阶段分析程序的特点

在总体复核阶段执行分析程序，所进行的比较和使用的手段与风险评估程序中使用的分析程序基本相同，但两者的目的不同。

（1）在总体复核阶段实施的分析程序主要在于强调并解释财务报表项目自上个会计期间以来发生的重大变化，以证实财务报表中列报的所有信息与注册会计师对被审计单位及其环境的了解一致，与注册会计师取得的审计证据一致。

（2）两者的主要差别在于实施分析程序的时间和重点不同，以及所取得的数据的数量和质量不同。

（3）在总体复核阶段实施的分析程序并非为了对特定账户余额和披露提供实质性的保证水平，因此并不如实质性分析程序那样详细和具体，而往往集中在财务报表层次。

（三）再评估重大错报风险

在运用分析程序进行总体复核时，如果识别出以前未识别的重大错报风险，注册会计师应当重新考虑对全部或部分各类交易、账户余额和披露评估的风险是否恰当，并在此基础上重新评价之前计划的审计程序是否充分，是否有必要追加审计程序。

【经典例题】

【真题·单选题】（2017）下列有关注册会计师在临近审计结束时运用分析程序的说法中，错误的是（　　）。

A. 注册会计师进行分析的重点通常集中在财务报表层次

B. 注册会计师采用的方法与风险评估程序中使用的分析程序基本相同

C. 注册会计师进行分析并非为了对特定账户余额和披露提供实质性的保证水平

D. 注册会计师进行分析的目的在于识别可能表明财务报表存在重大错报风险的异常变化

【答案】D

【解析】在审计结束或临近结束时，注册会计师运用分析程序的目的是确定财务报表整体是否与其对被审计单位的了解一致，因此选项 D 是错误的。

通关练习

（一）单选题

1. 下列有关审计证据的说法中，正确的是（　　）。

A. 可用作审计证据的其他信息只有注册会计师从被审计单位外部获取的会计记录

B. 被审计单位会计记录通常是电子数据，因而要求注册会计师要关注这些记录的真实性和完整性

C. 财务报表依据的会计记录中包含的信息和其他信息共同构成了审计证据，两者缺一不可

D. 会计记录中包含的信息形成审计证据

2. 下列有关审计证据的适当性的说法中，正确的是（　　）。

A. 审计证据的适当性包括相关性和可靠性

B. 审计证据的适当性受审计证据的充分性影响

C. 审计证据的适当性影响审计证据的质量

D. 审计证据的适当性是对审计证据质量和数量的衡量

3. 下列有关审计证据可靠性的说法中，错误的是（　　）。

A. 审计证据的可靠性受其来源和性质的影响，并取决于获取审计证据的具体环境

B. 从外部独立来源获取的审计证据比从其他来源获取的审计证据更可靠

C. 有内部控制制度的被审计单位生成的审计证据比没有内部控制制度的被审计单位生成的审计证据更可靠性

D. 从原件获取的审计证据比从传真件或复印件获取的审计证据更可靠

4. 下列有关审计证据的说法中，错误的是（　　）。

A. 外部证据与内部证据矛盾时，注册会计师应当采用外部证据

B. 审计证据包括会计师事务所接受与保持客户或业务时实施质量控制程序获取的信息

C. 注册会计师应当考虑用作审计证据的信息的可靠性，并考虑与这些信息生成和维护相关控制的有效性

D. 注册会计师无须考虑获取审计证据的成本与所获取信息的有用性之间的关系

5. 关于注册会计师在财务报表审计业务执行审计程序的说法中，正确的是（　　）。

A. 重新执行被审计单位财务报表编制的全部程序

B. 通过询问相关人员确定被审计单位内部控制执行的薄弱环节

C. 核对财务报表与会计记录

D. 检查被审计单位存货管理制度和账簿记录，确认存货数量

6. 下列有关函证的说法中，正确的是（　　）。

A. 评估的认定层次重大错报风险水平越低，注册会计师通过实质性程序获取的审计证据的相关性和可靠性的要求越高

B. 如果认定某项风险是特别风险，注册会计师需要考虑通过函证特定事项以降低检查风险

C. 被询证者是被审计单位的关联方，其回函的可靠性低

D. 函证可以为某些认定提供审计证据，但是对不同的认定，函证的证明力是不同的

7. 下列有关注册会计师是否实施应收账款函证程序的说法中，错误的是（　　）。

A. 如果有充分证据表明函证很可能无效，注册会计师可以不实施应收账款函证程序

B. 如果不对应收账款函证，注册会计师应当在审计工作底稿中说明理由

C. 函证不适用于应收账款明细账

D. 如果重大错报风险评估为低水平，注册会计师可选择资产负债表日前适当日期为截止日，实施函证

8. 注册会计师可采用积极或消极的函证方式实施函证，下列说法正确的是（　　）。

A. 在采用积极的函证方式时，只有注册会计师收到回函，才能为财务报表认定提供审计证据

B. 是否采取消极式函证，取决于注册会计师对被审计单位内部控制评估的结果

C. 注册会计师在询证函中不列明账户余额或其他信息，要求被询证者填写有关信息或提供进一步信息的函证方式是消极式函证

D. 注册会计师对于零账户不需要进行函证

9. 下列有关询证函回函可靠性的说法中，正确的是（　　）。

A. 以电子形式收到的回函是可靠的审计证据

B. 只对询证函进行口头回复不是对注册会计师的直接书面回复，不符合函证的要求，因此，不能作为可靠的审计证据

C. 由被审计单位转交给注册会计师的回函是可靠的审计证据

D. 回函的限制性条款影响了函证的可靠性

10. 下列有关用作风险评估程序的分析程序的说法中，错误的是（　　）。

A. 风险评估阶段运用分析程序是强制性要求

B. 注册会计师在了解被审计单位及其环境的每一方面时都实施分析程序

C. 风险评估程序中所使用的分析程序通常包括多账户余额变化的分析，并辅之以趋势分析和比率分析

D. 在运用分析程序时，注册会计师应重点关注关键的账户余额、趋势和财务比率关系等方面，对其形成一个合理的预期

11. 下列有关注册会计师在临近审计结束时运用分析程序的说法中，正确的是（　　）。

A. 分析程序并非为了对特定账户余额和披露提供实质性的保证水平，往往集中在财务报表层次

B. 注册会计师采用的方法与风险评估程序中使用的分析程序、目的基本相同

C. 在运用分析程序进行总体复核后，注册会计师应当重新考虑对全部或部分各类交易、账户余额和披露评估的风险

D. 在运用分析程序进行总体复核后，注册会计师应当重新评价之前计划的审计程序是否充分，是否有必要追加审计程序

（二）多选题

1. 下列有关审计证据的说法中，错误的有（　　）。

A. 可用作审计证据的其他的信息包括注册会计师从被审计单位内部或外部获取的会计记录以外的信息

B. 财务报表依据的会计记录中包含的信息和其他信息共同构成了审计证据，两者缺一不可

C. 用作审计证据的其他的信息，与注册会计师执行财务报表审计时应当阅读被审计单位年度报告中除财务报表和审计报告外的其他信息是一致的

D. 注册会计师将不同来源和不同性质的审计证据综合起来考虑，这样能够反映出结果的一致性，从而佐证会计记录中记录的信息

2. 下列有关审计证据充分性的说法中，错误的有（　　）。

A. 审计证据的充分性与被审计单位内部控制制度的强弱相关，与注册会计师确定的样本量无关

B. 被审计单位内部控制越强，注册会计师需要的审计证据可能越少

C. 审计证据的需求量取决于被审计单位的会计记录是电子数据还是手工记录

D. 评估的重大错报风险越高，需要的审计证据可能越少

3. 下列有关审计证据的可靠性的说法中，错误的有（　　）。

A. 与认定相关的审计证据是可靠的审计证据

B. 审计证据的可靠性影响审计证据的充分性

C. 内部控制薄弱时内部生成的审计证据是不可靠的

D. 从独立的外部来源获得的审计证据可能是不可靠的

4. 下列有关审计证据的充分性和适当性的说法中，错误的有（　　）。

A. 只有充分且适当的审计证据才有证明力

B. 审计证据的充分性和适当性分别是对审计证据质量和数量的衡量

C. 审计证据的充分性会影响审计证据的适当性

D. 审计证据的适当性直接影响审计证据的充分性

5. 下列有关检查程序的说法中，错误的有（　　）。

A. 检查是指注册会计师对被审计单位内

部生成的，以纸质、电子或其他介质形式存在的记录和文件进行审查

B. 检查有形资产可为其存在提供可靠的审计证据，也能够为权利和义务等认定提供可靠的审计证据

C. 检查所提供的审计证据仅限于检查发生的时点

D. 检查已执行的合同可以提供与被审计单位运用会计政策相关的审计证据

6. 注册会计师实施函证的决策时的影响因素有（　　）。

A. 评估的认定层次重大错报风险

B. 替代程序与特定认定的相关性

C. 预期被询证者的客观性

D. 被审计单位管理层的配合程度

7. 下列有关注册会计师实施应收账款函证程序的说法中，正确的有（　　）。

A. 如果有充分证据表明应收账款对财务报表不重要，注册会计师可以不实施应收账款函证程序

B. 如果不对应收账款函证，注册会计师无需在审计工作底稿中说明理由

C. 注册会计师通常在资产负债表日后某一天函证资产负债表的应收账款余额

D. 如果在资产负债表日前对应收账款余额实施函证程序，注册会计师应当针对询证函指明的截止日期与审计日之间实施进一步的实质性程序

8. 如果被审计单位管理层要求注册会计师不实施函证时，注册会计师应当考虑的有（　　）。

A. 管理层的要求是否合理

B. 被审计单位是否存在重大的舞弊或错误

C. 如何实施替代程序，以获取充分、适当的审计证据

D. 对审计报告可能产生的影响

9. 下列有关询证函回函可靠性的说法中，错误的有（　　）。

A. 通过邮寄方式发出询证函并收到回函后，注册会计师可以验证回函是否由被询证者直接寄给注册会计师

B. 跟函过程中，注册会计师需要了解被询证者处理函证的通常流程和处理人员

C. 电子形式收到的回函中注明“本信息是从电子数据库中取得，可能不包括被询证方所拥有的全部信息”并不影响函证的可靠性

D. 注册会计师收到对询证函口头答复后，需要通过实施替代程序，寻找其他审计证据以支持口头回复中的信息

10. 下列有关分析程序的说法中，错误的有（　　）。

A. 分析程序是指注册会计师通过分析财务数据之间的内在关系对财务信息作出评价

B. 注册会计师需要在财务报表审计全过程了解被审计单位及其环境的各个方面实施分析程序

C. 注册会计师在风险评估阶段和审计结束时的总体复核阶段必须运用分析程序

D. 在总体复核阶段执行分析程序与风险评估程序中使用的分析程序的目的相同

11. 下列有关实质性分析程序的说法中，错误的有（　　）。

A. 细节测试同样可能实现实质性程序的目的，因此，实质性分析程序与细节测试同样适用于财务报表认定

B. 对特定实质性分析程序适用性的确定，受到认定的性质和注册会计师对重大错报风险评估的影响

C. 实质性分析程序使用的数据的可靠性直接影响根据数据形成的预期值

D. 在设计实质性分析程序时，注册会计师应考虑是否可以获得财务数据，以有助于运用分析程序

（三）简答题

ABC 会计师事务所的 A 注册会计师负责审计甲公司 2020 年度财务报表，A 注册会计师在审计工作底稿中记录了实施进一步审计程序的情况，部分内容摘录如下：

（1）因对甲公司管理层提供的银行对账

单的真实性存有疑虑，A注册会计师在出纳陪同下前往银行获取银行对账单。在银行柜台人员打印对账单时，A注册会计师前往该银行其他部门对2019年的大额定期存单实施了函证。

（2）A注册会计师向乙公司函证由其保管的甲公司存货的数量和状况，收到的传真件回函显示数量一致，状况良好。A注册会计师据此认可了回函结果。

（3）甲公司2020年年末应收票据余额重大。A注册会计师于2020年12月31日检查了这些票据的复印件，并核对了相关信息，结果满意。

（4）甲公司的某企业客户利用甲公司的快递服务，向A注册会计师寄回了询证函回函。A注册会计师认为回函可靠性受到影响，重新发函并要求该客户通过其他快递公司寄回询证函。

（5）因仅实施替代程序无法获取充分、适当的审计证据，A注册会计师就一份重要的询证函通过电话与被询证方确认了函证信息，被询证方告知回函已寄出，A注册会计师确认函证信息可靠，并形成审计结论。次日，A注册会计师收到回函，获取满意的审计证据。

【要求】针对上述第（1）~（5）项，逐项指出A注册会计师的做法是否恰当。如不恰当，简要说明理由。

通关练习答案及解析

（一）单选题

1.【答案】C

【解析】财务报表依据的会计记录中包含的信息和其他信息共同构成了审计证据，两者缺一不可。因此选择选项C。

2.【答案】A

【解析】审计证据的充分性包括相关性和可靠性，因此选择选项A。

3.【答案】C

【解析】内部控制有效时内部生成的审计证据比内部控制薄弱时内部生成的审计证据更可靠。因此选择选项C。

4.【答案】A

【解析】从不同来源获取的审计证据或获取的不同性质的审计证据不一致，表明某项审计证据可能不可靠，注册会计师应当追加必要的审计程序。因此选择选项A。

5.【答案】C

【解析】重新执行是注册会计师独立执行原本作为被审计单位内部控制组成部分的程序或控制，因此选项A不正确。但在某些情况下，对询问的答复为注册会计师修改审计程序或实施追加审计程序提供了基础，因此选项B不正确。检查被审计单位存货管理制度和账簿记录仅是获取内部控制制度和账簿数量，存货的真实数量需要通过对存货的监盘程序获得，因此选项D不正确。

6.【答案】D

【解析】评估的认定层次重大错报风险水平越低，注册会计师需要从实质性程序中获取的审计证据的相关性和可靠性的要求越低。因此选项A是错误的。如果认为某项风险属于特别风险，注册会计师需要考虑是否通过函证特定事项以降低检查风险。因此选项B是错误的。如果被询证者是被审计单位的关联方，则其回复的可靠性会降低。因此选项C是错误的。

7.【答案】C

【解析】函证通常适用于账户余额及其组成部分（如应收账款明细账），因此选项C错误。

8.【答案】A

【解析】当同时存在下列情况时，注册会计师可以考虑采用消极的函证方式：重大错报风险评估为低水平、涉及大量余额较小的账户、预期不存在大量的错误和没有理由相信被询证者不认真对待函证，因此选项B错误。注册会计师在询证函中不列明账户余额或其他信息，要求被询证者填写有关信息或提供进一步信息的函证方式是积极式函证，因此选项 C 错误。注册会计师应当对银行存款（包括零余额账户和在本期内注销的账户）、借款及与金融机构往来的其他重要信息实施函证程序，除非有充分证据表明某一银行存款、借款及与金融机构往来的其他重要信息对财务报表不重要且与之相关的重大错报风险很低。因此选项 D 错误。

9. 【答案】B

【解析】只以电子形式收到的回函，由于回函者的身份及其授权情况很难确定，对回函的更改也难以发觉，因此可靠性存在风险，注册会计师和回函者采用一定的程序为电子形式的回函创造安全环境，可以降低该风险。如果注册会计师确信这种程序安全并得到适当控制，则会提高相关回函的可靠性。因此不选择选项 A。对询证函进行口头回复不是对注册会计师的直接书面回复，不符合函证的要求，因此，不能作为可靠的审计证据。因此选择选项 B。如果被询证者将回函寄往被审计单位，被审计单位将其转交给注册会计师，该回函不能视为可靠的审计证据。因此不选择选项 C。回函中存在免责或其他限制性条款是影响外部审计函证可靠性的因素之一，但这种限制不一定使回函失去可靠性，注册会计师能否依赖回函信息以及依赖的程度取决于免责或限制条款的性质和实质。因此不选择选项 D。

10. 【答案】B

【解析】注册会计师无须在了解被审计单位及其环境的每一方面时都实施分析程序。因此选择选项 B。

11. 【答案】A

【解析】注册会计师采用的方法与风险评估程序中使用的分析程序基本相同，但两者的目的不同，因此不选择选项 B。在运用分析程序进行总体复核后，如果识别出以前未识别的重大错报风险，注册会计师应当重新考虑对全部或部分各类交易、账户余额和披露评估的风险是否恰当，并在此基础上重新评价之前计划的审计程序是否充分，是否有必要追加审计程序，因此不选择选项 C、D。

（二）多选题

1. 【答案】ABD

【解析】用作审计证据的其他的信息，与注册会计师执行财务报表审计时应当阅读被审计单位年度报告中除财务报表和审计报告外的其他信息是两个不同的概念。因此不选择选项 C。

2. 【答案】ABC

【解析】审计证据的充分性是对审计证据数量的衡量，主要与注册会计师确定的样本量有关，与是否电子数据还是手工数据无关，因此选择选项 A 和选项 C。注册会计师需要获取的审计证据数量受其对重大错报风险评估的影响，而与被审计单位内部控制指导强弱本身无关，因此选择选项 B。评估的重大错报风险越高，需要的审计证据可能越少，因此不选择选项 D。

3. 【答案】ABC

【解析】只与管理当局认定相关的审计证据可能只提供某一方面的认定，不一定能够完成审计目标的需求，因此选择选项 A；注册会计师需要获取的审计证据的数量也受审计证据质量的影响。审计证据质量越高，需要的审计证据数量可能越少。也就是说，审计证据的适当性会影响审计证据的充分性，因此选择选项 B；内部控制有效时内部生成的审计证据比内部控制薄弱时生成的审计证据更可靠，因此选择选项 C；从外部独立来源获得的审计证据比从其他来源获取的审计证据更可靠，因此不选择选项 D。

4. 【答案】BCD

【解析】审计证据的充分性是对审计证据数量的衡量，适当性是对审计证据质量的衡量，因此选项 B 错误；注册会计师需要获取的审计证据的数量受审计证据质量的影响。审计证据质量越高，需要的审计证据数量可能越少。也就是说，审计证据的适当性会影响审计证据的充分性。但如果审计证据的质量存在缺陷，那么注册会计师仅靠获取更多的审计证据可能无法弥补其质量上的缺陷。选项 C、D 错误。

5.【答案】ABC

【解析】检查是指注册会计师对被审计单位内部或外部生成的，以纸质、电子或其他介质形式存在的记录和文件进行审查，因此选择选项 A。检查有形资产可为其存在提供可靠的审计证据，不一定能够为权利和义务等认定提供可靠的审计证据，因此选择选项 B。询问所提供的审计证据仅限于检查发生的时点，因此选择选项 C。

6.【答案】AC

【解析】函证没有获得回函，注册会计师才考虑替代程序，因此选项 B 不正确。函证是注册会计师直接从第三方（被询证者）获取书面答复以作为审计证据的过程，因此选项 D 不正确。

7.【答案】AC

【解析】如果不对应收账款函证，注册会计师必须在审计工作底稿中说明理由，因此不选择选项 B。如果在资产负债表日前对应收账款余额实施函证程序，注册会计师应当针对询证函指明的截止日期与资产负债表日之间实施进一步的实质性程序，因此不选择选项 D。

8.【答案】AB

【解析】当被审计单位管理层要求对拟函证的某些账户余额或其他信息不实施函证时，注册会计师应当考虑该项要求是否合理，并获取审计证据予以支持，因此选择选项 A。只有管理层要求是合理的，注册会计师才应当实施替代程序，因此不选择选项 C。分析管理层要求不实施函证原因时，注册会计师应当保持职业怀疑态度，并考虑管理层是否诚信、是否可能存在重大的舞弊或错误，替代程序能否提供与这些账户余额或其他信息相关的充分、适当的审计证据，因此选择选项 B。如果认为管理层的要求不合理，且其阻挠而无法实施函证，注册会计师应当视为审计范围受到限制，并考虑对审计报告可能产生的影响。因此不选择选项 D。

9.【答案】CD

【解析】回函中存在免责或其他限制性条款是影响外部审计函证可靠性的因素之一，但这种限制不一定使回函失去可靠性，注册会计师能否依赖回函信息以及依赖的程度取决于免责或限制条款的性质和实质。对回函可靠性可能产生影响的限制性条款包括："本信息是从电子数据库中取得，可能不包括被询证方所拥有的全部信息；本信息既不保证准确也不保证是最新的，其他方可能会持有不同意见；接收人不能依赖函证中的信息"等，因此选择选项 C。对询证函进行口头回复不是对注册会计师的直接书面回复，不符合函证的要求，因此，不能作为可靠的审计证据。在收到对询证函口头答复的情况下，注册会计师可以要求被询证者提供直接书面回复，如果仍未收到书面回函，注册会计师需要通过实施替代程序，寻找其他审计证据以支持口头回复中的信息，因此选择选项 D。

10.【答案】ABD

【解析】分析程序是指注册会计师通过分析不同财务数据之间以及财务数据与非财务数据之间的内在关系，对财务信息作出评价，因此选择选项 A。注册会计师在风险评估阶段和审计结束时的总体复核阶段必须运用分析程序，在实施实质性程序阶段可选用分析程序。因此选择选项 B。在总体复核阶段实施分析程序，所进行的比较和使用的手段与风险评估程序中使用的分析程序基本相同，但两者的目的不同。因此选择选项 D。

11.【答案】AD

【解析】针对认定层次的重大错报风险，注册会计师实施细节测试而不实施实质性分析程序，同样可能实现实质性程序的目的，另外，分析程序有其运用的前提和基础，它并不适用于所有的财务报表认定，因此选择选项 A。在设计实质性分析程序时，注册会计师应考虑是否可以获得财务信息以及非财务信息，以有助于运用分析程序，因此选择选项 D。

（三）简答题

【答案】

（1）不恰当。应全程关注银行对账单的打印过程/未对银行对账单获取过程保持控制。

（2）不恰当。注册会计师应当验证传真件回函的可靠性。

（3）不恰当。注册会计师应当检查应收票据原件/仅检查应收票据复印件不能获取充分、适当的审计证据/还应实施其他审计程序。

（4）恰当。

（5）不恰当。口头回复不能作为可靠的审计证据/审计结论形成前未获取充分、适当的审计证据。

第四章 审计抽样方法

2021 年教材内容主要变化

本章主要知识点没有实质变化。

本章近五年考情统计分析

本章考题主要以客观题和主观题（简答题）为主，但是针对个别的知识点（如重要性等），也可以结合审计实务（教材第三编内容），以主观题（综合题）的形式考查。

本章属于重要的考试章节之一，最近五年平均考试分值一般在 5 分左右。

（一）近五年考试分值分布

题型	2016 年	2017 年	2018 年	2019 年	2020 年
单选题	1	2	3	1	2
多选题	4	2	2	2	—
简答题	—	—	—	—	—
综合题	—	2. 5	—	3	0. 5
合计	5	6. 5	5	6	2. 5

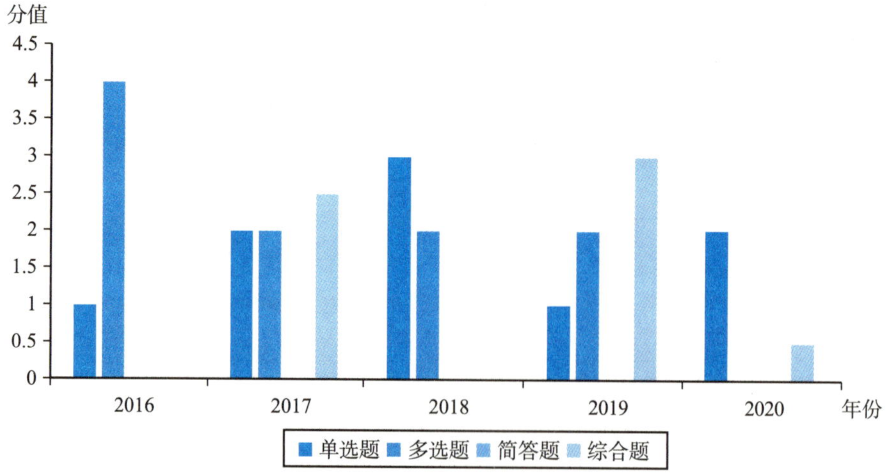

（二）近五年考试考点分布

高频考点内容	年度及题型分布
抽样风险与非抽样风险	2018 年单选、2016 年单选
审计抽样与样本	2020 年单选、2020 年综合、2019 年多选、2019 年综合、2018 年单选、2018 年多选、2017 年多选、2017 年综合、2016 年多选
审计抽样在控制测试中的应用	2020 年单选、2018 年单选、2017 年单选
审计抽样在细节测试中的运用	2019 年单选、2016 年多选

重难点解析

本章内容为审计抽样方法的相关内容，属于审计学的基础章节，主要包括审计抽样的含义、特征、适用性，抽样风险和非抽样风险、统计抽样和非统计抽样、属性抽样和变量抽样等相关概念，以及审计抽样在控制测试和细节测试中的应用问题。

【小贴士】本章内容的学习，需要结合后续有关章节内容。例如，审计抽样在控制测试中的应用、审计抽样在细节测试中的应用中控制测试和细节测试的内容与第二编（审计测试流程）第八章风险应对相联系，控制测试和细节测试的部分内容与第二编（审计测试流程）、第三编（各类交易和账户余额的审计）相联系。

重难点 1：审计抽样★★★

（一）审计抽样的含义和目的

1. 含义

审计抽样是指注册会计师对具有审计相关性的总体中低于百分之百的项目实施审计程序，使所有抽样单元都有被选取的机会，为注册会计师针对整个总体得出结论提供合理基础。

2. 目的

审计抽样能够使注册会计师获取和评价有关所选取项目某一特征的审计证据，以形成或有助于形成有关总体的结论。

（二）审计抽样的特征（同时具备）

【小贴士】抽样审计应当同时具备三个基本特征。

（1）对具有审计相关性的总体中低于百分之百的项目实施审计程序；

（2）所有抽样单元都有被选取的机会；

（3）可以根据样本项目的测试结果推断出有关抽样总体的结论。

【经典例题】

【真题·多选题】（2017）下列各项中，属于审计抽样基本特征的有（　　）。

A. 对具有审计相关性的总体中低于百分之百的项目实施审计程序

B. 所有抽样单元都有被选取的机会

C. 以基于某一特征从总体中选出特定项目实施审计程序

D. 可以根据样本项目的测试结果推断出有关抽样总体的结论

【答案】ABD

【解析】审计抽样的特征有对具有审计相关性的总体中低于百分之百的项目实施审计程序，因此选项 A 正确；所有抽样单元都有被选取的机会，因此选项 B 正确；可以根据样本项目的测试结果推断出有关抽样总体的结论，因此选项 D 正确。

【小贴士】只有当从抽样总体中选取的样本具有代表性时，注册会计师才能根据样本项目的测试结果推断出有关总体的结论。

【真题·单选题】（2020）下列有关审计抽样的样本代表性的说法中，错误的是（　　）。

A. 样本代表性与如何选取样本无关

B. 样本代表性与整个样本而非样本中的单个项目相关

C. 样本代表性与样本规模无关

D. 样本代表性通常与错报的发生率相关

【答案】A

【解析】代表性与整个样本而非样本中的单个项目相关，因此选项 B 正确，与样本规模无关，因此选项 C 正确，而与如何选取样本相关，因此选项 A 错误。此外，代表性通常只与错报的发生率而非错报的特定性质相关，因此选项 D 正确，比如，异常情况导致的样本错报就不具有代表性。

【真题·单选题】（2018）下列有关审计抽样的样本代表性的说法中，错误的是（　　）。

A. 样本具有代表性意味着根据样本测试结果推断的错报与总体中的错报相同

B. 如果样本的选取是无偏向的，该样本通常具有代表性

C. 样本的代表性与样本规模无关

D. 样本的代表性通常只与错报的发生率而非错报的特定性质相关

【答案】A

【解析】只有当从抽样总体中选取的样本具有代表性时，注册会计师才能根据样本项目的测试结果推断出有关总体的结论。因此选项 A 是错误的。

（三）审计抽样的适用性

审计抽样并非在所有审计程序中都可使用。注册会计师拟实施的审计程序将对运用审计抽样产生重要影响。

1. 风险评估程序

（1）通常不涉及审计抽样。

（2）如果注册会计师在了解控制的设计和确定控制是否得到执行的同时计划和实施控制测试，则可能涉及审计抽样，但此时审计抽样仅适用于控制测试。

2. 控制测试程序

【小贴士】关注控制运行是否留下运行轨迹。

（1）当控制的运行留下轨迹时，注册会计师可以考虑使用审计抽样实施控制测试。

（2）对于未留下运行轨迹的控制，注册会计师通常实施询问、观察等审计程序，以获取有关控制运行有效性的审计证据，此时不宜使用审计抽样。

（3）被审计单位采用信息技术处理各类交易及其他信息时，注册会计师通常只需要测试信息技术一般控制，并从各类交易中选取一笔或几笔交易进行测试，就能获取有关信息技术应用控制运行有效性的审计证据，此时不需使用审计抽样。

3. 实质性程序

实质性程序包括对各类交易、账户余额和披露的细节测试，以及实质性分析程序。

（1）在实施细节测试时，注册会计师可以使用审计抽样获取审计证据，以验证有关财务报表金额的一项或多项认定（如应收账款的存在），或对某些金额作出独立估计（如陈旧存货的价值）。

（2）如果注册会计师将某类交易或账户余额的重大错报风险评估为可接受的低水平，也可不实施细节测试，此时不需使用审计抽样。

（3）实施实质性分析程序时，注册会计师的目的不是根据样本项目的测试结果推断有关总体的结论，因而不宜使用审计抽样。

4. 审计抽样可以与其他选取测试项目的方法结合进行。

【经典例题】

【真题·单选题】（2019）下列与内部控制有关的审计工作中，通常可以使用审计抽样的是（　　）。

A. 评价内部控制设计的合理性

B. 确定控制是否得到执行

C. 测试自动化应用控制的运行有效性

D. 测试留下运行轨迹的人工控制的运行有效性

【答案】D

【解析】当控制的运行留下轨迹时，注册

会计师可以考虑使用审计抽样实施控制测试，因此选择选项 D。

【真题·多选题】（2018）下列审计程序中，通常不宜使用审计抽样的有（　　）。

A. 风险评估程序

B. 对未留下运行轨迹的控制的运行有效性实施测试

C. 对信息技术应用控制的运行有效性实施测试

D. 实质性分析程序

【答案】ABCD

【解析】风险评估程序通常不涉及审计抽样，因此选择选项 A；对于未留下运行轨迹的控制，注册会计师通常实施询问、观察等审计程序，以获取有关控制运行有效性的审计证据，此时不宜使用抽样审计，因此选择选项 B；在被审计单位采用信息技术处理各类交易及其他信息时，注册会计师通常只需要测试信息技术一般控制，并从各类交易中选取一笔或几笔交易进行测试，就能获取有关信息技术应用控制运行有效性的审计证据，此时不需使用审计抽样，因此选择选项 C。实施实质性分析程序时，注册会计师的目的不是根据样本项目的测试结果推断有关总体的结论，因而不宜使用审计抽样。因此选择选项 D。

重难点 2：抽样风险★★★

抽样风险，是指注册会计师根据样本得出的结论，可能不同于如果对整个总体实施与样本相同的审计程序得出的结论的风险。抽样风险是由抽样引起的，与样本规模和抽样方法相关。

（一）控制测试中的抽样风险

【小贴士】控制测试中的抽样风险包括信赖过度风险和信赖不足风险。

（1）信赖过度风险是指推断的控制有效性高于其实际有效性的风险，也可以说，尽管样本结果支持注册会计师计划信赖内部控制的程度，但实际偏差率不支持该信赖程度的风险。信赖过度风险与审计的效果有关。如果注册会计师评估的控制有效性高于其实际有效性，从而导致评估的重大错报风险水平偏低，注册会计师可能不适当地减少从实质性程序中获取的证据，因此审计的有效性下降。对于注册会计师而言，信赖过度风险更容易导致注册会计师发表不恰当的审计意见，因而更应予以关注。

（2）信赖不足风险是指推断的控制有效性低于其实际有效性的风险，也可以说，尽管样本结果不支持注册会计师计划信赖内部控制的程度，但实际偏差率支持该信赖程度的风险。信赖不足风险与审计的效率有关。当注册会计师评估的控制有效性低于其实际有效性时，评估的重大错报风险水平高于实际水平，注册会计师可能会增加不必要的实质性程序。在这种情况下，审计效率可能降低。

【经典例题】

【真题·单选题】（2016）下列有关信赖过度风险的说法中，正确的是（　　）。

A. 信赖过度风险属于非抽样风险

B. 信赖过度风险影响审计效率

C. 信赖过度风险与控制测试和细节测试均相关

D. 注册会计师可以通过扩大样本规模降低信赖过度风险

【答案】D

【解析】控制测试中的抽样风险包括信赖过度与信赖不足，信赖过度风险与审计的效果有关，因此选项 A、B、C 均不正确。抽样风险与样本规模和抽样方法相关，因此选项 D 正确。

（二）细节测试中的抽样风险

【小贴士】在实施细节测试时，注册会计师要关注两类抽样风险：误受风险和误拒风险。

（1）误受风险是指注册会计师推断某一重大错报不存在而实际上存在的风险。如果账面金额实际上存在重大错报而注册会计师认为其不存在重大错报，注册会计师通常会停止对该账面金额继续进行测试，并根据样本结果得出账面金额无重大错报的结论。与信赖过度风险类似，误受风险影响审计效果，容易导致注册会计师发表不恰当的审计意见，因此注册会计师更应予以关注。

（2）误拒风险是指注册会计师推断某一重大错报存在而实际上不存在的风险。与信赖不足风险类似，误拒风险影响审计效率。如果账面金额不存在重大错报而注册会计师认为其存在重大错报，注册会计师会扩大细节测试的范围并考虑获取其他审计证据，最终注册会计师会得出恰当的结论。在这种情况下，审计效率可能降低。

（三）抽样风险类型

无论在控制测试还是在细节测试中，抽样风险都可以分为两种类型：

（1）影响审计效果的抽样风险，包括控制测试中的信赖过度风险和细节测试中的误受风险；

（2）影响审计效率的抽样风险，包括控制测试中的信赖不足风险和细节测试中的误拒风险。相较于影响审计效率的抽样风险，注册会计师更应关注影响审计效果的抽样风险。

【小贴士】抽样风险与样本规模反方向变动：样本规模越小，抽样风险越大；样本规模越大，抽样风险越小。无论是控制测试还是细节测试，注册会计师都可以通过扩大样本规模降低抽样风险。如果对总体中的所有项目都实施检查，就不存在抽样风险，此时审计风险完全由非抽样风险产生。

【经典例题】

【真题·单选题】（2020）下列有关非抽样风险的说法中，错误的是（　　）。

A. 注册会计师未能适当地定义误差会导致非抽样风险

B. 非抽样风险可以量化

C. 非抽样风险在所有审计业务中均存在

D. 对总体中所有的项目实施测试无法消除非抽样风险

【答案】B

【解析】非抽样风险是由人为因素造成的，虽然难以量化非抽样风险，但通过采取适当的质量控制政策和程序，对审计工作进行适当的指导、监督和复核，仔细设计审计程序，以及对审计实务的适当改进，注册会计师可以将非抽样风险降至可接受的水平，因此选项 B 错误。

重难点 3：非抽样风险★★★

（一）定义

非抽样风险，是指注册会计师由于任何与抽样风险无关的原因而得出错误结论的风险。

（二）成因

在审计过程中，可能导致非抽样风险的原因主要包括下列情况：

（1）注册会计师选择了不适于实现特定目标的审计程序。

（2）注册会计师选择的总体不适合于测试目标。

（3）注册会计师未能适当地定义误差（包括控制偏差或错报），导致注册会计师未能发现样本中存在的偏差或错报。

（4）注册会计师未能适当地评价审计发现的情况。

【小贴士】非抽样风险是由人为因素造成的，虽然难以量化非抽样风险，但通过采取适当的质量控制政策和程序，对审计工作进行适当的指导、监督和复核，仔细设计审计程序，以及对审计实务的适当改进，注册会计师可以将非抽样风险降至可接受的水平。

【经典例题】

【真题·单选题】（2018）下列有关非抽样风险的说法中，错误的是（　　）。

A. 非抽样风险不能量化

B. 非抽样风险影响审计风险

C. 注册会计师可以通过采取适当的质量控制政策和程序降低非抽样风险

D. 注册会计师可以通过扩大样本规模降低非抽样风险

【答案】D

【解析】非抽样风险，是指注册会计师由

于任何与抽样风险无关的原因而得出错误结论的风险。注册会计师即使对某类交易或账户余额的所有项目实施审计程序，也可能仍未发现重大错报或控制失效，因此选项 D 是错误的。

重难点 4：统计抽样和非统计抽样★★★

（一）统计抽样

统计抽样基本特征（同时具备）：

（1）随机选取样本项目；

（2）运用概率论评价样本结果，包括计量抽样风险。

（二）非统计抽样

不同时具备统计抽样两个基本特征的抽样方法为非统计抽样。

（1）统计抽样能够客观地计量抽样风险，并通过调整样本规模精确地控制风险，这是与非统计抽样最重要的区别。

（2）注册会计师使用非统计抽样时，也必须考虑抽样风险并将其降至可接受水平，但无法精确地测定抽样风险。

（3）注册会计师在统计抽样与非统计抽样方法之间进行选择时主要考虑成本效益。不管是统计抽样还是非统计抽样，两种方法都要求注册会计师在设计、选取和评价样本时运用职业判断。

【小贴士】如果设计适当，非统计抽样也能提供与统计抽样方法同样有效的结果。

（4）选取的样本项目实施的审计程序通常与使用的抽样方法无关。

【经典例题】

【真题·单选题】（2016）下列有关抽样风险的说法中，错误的是（　　）。

A. 在使用非统计抽样时，注册会计师可以对抽样风险进行定性的评价和控制

B. 如果注册会计师对总体中的所有项目都实施检查，就不存在抽样风险

C. 注册会计师未能恰当地定义误差将导致抽样风险

D. 无论是控制测试还是细节测试，注册会计师都可以通过扩大样本规模降低抽样风险

【答案】C

【解析】抽样风险，是指注册会计师根据样本得出的结论，可能不同于如果对整个总体实施与样本相同的审计程序得出的结论的风险。因此选择选项 C。

重难点 5：属性抽样和变量抽样★★

属性抽样和变量抽样的内容如下表所示。

类别	定义	适用	结论
属性抽样	用来对总体中某一事件发生率得出结论的统计抽样方法	控制测试	与总体发生率有关
变量抽样	用来对总体金额得出结论的统计抽样方法	细节测试	与总体的金额有关
特殊	变量抽样中的货币单元抽样，是运用属性抽样的原理得出以金额表示的结论		

重难点 6：控制测试中的样本设计阶段★★★

（一）确定测试目标

1. 目的

注册会计师实施控制测试的目标是提供关于控制运行有效性的审计证据，以支持计划的重大错报风险评估水平。

2. 控制测试主要关注内容

（1）控制在所审计期间的相关时点是如何运行的；

（2）控制是否得到一贯执行；

（3）控制由谁或以何种方式执行。

【小贴士】注册会计师应当首先针对某项认定详细了解控制目标和内部控制政策与程序之后，方可确定从哪些方面获取关于控制是否有效运行的审计证据。

（二）定义总体

总体，是指注册会计师从中选取样本并期

望据此得出结论的整个数据集合。注册会计师在界定总体时，应当确保总体的适当性和完整性。

1. 适当性

总体应适合于特定的审计目标，包括测试的方向。

【示例】测试用以保证所有发运商品都已开单的控制是否有效运行，注册会计师从已开单的项目中抽取样本不能发现误差，因为该总体不包含那些已发运但未开单的项目。为发现这种误差，将所有已发运的项目作为总体通常比较适当。

测试现金支付授权控制是否有效运行，如果从已得到授权的项目中抽取样本，注册会计师不能发现控制偏差，因为该总体不包含那些已支付但未得到授权的项目。

2. 完整性

注册会计师应当从总体项目内容和涉及时间等方面确定总体的完整性。

【示例】注册会计师从档案中选取付款证明，除非确信所有的付款证明都已归档，否则注册会计师不能对该期间的所有付款证明得出结论。

注册会计师对某一控制活动在财务报告期间是否有效运行得出结论，总体应包括来自整个报告期间的所有相关项目。

3. 在控制测试中，注册会计师还必须考虑总体的同质性

同质性是指总体中的所有项目应该具有同样的特征。

【示例】被审计单位的出口和内销业务的处理方式不同，注册会计师应分别评价两种不同的控制情况，因而出现两个独立的总体。

被审计单位的所有分支机构的经营可能都相同，但每个分支机构是由不同的人运行。如果注册会计师对每个分支机构的内部控制和员工感兴趣，可以将每个分支机构作为一个独立的总体对待。

4. 被审计单位在被审计期间可能改变某个特定控制

如果某控制（旧控制）被用于实现相同控制目标的另一控制（新控制）所取代，注册会计师需要确定是否测试这两个控制的运行有效性，或只测试新控制。

【示例】如果注册会计师需要就与销售交易相关的控制的运行有效性获取证据，以支持重大错报风险的评估水平，且预期新、旧控制都是有效的，注册会计师可以将被审计期间的所有销售交易作为一个总体。在新控制与旧控制差异很大时，也可以分别进行测试，因而出现两个独立的总体。不过，如果注册会计师对重大错报风险的评估主要取决于控制在被审计期间的后期或截至某个特定时点的有效运行，也可能主要测试新控制，而对旧控制不进行测试或仅进行少量测试，此时，新控制针对的销售交易是一个独立的总体。

（三）定义抽样单元

抽样单元通常是能够提供控制运行证据的一份文件资料、一个记录或其中一行，每个抽样单元构成了总体中的一个项目。

在控制测试中，注册会计师应根据被测试的控制定义抽样单元。

【小贴士】注册会计师定义的抽样单元应与审计测试目标相适应。

（四）定义偏差构成条件

注册会计师应根据对内部控制的了解，确定哪些特征能够显示被测试控制的运行情况，然后据此定义偏差构成条件。在控制测试中，偏差是指偏离对设定控制的预期执行。在评估控制运行的有效性时，注册会计师应当考虑其认为必要的所有环节。

（五）定义测试期间

注册会计师通常在期中实施控制测试。由于期中测试获取的证据只与控制截至期中测试时点的运行有关，注册会计师需要确定如何获取关于剩余期间的证据。注册会计师可以有两种做法：

（1）将测试扩展至在剩余期间发生的交易，以获取额外的证据。（总体由整个被审计期间的所有交易组成）

①初始测试。注册会计师可能将总体定义为包括整个被审计期间的交易，但在期中实施

初始测试。在这种情况下，注册会计师可能估计总体中剩余期间将发生的交易的数量，并在期末审计时对所有发生在期中测试之后的被选取交易进行检查。

【示例】如果被审计单位在当年的前10个月开具了编号1～10 000的发票，注册会计师可能估计，根据企业的经营周期，剩下两个月中将开具2 500张发票；因此注册会计师在选取所需的样本时用1～12 500作为编号。所选取的发票中，编号小于或等于10 000的样本项目在期中审计时进行检查，剩余的样本项目将在期末审计时进行检查。

②估计总体的特征。在估计总体规模时，注册会计师可能考虑上年同期的实际情况、变化趋势以及经营性质等因素。在实务中，注册会计师可能高估剩余项目的数量也可能低估剩余项目的数量如下表所示。

估计总体项目数量（编号从1～12 500）	出现的状况（年底）	注册会计师的应对
高估剩余项目（编号未到12 500）	部分被选取的编号对应的交易没有发生	可以用其他交易代替
低估剩余项目（编号超过12 500）	一些交易没有被选取的机会	可以重新定义总体，将样本中未包含的项目排除在新的总体之外。对未包含在重新定义总体中的项目，注册会计师可以实施替代程序。【示例】将这些项目作为一个独立的样本进行测试或对其进行百分之百的检查，或询问剩余期间的情况

【小贴士】注册会计师应判断各种替代程序的效率和效果，并据此选择适合于具体情况的方法。

③注册会计师的灵活应对方式。在许多情况下，注册会计师可能不需等到被审计期间结束，就能得出关于控制的运行有效性是否支持其计划评估的重大错报风险水平的结论。在对选取的交易进行期中测试时，注册会计师发现的误差可能足以使其得出结论：即使在发生于期中测试以后的交易中未发现任何误差，控制也不能支持计划评估的重大错报风险水平。在这种情况下，注册会计师可能决定不将样本扩展至期中测试以后发生的交易，而是相应地修正计划的重大错报风险评估水平和实质性程序。

（2）不将测试扩展至在剩余期间发生的交易。

①总体只包括从年初到期中测试日为止的交易，测试结果也只针对这个期间进行推断，注册会计师可以使用替代方法测试剩余期间的控制有效性。

②在确定是否需要针对剩余期间获取额外证据以及获取哪些证据时，通常考虑下列因素：

A. 评估的认定层次重大错报风险的重要程度；

B. 在期中测试的特定控制和测试结果，以及自期中测试后控制发生的重大变动；

C. 在期中对有关控制运行有效性获取的审计证据的程度；

D. 剩余期间的长度；

E. 在信赖控制的基础上拟缩小实质性程序的范围；

F. 控制环境。

【经典例题】

【例题·单选题】注册会计师运用审计抽样实施控制测试时的说法，正确的是（　　）。

A. 注册会计师从会计档案中选取付款证明以获取审计期间被审计单位付款审批执行的相关证据

B. 能够提供控制运行证据的一份文件资料、一个记录或其中一行，都可以作为注册会计师定义的抽样单元

C. 对抽样单元定义过于宽泛可能导致审计效果不佳

D. 注册会计师可能高估剩余项目的数量，年底如果部分被选取的编号对应的项目没有发生，注册会计师可以直接删除未发生的项目编号

【答案】B

【解析】注册会计师定义的抽样单元应与审计测试目标相适应，抽样单元通常是能够提供控制运行证据的一份文件资料、一个记录或其中一行，每个抽样单元构成了总体中的一个项目，因此选择选项 B。

重难点 7：控制测试中的选取样本阶段★★★

（一）确定抽样方法

不同抽样方法的内涵和适用范围如下表所示。

抽样方法	简单随机选样	系统选样	随意选样	整群选样
内涵	相同数量的抽样单元组成的每种组合被选取的概率都相等	注册会计师需要确定选样间隔，然后确定一个随机起点，从这个起点开始，按照选样间隔在总体中按序选取样本	注册会计师要避免任何有意识的偏向或可预见性	从总体中选取一群（或多群）连续的项目
方法运用	注册会计师可使用计算机或随机数表获取所需的随机数，选取匹配的随机样本	总体的每一个抽样单元被选取的机会相等，人工选样时尤为方便。克服缺点的方法：增加随机起点个数；对总体特征分布进行观察		
运用范围	统计抽样和非统计抽样均适用	要求总体必须是随机排列。系统选样可以在非统计抽样中使用，在总体随机分布时也适用于统计抽样	仅适用于非统计抽样	通常不能在审计抽样中使用。虽有些情况下注册会计师检查一群项目可能是适当的审计程序，但极少将整群选样作为适当的选样方法

（二）确定样本规模

样本规模是指从总体中选取样本项目的数量。

【小贴士】在审计抽样中，如果样本规模过小，就不能反映出审计对象总体的特征，注册会计师就无法获取充分的审计证据，其审计结论的可靠性就会大打折扣，甚至可能得出错误的审计结论。

1. 影响样本规模的因素

影响样本规模的因素如下表所示。

因素	含义	与样本规模的关系
可接受的信赖过度风险	实施控制测试中，注册会计师主要关注信赖过度风险，影响因素： （1）该控制所针对的分析的重要性； （2）控制环境的评估结果； （3）针对风险的控制程序的重要性； （4）证明该控制能够防止、发现和改正认定层次重大错报的审计证据的相关性和可靠性； （5）在于某项认定有关的其他控制的测试中获取的证据的范围； （6）控制的叠加程度； （7）对控制的观察和询问所获得的答复可能不能准确反映该控制得以持续适当运行的风险	与样本规模反向变动 【小贴士】信赖过度风险应确定在相对较低的水平上。 注册会计师一般将信赖过度风险确定为 10%，特别重要的测试则可以将信赖过度风险确定为 5%

续表

因素	含义	与样本规模的关系
可容忍偏差率	指注册会计师设定的偏离规定的内部控制的比率，注册会计师试图对总体中的实际偏离差不超过该比率获取适当水平的保证 【小贴士】可容忍偏离差是注册会计师那个接受的最大偏离数量。如果偏离了这一数量则减少或取消对内部控制的信赖	与样本规模反向变动 【小贴士】确定偏离差时，注册会计师应考虑计划评估的控制有效性。 计划评估的控制有效性越低，注册会计师确定的可容忍偏离差率通常越高，所需的样本规模就越小。 不是所有的偏离都一定导致财务报表出现重大错报
预计总体偏差率	注册会计师考虑总体特征时需要根据对相关控制的了解或对总体中少量项目的检查来评估预期偏差率 【小贴士】注册会计师可根据上年测试结果、内控的设计和控制环境等因素对预期总体偏离差率进行评估	与样本规模同向变动 【小贴士】如果预期总体偏差率高得无法接受，注册会计师提出决定不实施控制测试，实施更多的实质性程序
总体规模	一般而言，对样本规模的影响几乎为零	影响很小，几乎为零
其他因素	（1）控制运行的相关期间越长，需要测试的样本越多； （2）控制程序越复杂，测试的样本越多； （3）控制的类型影响样本规模，人工控制实施的测试要多于自动化控制	

2. 针对运行频率较低的内部控制的考虑

3. 确定样本量

（1）非统计抽样中，注册会计师可以只对影响样本规模的因素进行定性的估计，并运用职业判断确定样本规模。

（2）统计抽样方法时，注册会计师必须对影响样本规模的因素进行量化，并利用根据统计公式开发的专门的计算机程序或专门的样本量表来确定样本规模。

【经典例题】

【真题·单选题】（2020）在运用审计抽样实施控制测试时，下列各项因素中，不影响样本规模的是（　　）。

A. 控制的类型

B. 可容忍偏差率

C. 控制运行的相关期间的长短

D. 选取样本的方法

【答案】D

【解析】选项 A，因为人工控制更容易发生错误和偶然的失败，而针对计算机系统的信息技术一般控制只要有效发挥作用，曾经测试过的自动化控制一般都能保持可靠运行，因此对人工控制实施的测试要多过自动化控制，所以控制的类型影响样本规模；选项 B，可容忍偏差率越高，样本规模越小；选项 C，控制运行的相关期间越长，需要测试的样本越多。选项 D，选取样本的方法并不影响控制测试样本规模的大小。

【真题·单选题】（2018）下列有关控制测试的样本规模的说法中，错误的是（　　）。

A. 预计总体偏差率与样本规模同向变动

B. 可容忍偏差率与样本规模反向变动

C. 信赖不足风险与样本规模反向变动

D. 总体规模对样本规模的影响几乎为零，除非总体非常小

【答案】C

【解析】信赖不足风险是推断的控制有效性低于其实际有效性的风险，即样本结果不支持注册会计师计划信赖内部控制的程度，但实际偏差率支持该信赖程度的风险，与审计效率有关。因此选项 C 是错误的。

（三）选取样本并对其实施审计程序

在对选取的样本项目实施审计程序时可能出现以下几种情况：

（1）无效单据。

（2）未使用或不适用的单据。

（3）对总体的估计出现错误。

（4）在结束之前停止测试。

（5）无法对选取的项目实施检查。

【经典例题】

【真题·单选题】（2017）在使用审计抽样实施控制测试时，下列情形中，注册会计师不能另外选取替代样本的是（　　）。

A. 单据丢失

B. 单据无效

C. 单据未使用

D. 单据不适用

【答案】A

【解析】单据丢失意味着，注册会计师可能无法使用替代程序测试控制测试是否适当运行，因此选择选项A。

重难点8：控制测试中评价样本结果阶段★★★

【小贴士】在此过程中，无论使用统计抽样还是非统计抽样方法，注册会计师都需要运用职业判断。

（一）计算偏差率

样本偏差率＝样本中发现的偏差数量÷样本规模

【小贴士】样本偏差率就是注册会计师对总体偏差率的最佳估计，因而在控制测试中无需另外推断总体偏差率，但注册会计师还必须考虑抽样风险。

（二）考虑抽样风险

1. 使用统计抽样方法（结合教材统计抽样示例学习掌握）

注册会计师在统计抽样中通常使用公式、表格或计算机程序直接计算在确定的信赖过度风险水平下可能发生的偏差率上限。

（1）使用统计公式评价样本结果。

总体偏差率上限＝风险系数(R)÷样本量(n)

（2）使用样本结果评价表。

计算出估计的总体偏差率上限后，注册会计师通常可以对总体进行的判断，如下表所示。

偏差率表现	总体是否接受	注册会计师对总体的结论
总体偏差率上限低于可容忍偏差率	总体可以接受	样本结果支持计划评估的控制有效性，从而支持计划的重大错报风险评估水平
总体偏差率上限大于或等于可容忍偏差率	总体不能接受	样本结果不支持计划评估的控制的有效性，从而不支持计划的重大错报风险评估水平。 注册会计师应当修正重大错报风险评估水平，并增加实质性程序的数量
总体偏差率上限低于但接近可容忍偏差率	考虑是否接受总体	考虑是否需要扩大测试范围，以进一步证实计划评估的控制有效性和重大错报风险水平

【示例】假设注册会计师准备使用统计抽样方法，测试现金支付授权控制运行的有效性。注册会计师作出下列判断：（1）为发现未得到授权的现金支付，注册会计师将所有已支付现金的项目作为总体；（2）定义的抽样单元为现金支付单据上的每一行；（3）偏差被定义为没有授权人签字的发票和验收报告等证明文件的现金支付；（4）可接受信赖过度风险为10%；（5）可容忍偏差率为7%；（6）根据上年测试结果和对控制的初步了解，预计总体的偏差率为1.75%；（7）由于现金支付业务数量很大，总体规模对样本规模的影响可以忽略。

在教材表4－4中，信赖过度风险为10%时，7%可容忍偏差率与1.75%预计总体偏差率的交叉处为55，即所需的样本规模为55。

注册会计师使用简单随机选样法选择了55个样本项目，并对其实施了既定的审计程序。

情况一：

假设在这55个项目中未发现偏差，注册会计师利用统计公式，在教材表4－5中查得风险系数为2.3，并据此计算出总体最大偏差率为4.18%（也可以选择教材表4－6，估计出总体的偏差率上限为4.1%，与利用公式计算的结果接近）。这意味着如果样本量为55且无一例偏差，总体实际偏差率超过4.18%的风险为10%，即有90%的把握保证总体实际偏差率不超过4.18%。由于注册会计师确定的可容忍偏差率为7%，因此可以得出结论，总体的实际偏差率超过可容忍偏差率的风险很小，总体可以接受。也就是说，样本结果证实注册会计师对控制运行有效性的估计和评估的重大错报风险水平是适当的。

情况二：

假设在这55样本中发现两个偏差，注册会计师利用统计公式，计算出总体最大偏差率为9.64%（也可以选择样本结果评价表，估计出总体的偏差率上限为9.4%，与利用公式计算的结果接近）。这意味着，如果样本量为55且有两个偏差，总体实际偏差率超过9.64%的风险为10%。在可容忍偏差率为7%的情况下，注册会计师可以得出结论，总体的实际偏差率超过可容忍偏差率的风险很大，因而不能接受总体。

2. 使用非统计抽样方法

注册会计师通常将估计的总体偏差率（即样本偏差率）与可容忍偏差率相比较，运用职业判断确定总体是否可以接受，如下表所示。

偏差率表现	总体是否接受	注册会计师对总体的结论
总体偏差率大于可容忍偏差率	总体不能接受	
总体偏差率虽然低于可容忍偏差率，但二者很接近	总体不可接受	注册会计师通常认为时间的总体偏差率高于可容忍偏差率的抽样风险很高
总体偏差率与可容忍偏差率之间的差额不是很大也不是很小	不能认为总体是否可以接受	注册会计师考虑扩大样本规模或实施其他程序，进一步收集证据
总体偏差率大大低于可容忍偏差率	总体可以接受	

（三）考虑偏差的性质和原因

（1）除了关注偏差率和抽样风险之外，注册会计师还应当调查识别出的所有偏差的性质和原因，并评价其对审计程序的目的和审计的其他方面可能产生的影响。无论是统计抽样还是非统计抽样，对样本结果的定性评估和定量评估一样重要。即使样本的评价结果在可接受的范围内，注册会计师也应对样本中的所有控制偏差进行定性分析。

（2）如果注册会计师发现许多偏差具有相同的特征，如交易类型、地点、生产线或时期等，则应考虑该特征是不是引起偏差的原因，是否存在其他尚未发现的具有相同特征的偏差。此时，注册会计师应将具有该共同特征的全部项目划分为一层，并对层中的所有项目实施审计程序，以发现潜在的系统偏差。

（3）如果对偏差的分析表明是故意违背了既定的内部控制政策或程序，注册会计师应考虑存在重大舞弊的可能性。在这种情况下，注册会计师应当确定实施的控制测试能否提供适当的审计证据，是否需要增加控制测试，或是否需要使用实质性程序应对潜在的重大错报风险。

（4）一般情况下，如果在样本中发现了控制偏差，注册会计师有两种处理办法：

①扩大样本规模，以进一步收集证据。

②认为控制没有有效运行，样本结果不支持计划的控制运行有效性和重大错报风险的评估水平，因而提高重大错报风险评估水平，增加对相关账户的实质性程序。

不过将追加测试的样本量确定为至少与初始样本量相同，这种做法只是简单的“经验法则”。使用统计抽样方法时，注册会计师可以对需要追加的样本量进行更为精确的计算。如果在预期不存在偏差的初始样本中发现两个或更多偏差，追加测试的样本量通常会大大超过初始样本量。此时，注册会计师也可能认为采取第二种处理方法更有效，即不采取大量追加测试样本量，而是选择不再信赖内部控制。但是，如果确定控制偏差是系统偏差或舞弊导致，扩大样本规模通常无效，注册会计师需要直接采用第二种处理办法。

（5）分析偏差的性质和原因时，注册会计师还要考虑已识别的偏差对财务报表的直接影响。控制偏差虽然增加了金额错报的风险，但并不一定导致财务报表中的金额错报。如果某项控制偏差更容易导致金额错报，该项控制偏差就更加重要。

（四）得出总体结论

在计算偏差率，考虑抽样风险，分析偏差的性质和原因之后，注册会计师需要运用职业判断得出总体结论。

（1）如果样本结果及其他相关审计证据支持计划评估的控制有效性，从而支持计划的重大错报风险评估水平，注册会计师可能不需要修改计划的实质性程序。

（2）如果样本结果不支持计划的控制运行有效性和重大错报风险的评估水平，注册会计师通常有两种选择：

①进一步测试其他控制（如补偿性控制），以支持计划的控制运行有效性和重大错报风险的评估水平；

②提高重大错报风险评估水平，并相应修改计划的实质性程序的性质、时间安排和范围。

重难点9：细节测试中的样本设计阶段★★★

（一）确定测试目标

细节测试的目的是识别财务报表中各类交易、账户余额和披露中存在的重大错报。在细节测试中，审计抽样通常用来测试有关财务报表金额的一项或多项认定（如应收账款的存在）的合理性。如果该金额是合理正确的，注册会计师将接受与之相关的认定，认为财务报表金额不存在重大错报。

（二）定义总体

在实施审计抽样之前，注册会计师必须仔细定义总体，确定抽样总体的范围，确保总体的适当性和完整性。

（1）适当性。

①含义：注册会计师应确信抽样总体适合于特定的审计目标。

【示例】注册会计师如果对已记录的项目进行抽样，就无法发现由于某些项目被隐瞒而导致的金额低估。为发现这类低估错报，注册会计师应从包含被隐瞒项目的来源选取样本。例如，注册会计师可能对期后的现金支付进行抽样，以测试由隐瞒采购所导致的应付账款低估，或者对装运单据进行抽样以发现由已装运但未确认为销售的交易所导致的销售收入低估问题。

②不同性质的交易可能导致借方余额、贷方余额和零余额多种情况并存，注册会计师需要根据风险、相关认定和审计目标进行不同的考虑。

【示例】应收账款账户可能既有借方余额，又有贷方余额。借方余额由赊销导致（形成资产），贷方余额则由预收货款导致（形成负债）。对于借方余额，注册会计师较为关心其存在性；对于贷方余额，则更为关心其完整性。如果贷方余额金额重大，注册会计师可能认为分别测试借方余额和贷方余额能更为有效地实现审计目标，此时，注册会计师可以将存在借方余额的应收账款账户与存在贷方余额的应收账款账户区分开来，作为两个独立的总体对待。

（2）完整性。

①总体的完整性包括代表总体的实物的完整性。

【示例】如果注册会计师将总体定义为特

定时期的所有现金支付，代表总体的实物就是该时期的所有现金支付单据。由于注册会计师实际上是从该实物中选取样本，所有根据样本得出的结论只与该实物有关。

②如果代表总体的实物和总体不一致，注册会计师可能对总体得出错误的结论。因此，注册会计师必须详细了解代表总体的实物，确定代表总体的实物是否包括整个总体。注册会计师通常通过加总或计算来完成这一工作。

【示例】注册会计师可将发票金额总数与已记入总账的销售收入金额总数进行核对。

③如果注册会计师将选择的实物和总体比较之后，认为代表总体的实物遗漏了应包含在最终评价中的总体项目，注册会计师应选择新的实物，或对被排除在实物之外的项目实施替代程序，并询问遗漏的原因。

(3) 在细节测试中，注册会计师还应当运用职业判断，判断某账户余额或交易类型中是否存在及存在哪些应该单独测试而不能放在抽样总体中的项目。

某一项目可能由于金额较大或存在较高的重大错报风险而被视为单个重大项目，注册会计师应当对单个重大项目实施 100% 的检查，所有单个重大项目都不构成抽样总体。

【示例】应收账款中有 5 个重大项目，占到账面价值的 75%。注册会计师将这 5 个项目视为单个重大项目，逐一进行检查，这是选取特定项目而不是抽样，注册会计师只能根据检查结果对这 5 个项目单独得出结论。如果占到账面价值 25% 的剩余项目加总起来不重要，或者被认为存在较低的重大错报风险，注册会计师可以无需对这些剩余项目实施检查，或仅在必要时对其实施分析程序。如果注册会计师认为这些剩余项目加总起来是重要的，需要实施细节测试以实现审计目标，这些剩余项目就构成了抽样总体。

(4) 值得注意的是，在审计抽样时，销售收入和销售成本通常被视为两个独立的总体。为了减少样本量而仅将毛利率作为一个总体是不恰当的，因为收入错报并非总能被成本错报抵销，反之亦然。

【示例】当存在舞弊时，被审计单位记录了虚构的销售收入，该笔收入并没有与之相匹配的销售成本。如果仅将毛利率作为一个总体，样本量可能太小，无法发现收入舞弊。

（三）定义抽样单元

(1) 在细节测试中，注册会计师应根据审计目标和所实施审计程序的性质定义抽样单元。抽样单元可能是一个账户余额、一笔交易或交易中的一个记录（如销售发票中的单个项目），甚至是每个货币单元。

【示例】如果抽样的目标是测试应收账款是否存在，注册会计师可能选择各应收账款明细账余额、发票或发票上的单个项目作为抽样单元。选择的标准是，如何定义抽样单元能使审计抽样实现最佳的效率和效果。

(2) 注册会计师定义抽样单元时也应考虑实施计划的审计程序或替代程序的难易程度。如果将抽样单元界定为客户明细账余额，当某客户没有回函证实该余额时，注册会计师可能需要对构成该余额的每一笔交易进行测试。因此，如果将抽样单元界定为构成应收账款余额的每笔交易，审计抽样的效率可能更高。

【经典例题】

【真题·多选题】（2019）注册会计师运用审计抽样实施细节测试时，下列各项中，可以作为抽样单元的有（　　）。

A. 一个账户余额

B. 一笔交易

C. 交易中的一个记录

D. 每个货币单元

【答案】ABCD

【解析】在细节测试中，注册会计师应根据审计目标和所实施审计程序的性质定义抽样单元。抽样单元可能是一个账户余额、一笔交易或交易中的一个记录（如销售发票中的单个项目），甚至是每个货币单元。

（四）界定错报

在细节测试中，注册会计师应根据审计目标界定错报。

【示例】例如，在对应收账款存在的细节测试中（如函证），客户在函证信息针对的截止日之前已支付而被审计单位在该日之后才收到的款项不构成错报。而且，被审计单位在不同客户之间误登明细账也不影响应收账款总账余额。即使在不同客户之间误登明细账可能对审计的其他方面（如对舞弊的可能性或坏账准备的适当性的评估）产生重要影响，注册会计师在评价应收账款函证程序的样本结果时也不宜将其判定为错报。注册会计师还可能将被审计单位自己发现并已在适当期间予以更正的错报排除在外。

重难点10：细节测试中的选取样本阶段★★★

（一）确定抽样方法

在细节测试中进行审计抽样，可能使用统计抽样，也可能使用非统计抽样。注册会计师在细节测试中常用的统计抽样方法包括货币单元抽样和传统变量抽样。

1. 货币单元抽样

（1）含义。

货币单元抽样是一种运用属性抽样原理对货币金额而不是对发生率得出结论的统计抽样方法，它是概率比例规模抽样方法的分支，有时也被称为金额单元抽样、累计货币金额抽样以及综合属性变量抽样等。货币单元抽样以货币单元作为抽样单元。

【示例】总体包含100个应收账款明细账户，共有余额200 000元。若采用货币单元抽样，则认为总体含有200 000个抽样单元，而不是100个。

（2）注册会计师如何运用。

总体中的每个货币单元被选中的机会相同，所以总体中某一项目被选中的概率等于该项目的金额与总体金额的比率，项目金额越大，被选中的概率就越大，这样有助于注册会计师将审计重点放在较大的账户余额或交易。

但实际上注册会计师并不是对总体中的货币单元实施检查，而是对包含被选取货币单元的账户余额或交易实施检查。注册会计师检查的账户余额或交易被称为逻辑单元。

（3）货币单元抽样的优点。

①货币单元抽样以属性抽样原理为基础，注册会计师可以很方便地计算样本规模和评价样本结果，因而通常比传统变量抽样更易于使用；

②货币单元抽样在确定所需的样本规模时无需直接考虑总体的特征（如变异性），因为总体中的每一个货币单元都有相同的规模，而传统变量抽样的样本规模是在总体项目共有特征的变异性或标准差的基础上计算的；

③货币单元抽样中，项目被选取的概率与其货币金额大小成比例，因而无需通过分层减少变异性，而传统变量抽样通常需要对总体进行分层以减小样本规模；

④在货币单元抽样中使用系统选样法选取样本时，如果项目金额等于或大于选样间距，货币单元抽样将自动识别所有单个重大项目，即该项目一定会被选中；

⑤如果注册会计师预计不存在错报，货币单元抽样的样本规模通常比传统变量抽样方法更小；

⑥货币单元抽样的样本更容易设计，且可在能够获得完整的最终总体之前开始选取样本。

（4）货币单元抽样的缺点。

①货币单元抽样不适用于测试总体的低估，因为账面金额小但被严重低估的项目被选中的概率低，如果在货币单元抽样中发现低估，注册会计师在评价样本时需要特别考虑；

②对零余额或负余额的选取需要在设计时予以特别考虑。

【示例】如果准备对应收账款进行抽样注册会计师可能需要将贷方余额分离出去，作为一个单独的总体，如果检查零余额的项目对审计目标非常重要，注册会计师需要单独对其进行测试，因为零余额的项目在货币单元抽样中不会被选取。

③当发现错报时，如果风险水平一定，货币单元抽样在评价样本时可能高估抽样风险的影响，从而导致注册会计师更可能拒绝一个可接受的总体账面金额。

④在货币单元抽样中，注册会计师通常需要逐个累计总体金额，以确定总体是否完整并与财务报表一致，不过如果相关会计数据以电子形式储存，就不会额外增加大量的审计成本。

⑤当预计总体错报的金额增加时，货币单元抽样所需的样本规模也会增加，这种情况下，货币单元抽样的样本规模可能大于传统变量抽样所需的规模。

【经典例题】

【真题·综合题（部分）】（2019）甲公司是ABC会计师事务所的常年审计客户，主要从事轨道交通车辆配套产品的生产和销售。A注册会计师负责审计甲公司2018年度财务报表，确定财务报表整体的重要性为1 000万元，实际执行的重要性为500万元。

资料三：

A注册会计师在审计工作底稿中记录了审计计划，部分内容摘录如下：

（2）甲公司供应商数量多，采购交易量大。A注册会计师拟对采购与付款循环相关的财务报表项目实施综合性方案，采用随意抽样测试相关内部控制的运行有效性，采用货币单元抽样测试应付账款的准确性和完整性。

【要求】针对资料三第（2）项，假定不考虑其他条件，指出A注册会计师的做法是否恰当。如不恰当，简要说明理由。将答案直接填入答题区的相应表格内。

【答案】

事项序号	是否恰当（是/否）	理由
（2）	否	货币单元抽样不适用于测试总体的低估/完整性

2. 传统变量抽样

（1）含义。

传统变量抽样运用正态分布理论，根据样本结果推断总体的特征。传统变量抽样涉及难度较大、较为复杂的数学计算，注册会计师通常使用计算机程序确定样本规模，一般不需懂得这些方法所用的数学公式。

（2）传统变量抽样的优点。

①如果账面金额与审定金额之间存在较多差异，传统变量抽样可能只需较小的样本规模就能满足审计目标；

②注册会计师关注总体的低估时，使用传统变量抽样比货币单元抽样更合适；

③需要在每一层追加选取额外的样本项目时，传统变量抽样更易于扩大样本规模；

④对零余额或负余额项目的选取，传统变量抽样不需要在设计时予以特别考虑。

（3）传统变量抽样的缺点。

①传统变量抽样比货币单元抽样更复杂，注册会计师通常需要借助计算机程序；

②在传统变量抽样中确定样本规模时，注册会计师需要估计总体特征的标准差，而这种估计往往难以作出，注册会计师可能利用以前对总体的了解或根据初始样本的标准差进行估计；

③如果存在非常大的项目，或者在总体的账面金额与审定金额之间存在非常大的差异，而且样本规模比较小，正态分布理论可能不适用，注册会计师更可能得出错误的结论；

④如果几乎不存在错报，传统变量抽样中的差异法和比率法将无法使用。

3. 传统变量抽样方法

在细节测试中运用传统变量抽样时，常见的方法，如下表所示。

常用方法	计算公式
均值法	样本审定金额的平均值＝样本审定金额÷样本规模 估计的总体金额＝样本审定金额的平均值×总体规模 推断的总体错报＝总体账面金额－估计的总体金额
差额法	样本平均错报＝(样本账面全额－样本审定金额)÷样本规模 推断的总体错报＝样本平均错报×总体规模 估计的总体金额＝总体账面金额－推断的总体错报
比率法	比率＝样本审定金额÷样本账面金额 估计的总体金额＝总体账面金额×比率 推断的总体错报＝总体账面金额－估计的总体金额

【小贴士】如果未对总体进行分层，注册会计师通常不使用均值法，因为此时所需的样本规模可能太大，不符合成本效益原则。

【经典例题】

【真题·综合题（部分）】（2019）甲公司是ABC会计师事务所的常年审计客户，主要从事轨道交通车辆配套产品的生产和销售。A注册会计师负责审计甲公司2018年度财务报表，确定财务报表整体的重要性为1 000万元，实际执行的重要性为500万元。

资料四：

A注册会计师在审计工作底稿中记录了实施进一步审计程序的情况，部分内容摘录如下：

（4）甲公司原材料年末余额为10 000万元，包括3 000个项目。A注册会计师在实施计价测试时，抽样选取了50个项目作为测试样本，发现两个样本存在错报，这两个样本的账面金额为150万元和50万元，审定金额为120万元和40万元。A注册会计师采用比率法推断的总体错报为2 400万元。

【要求】针对资料四第（4）项，假定不考虑其他条件，指出A注册会计师的做法是否恰当。如不恰当，简要说明理由。将答案直接填入答题区的相应表格内。

【答案】

事项序号	是否恰当（是/否）	理　　由
（4）	否	推断的总体错报应为2 000万元。

【计算过程】样本审定金额与样本账面金额的比率为0.8（120÷150或40÷50），得到估计的总体金额为8 000元（10 000×0.8），推断的总体错报为2 000万元（10 000－8 000）。

（二）确定样本规模

提供充分审计证据所必需的样本规模取决于审计目标和抽样方法的效率。

1. 影响样本规模的因素

影响样本规模的因素如下表所示。

因素	含义	与样本规模的关系
可接受的误受风险	细节测试中的抽样风险包括误受风险和误拒风险。 误受风险——注册会计师推断某一重大错报不存在而实际上存在的风险，与审计的效果有关。 在确定可接受的误受风险时，注册会计师需要考虑下列因素： （1）注册会计师愿意接受的审计风险水平； （2）评估的重大错报风险水平； （3）针对同一审计目标或财务报表认定的其他实质性程序的检查风险。 误拒风险——注册会计师推断某一重大错报存在而实际上不存在的风险，与审计效率有关	误受风险与样本规模反向变动 误拒风险与样本规模反向变动

续表

因素	含义	与样本规模的关系
可容忍错报	指注册会计师设定的货币金额，注册会计师试图对总体中的实际错报不超过该货币金额获取适当水平的保证。细节测试中，某账户余额、交易类型或披露的可容忍错报是注册会计师那个接受的最大金额的错报。 可容忍错报可看作实际执行的重要性这个概念在抽样程序中的运用。 可容忍错报可能等于或低于实际执行的重要性，取决于注册会计师考虑下列因素后的职业判断： （1）事实错报和推断错报的预期金额； （2）被审计单位对建议的调整所持的态度； （3）某审计领域中，金额需要估计或无法准确确定的账户的数量； （4）经营场所、分支机构或某账户已被组合的数量，注册会计师分别测试这些经营场所、分支机构或样本组合，但需要将测试结果累积起来得出审计结论； （5）测试项目占账户全部项目的比例	与样本规模反向变动 当误受风险一定时，如果注册会计师确定的可容忍错报降低，为实现审计目标所需的样本规模就增加
预计总体错报	在确定细节测试所需的样本规模时，注册会计师还需考虑预计在账户余额或交易类别中存在的错报金额和频率。 【小贴士】预计总体错报不应超过可容忍错报。 如果预期错报很高，注册会计师实施细节测试是对总体进行100%的检查或使用较大的样本规模可能较为适当	在既定的可容忍错报下，预计总体错报的金额和频率越小，所需的样本规模也越小。相反，预计总体错报的金额和频率越大，所需的样本规模也越大
总体规模	对样本规模的影响很小。 【小贴士】按总体的固定百分比确定样本规模通常缺乏效率	影响很小
总体的变异性	注册会计师确定适当的样本规模时要考虑特征的变异性。衡量这种变异或分散程度的指标是标准差。 【小贴士】如果总体项目存在较大的变异性，注册会计师考虑将总体分层。 注册会计师应当仔细界定子总体，以使每一个抽样单元只能属于一个层。 分层可以降低每一层项目中的变异性，从而在抽样风险没有成比例增加的前提下减少样本规模，提高审计效率	总体项目的变异性越低，通常样本规模越小

【小贴士】如果总体项目存在重大的变异性，注册会计师可以考虑将总体分层。在细节测试中，分层的依据可能包括项目的账面金额，与项目处理有关的控制的性质，或与特定项目（如更可能包含错报的那部分总体项目）有关的特殊考虑等。

分层后的每一组子总体被称为一层，每层分别独立选取样本。对某一层中的样本项目实施审计程序的结果，只能用于推断构成该层的项目。如果注册会计师将某类交易或账户余额分成不同的层，需要对每层分别推断错报。在考虑错报对该类别的所有交易或账户余额的可能影响时，注册会计师需要综合考虑每层的推断错报。如果对整个总体得出结论，注册会计师应当考虑与构成整个总体的其他层有关的重大错报风险。

【示例】在对某一账户余额进行测试时，占总体数量20%的项目，其金额可能占该账户余额的90%。注册会计师只能根据该样本的结果推断至上述90%的金额。对于剩余10%的金额，注册会计师可以抽取另一个样本或使用其他收集审计证据的方法，单独得出结论，或者认为其不重要而不实施审计程序。

【经典例题】

【真题·单选题】（2019）在运用审计抽样实施细节测试时，下列情形中，对总体进行分层可以提高抽样效率的是（　　）。

A 总体规模较大

B. 总体变异性较大

C. 预计总体错报较高

D. 误拒风险较高

【答案】B

【解析】如果总体项目存在重大的变异性，注册会计师可以考虑将总体分层。分层可以降低每一层中项目的变异性，从而在抽样风险没有成比例增加的前提下减小样本规模，提高审计效率。

【真题·多选题】（2016）下列有关注册会计师使用非统计抽样实施细节测试的说法中错误的有（　　）。

A. 注册会计师增加单独测试的重大项目，可以减少样本规模

B. 在定义抽样单元时，注册会计师无需考虑实施计划的审计程序或替代程序的难易程度

C. 在确定可接受的误受风险水平时，注册会计师无需考虑针对同一审计目标的其他实质性程序的检查风险

D. 注册会计师根据样本中发现的错报金额推断总体错报金额时，可以采用比率法或差异法

【答案】BC

【解析】在定义抽样单元时，注册会计师也应考虑实施计划的审计程序或替代程序的难易程度，因此选择选项B。在确定可接受的误受风险水平时，注册会计师需要考虑的因素：针对同一审计目标（财务报表认定）的其他实质性程序的检查风险，包括分析程序，因此选择选项C。

2. 确定样本量

实施细节测试时，无论使用统计抽样还是非统计抽样方法，注册会计师都应当综合考虑上述的影响因素，运用职业判断和经验确定样本规模。

（1）细节测试中基于货币单元抽样法的样本量。

教材表4－8中可接受的误受风险为5%或10%，如果注册会计师需要其他误受风险水平的抽样规模，必须使用统计抽样参考资料中的其他表格或计算机程序。

【示例】注册会计师确定的误受风险为10%，可容忍错报与总体账面金额之比为5%，预计总体错报与可容忍错报之比为0.20，根据教材表4－8，注册会计师确定样本规模为69。

（2）使用传统变量抽样方法时，注册会计师通常运用计算机程序确定适当的样本规模。

（3）如果使用非统计抽样，注册会计师也可以利用教材表4－8了解细节测试的样本规模，再考虑影响样本规模的各种因素及非统计抽样与货币单元抽样之间的差异，运用职业判断确定所需的适当样本规模。

（4）注册会计师还可以使用下列公式确定样本规模：

样本规模＝（总体账面金额÷可容忍错报）×保证系数

【示例】如果在设计非统计抽样时没有对总体进行分层，考虑到总体的变异性，注册会计师可能将样本规模调增50%。注册会计师使用上述公式确定样本规模。

注册会计师可以从教材表4－9中选择适当的保证系数，再运用公式法确定样本规模。沿用上例的数据，如果注册会计师确定的误受风险为10%，预计总体错报与可容忍错报之比为0.20，根据教材表4－9保证系数为3.41，由于可容忍错报与总体账面金额之比为0.05，注册会计师确定的样本规模为69（3.41÷0.05＝68.2，出于谨慎考虑，将样本规模确定为69）这与根据教材表4－8得出的样本规模相同。

（三）选取样本并对其实施审计程序

（1）选样方法的选择。

注册会计师应当仔细选取样本，以使样本能够代表抽样总体的特征。注册会计师可以根据具体情况，从简单随机选样、系统选样或随意选样中挑选适当的选样方法选取样本，也可以使用计算机辅助审计技术提高选样的效果。

（2）识别单个重大项目。

在选取样本之前，注册会计师通常先识别

单个重大项目。然后，从剩余项目中选取样本，或者对剩余项目分层，并将样本规模相应分配给各层。注册会计师也可以将总体分为金额大约相等的两个部分，然后在这两个部分之间平均分配样本量。注册会计师从每一层中选取样本，但选取的方法应当能使样本具有代表性。

（3）货币单元抽样选取样本。

货币单元抽样以货币单元作为抽样单元，因为总体中的每一个货币单元都有相同的规模，项目被选取的概率与其货币金额大小成比例，因而无需分层。

①如果用系统选样法选取样本，注册会计师需要先确定选样间隔，即用总体账面金额除以样本规模，得到样本间隔。

②然后在第一个间隔中确定一个随机起点，从这个随机起点开始按照选样间隔，从总体中顺序选取样本。

③注册会计师再对包含被选取货币单元的账户余额或交易（逻辑单元）实施检查。

【示例】在应收账款明细账户中，账户A1、A2、A3、A4、A5……的账面金额分别为200元、150元、350元、100元、700元……则A1占的货币区间为1～200元，A2占201～350元，A3占351～700元，A4占701～800元，A5占801～1 500元……如果注册会计师确定的选样间隔为300元，然后从1～300元（含300元）之间选择一个随机起点，如第150元随后挑选出来的样本依次为第450元（150+300）、第750元（450+300）、第1 050元（750+300）、第1 350元（1 050+300）……注册会计师将要实施检查的逻辑单元为账户A1（包含第150元）、A3（包含第450元）、A4（包含第750元）、A5（包含第1 050元）……

如果逻辑单元的账面金额大于或等于选样间隔，该项目一定会被挑选出来。如果逻辑单元的账面金额是选样间隔的数倍，该项目将不止一次被挑选出来，如账户A5，包含了第1 050元和第1 350元，有两次被选取的机会。这种情况下，最终选取的逻辑单元数量小于确定的样本规模。为简化样本评价工作，注册会计师可能对账面金额大于或等于选样间隔的项目实施100%的检查，而不将其纳入抽样总体。

（4）注册会计师应对选取的每一个样本实施适合于具体审计目标的审计程序。无法对选取的项目实施检查时，注册会计师应当考虑这些未检查项目对样本评价结果的影响。

（5）选取的样本中可能包含未使用或无效的项目，注册会计师应当考虑设计样本时是如何界定总体的。

【示例】如果总体包含所有的支票（无论是已签发支票，还是空白支票），注册会计师需要考虑样本中包含一个或多个空白支票的可能性。考虑到这种可能性，注册会计师可能希望比最低样本规模稍多选取一些项目，对多余的项目只在需要作为替代项目时才进行检查。

重难点11：细节测试中评价样本结果阶段★★★

（一）推断总体的错报

1. 要求

注册会计师应当根据样本结果推断总体的错报。如果在期中实施细节测试时用到审计抽样，注册会计师只能根据样本结果推断从中选取样本的总体的错报金额。注册会计师需要实施进一步审计程序，以确定能否将期中测试得出的结论合理延伸至期末。

【示例】未回函的消极函证不能证明被询证者已收到询证函并验证其中包含的信息是正确的，因此注册会计师不能根据未回函的消极函证推断总体的错报。

2. 推断总体错报的方法

根据样本中发现的错报金额估计总体的错报金额时，注册会计师可以使用比率法、差额法及货币单元抽样法等。

【小贴士】如果注册会计师在设计样本时将进行抽样的项目分为几层，则要在每层分别推断错报，然后将各层推断的金额加总，计算估计的总体错报。注册会计师还要将在进行百分之百检查的个别重大项目中发现的所有错报与推断的错报金额汇总。

3. 货币单元抽样法

（1）如果逻辑单元的账面金额大于或等于选样间隔，推断的错报就是该逻辑单元的实际错报金额；

（2）如果逻辑单元的账面金额小于选样间隔，注册会计师首先计算存在错报的所有逻辑单元的错报百分比，这个百分比就是整个选样间隔的错报百分比（因为每一个被选取的货币单元都代表了整个选样间隔中的所有货币单元），再用这个错报百分比乘以选样间隔，得出推断错报的金额；

（3）将所有这些推断错报汇总后，再加上在金额大于或等于选样间隔的逻辑单元中发现的实际错报，注册会计师就能计算出总体的错报金额。

【示例】注册会计师确定的选样间隔是3 000元，如果在样本中发现了3个高估错报，项目的账面金额分别为100元、200元和5 000元，审定金额分别为0元、150元和4 000元，则注册会计师推断的错报金额为4 750元（100% ×3 000 +25% ×3 000 +1 000）。

（二）考虑抽样风险

（1）在细节测试中，推断的错报是注册会计师对总体错报作出的最佳估计。对于出现的情况应采取的应对措施，如下表所示。

出现的情况	注册会计应对措施
当推断的错报接近或超过可容忍错报时，总体中的实际错报金额很可能超过了可容忍错报	要将各交易类别或账户余额的错报总额与该类交易或账户余额的可容忍错报相比较，并适当考虑抽样风险，以评价样本结果
推断的错报总额低于可容忍错报	考虑即使总体的实际错报金额超过可容忍错报，仍可能出现这一情况的风险

（2）在非统计抽样中，注册会计师运用职业判断和经验考虑抽样风险，如下表所示。

错报差距	总体是否接受	结论
推断的总体错报远远低于可容忍错报	总体可以接受	注册会计师可能合理确信，总体实际错报金额超过可容忍错报的抽样风险很低
推断的错报金额与可容忍错报的差距既不很小又不很大	考虑是否接受总体	注册会计师仔细考虑，总体实际错报超过可容忍错报的风险是否高得无法接受 措施：注册会计师可能会扩大样本规模以降低抽样风险的影响，增加的样本量通常至少是初始样本量的一倍
推断的错报大于注册会计师确定的样本规模时预计的总体错报	总体不能接受	注册会计师认为总体实际错报金额超过可容忍错报的抽样风险

（3）在货币单元抽样中，注册会计师通常使用教材表4－10中的保证系数，考虑抽样风险的影响，计算总体错报的上限。

①如果在样本中没有发现错报，总体错报的上限＝保证系数×选样间隔。

【示例】如果误受风险为5%，选样间隔为3 000元，注册会计师没有在样本中发现错报，总体错报的上限为9 000元（3×3 000）。没有发现错报时估计的总体错报上限也被称作“基本精确度”。

②如果在账面金额大于或等于选样间隔的逻辑单元中发现了错报，无论该错报的百分比是否为100%，总体错报的上限＝事实错报＋基本精确度。

【示例】如果误受风险为5%，选样间隔为3 000元，注册会计师在样本中发现1个错报，该项目的账面金额为 5 000 元，审定金额为 4 000 元，总体错报的上限为 10 000 元（1 000 + 3 × 3 000）。

如果误受风险为 5%，选样间隔为 3 000 元，注册会计师在样本中发现 1 个错报，该项目的账面金额为 5 000 元，审定金额为 0 元，总体错报的上限为 14 000 元（5 000 + 3 × 3 000）。注册会计师还要将计算出来的总体错报上限，与在需要实施 100% 检查的其他项目中发现的事实错报累计起来。

③如果在样本（排除账面金额大于或等于选样间隔的逻辑单元）中发现了错报百分比为 100% 的错报，总体错报的上限 = 保证系数 × 选样间隔。

【示例】 如果误受风险为 5%，选样间隔为 3 000 元，注册会计师在样本中发现 1 个错报，该项目的账面金额为 20 元，审定金额为 0 元，则总体错报的上限为 14 250 元（4.75 × 3 000）。

④如果在样本（排除账面金额大于或等于选样间隔的逻辑单元）中发现了错报百分比低于 100% 的错报，注册会计师先计算推断错报，再将推断错报按金额降序排列后，分别乘以对应的保证系数增量（即在既定的误受风险水平下，特定数量的高估错报所对应的保证系数与上一行保证系数之间的差异），加上基本精确度之后，最终计算出总体错报的上限。总体错报的上限 = 推断错报 × 保证系数的增量 + 基本精确度。

【示例】 如果误受风险为 5%，选样间隔为 3 000 元，注册会计师在样本中发现 2 个错报，账户 A 的账面金额为 2 000 元，审定金额为 1 500 元，推断错报为 750 元（500 ÷ 2 000 × 3 000）；账户 B 的账面金额为 1 000 元，审定金额为 200 元，推断错报为 2 400 元（800 ÷ 1 000 × 3 000）。将推断错报按金额降序排列后，由教材表 4 - 10 可知，在 5% 的误受风险水平下，账户 A 对应的保证系数增量为 1.55，账户 B 对应的保证系数增量为 1.75。因此，总体错报的上限为 14 363 元（750 × 1.55 + 2 400 × 1.75 + 3 × 3 000）。

⑤如果样本中既有账面金额大于或等于选样间隔的逻辑单元，又有账面金额小于选样间隔的逻辑单元，而且在账面金额小于选样间隔的逻辑单元中，既发现了错报百分比为 100% 的错报，又发现了错报百分比低于 100% 的错报。注册会计师可以将所有样本项目分成两组：第一组是账面金额大于或等于选样间隔的逻辑单元，注册会计师计算出该组项目的事实错报；第二组是账面金额小于选样间隔的逻辑单元，无论该组项目的错报百分比是否为 100%，注册会计师都先计算出各项目的推断错报，再将所有推断错报按金额降序排列后，分别乘以对应的保证系数增量，并将计算结果累计起来。用这个累计结果加上基本精确度，再加上第一组项目中的事实错报，就是最终总体错报的上限。

⑥在货币单元抽样中，注册会计师将总体错报的上限与可容忍错报进行比较。如果总体错报的上限小于可容忍错报，注册会计师可以初步得出结论，样本结果支持总体的账面金额。不过，注册会计师还应将推断错报（排除被审计单位管理层已更正的事实错报）与其他事实错报和推断错报汇总，以评价财务报表整体是否可能存在重大错报。

（三）考虑错报的性质和原因

（四）得出总体结论

1. 要求

在推断总体的错报，考虑抽样风险，分析错报的性质和原因之后，注册会计师需要运用职业判断得出总体结论。

2. 具体应对

（1）样本结果不支持总体账目金额，且注册会计师认为账目金额可能存在错报，注册会计师通常会建议被审计单位对错报进行调查，并在必要时调整账目记录。

（2）依据被审计单位已更正后的错报对推断的总体额进行调整后，注册会计师应当将该类交易或账户余额中剩余的推断错报与其他交易或账户余额中的错报总额累计起来，以评价财务报表整体是否存在重大错报。

（3）无论样本结果是否表明错报总额超过了可容忍错报，注册会计师都应当要求被审计单位的管理层记录已发现的事实错报（除非明显微小）。

（4）样本结果表明注册会计师作出抽样计划时的依据的假设有误，注册会计师应当采取适当的行动。

【示例】如果细节测试中发现的错报的金额或频率大于依据重大错报风险的评估水平作出的预期，注册会计师需要考虑重大错报风险的评估水平是否仍然适当。注册会计师也可能决定修改对重大错报风险评估水平低于最高水平的其他账户拟实施的审计程序。

【经典例题】

【真题·多选题】（2016）下列有关注册会计师在实施审计抽样时评价样本结果的说法中，正确的有（　　）。

A. 在分析样本误差时，注册会计师应当对所有误差进行定性评估

B. 注册会计师应当实施追加的审计程序，以高度确信异常误差不影响总的其余部分

C. 控制测试的抽样风险无法计量，但注册会计师在评价样本结果时仍应考虑抽样风险

D. 在细节测试中，如果根据样本结果推断的总体错报小于可容忍错报，则总体可以接受

【答案】AB

【解析】使用统计抽样时，控制测试的抽样风险可以计量。在控制测试中评价样本结果时，注册会计师应当考虑抽样风险。因此不选择选项C。细节测试中如果推断的总体错报总额接近或超过可容忍错报，注册会计师通常会得出总体实际错报超过可容忍错报的结论，总体不可接受，因此不选择选项D。

通关练习

（一）单选题

1. 下列各项中，不属于审计抽样基本特征的是（　　）。

A. 对具有审计相关性的总体中低于百分之百的项目实施审计程序

B. 从总体中挑选具备某一特征的项目实施审计程序

C. 所有抽样单元都有被选取的机会

D. 可以根据样本项目的测试结果推断出有关抽样总体的结论

2. 下列审计程序中，关于审计抽样的说法正确的是（　　）。

A. 注册会计师实施风险评估程序时涉及审计抽样

B. 当控制运行留下轨迹时，注册会计师可以考虑对控制运行的有效性实施测试

C. 在实施细节测试时，注册会计师为获得充分适当的审计证据，一般不使用抽样审计

D. 被审计单位采用信息技术处理各类交易及其他信息时，注册会计师使用审计抽样可以获得有关信息技术应用控制运行有效性的审计证据

3. 下列有抽样风险的说法中，正确的是（　　）。

A. 信赖不足影响审计的效率

B. 如果样本结果不支持注册会计师计划信赖的内部控制的程度，实际偏差率也不支持该信赖程度的风险，则会形成信赖不足风险

C. 误受风险影响审计效率，容易导致注册会计师发表不恰当的审计意见

D. 信赖不足和误受风险影响审计效率

4. 下列各项中，有关非抽样风险说法正确的是（　　）。

A. 非抽样风险不是人为因素所导致

B. 注册会计师可以将非抽样风险降至可接受的水平

C. 注册会计师未对总体中的所有项目进行测试

D. 注册会计师可以通过采取适当的质量控制政策和程序，量化非抽样风险

5. 关于属性抽样和变量抽样的说法中，错误的是（　　）。

A. 属性抽样在实务中常见的用途是测试某一设定控制的偏差率，以支持注册会计师评估的控制风险水平

B. 变量抽样的主要用途是进行细节测试，以确定记录金额是否合理

C. 货币单元抽样运用属性抽样的原理得出以金额表示的结论，因此属于属性抽样

D. 属性抽样中，设定的每一次发生或偏差都被赋予同样的权重，而不管交易的金额大小

6. 审计抽样在控制测试中的应用，正确的说法是（　　）。

A. 注册会计师在界定总体时，应当确保总体的适当性、完整性和同质性

B. 在被审计单位某控制被用于实现相同控制目标的另一控制所取代，注册会计师需要测试新控制，对旧控制不进行测试

C. 注册会计师定义的抽样单元应与审计测试目标相适应

D. 对抽样单元定义过于严谨可能导致缺乏效率

7. 既可以在统计抽样也可以在非统计抽样中使用的抽样方法是（　　）。

A. 简单随机选样

B. 系统选样

C. 随意选样

D. 整群选样

8. 下列有关控制测试的样本规模的说法中，错误的是（　　）。

A. 可接受的信赖过度风险与样本规模反向变动

B. 可容忍偏差率与样本规模反向变动

C. 可接受的信赖过度风险应确定在相对较低的水平上

D. 总体规模直接影响样本规模

9. 细节测试中影响样本规模的说法中错误的是（　　）。

A. 误受风险与样本规模反向变动

B. 可容忍错报可能等于或低于实际执行的重要性

C. 可容忍错报与样本规模同向变动

D. 总体中的项目数量对样本规模的影响很小

10. 细节测试中运用传统变量抽样时，常用的方法表述正确的是（　　）。

A. 均值法简单适应，可直接在细节测试中使用

B. 如果发现错报金额与项目的金额紧密相关，注册会计师通常会选择差额法

C. 比率法和差额法都要求样本项目存在错报

D. 如果发现错报金额与项目的数量紧密相关，注册会计师通常会选择比率法

11. 审计抽样在细节测试中运用的相关说法中错误的是（　　）。

A. 审计抽样通常用来测试一个财务报表金额的认定的合理性

B. 注册会计师应根据审计目标界定错报，但不应将被审计单位自己发现并已经在适当期间予以更正的错报排除在外

C. 细节测试中常用的统计抽样方法包括货币单元抽样和传统变量抽样

D. 货币单元抽样的样本更容易设计，且可在能够获得完整的最终总体之前开始选取样本

（二）多选题

1. 下列关于样本代表性的说法中，正确的有（　　）。

A. 代表性意味着根据样本测试结果推断的错报一定与总体的错报完全相同

B. 代表性与样本规模无关

C. 代表性通常只与错报的发生率而非错报的特定性质相关

D. 异常情况导致的样本错报也具有代表性

2. 下列有关抽样风险的说法中，正确的

有（　　）。

A. 抽样风险在注册会计师的重大错报风险的评估中可能涉及

B. 误拒风险人员导致注册会计师发表不恰当的审计意见，因此注册会计师更应予以关注

C. 控制测试中的信赖不足风险和细节测试中的误拒风险都是影响审计效率的抽样风险

D. 抽样风险与样本规模同方向变动

3. 注册会计师更应关注影响审计效果的抽样风险有（　　）。

A. 信赖不足风险

B. 信赖过度风险

C. 误受风险

D. 误拒风险

4. 下列可能导致非抽样风险的原因的说法中，错误的有（　　）。

A. 注册会计选择的审计程序不适于实现审计目标

B. 注册会计师测试现金支付授权控制的有效性时，测试的样本为企业签发的现金支票

C. 注册会计师依赖应收账款函证来揭示未入账的应收账款

D. 注册会计师通过扩大样本规模降低非抽样风险

5. 下列有关统计抽样和非统计抽样的说法中，错误的有（　　）。

A. 具有随机选取样本和运用概率论评价样本结果两特征的抽样方法是统计抽样

B. 统计抽样能够客观地记录抽样风险，并精确地控制风险

C. 使用统计抽样的表格确定样本规模就是统计抽样

D. 注册会计师在统计抽样和非统计抽样方法之间进行选择时主要考虑成本效益

6. 审计抽样在控制测试中的应用相关说法中正确的有（　　）。

A. 注册会计师实施控制测试的目标是提供关于控制运行有效性的审计证据，以支持计划的重大错报风险评估水平

B. 控制测试中，注册会计师必须考虑总体的同质性

C. 控制测试时，注册会计师在估计总体规模时，可能考虑被审计单位经营性质等因素

D. 注册会计师从被审计单位会计档案中选取付款证明，就可以得出被审计单位付款控制执行的结论

7. 总体特征的发布呈随机分布时，统计抽样中使用的抽样方法有（　　）。

A. 简单随机选样

B. 系统选样

C. 随意选样

D. 整群选样

8. 注册会计师在使用审计抽样实施控制测试时可以使用替代的随机数据情况有（　　）。

A. 无效单据

B. 未使用或不适用的单据

C. 对总体的估计出现错误

D. 在结束之前停止测试

9. 关于细节测试样本规模的说法中错误的有（　　）。

A. 预计总体错报的金额和频率越小，所需的样本规模也越小

B. 误拒风险与样本规模反向变动

C. 在考虑错报对某类交易或账户余额的影响时，注册会计师需要把各层错报累计后判断

D. 误受风险与样本规模反向变动

10. 关于货币单元抽样方法的表述中错误的有（　　）。

A. 货币单元抽样运用属性抽样的原理得出以金额表示的结论

B. 货币单元抽样以货币为抽样单元，因此需要对总体按照一定金额进行分层

C. 如果用系统选样法选取样本，注册会计师需要先确定选样间隔

D. 如果逻辑单元的账目金额大于或等于选样间隔，该项目一定不会被挑选出来

11. 审计抽样在控制测试与细节测试中应

用后形成的审计工作底稿记录内容相同的有（　　）。

A. 确定样本规模的方法

B. 使用的抽样方法

C. 对如何实施抽样程序的描述

D. 对样本的评价

（三）简答题

A 注册会计师在审计工作底稿中记录了实施进一步审计程序情况的部分内容摘录如下：

（1）A 注册会计师在测试与销售收款相关的内部控制时识别出一项偏差，经查系员工舞弊所致。因追加样本量进行测试后未再识别出偏差，A 注册会计师认为相关内部控制运行有效，并向管理层通报了该项舞弊。

（2）在采用审计抽样测试甲公司付款审批控制时，A 注册会计师确定总体为 2020 年度的所有付款单据，抽样单元为单张付款单据，选取 2020 年 12 月 26 日至 12 月 31 日的全部付款单据共计 80 张作为样本，测试结果满意。

（3）甲公司与原材料采购批准相关的控制每日运行数次，审计项目组确定样本规模为 25 个。考虑到该控制自 2020 年 7 月 1 日起发生重大变化，审计项目组从上半年和下半年的交易中分别选取 12 个和 13 个样本实施控制测试。

（4）A 注册会计师确定甲公司财务报表整体的重要性为 600 万元。A 注册会计师使用审计抽样对管理费用进行了测试，发现测试样本存在 20 万元错报。A 注册会计师认为该错报不重大，同意管理层不予调整。

【要求】针对上述第（1）~（4）项，逐项指出审计项目组的做法是否恰当。如不恰当，简要说明理由。

通关练习答案及解析

（一）单选题

1. 【答案】B

【解析】审计抽样的特征有对具有审计相关性的总体中低于百分之百的项目实施审计程序，因此选项 A 正确；所有抽样单元都有被选取的机会，因此选项 C 正确；可以根据样本项目的测试结果推断出有关抽样总体的结论，因此选项 D 正确。

2. 【答案】B

【解析】风险评估程序通常不涉及设计抽样，因此不选择选项 A；对于留下运行轨迹的控制，注册会计师通常实施询问、观察等审计程序，以获取有关控制运行有效性的审计证据，因此选择选项 B；在上述细节测试时，注册会计师可以使用审计抽样获取审计证据，以验证有关财务报表金额的一项或多项认定，或对某些金额作出独立估计，因此不选择选项 C；在被审计单位采用信息技术处理各类交易及其他信息时，注册会计师通常只需要测试信息技术一般控制，并从各类交易中选取一笔或几笔交易进行测试，就能获取有关信息技术应用控制运行有效性的审计证据，此时不需使用审计抽样，因此不选择选项 D。

3. 【答案】A

【解析】信赖不足风险是指推断的控制有效性低于其实际有效性的风险，也可以说，尽管如果样本结果不支持注册会计师计划信赖的内部控制的程度，但实际偏差率支持该信赖程度的风险，因此不选择选项 B。误受风险影响审计效果，容易导致注册会计师发表不恰当的审计意见因此不选择选项 C。信赖不足影响审计效率，误受风险影响审计效果，因此不选择选项 D。

4. 【答案】B

【解析】非抽样风险是由人为因素造成的，因此不选择选项 A。注册会计师如果对总体的所有项目都实施检查，就不存在抽样风险，此时审计风险完全由非抽样风险产生，而选项 C 是抽样风险，因此不选择选项 C。非抽样风险难以量化，注册会计师可以通过采取适当的质量控制政策和程序，对审计工作进行适当的指导、监督和复核、仔细设计审计程序，以及对审计实务的适当改进，可以将非抽样风险降至可接受的水平，因此不选择选项D。

5.【答案】C

【解析】货币单元抽样是变量抽样的一个例外，它运用属性抽样的原理得出以金额表示的结论，因此选择选项C。

6.【答案】C

【解析】注册会计师在界定总体时，应当确保总体的适当性和完整性，控制测试中，还必须考虑总体的同质性，因此不选择选项A。如果某控制（旧控制）被用于实现相同控制目标的另一控制（新控制）所取代，注册会计师需要确定是否测试这个两个控制的运行有效性，或只测试新控制，因此不选择选项B。对抽样单元定义过于宽泛可能导致缺乏效率，因此不选择选项D。

7.【答案】A

【解析】简单随机选样在统计抽样和非统计抽样中均适用，因此选择选项A。总体特征的发布呈随机分布，采用系统选样方法，否则，可考虑其他选样方法，因此不选择选项B。随意选样仅适用于非统计抽样，因此不选择选项C。整群选样通常不能在审计抽样中使用，因此不选择选项D。

8.【答案】D

【解析】除非总体非常小，一般而言，总体规模对样本规模的影响几乎为零。因此选择选项D。

9.【答案】C

【解析】可容忍错报与样本规模反向变动，因此选择选项C。

10.【答案】C

【解析】如果未对总体分层，注册会计师通常不使用均值法，此时所需的样本规模可能太大，不符合成本效益原则，因此不选择选项A。如果发现错报金额与项目的金额紧密相关，注册会计师通常会选择比率法，因此不选择选项B。如果发现错报金额与项目的数量紧密相关，注册会计师通常会选择差额法，因此不选择选项D。

11.【答案】B

【解析】注册会计师应根据审计目标界定错报，还可能将被审计单位自己发现并已经在适当期间予以更正的错报排除在外，因此选择选项B。

（二）多选题

1.【答案】BC

【解析】代表性并不意味着根据样本测试结果推断的错报一定与总体的错报完全相同，如果样本的选取是无偏向性的，这样本就具有了代表性，因此选项A错误。异常情况导致的样本错报就不具有代表性，因此选项D错误。

2.【答案】AC

【解析】误受风险人员导致注册会计师发表不恰当的审计意见，因此注册会计师更应予以关注，因此不选择选项B。抽样风险与样本规模反方向变动，因此不选择选项D。

3.【答案】BC

【解析】控制测试中的信赖过度风险和细节测试中的误受风险是影响审计效果的抽样风险，控制测试中的信赖不足风险和细节测试中的误拒风险是影响审计效果的抽样风险，相较于影响审计效率的抽样风险，注册会计师更应关注影响审计效果的抽样风险。

4.【答案】ABCD

【解析】可能导致非抽样风险的原因主要包括：注册会计选择了不适于实现特定目标的审计程序（选项A不正确），选择的总体不适与测试目标、未能适当定义误差和未能适当地评价审计发现的情况，选项B是属于选择了不适于实现特定目标的审计程序。选项C属于未能适当定义偏差，即未将签字人未得到适当授权的情况界定为控制偏差，因此选择选项A、B、C。非抽样风险，是指注册会计师由于任何与抽样风险无关的原因而得出错误结论的风险。注册会计师即使对某类交易或账户余额的所有项目实施审计程序，也可能仍未发现重大错报或控制失效，因此选择选项D。

5. 【答案】ABC

【解析】统计抽样是指同时具备下列特征的抽样方法：（1）随机选取样本；（2）运用概率论评价样本结果，因此选择选项 A。统计抽样能够客观地计量抽样风险，并通过调整样本规模精确地控制风险，因此选择选项 B。使用统计抽样的表格确定样本规模，如果没有对样本结果进行统计评估，仍然是非统计抽样，因此选择选项 C。

6. 【答案】AB

【解析】控制测试时，注册会计师在估计总体规模时，可能考虑被审计单位上年同期的实际情况、变化趋势以及经营性质等因素，因此不选择选项 C。注册会计师从被审计单位会计档案中选取付款证明，除非确信所有的付款证明都已经归档，否则注册会计师不能对该期间的所有付款证明得出结论，因此不选择选项 D。

7. 【答案】AB

【解析】简单随机选样在统计抽样和非统计抽样中均适用，因此选择选项 A。总体特征的发布呈随机分布，采用系统选样方法，否则，可考虑其他选样方法，因此选择选项 B。随意选样仅适用于非统计抽样，因此不选择选项 C。整群选样通常不能在审计抽样中使用，因此不选择选项 D。

8. 【答案】ABC

【解析】在结束之前停止测试，这种情况下，注册会计师要重估重大错报风险并考虑是否有必要进行测试，因此不选择选项 D。

9. 【答案】AC

【解析】在既定的可容忍错报下，预计总体错报的金额和频率越小，所需的样本规模也越小，因此选择选项 A。在考虑错报对某类交易或账户余额的影响时，注册会计师需要综合考虑每层的推断错报，因此选择选项 C。

10. 【答案】BD

【解析】货币单元抽样以货币为抽样单元，因为总体中的每一个货币单元都有相同的规模，项目被选取的概率与其货币金额大小成比例，因而无需分层，因此选择选项 B。如果逻辑单元的账目金额大于或等于选样间隔，该项目一定会被挑选出来，因此选择选项 D。

11. 【答案】ABCD

【解析】以上都是需要形成审计工作底稿记录的内容。

（三）简答题

【答案】

（1）不恰当。控制偏差系由舞弊导致，扩大样本规模通常无效/该内部控制无效。

（2）不恰当。整群选样通常不适用于审计抽样/应从全年的付款单据中选取样本。

（3）不恰当。因为控制发生重大变化，应当分别测试 2020 年上半年和下半年与原材料采购批准相关的内部控制活动不同，应当分别测试 25 个。

（4）不恰当。没有推断总体错报。注册会计师应当使用在抽样中发现的样本错报去推断总体的错报金额/应针对推断的总体错报金额评价其是否重大。

第五章　信息技术对审计的影响

2021年教材内容主要变化

本章内容无变化。

本章近五年考情统计分析

本章考试一般以单选题或多选题为主，但是在第二节信息技术中一般控制和应用控制测试内容可能会在综合题中考察，但总体难度不大。

本章属于本书中一般重要的章节，在以往考试中占据的分值较低，近五年平均考试分值为1分左右。

（一）近五年考试分值分布

题型	2016年	2017年	2018年	2019年	2020年
单选题	1	—	1	1	1
多选题	—	—	—	—	—
简答题	—	—	—	—	—
综合题	—	0.5	—	—	—
合计	1	0.5	1	1	1

（二）近五年考试考点分布

高频考点内容	年度及题型分布
信息技术对审计的影响	2020 年单选、2019 年单选、2016 年单选
信息技术一般控制	2018 年单选
信息技术控制测试	2017 年综合

重难点解析

本章内容将审计工作与信息技术结合起来，为审计的工作带来新的改变与创新，对未来的审计工作有着深远的意义和影响。本章内容主要包括：信息技术对企业财务报告和企业内部控制的影响；信息技术产生的风险；注册会计师在信息化环境下面临的挑战；信息技术一般控制、应用控制、公司层面信息技术控制以及三者的关系；信息技术对审计的影响；信息技术审计范围的确定；信息技术一般控制对控制风险的影响；信息技术应用控制对控制风险和实质性程序的影响；不同IT 环境下的审计；计算机辅助审计技术；数据分析；网络环境、数据库管理系统、电子商务系统、外包安排等不同信息技术环境下的问题等内容。

【小贴士】本章内容的学习，需要结合第八章（风险应对）、第二十章（企业内部控制审计）等的有关章节内容。例如，了解内控、控制测试等。

重难点 1：信息技术对企业财务报告的影响★

（一）信息技术对企业管理和财务核算的影响

（1）计算机输入和输出设备代替了手工记录；

（2）计算机显示屏和电子影像代替了纸质凭证；

（3）计算机文档代替了纸质日记账和分类账；

（4）网络通信和电子邮件代替了公司间的邮寄；

（5）管理需求固化到应用程序之中；

（6）灵活多样的报告代替了固定的定期报告；

（7）数据更加充分，信息实现共享；

（8）系统问题的存在比偶然性误差更为普遍。

（二）对注册会计师的要求

注册会计师在进行财务报表审计时，如果依赖相关信息系统所形成的财务信息和报告作为审计工作的依据，则必须考虑相关信息和报告的质量，而财务报告相关的信息质量是通过交易的录入到输出整个过程中适当的控制来实现的，所以，注册会计师需要在整个过程中考虑信息的准确性、完整性、授权体系及访问限制四个方面。

重难点 2：信息技术对企业内部控制的影响★

信息系统对控制的影响，取决于被审计单位对信息系统的依赖程度。

【小贴士】随着信息技术的发展，内部控制虽然在形式及内涵方面发生了变化，但内部控制的目标并没有发生改变。

重难点 3：信息技术产生的风险★

信息技术产生的风险，如下表所示。

风险点	情形
处理错误	可能会错误地处理数据，也可能会处理错误的数据
安全控制隐患	如相关安全控制如果无效，会增加对数据信息非授权访问的风险，这种风险可能导致非授权交易、虚假交易、系统程序和系统内的数据的不当改变、交易的不当的记录，以及信息技术人员越权访问和处理等
数据丢失	数据丢失风险或数据无法访问风险，如系统瘫痪
人为干预	不适当的人工干预，或人为绕过自动控制

经典例题

【真题·单选题】（2020）下列各项中，不受被审计单位信息系统的设计和运行直接影响的是（　　）。

A. 审计风险的评估

B. 注册会计师对被审计单位业务流程的了解

C. 需要收集的审计证据的性质

D. 财务报表审计目标的制定

【答案】D

【解析】注册会计师必须更深入了解企业的信息技术应用范围和性质，因为系统的设计和运行对审计风险的评价、业务流程和控制的了解、审计工作的执行以及需要收集的审计证据的性质都有直接的影响，故选项D错误。

重难点4：注册会计师在信息化环境下面临的挑战★

（一）对业务流程开展和内部控制运作的理解

信息化环境下，注册会计师需要重新建立对业务流程开展和内部控制运作的理解和认识。

（二）对信息系统相关审计风险的认识

注册会计师在执行财务报表审计时，需要充分识别并评估与会计核算和财务报告编制相关的信息技术运用相伴而生的风险，如程序逻辑的错误，权限的不当授予等。对相关控制风险缺乏认识，可能导致审计工作针对性的欠缺，难以有效识别财务报表重大错报。

（三）审计范围的确定

（四）审计内容的变化

（五）审计线索的隐性化

在信息化环境下，会计信息已经全面数字化，传统的审计线索可能已经不复存在；在信息加工处理方面，信息系统封装了信息处理的过程，其内部处理逻辑、运算的中间过程，往往对系统的用户而言是独立的，传统的审计线索全面隐性化。

（六）审计技术改进的必要性

一方面，信息技术的运用改变了企业的运作模式和工作方式，传统审计技术针对的问题特征可能已经消失，或者发生了改变，注册会计师的经验可能无法简单移植，从而丧失了针对性；

另一方面，面对海量数据，传统的抽样方式难以覆盖大量的数据，对于不同来源的数据缺乏深刻的洞察力，覆盖性方面也难以提供更强的审计信心。

（七）有待优化的知识结构

在信息化环境下，注册会计师必须熟悉信息技术的运用和信息系统的风险及控制，应对新的挑战，对审计的策略、范围、内容、方法和手段作出有针对性的调整，获取充分、适当的审计证据，从而发表恰当的审计意见。

（八）与专业团队的充分协同工作

【经典例题】

【例题·单选题】下列关于注册会计师与信息系统相关风险评估的表述中，错误的是（　　）。

A. 处理大流量交易及数据时效率低于人工控制

B. 系统故障导致的数据丢失

C. 安全控制失效导致记录被篡改

D. 管理层对信息系统中的权限设置进行人为干预

【答案】A

【解析】自动控制能有效处理大流量交易及数据，选项 A 表述错误。

重难点 5：信息技术一般控制★

（一）信息技术一般控制定义

（1）信息技术一般控制是指为了保证信息系统的安全，对整个信息系统以及外部各种环境要素实施的、对所有的应用或控制模块具有普遍影响的控制措施。

（2）信息技术一般控制通常会对实现部分或全部财务报表认定作出间接贡献。在有些情况下，信息技术一般控制也可能对实现信息处理目标和财务报表认定作出直接贡献。

（二）信息技术一般控制的内容

信息技术一般控制包括程序开发、程序变更、程序和数据访问以及计算机运行四个方面。如果注册会计师计划依赖自动应用控制、自动会计程序或依赖系统生成信息的控制，他们就需要对相关的信息技术一般控制进行测试。信息技术一般控制的内容及含义，如下表所示。

内容	含义
程序开发	目标是确保系统的开发、配置和实施能够实现管理层的应用控制目标
程序变更	（1）目标是确保对程序和相关基础组件的变更经过请求、授权、执行、测试和实施，以达到管理层应用控制目标； （2）范围包括代码类的常规变更、配置类的变更和紧急变更
程序和数据访问	（1）目标是确保分配的访问程序和数据的权限经过用户身份认证并经过授权的； （2）包括安全活动管理、安全管理、数据安全、操作系统安全、网络安全和物理安全
计算机运行	（1）目标是确保业务系统根据管理层的控制目标完整准确地运行，确保运行问题被完整准确地识别并解决，以维护财务数据的完整性； （2）包括系统作业管理、问题和故障管理、数据备份和恢复、备份介质的异地存放和灾难恢复等

【经典例题】

【真题·单选题】（2018）下列有关信息技术一般控制的说法中，错误的是（　　）。

A. 信息技术一般控制只能对实现部分或全部财务报表认定作出间接贡献

B. 信息技术一般控制对所有应用控制具有普遍影响

C. 信息技术一般控制包括程序开发、程序变更、程序和数据访问以及计算机运行四个方面

D. 信息技术一般控制旨在保证信息系统的安全

【答案】A

【解析】信息技术一般控制通常会对实现部分或全部财务报表认定作出间接贡献。在有些情况下，信息技术一般控制也可能对实现信息处理目标和财务报表认定作出直接贡献。因此，选项 A 不正确。

重难点 6：信息技术应用控制★

（一）信息技术应用控制定义

信息技术应用控制是设计在计算机应用系统中的、有助于达到信息处理目标的控制。一般要经过输入、处理及输出等环节；需要关注的要素包括完整性、准确性、存在和发生等。

（二）信息技术应用控制的内容

（1）系统自动生成报告；

（2）系统配置和科目映射；

（3）接口控制；

（4）访问和权限。

【经典例题】

【例题·多选题】以下属于信息系统应用控制的有（　　）。

A. 财务系统定期生成分析报告

B. 计算机运行故障管理

C. 财务系统中设定各科目映射关系

D. 信息系统的外包和预算管理

【答案】AC

【解析】选项 B 属于信息系统一般控制，选项 D 属于公司层面控制。

重难点7：公司层面信息技术控制★

常见的公司层面信息技术控制包括但不限于：

（1）信息技术规划的制定；

（2）信息技术年度计划的制定；

（3）信息技术内部审计机制的建立；

（4）信息技术外包管理；

（5）信息技术预算管理；

（6）信息安全和风险管理；

（7）信息技术应急预案的制定；

（8）信息系统架构和信息技术复杂性。

重难点8：信息技术一般控制、应用控制与公司层面控制三者之间的关系★★

（一）总体关系

（1）公司层面信息技术控制是信息技术的整体控制环境，决定了信息技术一般控制和应用控制的风险基调；

（2）信息技术一般控制是应用控制的基础，信息技术一般控制的有效与否直接关系到信息技术应用控制的有效性是否能够信任。

（二）对注册会计师的要求

注册会计师需要了解与审计相关的信息技术一般控制和应用控制。

根据目前信息技术审计的业内最佳实践，注册会计师在执行信息技术一般控制和信息技术应用控制审计之前，会首先执行配套的公司层面信息技术控制审计，以了解公司的信息技术整体控制环境，并基于此识别出信息技术一般控制和信息技术应用控制的主要风险点以及审计重点。

【经典例题】

【真题·综合题（部分）】（2017）ABC 会计师事务所首次接受委托，审计上市公司甲公司 2016 年度财务报表，委派 A 注册会计师担任项目合伙人。A 注册会计师确定财务报表整体的重要性为 1 200 万元。甲公司主要提供快递物流服务。

资料四：

A 注册会计师在审计工作底稿中记录了实施的进一步审计程序，部分内容摘录如下：

（2）甲公司收入交易高度依赖信息系统。ABC 事务所的信息技术专家对甲公司信息技术一般控制和与收入相关的信息技术应用控制进行了测试，结果满意。

【要求】针对资料四第（2）项，假定不考虑其他条件，指出 A 注册会计师的做法是否恰当。如不恰当，简要说明理由。

【答案】恰当。

甲公司收入高度依赖信息系统，拟信赖信息系统，那么就要实施控制测试，所以对一般控制和相关的应用控制进行测试是恰当的。

重难点9：信息技术对审计的影响★

（一）对审计线索的影响

（二）对审计技术手段的影响

（三）对内部控制的影响

现代审计技术中，注册会计师会对被审计单位的内部控制进行审查与评价，以此作为制定审计方案和决定抽样范围的依据。

（四）对审计内容的影响

（五）对注册会计师的影响

注册会计师要成为知识全面的复合型人才，不仅要有丰富的会计、审计、经济、法律、管理等方面的知识和技能，还需要熟悉信息系统的应用技术、结构和运行原理，有必要对信息化环境下的内部控制作出适当的评价。

因此，注册会计师必须对系统内的风险和控制都非常熟悉，然后对审计的策略、范围、方法和手段作出相应的调整，以获取充分、适当的审计证据，支持发表的审计意见。

【经典例题】

【真题·单选题】（2019）下列有关信息技术对审计的影响的说法中，错误的是（　　）。

A. 被审计单位对信息技术的运用不改变注册会计师制定审计目标，进行风险评估和了解内部控制的原则性要求

B. 被审计单位对信息技术的运用影响注册会计师需要获取的审计证据的性质

C. 被审计单位对信息技术的运用影响审计内容

D. 被审计单位对信息技术的运用不影响注册会计师需要获取的审计证据的数量

【答案】D

【解析】选项D错误，被审计单位对信息技术的运用影响注册会计师需要获取的审计证据的数量。

【真题·单选题】（2020）下列各项中，不受被审计单位信息系统的设计和运行直接影响的是（　　）。

A. 财务报表审计目标的制定

B. 审计风险的评估

C. 注册会计师对被审计单位业务流程的了解

D. 需要收集的审计证据的性质

【答案】A

【解析】信息技术在企业中的应用并不改变注册会计师制定审计目标、进行风险评估和了解内部控制的原则性要求，审计准则和财务报告审计目标在所有情况下都适用。故选择选项A。

【例题·多选题】下列关于信息技术对审计过程的影响，正确的有（　　）。

A. 对内部控制的影响

B. 对注册会计师的影响

C. 对审计技术手段的影响

D. 对审计线索的影响

【答案】ABCD

【解析】信息技术对审计过程的影响主要体现在审计线索、审计技术手段、内部控制、审计内容和注册会计师五个方面。

重难点10：信息技术审计范围的确定★

（一）考虑因素

注册会计师在确定审计策略时，需要结合被审计单位业务流程复杂度、信息系统复杂度、系统生成的交易数量和业务对系统的依赖程度、信息和复杂计算的数量、信息技术环境规模和复杂度五个方面，对信息技术审计范围进行适当考虑。

【小贴士】信息技术审计的范围与被审计单位在业务流程及信息系统相关方面的复杂度成正比。

（二）评估复杂度考虑的方面

1. 评估业务流程的复杂度（如销售流程、薪酬流程、采购流程等）

注册会计师可以通过考虑流程的人员、活动、数据量、处理方式及依赖程度等因素来对业务流程复杂度作出适当判断。

2. 评估信息系统的复杂度

评估信息系统复杂度需要大量职业判断，同时受到所使用系统类型（如商业软件或自行研发系统）的影响。

对于自行研发系统复杂度的评估，应当考虑系统复杂程度、距离上一次系统架构重大变更的时间、系统变更对财务系统的影响结果，以及系统变更之后的系统运行情况及运行期间。同时还需要考虑系统生成的交易数量、信息和复杂计算的数量。

3. 信息技术环境的规模和复杂度

评估信息技术环境的规模和复杂度，主要应当考虑产生财务数据的信息系统数量、信息系统接口以及数据传输方式、信息部门的结构与规模、网络规模、用户数量、外包及访问方式（例如本地登录或远程登录）。

【小贴士】信息技术环境复杂并不一定意味着信息系统是复杂的，反之亦然。

【经典例题】

【真题·单选题】（2016）下列有关注册会计师评估被审计单位信息系统的复杂度的说法中，错误的是（　　）。

A. 信息技术环境复杂，意味着信息系统也是复杂的

B. 评估信息系统的复杂度，需要考虑系统生成的交易数量

C. 评估信息系统的复杂度，需要考虑系统中进行的复杂计算的数量

D. 对信息系统复杂度的评估，受被审计单位所使用的系统类型的影响

【答案】A

【解析】信息技术环境复杂并不一定意味着信息系统是复杂的，反之亦然，选项A错误。

重难点11：信息技术一般控制对控制风险的影响★

（1）信息技术一般控制对应用控制的有效性具有普遍性影响。无效的一般控制增加了应用控制不能防止或发现并纠正认定层次重大错报的可能性，即使这些应用控制本身得到了有效设计。

（2）如果一般控制有效，注册会计师可以更多地信赖应用控制，测试这些控制的运行有效性，并将控制风险评估为低于"最高"水平。

（3）考虑到公司层面信息技术控制是公司的整体控制环境，决定了信息技术的风险基准，因此，注册会计师通常优先评估公司层面信息技术控制和信息技术一般控制的有效性。

重难点12：信息技术应用控制对控制风险和实质性程序的影响★

（1）在评估应用控制对控制风险和实质性程序的影响时，注册会计师需要将控制与具体的审计目标相联系。

（2）如果针对某一具体审计目标，注册会计师能够识别出有效的应用控制，在通过测试确定其运行有效后，注册会计师能够减少实质性程序。

重难点13：不同IT环境下的审计★

不同IT环境下的审计方式和要求，如下表所示。

环境	方式	对注册会计师的要求
不太复杂	可采取传统方式进行审计，即"绕过计算机进行审计"	仍需了解信息技术一般控制和应用控制，但不测试其运行的有效性
较为复杂	"穿过计算机进行审计"	运用计算机辅助审计技术和电子表格等开展工作

重难点14：计算机辅助审计技术★

（一）计算机辅助审计技术的定义

计算机辅助审计技术，是指利用计算机和相关软件，使审计测试工作实现自动化的技术。

（二）计算机辅助审计技术的类型

计算机辅助审计的类型，如下表所示。

分类	内容
面向系统的计算机辅助审计技术	包括平行模拟、测试数据、嵌入审计模块法、程序编码审查、程序代码比较和跟踪、快照等方法
面向数据的计算机辅助审计技术	包括数据查询、账表分析、审计抽样、统计分析、数值分析等方法

（三）计算机辅助审计技术的应用

（1）计算机辅助审计技术最广泛地应用于实质性程序领域中，特别是在与分析程序相关的方面。

（2）计算机辅助审计技术也可用于测试控制的有效性，选择少量的交易，并在系统中进行穿行测试，或是开发一套集成的测试工具，用于测试系统中的某些交易。在控制调试中使用计算机辅助审计技术的优势是，可以对每一笔交易进行测试（包括主文件和交易文件），从而确定是否存在控制失效的情况。

（3）由于计算机辅助审计技术有助于详审海量数据，它也可用于辅助对舞弊的检查工作（如审计非正常的日记账）。

【小贴士】计算机辅助审计技术可以提高审计工作的效率和效果，节约审计时间和成本。

【经典例题】

【例题·单选题】关于计算机辅助审计技术能否有效应用的环节，以下情形中，不正确的是（　　）。

A. 授权控制的检查

B. 测试控制的有效性

C. 实质性分析程序

D. 在自动化业务流程中实施穿行测试

【答案】A

【解析】选项A不正确，测试授权控制运行是否有效更适合采用人工测试。

重难点15：电子表格★

因为电子表格非常容易被修改，并可能缺少控制活动，因此，电子表格往往面临重大的固有风险和错误，如下表所示。

相关风险	内容
输入错误	由错误数据录入、错误引用和剪贴功能造成的错误
逻辑错误	公式错误
接口错误	系统间的传输错误
其他错误	单元格范围定义不当、单元格参考错误等

重难点16：数据分析★★

（一）数据分析的概念

对审计而言，数据分析是注册会计师获取审计证据的一种手段，是指注册会计师在计划和执行审计工作时，通过对内部或外部数据进行分析、建模或可视化处理，以发现其中隐藏的模式、偏差或不一致，从而揭示出对审计有用的信息的方法。

（二）数据分析的作用及其应用

（1）通过基础数据结构中的字段来提取数据，而不是通过数据记录的格式。

（2）数据分析工具可用于风险分析、交易和控制测试、分析性程序，用于为判断提供支撑并提供见解。更高级的常规分析工具可用于风险分析以便发现问题，而更详细的分析可用来明确重点，提供审计证据和洞察力。

（3）一些常规分析工具可以提供审计证据，为会计估计的计算方法是否适当的判断提供支持。

（4）数据分析工具可以提高审计质量，审计质量不在于工具本身，而是在于分析和相应判断的质量。这种价值不在于数据转换，而是在于从分析产生的交谈和询问中提取的审计证据。

（三）数据分析面临的挑战

数据分析面临的挑战类型，如下表所示。

类型	内容
数据接口	注册会计师需要为客户的系统开发接口和映射编码，以便能够通过一个可使用的格式从系统中提取数据
数据转换	注册会计师需要考虑数据改变的程度，以便实现数据的可用性
数据容量	数据分析的规模和范围可能超出标准服务器的容量
数据保留	注册会计师需要考虑以何种方式保留数据，从而满足审计准则的文件记录要求

【经典例题】

【例题·单选题】下列有关数据分析的说法中，不正确的是（　　）。

A. 数据分析主要通过基础数据结构中的字段来提取数据

B. 一些常规分析工具可以提供审计证据，为会计估计的计算方法是否适当的判断提供支持

C. 注册会计师可以对提取的数据进行转换，也可以对数据作出改变

D. 数据分析的价值在于可以提高审计质量，这种价值来自于数据分析工具本身及对数据进行的转换

【答案】D

【解析】选项D不正确，数据分析工具可以提高审计质量，审计质量不在于工具本身，而是在于分析和相应判断的质量。这种价值不在于数据转换，而是在于从分析产生的交谈和询问中提取的审计证据。

重难点17：不同信息技术环境下的问题★★

（一）网络环境

在网络环境下，用于处理交易的应用软件和数据文件可能分布于不同位置但互相连接的计算机设备上，由此产生了与内部控制相关的问题，包括对分布于不同位置的服务器的安全、数据和信息的分布及同步、管理监督以及兼容性问题。

（二）数据库管理系统

数据库管理系统带来了一些与内部控制相关的问题，包括多重使用者能够访问和修改共享数据的风险。因此，需要实施严格的数据库管理和接触控制，以及数据安全备份制度。

（三）电子商务系统

在这种方式下，交易信息在网上传输，容易被拦截、篡改或不当获取，需要采取相应的安全控制。此外，被审计单位的会计信息系统可能与交易对方的系统相连接，产生了互相依赖的风险，即交易一方的风险部分取决于交易对手如何识别和管理其自身系统中的风险。

（四）外包安排

1. 外包安排的含义

被审计单位可能将全部或部分的信息技术职能外包给专门的应用软件服务提供商或云计算服务商等计算机服务机构。

2. 总体程序

（1）了解服务机构中与内部控制相关的控制以及针对服务机构活动所实施的控制；

（2）获取相关控制运行有效性的证据。

其中获取相关控制运行有效性的证据的程序：

（1）了解服务机构注册会计师对服务机构内部控制有效性出具的报告或与控制测试相关的商定程序报告；

（2）测试被审计单位对服务机构活动的控制；

（3）对服务机构实施控制测试。

3. 获取外部报告

如果可以获取服务机构注册会计师对服务机构内部控制有效性出具的报告，注册会计师应当评价该报告是否提供了充分、适当的证据，以支持注册会计师的意见。

在评价时，注册会计师可能考虑下列因素：

（1）对控制的测试涵盖的期间及其与管理层评估时间点的关系；

（2）对控制的测试涵盖的范围、测试的

控制及其与企业控制的关联度；

(3) 对控制的测试结果，以及服务机构注册会计师对控制运行有效性发表的意见。

【经典例题】

【例题·多选题】甲集团将信息技术职能外包给专门服务机构，注册会计师评价服务机构注册会计师对服务机构内部控制有效性出具的报告时，需考虑的因素有（　　）。

A. 控制测试涵盖的期间

B. 测试的控制与企业的关联度

C. 服务机构注册会计师对服务机构内部控制有效性出具的意见

D. 服务机构注册会计师的收费水平

【答案】ABC

【解析】如果可以获取服务机构注册会计师对服务机构内部控制有效性出具的报告，注册会计师应考虑三点因素进行评价：(1) 控制测试涵盖的期间以及与管理层评估时间点的关系；(2) 测试涵盖的范围、测试的控制及其与企业控制的关联度；(3) 控制测试结果以及服务机构注册会计师对控制运行有效性发表的意见。

通关练习

(一) 单选题

1. 下列关于信息技术一般控制审计的表述中，正确的是（　　）。

A. 信息技术一般控制通常会对实现部分或全部财务报表认定作出直接贡献

B. 信息技术一般控制包括程序开发、程序变更及程序和数据访问三个方面

C. 程序变更范围包括代码类变更、配置类变更和紧急变更

D. 计算机运行的目标是确保业务系统根据管理层的控制目标完整准确地运行、确保系统的配置和实施，确保运行问题被完整准确地识别并解决，以维护财务数据的完整性

2. 下列关于计算机辅助审计技术的说法中，正确的是（　　）。

A. 计算机辅助审计技术可以用于实质性程序

B. 计算机辅助审计技术无法替代手工测试

C. 计算机辅助审计技术不能用于控制测试

D. 计算机辅助技术无法应对舞弊的检查工作

3. 下列关于数据分析的说法中，正确的是（　　）。

A. 数据分析通过数据记录的格式提取信息

B. 数据分析不能用于控制测试

C. 数据分析数据分析的价值在于可以提高审计质量，这种价值来自于数据分析工具本身及对数据进行的转换

D. 数据分析可以用于分析性程序

4. 下列关于信息技术在企业中的应用的说法，不正确的是（　　）。

A. 将影响审计线索

B. 将影响审计目标

C. 将影响抽样范围

D. 将影响审计内容

5. 以下信息技术的内部控制中，属于信息技术应用控制的是（　　）。

A. 程序开发

B. 数据输出

C. 信息技术预算管理

D. 信息安全和风险管理

6. 下列关于信息系统一般控制、应用控制和公司层面信息技术控制的说法中，正确的是（　　）。

A. 数据备份和恢复属于公司层面信息技术控制

B. 信息技术应用控制一般要经过输入、

处理及输出等环节

C. 信息安全和风险管理属于信息技术一般控制

D. 一般控制不包括对信息系统外部各种环境要素的控制

7. 下列有关信息技术产生的风险的表述中，错误的是（　　）。

A. 信息系统或相关系统程序可能会错误地处理数据，也可能会去处理本身就错误的数据

B. 即使相关安全控制无效，也不会增加对数据信息非授权访问的风险

C. 会产生数据丢失风险或数据无法访问风险

D. 可能会出现不适当的人工干预，或人为绕过自动控制

8. 注册会计师测试信息技术应用控制时，不需要测试的是（　　）。

A. 系统自动生成报告

B. 访问和权限

C. 系统配置

D. 计算机运行

9. 当被审计单位将信息系统外包给专业的服务机构时，注册会计师应该对与服务机构活动相关的事项实施的下列程序中，错误的是（　　）。

A. 了解服务机构中与内部控制相关的控制

B. 获取相关控制运行是否有效的证据

C. 了解服务机构中针对服务机构活动所实施的控制

D. 无需了解服务机构中与内部控制相关的控制

10. 注册会计师在评估自行研发系统的复杂度时，不需要考虑的因素是（　　）。

A. 系统复杂程度

B. 距离上一次系统架构重大变更的时间

C. 客制化程度

D. 系统变更之后的系统运行情况

（二）多选题

1. 下列关于 IT 环境下的审计的说法中，不正确的有（　　）。

A. IT 环境较为复杂时，应采用“绕过计算机进行审计”的方式

B. IT 环境不太复杂时，可采用传统方式进行审计

C. 采用“绕过计算机进行审计”时，注册会计师不需了解测试一般控制和应用控制

D. “绕过计算机进行审计”无需测试其运行的有效性

2. 下列有关信息技术产生的风险的说法中，正确的有（　　）。

A. 错误的处理数据

B. 不适当的人为干预

C. 数据存在丢失风险

D. 系统瘫痪

3. 注册会计师在确定信息技术审计范围时，应考虑的因素包括（　　）。

A. 系统生成的交易数量

B. 评估销售流程的复杂度

C. 被审计单位业务对系统的依赖程度

D. 被审计单位信息系统复杂度

4. 下面关于计算机辅助审计技术的说法中，正确的有（　　）。

A. 计算机辅助审计技术有助于详审海量数据

B. 计算机辅助审计技术能够提高审阅大量交易的效率

C. 注册会计师仅可以在统计抽样方法中使用计算机辅助审计技术选取样本

D. 计算机辅助审计技术使得人们有可能对每笔交易进行测试

5. 下列关于信息技术一般控制的说法中，正确的有（　　）。

A. 信息技术一般控制是对所有的应用或控制模块具有普遍影响的控制措施

B. 信息技术一般控制不能对实现信息处理目标和财务报表认定作出直接贡献

C. 当人工控制依赖信息系统生成的信息时，信息技术一般控制同样重要

D. 如果注册会计师计划依赖自动应用控

制、自动会计程序或依赖系统生成信息的控制，他们就需要对相关的信息技术一般控制进行测试

6. 下列关于数据分析的说法中，正确的有（　　）。

A. 注册会计师在使用管理层提供的数据时，需要对数据的提取和验证过程执行控制测试

B. 只有在注册会计师要求的情况下，管理层需要进行广泛的安全性和完整性检查

C. 数据分析工具本身可以提高审计质量

D. 数据分析工具可用于为判断提供支撑并提供见解

7. 下列关于信息系统一般控制的说法中，正确的有（　　）。

A. 一般控制的目的是保证信息系统的安全

B. 有效的一般控制可以保障应用系统控制的有效运行

C. 一般控制的措施对特定应用或控制模块具有影响

D. 一般控制不包括对信息系统外部各种环境要素的控制

8. 注册会计师计划在审计中使用电子表格，下列说法中正确的有（　　）。

A. 注册会计师在进行系统审计时，需要确保电子表格相关的内嵌控制持续的完整性

B. 电子表格数据准确性较高

C. 注册会计师应当了解电子表格相关的控制

D. 电子表格的逻辑错误是指与其他系统传输数据时产生的错误

9. 注册会计师在对被审计单位的信息技术进行审计时，通常优先评估的有（　　）。

A. 公司层面信息技术控制

B. 信息技术一般控制的有效性

C. 信息技术应用控制的有效性

D. 信息技术应用控制设计的合理性

10. 下列各项中，体现注册会计师在信息化环境下面临的挑战的有（　　）。

A. 对业务流程开展和内部控制运作的理解

B. 对信息系统相关审计风险的认识

C. 审计范围的确定

D. 审计内容的变化

通关练习答案及解析

（一）单选题

1. 【答案】C

【解析】选项A不正确，信息技术一般控制通常会对实现部分或全部财务报表认定作出间接贡献，在有些情况下，信息技术一般控制也可能对实现信息处理目标和财务报表认定作出直接贡献；选项B不正确，信息技术一般控制包括程序开发、程序变更、程序和数据访问及计算机运行等四个方面；选项D不正确，计算机运行这一领域的目标是确保业务系统根据管理层的控制目标完整准确地运行，确保运行问题被完整准确地识别并解决，以维护财务数据的完整性；确保系统的配置和实施，是程序开发领域的目标。

2. 【答案】A

【解析】选项B不正确，计算机辅助审计技术使得对系统中的每一笔交易进行测试成为可能，用于在交易样本量很大的情况下替代手工测试；选项C不正确，与其他控制测试相同，计算机辅助审计技术也可用于测试控制的有效性，选择少量的交易，并在系统中进行穿行测试，或是开发一套集成的测试工具，用于测试系统中的某些交易；选项D不正确，由于计算机辅助审计技术有助于详查海量数据，它可用于辅助对舞弊的检查工作（如审计非正常的日记账）。

3. 【答案】D

【解析】选项A不正确，数据分析是通过

基础数据结构中的字段来提取信息，而不是通过数据记录的格式；选项B不正确、选项D正确，数据分析工具可用于风险分析、交易和控制测试、分析性程序，用于为判断提供支撑并提供见解；选项C不正确，数据分析工具可以提高审计质量，审计质量不在于工具本身，而是在于分析和相应判断的质量。这种价值不在于数据转换，而是在于从分析产生的交谈和询问中提取的审计证据。

4. 【答案】B

【解析】选项B符合题意，信息技术在企业中的应用并不改变注册会计师制定审计目标，进行风险评估和了解内部控制的原则性要求，审计准则和财务报告审计目标在所有情况下都适用。

5. 【答案】B

【解析】选项A属于信息技术一般控制；选项C、D属于公司层面信息技术控制；选项B正确，信息技术应用控制一般要经过输入、处理及输出等环节，故数据输出属于信息技术应用控制。

6. 【答案】B

【解析】选项A不正确，数据备份和恢复属于信息技术一般控制中的计算机运行；选项C不正确，信息安全和风险管理属于公司层面信息技术控制；选项D不正确，信息系统一般性控制是为保护信息系统的安全而对整个信息系统以及外部各种环境要素实施的，对所有的应用或控制模块具有普遍影响的控制措施。

7. 【答案】B

【解析】选项B不正确，自动信息系统、数据库及操作系统的相关安全控制如果无效，会增加对数据信息非授权访问的风险，这种风险可能导致非授权交易、虚假交易、系统程序和系统内的数据的不当改变、交易的不当的记录，以及信息技术人员越权访问和处理等。

8. 【答案】D

【解析】选项A、B、C不符合题意，常见的系统自动控制以及信息技术应用控制审计关注点为系统自动生成报告、系统配置和科目映射、接口控制、访问和权限；选项D符合题意，计算机运行属于信息技术一般控制。

9. 【答案】D

【解析】选项A、B、C正确，属于注册会计师应当实施与服务机构活动相关的程序；选项D错误，注册会计师需了解服务机构中与内部控制相关的控制。

10. 【答案】C

【解析】选项A、B、D说法正确但不符合题意，对于自行研发系统复杂度的评估，应当考虑系统复杂程度、距离上一次系统架构重大变更的时间、系统变更对财务系统的影响结果，以及系统变更之后的系统运行情况及运行期间。选项C，在评估商业软件的复杂程度时应考虑客制化程度。

（二）多选题

1. 【答案】AC

【解析】选项A不正确，IT环境较为复杂时，“绕过计算机进行审计”就不可行，而需要“穿过计算机进行审计”；选项C不正确，采用“绕过计算机进行审计”时，注册会计师仍需要了解信息技术的一般控制和应用控制；选项D，“绕过计算机进行审计”不测试其运行的有效性。

2. 【答案】ABCD

【解析】选项A、B、C、D均符合题意，信息技术在改进被审计单位内部控制的同时，也产生了特定的风险：①信息系统或相关系统程序可能会对数据进行错误处理，也可能会去处理那些本身就错误的数据；②自动信息系统、数据库及操作系统的相关安全控制如果无效，会增加对数据信息非授权访问的风险；③数据丢失风险或数据无法访问风险；④不适当的人工干预，或人为绕过自动控制。

3. 【答案】ABCD

【解析】选项A、B、C、D均符合题意，在确定审计策略时，需要结合被审计单位业务流程复杂度、信息系统复杂度、系统生成的交易数量和业务对系统的依赖程度、信息和复杂计算的数量、信息技术环境规模和复杂度五个方面，对信息技术审计范围进行适当考虑。

4. 【答案】ABD

【解析】选项 A 正确，由于计算机辅助审计技术有助于详审海量数据，它也可用于辅助对舞弊的检查工作（如审计非正常的日记账）；选项 B 正确，计算机辅助审计技术能够提高审计、审阅工作的效率和效果；选项 C 不正确，在非统计抽样和统计抽样方法中，注册会计师均可使用计算机辅助审计技术选取样本；选项 D 正确，在控制测试中使用计算机辅助审计技术的优势是，可以对每一笔交易进行测试，从而确定是否存在控制失效的情况。

5. 【答案】ACD

【解析】选项 A 正确，信息技术一般控制是指为了保证信息系统的安全，对整个信息系统以及外部各种环境要素实施的、对所有应用或控制模块具有普遍影响的控制措施；选项 B 错误，信息技术一般控制也可能对实现信息处理目标和财务报表认定作出直接贡献；选项 C、D 正确，当人工控制依赖信息系统生成的信息时，信息技术一般控制同样重要。如果注册会计师计划依赖自动应用控制、自动会计程序或依赖系统生成的信息的控制，则需要测试相关的信息技术一般控制。

6. 【答案】AD

【解析】选项 A 正确，注册会计师围绕管理层的数据提取和验证过程执行一套控制测试，然后将管理层生成的信息用于自己的分析；选项 B 不正确，在任何情况下，管理层必须在注册会计师做任何事情以前进行广泛的安全性和完整性检查；选项 C 不正确，数据分析工具可以提高审计质量，审计质量不在于工具本身，而是在于分析和相应判断的质量；选项 D 正确，数据分析工具可用于风险分析、交易和控制测试、分析性程序，用于为判断提供支撑并提供见解。

7. 【答案】AB

【解析】选项 A 正确，信息技术一般控制是为了保证信息系统安全的控制措施；选项 B 正确，有效的信息技术一般控制确保了应用系统控制和依赖计算机处理的自动会计程序得以持续有效的运行；选项 C 错误，一般控制对所有的应用或控制模块具有普遍影响；选项 D 错误，一般控制包括对整个信息系统以及外部各种环境要素的控制。

8. 【答案】AC

【解析】选项 A、C 正确，注册会计师在进行系统审计时，需要谨慎地考虑电子表格的控制，以及类似于信息系统一般控制的设计与执行（在相关时）有效性，从而确保这些内嵌控制持续的完整性；选项 B 不正确，电子表格的特性以及编制并使用电子表格的环境的特性，增加了电子表格所生成数据存在错误的风险；选项 D 不正确，逻辑错误是指创建错误的公式从而生成了错误的结果。

9. 【答案】AB

【解析】选项 A、B 正确，考虑到公司层面信息技术控制是公司的整体控制环境，决定了信息技术的风险基准，因此，注册会计师通常优先评估公司层面信息技术控制和信息技术一般控制的有效性。

10. 【答案】ABCD

【解析】注册会计师在信息化环境下面临的挑战体现在对业务流程开展和内部控制运作的理解、对信息系统相关审计风险的认识、审计范围的确定、审计内容的变化、审计线索的隐性化、审计技术改进的必要性、有待优化的知识结构、与专业团队的充分协同工作等方面。选项 A、B、C、D 均正确。

第六章　审计工作底稿

2021年教材内容主要变化

本章内容无实质性变化。

本章近五年考情统计分析

本章考题一般以单选题或多选题为主，但是有关审计工作底稿归档工作的内容，可在简答题中考查其归档后变动及保存期限。本章属于本书中比较重要的章节，最近五年平均考试分值超过4分。

（一）近五年考试分值分布

题型	2016年	2017年	2018年	2019年	2020年
单选题	—	—	—	2	4
多选题	2	—	2	—	—
简答题	5	8.4	—	2	—
合计	7	8.4	2	4	4

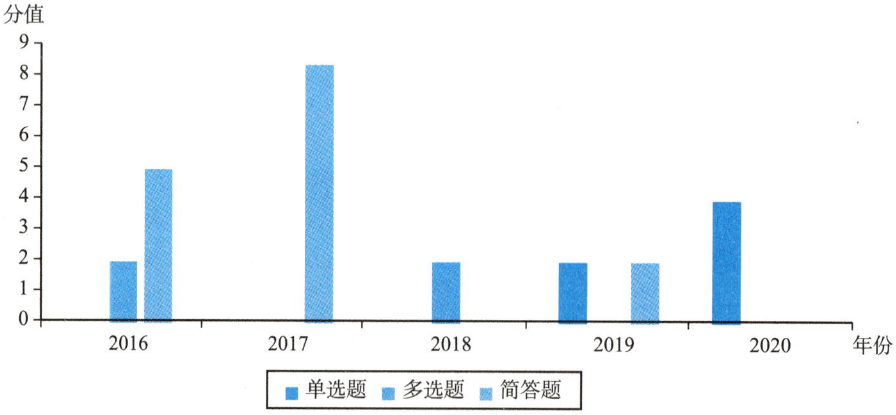

（二）近五年考试考点分布

高频考点内容	年度及题型分布
确定审计工作底稿格式、要素和范围的考虑因素	2020年单选
针对审计工作底稿设计和实施的控制	2020年单选
工作底稿归档	2019年单选、2018年多选、2017年简答、2016年简答

续表

高频考点内容	年度及题型分布
工作底稿编制	2017 年简答、2016 年简答
识别特征	2017 年简答
保存期限	2020 年简答、2019 年简答、2017 年简答、2016 年简答
专家底稿	2017 年简答
记录内容	2017 年简答
底稿作用	2016 年多选
工作底稿复核	2019 年单选

重难点解析

本章内容是审计工作底稿，与教材中其他章节部分内容密切相关。本章主要内容包括：审计工作底稿的含义、审计工作底稿的编制目的、审计工作底稿的编制要求、审计工作底稿的性质、确定审计工作底稿格式、要素和范围的考虑因素、审计工作底稿的要素、审计工作底稿归档工作的性质、审计工作底稿归档的期限及要求、审计工作底稿归档后的变动、审计工作底稿的保存期限等内容。

【小贴士】本章内容的学习，需要结合第三章（审计证据）、第二十一章（会计师事务所业务质量控制）有关内容。

重难点 1：审计工作底稿的含义★

审计工作底稿，是指注册会计师对制定的审计计划、实施的审计程序、获取的相关审计证据，以及得出的审计结论作出的记录。

审计工作底稿是审计证据的载体，是注册会计师在审计过程中形成的审计工作记录和获取的资料。它形成于审计过程，也反映整个审计过程。

重难点 2：审计工作底稿的编制目的★★

审计工作底稿的编制目的，如下表所示。

基本目的	（1）提供充分、适当的记录，作为出具审计报告的基础； （2）提供证据，证明已按照审计准则和法律法规的规定计划和执行了审计工作
其他目的	（1）有助于计划和执行审计工作； （2）有助于履行指导、监督与复核的责任； （3）便于项目组说明其执行审计工作的情况； （4）保留对未来审计工作持续产生重大影响的事项的记录； （5）便于实施质量控制复核与检查； （6）便于监管机构和注册会计师协会实施执业质量检查

【小贴士】牢记两个基本目的，必要时可运用排除法选出正确答案。

【经典例题】

【真题·单选题】（2020）会计师事务所应当针对审计工作底稿设计和实施适当的控制。下列各项中，通常不属于控制目的的是（　　）。

A. 使审计工作底稿清晰显示其生成、修改及复核的时间和人员

B. 允许项目组以外的经授权的人员为适当履行职责而接触审计工作底稿

C. 防止在审计工作底稿归档后未经授权删除或增加审计工作底稿

D. 在审计业务的所有阶段保护信息的完整性和安全性

【答案】C

【解析】无论审计工作底稿以哪种形式存在，会计师事务所都应当针对审计工作底稿设计和实施适当的控制，以实现下列目的：(1) 使审计工作底稿清晰地显示其生成、修改及复核的时间和人员（选项A）；(2) 在审计业务的所有阶段，尤其是在项目组成员共享信息或通过互联网将信息传递给其他人员时，保护信息的完整性和安全性（选项D）；(3) 防止未经授权改动审计工作底稿；(4) 允许项目组和其他经授权的人员为适当履行职责而接触审计工作底稿（选项B）。

【真题·单选题】（2020）下列各项中，不属于编制审计工作底稿目的的是（　　）。

A. 有助于项目组计划和执行审计工作

B. 有助于为涉及诉讼的被审计单位提供证据

C. 便于监管机构对会计师事务所实施执业质量检查

D. 便于项目组说明执行审计工作的情况

【答案】B

【解析】编制审计工作底稿还可以实现下列目的：（1）有助于项目组计划和执行审计工作（选项A）；（2）有助于负责督导的项目组成员按照《中国注册会计师审计准则第1121号——对财务报表审计实施的质量控制》的规定，履行指导、监督与复核审计工作的责任；（3）便于项目组说明其执行审计工作的情况（选项B）；（4）保留对未来审计工作持续产生重大影响的事项的记录；（5）便于会计师事务所按照《质量控制准则第5101号——会计师事务所对执行财务报表审计和审阅、其他鉴证和相关服务业务实施的质量控制》的规定，实施质量控制复核与检查；(6) 便于监管机构和注册会计师协会根据相关法律法规或其他相关要求，对会计师事务所实施执业质量检查（选项C）。

【真题·多选题】（2016）下列各项中，属于注册会计师编制审计工作底稿的目的的有（　　）。

A. 有助于项目组计划和执行审计工作

B. 保留对未来审计工作持续产生重大影响的事项的记录

C. 便于后任注册会计师的查阅

D. 便于监管机构对会计师事务所实施执业质量检查

【答案】ABD

【解析】编制审计工作底稿的目的，不包括便于后任注册会计师的查阅。

重难点3：审计工作底稿的编制要求★★

审计工作底稿的编制要求，如下表所示。

1. 基本要求
应当使未曾接触该项审计工作的有经验的专业人士清楚地了解： （1）按照规定实施的审计程序的性质、时间安排和范围； （2）实施审计程序的结果和获取的审计证据； （3）遇到的重大事项和得出的结论，以及作出的重大职业判断
2. 有经验的专业人士
指会计师事务所内部或外部的具有审计实务经验，并且对下列方面有合理了解的人士： （1）审计过程； （2）相关法律法规和审计准则的规定； （3）被审计单位所处的经营环境； （4）与被审计单位所处行业相关的会计和审计问题

【小贴士】基本要求从程序、证据和结论三个方面记忆，注意“未曾接触”这一前提。专业人士包括内部和外部。

【经典例题】

【例题·单选题】下列各项中，不属于应当使未曾接触该项审计工作的有经验的专业人士清楚了解的内容是（　　）。

A. 实施审计程序的结果和获取的审计证据

B. 与被审计单位所处行业相关的会计和审计问题

C. 按照规定实施的审计程序的性质、时间安排和范围

D. 遇到的重大事项和得出的结论，以及作出的重大职业判断

【答案】B

【解析】审计工作底稿的编制要求的基本要求，应当使未曾接触该项审计工作的有经验的专业人士清楚地了解：（1）按照规定实施的审计程序的性质、时间安排和范围；（2）实施审计程序的结果和获取的审计证据；（3）遇到的重大事项和得出的结论，以及作出的重大职业判断。

重难点4：审计工作底稿的性质★★★

审计工作底稿的性质，如下表所示。

存在形式	纸质、电子或其他介质
实施控制程序的目的	（1）清晰地显示其生成、修改及复核的时间和人员； （2）在审计业务的所有阶段，尤其是在项目组成员共享信息或通过互联网传递信息时，保护信息的完整性和安全性； （3）防止未经授权改动审计工作底稿； （4）允许项目组和其他经授权的人员为适当履行职责而接触审计工作底稿
转换和保存要求	（1）电子或其他介质形式存在的底稿，应与其他纸质形式的审计工作底稿一并归档，并能通过打印等方式，转换成纸质形式的审计工作底稿； （2）同时，单独保存这些以电子或其他介质形式存在的审计工作底稿
内容	
包括	（1）业务约定书； （2）总体审计策略、具体审计计划； （3）分析表、核对表和问题备忘录； （4）重大事项概要及往来函件； （5）内部或外部会议记录； （6）被审计单位文件记录的摘要或复印件； （7）错报汇总表； （8）声明书； （9）与其他人士的沟通文件； （10）管理建议书
不包括	（1）已被取代的审计工作底稿的草稿或财务报表的草稿； （2）反映不全面或初步思考的记录； （3）存在印刷错误或其他错误而作废的文本； （4）重复的文件记录等

【小贴士】

（1）对审计计划、重要性的更新和修改，需要保留；

（2）审计工作底稿中不包括的内容可以根据其特点记忆，分别是草稿的、初步的、错误的和重复的。

【经典例题】

【例题·多选题】下列关于审计工作底稿的说法中，注册会计师认为错误的有（　　）。

A. 将电子介质的底稿打印归档后，电子形式可不必纳入审计工作底稿中

B. 注册会计师可以根据具体业务的特点对会计师事务所制定的审计工作底稿模板进行修改

C. 为保护信息的完整性和安全性，任何项目组以外的人员均不得接触审计工作底稿

D. 编制审计工作底稿的要求是使得事务所内部有经验的专业人士清楚地了解审计程序、审计证据和重大审计结论

【答案】ACD

【解析】选项A中，电子等形式的底稿，可以通过打印转换成纸质底稿，并一起归档，同时单独保存这些电子或其他介质形式存在的审计工作底稿；选项C中，允许项目组和其他经授权的人员为适当履行职责而接触审计工作底稿；选项D中，编制审计工作底稿的要求是使得事务所内部或外部有经验的专业人士清楚地了解审计程序、审计证据和重大审计结论。

重难点5：确定审计工作底稿格式、要素和范围的考虑因素★★

（一）被审计单位的规模和复杂程度

大型被审计单位通常比小型被审计单位多，复杂被审计单位通常比简单被审计单位多。

（二）拟实施审计程序的性质

不同的审计程序会使得注册会计师获取不同性质的审计证据，由此注册会计师可能会编制不同的审计工作底稿。如函证程序与存货监盘程序两者的审计工作底稿不同。

（三）识别出的重大错报风险

识别和评估的重大错报风险水平的不同可能导致注册会计师实施的审计程序和获取的审计证据不尽相同。重大错报风险高，审计工作底稿中记录的内容越多，范围越广。

（四）已获取的审计证据的重要程度

审计证据的相关性和可靠性影响审计工作底稿的格式、要素和范围。

（五）识别出的例外事项的性质和范围

如追查回函不符事项后发现，该例外事项不构成错报，注册会计师可能只在审计工作底稿中解释其发生原因及影响；反之，如果发现该例外事项构成错报，注册会计师可能需要执行额外的审计程序并获取更多的审计证据。

（六）当从已执行审计工作或获取审计证据的记录中不易确定结论或结论的基础时，记录结论或结论基础的必要性

应当考虑是否需要进一步说明并记录得出结论的过程及该事项的结论。

（七）审计方法和使用的工具

如使用计算机辅助审计技术与采用人工方式是不同的。

【小贴士】可以从正向和反向两个角度做题：通过正向记忆选择正确答案。或从反向思考，如收费、语言文字、归档期限等均不属于考虑因素。

【经典例题】

【例题·多选题】下列关于审计工作底稿的格式、要素和范围取决的因素中，正确的有（　　）。

A. 审计证据的重要程度对审计工作底稿的格式、要素和范围有直接影响

B. 不同的审计程序得到的审计证据不同，审计工作底稿格式和要求也会有所不同

C. 如果从已执行审计工作或获取审计证据的记录中不易确定审计结论或结论的基础，需要记录结论或结论的基础的必要性

D. 即使识别的是重大错报风险较高的项目，审计工作底稿记录的内容也可以简化记录

【答案】ABC

【解析】选项D错误，重大错报风险越高的项目，注册会计师实施的审计程序越多，审计工作底稿记录的内容也需要更多。

重难点6：审计工作底稿的要素★★

审计工作底稿的要素，如下图所示。

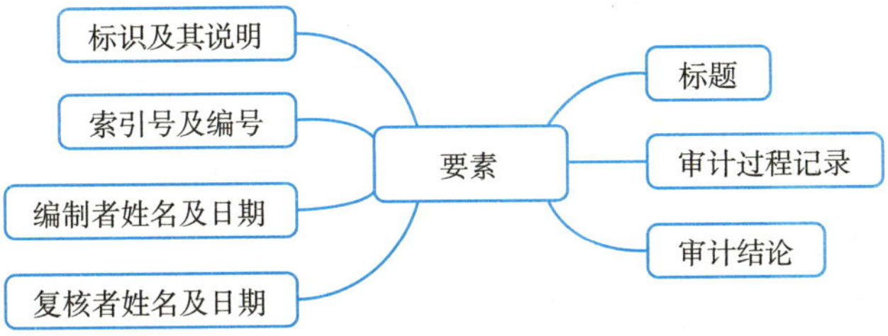

（一）审计工作底稿的标题

每张底稿应当包括：

（1）被审计单位的名称；

（2）审计项目的名称；

（3）资产负债表日或底稿覆盖的会计期间（如果与交易相关）。

（二）审计过程记录

1. 具体项目或事项的识别特征

具体项目或事项的识别特征及具体情形，如下表所示。

一般特征	（1）指被测试项目或事项表现出的象征或标志； （2）识别特征通常具有唯一性：可以使其他人员根据识别特征识别该项目或事项，并重新执行该测试
具体情形	（1）单据的唯一编号。 在对订购单进行细节测试时，需要注意区别不同的会计期间，以确保查询编号可以直接识别相关项目或事项 （2）实施审计程序的范围并指明该主体。 对于需要选取或复核既定总体内一定金额以上的所有项目的审计程序，如银行存款日记账中一定金额以上的所有分录 （3）样本来源、抽样起点和间隔。 对选样方法进行说明，重新执行可以追踪到特定的样本 （4）询问程序。 询问的时间、被询问人的姓名及职位 （5）观察程序。 观察的对象或观察过程、相关被观察人员及其各自的责任、观察的地点和时间

【小贴士】该知识点常常以简答题形式进行考查，关键点在于判断识别特征是否具有唯一性。

【经典例题】

【例题·多选题】针对审计工作底稿中记录的识别特征，以下说法中，正确的有（　　）。

A. 针对被审计单位生成的采购订单进行细节测试，可以将订单的数量、单价和金额作为识别特征

B. 针对检查销售合同和协议，可以以合同编号作为主要识别特征

C. 针对询问程序，可能会以询问的时间、被询问人的姓名及职位作为识别特征

D. 针对观察程序，可以以观察的对象或观察的过程，相关被观察人员及其各自的责任，观察的地点和时间作为识别特征

【答案】BCD

【解析】选项A错误，针对采购订单，可以以采购订单的日期和其唯一编号作为识别特征。

2. 重大事项及相关重大职业判断

重大事项内容及记录要求，如下表所示。

内容	(1) 引起特别风险的事项； (2) 实施审计程序的结果，该结果表明财务信息可能存在重大错报，或需要修正以前对重大错报风险的评估和拟采取的应对措施； (3) 导致注册会计师难以实施必要审计程序的情形； (4) 导致出具非无保留意见或者带强调事项段“与持续经营相关的重大不确定性”等段落的审计报告的事项
记录要求	(1) 与管理层、治理层和其他人员对重大事项性质的讨论，包括讨论的时间、地点和参与人员； (2) 可以将分散的重大事项的记录汇总在重大事项概要中，有利于有效地复核和检查审计工作底稿，并评价重大事项的影响； (3) 重大事项概要包括识别的重大事项及其如何得到解决，或对其他支持性审计工作底稿的交叉索引； (4) 当涉及重大事项和重大职业判断时，注册会计师需要编制与运用职业判断相关的审计工作底稿

3. 针对重大事项如何处理不一致情况

如果识别出的信息与针对某重大事项得出的最终结论不一致，注册会计师应当记录如何处理不一致的情况。

（三）审计结论

审计工作的每一部分都应包含与已实施审计程序的结果及其是否实现既定审计目标相关的结论，还应包括审计程序识别出的例外情况和重大事项如何得到解决的结论。

（四）审计标识及说明

审计工作底稿可使用各种审计标识，但应说明其含义，并保持前后一致。

（五）索引号及编号

审计工作底稿通常需要注明索引号及顺序编号，相关审计工作底稿之间需要保持清晰的勾稽关系。

（六）编制人员和复核人员及执行日期

审计过程记录内容及要求，如下表所示。

记录内容	(1) 测试的具体项目或事项的识别特征； (2) 审计工作的执行人员及完成审计工作的日期； (3) 审计工作的复核人员及复核的日期和范围； (4) 项目质量控制复核人员及复核的日期（需要的情况下）
要求	(1) 通常，需要在每一张审计工作底稿上注明执行审计工作的人员和复核人员、完成该项审计工作的日期以及完成复核日期； (2) 如果若干页的审计工作底稿记录同一性质的具体审计程序或事项，并且编制在同一个索引号中，可以仅在审计工作底稿的第一页上记录审计工作的执行人员和复核人员并注明日期

【经典例题】

【真题·单选题】（2020）下列各项因素中，注册会计师在确定审计工作底稿的要素和范围时通常无需考虑的是（　　）。

A. 审计程序的范围

B. 已获取的审计证据的重要程度

C. 识别出的例外事项的性质

D. 审计方法

【答案】 A

【解析】 选审计工作底稿的格式、要素和范围取决于诸多因素，例如：(1) 被审计单位的规模和复杂程度；(2) 拟实施审计程序的性质；(3) 识别出的重大错报风险；(4) 已获取的审计证据的重要程度；(5) 识别出的例外事项的性质和范围；(6) 当从已执行审计工作或获取审计证据的记录中不易确定结论或结论的基础时，记录结论或结论基础的必要性；(7) 审计方法和使用的工具。所以选项 A 审计程序的范围是注册会计师在确定审计工作底稿的要素和范围时通常无需考虑的因素。

重难点 7：审计工作底稿归档工作的性质★★

（一）性质

审计工作底稿归档是指将审计工作底稿归整为最终审计档案，属于一项事务性工作，不涉及实施新的审计程序或得出新的审计结论。

（二）归档期间可以对审计工作底稿进行的事务性变动

（1）删除或废弃被取代的审计工作底稿；

（2）对审计工作底稿进行分类、整理和交叉索引；

（3）对审计档案归整工作的完成核对表签字认可；

（4）记录在审计报告日前获取的、与项目组相关成员进行讨论并达成一致意见的审计证据。

【经典例题】

【真题·多选题】（2018）注册会计师在审计工作底稿归档期间作出的下列变动中，属于事务性变动的有（　　）。

A. 删除管理层书面声明的草稿

B. 对审计档案归整工作的完成核对表签字认可

C. 将审计报告日前已收回的询证函进行编号和交叉索引

D. 获取估值专家的评估报告最终版本并归入审计工作底稿

【答案】ABC

【解析】如果在归档期间对审计工作底稿作出的变动属于事务性的，注册会计师可以作出变动，主要包括：（1）删除或废弃被取代的审计工作底稿（选项A）；（2）对审计工作底稿进行分类、整理和交叉索引（选项C）；（3）对审计档案归整工作的完成核对表签字认可（选项B）；（4）记录在审计报告日前获取的、与项目组相关成员进行讨论并达成一致意见的审计证据。

【例题·多选题】下列有关注册会计师在审计报告日后对审计工作底稿作出变动的做法中，正确的有（　　）。

A. 在归档期间记录在审计报告日前获取的、为项目组相关成员进行讨论并达成一致意见的审计证据

B. 在归档期间删除或废弃被取代的审计工作底稿

C. 以归档期间收到的询证函回函替换审计报告日前已实施的替代程序审计工作底稿

D. 在归档后由于实施追加的审计程序而修改审计工作底稿，并记录修改的理由、时间和人员，以及复核的时间和人员

【答案】ABD

【解析】在归档期间对审计工作底稿作出的变动属于事务性的，注册会计师可以作出变动的情形主要包括：（1）删除或废弃被取代的审计工作底稿（选项B正确）；（2）对审计工作底稿进行分类、整理和交叉索引；（3）对审计档案归整工作的完成核对表签字认可；（4）记录在审计报告日前获取的、与项目组相关成员进行讨论并达成一致意见的审计证据（选项A正确）。归档后需要变动审计工作底稿的情形和记录要求（选项D正确）。归档期间收到的询证函回函不应替换替代审计程序的审计工作底稿，因为之前实施的审计程序也是有效程序（选项C错误）。

重难点8：审计工作底稿归档的期限及要求★★

（一）期限

（1）审计报告日后60天内；

（2）或审计业务中止后的60天内。

（二）要求

如果针对客户的同一财务信息执行不同的委托业务，出具两个或多个不同的报告，会计师事务所应当将其视为不同的业务，根据会计师事务所内部制定的政策和程序，在规定的归档期限内分别将审计工作底稿归整为最终审计档案。

【经典例题】

【真题·单选题】（2020）下列有关审计工作底稿归档期限的说法中，正确的是（　　）。

A. 注册会计师应当自财务报表批准日起60天内将审计工作底稿归档

B. 如对同一财务信息出具两份日期相近

的审计报告，注册会计师应当在较早的审计报告日后60天内将审计工作底稿归档

C. 如注册会计师未能完成审计业务，应当自审计业务中止后的60天内将审计工作底稿归档

D. 注册会计师应当自财务报表报出日起60天内将审计工作底稿归档

【答案】C

【解析】审计工作底稿的归档期限为审计报告日后60天内，选项A、D错误；如果针对客户的同一财务信息执行不同的委托业务，出具两个或多个不同的报告，会计师事务所应当将其视为不同的业务，根据会计师事务所内部制定的政策和程序，在规定的归档期限内分别将审计工作底稿归整为最终审计档，选项B错误；如果注册会计师未能完成审计业务，审计工作底稿的归档期限为审计业务中止后的60天内，选项C正确。

【例题·多选题】在归档审计工作底稿时，下列有关归档期限的要求中，注册会计师认为正确的有（　　）。

A. 在审计报告公布日后60天内完成审计工作底稿的归档工作

B. 在审计报告日后60天内完成审计工作底稿的归档工作

C. 在审计业务中止后的60天内完成审计工作底稿的归档工作

D. 在审计报告公布日后90天内完成审计工作底稿的归档工作

【答案】BC

【解析】审计工作底稿的归档期限为审计报告日后60天内或审计业务中止后的60天内。

重难点9：审计工作底稿归档后的变动★★

（一）基本要求

在完成最终审计档案的归整工作后，不应在规定的保存期限届满前删除或废弃任何性质的审计工作底稿。

（二）需要变动审计工作底稿的情形

（1）注册会计师已实施了必要的审计程序，取得了充分、适当的审计证据并得出了恰当的审计结论，但审计工作底稿的记录不够充分；

（2）审计报告日后，发现例外情况要求实施新的或追加审计程序，或导致注册会计师得出新的结论。

【小贴士】归档后的变动只有以上两点，注意不要和归档期间的事务性变动混淆。

（三）变动审计工作底稿时的记录要求

注册会计师应当记录下列事项：

（1）修改或增加审计工作底稿的理由；

（2）修改或增加审计工作底稿的时间和人员，以及复核的时间和人员。

【经典例题】

【例题·多选题】在某些例外情况下，如果在审计报告日后实施了新的或追加的审计程序，或者得出新的结论，应当形成相应的审计工作底稿。下列各项中，需要包括在审计工作底稿中的有（　　）。

A. 有关例外情况的记录

B. 实施的新的或追加的审计程序、获取的审计证据、得出的结论及对审计报告的影响

C. 对审计工作底稿作出相应变动的时间和人员以及复核的时间和人员

D. 审计报告日后，修改后的被审计单位财务报表草稿

【答案】ABC

【解析】审计工作底稿通常不包括财务报表草稿。注册会计师在完成最终审计档案的归整工作后，如果发现有必要修改现有审计工作底稿或增加新的审计工作底稿，无论修改或增加的性质如何，注册会计师均应当记录下列事项：（1）修改或增加审计工作底稿的理由；（2）修改或增加审计工作底稿的时间和人员，以及复核的时间和人员。

重难点10：审计工作底稿的保存期限★★★

会计事务所应当自审计报告日起，对审计工作底稿至少保存10年；如果注册会计师未

能完成审计业务，会计事务所应当自业务中止日起，对审计工作底稿至少保存10年。

【小贴士】不是归档日起。

【经典例题】

【真题·单选题】（2020）下列有关保存审计工作底稿的做法中，错误的是（　　）。

A. 自审计报告日起保存10年

B. 自审计工作底稿归档日起保存10年

C. 自所审计财务报表的财务报表日起保存15年

D. 无限期保存所有审计工作底稿

【答案】C

【解析】会计事务所应当自审计报告日起，对审计工作底稿至少保存10年；如果注册会计师未能完成审计业务，会计事务所应当自业务中止日起，对审计工作底稿至少保存10年。选项A、B、D均符合要求。

【真题·简答题（部分）】（2017）ABC会计师事务所的A注册会计师负责审计多家被审计单位2016年度财务报表。与审计工作底稿相关的部分事项如下：

（1）因无法获取充分、适当的审计证据，A注册会计师在2017年2月28日终止了甲公司2016年度财务报表审计业务。考虑到该业务可能重新启动，A注册会计师未将审计工作底稿归档。

（2）A注册会计师在出具乙公司2016年度审计报告日次日收到一份应收账款询证函回函，确认金额无误后将其归入审计工作底稿，未删除记录替代程序的原审计工作底稿。

（3）在将丙公司2016年度财务报表审计工作底稿归档后，A注册会计师知悉丙公司已于2017年4月清算并注销，认为无须保留与丙公司相关的审计档案，决定销毁。

（4）A注册会计师在将丁公司2016年度审计工作底稿归档后，收到管理层寄回的书面声明原件，与已归档的传真件核对一致后，直接将其归入审计档案。

（5）A注册会计师获取了丁公司2016年年度报告的最终版本，阅读和考虑年度报告中的其他信息后，通过在年度报告封面上注明"已阅读"作为已执行工作的记录。

【要求】针对下列第（1）~（5）项，逐项指出A注册会计师的做法是否恰当。如不恰当，简要说明理由。

【答案】

（1）不恰当。应在业务中止后的60天内归档/业务中止也应归档。

（2）恰当。

（3）不恰当。会计师事务所应当自审计报告日起对审计工作底稿至少保存10年/在规定保存期届满前，不应删除或废止任何性质的审计工作底稿。

（4）不恰当。注册会计师应当记录对已归档审计工作底稿的修改或增加/应当记录修改或增加审计工作底稿的理由/应当记录修改或增加审计工作底稿的时间和人员/应当记录复核的时间和人员。

（5）不恰当。应当记录实施的具体程序/应当记录阅读和考虑的程序。

通关练习

（一）单选题

1. 注册会计师应当及时编制审计工作底稿，以实现其主要目的（　　）。

A. 提供充分、适当的记录，便于注册会计师及时完成审计工作

B. 提供证据，保留对未来审计工作持续产生重大影响的事项的记录

C. 提供证据，便于注册会计师协会对注册会计师事务所实施执业质量检查

D. 提供充分、适当的记录，作为注册会

计师出具审计报告的基础

2. 注册会计师编制的审计工作底稿，应当使未曾接触该项审计工作的有经验的专业人士清楚了解相关事项。下列各项中，属于有经验的专业人士需要满足的条件是（　　）。

A. 从事审计行业10年

B. 了解与被审计单位所处行业相关的会计和审计问题

C. 是审计项目组关键成员

D. 在会计师事务所专职执业3年以上

3. 在编制审计工作底稿时，下列各项中，注册会计师通常认为不必形成最终审计工作底稿的是（　　）。

A. 注册会计师记录的被审计单位本年各月收入与上一年度的同期数据进行比较的情况

B. 注册会计师与被审计单位管理层对重大事项进行讨论的结果

C. 注册会计师作出的反映初步思考的记录

D. 被审计单位重大事项概要及往来函件

4. 下列有关审计工作底稿的说法中，错误的是（　　）。

A. 注册会计师可以将被审计单位与其他人士的沟通文件作为审计工作底稿的一部分

B. 审计工作底稿包括分析表、核对表和问题备忘录

C. 存在印刷错误而作废的文本属于审计工作底稿的内容

D. 审计工作底稿不可以代替被审计单位的会计记录

5. 下列各项中，不属于影响审计工作底稿的格式、要素和范围的因素是（　　）。

A. 编制审计工作底稿使用的文字

B. 识别出的例外事项的性质和范围

C. 已获取的审计证据的重要程度

D. 审计方法和使用的工具

6. 下列各项中，不属于审计工作底稿包含的要素是（　　）。

A. 审计过程记录

B. 归档人员及执行日期

C. 编制人员和复核人员及执行日期

D. 审计标识及说明

7. 对于某一具体项目或事项而言，识别特征的最主要的特点是（　　）。

A. 合理性

B. 广泛性

C. 唯一性

D. 相关性

8. 审计工作底稿中应当具备编制人员和复核人员及执行日期这一要素，下列说法中不属于该要素记录内容的是（　　）。

A. 审计计划的编制人员及编制日期

B. 测试的具体项目或事项的识别特征

C. 审计工作的执行人员及完成审计工作的日期

D. 审计工作的复核人员及复核的日期和范围

9. 下列有关审计工作底稿归档期间可以进行的事务性变动的说法中，错误的是（　　）。

A. 删除或废弃被取代的审计工作底稿

B. 对审计工作底稿的内容进行修改

C. 对审计档案归整工作的完成核对表签字认可

D. 记录在审计报告日前获取的、与项目组相关成员进行讨论并达成一致意见的审计证据

10. 下列有关审计工作底稿归档期限的说法中，正确的是（　　）。

A. 如果注册会计师未能完成审计业务，归档期限为审计业务中止日后60天内

B. 如果完成了审计工作，归档期限为审计报告公布日后60天内

C. 针对客户的同一财务信息执行不同的委托业务，出具两个或多个不同的报告，会计师事务所应当一并归档

D. 归档后的审计工作底稿所有权归被审计单位所有

（二）多选题

1. 审计工作底稿通常包括的内容有

(　　)。

A. 询证函回函

B. 业务约定书

C. 已被取代的审计工作底稿的草稿

D. 错报汇总表

2. 会计师事务所应当针对审计工作底稿设计和实施适当的控制，下列有关控制目的的说法中，正确的有（　　）。

A. 在审计业务的部分阶段，保护信息的完整性和安全性

B. 防止未经授权改动审计工作底稿

C. 在规定的时间内完成审计工作

D. 使工作底稿清晰地显示其生成、修改及复核的时间和人员

3. 下列各项中，关于审计工作底稿存在形式的说法，不正确的有（　　）。

A. 审计工作底稿只能以纸质形式存在

B. 电子形式的审计工作底稿转换成纸质形式后，可以将电子形式的审计工作底稿删除

C. 电子形式的审计工作底稿无须转换成纸质形式的

D. 电子或其他介质形式存在的底稿，应与其他纸质形式的审计工作底稿一并归档

4. 在编制审计工作底稿的过程中，注册会计师应当根据具体情况判断某一事项是否属于重大事项，重大事项通常包括（　　）。

A. 引起审计风险的事项

B. 引起特别风险的事项

C. 导致注册会计师难以实施必要审计程序的情形

D. 导致出具非无保留意见或者带强调事项段“与持续经营相关的重大不确定性”等段落的审计报告的事项

5. 下列各项中，属于注册会计师应当在记录审计过程时特别关注的有（　　）。

A. 审计结论

B. 具体项目或事项的识别特征

C. 重大事项及相关重大职业判断

D. 其他应说明事项

6. 在记录工作底稿时，应记录识别特征。下列说法中错误的有（　　）。

A. 对被审计单位生成的订购单进行细节测试，将订购单金额作为主要识别特征

B. 对运用系统抽样的审计程序，将抽样的起点作为主要识别特征

C. 对需要选取既定总体内一定金额以上的所有项目进行测试，将该金额作为主要识别特征

D. 对观察程序，将观察的地点作为主要识别特征

7. 在审计工作底稿归档后，注册会计师认为有必要修改或增加审计工作底稿，应在审计工作底稿中记录的事项包括（　　）。

A. 修改或增加审计工作底稿的理由

B. 归档审计工作底稿的时间和人员

C. 修改或增加审计工作底稿的时间

D. 复核审计工作底稿的时间和人员

8. 在审计报告日后，注册会计师准备将审计工作底稿归档，下列做法中正确的有（　　）。

A. 审计报告日后收到应收账款回函原件，注册会计师核对一致后，将原底稿中的复印件替换

B. 发现其中一张工作底稿出现污渍，重新誊写，销毁原底稿

C. 发现以前工作底稿中有计算错误，注册会计师进行涂改修正，改变原底稿结论

D. 注册会计师甲编制的工作底稿没有索引号，助理人员经项目经理安排代编索引号

9. 下列有关审计工作底稿的说法中，正确的有（　　）。

A. 在审计报告日后，可以删除或废弃被取代的审计工作底稿

B. 审计报告日后的归档工作涉及实施新的审计程序或得出新的结论

C. 在归档期间，注册会计师可以记录在审计报告日前获取的、与项目组相关成员进行讨论并达成一致意见的审计证据

D. 在审计报告日后将审计工作底稿归整为最终审计档案是一项事务性的工作

10. A会计师事务所于2021年4月30日完成了甲公司2020年度财务报表审计业务的所有审计工作底稿的归档。下列事项中，会导致注册会计师变动审计工作底稿的有（　）。

A. 注册会计师对审计工作底稿进行分类、整理和交叉索引

B. 注册会计师对银行存款进行了函证，但归档后发现对函证结果记录不充分

C. 审计报告日后，注册会计师发现例外情况要求实施新的或追加审计程序，会导致注册会计师得出新的结论

D. 2021年5月5日得知被审计单位于2021年2月15日销售的部分货物被退回

（三）简答题

ABC会计师事务所的A注册会计师负责审计甲公司2020年度财务报表。与审计工作底稿相关的部分事项如下：

（1）A注册会计师将以电子形式存在的审计工作底稿通过打印转换成纸质形式的审计工作底稿，与其他纸质工作底稿一同归档，并将这些电子形式存在的审计工作底稿销毁。

（2）在对营业收入进行细节测试时，注册会计师对顺序编号的销售发票进行了抽样检查，针对所检查的销售发票，注册会计师记录的识别特征为销售发票的金额。

（3）A注册会计师认为被审计单位文件记录的复印件不重要，并不能作为影响审计意见的支持性证据，因此不属于审计工作底稿应当包括的内容。

（4）在对审计工作底稿进行归档的过程中，A注册会计师删除了被取代的审计工作底稿，并对审计档案归整工作的完成核对表签字认可。

（5）A注册会计师在审计工作底稿归档之后收到了一份银行存款询证函回函原件，于是用原件替换审计档案中的回函传真件。

（6）审计报告日期为2021年4月20日。A注册会计师于2021年4月23日将审计报告提交给甲公司管理层，并于2021年7月1日完成审计工作底稿的归档工作。

【要求】针对上述第（1）~（6）项，逐项指出A注册会计师的做法是否恰当。如不恰当，简要说明理由。

通关练习答案及解析

（一）单选题

1. 【答案】D

【解析】注册会计师编制审计工作底稿的主要目的有：（1）提供充分、适当的记录，作为出具审计报告的基础；（2）提供证据，证明已按照审计准则和法律法规的规定计划和执行了审计工作。

2. 【答案】B

【解析】有经验的专业人士是指在会计师事务所内部或外部的具有审计实务经验，并且对下列方面有合理了解的人士：（1）审计过程；（2）相关法律法规和审计准则的规定；（3）被审计单位所处的经营环境；（4）与被审计单位所处行业相关的会计和审计问题。

3. 【答案】C

【解析】审计工作底稿的内容不包括反映不全面或初步思考的记录。

4. 【答案】C

【解析】选项C错误，审计工作底稿不包括的内容有：（1）已被取代的审计工作底稿的草稿或财务报表的草稿；（2）反映不全面或初步思考的记录；（3）存在印刷错误或其他错误而作废的文本；（4）重复的文件记录等。

5. 【答案】A

【解析】在确定审计工作底稿的格式、要素和范围时，注册会计师应当考虑下列因素：（1）被审计单位的规模和复杂程度；（2）拟实施审计程序的性质；（3）识别出的重大错

报风险；（4）已获取审计证据的重要程度；（5）识别出的例外事项的性质和范围；（6）当从已执行审计工作或获取审计证据的记录中不易确定结论或结论的基础时，记录结论或结论基础的必要性；（7）审计方法和使用的工具。

6. 【答案】B

【解析】审计工作底稿的要素不包括归档人员及执行日期。

7. 【答案】C

【解析】对某一个具体项目或事项而言，其识别特征通常具有唯一性，所以选项 C 正确。

8. 【答案】A

【解析】选项 A 错误。编制人员和复核人员及执行日期要素通常记录的内容包括：（1）测试的具体项目或事项的识别特征；（2）审计工作的执行人员及完成审计工作的日期；（3）审计工作的复核人员及复核的日期和范围；（4）项目质量控制复核人员及复核的日期（需要的情况下）。

9. 【答案】B

【解析】选项 B 说法错误。归档期间可以对审计工作底稿进行的事务性变动包括：（1）删除或废弃被取代的审计工作底稿；（2）对审计工作底稿进行分类、整理和交叉索引；（3）对审计档案归整工作的完成核对表签字认可；（4）记录在审计报告日前获取的、与项目组相关成员进行讨论并达成一致意见的审计证据。

10. 【答案】A

【解析】选项 B 错误，审计工作底稿归档的期限在审计报告日后 60 天内或审计业务中止后的 60 天内。选项 C 错误，针对客户的同一财务信息执行不同的委托业务，出具两个或多个不同的报告，会计师事务所应当将其视为不同的业务，在规定的归档期限内分别归档。选项 D 错误，根据《质量控制准则第 5101 号——会计师事务所对执行财务报表审计和审阅、其他鉴证和相关服务业务实施的质量控制》的规定，审计工作底稿的所有权属于会计师事务所。

（二）多选题

1. 【答案】ABD

【解析】审计工作底稿不包括已被取代的审计工作底稿的草稿，选项 C 错误。

2. 【答案】BD

【解析】实施控制程序的目的包括：（1）清晰地显示其生成、修改及复核的时间和人员；（2）在审计业务的所有阶段，尤其是在项目组成员共享信息或通过互联网传递信息时，保护信息的完整性和安全性；（3）防止未经授权改动审计工作底稿；（4）允许项目组和其他经授权的人员为适当履行职责而接触审计工作底稿。选项 A、C 错误。

3. 【答案】ABC

【解析】选项 A 说法错误，审计工作底稿的存在形式包括纸质、电子或其他介质。选项 B 说法错误，电子形式的审计工作底稿转换成纸质形式后，需要单独保存电子形式的审计工作底稿。选项 C 说法错误，电子或其他介质形式存在的底稿，应与其他纸质形式的审计工作底稿一并归档，并能通过打印等方式，转换成纸质形式的审计工作底稿。

4. 【答案】BCD

【解析】选项 A 错误。重大事项通常包括：（1）引起特别风险的事项；（2）实施审计程序的结果，该结果表明财务信息可能存在重大错报，或需要修正以前对重大错报风险的评估和拟采取的应对措施；（3）导致注册会计师难以实施必要审计程序的情形；（4）导致出具非无保留意见或者带强调事项段“与持续经营相关的重大不确定性”等段落的审计报告的事项。

5. 【答案】BC

【解析】在记录审计过程时，注册会计师应当特别注意的几个重要方面包括：（1）具体项目或事项的识别特征；（2）重大事项及相关重大职业判断；（3）针对重大事项如何处理不一致情况。选项 A、D 属于审计工作底稿的要素。

6.【答案】ABD

【解析】选项A错误，对订购单进行细节测试，注册会计师可以以订购单的日期或其唯一编号作为测试订购单的识别特征。选项B错误，对运用系统抽样的审计程序，通过样本的来源、抽样的起点及抽样间隔来识别已选取的样本；选项D错误，对观察程序，应将观察的对象或观察过程、相关被观察人员及其各自的责任、观察的地点和时间作为识别特征。

7.【答案】ACD

【解析】变动审计工作底稿的记录要求：（1）修改或增加审计工作底稿的时间和人员，以及复核的时间和人员；（2）修改或增加审计工作底稿的理由。不包括归档审计工作底稿的时间和人员，选项B错误。

8.【答案】ABD

【解析】选项C错误，在审计报告日后将审计工作底稿归整为最终审计档案是一项事务性的工作，不涉及实施新的审计程序或得出新的结论。

9.【答案】ACD

【解析】审计报告日后的归档工作不涉及实施新的审计程序或得出新的结论。

10.【答案】BC

【解析】归档后审计工作底稿需要变动的情形包括：（1）注册会计师已实施了必要的审计程序，取得了充分、适当的审计证据并得出了恰当的审计结论，但审计工作底稿的记录不够充分；（2）审计报告日后，发现例外情况要求实施新的或追加审计程序，会导致注册会计师得出新的结论。选项B属于第一种情形，选项C属于第二种情形，选项A属于归档期间的事务性变动，选项D作为当期事项处理，不会引起审计工作底稿的变动。

（三）简答题

【答案】

（1）不恰当。应当单独保存这些以电子形式存在的审计工作底稿。

（2）不恰当。对某一个具体项目或事项而言，其识别特征通常应具有唯一性，针对所检查的连续编号的销售发票，识别特征应当为销售发票的编号。

（3）不恰当。审计工作底稿的内容通常包括被审计单位文件记录的摘要或复印件。

（4）恰当。

（5）不恰当。在完成归档后，不应在规定保管期限届满前删除或废弃任何审计工作底稿。

（6）不恰当。应当在审计报告日后60天内将工作底稿归档，即2021年6月19日前。

第七章　风险评估

2021年教材内容主要变化

本章内容无实质性变化。

本章近五年考情统计分析

本章属于本书中非常重要的章节，本章内容在考试中所占极高分值，风险评估贯穿于审计过程的始终。在近五年的考试中，都有客观题、综合题涉及本章内容。本章也可以与其他章节内容相结合在一起出考题，务必认真学习本章内容。

（一）近五年考试分值分布

题型	2016年	2017年	2018年	2019年	2020年
单选题	2	4	1	5	1
多选题	2	8	1	8	—
简答题	2	—	—	—	—
综合题	6.9	4.5	7.75	7	2.5
合计	12.9	16.5	9.75	20	3.5

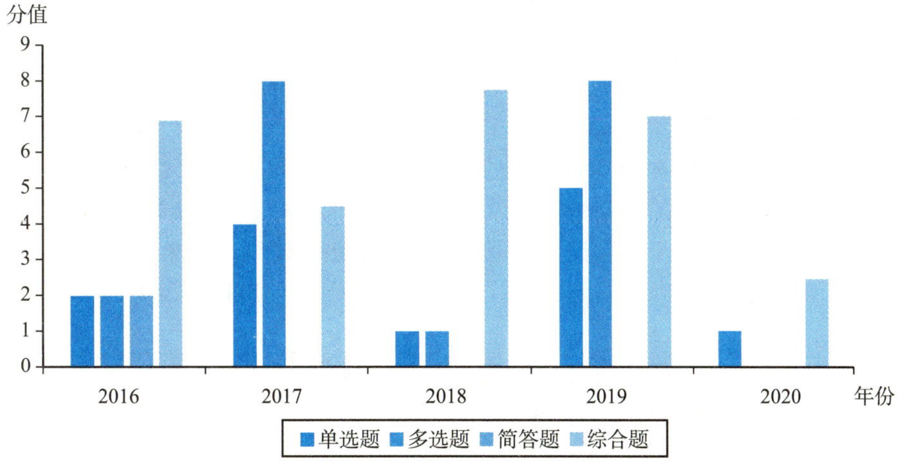

（二）近五年考试考点分布

高频考点内容	年度及题型分布
了解被审计单位及其环境	2019 年单选、2018 年简答
风评程序与项目组讨论	2019 年单选、2016 年多选、2016 年综合、2016 年单选、2016 年简答
了解被审计单位内部控制	2019 年多选、2017 年单选、2017 年多选、2016 年单选、2016 年简答
风险评估理论	2020 年单选、2020 年综合、2019 年综合、2018 年综合、2017 年单选、2017 年综合
识别特别风险考虑因素	2019 年单选、2019 年多选、2018 年单选、2017 年多选

重难点解析

本章属于本书中非常重要的章节，本章主要内容包括：风险识别和评估概述、了解风险评估程序、信息来源以及项目组内部的讨论、了解审计单位及其环境、了解审计单位的内部控制以及评估重大错报风险。

【小贴士】本章内容的学习，需要结合后续有关章节。本章和第八章（风险评估）同构成财务报表审计的测试流程，主要介绍如何对重大错报风险进行识别、评估和应对，并最终将审计风险降至可接受的低水平；本章与第三编（各类交易和账户余额审计）、第十三章密切相关。

重难点1：风险识别和评估的概念、作用及要求★★★

（一）风险识别和评估的概念

1. 风险识别和评估基本原理

在风险导向审计模式下，注册会计师以重大错报风险的识别、评估和应对为审计工作的主线，最终将审计风险控制在可接受的低水平。风险的识别和评估是审计风险控制流程的起点。

2. 风险识别和评估的相关概念

（1）风险识别和评估：是指注册会计师通过实施风险评估程序，识别和评估财务报表层次和认定层次的重大错报风险；

（2）风险识别：是指找出财务报表层次和认定层次的重大错报风险；

（3）风险评估：是指对重大错报发生的可能性和后果严重程度进行评估。

（二）风险识别和评估的作用

了解被审计单位及其环境是风险评估程序的必要程序，特别是为注册会计师在下列关键环节作出职业判断提供重要基础：

（1）确定重要性水平，并随着审计工作的进程评估对重要性水平的判断是否仍然适当；

（2）考虑会计政策的选择和运用是否恰当，以及财务报表的列报是否适当；

（3）识别需要特别考虑的领域，包括关联方交易、管理层运用持续经营假设的合理性，或交易是否具有合理的商业目的等；

（4）确定在实施分析程序时所使用的预期值；

（5）设计和实施进一步审计程序，以将审计风险降至可接受的低水平；

（6）评价所获取审计证据的充分性和适当性。

【小贴士】需要注意的是，了解被审计单位及其环境是一个连续和动态地收集、更新与分析信息的过程，贯穿于整个审计过程的始终；注册会计师对被审计单位及其环境了解的程度，要低于管理层为经营管理企业而对被审计单位及其环境需要了解的程度。

【经典例题】

【真题·单选题】（2017）下列有关了解被审计单位及其环境的说法中，正确的是（　　）。

A. 注册会计师无需在审计完成阶段了解被审计单位及其环境

B. 注册会计师对被审计单位及其环境了解的程度，低于管理层为经营管理企业而对被审计单位及其环境需要了解的程度

C. 对小型被审计单位，注册会计师可以不了解被审计单位及其环境

D. 注册会计师对被审计单位及其环境了解的程度，取决于会计师事务所的质量控制政策

【答案】B

【解析】注册会计师了解被审计单位及其环境的目的只是评估重大错报风险，因此其了解的程度要低于管理层为经营管理企业而需要对被审计单位及其环境的了解的程度，故选项B正确。

（三）风险识别和评估的要求

（1）了解被审计单位及其环境贯穿于整个审计过程的始终；

（2）恰当运用职业判断，注册会计师在审计过程中应当运用职业判断，确认注册会计师需要了解被审计单位及其环境的程度；

（3）评价了解的程度是否恰当，是否足以识别和评估重大错报风险；

（4）注册会计师与管理层了解的程度不同，要低于管理层为经营管理企业而对被审计单位及其环境需要了解的程度。

重难点2：风险评估程序的含义、目的及内容★★★

（一）风险评估程序的含义

风险评估程序是指注册会计师为了解被审计单位及其环境，识别和评估财务报表重大错报风险而实施的审计程序。

（二）风险评估程序的目的

风险评估程序的目的如下表所示。

目的	注册会计师实施风险评估程序，其目的是为了识别和评估财务报表重大错报风险，具体包含：	财务报表层次的重大错报风险
		认定层次的重大错报风险（认定层次的重大错报风险包括各类交易、账户余额和披露）

【小贴士】若注册会计师识别出财务报表层次的重大错报风险，则应采取总体应对措施；若注册会计师识别出认定层次的重大错报风险，则应采取进一步审计程序。

（三）风险评估程序的内容

注册会计师应当实施下列风险评估程序，以了解被审计单位及其环境：

（1）询问管理层和被审计单位内部其他人员；

（2）分析程序；

（3）观察和检查。

【详细内容说明】（理解为主）

（1）询问管理层和被审计单位内部其他人员如下表所示。

询问对象	询问内容
管理层和财务负责人	（1）管理层所关注的主要问题。如新的竞争对手、主要客户和供应商的流失、新的税收法规的实施以及经营目标或战略的变化等； （2）被审计单位最近的财务状况、经营成果和现金流量； （3）可能影响财务报告的交易和事项，或者目前发生的重大会计处理问题，如重大的并购事宜等； （4）被审计单位发生的其他重要变化。如所有权结构、组织结构的变化，以及内部控制的变化等
治理层	了解编制财务报表的环境
内部审计人员	了解本年度内部审计程序，以及管理层是否根据实施这些程序的结果采取了适当的应对措施

续表

询问对象	询问内容
参与生成、处理或记录复杂或异常交易的员工	评价被审计单位选择和运用某项会计政策的恰当性
内部法律顾问	了解有关信息，如诉讼、影响被审计单位的舞弊或舞弊嫌疑、产品保证、售后责任、与业务合作伙伴的安排和合同条款的含义等
营销或销售人员	了解被审计单位营销策略的变化、销售趋势或与客户的合同安排

（2）实施分析程序。

分析程序既可用于风险评估程序和实质性程序，也可用于对财务报表的总体复核。注册会计师实施分析程序有助于识别异常的交易或事项，以及对财务报表和审计产生影响的金额、比率和趋势。在实施分析程序时，注册会计师应当预期可能存在的合理关系，并与被审计单位记录的金额、依据记录金额计算的比率或趋势相比较；如果发现异常或未预期到的关系，注册会计师应当识别重大错报风险时考虑这些比较结果。

（3）观察和检查。注册会计师应当实施的观察和检查程序如下表所示。

程序内容	举例说明
观察被审计单位的经营活动	正在从事的生产活动和内部控制活动，增加注册会计师对被审计单位人员如何进行生产经营活动及实施内部控制的了解
检查文件、记录和内部控制手册	检查被审计单位的经营计划、策略、章程，与其他单位签订的合同、协议，各业务流程操作指引和内部控制手册等
阅读由管理层和治理层编制的报告	了解自上一期审计结束至本期审计期间被审计单位发生的重大事项
实地察看生产经营场所和厂房设备	通过现场访问和实地察看被审计单位的生产经营场所和厂房设备，可以帮助注册会计师了解被审计单位的性质及其经营活动
穿行测试	通过追踪某笔或某几笔交易在业务流程中如何生成、记录、处理和报告，以及相关控制如何执行，确定相关控制是否得到执行

【小贴士】穿行测试必须执行，有助于注册会计师熟悉被审计单位的业务流程和了解被审计单位的内部控制情况。

【经典例题】

【真题·单选题】（2020）下列有关重大错报风险的说法中，错误的是（　　）。

A. 财务报表层次的重大错报风险通常是舞弊导致的，认定层次的重大错报风险通常是错误导致的

B. 财务报表层次的重大错报风险增大了认定层次发生重大错报的可能性

C. 财务报表层次的重大错报风险和认定层次的重大错报风险可能构成特别风险

D. 所有被审计单位的财务报表都可能存在财务报表层次的重大错报风险和认定层次的重大错报风险

【答案】A

【解析】舞弊既可能会导致财务报表层次重大错报风险，也可能会导致认定层次的重大错报风险。故选项A错误。

【例题·多选题】在了解被审计单位及其环境时，注册会计师可能实施的风险评估程序有（　　）。

A. 询问被审计单位管理层和内部其他人员

B. 实地查看被审计单位生产经营场所和设备

C. 检查文件、记录和内部控制手册

D. 重新执行内部控制

【答案】ABC

【解析】风险评估程序包括询问、观察和检查、分析程序，故选项 A、B、C 正确。选项 D 是控制测试程序。

重难点 3：其他审计程序和信息来源★

（一）其他审计程序

一般从被审计单位外部获取信息。除了采用上述程序从被审计单位内部获取信息以外，如果根据职业判断认为从被审计单位外部获取的信息有助于识别重大错报风险，注册会计师应当实施其他审计程序以获取这些信息。例如，询问被审计单位聘请的外部法律顾问、专业评估师、投资顾问和财务顾问等。

（二）其他信息来源

（1）注册会计师应当考虑在客户接受或保持过程中获取的信息，以及向被审计单位提供其他服务所获得的经验是否有助于识别重大错报风险；

（2）注册会计师还应当考虑向被审计单位提供其他服务（如执行中期财务报表审阅业务）所获得的经验是否有助于识别重大错报风险；

（3）对于连续审计业务，如果拟利用以往与被审计单位交往的经验和以前审计中实施审计程序获取的信息，注册会计师应当确定被审计单位及其环境自以前审计后是否已发生变化，进而可能影响这些信息对本期审计的相关性；

（4）被审计单位或其环境的变化可能导致此类信息在本期审计中已不具有相关性。例如，注册会计师前期已经了解了内部控制的设计和执行情况，但被审计单位及其环境可能在本期发生变化，导致内部控制也发生相应变化。在这种情况下，注册会计师需要实施询问和其他适当的审计程序（如穿行测试），以确定该变化是否可能影响此类信息在本期审计中的相关性。

【小贴士】在了解被审计单位及其环境的过程中，经常将以上程序结合实施，但并非了解被审计单位及其环境的每个方面均实施上述所有风险评估程序（例如，了解内部控制时不用分析程序）。

重难点 4：项目组内部的讨论★★

项目组讨论的目标、内容、人员、时间及方式如下表所示。

讨论的目标	（1）了解在各自负责的领域中，由于舞弊或错误导致财务报表重大错报的可能性； （2）了解各自实施审计程序的结果如何影响审计的其他方面（分享），包括对确定进一步审计程序的性质、时间安排和范围的影响
讨论的内容	（1）被审计单位面临的经营风险； （2）财务报表容易发生错报的领域以及发生错报的方式
讨论的人员	项目组的关键成员，如需要的特殊技能专家，专家也应参与讨论。不要求所有成员每次都参与项目组的讨论
讨论的时间	在整个审计过程中持续交换有关财务报表发生重大错报可能性的信息
讨论的方式	项目组在讨论时应当强调在整个审计过程中保持职业怀疑，警惕可能发生重大错报的迹象，并对这些迹象进行严格追踪

【小贴士】在讨论过程中，注册会计师应保持高度的职业怀疑。只要是影响注册会计师审计质量的内容，均可以进行项目组内部讨论。

【经典例题】

【例题·多选题】注册会计师应当要求参与项目组讨论的人员包括（　　）。

A. 项目合伙人

B. 关键审计人员

C. 聘请的特定领域专家

D. 项目质量控制复核人员

【答案】ABC

【解析】参加项目组讨论的人员是项目组的关键人员，如果项目组需要拥有信息技术或其他特殊技能的专家，这些专家也应当参与讨论。选项A、选项B是项目组关键人员，选项C属于聘请的特定领域专家。选项D不是项目组成员。

重难点5：了解被审计单位及其环境的总体要求★

了解被审计单位及其环境的主要内容包括：

（1）行业状况、法律环境和监管环境及其他外部因素；

（2）被审计单位的性质；

（3）被审计单位对会计政策的选择和运用；

（4）被审计单位的目标、战略以及可能导致重大错报的相关经营风险；

（5）对被审计单位财务业绩的衡量；

（6）被审计单位的内部控制评价。

注册会计师应从以上六方面了解被审计单位及其环境，即序号（1）~（6），序号（1）是被审计单位的外部环境，序号（2）、（3）、（4）和（6）是被审计单位的内部因素，序号（5）是既有外部因素，也有内部因素。需要注意的是，被审计单位及其环境的各个方面可能会互相影响，注册会计师在对被审计单位及其环境的各个方面进行了解和评估时，应当考虑各因素之间的相互关系（必要时可进行项目组讨论，有助于了解被审计单位及其环境）。

【小贴士】本节主要详细讲述序号（1）~（5）的内容，序号（6）在本章第四节中将进行重点学习。

重难点6：行业状况、法律环境和监管环境及其他外部因素★

（一）行业状况

行业状况的内容：

（1）所处行业的市场供求与竞争，包括市场需求、生产能力和价格竞争；

（2）生产经营的季节性和周期性；

（3）与被审计单位产品相关的生产技术；

（4）能源供应与成本；

（5）行业的关键指标和统计数据。

（二）法律环境及监管环境

法律环境及监管环境的内容：

（1）会计原则和行业特定惯例；

（2）受管制行业的法规框架；

（3）对被审计单位经营活动产生重大影响的法律法规，包括直接的监管活动；

（4）税收政策（关于企业所得税和其他税种的政策）；

（5）目前对被审计单位开展经营活动产生影响的政府政策，如货币政策、财政政策、财政刺激政策、关税或贸易限制政策等；

（6）影响行业和被审计单位经营活动的环保要求。

（三）其他外部因素

其他外部因素包括：

（1）总体经济情况；

（2）利率；

（3）融资的可获得性；

（4）通货膨胀水平或币值变动等。

【小贴士】了解的范围和程度因被审计单位所处行业、规模和其他因素（在市场中的地位）等不同而不同。举例如下：

行业	注册会计师的关注点
计算机硬件制造企业	市场和竞争以及技术进步的情况
金融机构	宏观经济走势以及货币、财政方面的宏观经济政策
化工等产生污染的行业	相关环保法规
建筑行业	长期合同涉及收入和成本的重大估计可能导致重大错报风险
商业银行	银行监管机构对其资本充足率有专门规定，不能满足这一监管要求的商业银行可能有操纵财务报表的动机和压力

重难点7：被审计单位性质★

（一）所有权结构

被审计单位所有权结构的了解重点为识别关联方关系并了解被审计单位的决策过程。

被审计单位所有权结构的了解内容包括：

（1）了解被审计单位识别关联方的程序，获取被审计单位提供的所有关联方信息；

（2）考虑关联方关系是否已经得到识别，关联方交易是否得到恰当记录和充分披露。

【小贴士】注册会计师了解所有权结构可能注意到关联方和决策过程。

（二）治理结构

被审计单位治理结构的了解重点为：被审计单位的治理结构是否良好，考虑治理层是否能够在独立于管理层的情况下对被审计单位事务（包括财务报告）作出客观判断。

被审计单位治理结构的了解内容包括：董事会的构成情况、董事会内部是否有独立董事；治理结构中是否设有审计委员会或监事会及其运作情况。

【小贴士】治理结构一般与财务报表层次重大错报风险有关，良好的治理结构可以对被审计单位的经营和财务运作实施有效的监督，从而降低财务报表发生重大错报风险。

（三）组织结构

被审计单位组织结构的了解重点是：被审计单位的组织结构，考虑复杂组织结构可能导致的重大错报风险。

了解组织结构后，分析被审计单位的财务报表合并、商誉减值以及长期股权投资等问题是否会导致重大错报风险。

【小贴士】了解哪些是被审计单位的子公司，被审计单位的持股比例等问题。被审计单位的组织结构复杂可能导致某些特定的重大错报风险，例如对于子公司、合营企业、联营企业和其他股权投资类别的判断及其会计处理等。

（四）经营活动

1. 了解重点

了解被审计单位经营活动有助于注册会计师识别预期在财务报表中反映的主要交易类别、重要账户余额和列报。

2. 了解内容

（1）主营业务的性质。例如，主营业务是制造业还是商品批发与零售；是银行、保险还是其他金融服务；是公用事业、交通运输还是提供技术产品和服务等。

（2）与生产产品或提供劳务相关的市场信息。例如，主要客户和合同、付款条件、市场份额、竞争者、出口、定价政策、产品声誉、质量保证、营销策略和目标等。

（3）业务的开展情况。例如，业务分部的设立情况、产品和服务的交付、衰退或扩展的经营活动的详情等。

（4）联盟、合营与外包情况。

（5）从事电子商务的情况。例如，是否通过互联网销售产品和提供服务以及从事营销活动。

（6）地区分布与行业细分。例如，是否涉及跨地区经营和多种经营，各个地区和各行业分布的相对规模以及相互之间是否存在依赖关系。

（7）生产设施、仓库和办公室的地理位

置，存货存放地点和数量。

(8) 关键客户。例如，销售对象是少量的大客户还是众多的小客户；是否有被审计单位高度依赖的特定客户（如超过销售总额10%的顾客）；是否有造成高回收性风险的若干客户或客户类别（如正处在衰退市场中的客户）；是否与某些客户订立了不寻常的销售条款或条件。

(9) 货物和服务的重要供应商。例如，是否签订长期供应合同、原材料供应的可靠性和稳定性、付款条件，以及原材料是否受重大价格变动的影响。

(10) 劳动用工安排。例如，分地区用工情况、劳动力供应情况、工薪水平、退休金和其他福利、股权激励或其他奖金安排以及与劳动用工事项相关的政府法规。

(11) 研究与开发活动及其支出。

(12) 关联方交易。例如，有些客户或供应商是否为关联方；对关联方和非关联方是否采用不同的销售和采购条款。此外，还存在哪些关联方交易，对这些交易采用怎样的定价政策。

【小贴士】注册会计师主要考虑被审计单位的经营风险。

（五）了解投资活动

被审计单位投资活动的了解重点为：被审计单位投资活动有助于注册会计师关注被审计单位在经营策略和方向上的重大变化。

被审计单位投资活动的了解内容包括：

(1) 近期拟实施或已实施的并购活动与资产处置情况；

(2) 证券投资、委托贷款的发生与处置；

(3) 资本性投资活动，包括固定资产和无形资产投资，近期或计划发生的变动，以及重大的资本承诺等；

(4) 不纳入合并范围的投资。

【小贴士】被审计单位的投资是否成功，会影响到被审计单位的持续经营能力。在第十七章第三节将进一步阐述关于被审计单位持续经营假设的相关内容。

（六）了解筹资活动

被审计单位筹资活动的了解重点为：被审计单位筹资活动有助于注册会计师评估被审计单位在融资方面的压力，并进一步考虑被审计单位在可预见未来的持续经营能力。

被审计单位筹资活动的了解内容包括：

(1) 债务结构和相关条款，包括资产负债表外融资和租赁安排；

(2) 主要子公司和联营企业（无论是否处于合并范围内）的重要融资安排；

(3) 实际受益方及关联方；

(4) 衍生金融工具的使用。

【小贴士】注册会计师在了解被审计单位的筹资活动时，检查其是否有高利贷等情况，分析被审计单位的融资压力，进一步考虑其持续经营能力。

（七）财务报告

被审计单位财务报告的了解重点是影响财务报告的重要政策、交易或事项。

被审计单位财务报告的了解内容包括：

(1) 会计政策和行业特定惯例，包括特定行业的重要活动；

(2) 收入确认惯例；

(3) 公允价值会计核算；

(4) 外币资产、负债与交易；

(5) 异常或复杂交易。

重难点8：被审计单位对会计政策的选择和运用★

注册会计师了解被审计单位对会计政策的选择和运用是否恰当，可能包含如下四点内容：

(1) 重大和异常交易的会计处理方法，例如，银行向客户发放贷款、证券公司对外投资、医药企业的研究与开发活动等；

(2) 在缺乏权威性标准或共识、有争议的新兴领域采用重要会计政策产生的影响；

(3) 会计政策的变更，是法定变更还是自愿变更，会计政策变更是否能提供更可靠、更相关的会计信息；

（4）新颁布的财务报告准则、法律法规，以及被审计单位何时采用、如何采用这些规定。

除上述对会计政策的选择和运用相关的事项外，注册会计师还应对被审计单位下列与会计政策运用相关的情况予以关注：

（1）是否采用激进的会计政策、方法、估计和判断；

（2）财会人员是否拥有足够的运用会计准则的知识、经验和能力；

（3）是否拥有足够的资源支持会计政策的运用，如人力资源及培训、信息技术的采用、数据和信息的采集等。

【小贴士】注册会计师应当考虑，被审计单位是否按照适用的会计准则和相关会计制度的规定恰当地进行了列报，并披露了重要事项。注册会计师在了解被审计单位对会计政策的选择和运用时，如果发现对会计政策的选择或运用不恰当，注册会计师应当考虑这是否会造成财务报表整体存在重大错报，若得出财务报表整体存在重大错报，则注册会计师应考虑发表非无保留意见。

重难点9：被审计单位的目标、战略以及相关经营风险★★★

（一）目标、战略与经营风险

目标、战略与经营风险的含义：

（1）目标是企业经营活动的指针；

（2）战略是管理层为实现经营目标采用的方法；

（3）经营风险是指可能对被审计单位实现目标和实施战略的能力产生不利影响的重要状况、事项、情况、作为（或不作为）所导致的风险，或由于制定不恰当的目标和战略而导致的风险。

注册会计师应当了解被审计单位是否存在与下列方面有关的目标和战略，并考虑相应的经营风险。

被审计单位导致风险的因素及对应的潜在相关经营风险如下表所示。

导致风险的因素	潜在的相关经营风险
行业发展	被审计单位不具备足以应对行业变化的人力资源和业务专长
开发新产品或提供新服务	被审计单位产品责任增加
业务扩张	被审计单位对市场需求的估计不准确
新的会计要求	被审计单位不当执行相关会计要求，或会计处理成本增加
监管要求	被审计单位法律责任增加
本期及未来的融资条件	被审计单位由于无法满足融资条件而失去融资机会
信息技术的运用	被审计单位信息系统与业务流程难以融合
实施战略的影响，特别是由此产生的需要运用新的会计要求的影响	被审计单位执行新要求不当或不完整

【小贴士】注册会计师应关注被审计单位的变化，因为当被审计单位发生变化时，可能产生相应的经营风险。若被审计单位不能随着环境的变化而作出相应的调整，这也可能产生相应的经营风险，但被审计单位在对其作出调整时，这也是一种变化，可能同样会产生经营风险。

（二）经营风险对重大错报的影响

（1）经营风险与财务报表重大错报风险是既有联系又相互区别的两个概念，前者比后者范围更广；

（2）多数经营风险最终都会产生财务后果，从而影响财务报表；

（3）并非所有的经营风险都与财务报表相关，注册会计师没有责任识别或评估对财务报表没有重大影响的经营风险；

（4）经营风险可能对某类交易、账户余额和披露的认定层次重大错报风险或财务报表层次重大错报风险产生直接影响（两个层次）。

【小贴士】以上四点应牢牢记住。

【经典例题】

【真题·单选题】（2017）下列有关经营风险对重大错报风险的影响的说法中，错误的是（　　）。

A. 多数经营风险最终都会产生财务后果，从而可能导致重大错报风险

B. 注册会计师在评估重大错报风险时，没有责任识别或评估对财务报表没有重大影响的经营风险

C. 经营风险通常不会对财务报表层次重大错报风险产生直接影响

D. 经营风险可能对认定层次重大错报风险产生直接影响

【答案】C

【解析】经营风险可能对某类交易、账户余额和披露的认定层次重大错报风险或财务报表层次重大错报风险产生直接影响，故选项C错误。

（三）被审计单位的风险评估过程

管理层通常制定识别和应对经营风险的策略，注册会计师应当了解被审计单位的风险评估过程。此类风险评估过程是被审计单位内部控制的组成部分。

重难点10：被审计单位财务业绩的衡量和评价★

（一）了解的主要方面

注册会计师在了解被审计单位财务业绩衡量和评价情况时，注册会计师应当关注下列信息：

（1）关键业绩指标（财务或非财务的）、关键比率、趋势和经营统计数据；

（2）同期财务业绩比较分析；

（3）预算、预测、差异分析，分部信息与分部、部门或其他不同层次的业绩报告；

（4）员工业绩考核与激励性报酬政策；

（5）被审计单位与竞争对手的业绩比较。

（二）关注内部财务业绩衡量的结果

注册会计师应关注的方面：

（1）关注被审计单位内部财务业绩衡量所显示的未预期到的结果或趋势；

（2）管理层的调查结果和纠正措施；

（3）以及相关信息是否显示财务报表可能存在重大错报。

（三）考虑财务业绩衡量指标的可靠性

注册会计师如果拟利用被审计单位内部信息系统生成的财务业绩衡量指标，注册会计师应当考虑相关信息是否可靠，以及利用这些信息是否足以实现审计目标。

【经典例题】

【例题·多选题】在了解被审计单位财务业绩的衡量和评价时，下列各项中，注册会计师可以考虑的信息有（　　）。

A. 经营统计数据

B. 信用评级机构报告

C. 证券研究机构的分析报告

D. 员工业绩考核与激励性报酬政策

【答案】ABCD

【解析】在了解被审计单位财务业绩衡量和评价情况时，注册会计师应当关注下列信息：（1）关键业绩指标（财务或非财务的）、关键比率、趋势和经营统计数据；（2）同期财务业绩比较分析；（3）预算、预测、差异分析，分部信息与分部、部门或其他不同层次的业绩报告；（4）员工业绩考核与激励性报酬政策；（5）被审计单位与竞争对手的业绩比较。故选项A、B、C、D均正确。

重难点11：内部控制含义、要素和目标★★

（一）内部控制的定义

内部控制是被审计单位为了合理保证财务报告的可靠性、经营效率和效果，以及对法律

法规的遵守，由治理层、管理层和其他人员设计与执行的政策及程序。

（二）内部控制的要素

（1）控制环境；

（2）风险评估过程；

（3）与财务报告相关的信息系统和沟通；

（4）控制活动；

（5）对控制的监督。

（三）内部控制的目标

内部控制的目标是合理保证：

（1）财务报告的可靠性；

（2）经营的效率和效果；

（3）遵守适用的法律法规的要求。

【小贴士】内部控制的目标和要素简称为“三目标，五要素”，贯穿于被审计单位所有的业务部门。

【经典例题】

【例题·单选题】在下列各项中，不属于内部控制要素的是（　　）。

A. 风险评估过程

B. 对控制的监督

C. 非财务报告信息系统地与财务报告相关的信息系统

D. 与财务报告相关的信息系统和沟通

【答案】C

【解析】根据审计准则对内部控制的定义，内部控制要素包括：控制环境、风险评估过程、与财务报告相关的信息系统和沟通、控制活动以及对控制的监督。选项 C 不属于内部控制要素。

重难点 12：与审计相关的控制★★★

（一）内部控制的目标

内部控制的目标旨在合理保证财务报告的可靠性、经营的效率和效果以及对法律法规的遵守。被审计单位的目标与为实现目标提供合理保证的控制之间存在直接关系。

（二）核心要点

与财务报表审计相关的内部控制应考虑以下几方面：

（1）被审计单位的目标和控制，与财务报告、经营和合规有关。

与经营和合规目标相关的控制与注册会计师实施审计程序时评价或使用的数据相关，则这些控制也可能与审计相关。用以防止未经授权购买、使用或处置资产的内部控制，可能包括与财务报告和经营目标相关的控制。注册会计师对这些控制的考虑通常仅限于与财务报告可靠性相关的控制。

（2）针对信息完整性和准确性的控制。

如果在设计和实施进一步审计程序时拟利用被审计单位内部生成的信息，针对该信息完整性和准确性的控制可能与审计相关。

【小贴士】注册会计师在财务报表审计中只需要了解与审计相关的内部控制，与审计相关的内部控制并非均与财务报告相关；与财务报告相关的内部控制并非均与审计相关；如果与经营和合规目标相关的控制与注册会计师实施审计程序时评价或使用的数据相关则这些控制也可能与审计相关。

（三）与审计无关的控制

注册会计师审计的目标是对财务报表是否不存在重大错报发表审计意见，尽管要求注册会计师在财务报表审计中考虑与审计相关的内部控制，但目的并非对被审计单位内部控制的有效性发表意见。因此，注册会计师需要了解和评价的内部控制只是与财务报表审计相关的内部控制，并非被审计单位所有的内部控制。

（四）核心要点

被审计单位通常有一些与目标相关但与审计无关的控制，注册会计师无需对其加以考虑。例如，被审计单位可能依靠某一复杂的自动化控制提高经营活动的效率和效果（如航空公司用于维护航班时间表的自动化控制系统），但这些控制通常与审计无关。进一步讲，虽然内部控制应用于整个被审计单位或所有经营部门或业务流程，但是了解与每个经营部门和业务流程相关的内部控制，可能与审计无关。

【小贴士】注册会计师审计财务报表的目

的并非对被审计单位内部控制的有效性发表意见，注册会计师需要了解和评价的内部控制只是与财务报表审计相关的内部控制，并非被审计单位所有的内部控制。

【经典例题】

【真题·多选题】（2017）下列有关于注册会计师了解内部控制的说法中，正确的有（　　）。

A. 注册会计师在了解被审计单位内部控制时，应当确定其是否得到一贯执行

B. 注册会计师不需要了解被审计单位所有的内部控制

C. 注册会计师对内部控制的了解通常不足以测试控制运行的有效性

D. 注册会计师询问被审计单位人员不足以评价内部控制设计的有效性

【答案】BCD

【解析】选项A不正确，注册会计师确定内部控制是否得到一贯执行，属于控制测试，不属于了解内部控制；选项B正确，注册会计师需要了解和评价的内部控制只是与财务报表审计相关的内部控制，并非被审计单位所有的内部控制；选项C正确，除非存在某些可以使控制得到一贯运行的自动化控制，否则注册会计师对控制的了解并不足以测试控制运行的有效性；选项D正确，询问程序不足以评价内部控制设计的有效性，注册会计师在了解内部控制时，应当将询问与其他风险评估程序结合使用。

【真题·多选题】（2019）为应对管理层凌驾于控制之上的风险，下列各项审计程序中，注会师应当实施的有（　　）。

A. 确认重大关联方交易是否得到适当授权

B. 测试编制财务报表过程中作出的会计分录和其他调整是否适当

C. 评价作出被审计单位正常经营过程的重大交易的商业理由

D. 复核会计估计是否存在偏向

【答案】BCD

【解析】选项A不正确，管理层凌驾于控制之上的风险属于特别风险。无论对管理层凌驾于控制之上的风险的评估结果如何，注册会计师都应当设计和实施审计程序。

【经典例题】

【例题·多选题】在财务报表审计中，下列有关了解内部控制的说法中，正确的有（　　）。

A. 与经营目标和合规目标相关的控制均与审计无关

B. 在某些情况下，控制得到执行就能为控制运行的有效性提供证据

C. 内部控制无论如何有效，都只能为被审计单位，实现财务报告目标提供合理保证

D. 了解被审计单位及其环境贯穿于整个审计过程的始终

【答案】BCD

【解析】选项A不正确，如果与经营目标和合规目标相关的控制与注册会计师实施审计程序时评价和使用的数据相关，则这些控制也可能与审计相关。

重难点13：对内部控制了解的深度★★★

（一）含义

对内部控制了解的深度，是指在了解被审计单位及其环境时，对内部控制了解的程度。具体包括：评价控制的设计，并确定其是否得到执行。

（二）核心要点

（1）评价控制的设计：考虑该控制或连同其他控制是否能够有效防止或发现并纠正重大错报。

（2）确认其是否得到执行：控制得到执行是指某项控制存在且被审计单位正在使用。

【小贴士】注册会计师了解内部控制，最关心的是内部控制是否能够防止或发生并纠正由于错误和舞弊导致的重大错报，而不是为了实现经营效率和区分控制要素等。

（三）对控制实施的风险评估程序

（1）询问被审计单位人员；

（2）观察特定控制的运用；

（3）检查文件和报告；

（4）追踪交易在财务报告信息系统中的处理过程（穿行测试）。

（四）核心要点

（1）询问本身不足以评价控制的设计以及确定其是否得到执行，注册会计师应当将询问与其他风险评估程序结合使用；

（2）分析程序不包含在了解内部控制中。

【小贴士】分析程序无法用来评价控制的设计，并确定其是否得到执行，注册会计师了解内部控制的程序，包括询问被审计单位的人员、观察特定控制的运用、检查文件和报告以及穿行测试。

（五）了解内部控制与控制测试的关系

除非存在某些可以使控制得到一贯运行的自动化控制，否则注册会计师对控制的了解并不足以测试控制运行的有效性。

（六）核心要点

（1）获取某一人工控制在某一时点得到执行的审计证据，并不能证明该控制在所审计期间内的其他时点也有效运行。但是，信息技术可以使被审计单位持续一贯地对大量数据进行处理。

（2）由于信息技术处理流程的内在一贯性，实施审计程序确定某项自动控制是否得到执行，也可能实现对控制运行有效性测试的目标，这取决于注册会计师对控制（如针对程序变更的控制）的评估和测试。

（3）了解内部控制包含评价控制的设计和确定其是否得到执行，而控制测试是确认控制运行有效性的审计程序。

【小贴士】对控制了解的程序和对控制测试的程序大部分是相同的，并非完全不同。

【经典例题】

【例题·多选题】在财务报告审计中，注册会计师了解内部控制时，通常包括的内容有（　　）。

A. 记录了解的内部控制

B. 寻找内部控制运行中的缺陷

C. 了解内部控制的设计

D. 了解控制活动是否得到执行

【答案】ACD

【解析】记录了解的内部控制、寻找内部控制运行中的缺陷和了解控制活动是否得到执行是了解内部控制的内容，选项B是控制测试的范畴，不属于了解内部控制。

重难点14：内部控制的人工和自动化成分★★

（一）人工控制的适用范围

大多数被审计单位出于编制财务报告和实现经营目标的需要使用信息技术。然而，人工控制仍存在于我国的部分企业的内部控制中。内部控制的人工成分在处理下列需要主观判断或酌情处理的情形可能更为恰当：

（1）存在大额、异常或偶发的交易；

（2）存在难以界定、预计或预测的错误的情况；

（3）针对变化的情况需要对现有的自动化控制进行人工干预；

（4）监督自动化控制的有效性。

人工控制更依赖于人的主观臆断，所以存在一定的特定风险，相对于自动化控制，人工控制的可靠性较低。

（二）自动化控制的适用范围

信息技术通常会在一些方面提高被审计单位内部控制的效率和效果，因此被逐渐应用于企业的内部控制中。自动化控制在下列情形中是恰当的：

（1）存在大量或重复发生的交易；

（2）事先可预计或预测的错误能够通过自动化控制参数得以防止或发现并纠正；

（3）用特定方法实施控制的控制活动可得到适当设计和自动化处理。

信息技术也可能对内部控制产生特定风险，注册会计师应当对信息技术对内部控制产生的特定风险加以了解。

【小贴士】如果在被审计单位对日常交易采用高度自动化处理的情况下，审计证据可能仅以电子形式存在，其充分性和适当性通常取决于自动化信息系统相关控制的有效性，注册会计师应当考虑仅通过实施实质性程序能不能获得充分、适当审计证据和可能性，此时应当评价被审计单位是否针对这些风险设置的相关控制并确定执行情况。

【经典例题】

【例题·单选题】下列情形中，最不适合采用人工控制的情形是（　　）。

A. 监督自动化控制的有效性

B. 针对变化的情况，需要对现有的自动化控制进行人工干预

C. 存在难以界定、预计或预测的错误的情况

D. 事先可预测的错误能够通过自动化控制参数得以防止

【答案】D

【解析】选项D适合采用自动化控制，最不适合采用人工控制，其他选项均适合采用人工控制。

重难点15：内部控制的局限性★★

内部控制实现目标的可能性受其固有限制的影响。这些限制分为主要原因与其他原因。

1. 主要原因

（1）在决策时人为判断可能出现错误和因人为失误而导致内部控制失效。（人的主观臆断，非故意）

（2）控制可能由于两个或更多的人员串通或与管理层不当的凌驾于内部控制之上而被规避。（舞弊，故意）

2. 其他原因

被审计单位内部行使控制职能的人员素质不适应岗位要求；被审计单位实施内部控制的成本效益问题会影响其效能；内部控制一般都是针对经常而重复的业务设置的，如果出现不经常发生或未预计到的业务，原有控制就可能不适用。

【小贴士】内部控制无论如何有效，都只能为被审计单位实现财务报告目标提供合理保证。

【经典例题】

【例题·单选题】下列关于内部控制固有局限性的原因，说法中正确的是（　　）。

A. 建立和维护内部控制是被审计单位管理层的职责

B. 管理层不当的凌驾于内部控制之上

C. 对资产和记录采取适当的安全保护措施，是被审计单位管理层应当履行的经营管理责任

D. 治理层对内部控制的设计和执行负有监督责任

【答案】B

【解析】内部控制实现目标的可能性受其固有限制的影响具体包括：（1）在决策时人为判断可能出现错误和因人为失误而导致内部控制失效；（2）控制可能由于两个或更多的人员串通或与管理层不当的凌驾于内部控制之上而被规避。

重难点16：控制环境★★★

（一）控制环境的含义

控制环境包括治理职能和管理职能，以及治理层和管理层对内部控制及其重要性的态度、认识和措施。控制环境设定了被审计单位的内部控制基调影响员工对内部控制的意识。良好的控制环境是实施有效内部控制的基础。在承接审计业务时，需要对以下方面进行了解。

（1）对诚信和道德价值观念的沟通与落实。诚信和道德价值观念是控制环境的重要组成部分，影响到重要业务流程的内部控制设计和运行，同时也促成了企业内部控制的风气。

（2）对胜任能力的重视。注册会计师应当考虑主要管理人员和其他相关人员是否能够

胜任承担的工作和责任。

（3）治理层的参与程度。被审计单位的控制环境在很大程度上受治理层的影响。治理层对控制环境影响的要素有：治理层相对于管理层的独立性、成员的经验和品德、治理层参与被审计单位经营的程度和收到的信息及其对经营活动的详细检查、治理层采取措施的适当性，包括提出问题的难度和对问题的跟进程度，以及治理层与内部审计人员和注册会计师的互动等。

【小贴士】控制环境体现在治理层和管理层对内部控制及其重要性的态度、认识和措施等。

（4）管理层的理念和经营风格。管理层的理念包括管理层对内部控制的理念，即管理层对内部控制以及对具体控制实施环境的重视程度。

组织结构及职权与责任的分配。注册会计师对组织结构的审查，有助于其确定被审计单位的职责划分应该达到何种程度，也有助于其评价被审计单位在这方面的不足会对整体审计策略产生的影响。

【小贴士】注册会计师应当了解管理层和治理层的监督下，是否建立了防止或发生并纠正舞弊和错误的恰当控制。

（5）人力资源政策与实务。人力资源政策与实务涉及招聘、培训、考核、咨询、晋升和薪酬等方面。

（二）核心要点

控制环境对重大错报风险的评估具有广泛影响，注册会计师应当考虑控制环境的总体优势是否为内部控制的其他要素提供了适当的基础，并且未被控制环境中存在的缺陷所削弱。

注册会计师在评估重大错报风险时，存在令人满意的控制环境是一个积极的因素。虽然令人满意的控制环境并不能绝对防止舞弊，但却有助于降低发生舞弊的风险。（不能防止，但有助于降低舞弊风险）

有效的控制环境还能为注册会计师相信在以前年度和期中所测试的控制将继续有效运行提供一定基础。相反，控制环境中存在的弱点可能削弱控制的有效性。例如，注册会计师在进行风险评估时，如果认为被审计单位控制环境薄弱，则很难认定某一流程的控制是有效的。

控制环境本身并不能防止或发现并纠正各类交易、账户余额和披露认定层次的重大错报，注册会计师在评估重大错报风险时，应当将控制环境连同其他内部控制要素产生的影响一并考虑。

【小贴士】注册会计师在审计业务承接阶段，对控制环境仅能作出初步的了解和评价，并不需要对控制环境作出最终评价。

【经典例题】

【真题·单选题】（2016）下列各项中，不属于控制环境要素的是（　　）。

A. 对诚信和道德价值观念的沟通与落实

B. 内部审计的职能范围

C. 治理层的参与

D. 人力资源政策与实务

【答案】B

【解析】选项 B 错误，内部审计的职能范围属于对控制的监督，不属于控制环境。

【例题·多选题】下列有关控制环境的说法中，正确的有（　　）。

A. 有效的控制环境本身可以防止、发现并纠正各类交易、账户余额和披露认定层次的重大错报

B. 控制环境对重大错报风险的评估具有广泛影响

C. 有效的控制环境可以降低舞弊发生的风险

D. 财务报表层次重大错报风险很可能源于控制环境存在缺陷

【答案】BCD

【解析】选项 A 错误，控制环境本身不能防止或发生并纠正各类交易、账户余额和披露认定层次的重大错报，注册会计师在评估重大错报风险时，应当将控制环境连同其他内部控

制要素产生的影响一并考虑。

重难点17：被审计单位的风险评估过程★

（一）被审计单位风险评估过程的含义

任何经济组织在经营活动中都会面临各种各样的风险（即经营风险），风险对其生存和竞争能力产生影响。很多风险并不为经济组织所控制，但管理层应当确定可以承受的风险水平，识别这些风险并采取一定的应对措施。

（二）对风险评估过程的了解

在评价被审计单位风险评估过程的设计和执行时，注册会计师应当确定管理层如何识别与财务报告相关的经营风险，如何估计该风险的重要性，如何评估风险发生的可能性，以及如何采取措施管理这些风险。具体分为两种情况：

（1）已发现：在审计过程中，如果发现与财务报表有关的风险因素，注册会计师可通过向管理层询问和检查有关文件确定被审计单位的风险评估过程是否也发现了该风险；

（2）未发现：如果识别出管理层未能识别的重大错报风险，注册会计师应当考虑被审计单位的风险评估过程为何没有识别出这些风险，以及评估过程是否适合于具体环境，或者确定与风险评估过程相关的内部控制是否存在值得关注的内部控制缺陷。

【小贴士】风险评估过程在一定程度上表示了被审计单位的风险意识和态度，影响着被审计单位对风险的防范和认识。

【经典例题】

【例题·多选题】下列有关风险评估过程的说法中，正确的有（　　）。

A. 在审计过程中，发现与财务报表有关的风险，注册会计师可通过向被审计单位普通员工询问确定被审计单位的风险评估过程是否也发现了该风险

B. 在审计过程中，发现与财务报表有关的风险，注册会计师可通过检查有关文件确定被审计单位的风险评估过程是否也发现了该风险

C. 如果识别出管理层未能识别的重大错报风险，说明该风险影响程度小，注册会计师对此忽略不计

D. 在评价被审计单位风险评估过程的设计和执行时，注册会计师应当确定管理层如何估计该风险的重要性

【答案】BD

【解析】选项B、D正确，选项A错误，在审计过程中，如果发现与财务报表有关的风险因素，注册会计师可通过向管理层询问确定被审计单位的风险评估过程是否也发现了该风险；选项C错误，如果识别出管理层未能识别的重大错报风险，注册会计师应当考虑被审计单位的风险评估过程为何没有识别出这些风险，以及评估过程是否适合于具体环境。

重难点18：信息系统与沟通★

（一）与财务报告相关的信息系统的含义

与财务报告相关的信息系统，包括用以生成、记录、处理和报告交易、事项和情况，对相关资产、负债和所有者权益履行经营管理责任的程序和记录。

核心要点：

（1）与财务报告相关的信息系统应当与业务流程相适应。业务流程是指被审计单位开发、采购、生产、销售、发送产品和提供服务、保证遵守法律法规、记录信息等一系列活动。

（2）与财务报告相关的信息系统所生成信息的质量，对管理层能否作出恰当的经营管理决策以及编制可靠的财务报告具有重大影响。

（二）与财务报告相关的信息系统职能

（1）识别与记录所有的有效交易；

（2）及时、详细地描述交易，以便在财务报告中对交易作出恰当分类；

（3）恰当计量交易，以便在财务报告中对交易的金额作出准确记录；

（4）恰当确定交易生成的会计期间；

（5）在财务报表中恰当列报交易。

（三）与财务报告相关的沟通的含义和了解

与财务报告相关的沟通包括使员工了解各自在与财务报告有关的内部控制方面的角色和职责，员工之间的工作联系，以及向适当级别的管理层报告例外事项的方式。

注册会计师应当了解被审计单位内部如何对财务报告的岗位职责以及与财务报告相关的重大事项进行沟通。注册会计师还应当了解管理层与治理层（特别是审计委员会）之间的沟通，以及被审计单位与外部（包括与监管部门）的沟通。

重难点19：控制活动★★★

（一）控制活动的含义

控制活动是指有助于确保管理层的指令得以执行的政策和程序。包括与授权、业绩评价、信息处理、实物控制和职责分离等相关的活动。

（二）对控制活动各要素的介绍

1. 授权

注册会计师应当了解与授权有关的控制活动，包括一般授权和特别授权。

一般授权是指管理层制定的要求组织内部遵守的普遍适用于某类交易或活动的政策。

特别授权是指管理层针对特定类别的交易或活动逐一设置的授权，如重大资本支出和股票发行等。特别授权也可能用于超过一般授权限制的常规交易。

2. 业绩评价

注册会计师应当了解与业绩评价有关的控制活动，主要包括被审计单位分析评价实际业绩与预算（或预测、前期业绩）的差异，综合分析财务数据与经营数据的内在关系，将内部数据与外部信息来源相比较，评价职能部门、分支机构或项目活动的业绩（如银行客户信贷经理复核各分行、地区和各种贷款类型的审批和收回），以及对发现的异常差异或关系采取必要的调查与纠正措施。

3. 信息处理

注册会计师应当了解与信息处理有关的控制活动，包括信息技术的一般控制和应用控制。

（1）信息技术一般控制是指与多个应用系统有关的政策和程序，有助于保证信息系统持续恰当地运行。

（2）信息技术应用控制是指主要在业务流程层面运行的人工或自动化程序，与用于生成、记录、处理、报告交易或其他财务数据的程序相关。

4. 实物控制

注册会计师应当了解实物控制，主要包括了解对资产和记录采取适当的安全保护措施，对访问计算机程序和数据文件设置授权，以及定期盘点并将盘点记录与会计记录相核对。

【小贴士】在实务控制中要注意：（1）限制接近，以严格控制对实物资产及与实物资产有关的文件的接触，如现金、银行存款、有价证券和存货等，除出纳人员和仓库保管人员外，其他人员则限制接触，以保证资产的安全。（2）定期进行实物资产清查，保证实物资产实有数量与账面记载相符，如账实不符，应查明原因，及时处理。

5. 职责分离

注册会计师应当了解职责分离，主要包括了解被审计单位如何将交易授权、交易记录以及资产保管等职责分配给不同员工，以防范同一员工在履行多项职责时可能发生的舞弊或错误。当信息技术运用于信息系统时，职责分离可以通过设置安全控制来实现。

（三）对控制活动的了解

在了解控制活动时，注册会计师应当重点考虑一项控制活动单独或连同其他控制活动，是否能够以及如何防止或发现并纠正各类交易、账户余额和披露存在的重大错报。

注册会计师的工作重点是识别和了解针对重大错报可能发生的领域的控制活动。如果多项控制活动能够实现同一目标，注册会计师不必了解与该目标相关的每项控制活动。

【经典例题】

【例题·单选题】下列各项中，不属于控制活动要素的是（　　）。

A. 业绩评价

B. 风险评估过程

C. 实物控制

D. 职责分离

【答案】B

【解析】控制活动主要包括授权、业绩评价、信息处理、实物控制和职责分离等相关的活动。选项B是内部控制要素，不属于控制活动要素。

重难点20：对控制的监督★

（一）对控制的监督的含义

对控制的监督是指被审计单位评价内部控制在一段时间内运行有效性的过程。对控制的监督涉及及时评估控制的有效性并采取必要的补救措施。

【小贴士】对被审计单位内部控制进行监督要注意时效性，在业务流程的有效阶段进行监督和评价，超出业务流程有效性的时段监督很可能是无意义的。

（二）对控制的监督的方法

管理层通过持续的监督活动、单独的评价活动或两者相结合实现对控制的监督。

（1）持续的监督活动通常贯穿于被审计单位日常重复的活动中，包括常规管理和监督工作。

（2）被审计单位可能使用内部审计人员或具有类似职能的人员对内部控制的设计和执行进行专门的评价，以找出内部控制的优点和不足，并提出改进建议。

（3）被审计单位也可能利用与外部有关各方沟通或交流所获取的信息监督相关的控制活动。

（三）了解对内部控制的监督

注册会计师在对被审计单位整体层面的监督进行了解和评估时，考虑的主要因素可能包括：

（1）被审计单位是否定期评价内部控制。

（2）被审计单位人员在履行正常职责时，能够在多大程度上获得内部控制是否有效运行的证据。

（3）与外部的沟通能够在多大程度上证实内部产生的信息或者指出存在的问题。

（4）管理层是否采纳内部审计人员和注册会计师有关内部控制的建议。

（5）管理层是否及时纠正控制运行中的偏差。

（6）管理层根据监管机构的报告及建议是否及时采取纠正措施。

（7）是否存在协助管理层监督内部控制的职能部门（如内部审计部门）。

【经典例题】

【真题·单选题】（2017）下列各项中，属于对控制的监督的是（　　）。

A. 授权与批准

B. 职权与责任的分配

C. 业绩评价

D. 内审部门定期评估控制的有效性

【答案】D

【解析】选项D正确，被审计单位可能使用内部审计人员或具有类似职能的人员对内部控制的设计和执行进行专门的评价，以找出内部控制的优点和不足，并提出改进建议，即对控制的监督。选项A、C属于控制活动，选项B属于控制环境，均不属于对控制的监督。

【例题·单选题】下列活动中属于持续的监督活动的是（　　）。

A. 审计委员会定期了解财务数据

B. 相应级别的员工复核采购业务流程中控制的情况

C. 注册会计师对年度财务报表进行审计

D. 内部审计人员对控制实施风险评估

【答案】B

【解析】选项A、D属于单独评价活动；选项C属于注册会计师审计业务，是外部监督范畴，而不是被审计单位内部控制范畴。

重难点21：在整体层面和业务流程层面了解内部控制★★★

（一）整体层面

内部控制的某些要素（如控制环境）更多地对被审计单位整体层面产生影响，而其他要素（如信息系统与沟通、控制活动）则可能更多地与特定业务流程相关。在实务中，注册会计师应当从被审计单位整体层面和业务流程层面分别了解和评价被审计单位的内部控制。

整体层面的控制（包括对管理层凌驾于内部控制之上的控制）和信息技术一般控制通常在所有业务活动中普遍存在。

（二）业务流程层面

在初步计划审计工作时，注册会计师需要确定在被审计单位财务报表中可能存在重大错报风险的重大账户及其相关认定。为实现此目的，通常采取下列步骤：

1. 确定重要业务流程和重要交易类别

在实务中，将被审计单位的整个经营活动划分为几个重要的业务循环，有助于注册会计师更有效地了解和评估重要业务流程及相关控制。

2. 了解重要交易流程，并进行记录

在确定重要的业务流程和交易类别后，注册会计师便可着手了解每一类重要交易在信息技术或人工系统中生成、记录、处理及在财务报表中报告的程序，即重要交易流程。这是确定在哪个环节或哪些环节可能发生错报的基础。

3. 确定可能发生错报的环节

注册会计师需要确认和了解被审计单位应在哪些环节设置控制，以防止或发现并纠正各重要业务流程可能发生的错报。

4. 识别和了解相关控制

通过对被审计单位的了解，包括在被审计单位整体层面对内部控制各要素的了解，以及在上述程序中对重要业务流程的了解，注册会计师可以确定是否有必要进一步了解在业务流程层面的控制。

通常将业务流程中的控制划分为预防性控制和检查性控制：

（1）预防性控制。预防性控制通常用于正常业务流程的每一项交易，以防止错报的发生。在流程中防止错报是信息系统的重要目标。预防性控制可能是人工的，也可能是自动化的。预防性控制举例如下表所示。

对控制的描述	控制用来防止的错报
计算机程序自动生成收货报告，同时也更新采购档案	防止出现购货漏记账的情况
在更新采购档案之前要有收货报告	防止记录了未收到购货的情况
销货发票上的价格根据价格清单上的信息确定	防止销货计价错误
系统将各凭证上的账户号码与会计科目表对比，然后进行一系列的逻辑测试	防止出现分类错报

（2）检查性控制。建立检查性控制的目的是发现流程中可能发生的错报（尽管有预防性控制还是会发生的错报）。被审计单位通过检查性控制，监督其流程和相应的预防性控制能否有效地发挥作用。检查性控制通常是管理层用来监督实现流程目标的控制。检查性控制可以由人工执行，也可以由信息系统自动执行。检查性控制示例如下表所示。

定期编制银行存款余额调节表，跟踪调查挂账的项目	在对其他项目进行审核的同时，查找存入银行但没有记入日记账的现金收入，未记录的银行现金支付或虚构入账的不真实的银行现金收入或支付，未及时入账或未正确汇总分类的银行现金收入或支付
将预算与实际费用间的差异列入计算机编制的报告中并由部门经理复核。记录所有超过预算2%的差异情况和解决措施	在对其他项目进行审核的同时，查找本月发生的重大分类错报或没有记录及没有发生的大笔收入、支出以及相关联的资产和负债项目

续表

系统每天比较运出货物的数量和开票数量。如果发现差异，产生报告，由开票主管复核和追查	查找没有开票和记录的出库货物，以及与真实发货无关的发票
每季度复核应收账款贷方余额并找出原因	查找未予入账的发票和销售与现金收入中的分类错误

【小贴士】预防性控制应被应用在业务流程的交易前，检查性控制应被应用在业务流程的交易过程中和事后。

5. 执行穿行测试，证实对交易流程和相关控制的了解

为了解各类重要交易在业务流程中发生、处理和记录的过程，注册会计师通常会执行穿行测试。注册会计师将穿行测试的情况记录于工作底稿时，记录的内容包括穿行测试中查阅的文件、穿行测试的程序以及注册会计师的发现和结论。

（三）核心要点

1. 执行穿行测试，证实对交易流程和相关控制的了解

为了解各类重要交易在业务流程中发生、处理和记录的过程，注册会计师通常会执行穿行测试。执行穿行测试可获得下列方面的证据：

（1）确认对业务流程的了解；

（2）确认对重要交易的了解是完整的，即在交易流程中所有与财务报表认定相关的可能发生错报的环节都已识别；

（3）确认所获取的有关流程中的预防性控制和检查性控制信息的准确性；

（4）评估控制设计的有效性；

（5）确认控制是否得到执行；

（6）确认之前所做的书面记录的准确性。

2. 进行初步评价和风险评估

在识别和了解控制后，根据执行上述程序及获取的审计证据，注册会计师需要评价控制设计的合理性并确定其是否得到执行。

注册会计师对控制的评价结论可能是：

（1）所设计的控制单独或连同其他控制能够防止或发现并纠正重大错报，并得到执行；

（2）控制本身的设计是合理的，但没有得到执行；

（3）控制本身的设计就是无效的或缺乏必要的控制。

（四）对财务报告流程的了解

以上讨论了注册会计师如何在重要业务流程层面了解重大交易生成、处理和记录的流程，并评估在可能发生错报的环节控制的设计及其是否得到执行。在实务中，注册会计师还需要进一步了解有关信息从具体交易的业务流程过入总账、财务报表以及相关列报的流程，即财务报告流程及其控制。这一流程和控制与财务报表的列报认定直接相关。

【经典例题】

【真题·单选题】（2017）下列各项中，属于预防性控制的是（　　）。

A. 财务主管定期盘点现金和有价证券

B. 管理层分析评价实际业绩与预算的差异，并针对超过规定金额的差异调查原因

C. 董事会复核并批准由管理层编制的财务报表

D. 由不同的员工负责职工薪酬档案的维护和职工薪酬的计算

【答案】 D

【解析】 选项D属于岗位职责分离的控制措施，其目的是为了防止错报的发生，是典型的预防性控制；选项A、B、C均是通过比较、调查发现流程中的错报，监督已经设计的控制能否实现流程目标的控制，其目的均是为了发现流程中可能发生的错报，属于检查性控制。

【真题·单选题】（2018）下列各项控制中，属于检查性控制的是（　　）。

A. 出纳不兼任收入或支出的记账工作

B. 财务总监复核并批准财务经理提出的撤销银行账号的申请

C. 财务经理根据其权限复核并批准相关

付款

D. 财务经理复核会计编制的银行存款余额调节表

【答案】D

【解析】选项D正确，财务经理复核会计编制的银行存款余额调节表，其目的是为了发现流程中可能发生的错报，是典型的检查性控制；选项A、B、C均是为了防止错报的发生，均属于预防性控制。

重难点22：评估财务报表层次和认定层次的重大错报风险★★★

（一）评估重大错报风险时考虑的因素

评估重大错报风险时考虑因素如下表所示。

1. 风险是什么？	
财务报表层次	（1）源于薄弱的被审计单位整体层面内部控制或信息技术一般控制； （2）与财务报表整体广泛相关的特别风险； （3）与管理层凌驾和舞弊相关的风险因素； （4）管理层愿意接受的风险，例：小企业因缺乏职责分离导致的风险
认定层次	（1）与完整性、准确性、存在或计价相关的风险： ①收入、费用和其他交易；②账户余额；③财务报表披露。 （2）可能产生多重错报的风险
相关内部控制程序	（1）特别风险； （2）用于预防、发现或减轻已识别风险的恰当设计并执行的内部控制程序； （3）仅通过执行控制测试应对的风险
2. 错报（金额影响）可能发生的规模多大？	
财务报表层次	什么事情可能导致财务报表重大错报？考虑管理层凌驾、舞弊、未预期事件和以往经验
认定层次	考虑： （1）交易、账户余额或披露的固有性质； （2）日常和例外事件； （3）以往经验
3. 事件（风险）发生的可能性有多大？	
财务报表层次	考虑： （1）来自高层的基调； （2）管理层风险管理的方法； （3）采用的政策和程序； （4）以往经验
认定层次	考虑： （1）相关的内部控制活动； （2）以往经验
相关内部控制程序	识别对于降低事件发生可能性非常关键的管理层风险应对要素

（二）评估重大错报风险的审计程序

（1）在了解被审计单位及其环境（包括与风险相关的控制）的整个过程中，结合对财务报表中各类交易、账户余额和披露的考虑，识别风险；

（2）结合对拟测试的相关控制的考虑，将识别出的风险与认定层次可能发生错报的领域相联系；

（3）评估识别出的风险，并评价其是否更广泛地与财务报表整体相关，进而潜在地影响多项认定；

（4）考虑发生错报的可能性（包括发生多项错报的可能性），以及潜在错报的重大程度是否足以导致重大错报。

（三）识别两个层次的重大风险错报

两个层次的重大错报风险如下图所示。

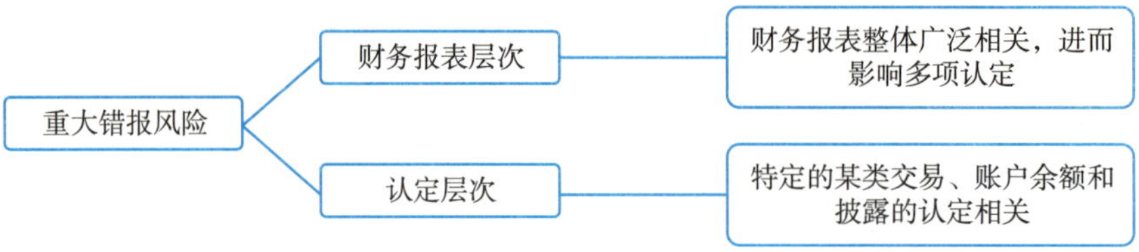

【经典例题】

【真题·多选题】（2017）下列各项中，通常可能导致财务报表层次重大错报风险的有（　　）。

A. 被审计单位新聘任的财务总监缺乏必要的胜任能力

B. 被审计单位的长期资产减值准备存在高度的估计不确定性

C. 被审计单位管理层缺乏诚信

D. 被审计单位的某项销售交易涉及复杂的安排

【答案】AC

【解析】财务总监缺乏必要的胜任能力（选项A）、管理层缺乏诚信（选项C）均属于控制环境的影响因素，可能导致财务报表层次重大错报风险，故选项A、C正确；选项B、D错误，长期资产减值准备、某项销售交易涉及复杂的安排仅影响个别项目，属于认定层次的重大错报风险。

【真题·单选题】（2016）下列情形中，通常表明存在财务报表层次重大错报风险的是（　　）。

A. 被审计单位的竞争者开发的新产品上市

B. 被审计单位从事复杂的金融工具投资

C. 被审计单位资产的流动性出现问题

D. 被审计单位存在重大的关联方交易

【答案】C

【解析】某些重大错报风险可能与财务报表整体广泛相关，进而影响多项认定。例如，在经济不稳定的国家和地区开展业务、资产的流动性出现问题（选项C）、重要客户流失、融资能力受到限制等，可能导致注册会计师对被审计单位的持续经营能力产生重大疑虑。又如，管理层缺乏诚信或承受异常的压力可能引发舞弊风险，这些风险与财务报表整体相关。

（四）控制环境对评估财务报表层次重大错报风险的影响

财务报表层次的重大错报风险很可能源于薄弱的控制环境。

薄弱的控制环境带来的风险可能对财务报表产生广泛影响，难以限于某类交易、账户余额和披露，注册会计师应当采取总体应对措施。

（五）控制环境对评估认定层次重大错报风险的影响

控制环境对评估认定层次重大错报风险的影响如下图所示。

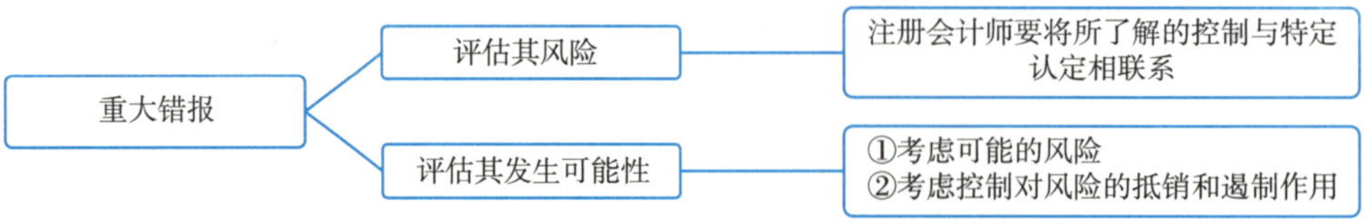

【小贴士】

（1）有效的控制会减少错报发生的可能性，而控制不当或缺乏控制，错报就有可能会变成现实。

（2）控制可能与某一认定直接相关，也可能与某一认定间接相关。关系越间接，控制在防止或发现并纠正认定中错报的作用越小。

（六）考虑财务报表的可审计性

注册会计师在了解被审计单位内部控制后，可能对被审计单位财务报表的可审计性产生怀疑。如果通过对内部控制的了解发现下列情况，并对财务报表局部或整体的可审计性产生疑问。注册会计师应考虑出具保留意见或无法表示意见的审计报告，必要时，应当考虑解除业务约定：

（1）被审计单位会计记录的状况和可靠性存在重大问题，不能获取充分、适当的审计证据以支持发表无保留意见；

（2）对管理层的诚信存在严重疑虑。

重难点23：需要特别考虑的重大错报风险★★★

（一）特别风险的含义

特别风险，是指注册会计师识别和评估的、根据判断认为需要特别考虑的重大错报风险。

（二）确定特别风险时应考虑的事项

（1）风险是否属于舞弊风险；

（2）风险是否与近期经济环境、会计处理方法或其他方面的重大变化相关，因而需要特别关注；

（3）交易的复杂程度；

（4）风险是否涉及重大的关联方交易；

（5）财务信息计量的主观程度，特别是计量结果是否具有高度不确定性；

（6）风险是否涉及异常或超出正常经营过程的重大交易。

【小贴士】在判断哪些风险是特别风险时，注册会计师不应考虑识别出的控制对相关风险的抵销效果。但评估重大错报发生的可能性时要考虑控制对风险的抵销和遏制作用。

【经典例题】

【真题·单选题】（2018）下列各项中，注册会计师在确定某项重大错报风险是否为特别风险时，通常无需考虑的是（　　）。

A. 交易的复杂程度

B. 风险是否涉及重大的关联方交易

C. 被审计单位财务人员的胜任能力

D. 财务信息计量的主观程度

【答案】C

【解析】注册会计师在确定特别风险时，应考虑的事项至少包括：①风险是否属于舞弊风险；②风险是否与近期经济环境、会计处理方法或其他方面的重大变化相关，因而需要特别关注；③交易的复杂程度（选项A）；④风险是否涉及重大的关联方交易（选项B）；⑤财务信息计量的主观程度，特别是计量结果是否具有高度不确定性（选项D）；⑥风险是否涉及异常或超出正常经营过程的重大交易。

【真题·多选题】（2019）下列各项中，注册会计师在判断重大错报风险是否为特别风险时应当考虑的有（　　）。

A. 风险是否涉及重大的关联方交易

B. 风险是否与近期经济环境的重大变化相关

C. 财务信息计量的主观程度

D. 风险是否属于舞弊风险

【答案】ABCD

【解析】在判断哪些风险是特别风险时，注册会计师应当至少考虑6点事项：①风险是否属于舞弊风险；②风险是否与近期经济环境、会计处理方法或其他方面的重大变化相关，因而需要特别关注；③交易的复杂程度；④风险是否涉及重大的关联方交易；⑤财务信息计量的主观程度，特别是计量结果是否具有高度不确定性；⑥风险是否涉及异常或超出正常经营过程的重大交易。

（三）非常规交易和判断事项导致的特别风险

特别风险来源通常与重大的非常规交易和判断事项有关如下表所示。

（1）非常规交易：指由于金额或性质异常而不经常发生的交易。例如，企业购并、债务重组、重大或有事项等。

（2）判断事项：通常包括作出的会计估计（具有计量的重大不确定性）。

非常规交易的特征	重大的判断事项
（1）管理层更多地干预会计处理；（管理层凌驾于控制之上） （2）数据收集和处理进行更多的人工干预； （3）复杂的计算或会计处理方法； （4）非常规交易的性质可能使被审计单位难以对由此产生的特别风险实施有效控制	（1）对涉及会计估计、收入确认等方面的会计原则存在不同的理解； （2）所要求的判断可能是主观和复杂的，或需要对未来事项作出假设

（四）考虑与特别风险相关的控制

（1）对特别风险，注册会计师应当评价相关控制的设计情况，并确定其是否已经得到执行。由于与重大非常规交易或判断事项相关的风险很少受到日常控制的约束，注册会计师应当了解被审计单位是否针对该特别风险设计和实施了控制。

（2）如果管理层未能实施控制以恰当应对特别风险，注册会计师应当认为内部控制存在重大缺陷，并考虑其对风险评估的影响。在此情况下，注册会计师应当就此类事项与治理层沟通。

【小贴士】了解与特别风险相关的控制，有助于注册会计师制定有效的审计方案予以应对。

【经典例题】

【真题·单选题】（2019）下列有关注册会计师评估特别风险的说法中，正确的是（　　）。

A. 注册会计师应当将具有高度估计不确定性的会计估计评估为存在特别风险

B. 注册会计师应当将涉及重大管理层判断和重大审计判断的事项评估为存在特别风险

C. 注册会计师应当将管理层凌驾于控制之上的风险作为特别风险

D. 注册会计师应当将重大非常规交易评估为存在特别风险

【答案】C

【解析】选项C正确，应当评估为特别风险的事项只有三个：（1）舞弊导致的重大错报风险；（2）管理层凌驾于控制之上的风险；（3）超出被审计单位正常经营过程的重大关联方交易导致的重大错报风险。其余的事项都需要进一步评估才能确定是否存在特别风险。

【例题·多选题】下列各项中，注册会计师不应当评估为存在特别风险的有（　　）。

A. 收入确认

B. 管理层可能凌驾于控制之上

C. 超出正常经营过程的重大关联方交易

D. 具有高度估计不确定性的重大会计估计

【答案】AD

【解析】管理层凌驾于控制之上的风险属于特别风险；注册会计师应当将识别出的、超出被审计单位正常经营过程的重大关联方交易导致的风险确定为特别风险，选项B、C应当评估为特别风险；针对具有高度估计不确定性的重大会计估计以及收入确认，属于与重大判断事项相关，注册会计师需要根据职业判断确认是否会导致特别风险，所以选项A、D不应当评估为存在特别风险。

重难点24：仅通过实质性程序无法应对的重大错报风险★★

如果认为仅通过实质性程序获取的审计证据无法应对认定层次的重大错报风险，注册会计师应当评价被审计单位针对这些风险设计的控制，并确定其执行情况。

在被审计单位对日常交易采用高度自动化处理的情况下，审计证据可能仅以电子形式存在，其充分性和适当性通常取决于自动化信息系统相关控制的有效性，注册会计师应当考虑仅通过实施实质性程序不能获取充分、适当审计证据的可能性。同时应当考虑依赖的相关控制的有效性，并对其进行了解、评估和测试。

重难点25：对风险评估的修正★★

注册会计师对认定层次重大错报风险的评估应以获取的审计证据为基础，并可能随着审计过程中对审计证据的不断获取而作出相应变化。

如果通过实施进一步审计程序获取的审计证据与初始评估相矛盾，注册会计师应当修正风险评估结果，并相应修改原计划实施的进一步审计程序。

风险评估是一个连续和动态地收集、更新与分析信息的过程，贯穿于整个审计过程的始终。

通关练习

（一）单选题

1. 下列关于风险评估运用分析程序的说法中错误的是（　　）。

A. 风险评估贯穿于审计过程的始终

B. 注册会计师运用分析程序通常需要数据之间存在预期关系，因此只能使用财务信息

C. 注册会计师实施分析程序可能有助于识别异常的交易或事项，以及对审计产生影响的金额、比率或趋势

D. 通过实施分析程序识别出异常的或者未预期到的关系对识别和评估由于舞弊导致的重大错报风险具有特别意义

2. 下列有关项目组内部讨论的说法中，不正确的是（　　）。

A. 项目组应当根据审计的具体情况，持续交换有关被审计单位财务报表发生重大错报可能性的消息

B. 项目组应当讨论被审计单位面临的经营风险、财务报表容易发生错报的领域以及发生错报的方式，特别是由于舞弊导致重大错报的可能性

C. 如果项目组利用了信息技术或其他特殊技能的专家工作，这些专家不用参与讨论

D. 讨论的范围受项目组成员的职位、经验和信息需要的影响

3. 下列关于风险评估的说法中，不正确的是（　　）。

A. 了解被审计单位及其环境是一个连续和动态地收集、更新与分析信息的过程，贯穿于整个审计过程的始终

B. 注册会计师应当运用职业判断确定需要了解被审计单位及其环境的程度

C. 注册会计师应当了解被审计单位及其环境，以充分识别和评估财务报表重大错报风险，设计和实施进一步审计程序

D. 风险评估程序并不是必须实施的，注册会计师可以根据职业判断作出选择

4. 在下列控制中，属于检查性控制的是（　　）。

A. 在更新采购档案之前必须先有收货报告

B. 计算机每天比较运出货物的数量和开票数量，并生成差异报告

C. 销货发票上的价格根据价格清单上的信息确定

D. 计算机将记账凭证上借贷方金额对比，对账户代码进行逻辑测试

5. 下列有关控制环境的说法中，错误的是（　　）。

A. 控制环境对重大错报风险的评估具有广泛影响

B. 财务报表层次重大错报风险很可能源于薄弱的控制环境

C. 有效的控制环境有助于降低发生舞弊的风险

D. 有效的控制环境本身可以防止、发现并纠正各类交易、账户余额和披露认定层次的重大错报

6. 下列有关注册会计师了解内部控制的说法中，不正确的是（　　）。

A. 注册会计师不需要了解被审计单位所有的内部控制注册会计师

B. 注册会计师在了解被审计单位内部控制时，应当确定其是否得到一贯执行

C. 注册会计师对内部控制的了解通常不足以测试控制运行的有效性

D. 注册会计师询问被审计单位人员不足以评价内部控制设计的合理性

7. 下列各项中，属于检查性控制的是（　　）。

A. 定期编制银行存款余额调节表，跟踪调查挂账的项目

B. 负责业务收入和应收账款记账的财务人员不得经手货币资金

C. 采购固定资产需要经适当级别的人员批准

D. 仓库管理员根据经批准的发货单办理出库

8. 下列各项中，属于认定层次重大错报风险的是（　　）。

A. 被审计单位管理层凌驾于内部控制之上

B. 被审计单位所处行业陷入严重衰退

C. 被审计单位治理层和管理层不重视内部控制

D. 被审计单位大额应收账款可收回性具有高度不确定性

9. A注册会计师负责审计甲公司2020年度财务报表，下列情形中，最有可能导致A注册会计师不能执行财务报表审计的是（　　）。

A. 甲公司管理层没有清晰区分内部控制要素

B. 甲公司管理层没有根据变化的情况修改相关的内部控制

C. 甲公司管理层凌驾于内部控制之上

D. A注册会计师对甲公司管理层的诚信存在严重疑虑

10. 下列重大错报风险中，与特定的某类交易、账户余额和披露的认定相关的是（　　）。

A. 被审计单位在经济不稳定的国家和地区开展业务

B. 被审计单位存在复杂的联营或合营

C. 被审计单位资产的流动性出现问题

D. 被审计单位融资能力受到限制

（二）多选题

1. 下列关于风险评估程序的说法中，正确的有（　　）。

A. 为了解被审计单位及其环境而实施的程序就是风险评估程序

B. 注册会计师实施风险评估程序是为了识别和评估财务报表重大错报风险

C. 注册会计师应当实施的风险评估程序包括询问管理层和被审计单位内部其他人员、分析程序、观察和检查

D. 注册会计师应当在了解被审计单位及其环境的每一个方面实施询问、观察、检查和分析程序

2. 下列关于风险评估的理解中，不正确的有（　　）。

A. 审计风险控制流程的起点是风险的识别和评估

B. 评价对被审计单位及其环境了解的程度是否恰当，关键是看注册会计师是否能够发现舞弊

C. 无论评估的重大错报风险结果如何，均应当针对所有的各类交易、账户余额和实质性程序

D. 注册会计师应当了解被审计单位的目标、战略以及所有的经营风险

3. 注册会计师组织项目讨论组讨论的主要内容有（　　）。

A. 管理层是否倾向于高估或低估收入

B. 管理层是否存在严重诚信问题

C. 会计政策是否发生重大变化

D. 被审计单位是否面临重大的经营风险

4. 下列有关了解内部控制的表述中，不正确的有（　　）。

A. 在了解内部控制时，注册会计师应评价相关控制的设计情况，并确定其是否得到一贯执行

B. 注册会计师需要了解和评价的内部控制只是与非财务报表相关的内部控制

C. 小型被审计单位通常没有正式的内部控制，注册会计师通常无需对其内部控制进行了解

D. 执行穿行测试，可以确定相关控制活动是否得到执行

5. 在注册会计师了解控制活动时，下列说法中，恰当的有（　　）。

A. 注册会计师应当了解被审计单位所有的与财务报表相关的控制活动

B. 注册会计师应当了解被审计单位所有的控制活动

C. 注册会计师应当了解与审计相关的控制活动

D. 如果多项控制活动能够实现同一控制目标，注册会计师不必了解与该目标相关的每项控制活动

6. 下列被审计单位的控制中，通常与审计有关的有（　　）。

A. 工厂存货定期盘点

B. 公司因某些特别原因同意对某个不符合一般信用条件的客户赊购商品

C. 航空公司用于维护航班时间表的自动控制系统

D. 银行客户信贷经理复核各分行、地区和各种贷款类型的审批和收回

7. 下列与审计相关的内部控制的说法中，正确的有（　　）。

A. 被审计单位通常有些与内部控制目标相关但与审计无关的控制，注册会计师无须对其加以考虑

B. 与审计相关的内部控制一定与财务报告相关

C. 被审计单位的目标和控制，与财务报告、经营及合规有关，但这些目标和控制并非都与注册会计师的风险评估相关

D. 如果与经营和合规目标相关的控制与注册会计师实施审计程序时评价或使用的数据相关，则这些控制也可能与审计相关

8. A 注册会计师在审计甲公司 2020 年度财务报表，在识别和评估重大错报风险时，A 注册会计师可能实施的审计程序有（　　）。

A. 评估识别出的风险，并评价其是否更广泛地与财务报表整体相关

B. 考虑识别的错报风险导致财务报表发生重大错报的可能性

C. 考虑识别的错报风险是否重大

D. 将识别的错报风险与认定层次可能发生错报的领域相联系

9. 在应对仅通过实质性程序无法应对的重大错报风险时，注册会计师应当考虑的主要因素有（　　）。

A. 被审计单位是否针对这些风险设计了控制

B. 相关控制是否可以信赖

C. 会计政策是否发生变更

D. 相关交易是否采用高度自动化的处理

10. 下列选项中，通常导致财务报表层次重大错报风险的有（　　）。

A. 管理层舞弊

B. 未实施恰当的职责分离

C. 出纳舞弊

D. 赊销金额超过授权

（三）简答题

A 注册会计师是甲公司 2020 年度财务报表审计业务的项目合伙人。在了解甲公司及其环境以及评估重大错报风险时，A 注册会计师的观点如下：

（1）针对甲公司多项控制活动能够实现营业收入发生的目标，A 注册会计师认为应该了解与该目标相关的每项控制活动。

（2）甲公司与固定资产相关的会计估计在本年发生变化，A 注册会计师认为这可能会导致固定资产的金额计量不准确，但不会导致特别风险。

（3）在了解甲公司的内部控制时，A 注册会计师认为应该了解的是与财务报告相关的内部控制，而非甲公司所有的内部控制。

（4）在识别和评估特别风险时，A 注册会计

计师认为必须要亲自实施各项审计程序，不能利用专家的工作。

（5）针对特别风险的项目，A 注册会计师认为不需要了解内部控制，只需直接实施实质性程序。

【要求】假定上述第（1）~（5）项均独立，逐项指出 A 注册会计师的观点是否恰当。如不恰当，简要说明理由。

通关练习答案及解析

（一）单选题

1.【答案】B

【解析】注册会计师实施分析程序可以利用财务信息和非财务信息，如销售额与卖场的面积或已出售商品数量之间的关系。

2.【答案】C

【解析】如果项目组需要拥有信息技术或其他特殊技能的专家（包括会计师事务所内外），项目组讨论时，这些专家也可根据需要参与讨论。

3.【答案】D

【解析】风险评估是必须实施的程序。

4.【答案】B

【解析】预防性控制通常用于正常业务流程中的每一项交易中以防止错报的发生，建立检查性控制的目的是发现流程中可能发生的错报。

5.【答案】D

【解析】控制环境本身并不能防止或发现并纠正各类交易账户余额和披露认定层次重大错报。

6.【答案】B

【解析】“了解内部控制”包括两层含义：一是评价控制的设计；二是确定控制是否得到执行。在测试控制运行的有效性时，注册会计师应当从下列方面获取关于控制是否有效运行的审计证据：①控制在所审计期间的相关时点是如何运行的；②控制是否得到一贯执行；③控制由谁或以何种方式执行。

7.【答案】A

【解析】选项 B、C、D 属于预防性控制。

8.【答案】D

【解析】选项 A、B、C 均属于财务报表层次重大错报风险，财务报表整体广泛相关，进而影响多项认定，所以选项 D 正确。

9.【答案】D

【解析】选项 A、B 说明甲公司内部控制存在缺陷；选项 C 管理层凌驾于内部控制之上，注册会计师可以少利用甚至不利用控制测试的结果，通过多做实质性程序来实施审计；选项 D 的情况可能解除业务约定，从而不能执行财务报表审计。

10.【答案】B

【解析】选项 A、C、D 是可能与财务报表整体广泛相关的情形，比如经济不稳定的国家和地区开展业务，可能会对企业的持续经营产生影响，此时对财务报表产生的影响是广泛性的，与报表整体性有关，选项 B 表明“长期股权投资”账户的认定可能存在重大错报风险。

（二）多选题

1.【答案】ABC

【解析】注册会计师应当实施下列风险评估程序，以了解被审计单位及其环境：（1）询问管理层和被审计单位内部其他人员；（2）分析程序；（3）观察和检查。注册会计师在审计过程中应当实施上述审计程序，但是在了解被审计单位及其环境的每一个方面时无需实施上述所有程序。

2.【答案】BCD

【解析】选项 B，评价对被审计单位及其环境了解的程序是否恰当，关键是看注册会计师对被审计单位及其环境的了解是否足以识别和评估财务报表的重大错报风险；选项 C，无论评估的重大错报风险结果如何，均应当针对所有重大的各类交易、账户余额和披露实施实质性分析程序；选项 D，注册会计师只需要识别可能导致重大错报风险的经营风险。

3.【答案】ABCD

【解析】项目组应当讨论被审计单位面临的经营风险、财务报表容易发生错报的领域以及发生错报的方式，特别是由于舞弊导致重大错报的可能性。选项 A 是财务报表容易发生错报的方式；选项 B、选项 C 属于财务报表容易发生错报的领域；选项 D 是被审计单位面临的经营风险，所以上述选项均正确。

4.【答案】ABC

【解析】选项 A，对内部控制了解的深度，是指在了解被审计单位及其环境时对内部控制了解的程度，包括评价控制的设计，并确定其是否得到执行，但不包括对控制是否得到一贯执行的测试；选项 B，注册会计师需要了解和评价的内部控制只是与财务报表审计相关的内部控制；选项 C，了解内部控制是必须的程序。

5.【答案】CD

【解析】注册会计师进行财务报表审计时目标很明确，即合理保证查出财务报表重大错报，降低财务信息的重大错报风险，提高财务报表的可信性。因此，注册会计师需要了解的是被审计单位内部控制中与财务报表审计相关的重要控制活动，不需要了解与财务报表审计无关的内部控制；如果多项控制活动能够实现同一控制目标，注册会计师不必了解与该目标相关的每项控制活动。

6.【答案】ABD

【解析】被审计单位通常有一些与审计无关的控制，注册会计师无需对其加以考虑。例如，被审计单位可能依靠某复杂的自动控制系统提高经营活动的效率和效果（如航空公司用于维护航班时间表的自动控制系统），但这些控制通常与审计无关。

7.【答案】ACD

【解析】选项 A，例如，被审计单位可能依靠某一复杂的自动化控制提高经营活动的效率和效果（如航空公司用于维护航班时间表的自动化控制系统），但这些控制通常与审计无关。选项 B，与审计相关的内部控制并非均与财务报告相关。

8.【答案】ABCD

9.【答案】ABD

【解析】如果认为仅通过实质性程序获取的审计证据无法将认定层次的重大错报风险降至可接受的低水平，注册会计师应当评价被审计单位针对这些风险设计的控制，并确定其执行情况，选项 A、B 正确。在被审计单位对日常交易采用高度自动化处理的情况下，审计证据可能仅以电子形式存在，其充分性和适当性通常取决于自动化信息系统相关控制的有效性，可能仅通过实施实质性程序不能获取充分、适当审计证据，需执行控制测试，选项 D 正确。

10.【答案】AB

【解析】选项 A、B 都会导致报表层次重大错报风险，与整体有关，而选项 C 与货币资金项目错报有关，选项 D 与营业收入、应收账款等项目错报有关。

（三）简答题

【答案】

（1）不恰当。如果多项控制活动能够实现同一目标，注册会计师不必了解与该目标相关的每项控制活动。

（2）不恰当。特别风险通常与重大的非常规交易和判断事项有关，判断事项通常包括作出的会计估计（具有计量的重大不确定性），所以这一事项也可能产生特别风险。

（3）不恰当。注册会计师需要了解和评价的内部控制是与财务报表审计相关的内部控制，并非与财务报告相关的内部控制，也不是甲公司所有的内部控制。

（4）不恰当。注册会计师在识别和评估重大错报风险时可以利用专家的工作，而特别风险属于需要特别考虑的重大错报风险，所以也可以利用专家的工作。

（5）不恰当。对特别风险，注册会计师应当评价相关控制的设计情况，并确定其是否已经得到执行。

第八章 风险应对

2021 年教材内容主要变化

本章内容无变化。

本章近五年考情统计分析

本章考题客观题和综合题均有涉及，在综合题中，经常结合某一认定考查控制测试和实质性程序。本章是比较重要的考试章节之一，最近五年平均考试分值 5 分左右。

（一）近五年考试分值分布

题型	2016 年	2017 年	2018 年	2019 年	2020 年
单选题	2	—	1	1	—
多选题	2	2	—	—	2
简答题	1	2	4	—	1. 5
综合题	1	3	2	—	0. 75
合计	6	7	7	1	4. 25

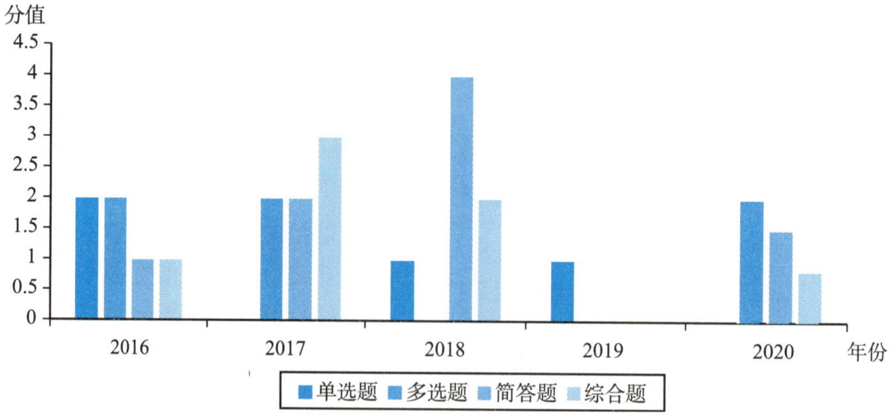

（二）近五年考试考点分布

高频考点内容	年度及题型分布
报表层总体应对措施	2016 年单选
进一步审计程序	2020 年单选、2020 年简答、2017 年多选、2016 年简答

续表

高频考点内容	年度及题型分布
控制测试	2020 年简答、2019 年单选、2018 年单选、2018 年综合、2017 年综合、2016 年多选、2016 年综合
实质性程序	2020 年简答、2018 年简答、2018 年综合、2017 年简答、2017 年综合、2016 年单选

重难点解析

本章内容属于重要的章节之一，主要内容包括：明确注册会计师应当针对财务报表层次重大错报风险的总体应对措施，并针对评估的认定层次重大错报风险设计和实施进一步审计程序，以将审计风险降至可接受的低水平。掌握控制测试和实质性测试的性质、时间安排和范围。

【小贴士】本章内容的学习，需要结合第七章（风险评估）有关内容进行理解，认识风险、评估风险，再根据评估的风险作出相应的风险应对。本章与第三编（各类交易和账户余额审计）、第十三章（对舞弊和法律法规的考虑）密切相关。

重难点 1：报表层总体应对措施★★

（一）总体应对措施的实施要求

在财务报表重大错报风险的评估过程中，注册会计师应当确定，与财务报表整体广泛相关，进而影响多项认定的，属于财务报表层次的重大错报风险。注册会计师应当针对评估的财务报表层次重大错报风险确定总体应对措施。

（二）总体应对措施的内容

（1）向审计项目组强调保持职业怀疑的必要性。

（2）指派更有经验或具有特殊技能的人员，或利用专家的工作。

（3）提供更多的督导。

（4）在选择拟实施的进一步审计程序时融入更多的不可预见的因素。

（5）对拟实施审计程序的性质、时间安排或范围作出总体修改。

【小贴士】针对评估的财务报表层次重大错报风险的总体应对措施，要实施实质性程序。

（三）控制环境的影响

财务报表层次的重大错报风险很可能源于薄弱的控制环境，薄弱的控制环境带来的风险可能对财务报表产生广泛影响，注册会计师应当采取总体应对措施。

（1）注册会计师对控制环境的了解影响其对财务报表层次重大错报风险的评估。

（2）有效的控制环境可以使注册会计师增强对内部控制和被审计单位内部产生的证据的信赖程度。

（3）如果控制环境存在缺陷，注册会计师在对拟实施审计程序的性质、时间安排和范围作出总体修改时应当考虑：

①从时间安排上，在期末而非期中实施更多的审计程序。控制环境的缺陷通常会削弱期中获得的审计证据的可信赖程度。

②从性质上，通过实施实质性程序获取更广泛的审计证据。良好的控制环境是其他控制要素发挥作用的基础。控制环境存在缺陷通常会削弱其他控制要素的作用，导致注册会计可能无法信赖内部控制，而主要依赖实施实质性程序获取审计证据。

③从范围上，增加拟纳入审计范围的经营地点的数量。

【经典例题】

【真题·单选题】（2016）下列各项措施中，不能应对财务报表层次重大错报风险的是（　　）。

A. 在期末而非期中实施更多的审计程序

B. 扩大控制测试的范围

C. 增加拟纳入审计范围的经营地点的数量

D. 增加审计程序的不可预见性

【答案】B

【解析】应对财务报表层次重大错报风险应更多的实施实质性程序，选项B扩大控制测试的范围，是为了获取某一认定相关的审计证据，所以不能应对财务报表层次重大错报风险。

重难点2：增加审计程序不可预见性的方法★★

（一）增加审计程序不可预见性的思路

（1）对某些以前未测试的低于设定的重要性水平或风险较小的账户余额和认定实施实质性程序。

（2）调整实施审计程序的时间，使其超出被审计单位的预期。

（3）采取不同的审计抽样方法，使当年抽取的测试样本与以前有所不同。

（4）选取不同的地点实施审计程序，或预先不告知被审计单位所选定的测试地点。

（二）增加审计程序不可预见性的实施要点

（1）注册会计师需要与被审计单位的高层管理人员事先沟通，要求实施具有不可预见性的审计程序，但不能告知其具体内容。

（2）注册会计师可以在签订审计业务约定书时明确提出这一要求。

【小贴士】注册会计师可以在签订审计业务约定书时明确提出这一要求，但不是必须提出，视实际情况而定。

（3）虽然对于不可预见性程度没有量化的规定，但审计项目组可根据对舞弊风险的评估等确定具有不可预见性的审计程序。审计项目组可以汇总那些具有不可预见性的审计程序，并记录在审计工作底稿中。

（4）项目合伙人需要安排项目组成员有效地实施具有不可预见性的审计程序，但同时要避免使项目组成员处于困难境地。

（三）增加审计程序不可预见性的示例

审计程序的不可预见性示例如下表所示。

审计领域	一些可能适用的具有不可预见性的审计程序
存货	向以前审计过程中接触不多的被审计单位员工询问，例如采购、销售、生产人员等
	在不事先通知被审计单位的情况下，选择一些以前未曾到过的盘点地点进行存货监盘
销售和应收账款	向以前审计过程中接触不多或未曾接触过的被审计单位员工询问，例如负责处理大客户账户的销售部人员
	改变实施实质性分析程序的对象，例如对收入按细类进行分析
	针对销售和销售退回延长截止测试期间
	实施以前未曾考虑过的审计程序，例如： （1）函证确认销售条款或者选定销售额较不重要、以前未曾关注的销售交易，例如对出口销售实施实质性程序。 （2）实施更细致的分析程序，例如使用计算机辅助审计技术复核销售及客户账户。 （3）测试以前未曾函证过的账户余额，例如，金额为负或是零的账户，或者余额低于以前设定的重要性水平的账户。 （4）改变函证日期，即把所函证账户的截止日期提前或者推迟。 （5）对关联公司销售和相关账户余额，除了进行函证外，再实施其他审计程序进行验证
采购和应付账款	如果以前未曾对应付账款余额普遍进行函证，可考虑直接向供应商函证确认余额。如果经常采用函证方式，可考虑改变函证的范围或者时间
	对以前由于低于设定的重要性水平而未曾测试过的采购项目，进行细节测试
	使用计算机辅助审计技术审阅采购和付款账户，以发现一些特殊项目，例如是否有不同的供应商使用相同的银行账户

续表

审计领域	一些可能适用的具有不可预见性的审计程序
现金和银行存款	多选几个月的银行存款余额调节表进行测试
	对有大量银行账户的，考虑改变抽样方法
固定资产	对以前由于低于设定的重要性水平而未曾测试过的固定资产进行测试，例如考虑实地盘查一些价值较低的固定资产，如汽车和其他设备等
集团审计项目	修改组成部分审计工作的范围或者区域（如增加某些不重要的组成部分的审计工作量，或实地去组成部分开展审计工作）

【经典例题】

【真题·多选题】（2015）下列有关审计程序不可预见性的说法中，正确的有（　　）。

A. 注册会计师应当在签订审计业务约定书时明确提出拟在审计过程中实施具有不可预见性的审计程序，但不能明确其具体内容

B. 注册会计师采取不同的抽样方法使当年抽取的测试样本与以前有所不同，可以增加审计程序的不可预见性

C. 注册会计师通过调整实施审计程序的时间，可以增加审计程序的不可预见性

D. 注册会计师需要与被审计单位管理层事先沟通拟实施具有不可预见性的审计程序的要求，但不能告知其具体内容

【答案】BCD

【解析】选项A错误，注册会计师可以在签订审计业务约定书时明确提出拟在审计过程中实施具有不可预见性的审计程序，不是应当提出。

重难点3：总体审计方案★★

（一）总体审计方案影响因素

注册会计师评估的财务报表层次重大错报风险以及采取的总体应对措施，对拟实施进一步审计程序的总体审计方案具有重大影响。

【小贴士】总体应对措施与总体审计方案概念的区分：

（1）总体审计措施是应对财务报表层次重大错报风险的措施。

（2）总体审计方案针对的是拟实施进一步审计程序，属于认定层次的风险应对。

（二）总体审计方案的类型

拟实施进一步审计程序的总体审计方案包括实质性方案和综合性方案。其中，实质性方案是指注册会计师实施的进一步审计程序以实质性程序为主；综合性方案是指注册会计师在实施进一步审计程序时，将控制测试与实质性程序结合使用，如下图所示。

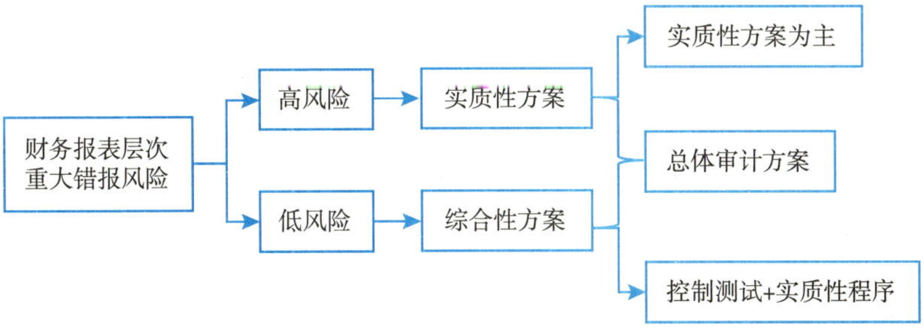

【经典例题】

【例题·单选题】如果注册会计师评估的财务报表层次重大错报风险为高水平，则拟实施的进一步审计程序的总体方案往往更倾向于（　　）。

A. 综合性方案

B. 实质性方案

C. 总体应对措施

D. 仅通过实质性程序无法应对的审计方案

【答案】B

【解析】如果注册会计师评估的财务报表层次重大错报风险为高水平，则拟实施的进一步审计程序的总体方案往往更倾向于实质性方案。

重难点4：进一步审计程序★★

（一）进一步审计程序的含义

进一步审计程序，是指注册会计师针对评估的各类交易、账户余额和披露认定层次重大错报风险实施的审计程序，包括控制测试和实质性程序。

（二）设计和实施进一步审计程序的要求

注册会计师应当针对评估的认定层次重大错报风险设计和实施进一步审计程序，包括审计程序的性质、时间安排和范围。注册会计师设计和实施的进一步审计程序的性质、时间安排和范围，应当与评估的认定层次重大错报风险具备明确的对应关系。

（三）设计进一步审计程序时应当考虑的因素

（1）风险的重要性，即风险造成的后果的严重程度。

（2）重大错报发生的可能性。

（3）涉及的各类交易、账户余额和披露的特征。

（4）被审计单位采用的特定控制的性质。

（5）注册会计师是否拟获取审计证据，以确定内部控制在防止或发现并纠正重大错报方面的有效性。

（四）设计和实施进一步审计程序时的特别考虑

注册会计师应当根据对认定层次重大错报风险的评估结果，恰当选用实质性方案或综合性方案。无论选择何种方案，注册会计师都应当对重大类别的交易、账户余额和披露设计和实施实质性程序。

【经典例题】

【例题·单选题】下列有关针对重大账户余额实施审计程序的说法中，正确的是（　　）。

A. 注册会计师应当实施实质性程序

B. 注册会计师应当实施细节测试

C. 注册会计师应当实施控制测试

D. 注册会计师应当实施控制测试和实施性程序

【答案】A

【解析】无论针对重大错报风险的评估结果选择何种方案，注册会计师都应当对重大类别的交易、账户余额和披露设计和实施实质性程序，因此选项A正确。

【例题·多选题】下列有关进一步审计程序的相关表述中，正确的有（　　）。

A. 分析程序属于进一步审计程序

B. 实质性程序和控制测试属于进一步审计程序

C. 进一步审计程序应对的是认定层次的重大错报风险

D. 进一步审计程序的总体审计方案包括实质性方案和综合性方案

【答案】BCD

【解析】实质性分析程序属于进一步审计程序，但是当分析程序用于风险评估和总体复核阶段时，就不属于进一步审计程序的范畴。选项A错误。

重难点5：进一步审计程序的性质★★

（一）进一步审计程序的性质的含义

进一步审计程序的性质是指进一步审计程序的目的和类型。

（1）目的：包括通过实施控制测试以确定内部控制运行的有效性，通过实施实质性程序以发现认定层次的重大错报。

（2）类型：包括检查、观察、询问、函证、重新计算、重新执行和分析程序。

【小贴士】在应对评估的风险时，进一步审计程序的性质、时间安排和范围三个要素中，合理确定审计程序的性质是最重要的。

（二）进一步审计程序的性质的选择

（1）在确定进一步审计程序的性质时，注册会计师首先需要考虑的是认定层次重大错报风险的评估结果。

（2）注册会计师接下来应当考虑评估的认定层次重大错报风险产生的原因，包括考虑各类交易、账户余额和披露的具体特征以及内部控制。

（3）如果在实施进一步审计程序时拟利用被审计单位信息系统生成的信息，注册会计师应当就信息的准确性和完整性获取审计证据。

【经典例题】

【例题·单选题】下列关于注册会计师对进一步审计程序的性质的选择中，不恰当的是（　　）。

A. 注册会计师应当根据认定层次重大错报风险的评估结果选择审计程序

B. 注册会计师在实施进一步审计程序时不应该利用被审计单位信息系统生成的信息

C. 在确定进一步审计程序的性质时，注册会计师首先要考虑的是认定层次重大错报风险的评估结果

D. 除了从总体上把握认定层次重大错报风险的评估结果对选择进一步审计程序的影响外，在确定拟实施的审计程序时，注册会计师接下来应当考虑评估的认定层次重大错报风险产生的原因

【答案】B

【解析】选项B中，如果在实施进一步审计程序时拟利用被审计单位信息系统生成的信息，注册会计师应当就信息的准确性和完整性获取审计证据。

【例题·多选题】在确定进一步审计程序的性质时，注册会计师应当考虑的主要因素有（　　）。

A. 不同的审计程序应对特定认定错报风险的效力

B. 认定层次重大错报风险的评估结果

C. 认定层次重大错报风险产生的原因

D. 各类交易、账户余额、列报的特征

【答案】ABCD

【解析】选项A正确，不同的审计程序特定认定错报风险的效力不同，注册会计师应当考虑不同的审计程序应对特定认定错报风险的效力；选项B、C、D正确，在确定进一步审计程序的性质时，注册会计师首先需要考虑的是认定层次重大错报风险的评估结果。注册会计师接下来应当考虑评估的认定层次重大错报风险产生的原因，包括考虑各类交易、账户余额和披露的具体特征以及内部控制。

重难点6：进一步审计程序的时间★★

（一）进一步审计程序的时间的含义

进一步审计程序的时间是指注册会计师何时实施进一步审计程序，或审计证据适用的期间或时点。

（二）确定进一步审计程序的时间的重要因素

（1）控制环境；

（2）何时能得到相关信息；

（3）错报风险的性质；

（4）审计证据适用的期间或时点；

（5）编制财务报表的时间，尤其是编制某些披露的时间。

【经典例题】

【真题·多选题】（2020）下列各项因素中，注册会计师在确定实施审计程序的时间时需要考虑的有（　　）。

A. 何时能得到相关信息

B. 审计证据适用的期间

C. 被审计单位的控制环境

D. 错报风险的性质

【答案】ABCD

【解析】注册会计师在确定何时实施审计程序时应当考虑的几项重要因素包括：（1）控制环境（选项C）；（2）何时能得到相关信息

（选项A）；（3）错报风险的性质（选项D）；（4）审计证据适用的期间或时点（选项B）；（5）编制财务报表的时间，尤其是编制某些披露的时间。

重难点7：进一步审计程序的范围★★

（一）进一步审计程序的范围的含义

进一步审计程序的范围是指实施进一步审计程序的数量，包括抽取的样本量、对某项控制活动的观察次数等。

（二）确定进一步审计程序的范围时考虑的因素

（1）确定的重要性水平。确定的重要性水平越低，注册会计师实施进一步审计程序的范围越广。

（2）评估的重大错报风险。评估的重大错报风险越高，注册会计师实施的进一步审计程序的范围也越广。

（3）计划获取的保证程度。计划获取的保证程度越高，注册会计师实施的进一步审计程序的范围越广。

【小贴士】随着重大错报风险的增加，注册会计师应当考虑扩大审计程序的范围。但是，只有当审计程序本身与特定风险相关时，扩大审计程序的范围才是有效的。

（三）计算机辅助审计技术

在考虑确定进一步审计程序的范围时，使用计算机辅助审计技术具有积极的作用。注册会计师可以使用计算机辅助审计技术对电子化的交易和账户文档进行更广泛的测试，包括从主要电子文档中选取交易样本，或按照某一特征对交易进行分类，或对总体而非样本进行测试。

重难点8：控制测试含义★★★

（一）控制测试的定义

控制测试是指用于评价内部控制在防止或发现并纠正认定层次重大错报方面的运行有效性的审计程序。

【小贴士】控制测试不同于了解内部控制，在了解内部控制是否得到执行时，注册会计师只需抽取少量的交易进行检查或观察某几个时点。但在测试控制运行的有效性时，注册会计师需要抽取足够数量的交易进行检查或对多个不同时点进行观察。

（二）控制测试的实施内容

（1）控制在所审计期间的相关时点是如何运行的。

（2）控制是否得到一贯执行。

（3）控制由谁或以何种方式执行。

【小贴士】控制运行有效性强调的是控制能够在各个不同时点按照既定设计得以一贯执行。

（三）控制测试的要求

当存在下列情形之一时，注册会计师应当实施控制测试：

（1）在评估认定层次重大错报风险时，预期控制的运行是有效的。

（2）仅实施实质性程序并不能够提供认定层次充分、适当的审计证据。

重难点9：控制测试的性质★★★

（一）控制测试的性质的含义

控制测试的性质，是指控制测试所使用的审计程序的类型及其组合。控制测试所采用的审计程序的类型包括：询问、观察、检查和重新执行。

（二）确定控制测试的性质时的要求

（1）考虑特定控制的性质。

注册会计师应当根据特定控制的性质选择所需实施审计程序的类型。

例如，某些控制可能存在反映控制运行有效性的文件记录，在这种情况下，注册会计师可以检查这些文件记录以获取控制运行有效的审计证据；例如，某些控制可能不存在文件记录（如一项自动化的控制活动），或文件记录与能否证实控制运行有效性不相关，注册会计师应当考虑实施检查以外的其他审计程序（如询问和观察）或借助计算机辅助审计技术，以获取有关控制运行有效性的审计证据。

（2）考虑测试与认定直接相关和间接相关的控制。

在设计控制测试时，注册会计师不仅应当考虑与认定直接相关的控制，还应当考虑这些控制所依赖的与认定间接相关的控制，以获取支持控制运行有效性的审计证据。

例如，被审计单位可能针对超出信用额度的例外赊销交易设置报告和审核制度（与认定直接相关的控制）；在测试该项制度的运行有效性时，注册会计师不仅应当考虑审核的有效性，还应当考虑与例外赊销报告中信息准确性有关的控制（与认定间接相关的控制）是否有效运行。

（3）如何对一项自动化的应用控制实施控制测试。

对于一项自动化的应用控制，由于信息技术处理过程的内在一贯性，注册会计师可以利用该项控制得以执行的审计证据和信息技术一般控制（特别是对系统变动的控制）运行有效性的审计证据，作为支持该项控制在相关期间运行有效性的重要审计证据。

【经典例题】

【例题·多选题】下列关于控制测试的性质描述，恰当的有（　　）。

A. 将询问与检查或重新执行结合使用，通常能比仅实施询问和观察获取更高的保证

B. 对运行情况留有书面证据的控制，检查非常适用

C. 询问本身无法获取控制有效运行的充分、适当的审计证据，需要与其他测试手段结合使用才能发挥作用

D. 注册会计师通过合理运用观察程序足以获取控制运行有效性的充分适当的审计证据

【答案】ABC

【解析】观察提供的证据不足以测试控制运行的有效性，选项 D 错误。

（三）实施控制测试时双重目的的实现

（1）控制测试的目的是评价控制是否有效运行；

（2）细节测试的目的是发现认定层次的重大错报；

（3）尽管控制测试和细节测试的目的不同，但注册会计师可以考虑针对同一交易同时实施控制测试和细节测试，以实现双重目的。

（四）实施实质性程序的结果对控制测试结果的影响

（1）如果通过实施实质性程序未发现某项认定存在错报，这本身并不能说明与该认定有关的控制是有效运行的。

（2）如果通过实施实质性程序发现某项认定存在错报，注册会计师应当在评价相关控制的运行有效性时予以考虑，如：①降低对相关控制的信赖程度；②调整实质性程序的性质；③扩大实质性程序的范围。

（3）如果实施实质性程序发现被审计单位没有识别出的重大错报，通常表明内部控制存在重大缺陷，注册会计师应当就这些缺陷与管理层和治理层进行沟通。

【小贴士】关注实施实质性程序的结果对控制测试结果的影响。

【经典例题】

【真题·简答题（部分）】（2015）ABC 会计师事务所负责审计甲公司 2014 年度财务报表，审计工作底稿中与内部控制相关的部分内容摘录如下：

（1）审计项目组对银行存款实施了实质性程序，未发现错报，因此认为甲公司与银行存款相关的内部控制运行有效；

（2）甲公司内部控制制度规定，财务经理每月应复核销售返利计算表，检查销售收入金额和返利比例是否准确，如有异常进行调查并处理，复核完成后签字存档，审计项目组选取了 3 个月的销售返利计算表，检查了财务经理的签字，以为该控制运行有效。

【要求】针对上述事项，指出审计项目组的做法是否恰当。如不恰当，简要说明理由。

【答案】

（1）不恰当。如果通过实施实质性程序未能发现错报，这并不能说明与该认定有关的内部控制是有效的。

（2）不恰当。只检查财务经理的签字不足以提供充分的审计证据，还应当检查财务经理是否按规定完整实施了该控制。

重难点10：控制测试的时间★★★

（一）控制测试的时间的含义

控制测试的时间包含两层含义：

（1）何时实施控制测试；

（2）测试所针对的控制适用的时点或期间。

（二）如何考虑期中审计证据

1. 基本要求

对于控制测试，注册会计师在期中实施此类程序具有更积极的作用，即使已获取有关控制在期中运行有效性的审计证据，仍然需要考虑如何能够将控制在期中运行有效性的审计证据合理延伸至期末，因此，针对期中至期末这段剩余期间获取充分、适当的审计证据，注册会计师应当实施下列审计程序：

（1）获取这些控制在剩余期间发生重大变化的审计证据。

（2）确定针对剩余期间还需获取的补充审计证据。

2. 针对剩余期间获取的补充审计证据时应当考虑的因素

（1）评估的认定层次重大错报风险的重要程度，评估的重大错报风险对财务报表的影响越大，注册会计师需要获取的剩余期间的补充证据越多。

（2）在期中测试的特定控制，以及自期中测试后发生的重大变动。

（3）在期中对有关控制运行有效性获取的审计证据的程度。

（4）剩余期间的长度。剩余期间越长，注册会计师需要获取的剩余期间的补充证据越多。

（5）在信赖控制的基础上拟缩小实质性程序的范围。注册会计师对相关控制的信赖程度越高，通常在信赖控制的基础上拟减少实质性程序的范围就越大。在这种情况下，注册会计师需要获取的剩余期间的补充证据越多。

（6）控制环境。控制环境越薄弱（或把握程度越低），注册会计师需要获取的剩余期间的补充证据越多。

【经典例题】

【真题·单选题】（2018）如果注册会计师已获取有关控制在期中运行有效的审计证据，下列有关剩余期间补充证据的说法中，错误的是（　　）。

A. 注册会计师可以通过测试被审计单位对控制的监督，将控制在期中运行有效的审计证据合理延伸至期末

B. 被审计单位的控制环境越有效，注册会计师需要获取的剩余期间的补充证据越少

C. 如果控制在剩余期间发生了变化，注册会计师可以通过穿行测试，将期中获取的审计证据合理延伸至期末

D. 注册会计师在信赖控制的基础上拟减少的实质性程序的范围越大，注册会计师需要获取的剩余期间的补充证据越多

【答案】C

【解析】选项C错误，如果控制在剩余期间发生了变化，注册会计师应当实施控制测试，穿行测试不适合用于控制测试，主要用于了解内部控制。

（三）如何考虑以前审计获取的审计证据

1. 基本思路

考虑拟信赖的以前审计中测试的控制在本期是否发生变化。如果拟信赖以前审计获取的有关控制运行有效性的审计证据，注册会计师应当通过实施询问并结合观察或检查程序，获取这些控制是否已经发生变化的审计证据。

（1）控制在本期发生变化时注册会计师的做法：

①与本期相关：不影响以前证据。

②与本期无关：在本期测试。

（2）控制在本期未发生变化时注册会计师的做法：

①旨在减轻特别风险的控制：不应依赖，

在本期测试。

②不属于旨在减轻特别风险的控制：每三年至少测一次。

2. 对测试间隔期间的因素

如果控制在本期未发生变化，注册会计师在确定是否利用以前审计获取的有关控制运行有效性的审计证据以及再次测试控制时间间隔时，应当考虑的因素或情况包括：

（1）内部控制其他要素的有效性。

（2）控制特征（是人工控制还是自动化控制）产生的风险。

（3）信息技术一般控制的有效性。

（4）影响内部控制的重大人事变动。

（5）由于环境发生变化而特定控制缺乏相应变化导致的风险。

（6）重大错报的风险和对控制的信赖程度。

注册会计师是否需要在本期测试某项控制的决策过程，如下图所示。

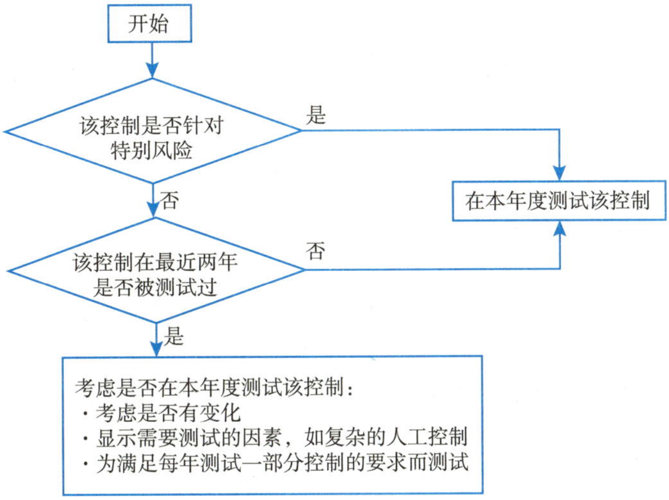

3. 旨在减轻特别风险的控制

（1）对于旨在减轻特别风险的控制，不论该控制在本期是否发生变化，注册会计师都不应依赖以前审计获取的证据，而应在本期审计中测试这些控制的运行有效性。

（2）如果确定评估的认定层次重大错报风险是特别风险，且注册会计师拟信赖旨在减轻特别风险的控制，那么所有关于该控制运行有效性的审计证据必须来自当年的控制测试，注册会计师应当在每次审计中都测试这类控制。

【经典例题】

【真题 · 多选题】（2016）下列有关利用以前审计获取的有关控制运行有效性的审计证据的说法中，错误的有（　　）。

A. 如果拟信赖以前审计获取的有关控制运行有效性的审计证据，注册会计师应当通过询问程序获取这些控制是否已经发生变化的审计证据

B. 如果拟信赖的控制在本期发生变化，注册会计师应当考虑以前审计获取的有关控制运行有效性的审计证据是否与本期审计相关

C. 如果拟信赖的控制在本期未发生变化，注册会计师可以运用职业判断决定不在本期测试其运行的有效性

D. 如果拟信赖的控制在本期未发生变化，控制应对的重大错报风险越高，本次控制测试与上次控制测试的时间间隔越短

【答案】 AC

【解析】 选项 A 错误，仅仅通过询问不能为控制运行的有效性提供充分证据，应当印证被询问者的答复，通常可以检查报告、文件记录等以获取控制运行有效的审计证据；选项 C

错误，如果拟信赖的控制在本期未发生变化，注册会计师应当运用职业判断决定是否在本期测试运行有效性，如果是针对旨在减轻特别风险的控制，那么无论该控制是否发生变化，都不应依赖以前审计获取的证据。

重难点11：控制测试的范围★★★

（一）控制测试的范围的含义

控制测试的范围，是指某项控制活动的测试次数。注册会计师应当设计控制测试，以获取控制在整个拟信赖的期间有效运行的充分、适当的审计证据。

（二）确定控制测试范围的考虑因素

（1）在拟信赖期间，被审计单位执行控制的频率。控制执行的频率越高，控制测试的范围越大。

（2）在所审计期间，注册会计师拟信赖控制运行有效性的时间长度。拟信赖控制运行有效性的时间长度不同，在该时间长度内发生的控制活动次数也不同。注册会计师需要根据拟信赖控制的时间长度确定控制测试的范围。拟信赖期间越长，控制测试的范围越大。

（3）控制的预期偏差。预期偏差可以用控制未得到执行的预期次数占控制应当得到执行次数的比率加以衡量（也可称为预期偏差率）。考虑该因素，是因为在考虑测试结果是否可以得出控制运行有效性的结论时，不可能只要出现任何控制执行偏差就认定控制运行无效，所以需要确定一个合理水平的预期偏差率。控制的预期偏差率越高，需要实施控制测试的范围越大。如果控制的预期偏差率过高，注册会计师应当考虑控制可能不足以将认定层次的重大错报风险降至可接受的低水平，从而针对某一认定实施的控制测试可能是无效的。

（4）通过测试与认定相关的其他控制获取的审计证据的范围。针对同一认定，可能存在不同的控制。当针对其他控制获取审计证据的充分性和适当性较高时，测试该控制的范围可适当缩小。

（5）拟获取的有关认定层次控制运行有效性的审计证据的相关性和可靠性。

（三）对自动化控制的测试范围的特别考虑

（1）信息技术处理具有内在一贯性，除非系统发生变动，一项自动化应用控制应当一贯运行。

（2）对于一项自动化应用控制，一旦确定被审计单位正在执行该控制，注册会计师通常无需扩大控制测试的范围，但需要考虑执行下列测试以确定该控制持续有效运行：

①测试与该应用控制有关的一般控制的运行有效性。

②确定系统是否发生变动，如果发生变动，是否存在适当的系统变动控制。

③确定对交易的处理是否使用授权批准的软件版本。

重难点12：实质性程序★★

（一）实质性程序的含义

实质性程序，是指用于发现认定层次重大错报的审计程序，包括对各类交易、账户余额和披露的细节测试以及实质性分析程序。

（二）实质性程序的要求

1. 实质性程序的一般要求

无论评估的重大错报风险结果如何，注册会计师都应当针对所有重大类别的交易、账户余额和披露实施实质性程序。

2. 针对特别风险实施实质性程序

（1）如果认为评估的认定层次重大错报风险是特别风险，注册会计师应当专门针对该风险实施实质性程序；

（2）如果针对特别风险实施的程序仅为实质性程序，这些程序应当包括细节测试，或将细节测试和实质性分析程序结合使用，以获取充分、适当的审计证据，不能仅实施实质性分析程序。

重难点13：实质性程序的性质★★

（一）实质性程序的性质的含义

实质性程序的性质，是指实质性程序的类型及其组合。

（二）细节测试和实质性分析程序

细节测试和实质性分析程序的区别，如下表所示。

控制测试	细节测试	实质性分析程序
含义	对各类交易、账户余额和披露的具体细节进行测试	研究数据间关系评价信息，识别各类交易、账户余额和披露及相关认定是否存在错报
程序	检查、询问、观察、函证、重新计算	分析程序
适用性	对各类交易、账户余额和披露认定的测试，尤其是对存在或发生、计价认定的测试	一段时间内存在可预期关系的大量交易

（三）细节测试的方向

（1）逆查：在针对存在或发生认定设计细节测试时，注册会计师应当选择包含在财务报表金额中的项目，并获取相关审计证据。

（2）顺查：在针对完整性认定设计细节测试时，注册会计师应当选择有证据表明应包含在财务报表金额中的项目，并调查这些项目是否确实包括在内。

（四）设计实质性分析程序时考虑的因素

（1）对特定认定使用实质性分析程序的适当性。

（2）对已记录的金额或比率作出预期时，所依据的内部或外部数据的可靠性。

（3）作出预期的准确程度是否足以在计划的保证水平上识别重大错报。

（4）已记录金额与预期值之间可接受的差异额。

【经典例题】

【真题·单选题】（2016）下列有关实质性程序的说法中，正确的是（　　）。

A. 注册会计师应当针对所有类别的交易、账户余额和披露实施实质性程序

B. 注册会计师针对认定层次的特别风险实施的实质性程序应当包括实质性分析程序

C. 如果在期中实施了实质性程序，注册会计师应当对剩余期间实施控制测试和实质性程序

D. 注册会计师实施的实质性程序应当包括将财务报表与其所依据的会计记录进行核对或调节

【答案】D

【解析】注册会计师应当针对所有重大类别的交易、账户余额和披露实施实质性程序，故选项A错误；如果针对特别风险实施的程序仅为实质性程序，这些程序应当包括细节测试，不一定实施实质性分析程序，故选项B错误；选项C错误，如果在期中实施了实质性程序，注册会计师应当对剩余期间实施进一步的实质性程序，或将控制测试和实质性程序结合使用。

重难点14：实质性程序的时间★★

（一）如何考虑是否在期中实施实质性程序

（1）控制环境和其他相关的控制；

（2）实施审计程序所需信息在期中之后的可获得性；

（3）实质性程序的目的；

（4）评估的重大错报风险；

（5）特定类别交易或账户余额以及相关认定的性质；

（6）针对剩余期间，能否通过实施实质性程序或将实质性程序与控制测试相结合，降低期末存在错报而未被发现的风险。

【经典例题】

【例题·单选题】下列有关实质性程序的时间安排的说法中，正确的是（　　）。

A. 实质性程序应当在控制测试完成后实施

B. 应对舞弊风险的实质性程序应当在资

产负债表日后实施

C. 针对账户余额的实质性程序应当在接近资产负债表日实施

D. 实质性程序的时间安排受被审计单位控制环境的影响

【答案】D

【解析】选项A错误，注册会计师可以同时实施控制测试和细节测试，以实现双重目的；选项B错误，如果是舞弊导致的重大错报风险，注册会计师应当考虑在期末或接近期末实施实质性程序；选项C错误，针对某些相关认定的特殊性质，注册会计师应当在期末或接近期末实施实质性程序，但不是说所有的实质性程序都在期末或接近期末实施。

（二）如何考虑期中审计证据

（1）如果在期中实施了实质性程序，注册会计师应当针对剩余期间实施进一步的实质性程序，或将实质性程序和控制测试结合使用，以将期中测试得出的结论合理延伸至期末。

（2）如果拟将期中测试得出的结论延伸至期末，注册会计师应当考虑针对剩余期间仅实施实质性程序是否足够。如果认为实施实质性程序本身不充分，注册会计师还应测试剩余期间相关控制运行的有效性或针对期末实施实质性程序。

（3）对于舞弊导致的重大错报风险（作为一类重要的特别风险），被审计单位存在故意错报或操纵的可能性，那么注册会计师更应慎重考虑能否将期中测试得出的结论延伸至期末。

（4）如果已识别出由于舞弊导致的重大错报风险，为将期中得出的结论延伸至期末而实施的审计程序通常是无效的，注册会计师应当考虑在期末或者接近期末实施实质性程序。

【经典例题】

【例题·单选题】下列有关实质性程序时间的说法中，正确的是（　　）。

A. 由于与未决诉讼认定相关的特殊性质，注册会计师应当在期末或接近期末实施实质性程序

B. 如果在期中实施了实质性程序，注册会计师应当针对剩余期间实施控制测试，以将期中测试得出的结论合理延伸至期末

C. 如识别出管理层凌驾于内部控制之上的风险，应当考虑在期中实施审计程序

D. 评估的认定层次的重大错报风险越高，越应当考虑在期中实施审计程序

【答案】A

【解析】选项B错误，为将期中结论合理延伸至期末，应针对剩余期间实施实质性程序，在实质性程序不充分时，可针对剩余期间实施控制测试或针对期末实施实质性程序，或将实质性程序和控制测试结合使用；选项C错误，如识别出管理层凌驾于内部控制之上的风险，将期中的结论延伸至期末的审计程序通常是无效的；选项D错误，评估的认定层次的重大错报风险越高，越应当集中在期末实施审计程序。

（三）如何考虑以前审计获取的审计证据

（1）在以前审计中实施实质性程序获取的审计证据，通常对本期只有很弱的证据效力或没有证据效力，不足以应对本期的重大错报风险；

（2）只有当以前获取的审计证据及其相关事项未发生重大变动时，以前获取的审计证据才可能用做本期的有效审计证据；

（3）如果拟利用以前审计中实施实质性程序获取的审计证据，注册会计师应当在本期实施审计程序，以确定这些审计证据是否具有持续相关性。

重难点15：实质性程序的范围★

（一）确定实质性程序的范围时考虑因素

评估的认定层次重大错报风险和实施控制测试的结果是注册会计师在确定实质性程序的范围时的重要考虑因素。

（1）注册会计师评估的认定层次的重大

错报风险越高，需要实施实质性程序的范围越广；

（2）注册会计师如果对控制测试结果不满意，可能需要考虑扩大实质性程序的范围。

（二）确定细节测试范围时考虑因素

（1）从样本量的角度考虑测试范围；

（2）考虑选样方法的有效性。

（三）实质性分析程序对可容忍偏差的考虑

（1）注册会计师应当确定已记录金额与预期值之间可接受的差异额，可容忍或可接受的偏差越大，调查的范围越小。

（2）在确定该差异额时，注册会计师应当主要考虑各类交易、账户余额和披露及相关认定的重要性和计划的保证水平。

通关练习

（一）单选题

1. 下列各项措施中，可以应对财务报表层次重大错报风险的是（　　）。

A. 增加更多审计程序的不可预见因素

B. 向审计项目组强调保持职业独立性的必要性

C. 在期中而非期末实施更多的审计程序

D. 通过实施控制测试扩大获取审计证据的范围

2. 下列关于审计程序不可预见性的说法中，正确的是（　　）。

A. 审计项目组对舞弊风险的评估不能确定具有不可预见性的审计程序

B. 注册会计师必须在签订审计业务约定书时明确提出实施具有不可预见性的审计程序这一要求，但不能告知其具体内容

C. 对大额应收账款进行函证可以达到提高审计程序不可预见性的目的

D. 采取不同的审计抽样方法可以增加审计程序的不可预见性

3. 有关进一步审计程序的说法中，正确的是（　　）。

A. 如果评估的重大错报风险比较低，注册会计师可以选择不实施实质性程序

B. 针对评估的财务报表层次重大错报风险设计和实施进一步审计程序

C. 进一步审计程序包括控制测试和实质性程序

D. 进一步审计程序的范围是最重要的

4. 注册会计师在确定进一步审计程序的时间时考虑的重要因素不包括（　　）。

A. 控制环境

B. 审计证据适用的种类

C. 错报风险的性质

D. 何时能得到相关信息

5. 关于进一步审计程序的说法中，错误的是（　　）。

A. 注册会计师可以考虑针对同一交易同时实施控制测试和细节测试，以实现双重目的

B. 当拟实施的进一步审计程序主要以控制测试为主，尤其仅实施实质性程序无法获取充分、适当的审计证据时，注册会计师应当获取有关控制运行有效性更高的保证水平

C. 在测试控制运行的有效性时，注册会计师只需抽取少量的交易进行检查或观察某几个时点

D. 当注册会计师通过询问、观察和检查程序仍无法获取充分证据时，可考虑通过重新执行来证实控制是否有效运行

6. 对于控制测试的时间，下列说法正确的是（　　）。

A. 注册会计师一般在期初实施控制测试

B. 注册会计师一般在期中实施控制测试

C. 注册会计师一般在期末实施控制测试

D. 控制环境越薄弱，需获取的剩余期间的补充证据越少

7. 以下关于控制测试的范围的说法中，错误的是（　　）。

A. 控制测试是指某项控制活动的测试次数

B. 一旦确定被审计单位正在执行某自动化控制，注册会计师通常无需扩大控制测试的范围

C. 只要注册会计师发现某次控制运行偏差，应认为该控制运行无效

D. 拟信赖期间越长，控制测试的范围越大

8. 以下关于实质性程序的说法中，不恰当的是（　　）。

A. 以前期间实施实质性程序获得的审计证据不能利用，需在本期重新获取证据

B. 当使用分析程序比细节测试能更有效地将认定层次的检查风险降低至可接受的水平时，分析程序可以用作实质性程序

C. 为应对特别风险，仅实施实质性分析程序不足以获取充分、适当的审计证据

D. 仅实施实质性程序不能提供认定层次充分、适当的审计证据时，注册会计师应当实施控制测试

9. 下列各项中，不属于影响实质性程序范围的因素是（　　）。

A. 评估的认定层次重大错报风险

B. 实施控制测试的结果

C. 从样本量的角度考虑测试范围

D. 评估的财务报表层次重大错报风险

10. 注册会计师在实施实质性程序时对期中审计证据的考虑中，不恰当的是（　　）。

A. 如果在期中实施了实质性程序，注册会计师可针对剩余期间实施进一步的实质性程序

B. 如果在期中实施了实质性程序，注册会计师可针对剩余期间将实质性程序和控制测试结合使用

C. 如果认为实施实质性程序本身不充分，注册会计师可针对期末实施实质性程序

D. 如果拟将期中测试得出的结论延伸至期末，注册会计师应当针对剩余期间实施控制测试

（二）多选题

1. 以下各项中，注册会计师可以提高审计程序不可预见性的方式有（　　）。

A. 在不事先通知被审计单位的情况下，选择一些以前未曾到过的盘点地点进行存货监盘

B. 测试以前未曾函证过的账户余额，如余额低于以前设定的重要性水平的账户

C. 对以前由于低于设定的重要性水平而未曾测试过的采购项目，进行细节测试

D. 选取不同的地点实施审计程序，或预先不告知被审计单位所选定的测试地点

2. 有关采用总体审计方案的说法中，正确的有（　　）。

A. 为应对重大错报风险，注册会计师可以采用综合性方案或实质性方案

B. 评估的财务报表层次重大错报风险对拟实施进一步审计程序的总体审计方案具有重大影响

C. 当评估的财务报表层次重大错报风险属于低风险水平时，拟实施进一步审计程序的总体审计方案往往倾向于以实质性方案为主

D. 总体审计方案针对的是拟实施进一步审计程序，属于认定层次的风险应对

3. 关于进一步审计程序的说法中，正确的有（　　）。

A. 确定进一步审计程序的性质时，注册会计师首要考虑内部控制的评估结果

B. 注册会计师设计和实施进一步审计程序的性质、时间安排和范围，应当与评估的认定层次重大错报风险具备明确的对应关系

C. 设计进一步审计程序时应当考虑被审计单位采用的特定控制的性质

D. 注册会计师根据对认定层次重大错报风险的评估结果，可能选用综合性方案

4. 注册会计师在确定进一步审计程序的范围时，恰当的有（　　）。

A. 注册会计师确定的重要性水平越低，则实施进一步审计程序的范围越广

B. 只有当审计程序本身与特定风险相关时，扩大审计程序的范围才是有效的

C. 评估的重大错报风险越高，注册会计师实施的进一步审计程序的范围也越广

D. 注册会计师对于控制的预期偏差率越低，需要实施控制测试的范围越大

5. 下列属于控制测试类型的有（　　）。

A. 询问

B. 观察

C. 检查

D. 重新执行

6. 关于控制有效性的审计证据，注册会计师应当从以下（　　）方面获取。

A. 控制在所审计期间的相关时点是如何运行的

B. 控制由谁或以何种方式执行

C. 控制是否得到一贯执行

D. 控制设计是否合理

7. 如果拟信赖的控制通过实施询问并结合观察或检查程序，获取的审计证据说明这些控制未发生变化，则注册会计师应当采取的措施有（　　）。

A. 如果属于旨在减轻特别风险的控制，则必须在本期测试

B. 如果不属于旨在减轻特别风险的控制，应运用职业判断确定是否在本期审计中测试运行有效性，但至少每三年对控制测试一次

C. 如果不属于旨在减轻特别风险的控制，应运用职业判断确定是否在本期审计中测试运行有效性，但至少每两年对控制测试一次

D. 无论是否属于旨在减轻特别风险的控制，均必须在本期实施控制测试才能得出控制运行是否有效的结论

8. 针对特别风险实施的审计程序，以下说法正确的有（　　）。

A. 如果认为评估的认定层次重大错报风险是特别风险，注册会计师应当专门针对该风险实施实质性程序

B. 如果认为评估的认定层次重大错报风险是特别风险，注册会计师应当专门针对该风险实施细节测试

C. 如果针对特别风险实施的程序仅为实质性程序，这些程序应当包括实质性分析程序

D. 为应对特别风险，仅实施实质性程序，不能获取充分、适当的审计证据

9. 注册会计师在设计实质性分析程序时考虑的因素包括（　　）。

A. 对已记录的金额或比率作出预期时，所依据的内部或外部数据的可靠性

B. 特定认定使用实质性分析程序的适当性

C. 已记录金额与预期值之间可接受的差异额

D. 作出预期的准确程度是否足以在计划的保证水平上识别重大错报

10. 下列实质性程序的说法中，正确的有（　　）。

A. 实质性程序包括细节测试和实质性分析程序

B. 无论评估的重大错报风险结果如何，注册会计师都应当针对所有重大类别的交易、账户余额和披露实施实质性程序

C. 实质性程序通常适用于一段时间内存在可预期关系的大量交易

D. 细节测试的目的是发现认定层次的重大错报

（三）简答题

注册会计师小张负责甲上市公司2020年度财务报表的审计工作，现在小张正针对财务报表重大错报风险设计和实施审计程序，部分相关情况摘录如下：

（1）小张对截至2020年7月31日的应收账款相关的内部控制实施了控制测试，该控制有效运行，并获取了相关审计证据，小张拟针对剩余期间不再关注。

（2）小张认为可容忍偏差与实质性分析程序的调查范围是正向变动的。

（3）针对识别出的重大关联方交易舞弊风险，小张拟仅实施实质性分析程序予以应对。

【要求】针对事项（1）~（3），简要说明注册会计师小张的做法是否恰当，如不恰当，简要说明理由。

通关练习答案及解析

（一）单选题

1. 【答案】A

【解析】针对财务报表层次重大错报风险确定总体应对措施。对于选项B，确定总体应对措施包括向审计项目组强调保持职业怀疑的必要性，而不是独立性，故选项B错误；财务报表层次的重大错报风险很可能源于薄弱的控制环境，控制环境存在重大缺陷时，注册会计师应在期末而非在期中实施更多的审计程序，并且应实施实质性程序获取更广泛的审计证据，因此选项C、D错误。

2. 【答案】D

【解析】审计项目组可根据对舞弊风险的评估等确定具有不可预见性的审计程序，选项A错误；注册会计师可以在签订审计业务约定书时明确提出实施具有不可预见性的审计程序这一要求，而不是必须提出，选项B错误；对大额应收账款进行函证不能提高审计程序的不可预见性，选项C错误。

3. 【答案】C

【解析】选项A错误，注册会计师应当对所有重大类别的交易、账户余额和披露设计和实施实质性程序；选项B错误，针对认定层次重大错报风险设计和实施进一步审计程序；选项D错误，进一步审计程序的性质是最重要的。

4. 【答案】B

【解析】确定进一步审计程序的时间的重要因素包括控制环境、何时能得到相关信息、错报风险的性质、审计证据适用的期间或时点。选项B错误。

5. 【答案】C

【解析】在了解内部控制是否得到执行时，注册会计师只需抽取少量的交易进行检查或观察某几个时点，但在测试控制运行的有效性时，注册会计师需要抽取足够数量的交易进行检查或对多个不同时点进行观察。选项C错误。

6. 【答案】B

【解析】一般情况下，控制测试在期中执行更具有积极作用，选项B正确。

7. 【答案】C

【解析】注册会计师一般不会因为发现某次控制运行出现偏差就认定该控制无效，如将审计抽样运用在控制测试中，存在一定的可容忍偏差率。

8. 【答案】A

【解析】当以前获取的审计证据未发生重大变动时，可以作为本期的有效审计证据，选项A不恰当。

9. 【答案】D

【解析】对于选项D，实质性程序属于进一步审计程序，是针对认定层次重大错报风险的，而不是针对财务报表层次。

10. 【答案】D

【解析】选项D不恰当。如果拟将期中测试得出的结论延伸至期末，注册会计师应当考虑针对剩余期间仅实施实质性程序是否足够。如果认为实施实质性程序本身不充分，注册会计师还应测试剩余期间相关控制运行的有效性或针对期末实施实质性程序。

（二）多选题

1. 【答案】ABCD

【解析】本题考查的是注册会计师增加审计程序不可预见性的做法，选项A、B、C、D均正确。

2. 【答案】ABD

【解析】当评估的财务报表层次重大错报风险属于低风险水平时，拟实施进一步审计程序的总体审计方案往往倾向于综合性方案，反之则倾向于实质性方案，故选项C错误。

3. 【答案】BCD

【解析】选项A错误，确定进一步审计程序的性质时，注册会计师首要考虑认定层次重大错报风险的评估结果。

4. 【答案】ABC

【解析】注册会计师对于控制的预期偏差率越高，需要实施控制测试的范围越大，选项D错误。

5. 【答案】ABCD

【解析】控制测试所采用的审计程序的类型包括：询问、观察、检查和重新执行。

6. 【答案】ABC

【解析】控制是否设计合理是风险评估阶段了解内部控制时应当得出的结论，选项D错误。

7. 【答案】AB

【解析】如果属于旨在减轻特别风险的控制，则不应依赖之前测试的控制，必须在本期测试；如果不属于旨在减轻特别风险的控制，至少每三年对控制测试一次。

8. 【答案】AD

【解析】如果认为评估的认定层次重大错报风险是特别风险，注册会计师应当专门针对该风险实施实质性程序，故选项B错误；如果针对特别风险实施的程序仅为实质性程序，这些程序应当包括细节测试，或将细节测试和实质性分析程序结合使用，以获取充分、适当的审计证据，不能仅实施实质性程序，故选项C错误。

9. 【答案】ABCD

【解析】本题考查设计实质性分析程序时考虑的因素，选项A、B、C、D均正确。

10. 【答案】ABD

【解析】实质性分析程序通常适用于一段时间内存在可预期关系的大量交易，选项C错误。

（三）简答题

【答案】

（1）不恰当。即使已获取有关控制在期中运行有效性的审计证据，仍然需要考虑如何能够将控制在期中运行有效性的审计证据合理延伸至期末。

（2）不恰当。注册会计师应当确定已记录金额与预期值之间可接受的差异额，可容忍或可接受的偏差越大，调查的范围越小，即两者呈反向变动。

（3）不恰当。舞弊导致的重大错报风险是特别重要的一类特别风险，如果认为评估的财务报表层次重大错报风险是特别风险，注册会计师应当专门针对该风险实施实质性程序，仅实施实质性分析程序不足以获取充分、适当的审计证据。

第九章　销售与收款循环的审计

2021 年教材内容主要变化

本章主要变化如下：

（1）涉及的主要单据与会计记录、财务报表项目；

（2）销售与收款循环的业务活动和相关控制；

（3）营业收入、应收账款的审计目标；

（4）营业收入的一般实质性程序；

（5）删除“其他业务收入的实质性程序”“检查应收账款账龄分析是否正确”相关内容。

【小贴士】具体详见有关重难点。

本章近五年考情统计分析

本章考题主要以主观题（综合题和简答题）为主，但是针对个别的知识点也可以采取客观题的形式考查。

本章属于一般重要的考试章节之一，但最近五年平均考试分值一般在 1 分左右。

（一）近五年考试分值分布

题型	2016 年	2017 年	2018 年	2019 年	2020 年
单选题	1	—	—	—	—
多选题	—	—	—	—	—
简答题	—	—	—	1	—
综合题	1	1	1	—	1.5
合计	2	1	1	1	1.5

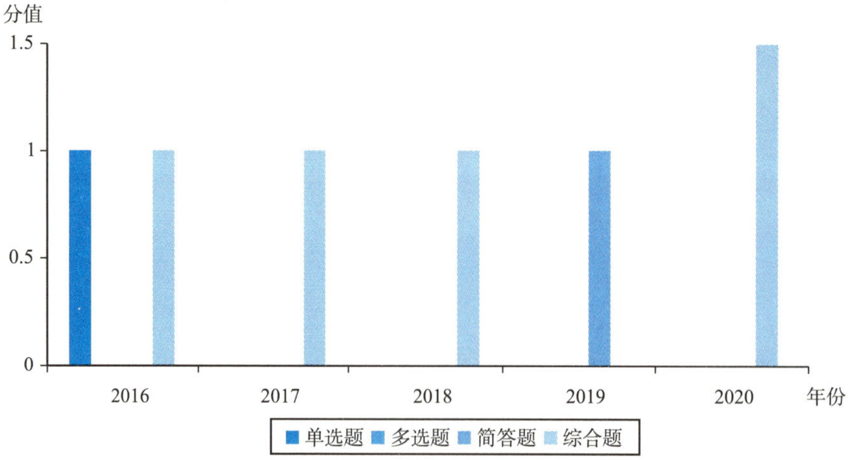

（二）近五年考试考点分布

高频考点内容	年度及题型分布
销售风险评估	2020 年综合、2016 年单选
销售风险应对	2019 年简答

重难点解析

本章内容属于财务报表审计实务的重要章节，主要以制造业企业为背景阐述销售与收款循环的主要业务活动和相关内部控制，销售与收款循环存在的重大错报风险，常用的收入确认舞弊手段，收入确认可能存在舞弊风险的迹象，对收入确认实施分析程序以识别收入确认舞弊风险，测试销售与收款循环的内部控制，主营业务收入的实质性分析程序，销售的截止测试，营业收入的"延伸检查"程序，应收账款的函证程序等。

【小贴士】本章内容的学习，既需要具备审计理论（如认定、风险识别与评估、风险应对等知识），又需要相关会计知识作为支撑（如收入、应收账款等准则规范）。

重难点 1：涉及的主要单据与会计记录★

【小贴士】该知识点 2021 年小范围修订。

（1）客户订购单。

（2）销售单。

（3）发运凭证。

（4）销售发票。

（5）商品价目表。

（6）贷项通知单。

（7）应收票据/应收款项融资/应收账款预期信用损失计算表。

（8）应收票据/应收款项融资/应收账款/合同资产明细账。

（9）主营业务收入明细账。

（10）可变对价相关会计记录。

（11）汇款通知书。

（12）现金日记账和银行存款日记账。

（13）坏账核销审批表。

（14）客户对账单。

（15）转账凭证。

（16）现金和银行凭证。

【小贴士】有关主要凭证与会计记录内容，应该结合第二节主要业务活动和相关内部控制进行学习。

重难点 2：销售与收款循环的主要业务活动★

【小贴士】该知识点 2021 年小范围修订。

（一）接受客户订购单

客户提出订货要求是整个销售与收款循环的起点，是购买某种商品或服务的一项申请。客户订购单只有在符合企业管理层的授权标准时才能被接受。

很多企业在批准了顾客订单之后，下一步就应编制一式多联的销售单。

【小贴士】销售单是证明销售交易的"发生"认定的凭据之一，也是此笔销售交易轨迹的起点之一。此外，由于客户订购单是来自外部的引发销售交易的文件之一，有时也能够为销售交易的"发生"认定提供补充证据。

（二）批准赊销信用

赊销业务的批准是由信用管理部门根据管理层的赊销政策在每个客户的已授权的信用额度内进行的。信用管理部门的员工在收到销售部门的销售单后，应将销售单与该客户已被授权的赊销信用额度以及至今尚欠的账款余额加以比较。执行人工赊销信用检查时，还应合理划分工作职责，以避免销售人员为扩大销售而使企业承受不适当的信用风险。

【小贴士】企业的信用管理部门通常应对

每个新客户进行信用调查，包括获取信用评审机构对客户信用等级的评定报告。无论是否批准赊销，都要求被授权的信用管理部门人员在销售单上签署意见，然后再将已签署意见的销售单送回销售部门。

设计信用批准控制的目的是降低信用损失风险，因此，这些控制与应收票据/应收款项融资/应收账款/合同资产账面余额的“准确性、计价和分摊”认定有关。

（三）按销售单编制发运凭证并发货

企业管理层通常要求仓库管理人员只有在收到经过批准的销售单时才能编制发运凭证并发货。设立这项控制程序的目的是防止仓库在未经授权的情况下擅自发货。因此，已批准销售单的一联通常应送达仓库，作为仓库按销售单供货和发货给装运部门的授权依据。

（四）按销售单装运货物

将按经批准的销售单供货与按销售单装运货物职责相分离，有助于避免负责装运货物的员工在未经授权的情况下装运产品。

装运部门员工在装运之前，通常会进行独立验证，以确定从仓库提取的商品都附有经批准的销售单，且所提取商品的内容与销售单及发运凭证一致。

（五）向客户开具发票

开具发票包括编制和向顾客寄送事先连续编号的销售发票。与这项活动相关的问题是：

（1）是否对所有装运的货物都开具了发票（“完整性”）。

（2）是否只对实际装运的货物开具发票，有无重复开具发票或虚开发票（“发生”）。

（3）是否按已授权批准的商品价目表所列价格计价开具发票（“准确性”）。

【小贴士】为了降低开具发票过程中出现遗漏、重复、错误计价或其他差错的风险，应设立以下的控制程序：

（1）负责开发票的员工在开具每张销售发票之前，检查是否存在发运凭证和相应的经批准的销售单。

（2）依据已授权批准的商品价目表开具销售发票。

（3）将发运凭证上的商品总数与相对应的销售发票上的商品总数进行比较。

上述控制与销售交易（即营业收入）的“发生”、“完整性”以及“准确性”认定有关。

（六）记录销售

在手工会计系统中，记录销售的过程包括区分赊销、现销，按销售发票编制转账凭证或现金、银行存款收款凭证，据以登记营业收入明细账和应收票据/应收款项融资/应收账款/合同资产明细账或现金、银行存款日记账。记录销售的控制程序包括但不限于：

（1）依据有效的发运凭证和销售单记录销售。这些发运凭证和销售单应能证明销售交易的发生及其发生的日期。

（2）使用事先连续编号的销售发票并对发票使用情况进行监控。

（3）独立检查已销售发票上的销售金额与会计记录金额的一致性。

（4）记录销售的职责应与处理销售交易的其他功能相分离。

（5）对记录过程中所涉及的有关记录的接触权限予以限制，以减少未经授权批准的记录发生。

（6）定期独立检查应收票据/应收款项融资/应收账款/合同资产的明细账与总账的一致性。

（7）由不负责现金出纳和销售及应收票据/应收款项融资/应收账款/合同资产记账的人员定期向客户寄发对账单，对不符事项进行调查，必要时调整会计记录，编制对账情况汇总报告并交管理层审核。

（七）办理和记录现金、银行存款收入

这项活动涉及的是货款收回，导致现金、银行存款增加以及应收账款/合同资产等项目的减少。在办理和记录现金、银行存款收入时，企业最关心的是货币资金的安全。

处理货币资金收入时要保证全部货币资金如数、及时地记入现金、银行存款日记账或应收票据/应收款项融资/应收账款/合同资产明细账，并如数、及时地将现金存入银行。企业通过出纳与现金记账的职责分离、现金盘点、编制银行余额调节表、定期向客户发送对账单等控制来实现上述目的。

（八）确认和记录可变对价的估计和结算情况

如果合同中存在可变对价，企业需要对计入交易价格的可变对价进行估计，并在每一资产负债表日重新估计应计入交易价格的可变对价金额，以如实反映报告期末存在的情况以及报告期内发生的情况变化。

（九）计提坏账准备

企业一般定期对应收票据/应收款项融资/应收账款的预期信用损失进行估计，根据估计结果确认信用减值损失并计提坏账准备，管理层对相关估计进行复核和批准。

（十）核销坏账

不管赊销部门的工作如何主动，客户因经营不善、宣告破产、死亡等原因而不支付货款的事仍可能发生。如有证据表明某项货款已无法收回，企业即通过适当的审批程序注销该笔应收账款/应收款项融资。

重难点3：销售交易的内部控制★★

【小贴士】如下方面是销售交易内部控制的关键控制环节，是评价内部控制是否健全的主要环节，自然成为我们学习把控的重点。

（一）适当的职责分离

【小贴士】注意把握各项不相容职责的分离。

适当的职责分离不仅是预防舞弊的必要手段，也有助于防止各种有意或无意的错误。

常见的职责分离如下：

（1）主营业务收入账如果系由记录应收账款之外的员工独立登记，并由另一位不负责账簿记录的员工定期调节总账和明细账，就构成了一项交互牵制。

（2）负责主营业务收入和应收账款记账的员工不得经手货币资金，也是防止舞弊的一项重要控制。

（3）赊销批准职能与销售职能的分离。因为销售人员通常有一种追求更大销售数量的固有倾向，而不考虑是否将以巨额坏账损失为代价，赊销的审批则在一定程度上可以抑制这种倾向。

（4）企业应当分别设立办理销售、发货、收款三项业务的部门（或岗位）。

（5）企业在销售合同订立前，应当指定专门人员就销售价格、信用政策、发货及收款方式等具体事项与客户进行谈判。

（6）就销售价格、信用政策、发货及收款方式等具体事项与客户进行谈判的人员至少应有两人以上，并与订立合同的人员相分离。

（7）编制销售发票通知单的人员与开具销售发票的人员应相互分离。

（8）销售人员应当避免接触销货现款。

（9）企业应收票据的取得和贴现必须经由保管票据以外的主管人员的书面批准。

（二）恰当的授权审批

1. 四个关键控制点的审批程序

（1）在销售发生之前，赊销已经正确审批。

（2）非经正当审批，不得发出货物。

（3）销售价格、销售条件、运费、折扣等必须经过审批。

（4）审批人应当根据销售与收款授权批准制度的规定，在授权范围内进行审批，不得超越审批权限。

【小贴士】对于超过企业既定销售政策和信用政策规定范围的特殊销售交易，需要经过适当的授权。

2. 关键控制点的审批程序设置的目的

（1）前两项控制的目的在于防止企业因向虚构的或者无力支付货款的客户发货而蒙受损失。

（2）价格审批控制的目的在于保证销售交易按照企业定价政策规定的价格开票收款。

（3）对授权审批范围设定权限的目的则在于防止因审批人决策失误而造成严重损失。

（三）充分的凭证和记录

【小贴士】充分的凭证和记录强调“充分”，“充分”既包含凭证和记录种类的问题，也包含着对于自制凭证一式几联的问题，由于单位不同、业务不同，对于“充分”运用自然存在差异。

例如，有的企业在收到顾客订货单后，就立即编制一份预先编号的一式多联的销售单，分别用于批准赊销、审批发货、记录发货数量以及向顾客开具账单等。在这种制度下，只要定期清点销售发票，漏开账单的情形几乎就不太会发生。

（四）凭证的预先编号

对凭证预先进行编号，旨在防止销售以后遗漏向客户开具发票或登记入账，也可防止重复开具发票或重复记账。

【小贴士】凭证的预先编号主要与完整性认定最相关。定期检查全部凭证的编号，并调查凭证缺号的原因，就是实施这项控制的一种方法。

（五）定期寄发对账单

【小贴士】对于寄送对账单职责的归属是关键控制点。

一般由不负责现金出纳和销售及应收票据/应收款项融资/应收账款/合同资产记账的人员定期向客户寄发对账单，能促使客户在发现应付账款余额不正确后及时反馈有关信息，因而这是一项有用的控制。

当然，为了使这项控制更加有效，最好将账户余额中出现的所有核对不符的账项，指定一位既不负责货币资金也不记录主营业务收入和应收票据/应收款项融资/应收账款/合同资产账目的主管人员处理。

（六）内部核查程序

内部核查程序属于内控中的监督环节，由内部审计人员或其他独立人员核查销售与收款交易的处理和记录，是实现内部控制目标所不可缺少的一项控制措施。

重难点4：收款交易的内部控制★

【小贴士】注意对第（2）~（6）的掌握。

（1）企业应当按照《现金管理暂行条例》、《支付结算办法》等规定，及时办理销售收款业务。

（2）企业应将销售收入及时入账，不得账外设账，不得擅自坐支现金。销售人员应当避免接触销售现款。

（3）企业应当建立应收票据/应收款项融资/应收账款/合同资产信用风险分析制度和逾期催收制度。销售部门应当负责应收款项融资/应收账款的催收，财会部门应当督促销售部门加紧催收。对催收无效的逾期款项可通过法律程序予以解决。

（4）企业应当按客户设置应收票据/应收款项融资/应收账款/合同资产台账，及时登记每一客户应收票据/应收款项融资/应收账款/合同资产余额增减变动情况和信用额度使用情况。对长期往来客户应当建立起完善的客户资料，并对客户资料实施动态管理，及时更新。

（5）企业对于可能成为坏账的应收票据/应收款项融资/应收账款/合同资产应当报告有关决策机构，由其进行审查，确定是否确认为坏账。企业发生的各项坏账，应查明原因，明确责任，并在履行规定的审批程序后作出会计处理。

（6）企业注销的坏账应当进行备查登记，做到账销案存。已注销的坏账又收回时应当及时入账，防止形成账外资金。

（7）企业应收票据的取得和贴现必须经由保管票据以外的主管人员的书面批准。应有专人保管应收票据，对于即将到期的应收票据，应及时向付款人提示付款；已贴现票据应在备查簿中登记，以便日后追踪管理；并应制定逾期票据的冲销管理程序和逾期票据追踪监控制度。

（8）企业应当定期与客户核对应收票据/应收款项融资/应收账款预收款项、合同负债等往来款项。如有不符，应查明原因，及时处理。

重难点5：销售与收款循环存在的重大错报风险（以制造业赊销业务为背景）★★

【小贴士】尽管本节着重阐述了收入确认

存在舞弊的风险的审计程序，但是对于该问题首先应该做到整体的掌握，熟记销售与收款循环存在的重大错报风险的形式，对于“期末收入交易和收款交易可能未计入正确的期间”和“应收账款坏账准备的计提不准确”风险识别与应对，也是需要掌握的。

（一）收入确认存在的舞弊风险

收入是利润的来源，直接关系到企业的财务状况和经营成果。有些企业往往为了达到粉饰财务报表的目的而采用虚增（“发生”认定）或隐瞒收入（“完整性”认定）等方式实施舞弊。

【小贴士】注册会计师在识别和评估与收入确认相关的重大错报风险时，应当基于收入确认存在舞弊风险的假定，评价哪些类型的收入、收入交易或认定导致舞弊风险。

（二）收入的复杂性导致的错误

例如，被审计单位已开始采用网络销售方式，但管理层对网络销售方式可能出现的问题缺乏经验时，收入确认上就容易发生错误。

（三）发生的收入交易未能得到准确记录

（四）期末收入交易和收款交易可能未计入正确的期间，包括销售退回交易的截止错误

将属于下一会计期间的收入有意或无意地计入本期，或者将属于本期的收入有意或无意地计入下一会计期间，可能导致本期收入以及本期期末应收账款余额、货币资金余额和应交税费余额的高估或低估。

（五）收款未及时入账或记入不正确的账户

会导致应收账款/合同资产（或应收票据/银行存款）的错报。

（六）应收账款坏账准备的计提不准确

重难点6：常用的收入确认舞弊手段★★

（一）为了达到粉饰财务报表的目的而虚增收入或提前确认收入

【小贴士】虚增收入或提前确认收入是上市公司以及其他类型公司造假的主流，其主要目的是高估当期收入、高估利润、高估每股收益等，达到影响估价、实现盈利目标等。

（1）虚构销售交易。

①在无存货实物流转的情况下，通过与其他方（包括已披露或未披露的关联方、非关联方等）签订虚假购销合同，虚构存货进出库，并通过伪造出库单、发运单、验收单等单据，以及虚开商品销售发票虚构收入。

②在多方串通的情况下，通过与其他方（包括已披露或未披露的关联方、非关联方等）签订虚假购销合同，并通过存货实物流转、真实的交易单证票据和资金流转配合，虚构收入。

③被审计单位根据其所处行业特点虚构销售交易。例如，从事网络游戏运营业务的被审计单位，以游戏玩家的名义，利用体外资金购买虚拟物品或服务，并予以消费，以虚增收入。

（2）进行显失公允的交易。

①通过与未披露的关联方或真实非关联方进行显失公允的交易。例如，以明显高于其他客户的价格向未披露的关联方销售商品。与真实非关联方客户进行显失公允的交易，通常会由实际控制人或其他关联方以其他方式弥补客户损失。

②通过出售关联方的股权，使之从形式上不再构成关联方，但仍与之进行显失公允的交易，或与未来或潜在的关联方进行显失公允的交易。

③与同一客户或同受一方控制的多个客户在各期发生多次交易，通过调节各次交易的商品销售价格，调节各期销售收入金额。

（3）在客户取得相关商品控制权前确认销售收入。

（4）通过隐瞒退货条款，在发货时全额确认销售收入。

（5）通过隐瞒不符合收入确认条件的售后回购或售后租回协议，而将以售后回购或售后租回方式发出的商品作为销售商品确认收入。

（6）在被审计单位属于代理人的情况下，被审计单位按主要责任人确认收入。

（7）对于属于在某一时段内履约的销售交易，通过高估履约进度的方法实现当期多确认收入。

（8）当存在多种可供选择的收入确认会计政策或会计估计方法时，随意变更所选择的会计政策或会计估计方法。

（9）选择与销售模式不匹配的收入确认会计政策。

（10）通过调整与单独售价或可变对价等相关的会计估计，达到多计或提前确认收入的目的。

（11）对于存在多项履约义务的销售交易，未对各项履约义务单独进行核算，而整体作为单项履约义务一次性确认收入。

（12）对于应整体作为单项履约义务的销售交易，通过将其拆分为多项履约义务，达到提前确认收入的目的。

（二）为了达到报告期内降低税负或转移利润等目的而少计收入或推迟确认收入

【小贴士】少计收入或者延后确认收入尽管不是上市公司以及其他类型公司造假的主流，但也时有发生，低估当期收入，以达到降低税负，或转移利润的目的；或将本期的收入延后至下一年度确认，达到平滑利润的目的。

（1）被审计单位在满足收入确认条件后，不确认收入，而将收到的货款作为负债挂账，或转入本单位以外的其他账户。

（2）被审计单位采用以旧换新的方式销售商品时，以新旧商品的差价确认收入。

（3）对于应采用总额法确认收入的销售交易，被审计单位采用净额法确认收入。

（4）对于属于在某一时段内履约的销售交易，被审计单位未按实际履约进度确认收入，或采用时点法确认收入。

（5）对于属于在某一时点履约的销售交易，被审计单位未在客户取得相关商品或服务控制权时确认收入，推迟收入确认时点。

（6）通过调整与单独售价或可变对价等相关的会计估计，达到少计或推迟确认收入的目的。

【经典例题】

【真题·单选题】（2016）下列有关收入确认的舞弊风险的说法中，错误的是（　　）。

A. 关联方交易比非关联方交易更容易增加收入的发生认定存在舞弊风险的可能性

B. 对于以营利为目的的被审计单位，收入的发生认定存在舞弊风险的可能性通常大于完整性认定存在舞弊风险的可能性

C. 如果被审计单位已经超额完成当年的利润目标，但预期下一年度的目标较难达到，表明收入的截止认定存在舞弊风险的可能性较大

D. 如果被审计单位在一段时间内确认收入，且履约进度具有高度估计不确定性，表明收入的准确性认定存在舞弊风险的可能性较大

【答案】B

【解析】选项 B 不正确，尽管虚增收入或提前确认收入是上市公司以及其他类型公司造假的主要手段，但对于以营利为目的的被审计单位，管理层实施舞弊的动机或压力不同，其舞弊风险所涉及的具体认定以及舞弊风险发生的可能性也不同，注册会计师需要作出具体判断。

重难点7：收入确认可能存在舞弊风险的迹象★

【小贴士】掌握收入确认方面可能存在舞弊风险的迹象，是收入确认存在舞弊风险实施的审计程序重要环节，便于理论与实践的运用。

通常表明被审计单位在收入确认方面可能存在舞弊风险的迹象举例如下：

（1）销售客户方面出现异常。

（2）销售交易方面出现异常。

（3）销售合同、单据方面出现异常。

（4）销售回款方面出现异常。

（5）货币资金出现异常。

（6）其他方面出现异常。

重难点8：对收入确认实施分析程序，识别收入确认舞弊风险★★

【小贴士】该知识点2021年小范围修订。

在设计分析程序时，注册会计师需要在充分了解被审计单位及其环境的基础上，识别与收入相关的财务数据和其他财务数据、非财务数据之间存在的关系，以提升实施分析程序的效果。基于被审计单位的业务性质，可以采用不同的数据指标分析。例如，餐饮业可以考虑翻台率，游戏直播行业可以考虑单客充值金额、实际在线时间等。

（一）通过实施分析程序，可能识别出未注意到的异常关系，或通过其他审计程序难以发现的变动趋势，有助于评估重大错报风险的情况

（1）被审计单位不断地为完成销售目标而增加销售量，或者大量的销售因不能收现而导致应收账款/合同资产大量增加，需要对销售收入的真实性予以额外关注。

（2）被审计单位临近期末销售量大幅增加，需要警惕被审计单位将下期收入提前确认或虚假销售的可能性。

（3）单笔大额收入能够减轻被审计单位盈利方面的压力，或使被审计单位完成销售目标，需要警惕被审计单位虚构收入的可能性。

（二）针对可能存在的舞弊风险，采取的常用调查方法

1. 对毛利率变动异常性的调查

如果注册会计师发现被审计单位的毛利率变动较大或与所在行业的平均毛利率差异较大，注册会计师可以采用定性分析与定量分析相结合的方法，从行业及市场变化趋势、产品销售价格和产品成本要素等方面对毛利率变动的合理性进行调查。

2. 对应收账款/合同资产余额异常性的调查

如果注册会计师发现应收账款/合同资产余额较大，或其增长幅度高于销售收入的增长幅度，注册会计师需要分析具体原因（如赊销政策和信用期限是否发生变化等），并在必要时采取恰当的措施，如扩大函证比例、增加截止测试和期后收款测试的比例、使用与前期不同的抽样方法、实地走访客户等。

3. 对收入增长幅度异常性的调查

如果注册会计师发现被审计单位的收入增长幅度明显高于管理层的预期，可以询问管理层的适当人员，并考虑管理层的答复是否与其他审计证据一致。例如，如果管理层表示收入增长是由于销售量增加所致，注册会计师可以调查与市场需求相关的情况。

【经典例题】

【例题·多选题】如果注册会计师发现应收账款余额较大，或其增长幅度高于销售收入的增长幅度，注册会计师需要分析具体原因，下列措施恰当的有（　　）。

A. 扩大函证比例

B. 增加截止测试和期后收款测试的比例

C. 使用与前期不同的抽样方法

D. 实地走访客户

【答案】ABCD

【解析】以上四项均属于注册会计师发现应收账款/合同资产余额较大，或其增长幅度高于销售收入的增长幅度时采取的恰当措施。

【真题·简答题（部分）】（2020）甲公司是ABC会计师事务所的常年审计客户，主要从事家电产品的生产、批发和零售。A注册会计师负责审计甲公司2019年度财务报表，确定财务报表整体的重要性为800万元，明显微小错报的临界值为40万元。审计项目团队在审计中遇到下列事项：

（3）甲公司2019年末应收账款余额较2018年末增长30%，明显高于2019年度的收入增幅。管理层解释系调整赊销政策所致。A注册会计师检查了甲公司赊销政策的变化情况，扩大了函证、截止测试和期后收款测试的样本量，并走访了甲公司的重要客户，结果满意。

【要求】针对上述第（3）项，假定不考虑其他条件，指出A注册会计师的做法是否恰当。如不恰当，简要说明理由。

【答案】

事项序号	是否恰当（是/否）	理由
(3)	是	—

重难点9：测试销售与收款循环的内部控制★

风险评估和风险应对是整个审计过程的核心，因此，注册会计师通常以识别的重大错报风险为起点，选取拟测试的控制并实施控制测试。教材表9-5列示了通常情况下，注册会计师对销售与收款循环实施的控制测试。

【小贴士】教材表9-5中各栏从左至右依次为：(1) 可能发生错报的环节；(2) 相关的财务报表项目及认定；(3) 存在的内部控制（自动）；(4) 存在的内部控制（人工）；(5) 内部控制测试程序。需要重点掌握针对"可能发生错报的环节"涉及"相关的财务报表项目及认定"，以及"相应的内部控制测试程序"。

【小贴士】教材表9-5中"相关的财务报表项目及认定"，2021年进行了小范围修订。

重难点10：营业收入的审计目标★★

【小贴士】该知识点2021年小范围修订。

(1) 确定利润表中记录的营业收入是否已发生，且与被审计单位有关（"发生"认定）。

(2) 确定所有应当记录的营业收入是否均已记录（"完整性"认定）。

(3) 确定与营业收入有关的金额及其他数据是否已恰当记录，包括对销售退回、可变对价的处理是否适当（"准确性"认定）。

(4) 确定营业收入是否已记录于正确的会计期间（"截止"认定）。

(5) 确定营业收入记录于恰当的账户（"分类"认定）。

(6) 确定营业收入已被恰当地汇总或分解且表述清楚，按照企业会计准则的规定在财务报表中作出的相关披露是相关的、可理解的（"列报"认定）。

重难点11：主营业务收入的实质性分析程序★★

(1) 针对已识别需要运用分析程序的有关项目，并基于对被审计单位及其环境的了解，通过进行以下比较，同时考虑有关数据间关系的影响，以建立有关数据的期望值。

①将账面销售收入、销售清单和销售增值税销项清单进行核对。

②将本期销售收入金额与以前可比期间的对应数据或预算数进行比较。

③分析月度或季度销售量、销售单价、销售收入金额、毛利率变动趋势。

④将销售收入变动幅度与销售商品及提供劳务收到的现金、应收账款/合同资产、存货、税金等项目的变动幅度进行比较。

⑤将销售毛利率、应收账款/合同资产周转率、存货周转率等关键财务指标与可比期间数据、预算数或同行业其他企业数据进行比较。

⑥分析销售收入等财务信息与投入产出率、劳动生产率、产能、水电能耗、运输数量等非财务信息之间的关系。

⑦分析销售收入与销售费用之间的关系，包括销售人员的人均业绩指标、销售人员薪酬、广告费、差旅费，以及销售机构的设置、规模、数量、分布。

(2) 确定可接受的差异额。

(3) 将实际金额与期望值相比较，计算差异。

(4) 如果差异额超过确定的可接受差异额，调查并获取充分的解释和恰当的、佐证性质的审计证据（如通过检查相关的凭证等）。

【小贴士】如果差异超过可接受差异额，注册会计师需要对差异额的全额进行调查证实，而非仅针对超出可接受差异额的部分。

(5) 评价实质性分析程序的结果。

【经典例题】

【真题·简答题（部分）】（2020）甲公司是ABC会计师事务所的常年审计客户，主要从事家电产品的生产、批发和零售。A注册会计师负责审计甲公司2019年度财务报表，确定财务报表整体的重要性为800万元，明显微小错报的临界值为40万元。审计项目团队在审计中遇到下列事项：

（4）A注册会计师对甲公司店面租金费用实施实质性分析程序时，确定可接受差异额为400万元，账面金额比期望值少1 400万元。A注册会计师针对其中1 200万元的差异进行了调查，结果满意。因剩余差异小于可接受差异额，A注册会计师认可了管理层记录的租金费用。

【要求】针对上述第（4）项，假定不考虑其他条件，指出A注册会计师的做法是否恰当。如不恰当，简要说明理由。

【答案】

事项序号	是否恰当（是/否）	理由
（4）	否	注册会计师需要对差异额的全额进行调查

重难点12：销售的截止测试★★

（一）截止测试的目的

（1）确定被审计单位主营业务收入的会计记录归属期是否正确。

（2）应记入本期或下期的主营业务收入是否被推延至下期或提前至本期。

（二）截止测试审计程序

（1）选取资产负债表日前后若干天的发运凭证，与应收账款和收入明细账进行核对；同时，从应收账款和收入明细账选取在资产负债表日前后若干天的凭证，与发运凭证核对，以确定销售是否存在跨期现象。

（2）复核资产负债表日前后销售和发货水平，确定业务活动水平是否异常，并考虑是否有必要追加实施截止测试程序。

（3）取得资产负债表日后所有的销售退回记录，检查是否存在提前确认收入的情况。

（4）结合对资产负债表日应收账款/合同资产的函证程序，检查有无未取得客户认可的销售。

（三）销售截止测试的前提

实施截止测试的前提是注册会计师充分了解被审计单位的收入确认会计实务，并识别能够证明某笔销售符合收入确认条件的关键单据。

例如：货物出库时，与存货相关的风险和报酬可能尚未转移，不符合收入确认的条件，因此，仓储部门留存的发运凭证可能不是实现收入的充分证据，注册会计师需要检查有客户签署的那一联发运凭证。

又如：销售发票与收入相关，但是发票开具日期不一定与收入实现的日期一致。实务中由于增值税发票涉及企业的纳税和抵扣问题，开票日期滞后于收入可确认日期的情况并不少见，因此，通常不能将开票日期作为收入确认的日期。

（四）实施销售截止测试的审计路径

1. 以账簿记录为起点（逆查法）

从资产负债表日前后若干天的账簿记录追查至记账凭证和客户签收的发运凭证，目的是证实目的是证实已入账收入是否在同一期间已发货并由客户签收，有无多记收入。这种方法的优点是比较直观，容易追查至相关凭证记录，以确定其是否应在本期确认收入，特别是在连续审计两个以上会计期间时，检查跨期收入十分便捷，可以提高审计效率。缺点是缺乏全面性和连贯性，只能查多记，无法查漏记，尤其是当本期漏记收入延至下期而审计时被审计单位尚未及时入账，不易发现应记入而未记入报告期收入的情况。

【小贴士】使用这种方法主要是为了证实是否存在多计收入。

2. 以发运凭证为起点（顺查法）

从资产负债表日前后若干天的已经客户签收的发运凭证查至账簿记录，确定主营业务收入是否已记入恰当的会计期间。

【小贴士】使用这种方法主要证实是否存在少计收入。

重难点 13：营业收入的“延伸检查”程序 ★★

（一）“延伸检查”运用情形

如果识别出被审计单位收入真实性存在重大异常情况，且通过常规审计程序无法获取充分、适当的审计证据，注册会计师需要考虑实施“延伸检查”程序，即对检查范围进行合理延伸，以应对识别出的舞弊风险。

（二）“延伸检查”程序示例

实务中，注册会计师可以实施的“延伸检查”程序举例如下：

（1）在获取被审计单位配合的前提下，对相关供应商、客户进行实地走访，针对相关采购、销售交易的真实性获取进一步的审计证据。在实施实地走访程序时，注册会计师通常需要关注以下事项：

①被访谈对象的身份真实性和适当性。

②相关供应商、客户是否与被审计单位存在关联方关系或“隐性”关联方关系。

③观察相关供应商、客户的生产经营场地，判断其与被审计单位之间的交易规模是否和其生产经营规模匹配。

④相关客户向被审计单位进行采购的商业理由。

⑤相关客户采购被审计单位商品的用途和去向，是否存在销售给被审计单位指定单位的情况。

⑥相关客户从被审计单位采购的商品的库存情况，必要时进行实地察看。

⑦是否存在“抽屉协议”，如退货条款、价格保护机制等。

⑧相关供应商向被审计单位销售的产品是否来自于被审计单位的指定单位。

⑨相关供应商、客户与被审计单位是否存在除购销交易以外的资金往来，如有，了解资金往来的性质。

（2）利用企业信息查询工具，查询主要供应商和客户的股东至其最终控制人，以识别相关供应商和客户与被审计单位是否存在关联方关系。

（3）在采用经销模式的情况下，检查经销商的最终销售实现情况。

（4）当注意到存在关联方（例如，被审计单位控股股东、实际控制人、关键管理人员）配合被审计单位虚构收入的迹象时，获取并检查相关关联方的银行账户资金流水，关注是否存在与被审计单位相关供应商或客户的异常资金往来。

【小贴士】如果注册会计师认为“延伸检查”程序是必要的，但受条件限制无法实施，或实施“延伸检查”程序后仍不足以获取充分、适当的审计证据，注册会计师应当考虑审计范围是否受限，并考虑对审计报告意见类型的影响或解除业务约定。

【经典例题】

【例题·多选题】如果识别出被审计单位收入真实性存在重大异常情况，且通过常规审计程序无法获取充分、适当的审计证据，注册会计师需要考虑实施“延伸检查”程序，以下项目正确的有（　　）。

A. 在未获取被审计单位配合的前提下，对相关供应商、客户进行实地走访，针对相关采购、销售交易的真实性获取进一步的审计证据

B. 利用企业信息查询工具，查询主要供应商和客户的股东至其最终控制人，以识别相关供应商和客户与被审计单位是否存在关联方关系

C. 在采用经销模式的情况下，检查经销商的最终销售实现情况

D. 当注意到存在关联方配合被审计单位虚构收入的迹象时，获取并检查相关关联方的

银行账户资金流水，关注是否存在与被审计单位相关供应商或客户的异常资金往来

【答案】BCD

【解析】选项A，应该是在获取被审计单位配合的前提下，对相关供应商、客户进行实地走访，针对相关采购、销售交易的真实性获取进一步的审计证据，故选项A错误。

重难点14：应收账款的审计目标★★

【小贴士】该知识点2021年小范围修订。

（1）确定资产负债表中记录的应收账款是否存在（“存在”认定）。

（2）确定所有应当记录的应收账款是否均已记录（“完整性”认定）。

（3）确定记录的应收账款是否由被审计单位拥有或控制（“权利和义务”认定）。

（4）确定应收账款是否可收回，预期信用损失的计提方法和金额是否恰当，计提是否充分（“准确性、计价和分摊”认定）。

（5）应收账款及其预期信用损失是否已记录于恰当的账户（“分类”认定）。

（6）确定资产负债表中记录的应收账款被恰当地汇总或分解且表述清楚，按照企业会计准则的规定在财务报表中作出的相关披露是相关的，可理解的（“列报”认定）。

重难点15：应收账款的函证程序★★★

（一）函证决策

除非有充分证据表明应收账款对被审计单位财务报表而言是不重要的，或者函证很可能是无效的，否则，注册会计师应当对应收账款进行函证。

【小贴士】如果注册会计师不对应收账款进行函证，应当在审计工作底稿中说明理由。

【小贴士】如果认为函证很可能是无效的，注册会计师应当实施替代审计程序，获取相关、可靠的审计证据。

（二）函证的范围和对象

1. 函证范围确定（样本量的选择）

（1）应收账款在全部资产中的重要程度。若应收账款在全部资产中所占的比重较大，则函证的范围应相应大一些。

（2）被审计单位内部控制的有效性。如果相关内部控制有效，则可以相应减少函证范围；反之，则需要扩大函证范围。

（3）以前期间的函证结果。若以前期间函证中发现过重大差异，或欠款纠纷较多，则函证范围应相应扩大一些。

2. 函证对象确定（选取特定项目的方法）

一般情况下，注册会计师应选择以下项目作为函证对象：

（1）大额或账龄较长的项目。

（2）与债务人发生纠纷的项目。

（3）重大关联方项目。

（4）主要客户（包括关系密切的客户）项目。

（5）新增客户项目。

（6）交易频繁但期末余额较小甚至余额为零的项目。

（7）可能产生重大错报或舞弊的非正常的项目。

3. 函证的方式

注册会计师可采用积极的或消极的函证方式实施函证，也可将两种方式结合使用。

【小贴士】由于应收账款通常存在高估风险，且与之相关的收入确认存在舞弊风险假定，因此实务中通常对应收账款采用积极的函证方式。

4. 函证时间的选择

注册会计师通常以资产负债表日为截止日，在资产负债表日后适当时间内实施函证。

【小贴士】如果重大错报风险评估为低水平，注册会计师可选择资产负债表日前适当日期为截止日实施函证，并对所函证项目自该截止日起至资产负债表日止发生的变动实施实质性程序。

5. 函证的控制

注册会计师通常利用被审计单位提供的应收账款明细账户名称及客户地址等资料据以编制询证函，但注册会计师应当对选择被询证者、

设计询证函以及发出和收回询证函保持控制。

【小贴士】注册会计师应对确定需要确认或填列的信息、选择适当的被询证者、设计询证函以及发出和跟进（包括收回）询证函保持控制。

6. 对不符事项的处理

对回函中出现的不符事项，注册会计师需要调查核实原因，确定其是否构成错报。

【小贴士】对应收账款而言，登记入账的时间不同而产生的不符事项（不构成错报）主要表现为：

（1）询证函发出时，客户已经付款，被审计单位尚未收到货款。

（2）询证函发出时，被审计单位的货物已经发出并已做销售记录，但货物仍在途中，客户尚未收到货物。

（3）客户由于某种原因将货物退回，而被审计单位尚未收到。

（4）客户对收到的货物的数量、质量及价格等方面有异议而全部或部分拒付货款等。

7. 对未回函项目实施替代审计程序

（1）检查资产负债表日后收回的货款。

（2）检查相关的销售合同、销售单、发运凭证。

（3）检查被审计单位与客户之间的往来邮件。

【小贴士】某些情况下，注册会计师可能认为取得积极式函证回函是获取充分、适当的审计证据的必要程序，尤其是识别出有关收入确认的舞弊风险，导致注册会计师不能信赖从被审计单位取得的审计证据，则替代程序不能提供注册会计师需要的审计证据。在这种情况下，如果未获取回函，注册会计师应当确定其对审计工作和审计意见的影响。

【经典例题】

【真题·综合题（部分）】（2018）上市公司甲公司是ABC会计师事务所的常年审计客户，主要从事汽车的生产与销售。A注册会计师负责审计甲公司2017年度财务报表，确定财务报表整体的重要性为1 000万元，明显微小错报的临界值为30万元。

资料一：A注册会计师在审计工作底稿中记录了所了解的甲公司情况及其环境，部分内容摘录如下：

（1）2017年，在钢材价格及劳动力成本大幅上涨的情况下，甲公司通过调低主打车型的价格，保持了良好的竞争力和市场占有率。（该项与本章相关）

（2）2017年，甲公司首款互联网汽车研发项目取得突破性进展，于2017年末开始量产。甲公司因此获得研发补助1 800万元，并于2017年12月将相关开发支出转入无形资产。

（3）自2017年1月起，甲公司将产品质量保证金的计提比例由营业收入的3%调整为2%。

（4）2017年12月31日，甲公司以1亿元购入丙公司40%股权。根据约定，甲公司按持股比例享有丙公司自评估基准日2017年6月30日至购买日的净利润。

（5）2017年12月，甲公司与非关联方丁公司签订意向书，以3 000万元价格向其转让一批旧设备。2018年1月，该交易获得批准并完成交付。

资料二：A注册会计师在审计工作底稿中记录了甲公司的财务数据，部分内容摘录如下：

单位：万元

项目	未审数	已审数
	2017年	2016年
营业收入	100 000	95 000
营业成本	89 000	84 500

续表

项目	未审数	已审数
	2017 年	2016 年
销售费用——产品质量保证	2 000	2 850
投资收益——权益法核算（丙公司）	1 200	0
其他收益——互联网汽车项目补助	1 800	0
持有待售资产——拟销售给丁公司的设备	4 200	0
长期股权投资——丙公司	11 200	0
无形资产——互联网汽车开发项目	4 000	0

【要求】针对资料一第（1）~（5）项，结合资料二，假定不考虑其他条件，逐项指出资料一所列事项是否可能表明存在重大错报风险。如果认为可能表明存在重大错报风险，简要说明理由，并说明该风险主要与哪些财务报表项目的哪些认定相关（不考虑税务影响）。

【答案】

事项序号	是否可能表明存在重大错报风险（是/否）	理由	财务报表项目名称及认定
（1）	是	在原材料和人工成本上涨，而主要产品价格下降的情况下，毛利率仍与上年相当，可能存在多计收入、少计成本的风险	营业收入（发生） 营业成本（完整性/准确性）

【解析】主要考核营业收入重大错报风险的识别和评估。

由于甲公司在钢材（原材料）价格及劳动力成本（人工成本）大幅上涨的情况下，甲公司通过调低主打车型的价格（收入降低），势必造成甲公司2017年的毛利率应当大大低于2016年的毛利率，这是合理预期的结果。但是财务数据显示，2017年的毛利率（11%）接近于2016年毛利率（11.05%），显然与预期不符，因此，可以合理判断，被审计单位存在营业收入多计、营业成本少计的重大错报风险。

通关练习

（一）单选题

1. 下列有关收入确认的舞弊风险的说法中，错误的是（　　）。

A. 注册会计师在识别和评估与收入确认相关的重大错报风险时，应当基于收入确认存在舞弊风险的假定，评价哪些类型的收入、收入交易或认定导致舞弊风险

B. 如果被审计单位已经超额完成当年的利润目标，为了平滑利润，收入的截止认定存在舞弊风险的可能性较大

C. 关联方交易比非关联方交易更容易增加收入的发生认定存在舞弊风险的可能性

D. 收入的发生认定存在舞弊风险的可能性通常大于完整性认定存在的舞弊风险

2. 下列与销售相关的内部控制中，与营业收入的发生认定直接相关的是（　　）。

A. 仓库管理人员只有在收到经批准的销售单时才能编制发运凭证并供货

B. 负责开具销售发票的员工依据经批准的商品价目表开发票

C. 定期对应收账款的坏账风险进行评估，据此计提坏账准备

D. 依据有效的发运凭证和销售单及销售发票记录销售

3. 销售单是企业内部处理销售交易的重要单据，一般在批准了客户订购单之后，会编制一式多联的销售单，该项控制与（　　）最相关。

A. 完整性认定

B. 发生认定

C. 准确性认定

D. 分类认定

4. A 注册会计师负责销售与收款循环的审计，针对 2020 年营业收入的发生认定，设计了如下审计程序，其中能够获取充分、适当的审计证据的程序是（　　）。

A. 抽取 2020 年 12 月 31 日的发运单，检查相应的销售发票副本和账簿记录

B. 抽取 2020 年 12 月 31 日开具的销售发票副本，检查相应的发货单和账簿记录

C. 抽取 2020 年 12 月 31 日账簿记录，检查相应报表的列报

D. 从营业收入明细账中抽取 2019 年 12 月 31 日的明细记录，检查相应的记账凭证、发货单和销售发票副本

5. 针对发运商品与客户销售单可能不一致的错报风险，下列程序中，属于最适当的控制测试的是（　　）。

A. 询问发运人员

B. 检查例外报告和暂缓发货的清单

C. 从发运凭证追查至销售发票

D. 从主营业务收入明细账追查至发票存根及发运凭证

6. 以下选项中，能作为定期向客户寄发对账单工作的人员的是（　　）。

A. 负责应收账款明细账记账人员

B. 负责主营业务收入总账记账人员

C. 现金出纳员

D. 负责固定资产登记人员

7. 以下有关职责分离的说法中，不恰当的是（　　）。

A. 存货仓储的职责与记账职责分离

B. 主营业务收入账系由记录主营业务成本之外的员工独立登记，并定期调节总账和明细账

C. 负责应收账款记账的员工不得经手货币资金

D. 销售人员通常有一种追求更大销售数量的自然倾向，赊销的审批不能由销售人员负责

8. 注册会计师检查发运凭证与销售发票连续编号是否完整，有助于实现的审计目标是（　　）。

A. 销售交易计入恰当的会计期间，截止正确

B. 所有销售交易均已登记入账，不存在隐瞒

C. 销售的金额是准确的

D. 登记入账的销售交易是真实的，不存在虚构

9. 下列有关收款交易相关控制的作法中，不恰当的是（　　）。

A. 企业应将销售收入及时入账，不得账外设账，不得擅自坐支现金

B. 销售部门应当负责应收账款的催收，可以直接收取现金

C. 企业应当定期与客户通过函证等方式核对应收账款、应收票据等债权

D. 企业对于可能成为坏账的应收账款，财务人员不能未经审批确认为坏账

10. 以下各项中，属于为了降低税负或转移利润而少计收入的舞弊手段的是（　　）。

A. 当存在多种可供选择的收入确认会计政策时，选择增加收入的会计政策

B. 通过未披露的关联方，进行高于公允价值的交易

C. 被审计单位采用以旧换新的方式销售商品时，以新旧商品的差价确认收入

D. 在商品交易合同未履行时，提前确认收入

11. 如果管理层期末收入可能未计入正确的会计期间存在重大错报风险，风险程度为特别风险，内部控制预期是不可以信赖的，则拟从实质性程序中获取的保证程度的水平是（　　）。

A. 高　　B. 中

C. 无　　D. 部分

12. 如下销售与收款循环的内部控制措施，不恰当的是（　　）。

A. 企业应当设置客户应收账款台账，及时登记每一客户应收账款余额增减变动情况和信用额度使用情况

B. 企业应当建立逾期应收账款催收制度，信用管理部门应当负责应收账款的催收，销售部门应当督促信用管理部门加紧催收

C. 企业对于可能成为坏账的应收账款应当报告有关决策机构，由其进行审查，确定是否确认为坏账

D. 企业应当定期与往来客户通过函证等方式核对应收账款、应收票据、预收款项等往来款项。如有不符应查明原因，及时处理

13. 下列说法中，注册会计师针对被审计单位销售与收款循环的重大错报风险评估的说法中不恰当的是（　　）。

A. 注册会计师在识别和评估与收入确认相关的重大错报风险时，应当基于收入确认存在舞弊风险的假定

B. 注册会计师通过了解被审计单位销售模式和业务流程、收入确认的具体原则等，有助于其考虑收入虚假错报可能采取的方式，从而设计恰当的审计程序以发现此类错报

C. 注册会计师通过实施风险评估程序了解到，被审计单位所处行业竞争激烈并伴随着利润率的下降，而管理层过于强调完成既定盈利的目标，则注册会计师需要警惕实施舞弊低估收入，达到平滑利润，从而低估利润的风险

D. 注册会计师需要结合对被审计单位及其环境的具体了解，考虑收入确认舞弊可能如何发生

14. 下列各项审计程序中，不能为营业收入的发生认定提供审计证据的是（　　）。

A. 以发运凭证、发票等原始凭证为起点，检查主营业务收入明细账中的业务记录

B. 对应收账款余额实施函证

C. 存在销货退回的，检查相关手续是否符合规定，检查有关会计处理是否正确，并结合存货项目审计关注退货业务的真实性

D. 采取将本期营业收入与上年比较分析等实质性分析程序

15. 以下各项中，不适合实施实质性分析程序的是（　　）。

A. 营业外收入　　B. 应收账款

C. 利息收入　　D. 产品毛利率

（二）多选题

1. 应收账款的审计需要结合销售交易的审计来进行，下列理由合理的有（　　）。

A. 营业收入和应收账款均为利润表的主要项目

B. 营业收入与应收账款的数额是一一对应的

C. 收入的“发生”认定直接影响应收账款的“存在”认定

D. 应收账款代表了尚未收回货款的收入，通过审计应收账款获取的审计证据也能够为收入提供审计证据

2. 针对销售交易收款交易，以下内部控制中，符合职责适当分离的要求的有（　　）。

A. 在销售合同订立前，应当指定专门人员就销售价格、信用政策等具体事项与客户进行谈判并签订合同

B. 应收票据的取得和贴现必须经由保管票据以外的主管人员的书面批准

C. 应当分别设立办理销售、发货、收款三项业务的部门（或岗位）

D. 销售人员应当避免接触销货现款

3. 下列有关应收账款函证程序决策的说法中，正确的有（　　）。

A. 如果有充分证据表明函证很可能是无效的，注册会计师可以不实施应收账款函证程序

B. 如果在收入确认方面不存在由于舞弊导致的重大错报风险，注册会计师可以不实施应收账款函证程序

C. 如果有充分证据表明应收账款对财务报表而言不重要，注册会计师可以不实施应收账款函证程序

D. 对小型企业财务报表执行审计时，注册会计师可以不实施应收账款函证程序

4. 如下审计程序，可以用作销售与收款循环控制测试的审计程序的有（　　）。

A. 询问

B. 观察

C. 检查

D. 重新计算

5. 如下项目中，属于应收账款未回函项目实施替代审计程序的有（　　）。

A. 检查资产负债表日后收回的货款

B. 检查相关的销售合同、销售单、发运凭证

C. 检查被审计单位与客户之间的往来邮件

D. 检查资产负债表日后坏账的计提

6. 下列审计程序中，能够发现被审计单位低估主营业务收入的有（　　）。

A. 从发运凭证追查至主营业务收入明细账

B. 检查销售发票连续编号的完整性

C. 检查主营业务收入明细账是否后附销售发票、发运凭证等原始凭证

D. 检查发运凭证连续编号的完整性

7. 下列各项中，属于销售截止测试的审计程序的有（　　）。

A. 选取资产负债表日前后若干天一定金额以上的发运凭证，与应收账款和收入明细账进行核对；同时，从应收账款和收入明细账选取在资产负债表日前后若干天一定金额以上的凭证，与发运凭证核对，以确定销售是否存在跨期现象

B. 复核资产负债表日前后销售和发货水平，确定业务活动水平是否异常（如与正常水平相比），并考虑是否有必要追加截止程序

C. 取得资产负债表日后所有的销售退回记录，检查是否存在提前确认收入的情况

D. 结合对资产负债表日应收账款的函证程序，检查有无未取得对方认可的大额销售

8. 注册会计师确定应收账款函证范围时，通常考虑的因素有（　　）。

A. 应收账款在全部资产中的重要性

B. 被审计单位内部控制的强弱

C. 以前期间的函证结果

D. 交易的频繁程度

9. 一般注册会计师针对主营业务收入实施截止测试时，可以考虑选择的审计路径有（　　）。

A. 从资产负债表日前后若干天的销售发票追查至发运凭证

B. 从资产负债表日前后若干天的账簿记录追查至记账凭证和发运凭证

C. 从资产负债表日前的销售发票追查至销售合同

D. 从资产负债表日前后若干天的发运凭证追查至账簿记录

10. 下列有关注册会计师针对应收账款实施函证程序的说法中，不恰当的有（　　）。

A. 若相关内部控制设计良好有效运行，则可以相应增加函证样本量

B. 注册会计师可采用积极的或消极的函证方式实施函证，也可将两种方式结合使用

C. 对回函中出现的不符事项，遵循谨慎原则，一般确定为错报

D. 注册会计师应当将询证函回函作为审计证据，纳入审计工作底稿管理

（三）简答题

W 注册会计师依照审计计划了解甲公司销售与收款循环的内部控制，审计工作底稿的部分内容摘录如下：

（1）销售单管理部门发现 X 客户未在客

户清单中，由销售单管理部门的主管决定同意销售后，企业编制一式一联的销售单；

（2）对于赊销业务的批准是由销售部门根据管理层的赊销政策在每个客户的已授权的信用额度内进行的；

（3）商品仓库管理人员根据发货情况编制发运凭证并供货，并定期与批准的销售单核对；

（4）每月末，由内部审计人员核查销售交易的处理和记录；

（5）由负责应收账款记账的人员按月向客户寄发对账单，能促使客户在发现应付账款余额不正确后及时反馈有关信息。

【要求】针对上述第（1）~（5）项，假定不考虑其他条件，逐项指出所列控制的设计是否恰当。如不恰当，简要说明理由。

通关练习答案及解析

（一）单选题

1.【答案】D

【解析】选项D错误，管理者实施舞弊的动机或压力不同，其舞弊风险所涉及的具体认定也不同，如果管理层存在为了隐瞒收入而降低税负的动机，则注册会计师需要关注与收入完整性认定相关的舞弊风险。

2.【答案】D

【解析】选项A，防止仓库在未经授权的情况下擅自发货，与存货的存在认定直接相关；选项B，防止开具销售发票的人员擅自更改商品价格，与营业收入的准确性认定直接相关；选项C，防止坏账损失计提不准确，与应收账款的准确性、计价和分摊认定直接相关。

3.【答案】B

【解析】接受客户订购单并编制销售单，该单据是记录销售交易的重要依据，与销售交易的"发生"认定相关，故选择选项B。

4.【答案】D

【解析】选项A、B、C顺向检查，主要获取完整性认定证据，选项D针对的是营业收入的发生认定。

5.【答案】B

【解析】选项A，可以作为控制测试的一项程序，但是相对于选项B，获取证据的可靠性较差；选项C有助于完整性认定；选项D，有助于证实收入发生认定。

6.【答案】D

【解析】选项D正确，为了使这项控制更加有效，最好将账户余额中出现的所有不符的账项进行核对，指定一位既不掌管货币资金也不记录主营业务收入和应收账款的主管人员处理，然后由独立人员按月编制对账情况汇总报告并交管理层审阅。

7.【答案】B

【解析】选项B不恰当，主营业务收入账系由记录应收账款之外的员工独立登记，并由另一位不负责账簿记录的员工定期调节总账和明细账，构成一项交互牵制。

8.【答案】B

【解析】检查发运凭证与销售发票连续编号是否完整针对的是完整性认定，其目标是测试所有销售交易是否均已登记入账，故选择选项B。

9.【答案】B

【解析】选项B不恰当，销售部门可以负责应收账款的催收，但是不可以直接收取现金。

10.【答案】C

【解析】选项A、B、D属于管理层为了达到粉饰财务报表目的而虚增收入或提前确认收入的舞弊手段。

11.【答案】A

【解析】选项A恰当，收入可能未计入正确的会计期间属于特别风险，内部控制预期是不可以信赖的，则拟从实质性程序中获取的保证程度应为高。

12.【答案】B

【解析】选项B不恰当，销售部门应当负责应收账款的催收，财会部门应当督促销售部门加紧催收。

13. 【答案】C

【解析】选项C不恰当，注册会计师通过实施风险评估程序了解到，被审计单位所处行业竞争激烈并伴随着利润率的下降，而管理层过于强调完成既定盈利的目标，则注册会计师需要警惕管理层通过实施舞弊高估收入，从而高估利润的风险。

14. 【答案】A

【解析】选项A不正确，以发运凭证、发票等原始凭证为起点，检查主营业务收入明细账中的业务记录，提供完整性认定审计证据。

15. 【答案】A

【解析】选项A不正确，营业外收入是非日常活动的利得，具有偶发性。

（二）多选题

1. 【答案】CD

【解析】选项A错误，应收账款不是利润表的主要项目；选项B错误，营业收入与应收账款的数额不是一一对应的。

2. 【答案】BCD

【解析】选项A不正确，企业在销售合同订立前，应当指定专门人员就销售价格、信用政策、发货及收款方式等具体事项与客户进行谈判。谈判人员至少应有两人以上，并与订立合同的人员相分离。

3. 【答案】AC

【解析】除非有充分证据表明应收账款对被审计单位财务报表而言是不重要的，或者函证很可能是无效的，否则，注册会计师应当对应收账款进行函证，并不受其他因素的影响，故选项B、D错误的。

4. 【答案】ABC

【解析】选项D属于用于实质性程序的审计程序。

5. 【答案】ABC

【解析】选项D的程序作为替代程序，获取证据的相关性较弱。

6. 【答案】ABD

【解析】选项C是针对营业收入的发生认定。

7. 【答案】ABCD

【解析】以上选项均属于销售截止测试的审计程序。

8. 【答案】ABC

【解析】交易频繁程度属于确定函证对象考虑的因素。

9. 【答案】BD

【解析】截止测试一般有两条审计路径：一是以账簿记录为起点追查至记账凭证和发运凭证（选项B）；二是以发运凭证为起点追查至账簿记录（选项D）。

10. 【答案】AC

【解析】选项A不恰当，若相关内部控制设计良好有效运行，则可以相应减少函证样本量；选项C不恰当，对回函中出现的不符事项，遵循谨慎原则，要查明原因，不能直接确定为错报。

（三）简答题

【答案】

（1）不恰当。

理由：企业编制的销售单应该一式多联，具体联数可根据管理需要确定。

（2）不恰当。

理由：对于赊销业务的批准是由信用管理部门根据管理层的赊销政策在每个客户的已授权的信用额度内进行的。

（3）不恰当。

理由：企业管理层通常要求商品仓库管理人员只有在收到经过批准的销售单时才能编制发运凭证并供货。

（4）恰当。

（5）不恰当。

理由：应该由不负责现金出纳和销售及应收账款记账的人员定期向客户寄发对账单，对不符事项进行调查，必要时调整会计记录，编制对账情况汇总报告并交管理层审核。

第十章　采购与付款循环的审计

2021 年教材内容主要变化

本章主要变化如下：

（1）采购与付款循环的业务活动和相关控制；

（2）应付账款的审计目标；

（3）删除应付账款实质性程序中“如存在应付关联方的款项”的相关内容。

【小贴士】具体详见有关重难点。

本章近五年考情统计分析

本章考题主要以主观题（综合题和简答题）为主，但是针对个别的知识点也可以以客观题的形式考查。

本章属于一般重要的考试章节之一，最近五年平均考试分值一般在 1 分左右。

（一）近五年考试分值分布

题型	2016 年	2017 年	2018 年	2019 年	2020 年
单选题	—	—	—	—	—
多选题	—	—	—	—	—
简答题	3	—	—	—	—
综合题	—	—	1	—	—
合计	3	—	1	—	—

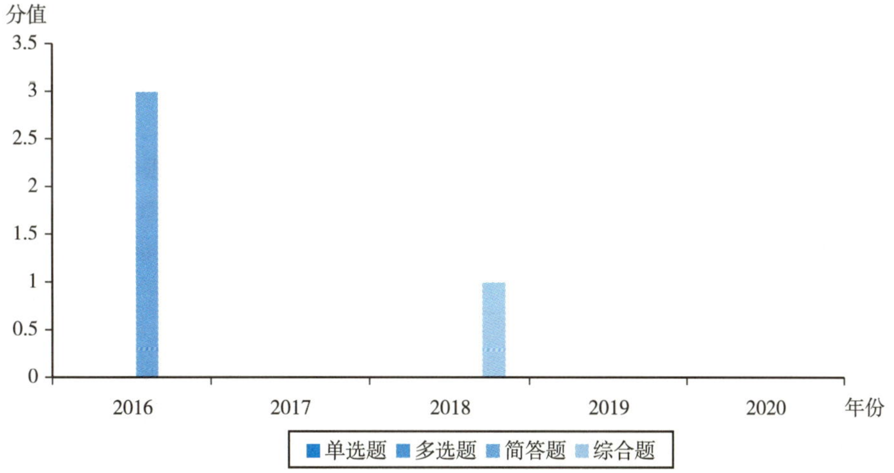

（二）近五年考试考点分布

高频考点内容	年度及题型分布
采购交易内部控制	2016 年简答
采购交易风险评估	2016 年简答
除折旧/摊销、人工费用以外的一般费用的实质性程序	2018 年综合

重难点解析

本章内容属于财务报表审计实务的重要章节，主要以制造业企业为背景阐述采购与付款循环涉及的主要凭证与会计记录，采购与付款循环的主要业务活动，采购交易的主要控制活动，采购与付款循环的相关交易和余额存在的重大错报风险，测试采购与付款循环的内部控制，应付账款的审计目标，应付账款的实质性程序，除折旧/摊销、人工费用以外的一般费用的实质性程序等。

【小贴士】本章结构与第九章相近，本章内容的学习，既需要具备审计理论（如认定、风险识别与评估、风险应对等），又需要相关会计知识作为支撑（如存货采购、应付账款等准则规范）。

重难点1：涉及的主要凭证与会计记录★

【小贴士】采购与付款交易通常要经过请购——订货——验收——付款这样的程序，同销售与收款交易一样，在内部控制比较健全的企业，处理采购与付款交易通常需要使用很多单据与会计记录。以一般制造业为例，其典型的采购与付款循环所涉及的主要单据与会计记录有12种（不同被审计单位的单据名称可能不同）。

（1）采购计划。

（2）供应商清单。

（3）请购单。

（4）订购单。

（5）验收及入库单。

（6）卖方发票。

（7）付款凭单。

（8）转账凭证。

（9）付款凭证。

（10）应付账款明细账。

（11）现金日记账和银行存款日记账。

（12）供应商对账单。

【小贴士】有关主要凭证与会计记录内容，应该结合第二节主要业务活动和相关内部控制进行学习。

重难点2：采购与付款循环的主要业务活动★★

【小贴士】该知识点2021年小范围修订

（一）制定采购计划

（1）生产、仓库等部门定期编制采购计划。

（2）经部门负责人等适当的管理人员审批后提交采购部门，具体安排商品及服务采购。

（二）供应商认证及信息维护

（1）通常对于合作的供应商事先进行资质等审核，将通过审核的供应商信息录入系统，形成完整的供应商清单。

（2）及时对供应商信息变更进行更新。

（3）采购部门只能向通过审核的供应商进行采购。

（三）请购商品和服务

生产部门根据采购计划，对需要购买的已列入存货清单的原材料等项目填写请购单，其他部门也可以对所需要购买的商品或服务编制请购单。

【小贴士】大多数企业对正常经营所需物资的购买均作一般授权，例如，生产部门在现有库存达到再订购点时就可提出采购申请，其他部门也可为正常的维修工作和类似工作直接申请采购有关物品。

【小贴士】由于企业内不少部门都可以填列请购单，可以按照部门分别设置请购单的连续编号，每张请购单必须经过对这类支出预算负责的主管人员签字批准。

请购单是证明采购交易“发生”认定的凭据之一，也是采购交易轨迹的起点。

（四）编制订购单

采购部门在收到请购单后，只能对经过恰当批准的请购单发出订购单。对每张订购单，采购部门应确定最佳的供应来源。

订购单应正确填写所需要的商品品名、数量、价格、供应商名称和地址等，预先予以顺序编号并经过被授权的采购人员签名。

【小贴士】订购单正联应送交供应商，副联则送至企业内部的验收部门、财务部门和编制请购单的部门。随后，内部审计部门独立检查订购单的处理，以确定是否确实收到商品并正确入账。

这项检查与采购交易的“完整性”和“发生”认定有关。

（五）验收商品

验收部门首先应比较所收商品与订购单上的要求是否相符，如商品的品名、规格型号、数量和质量等，然后再盘点商品并检查商品有无损坏。

【小贴士】验收后，验收部门应对已收货的每张订购单编制一式多联、预先按顺序编号的验收单，作为验收和检验商品的依据。

验收人员将商品送交仓库或其他请购部门时，应取得经过签字的收据，或要求其在验收单的副联上签收，以确立他们对所采购的资产应负的保管责任。验收人员还应将其中的一联验收单送交财务部门。

验收单是支持资产以及与采购有关的负债的“存在”认定的重要凭据。

定期独立检查验收单的顺序以确定每笔采购交易都已编制凭单，则与采购交易的“完整性”认定有关。

（六）储存商品

将已验收商品的保管与采购职责相分离，可减少未经授权的采购和盗用商品的风险。存放商品的仓储区应相对独立，限制无关人员接近。这些控制与商品的“存在”认定有关。

（七）确认和记录采购交易与负债

正确确认已验收商品和已接受服务的债务，对企业财务报表和实际现金支出具有重大影响。在记录采购交易前，财务部门需要：

（1）检查订购单、验收单和供应商发票的一致性。

（2）确定供应商发票的内容是否与相关的验收单、订购单一致。

（3）确定供应商发票的计算是否正确。

在检查无误后，会计人员编制转账凭证/付款凭证，经会计主管审核后据以登记相关账簿。如果月末尚未收到供应商发票，财务部门需根据验收单和订购单暂估相关的负债。

这些控制与“存在”、“发生”、“完整性”、“权利和义务”和“准确性、计价和分摊”等认定有关。

【经典例题】

【例题·多选题】财务部门检查订购单、验收单和供应商发票等单据，确认无误后正确记录已验收商品和已接受服务的债务。如果月末尚未收到供应商发票，财务部门需根据验收单和订购单暂估相关的负债。这些控制与下列（　　）认定有关。

A. 存在

B. 发生

C. 完整性

D. 准确性、计价和分摊

【答案】ABCD

【解析】在记录采购交易前，财务部门需要检查订购单、验收单和供应商发票的一致性，确定供应商发票的内容是否与相关的验收单、订购单一致，以及供应商发票的计算是否正确。在检查无误后，会计人员编制转账凭证/付款凭证，经会计主管审核后据以登记相关账簿。如果月末尚未收到供应商发票，财务部门需根据验收单和订购单暂估相关的负债。这些控制与“存在”、“发生”、“完整性”和“准确性、计价和分摊”等认定有关。

（八）办理付款

企业通常根据国家有关支付结算的相关规定和企业生产经营的实际情况选择付款结算方式。以支票结算方式为例，编制和签发支票的有关控制包括：

（1）由被授权的财务部门的人员负责签发支票。

（2）被授权签发支票的人员应确定每张支票后附有已经适当批准的未付款凭单，并确定支票收款人姓名和金额与凭单内容一致。

（3）支票一经签发就应在其凭单和支持性凭证上用加盖印戳或打洞等方式将其注销，以免重复付款。

（4）不得签发无记名甚至空白的支票。

（5）支票应预先顺序编号，保证支出支票存根的完整性和作废支票处理的恰当性。

（6）应确保只有被授权的人员才能接近未经使用的空白支票。

（九）记录现金、银行存款支出

以支票结算方式为例，在手工系统下，会计人员应根据已签发的支票编制付款记账凭证，并据以登记银行存款日记账及其他相关账簿。以记录银行存款支出为例，有关控制包括：

（1）会计主管应独立检查记入银行存款日记账和应付账款明细账的金额的一致性，以及与支票汇总记录的一致性。

（2）通过定期比较银行存款日记账记录的日期与支票副本的日期，独立检查入账的及时性。

（3）独立编制银行存款余额调节表。

【小贴士】不能由出纳员编制银行存款余额调节表，否则属于内部控制设计缺陷。

【经典例题】

【例题·单选题】如下有关采购与付款业务流程相关控制活动与相关认定的对应关系的表述中，不恰当的是（　　）。

A. 订购单的连续编号，能够有效降低应付账款“完整性”认定错报风险

B. 支票预先顺序编号能够确保支出支票存根的完整性和作废支票处理的恰当性

C. 验收单的连续编号，与应付账款的“存在”认定最有关

D. 确定供应商发票计算的正确性能够降低应付账款的计价和分摊认定、相关费用的准确性认定的错报风险

【答案】C

【解析】选项C不恰当，验收单的连续编号，与应付账款的“完整性”认定最有关。

重难点3：采购交易的主要控制活动★★

（一）适当的职责分离

【小贴士】采购与付款交易不相容岗位分离，至少包括下列职责的合理分离：（1）请购与审批；（2）询价与确定供应商；（3）采购合同的订立与审批；（4）采购与验收；（5）采购、验收与相关会计记录；（6）付款审批与付款执行。

（二）恰当的授权审批

付款需要由经授权的人员审批，审批人员在审批前需检查相关支持文件，并对其发现的例外事项进行跟进处理。

（三）凭证的预先编号及对例外报告的跟进处理

通过对入库单的预先编号以及对例外情况的汇总处理，被审计单位可以应对存货和负债记录方面的完整性风险。

【小贴士】如果该控制是人工执行的，被审计单位可以安排入库单编制人员以外的独立复核人员定期检查已经进行会计处理的入库单记录，确认是否存在遗漏或重复记录的入库单，并对例外情况予以跟进。如果在IT环境下，则系统可以定期生成列明跳号或重号的入库单统计例外报告，由经授权的人员对例外报告进行复核和跟进，可以确认所有入库单都进

行了处理，且没有重复处理。

重难点4：采购与付款循环的相关交易和余额存在的重大错报风险★★★

（1）低估负债。

（2）管理层错报负债、费用支出的偏好和动机。

（3）费用支出的复杂性。

（4）不正确地记录外币交易。

（5）舞弊和盗窃的固有风险。

（6）存在未记录的权利和义务。

重难点5：测试采购与付款循环的内部控制★

风险评估和风险应对是整个审计过程的核心，因此，注册会计师通常以识别的重大错报风险为起点，选取拟测试的控制并实施控制测试。教材表10－4列示了通常情况下，注册会计师对采购与付款循环实施的控制测试。

【小贴士】教材表10－4中各栏从左至右依次为1. 可能发生错报的环节；2. 相关的财务报表项目及认定；3. 存在的内部控制（自动）；4. 存在的内部控制（人工）；5. 相关的控制测试程序。需要重点掌握针对“可能发生错报的环节”涉及“相关的财务报表项目及认定”，以及相应的“相关的控制测试程序”。

【经典例题】

【例题·多选题】以下控制活动中能够控制应付账款“完整性”认定错报风险的有（　　）。

A. 应付凭单均经事先连续编号并确保已付款的交易登记入账

B. 订购单均经事先连续编号并确保已完成的采购交易登记入账

C. 验收单、卖方发票上的日期与采购明细账中的日期已经核对一致

D. 验收单均经事先连续编号并确保已验收的采购交易登记入账

【答案】ABD

【解析】选项C不恰当，将验收单、卖方发票上的日期与采购明细账中的日期进行核对，其目的是为了控制采购业务入账时间的恰当性。

重难点6：应付账款的审计目标★

【小贴士】该知识点2021年小范围修订。

（1）确定资产负债表中记录的应付账款是否存在（“存在”认定）。

（2）确定所有应当记录的应付账款是否均已记录（“完整性”认定）。

（3）确定资产负债表中记录的应付账款是否为被审计单位应当履行的偿还义务（“权利和义务”认定）。

（4）确定应付账款是否以恰当的金额包括在财务报表中（“准确性、计价和分摊”认定）。

（5）确定应付账款已记录于恰当的账户（“分类”认定）。

（6）确定应付账款是否已被恰当地汇总或分解且表述清楚，按照企业会计准则的规定在财务报表中作出的相关披露是相关的、可理解的（“列报”认定）。

【小贴士】上述应付账款的审计目标，是从一般性角度列示的具体审计目标，重点应该结合具体审计项目合理确定其重要程度，以合理分配审计资源。需要重点掌握（2）、（6）的运用。

【经典例题】

【例题·单选题】注册会计师从材料采购明细账追查至材料验收入库单，能查明存货的（　　）认定。

A. 存在

B. 发生

C. 权利和义务

D. 完整性

【答案】A

【解析】从采购材料明细账追查至验收入库单，检查顺序属于逆查，能够证实材料的存

在认定。故选择选项 A。

重难点7：应付账款的实质性程序★★★

【小贴士】该知识点2021年小范围修订。

（一）对应付账款实施函证程序

采购与付款循环中较为常见的重大错报风险是低估应付账款（“完整性”认定），因此，注册会计师在实施函证程序时可能需要从非财务部门（如采购部门）获取适当的供应商清单，如本期采购清单、所有现存供应商名录等，从中选取样本进行测试并执行如下程序：

（1）向债权人发送询证函。

注册会计师应根据审计准则的规定对询证函保持控制，包括确定需要确认或填列的信息、选择适当的被询证者、设计询证函，包括正确填列被询证者的姓名和地址，以及被询证者直接向注册会计师回函的地址等信息，必要时再次向被询证者寄发询证函等。

（2）将询证函回函确认的余额与已记录金额相比较，如存在差异，检查支持性文件。评价已记录金额是否适当。

（3）对未回函的项目实施替代程序，例如，检查付款单据（如支票存根）、相关的采购单据（如订购单、验收单、发票和合同）或其他适当文件。

（4）如果认为回函不可靠，评价对评估的重大错报风险以及其他审计程序的性质、时间安排和范围的影响。

【小贴士】函证应付账款程序与函证应收账款程序的运用在技术上一致的，但是，由于应付账款与应收账款性质不同，审计目标也存在一定的差别，所以，在函证决策运用中自然存在一定的差别，应收账款函证属于约束性的审计程序，而应付账款函证则不是约束性的。

【经典例题】

【例题·多选题】注册会计师运用函证程序对被审计单位的应付账款实施决策时，以下做法中正确的有（　　）。

A. 注册会计师应当对应付账款实施函证，若不函证需说明理由，并记录在工作底稿中

B. 如果认为回函不可靠，评价对评估的重大错报风险以及其他审计程序的性质、时间安排和范围的影响

C. 对于账户在资产负债表日账户余额较小或为零，但为被审计单位重要供应商，注册会计师决定不对其函证

D. 如果存在被询证者最终未作回复的重大项目，注册会计师应采用替代审计程序

【答案】BD

【解析】选项 A 不正确，应付账款函证不是约束性程序，所以不函证不需要说明理由；选项 C 不正确，对于账户在资产负债表日账户余额较小或为零，但为被审计单位重要供应商，注册会计师应当对其函证。

（二）检查应付账款是否计入正确的会计期间，是否存在未入账的应付账款

（1）对本期发生的应付账款增减变动，检查至相关支持性文件，确认会计处理是否正确。

（2）检查资产负债表日后应付账款明细账贷方发生额的相应凭证，关注其验收单、供应商发票的日期，确认其入账时间是否合理。

（3）获取并检查被审计单位与其供应商之间的对账单以及被审计单位编制的差异调节表，确定应付账款金额的准确性。

（4）针对资产负债表日后付款项目，检查银行对账单及有关付款凭证（如银行汇款通知、供应商收据等），询问被审计单位内部或外部的知情人员，查找有无未及时入账的应付账款。

（5）结合存货监盘程序，检查被审计单位在资产负债表日前后的存货入库资料（验收报告或入库单），检查相关负债是否计入了正确的会计期间。

（三）寻找未入账负债的测试

获取期后收取、记录或支付的发票明细，包括获取支票登记簿/电汇报告/银行对账单（根据被审计单位情况不同），以及入账的发票

和未入账的发票。从中选取项目（尽量接近审计报告日）进行测试并实施以下程序：

（1）检查支持性文件，如相关的发票、采购合同/申请、收货文件以及接受服务明细，以确定收到商品/接受服务的日期及应在期末之前入账的日期。

（2）追踪已选取项目至应付账款明细账、货到票未到的暂估入账和/或预提费用明细表，并关注费用所计入的会计期间。调查并跟进所有已识别的差异。

（3）评价费用是否被记录于正确的会计期间，并相应确定是否存在期末未入账负债。

【经典例题】

【例题·多选题】在以下审计程序中，有助于发现被审计单位年末未入账应付账款的有（　　）。

A. 检查资产负债表日后应付账款明细账贷方发生额的相应凭证，关注其验收单、购货发票的日期，确认其入账时间是否合理

B. 期中实施有关控制测试，并对剩余期间获取补充证据

C. 针对资产负债表日后付款项目，检查银行对账单及有关付款凭证（如银行汇款通知、供应商收据等），询问被审计单位内部或外部的知情人员，查找有无未及时入账的应付账款

D. 结合存货监盘程序，检查被审计单位在资产负债表日前后的存货入库资料（验收报告或入库单），检查相关负债是否计入了正确的会计期间

【答案】ACD

【解析】检查应付账款是否计入了正确的会计期间，是否存在未入账的应付账款：（1）对本期发生的应付账款增减变动，检查至相关支持性文件，确认会计处理是否正确；（2）检查资产负债表日后应付账款明细账贷方发生额的相应凭证，关注其验收单、供应商发票的日期，确认其入账时间是否合理（选项A）；（3）获取并检查被审计单位与其供应商之间的对账单以及被审计单位编制的差异调节表，确定应付账款金额的准确性；（4）针对资产负债表日后付款项目，检查银行对账单及有关付款凭证（如银行汇款通知、供应商收据等），询问被审计单位内部或外部的知情人员，查找有无未及时入账的应付账款（选项C）；（5）结合存货监盘程序，检查被审计单位在资产负债表日前后的存货入库资料（验收报告或入库单），检查相关负债是否计入了正确的会计期间（选项D）。而选项B，在期中实施有关控制测试，并对剩余期间获取补充证据的审计程序获取证据的相关性和可靠性较差。

（四）检查应付账款长期挂账的原因

【小贴士】注意确实无法支付的应付账款的会计处理。

【经典例题】

【真题·简答题（部分）】（2016）ABC会计师事务所的A注册会计师负责审计甲公司2015年度财务报表，审计工作底稿中与负债审计相关的部分内容摘录如下：

甲公司有一笔账龄三年以上金额重大的其他应付款，因2015年未发生变动，A注册会计师未实施进一步审计程序。

【要求】指出A注册会计师做法是否恰当。如不恰当，简要说明理由。

【答案】不恰当。注册会计师没有对应当对重大账户余额实施实质性程序。

【解析】注册会计师应当对重大账户余额实施实质性程序。

（五）检查应付账款是否已按照企业会计准则的规定在财务报表中作出恰当列报和披露

重难点8：除折旧/摊销、人工费用以外的一般费用的实质性程序★★

【小贴士】之所以用“折旧/摊销、人工费用以外的一般费用”这样的提法，是因为“折旧/摊销”费用的审计在固定资产或者无形资产中阐述，“人工费用”会在人力资源与薪酬审计中阐述。该部分内容既具有费用审计

的一般属性，又具有特殊的一面，例如电话费、广告费等审计就具有其特殊性。

【经典例题】

【真题·综合题（部分）】（2018）上市公司甲公司是ABC会计师事务所的常年审计客户，主要从事药品的研发、生产和销售。A注册会计师负责审计甲公司2017年度财务报表，确定财务报表整体的重要性为300万元，明显微小错报的临界值为15万元。

资料四：A注册会计师在审计工作底稿中记录了针对市场推广费实施的进一步审计程序，部分内容摘录如下。

（4）乙公司于2017年3月设立，主要从事市场推广服务。2017年度，甲公司向乙公司购买市场推广服务5 000万元。A注册会计师检查了合同、采购审批记录以及支付单据，并就推广费用向乙公司实施了函证程序，结果满意。

【要求】针对资料四第（4）项，假定不考虑其他条件，指出A注册会计师的做法是否恰当。如不恰当，简要说明理由。

【答案】不恰当。应当获取足以证明服务已实际提供的证据（如广告播出情况和与推广相关的活动记录等），以确定所支付的费用的性质。

【解析】注册会计师运用检查程序检查了合同、采购审批记录以及支付单据，以及就推广费用向乙公司实施了函证程序，获得证据是不适当的，推广费用采购与存货等采购是存在差别的，须搜集有关推广费用实际使用的证据。

通关练习

（一）单选题

1. 如下各项审计程序中，有助于实现应付账款完整性审计目标的是（　　）。

A. 检查被审计单位资产负债表日后应付账款明细账借方发生额的相应凭证，确认其入账时间是否正确

B. 抽取大额的被审计单位本期应付账款明细账贷方发生额，核对相应的购货发票和验收单据，确认其入账时间是否正确

C. 询问复核人复核采购计划的过程，检查采购计划是否经复核人恰当复核

D. 结合存货监盘程序，检查被审计单位在资产负债表日是否存在有材料入库，但发票等凭证未收到的业务

2. 下列各项中，注册会计师在选择对除折旧、摊销、人工费用以外的一般费用执行分析程序时，无需考虑的事项是（　　）。

A. 可获取信息的来源、可比性

B. 根据关键因素和相互关系设定预期值，评价预期值是否足够精确以识别重大错报

C. 将期末应付账款余额与期初余额进行比较，分析波动原因

D. 将已记录金额与期望值进行比较

3. 下列有关采购业务相关控制活动说法中，不恰当的是（　　）。

A. 采购部门只能向通过审核的供应商进行采购

B. 将已验收商品的保管与采购的其他职责相分离，可减少未经授权的采购和盗用商品的风险

C. 采购部门在收到请购单后，只能对经过恰当批准的请购单发出订购单

D. 编制的请购单，与采购交易“完整性”认定相关

4. 在下列选项中，与记录银行存款支出活动不相关的控制是（　　）。

A. 记录现金支出的人员不得经手现金、有价证券和其他资产

B. 通过定期比较银行存款日记账记录的日期与支票副本的日期，独立检查入账的及时性

C. 独立编制银行存款余额调节表

D. 会计主管应独立检查记入银行存款日记账和应付账款明细账的金额的一致性

5. 企业通过“三单核对”控制，以应对存货及应付账款的存在性风险，如下项目属于“三单”的是（　　）。

A. 请购单、订购单和卖方发票

B. 订购单、验收单和卖方发票

C. 订购单、合同、验收单

D. 验收单、卖方发票和付款凭单

6. 以下材料采购业务的控制措施，属于内部控制设计缺陷的是（　　）。

A. 请购单既可以由仓库人员填制的，也可以由车间、管理部门人员填制

B. 请购单一式多联，但具体一式几联未作严格限定

C. 验收人员出差期间，验收工作由采购部门人员代为执行

D. 如未收到卖方发票，平时不做会计处理，月末按暂估价入账

7. 注册会计师从验收单追查至采购明细账，能查明存货的（　　）认定。

A. 存在

B. 准确性、计价和分摊

C. 完整性

D. 权利和义务

8. 下列项目，与寻找未入账负债的测试程序不相关的是（　　）。

A. 检查发票、采购合同/申请、收货文件等，确定收到商品的日期及应在期末之前入账的日期

B. 追踪已选取项目至应付账款明细账、货到票未到的暂估入账和/或预提费用明细表，并关注费用所计入的会计期间

C. 评价费用是否被记录于正确的会计期间，并相应确定是否存在期末未入账负债

D. 复核应付账款明细表是否正确，并与报表数、总账数和明细账合计数核对是否相符

9. 注册会计师拟执行针对应付关联方款项的实质性程序，下列选项中错误的是（　　）。

A. 检查证实交易的支持性文件（例如，发票、合同、协议等相关文件）

B. 了解交易的商业理由

C. 检查被审计单位与关联方的对账记录或向关联方函证

D. 检查应付账款长期挂账的原因，确定是否是为关联方

10. 对于函证未回函的应付账款重大项目，注册会计师应采用替代审计程序。下列各项中，不适合采用的是（　　）。

A. 检查决算日后应付账款明细账及库存现金和银行存款日记账，核实其是否已支付

B. 检查该笔债务的相关凭证资料，如合同、发票、验收单，核实应付账款的真实性

C. 检查现金支出、电汇凭证和支票复印件等付款文件，核实付款的真实性

D. 针对已偿付的应付账款，追查至银行对账单、银行付款单据和其他原始凭证，检查其是否在资产负债表日前真实偿付

（二）多选题

1. 经过风险评估，注册会计师将是否存在未入账的应付账款认为重大错报风险较高，下列实施的审计程序中，能够实现上述审计目标的有（　　）。

A. 对本期发生的应付账款增减变动，检查至相关支持性文件，确认会计处理是否正确

B. 检查接近资产负债表日应付账款明细账贷方发生额的相应凭证，关注其验收单、购货发票的日期，确认其入账时间是否合理

C. 获取并检查被审计单位与其供应商之间的对账单以及被审计单位编制的差异调节表，确定应付账款金额的准确性

D. 针对资产负债表日后付款项目，检查银行对账单及有关付款凭证（如银行汇款通知、供应商收据等），询问被审计单位内部或外部的知情人员，查找有无未及时入账的应付账款

2. 下列有关采购业务涉及的主要单据和会计记录的说法中，恰当的有（　　）。

A. 请购单是由生产、仓库等相关部门的

有关人员填写，然后送交财务部门，作为入账的原始凭证

B. 订购单是由采购部门填写，经适当的管理层审核后发送供应商，是向供应商购买订购单上所指定的商品和劳务的书面凭据

C. 验收单可以由采购部门填制，作为收到商品时的原始凭证

D. 采购部门在收到请购单后，只能对经过恰当批准的请购单发出订购单

3. 下列有关被审计单位针对采购与付款交易内部控制的说法中，恰当的有（　　）。

A. 付款需要由经授权的人员审批，审批人员在审批前需检查相关支持文件，并对其发现的例外事项进行跟进处理

B. 通过对入库单的预先编号以及对例外情况的汇总处理，被审计单位可以应对存货和负债记录方面的完整性风险

C. 仓储人员可以登记材料明细账和总账

D. 材料采购付款审批与付款执行的职责应该分离

4. 被审计单位可能存在采购订单未被录入系统或在系统中重复录入错报，如下测试程序中，恰当的有（　　）。

A. 询问收货人员的收货过程

B. 询问复核人对例外报告的检查过程

C. 确认发现的问题是否及时得到了跟进处理

D. 抽样检查采购订单是否有对应的请购单及复核人签署确认

5. 如下项目，属于用于应对采购计划未经适当审批的重大错报风险的控制测试程序的有（　　）。

A. 询问复核人复核采购计划的过程

B. 检查采购计划是否经复核人恰当复核

C. 重新计算订单的金额

D. 采用分析性程序

6. 如下各项实质性程序中，与存货准确性、计价和分摊认定相关性较弱的有（　　）。

A. 依据采购业务的卖方发票，比较会计科目表上的分类

B. 复算包括折扣和运费在内的卖方发票填写金额的准确性

C. 检查采购业务的验收单、订购单和请购单的合理性和真实性

D. 从采购业务的卖方发票追查至采购明细账

7. 注册会计师实施的如下审计程序中，与证实已记录应付账款完整性认定相关的有（　　）。

A. 向供应商函证零余额的应付账款

B. 检查采购文件以确定是否使用预先编号的采购单

C. 抽取购货合同、购货发票和入库单等凭证，追查至应付账款明细账

D. 从应付账款明细账追查至购货合同、购货发票和入库单等凭证

8. 函证被审计单位的应付账款时，注册会计师的以下做法中，不恰当的有（　　）。

A. 将询证函回函确认的余额与财务账面记录金额相比较，如存在差异，确认为错报

B. 如果存在被询证者最终未作回复的重大项目，注册会计师应采用替代审计程序

C. 如果认为回函不可靠，评价对评估的重大错报风险以及其他审计程序的，性质、时间安排和范围的影响

D. 某账户在资产负债表日账户余额为零，但为被审计单位重要供应商，注册会计师决定不对其函证

9. 在手工系统下，与银行存款支出的有关控制中，下列各项中健全的有（　　）。

A. 会计主管应独立检查记入银行存款日记账和应付账款明细账的金额的一致性，以及与支票汇总记录的一致性

B. 通过定期比较银行存款日记账记录的日期与支票副本的日期，独立检查入账的及时性

C. 出纳员独立编制银行存款余额调节表

D. 确定供应商发票计算的正确性

10. 下列项目中属于管理层错报负债费用

支出的偏好和动因有（　　）。

A. 平滑利润

B. 利用特别目的实体把负债从资产负债表中剥离

C. 利用关联方间的费用定价优势制造虚假的收益增长趋势

D. 被审计单位管理层把私人费用计入企业费用，把企业资金当作私人资金运作

（三）简答题

W注册会计师依照审计计划了解甲公司采购与付款循环的内部控制，审计工作底稿的部分内容摘录如下：

（1）采购部门可以根据有关市场信息和企业实际自主确定供应商，进行相关采购；

（2）由于甲企业内各个部门都可以填列请购单，这样订购单就无法连续编号，故请购单事先不编号；

（3）采购部门首先应比较所收商品与订购单上的要求是否相符，如商品的品名、摘要、数量、到货时间等，然后再盘点商品并检查商品有无损坏；

（4）甲公司在手工系统方式下，将未付款凭单送达会计部门，据以编制有关记账凭证和登记有关账簿；

（5）甲公司记录采购交易之前，应付凭单部门核对验收单和卖方发票的一致性并编制付款凭单。

【要求】针对上述第（1）~（5）项，假定不考虑其他条件，逐项指出所列控制的设计是否恰当。如不恰当，简要说明理由。

通关练习答案及解析

（一）单选题

1.【答案】D

【解析】选项A不恰当，检查资产负债表日后应付账款明细账贷方发生额的相应凭证，确认其入账时间是否应在资产负债表日前，是查找未入账的应付账款程序；选项B不恰当，从应付账款明细账贷方发生额追查至购货发票和验收单据是验证已记录在账上的“应付账款”的真实性；选项C不恰当，检查采购计划是否经复核人恰当复核与应付账款存在认定有关。

2.【答案】C

【解析】选项C错误，通过分析期末应付账款余额与期初余额波动的原因不能获取对除折旧/摊销、人工费用以外的一般费用进行的审计证据。

3.【答案】D

【解析】选项D不恰当，请购单是证明有关采购交易的“发生”认定的凭据之一，也是采购交易轨迹的起点。

4.【答案】A

【解析】选项A属于与现金有关的控制，选项B、C、D都属于记录银行存款支出的相关控制。

5.【答案】B

【解析】选项B正确，请购单的审批与存货及应付账款的存在性认定相关，但如果企业存在将订购单、验收单和卖方发票的一致性进行核对的“三单核对”控制，该控制足以应对存货及应付账款的存在性风险，则可以直接选择“三单核对”控制作为关键控制进行测试更能提高审计效率。

6.【答案】C

【解析】选项C，将验收工作交由采购部门人员执行，不符合不相容职务分离要求，属于内部控制设计上的缺陷。

7.【答案】C

【解析】选项C恰当，从验收单追查至采购明细账，属于顺查，能够证实存货的完整性认定。

8.【答案】D

【解析】注册会计师应该获取期后收取、记录或支付的发票明细，从中选取项目进行测试并实施以下程序：（1）检查支持性文件，

如相关的发票、采购合同/申请、收货文件以及接受劳务明细，以确定收到商品/接受劳务的日期及应在期末之前入账的日期（选项A）；（2）追踪已选取项目至应付账款明细账、货到票未到的暂估入账和/或预提费用明细表，并关注费用所计入的会计期间（选项B）；（3）评价费用是否被记录于正确的会计期间，并相应确定是否存在期末未入账负债（选项C）。而选项D，属于获取应付账款明细表应执行的程序，与寻找未入账负债关系太弱。

9. 【答案】D

【解析】针对应付账款中存在应付关联方款项的实质性程序：（1）了解交易的商业理由（选项B）；（2）检查证实交易的支持性文件（例如，发票、合同、协议及入库和运输单据等相关文件）（选项A）；（3）检查被审计单位与关联方的对账记录或向关联方函证（选项C）；而选项D程序与查找关联方相关性太弱。

10. 【答案】D

【解析】对于未作回复的函证实施替代程序，如检查至付款文件（选项C）；相关的采购文件（选项B）；或其他适当文件（选项A）；而选项D，既然针对的是资产负债表日前已偿付的应付账款，该类项目不在函证总体范围内，所以该程序不能作为替代程序。

（二）多选题

1. 【答案】ACD

【解析】选项B错误，应该检查资产负债表日后应付账款明细账贷方发生额的相应凭证，关注其验收单、购货发票的日期，确认其入账时间是否合理，而不是接近。

2. 【答案】BD

【解析】选项A不恰当，编制采购计划后，经部门负责人等适当的管理人员审批，再提交给采购部门；选项C不恰当，应该由验收部门应对已收货的每张订购单编制一式多联、预先按顺序编号的验收单，作为验收和检验商品的依据。

3. 【答案】ABD

【解析】选项C不恰当，仓储人员可以登记部分明细账业务（登记数量），但不能登记材料总账。

4. 【答案】BC

【解析】选项A不恰当，是针对“接收了缺乏有效采购订单或未经验收的商品”的测试程序；选项D不恰当，与题干所述错报环节无关，是针对“采购订单与有效的请购单不符”的测试程序。

5. 【答案】AB

【解析】选项C、D属于用于实质性的程序。

6. 【答案】ACD

【解析】选项A和采购交易的分类认定最相关；选项C和存货的存在认定最相关；选项D和存货的完整性认定最相关。

7. 【答案】ABC

【解析】选项D，从账簿追查至原始凭证，主要目的是查证其真实性，即存在认定。

8. 【答案】AD

【解析】函证应付账款中应执行的程序中包括：（1）对于未作回复的函证实施替代程序（选项B）：如检查至付款文件（如现金支出、电汇凭证和支票复印件）、相关的采购文件（如采购订单、验收单、发票和合同）或其他适当文件。（2）如果认为回函不可靠（选项C），评价对评估的重大错报风险以及其他审计程序的，性质、时间安排和范围的影响。函证的对象应当包括被审计单位重要供应商；将询证函回函确认的余额与已记录金额相比较，如存在差异，检查支持性文件。故选项A、D错误。

9. 【答案】AB

【解析】选项C，出纳员独立编制银行存款余额调节表不妥，应该由出纳员之外的财务人员独立编制；选项D，确定供应商发票计算的正确性与银行存款支付业务无关。

10. 【答案】ABCD

【解析】以上选项均正确。

（三）简答题

【答案】

（1）不恰当。企业通常对于合作的供应商事先进行资质等审核，将通过审核的供应商信息录入系统，形成完整的供应商清单，并及时对其信息变更进行更新。采购部门只能向通过审核的供应商进行采购。

（2）不恰当。尽管企业内各个部门都可以填列请购单，可以分别部门设置请购单的连续编号，每张请购单必须经过对这类支出预算负责的主管人员签字批准。

（3）不恰当。有效的订购单代表企业已授权验收部门接受供应商发运来的商品。验收部门首先应比较所收商品与订购单上的要求是否相符，如商品的品名、摘要、数量、到货时间等，然后再盘点商品并检查商品有无损坏。

（4）不恰当。在手工系统下，应将已批准的未付款凭单送达会计部门，据以编制有关记账凭证和登记有关账簿。

（5）不恰当。记录采购交易之前，应付凭单部门应核对订购单、验收单和卖方发票的一致性并编制付款凭单。

第十一章　生产与存货循环的审计

2021 年教材内容主要变化

本章主要变化如下：

业务流程与“存货”的“计价和分摊”认定相关的，均同时增加了“准确性”认定。

【小贴士】具体详见有关重难点。

本章近五年考情统计分析

本章考题主要以主观题（简答题）为主，但是针对个别的知识点（如监盘等），也可以结合审计基本原理（教材第一编内容），以主观题（综合题）的形式考查。

本章属于一般重要的考试章节之一，最近五年平均考试分值一般在 3 分左右。

（一）近五年考试分值分布

题型	2016 年	2017 年	2018 年	2019 年	2020 年
单选题	—	—	—	—	—
多选题	—	—	—	—	—
简答题	5	2	4	—	3. 5
综合题	—	—	—	1	0. 25
合计	5	2	4	1	3. 75

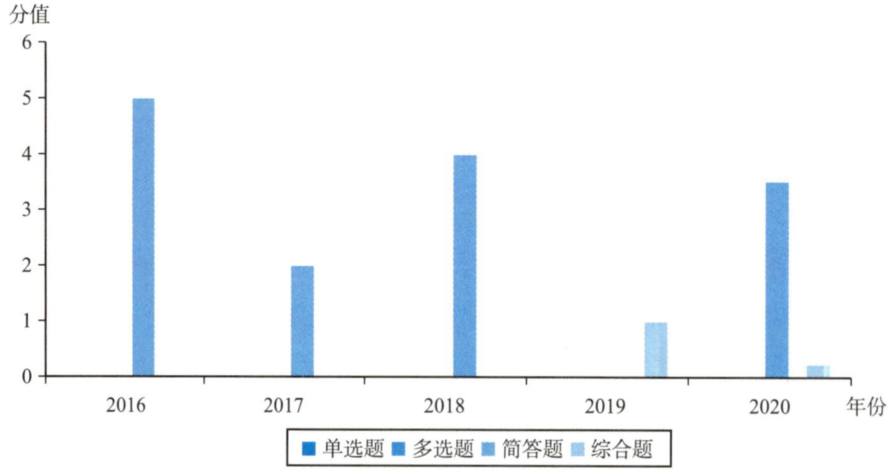

（二）近五年考试考点分布

高频考点内容	年度及题型分布
存货监盘	2020 年简答、2020 年综合、2019 年综合、2018 年简答、2017 年简答、2016 年简答
存货计价	2017 年简答、2016 年简答

重难点解析

本章内容为企业生产与存货（制造业）相关内容，主要包括生产与存货循环的特点、主要的业务活动和相关内部控制、重大错报风险及注册会计师需要执行的控制测试和实质性程序等内容。

重难点 1：生产与存货循环的特点★★

（一）不同行业类型的存货性质

不同行业类型的存货性质和注册会计师审计目标，如下表所示。

【小贴士】2021 年调整了两项内容：注册会计师应当确认在财务报表中列示的存货金额是否正确（存在、完整性、准确性、计价和分摊认定），期末计价是否正确（准确性、计价和分摊认定）

行业类型	存货性质	注册会计师审计目标
一般制造业	采购的原材料、 低值易耗品和配件等、 生产的半成品和产成品	确认在财务报表中列示的存货金额是否正确（存在、完整性、准确性、计价和分摊认定）； 是否归被审计单位所有（权利和义务认定）； 期末计价是否准确（准确性、计价和分摊认定）； 存货的购入和发出交易是否计入正确的会计期间（截止认定）

（二）涉及的主要凭证与会计记录

生产与存货循环涉及的主要凭证与会计记录，如下表所示。

交易类型	涉及的财务报表项目	常见的主要凭证和会计记录
生产	存货	原始凭证：生产指令、领发料凭证、产量和工时记录、工薪汇总表及工薪费用分配表、材料费用分配表、制造费用分配汇总表、成本计算单
		记账凭证：转账凭证、付款凭证
		账簿：存货明细账
存货管理	存货营业成本	原始凭证：产成品入库单和出库单、存货盘点指令、盘点表及盘点标签、存货账龄分析表
		记账凭证：记账凭证
		账簿：存货明细账、营业成本明细账

重难点 2：审计计划阶段需要了解涉及的业务活动及相关的内部控制★★

审计计划阶段需要了解的业务活动及相关内部控制，如下表所示。

审计程序	内容
询问	参与生产和存货循环各业务活动的被审计单位人员，一般包括生产部门、仓储部门、人事部门和财务部门的员工和管理人员
审阅	获取并阅读企业的相关业务流程图或内部控制手册等资料
观察	生产和存货循环中特定控制的运用
检查	文件资料，例如检查原材料领料单、成本计算表、产成品出入库单等
穿行测试	即追踪一笔交易在财务报告信息系统中的处理过程

重难点3：常见的业务活动及内部控制要求 ★★★

以一般制造型企业为例，针对生产与存货循环中的两个主要方面，即生产及成本核算和存货管理两个方面，分别简要列示了它们通常涉及的财务报表项目、主要业务活动及常见的主要凭证和会计记录。

（一）常见的业务活动及内部控制要求

交易类别	涉及的财务报表项目	主要业务活动	常见会计凭证和会计记录	内容
生产	存货	计划和安排生产	生产通知单	生产计划部门的职责是根据客户订购单或者销售部门对销售预测和产品需求的分析来决定生产授权。如决定授权生产，即签发预先顺序编号的生产通知单。该部门通常应将发出的所有生产通知单顺序编号并加以记录控制。此外，该部门还需编制一份材料需求报告，列示所需要的材料和零件及其库存
		发出原材料	领料单	仓储部门的责任是根据从生产部门收到的领料单发出原材料。领料单上必须列示所需的材料数量和种类，以及领料部门的名称。领料单可以一料一单，也可以多料一单，通常需一式三联。仓库管理人员发料并签署后，将其中一联连同材料交给领料部门（生产部门存根联），一联留在仓库登记材料明细账（仓库联），一联交会计部门进行材料收发核算和成本核算（财务联）
		生产产品	产量统计记录表、生产统计报告、工时统计记录表	生产部门在收到生产通知单及领取原材料后，便将生产任务分解到每一个生产工人，并将所领取的原材料交给生产工人，据以执行生产任务。生产工人在完成生产任务后，将完成的产品交生产部门统计人员查点，然后转交检验员验收并办理入库手续或是将所完成的半成品移交下一个部门，作进一步加工
		核算产品成本	生产通知单、领料单、计工单、产量统计记录表、生产统计报告、入库单材料费用分配表、人工费用分配汇总表、制造费用分配汇总表、成本计算单	一方面，生产过程中的各种记录、文件资料都要汇集到会计部门，由会计部门对其进行检查和核对，了解和控制生产过程中存货的实物流转；另一方面，会计部门要设置相应的会计账户，会同有关部门对生产过程中的成本进行核算和控制。完善的成本会计制度应该提供原材料转为在产品，在产品转为产成品，以及按成本中心、分批次生产任务通知单或生产周期所消耗的材料、人工和间接费用的分配与归集的详细资料

续表

交易类别	涉及的财务报表项目	主要业务活动	常见会计凭证和会计记录	内容
存货管理	存货 营业成本 资产减值损失 管理费用/ 营业外支出	产成品入库和存货保管	验收单、入库单、存货台账	产成品入库，需由仓储部门先行点验和检查，然后签收。签收后，将实际入库数量通知会计部门。仓储部门还应根据产成品的品质特征分类存放，并填制标签
		发出产成品	出库单、存货台账 营业成本明细账	产成品的发出需由独立的发运部门进行。装运产成品时必须持有经有关部门核准的发运通知单，并据此编制出库单。出库单一般为一式四联，一联交仓储部门；一联由发运部门留存；一联送交客户；一联作为开具发票的依据
		存货盘点	盘点计划、盘点表单、盘点明细表	管理人员编制盘点指令，安排适当人员对存货实物（包括原材料、在产品和产成品等所有存货类别）进行定期盘点，将盘点结果与存货账面数量进行核对，调查差异并进行适当调整
		计提存货跌价准备	存货账龄分析表、可变现净值计算表	财务部门根据存货货龄分析表信息及相关部门提供的有关存货状况的信息，结合存货盘点过程中对存货状况的检查结果，对出现损毁、滞销、跌价等降低存货价值的情况进行分析计算，计提存货跌价准备

【经典例题】

【例题·多选题】生产与存货循环的业务活动涉及的财务报表项目包括（　　）。

A. 存货

B. 财务费用

C. 资产减值准备

D. 销售费用

【答案】AC

【解析】涉及的报表项目主要包括存货、营业成本、资产减值准备、管理费用、营业外支出等，因此选择选项 A 和选项 C。

（二）生产与存货循环常见的业务活动及内部控制示例

生产与存货循环常见的业务活动及内部控制示例，如下表所示。

业务活动	内部控制示例
计划和安排生产	根据经审批的月度生产计划书，由生产计划经理签发预先按顺序编号的生产通知单
发出原材料	(1) 领料单应当经生产主管批准，仓库管理员凭经批准的领料单发料；领料单一式三联，分别作为生产部门存根联、仓库联和财务联。 (2) 仓库管理员应把领料单编号、领用数量、规格等信息输入计算机系统，经仓储经理复核并以电子签名方式确认后，系统自动更新材料明细台账
生产产品	(1) 生产成本记账员应根据原材料领料单财务联，编制原材料领用日报表，与计算机系统自动生成的生产记录日报表核对材料耗用和流转信息；由会计主管审核无误后，生成记账凭证并过账至生产成本及原材料明细账和总分类账。 (2) 生产部门记录生产各环节所耗用工时数，包括人工工时数和机器工时数，并将工时信息输入生产记录日报表。 (3) 每月末，由生产车间与仓库核对原材料和产成品的转出和转入记录，如有差异，仓库管理员应编制差异分析报告，经仓储经理和生产经理签字确认后交会计部门进行调整。 (4) 每月末，由计算机系统对生产成本中各项组成部分进行归集，按照预设的分摊公式和方法，自动将当月发生的生产成本在完工产品和在产品之间按比例分配；同时，将完工产品成本在各不同产品类别之间分配，由此生成产品成本计算表和生产成本分配表；由生产成本记账员编制成生产成本结转凭证，经会计主管审核批准后进行账务处理

续表

业务活动	内部控制示例
产成品入库和存货保管	(1) 产成品入库时，质量检验员应检查并签发预先按顺序编号的产成品验收单，由生产小组将产成品送交仓库，仓库管理员应检查产成品验收单并清点产成品数量，填写预先顺序编号的产成品入库单经质检经理、生产经理和仓储经理签字确认后，由仓库管理员将产成品入库单信息输入计算机系统，计算机系统自动更新产成品明细台账。 (2) 存货存放在安全的环境（如上锁、使用监控设备）中，只有经过授权的工作人员可以接触及处理存货
发出产成品	(1) 产成品出库时，由仓库管理员填写预先顺序编号的出库单，并将产成品出库单信息输入计算机系统，经仓储经理复核并以电子签名方式确认后，计算机系统自动更新产成品明细台账并与发运通知单编号核对。 (2) 产成品装运发出前，由运输经理独立检查出库单、销售订购单和发运通知单，确定从仓库提取的商品附有经批准的销售订购单，并且，所提取商品的内容与销售订购单一致。 (3) 每月末，生产成本记账员根据计算机系统内状态为“已处理”的订购单数量，编制销售成本结转凭证，结转相应的销售成本，经会计主管审核批准后进行账务处理
存货盘点	(1) 生产部门和仓储部门在盘点日前对所有存货进行清理和归整，便于盘点顺利进行。 (2) 每一组盘点人员中应包括仓储部门以外的其他部门人员，即不能由负责保管存货的人员单独负责盘点存货；安排不同的工作人员分别负责初盘和复盘。 (3) 盘点表和盘点标签事先连续编号，发放给盘点人员时登记领用人员；盘点结束后回收并清点所有已使用和未使用的盘点表和盘点标签。 (4) 为防止存货被遗漏或重复盘点，所有盘点过的存货贴盘点标签，注明存货品名、数量和盘点人员，完成盘点前检查现场确认所有存货均已贴上盘点标签。 (5) 将不属于本单位的代其他方保管的存货单独堆放并作标识；将盘点期间需要领用的原材料或出库的产成品分开堆放并作标识。 (6) 汇总盘点结果，与存货账面数量进行比较，调查分析差异原因，并对认定的盘盈和盘亏提出账务调整，经仓储经理、生产经理、财务经理和总经理复核批准后入账
计提存货跌价准备	(1) 定期编制存货货龄分析表，管理人员复核该分析表，确定是否有必要对滞销存货计提存货跌价准备，并计算存货可变现净值，据此计提存货跌价准备。 (2) 生产部门和仓储部门每月上报残冷背次存货明细，采购部门和销售部门每月上报原材料和产成品最新价格信息，财务部门据此分析存货跌价风险并计提跌价准备，由财务经理和总经理复核批准并入账

重难点4：生产与存货循环存在的重大错报风险★★★

（一）影响因素

1. 交易的数量和复杂性
2. 成本核算的复杂性
3. 产品的多元化
4. 某些存货项目的可变现净值难以确定
5. 将存货存放在很多地点
6. 寄存的存货

（二）一般制造企业的存货的重大错报风险

一般制造企业存货的重大错报风险和认定，如下表所示。

重大错报风险	认定
存货实物可能不存在	存在
属于被审计单位的存货可能未在账面反映	完整性
存货的所有权可能不属于被审计单位	权利和义务
存货的单位成本可能存在计算错误	计价和分摊/准确性
存货的账面价值可能无法实现，即跌价损失准备的计提可能不充分	准确性、计价和分摊

重难点5：根据重大错报风险评估结果设计进一步审计程序★★★

注册会计师基于生产与存货循环的重大错报风险评估结果，制定实施进一步审计程序的总体方案（包括综合性方案和实质性方案），继而实施控制测试和实质性程序，以应对识别出的认定层次的重大错报风险。注册会计师通过控制测试和实质性程序获取的审计证据综合起来应足以应对识别出的认定层次的重大错报风险，如下表所示。

【小贴士】注册会计师根据重大错报风险的评估结果初步确定实施进一步审计程序的具体审计计划，因为风险评估和审计计划都是贯穿审计全过程的动态的活动，而且控制测试的结果可能导致注册会计师改变对内部控制的信赖程度，因此，具体审计计划并非一成不变，可能需要在审计过程中进行调整。

重大错报风险描述	相关财务报表项目及认定	风险程度	是否信赖控制	进一步审计程序的总体方案	拟从控制测试中获取的保证程度	拟从实质性测试中获取的保证程度
存货实物可能不存在	存货：准确性、存在	特别	是	综合性	中	高
存货的单位成本可能存在计算错误	存货：准确性、计价和分摊 营业成本：准确性	一般	是	综合性	中	低
已销售产品的成本可能没有准确结转至营业成本	存货：计价和分摊 营业成本：准确性	一般	是	综合性	中	低
存货的账面价值可能无法实现	存货：准确性、计价和分摊	特别	否	实质性	无	高

【小贴士】无论是采用综合性方案还是实质性方案，获取的审计证据都应当能够从认定层次应对所识别的重大错报风险，直至针对该风险所涉及的全部相关认定均已获取了足够的保证程度。

重难点6：以识别的重大错报风险为起点的生产与存货循环控制测试★★★

总体上看，生产与存货循环的内部控制主要包括存货数量的内部控制和存货单价的内部控制两方面。由于生产与存货循环与其他业务循环的紧密联系，生产与存货循环中某些审计程序，特别是对存货余额的审计程序，与其他相关业务循环的审计程序同时进行将更为有效。

【小贴士】风险评估和风险应对是整个审计过程的核心，因此，注册会计师通常以识别的重大错报风险为起点，选取拟测试的控制并实施控制测试。教材表11－4列示了通常情况下注册会计师对生产和存货循环实施的控制测试的内容。（学习过程中可将其拆分为8个关键点掌握）

1. 发出原材料

对发出原材料实施的控制测试，如下表所示。

可能发生错报的环节	相关财务报表项目及认定	存在的内部控制（自动）	存在的内部控制（人工）	内部控制测试程序
发出的原材料可能未正确计入相应产品的生产成本	存货：准确性、计价和分摊 营业成本：准确性	领料单信息输入系统时需输入对应的生产任务单编号和所生产的产品代码，每月末系统自动归集生成材料成本明细表	生产主管每月末将其生成任务单及相关领料单存根联与材料成本明细表进行核对，调查差异并处理	检查生产主管核对材料成本明细表的记录，并询问其核对过程及结果

2. 记录人工成本

对记录人工成本实施的控制测试，如下表所示。

可能发生错报的环节	相关财务报表项目及认定	存在的内部控制（自动）	存在的内部控制（人工）	内部控制测试程序
生产工人的人工成本可能为得到准确反映	存货：准确性、计价和分摊 营业成本：准确性	所有员工有专属员工代码和部门代码，员工的考勤记录记入相应员工代码	人事部每月编制工薪费用分配表，按员工所属部门将工薪费用分配至生产成本、制造费用、管理费用和销售费用，经财务经理复核后入账	检查系统中员工的部门代码设置是否与其实际职责相符。 询问并检查财务经理复核工资费用分配表的过程和记录

3. 记录制造费用

对记录制造费用实施的控制测试，如下表所示。

可能发生错报的环节	相关财务报表项目及认定	存在的内部控制（自动）	存在的内部控制（人工）	内部控制测试程序
发生的制造费用可能没有得到完整归集	存货：准确性、计价和分摊完整性 营业成本：准确性、完整性	系统根据输入的成本和费用代码自动识别制造费用并进行归集	成本会计每月复核系统生成的制造费用明细表并调查异常波动。必要时由财务经理批准进行调整	检查系统的自动归集设置是否符合有关成本和费用的性质，是否合理。 询问并检查成本会计复核制造费用明细表的过程和记录，检查财务经理对调整制造费用的分录的批准记录

4. 计算产品成本

对计算产品成本实施的控制测试，如下表所示。

可能发生错报的环节	相关财务报表项目及认定	存在的内部控制（自动）	存在的内部控制（人工）	内部控制测试程序
生产成本和制造费用在不同产品之间、在产品和产成品之间的分配可能不正确	存货：准确性、计价和分摊 营业成本：准确性		成本会计执行产品成本核算日常成本核算，财务经理每月末审核产品成本计算表及相关资料（原材料成本核算表、工薪费用分配表、制造费用分配表等），并调查异常项目	询问财务经理如何执行复核及调查。选取产品成本计算表及相关资料，检查财务经理的复核记录

5. 产成品入库

对产成品入库的控制测试，如下表所示。

可能发生错报的环节	相关财务报表项目及认定	存在的内部控制（自动）	存在的内部控制（人工）	内部控制测试程序
已完工产品的生产成本可能没有转移到产成品中	存货：准确性、计价和分摊	系统根据当月输入的产成品入库单和出库单信息自动生成产成品收（入库）发（出库）存（余额）报表	成本会计将产成品收发存报表中的产品入库数量与当月成本计算表中结转的产成品成本对应的数量进行核对	询问和检查成本会计将产成品收发存报表与成本计算表进行核对的过程和记录

6. 发出产成品

对发出产成品实施的控制测试，如下表所示。

可能发生错报的环节	相关财务报表项目及认定	存在的内部控制（自动）	存在的内部控制（人工）	内部控制测试程序
销售发出的产成品的成本可能没有准确转入营业成本	存货：准确性、计价和分摊 营业成本：准确性	系统根据确认的营业收入所对应的售出产品自动结转营业成本	财务经理和总经理每月对毛利率进行比较分析，对异常波动进行调查和处理	检查系统设置的自动结转功能十分正常运行，成本结转方式是否符合公司成本核算政策。 询问和检查财务经理和总经理进行毛利率分析的过程和记录，并对异常波动的调查和处理结果进行核实

7. 盘点存货

对盘点存货实施的控制测试，如下表所示。

可能发生错报的环节	相关财务报表项目及认定	存在的内部控制（自动）	存在的内部控制（人工）	内部控制测试程序
存货可能被盗或因材料领用/产品销售未入账而出现账实不符	存货：存在		仓库保管员每月末盘点存货并与仓库台账核对并调节一致；成本会计监督其盘点与核对，并抽查部分存货进行复盘。 每年末盘点所有存货，并根据盘点结果分析盘盈盘亏并进行账目调整	

8. 计提存货跌价准备

对计提存货跌价准备实施的控制测试，如下表所示。

可能发生错报的环节	相关财务报表项目及认定	存在的内部控制（自动）	存在的内部控制（人工）	内部控制测试程序
可能存在残冷背次的存货，影响存货的价值	存货：准确性、计价和分摊 资产减值损失：完整性	系统根据存货入库日期自动统计货龄，每月末生成存货货龄分析表	财务部根据系统生成的存货货龄分析表，结合生产和仓储部门上报的存货毁损情况及存货盘点中对存货状况的检查结果，计提存货跌价准备，报总经理审核批准后入账	询问财务经理识别减值风险并确定减值准备的过程，检查总经理的复核批准记录

【小贴士】如果人工控制在执行时依赖于信息系统生成的报告，注册会计师还应当针对系统生成报告的准确性执行测试。

重难点7：存货的审计目标及一般程序★★★

（一）存货审计复杂成因

存货审计，尤其是对年末存货余额的测试，通常是审计中最复杂也最费时的部分。对存货存在和存货价值的评估常常十分困难。导致存货审计复杂的主要原因包括：

（1）存货通常是资产负债表中的一个主要项目，而且通常是构成营运资本的最大项目。

（2）存货存放于不同的地点，这使得对它的实物控制和盘点都很困难。

（3）存货项目的多样性也给审计带来了困难。

（4）存货本身的陈旧以及存货成本的分配也使得存货的估价存在困难。

（5）不同企业采用的存货计价方法存在多样性。

（二）存货审计关注重点

（1）存货审计涉及数量和单价两个方面。

①针对存货数量的实质性程序主要是存货监盘。此外，还包括对第三方保管的存货实施函证等程序，对在途存货检查相关凭证和期后入库记录等。

②针对存货单价的实质性程序包括对购买和生产成本的审计程序和对存货可变现净值的审计程序。

（2）审计存货要考虑与采购、销售收入及销售成本间的相互关系，因为就存货认定取得的证据也同时为其对应项目的认定提供了证据。

（三）存货的审计目标

存货的审计目标一般包括实施审计程序以证实：

（1）账面存货余额对应的实物是否真实存在（存在认定）；

（2）属于被审计单位的存货是否均已入账（完整性认定）；

（3）存货是否属于被审计单位（权利和义务认定）；

（4）存货单位成本的计量是否准确（准确性、计价和分摊认定）；

（5）存货的账面价值是否可以实现（准确性、计价和分摊认定）。

（四）存货的一般审计程序

获取年末存货余额明细表，并执行以下工作：

（1）复核单项存货金额的计算（单位成本×数量）和明细表的加总计算是否准确。

（2）将本年末存货余额与上年末存货余额进行比较，总体分析变动原因。

重难点8：存货监盘总体要求★★★

（一）存货监盘取证要求

如果存货对财务报表是重要的，注册会计师应当实施下列审计程序，对存货的存在和状况获取充分、适当的审计证据：

（1）在存货盘点现场实施监盘（除非不可行）；

（2）对期末存货记录实施审计程序，以确定其是否准确反映实际的存货盘点结果。

（二）存货监盘执行程序要求

在存货盘点现场实施监盘时，注册会计师应当实施下列审计程序：

（1）评价管理层用以记录和控制存货盘点结果的指令和程序；

（2）观察管理层制定的盘点程序的执行情况；

（3）检查存货；

（4）执行抽盘。

存货监盘针对的主要是存货的存在认定，对存货的完整性认定及准确性、计价和分摊认定，也能提供部分审计证据。

重难点9：存货监盘计划★★★

存货监盘计划包括的内容，如下表所示。

存货监盘计划	具体内容
制定存货监盘计划的基本要求	注册会计师应当根据被审计单位存货的特点、盘存制度和存货内部控制的有效性等情况，在评价被审计单位管理层制定的存货盘点程序的基础上，编制存货监盘计划，对存货监盘作出合理安排
制定存货监盘计划应考虑的相关事项	【小贴士】与存货相关的重大错报风险。 影响重大错报风险的因素具体包括：存货的数量和种类、成本归集的难易程度、陈旧过时的速度或易损坏程度、遭受失窃的难易程度。 【小贴士】与存货相关的内部控制的性质。 与存货实地盘点相关的内部控制通常包括：制定合理的存货盘点计划，确定合理的存货盘点程序，配备相应的监督人员，对存货进行独立的内部验证，将盘点结果与永续存货记录进行独立的调节，对盘点表和盘点标签进行充分控制。 对存货盘点是否制定了适当的程序，并下达了正确的指令。 【小贴士】注册会计师一般需要复核或与管理层讨论其存货盘点程序。 【小贴士】存货盘点的时间安排。 存货盘点在财务报表日以外的其他日期进行，注册会计师除实施存货监盘相关审计程序外，还应当实施其他审计程序，以获取审计证据，确定存货盘点日与财务报表日之间的存货变动是否已得到恰当的记录。 【小贴士】被审计单位是否一贯采用永续盘存制。 如果被审计单位通过实地盘存制确定存货数量，则注册会计师要参加此种盘点。如果被审计单位采用永续盘存制，注册会计师应在年度中一次或多次参加盘点。 【小贴士】存货的存放地点。 如果被审计单位的存货存放在多个地点，注册会计师可以要求被审计单位提供一份完整的存货存放地点清单（包括期末库存量为零的仓库、租赁的仓库，以及第三方代被审计单位保管存货的仓库等），并考虑其完整性。 审计程序： ——询问被审计单位除管理层和财务部门以外的其他人员，如营销人员、仓库人员等，以了解有关存货存放地点的情况； ——比较被审计单位不同时期的存货存放地点清单，关注仓库变动情况，以确定是否存在因仓库变动而未将存货纳入盘点范围的情况发生； ——检查被审计单位存货的出、入库单，关注是否存在被审计单位尚未告知注册会计师的仓库（如期末库存量为零的仓库）； ——检查费用支出明细账和租赁合同，关注被审计单位是否租赁仓库并支付租金，如果有，该仓库是否已包括在被审计单位提供的仓库清单中； ——检查被审计单位“固定资产——房屋建筑物”明细清单，了解被审计单位可用于存放存货的房屋建筑物

续表

存货监盘计划	具体内容
存货监盘计划的主要内容	存货监盘的目标、范围及时间安排 ——目标包括获取被审计单位资产负债表日有关存货数量和状况以及有关管理层存货盘点程序可靠性的审计证据，检查存货的数量是否真实完整，是否归属被审计单位，存货有无毁损、陈旧、过时、残次和短缺等状况。 ——存货监盘范围的大小取决于存货的内容、性质以及与存货相关的内部控制的完善程度和重大错报风险的评估结果。 ——存货监盘的时间，包括实地察看盘点现场的时间、观察存货盘点的时间和对已盘点存货实施检查的时间等，应当与被审计单位实施存货盘点的时间相协调。 存货监盘的要点及关注事项 ——存货监盘的要点主要包括注册会计师实施存货监盘程序的方法、步骤，各个环节应注意的问题以及所要解决的问题。 ——注册会计师需要重点关注的事项包括盘点期间的存货移动、存货的状况、存货的截止确认、存货的各个存放地点及金额等。 参加存货监盘人员的分工 ——注册会计师应当根据被审计单位参加存货盘点人员分工、分组情况、存货监盘工作量的大小和人员素质情况，确定参加存货监盘的人员组成以及各组成人员的职责和具体的分工情况，并加强督导。 抽盘存货的范围 ——注册会计师应当根据对被审计单位存货盘点和对被审计单位内部控制的评价结果确定抽盘存货的范围。在实施观察程序后，如果认为被审计单位内部控制设计良好且得到有效实施，存货盘点组织良好，可以相应缩小实施抽盘的范围

重难点10：存货监盘程序★★★

在存货盘点现场实施监盘时，注册会计师应当实施的审计程序，如下表所示。

审计程序	具体内容及要求
评价管理层用以记录和控制存货盘点结果的指令和程序	注册会计师需要考虑这些指令和程序是否包括下列方面： (1) 适当控制活动的运用； (2) 准确认定在产品的完工程度，流动缓慢（呆滞）、过时或毁损的存货项目，以及第三方拥有的存货（如寄存货物）； (3) 适用的情况下用于估计存货数量的方法； (4) 对存货在不同存放地点之间的移动以及截止日前后出入库的控制。 【示例】如果被审计单位在盘点过程中无法停止生产，可以考虑在仓库内划分出独立的过渡区域，将预计在盘点期间领用的存货移至过渡区域、对盘点期间办理入库手续的存货暂时存放在过渡区域，以此确保相关存货只被盘点一次。 【小贴士】注册会计师需要观察被审计单位有关存货移动的控制程序是否得到执行。 注册会计师可以向管理层索取盘点期间存货移动相关的书面记录以及出、入库资料作为执行截止测试的资料，以为监盘结束的后续工作提供证据
观察管理层制定的盘点程序的执行情况	(1) 存货移动的控制。 如果在盘点过程中被审计单位的生产经营仍将持续进行，注册会计师应通过实施必要的检查程序，确定被审计单位是否已经对此设置了相应的控制程序，确保在适当的期间内对存货作出了准确记录。 (2) 获取存货截止信息。 ——注册会计师一般应当获取盘点日前后存货收发及移动的凭证，检查库存记录与会计记录期末截止是否正确。 ——需要关注，所有在盘点日以前入库的存货项目是否均已包括在盘点范围内，所有已确认为销售但尚未装运出库的商品是否均未包括在盘点范围内。 ——在途存货和被审计单位直接向顾客发运的存货是否均已得到了适当的会计处理。 ——注册会计师通常可观察存货的验收入库地点和装运出库地点以执行截止测试

续表

审计程序	具体内容及要求
检查存货	在存货监盘过程中检查存货，有助于确定存货的存在，以及识别过时、毁损或陈旧的存货。能为测试被审计单位存货跌价准备计提的准确性提供证据
执行抽盘	（1）方式方法。 注册会计师可以从存货盘点记录中选取项目追查至存货实物——获取盘点记录准确性。 从存货实物中选取项目追查至盘点记录——获取盘点记录完整性的审计证据。 【小贴士】注册会计师应尽可能避免让被审计单位事先了解将抽盘的存货项目。 （2）实施抽盘程序时发现差异的处理。 ——注册会计师应当查明原因，并及时提请被审计单位更正。 ——注册会计师应当考虑错误的潜在范围和重大程度，在可能的情况下，扩大检查范围以减少错误的发生。 ——注册会计师还可要求被审计单位重新盘点
需要特别关注的情况	（1）存货盘点范围。 ——防止遗漏或重复盘点。 ——防止所有权不属于被审计单位的存货被纳入盘点范围。 （2）对特殊类型存货的监盘。 【小贴士】关注教材中的表11－5特殊类型存货的监盘程序
存货监盘结束时的工作	（1）再次观察盘点现场，以确定所有应纳入盘点范围的存货是否均已盘点。 （2）取得并检查已填用、作废及未使用盘点表单的号码记录，确定其是否连续编号，查明已发放的表单是否均已收回，并与存货盘点的汇总记录进行核对。 【小贴士】如果存货盘点日不是资产负债表日，注册会计师应当实施适当的审计程序，确定盘点日与资产负债表日之间存货的变动是否已得到恰当的记录。 实质性程序： （1）比较盘点日和财务报表日之间的存货信息以识别异常项目，并对其执行适当的审计程序（例如实地查看等）； （2）对存货周转率或存货销售周转天数等实施实质性分析程序； （3）对盘点日至财务报表日之间的存货采购和存货销售分别实施双向检查； （4）测试存货销售和采购在盘点日和财务报表日的截止是否正确

重难点11：特殊情况的处理★★★

存货监盘中特殊情况的处理，如下表所示。

特殊情况	审计程序
在存货盘点现场实施存货监盘不可行	实施替代程序——存货盘点现场实施存货监盘不可行，注册会计师应当实施替代审计程序（如检查盘点日后出售盘点日之前取得或购买的特定存货的文件记录），以获取有关存货的存在和状况的充分、适当的审计证据。 ——不能实施替代审计程序，或者实施替代审计程序可能无法获取有关存货的存在和状况的充分、适当的审计证据，注册会计师需要按照《中国注册会计师审计准则第1502号——在审计报告中发表非无保留意见》的规定发表非无保留意见。 【小贴士】审计中的困难、时间或成本等事项本身，不能作为注册会计师省略不可替代的审计程序或满足于说服力不足的审计证据的正当理由
不可预见的情况导致无法在存货盘点现场实施监盘	典型的情况： 一是注册会计师无法亲临现场，即由于不可抗力导致其无法到达存货存放地实施存货监盘； 二是气候因素，即由于恶劣的天气导致注册会计师无法实施存货监盘程序，或由于恶劣的天气无法观察存货如木材被积雪覆盖。 注册会计师审计程序： ——应当另择日期实施监盘，并对间隔期内发生的交易实施审计程序

续表

特殊情况	审计程序
由第三方保管或控制的存货（存货对财务报表是重要的）	注册会计师应当实施下列一项或两项审计程序： ——向持有被审计单位存货的第三方函证存货的数量和状况； ——实施检查或其他适合具体情况的审计程序
	其他审计程序： ——实施或安排其他注册会计师实施对第三方的存货监盘（如可行）； ——获取其他注册会计师或服务机构注册会计师针对用以保证存货得到恰当盘点和保管的内部控制的适当性而出具的报告； ——检查与第三方持有的存货相关的文件记录，如仓储单； ——当存货被作为抵押品时，要求其他机构或人员进行确认

【经典例题】

【真题·综合题（部分）】（2020）制造业企业甲公司是ABC会计师事务所的常年审计客户。A注册会计师负责审计甲公司2019年度财务报表。与存货审计相关的部分事项如下：

（4）A注册会计师于2019年12月31日对甲公司的存货盘点实施了监盘。因人手不足，管理层和A注册会计师分别执行了其中的八个和两个仓库的盘点。在管理层完成八个仓库的盘点后，A注册会计师取得了管理层编制的盘点表，从中选取项目执行了抽盘，结果满意，据此认可了盘点结果。

（5）甲公司年末存放于第三方仓库的原材料金额重大。A注册会计师向第三方仓库函证了这些原材料的名称、规格和数量，并测试了其单价，结果满意，据此认可了这些原材料的年末账面价值。

【要求】针对上述第（4）至（5）项，逐项指出A注册会计师的做法是否恰当。如不恰当，简要说明理由。

【答案】

（4）不恰当。不能代行管理层的盘点职责。未在现场观察管理层的盘点。

（5）不恰当。没有就第三方保管的原材料状况获取审计证据。

【真题·综合题（部分）】（2019）甲公司是ABC会计师事务所的常年审计客户，主要从事轨道交通车辆配套产品的生产和销售。A注册会计师负责审计甲公司2018年度财务报表，确定财务报表整体的重要性为1 000万元，实际执行的重要性为500万元。

资料四：

A注册会计师在审计工作底稿中记录了实施进一步审计程序的情况，部分内容摘录如下：

（3）甲公司年末存放在客户仓库的产品余额为2 000万元。由于无法实施监盘，且认为函证很可能无效，A注册会计师检查了甲公司相关产品的发出和客户签收记录、与客户的对账记录以及期后结算单据，查询了客户网站上开放给供应商的库存信息，据此认可了该项存货的数量。

【要求】针对资料四第（3）项，假定不考虑其他条件，指出A注册会计师的做法是否恰当。如不恰当，简要说明理由。将答案直接填入答题区的相应表格内。

【答案】

事项序号	是否恰当（是/否）	理　由
（3）	是	—

【真题·简答题】（2018）ABC会计师事务所的A注册会计师负责审计多家被审计单位2017年度财务报表。与存货审计相关的部分事项如下：

（1）甲公司为制造型企业，采用信息系统进行成本核算。A注册会计师对信息系统一般控制和相关的自动化应用控制进行测试后结果满意，不再对成本核算实施实质性程序。

（2）因乙公司存货不存在特别风险，且以前年度与存货相关的控制运行有效，A注册会计师因此减少了本年度存货细节测试的样本量。

（3）丙公司采用连续编号的盘点标签记录盘点结果，并逐项录入盘点结果汇总表。A注册会计师将抽盘样本的数量与盘点标签记录的数量进行了核对，未发现差异，据此认可了盘点结果汇总表记录的存货数量。

（4）丁公司从事进口贸易，年末存货均于2017年12月购入，金额重大。A注册会计师通过获取并检查采购合同、发票、进口报关单、验收入库单等支持性文件，认为获取了有关存货存在和状况的充分、适当的审计证据。

（5）戊公司的存货存放在多个地点。A注册会计师取得了存货存放地点清单并检查了其完整性，根据各个地点存货余额的重要性及重大错报风险的评估结果，选取其中几个地点实施了监盘。

（6）A注册会计师在已公司盘点结束后，存货未开始流动前抵达盘点现场，对存货进行检查并实施了抽盘，与已公司盘点数量核对无误，据此认可了盘点结果。

【要求】针对上述第（1）~（6）项，逐项指出A注册会计师的做法是否恰当。如不恰当，简要说明理由。

【答案】

（1）不恰当。制造业的成本核算涉及重大类别交易或账户余额，应当实施实质性程序。

（2）不恰当。以前年度与存货相关的控制运行有效不构成减少本年度细节测试样本规模的充分理由/注册会计师还应当了解相关控制在本期是否发生变化。

（3）不恰当。A注册会计师应当对盘点结果汇总表进行复核/应当将抽盘数量与盘点结果汇总表核对/应当将盘点标签数量与盘点结果汇总表核对。

（4）不恰当。存货对财务报表是重要的，注册会计师应当实施监盘。

（5）恰当。

（6）不恰当。注册会计师没有/应当观察已公司管理层制定的盘点程序的执行情况。

重难点12：存货计价测试★★★

存货计价测试包括两个方面，一是被审计单位所使用的存货单位成本是否正确，二是是否恰当计提了存货跌价损失准备。

（一）存货单位成本测试

针对原材料的单位成本，注册会计师通常基于企业的原材料计价方法，结合原材料的历史购买成本，测试其账面成本是否准确，测试程序包括核对原材料采购的相关凭证以及验证原材料计价方法的运用是否正确。

针对产成品和在产品的单位成本，注册会计师需要对成本核算过程实施测试，包括直接材料成本测试、直接人工成本测试、制造费用测试和生产成本在当期完工产品与在产品之间分配的测试四项内容。

（二）存货跌价损失准备的测试

注册会计师在测试存货跌价损失准备时，需要从以下两个方面进行测试：

1. 识别需要计提跌价损失准备的存货项目

（1）注册会计师可以通过询问管理层和相关部门（生产、仓储、财务、销售等）员工，了解被审计单位如何收集有关滞销、过时、陈旧、毁损、残次存货的信息并为之计提必要的跌价损失准备。

（2）被审计单位编制存货货龄分析表，则可以通过审阅分析表识别滞销或陈旧的存货。

（3）注册会计师还要结合存货监盘过程中检查存货状况而获取的信息，以判断被审计单位的存货跌价损失准备计算表是否有遗漏。

2. 检查可变现净值的计量是否合理

在存货计价审计中，由于被审计单位对期末存货采用成本与可变现净值孰低的方法计价，所以注册会计师应充分关注其对存货可变现净值的确定及存货跌价准备的计提。

【经典例题】

【真题·简答题】（2016）ABC会计师事务所的A注册会计师负责审计甲公司等多家被审计单位2015年度财务报表。与存货审计相关的事项如下：

（1）在对甲公司存货实施监盘时，A注册会计师在存货盘点现场评价了管理层用以记录和控制存货盘点结果的程序，认为其设计有效。A注册会计师在检查存货并执行抽盘后结束了现场工作。

（2）因乙公司存货品种和数量均较少，A注册会计师仅将监盘程序用作实质性程序。

（3）丙公司2015年末已入库未收到发票而暂估的存货金额占存货总额的30%。A注册会计师对存货实施了监盘，测试了采购和销售交易的截止，均未发现差错，据此认为暂估的存货记录准确。

（4）丁公司管理层未将以前年度已全额计提跌价准备的存货纳入本年末盘点范围。A注册会计师检查了以前年度的审计工作底稿，认可了管理层的做法。

（5）已公司管理层规定，由生产部门人员对全部存货进行盘点，再由财务部门人员抽取50%进行复盘。A注册会计师对复盘项目执行抽盘，未发现差异，据此认可了管理层的盘点结果。

【要求】针对上述第（1）~（5）项，逐项指出A注册会计师的做法是否恰当。如不恰当，简要说明理由。

【答案】

（1）不恰当。A注册会计师没有/应当观察管理层制定的盘点程序的执行情况。

（2）恰当。

（3）不恰当。A注册会计师没有/应当检查暂估存货的单价。

（4）不恰当。存货监盘是检查存货的存在，已全额计提跌价的存货价值虽然为零，但数量仍存在/仍需对存货是否存在实施监盘。

（5）不恰当。抽盘的总体不完整。

通关练习

（一）单选题

1. 不属于生产与存货循环的主要业务活动的是（　　）。

A. 生产产品

B. 核算产品成本

C. 存货监盘

D. 计提存货跌价准备

2. 不属于针对存货数量的实质性程序是（　　）。

A. 针对第三方保管的存货实施函证

B. 存货监盘

C. 对在途存货检查相关凭证和期后入库记录

D. 生产成本的审计

3. 下列审计程序中不属于注册会计师在存货盘点现场实施监盘时应当实施的程序是（　　）。

A. 评价管理层用以记录和控制存货盘点结果的指令和程序

B. 观察管理层制定的盘点程序

C. 检查存货

D. 执行抽盘

4. 下列各项中不属于注册会计师在编制存货监盘计划时需要考虑的事项是（　　）。

A. 存货相关的重大错报风险

B. 存货相关的内部控制的性质

C. 存货盘点的程序

D. 存货盘点的时间安排

5. 如果识别出由于舞弊导致的影响存货数量的重大错报风险，注册会计师不应采取的对策是（　　）。

A. 检查被审计单位存货记录

B. 不预先通知的情况下对被特定存放地点分存货实施监盘

C. 在同一天对所有存放地点的存货实施监盘

D. 要求被审计单位提供一份完整的存货存放地点清单

6. 不属于存货监盘计划中内容的是（　　）。

A. 存货监盘的目标、范围及时间安排

B. 存货监盘的要点及关注事项

C. 存货监盘人员

D. 抽盘存货的范围

7. 下列关于注册会计执行抽盘的说法中正确的是（　　）。

A. 可以从存货盘点记录中选取项目追查至存货实物

B. 从存货实物中选取项目追查至存货明细账

C. 注册会计师在抽盘前与被审计单位协商一致，以提高工作效率

D. 抽盘发现差异，意味着被审计单位存货存在错报，注册会计师要根据错报性质和金额考虑对审计意见类型的影响

8. 注册会计师在存货监盘结束前的工作是（　　）。

A. 清点盘点记录表，以免盘点记录缺失

B. 销毁未使用盘点表单，避免出现空白盘点表单进入审计工作底稿

C. 检查已填用盘点表单，确保盘点项目均已记载

D. 再次观察盘点现场，以确定所有应纳入盘点范围的存货是否均已盘点

9. 在存货盘点现场实施存货监盘不可行，注册会计师应当（　　）。

A. 考虑发表非无保留意见

B. 实施替代审计程序，以获取有关存货的存在和状况的充分、适当的审计证据

C. 根据审计时间要求，考虑采取替代审计程序还是延期进行存货监盘

D. 寻求专家帮助

10. 针对第三方保管或控制的存货，注册会计师考虑执行的审计程序是（　　）。

A. 注册会计师向持有被审计单位存货的第三方函证存货的数量和状况

B. 注册会计师要求被审计单位提供一份完整的存货存放地点清单

C. 考虑第三方保管存货的商业理由的合理性

D. 进行存货风险评估，计划和实施适当的审计程序

（二）多选题

1. 存货重大错报风险与财务报表其他项目的重大错报风险共存的有（　　）。

A. 收入确认的错报风险

B. 采购交易的错报风险

C. 营业成本的错报风险

D. 银行存款的错报风险

2. 下列所述注册会计师执行控制测试时的测试内容，测试内容不完整的有（　　）。

A. 计提存货跌价准备使用了系统生成的存货货龄分析表，注册会计师需要测试存货货龄分析表的准确性

B. 系统根据当月输入的产成品入库单和出库单自动生成产成品收发存报表，注册会计师核对报表产生的过程

C. 系统根据输入的成本和费用代码自动识别制造费用并进行归集，注册会计师检查自动归集设置是否合理

D. 系统根据确认的营业收入所对应的售出产品自动结转营业成本，注册会计师检查系统设置的自动转账功能是否正常运行

3. 注册会计师监盘存货的目的在于获取有关存货数量和状况的审计证据，下列审计证据通过存货监盘可以获取的有（　　）。

A. 存货的存在认定

B. 存货的完整性认定

C. 存货的计价和分摊认定

D. 存货的所有权认定

4. 在复核或与管理层讨论其存货盘点程序时，注册会计师应当考虑的因素有（　　）。

A. 存货盘点范围和场所

B. 对毁损、陈旧、过时、残次的存货的

区分

C. 在产品完工程度的确定方法

D. 盘点结果的汇总

5. 如果被审计单位的存货存放在多个地点，注册会计师可以考虑执行的审计程序有（　　）。

A. 询问被审计单位管理层和财务部门及其他部门的人员，以了解有关存货存放地点的情况

B. 检查被审计单位“固定资产——房屋建筑物”明细清单

C. 检查费用支出明细账和租赁合同

D. 检查被审计单位存货的出、入库单

6. 存货监盘的时间包括（　　）。

A. 实地查看盘点现场的时间

B. 观察存货盘点的时间

C. 对已盘点存货实施检查的时间

D. 存货盘点实施结束的时间

7. 关于存货监盘程序是说法中，错误的有（　　）。

A. 注册会计师应当在被审计单位盘点存货时，观察盘点现场

B. 注册会计师抽盘时应和被审计单位进行沟通

C. 存货监盘过程中检查存货，可以确定存货的所有权

D. 注册会计师需要关注已确认为销售但尚未装运出库的商品是否均未包括在盘点范围内

8. 如果存货盘点日不是资产负债表日，注册会计师可以实施的实质性程序包括（　　）。

A. 测试存货销售和采购在盘点日和财务报表日的截止是否正确

B. 对存货周转率实施实质性分析程序

C. 对盘点日至财务报表日之间的存货采购和存货销售实施检查

D. 对盘点日至财务报表日之间的存货变动记录重新计算

9. 注册会计师针对存货盘点中存在特殊问题的处理方式中，错误的有（　　）。

A. 被审计单位提供资料证明，某类存货存放在严格限定非专业人员进入区域，注册会计师认为审计工作受限，考虑发表非无保留意见

B. 因天气原因，原定监盘计划无法按时开展，注册会计师实施替代审计程序，确认有关存货的存在和价值

C. 因车辆故障，注册会计师在被审计单位盘点开始15分钟后到达监盘现场，认真观察盘点现场，执行了抽盘，确认有关存货的存在和状况

D. 因突降大雨，注册会计师无法观察存货，决定雨停后再进行存货监盘，两天后按照原定计划执行存货监盘，核对各类数据信息，取得有关存货的存在和状况的证据

10. 注册会计师在测试存货跌价损失准备时，需要实施的审计程序有（　　）。

A. 编制存货账龄分析表

B. 识别需要计提跌价准备损失的存货项目

C. 检查可变现净值的计量是否合理

D. 收集有关滞销、过时、陈旧、毁损、残次存货的信息

（三）简答题

1. ABC会计师事务所的A注册会计师负责审计甲公司2020年度财务报表。与存货审计相关的部分事项如下：

（1）甲公司为制造型企业，采用信息系统进行成本核算。A注册会计师对信息系统一般控制和相关的自动化应用控制进行测试后结果满意，再询问财务经理如何执行复核和调查后，确认产成品核算复核控制要求，确认成本核算结果。

（2）因公司存货管理系统在7月1日由3.0版本升级为4.0版本，以前年度审计时发现与存货相关的控制运行有效，A注册会计师因此减少了本年度存货细节测试的样本量。

（3）2020年12月29日，A注册会计师对存货实施监盘，结果满意。因年末存货余额与盘点日余额差异较小，A注册会计师根据监盘

结果认可了年末存货数量。

（4）在执行抽盘时，A 注册会计师从存货实物中选取项目追查至盘点记录，以获取有关盘点记录准确性和完整性的审计证据。

（5）A 注册会计师向货运公司函证由其暂存尚未发货的甲公司存货的数量和状况，收到对方电话回复，答复内容与函证显示信息一致。A 注册会计师据此认可了回函结果。

（6）A 注册会计师获取了甲公司的存货货龄分析表，考虑到信息系统中生产和仓储部门上报的存货损毁情况及存货监盘中对存货状况的检查情况，认为甲公司财务人员编制的存货可变现净值计算表中计提跌价准备的项目不存在遗漏。

【要求】针对上述第（1）~（6）项，逐项指出 A 注册会计师的做法是否恰当。如不恰当，简要说明理由。

2. ABC 会计师事务所的 A 注册会计师负责审计甲公司等多家被审计单位 2020 年度财务报表。与存货审计相关的事项如下：

（1）为提高工作效率，A 注册会计师于 2020 年 12 月 27 日审阅甲公司管理层设计的用以记录和控制存货盘点结果的程序，认为其设计有效。2020 年 12 月 28 日，A 注册会计师到达存货盘点现场，观察到管理层按制定的盘点程序组织存货的盘点工作，A 注册会计师在检查存货并执行抽盘后结束了现场工作。

（2）因乙公司存货品种和数量均较少，A 注册会计师决定不实施控制测试，直接选择存货监盘用作实质性程序。

（3）丙公司每年年末未收到发票但已入库的存货比例较高，常年保持在 30% ~50%，经测算 2020 年末，存货以暂估价入账金额占存货总额的 40%。A 注册会计师对存货实施了监盘，测试了采购和销售交易的截止，均未发现差错，据此认为暂估的存货记录准确。

（4）丁公司管理层未将 2020 年已收到全款订金尚未完工的定制产品纳入本年末盘点范围。A 注册会计师检查了本年度销售及相关账目，认可了管理层的做法。

（5）戊公司管理层规定，由仓储部门人员对全部存货进行盘点，再由生产部门、销售和财务部门人员对生产环节、销售环节和其他领域的存货进行复盘。A 注册会计师对复盘项目执行抽盘，未发现差异，据此认可了管理层的盘点结果。

【要求】针对上述第（1）~（5）项，逐项指出 A 注册会计师的做法是否恰当。如不恰当，简要说明理由。

3. ABC 会计师事务所负责审计甲公司 2020 年度财务报表。审计项目组在审计工作底稿中记录了与存货监盘相关的情况，部分内容摘录如下：

（1）审计项目组拟信赖与存货相关的内部控制运行的有效性，故在监盘时不再观察管理层制定的盘点程序的执行情况。

（2）甲集团公司的存货存放在多个地点。A 注册会计师基于管理层提供的存货存放地点清单，并根据不同地点所存放存货的重要性及评估的重大错报风险确定了监盘地点。

（3）由于甲公司人手不足，审计项目组受管理层委托，于 2020 年 12 月 31 日代为盘点甲公司异地专卖店的存货，并将盘点记录作为甲公司的盘点记录和审计项目组的监盘工作底稿。

（4）根据管理层提供信息，审计项目组了解到 C 材料分别存放在 4 个仓库和 1 个厂区专用货场中，进一步询问后得知现有 1 个仓库已经闲置待维修后存放产成品。考虑到监盘人员安排困难，审计项目组对其中 3 个仓库的 C 材料执行抽盘，未发现差异，对该样本项目的抽盘结果满意。

（5）在甲公司存货盘点结束前，审计项目组取得并检查了已填用、作废及未使用盘点表单的号码记录，确定其是否连续编号以及已发放的表单是否均已收回，并与存货盘点汇总表中记录的盘点表单使用情况核对一致。

【要求】针对上述第（1）~（5）项，逐项指出审计项目组的做法是否恰当。如不恰当，简要说明理由。

通关练习答案及解析

（一）单选题

1. 【答案】C

【解析】存货监盘是注册会计师执行的审计程序，不是企业生产与存货循环的业务活动，因此选择选项C。

2. 【答案】D

【解析】生产成本的审计属于针对存货单价的实质性程序，因此选择选项D。

3. 【答案】B

【解析】观察管理层制定的盘点程序的执行情况属于注册会计师在存货盘点现场实施监盘时应当实施的程序，因此选择选项B。

4. 【答案】C

【解析】应考虑的是对存货盘点是否制定了适当的程序，并下达了正确的指令，因此选择选项C。

5. 【答案】D

【解析】如果识别出由于舞弊导致的影响存货数量的重大错报风险，注册会计师在检查被审计单位存货记录的基础时，可能决定在不预先通知的情况下对被特定存放地点分存货实施监盘，或在同一天对所有存放地点的存货实施监盘，因此选择选项D。

6. 【答案】C

【解析】参加存货监盘人员的分工是存货监盘计划的主要内容，因此选择选项C。

7. 【答案】A

【解析】从存货实物中选取项目追查至存货盘点记录，因此选项B错误。注册会计师应尽可能避免让被审计单位事先了解将抽盘的存货项目，因此选项C不正确。抽盘发现差异，一方面注册会计师应当查明原因，并及时提请被审计单位更正，另一方面，注册会计师应当考虑错误的潜在范围和重大程度，在可能的情况下，扩大检查范围以减少错误的发生，因此选项D错误。

8. 【答案】D

【解析】注册会计师应当取得并检查已填用、作废及未使用盘点表单的号码记录，确定其是否连续编号，查明已发放的表单适当均已收回，并与存货盘点的汇总记录进行核对，因此不选择选项A、B、C。

9. 【答案】B

【解析】如果不能实施替代审计程序，或者实施替代审计程序可能无法获取有关存货的存在和状况的充分、适当的审计证据，注册会计师需要按照《中国注册会计师审计准则1502号——在审计报告中发表非无保留意见》的规定，发表非无保留意见，因此不选择选项A。审计中的困难、时间或成本等事项问题，不能作为注册会计师省略不可替代的审计程序或满足于说服力不足的审计证据的正当理由，因此不选择选项C。实施存货监盘可能是不可行的，这可能是由存货性质或存放地点等因素造成，此时不属于利用专家工作的范畴，因此不选择选项D。

10. 【答案】A

【解析】要求被审计单位提供一份完整的存货存放地点清单是盘点计划的工作，不是审计程序，因此不选择选项B。考虑第三保管存货的商业理由的合理性是风险评估考虑，为进一步审计程序的实施做准备，因此不选择选项C、D。

（二）多选题

1. 【答案】ABC

【解析】存货与企业采购、销售收入及销售成本之间紧密联系，因此选择选项A、B、C。

2. 【答案】BCD

【解析】选项B应询问和检查成本会计将产成品收发存报表与成本计算表进行核对的过程和记录；选项C应检查系统的自动归集设置是否符合有关成本和费用的性质，是否合理。询问并检查成本会计复核制造费用明细表的过程和记录，检查财务经理对调整制造费用的分录的批准记录。选项D应检查系统设置的自动结转功能十分正常运行，成本结转方式是否符合公司成本核算政策。询问和检查财务经理和总经理进行毛利率分析的过程和记录，并对异常波动的调查和处理结果进行核实。

3. 【答案】ABC

【解析】存货监盘针对的主要是存货的存在认定，对存货的完整性认定及计价和分摊认定，也能提供部分审计证据。注册会计师还可能在存货监盘中获取有关存货所有权的部分审计证据，存货监盘本身并不足以提供注册会计师确定存货的所有权，注册会计师可能需要执行其他实质性审计程序以应对所有权认定的相关风险。因此不选择选项D。

4. 【答案】ABCD

5. 【答案】BCD

【解析】询问被审计单位除管理层和财务部门以外的其他人员，以了解有关存货存放地点的情况，因此不选择选项A。检查被审计单位“固定资产——房屋建筑物”明细清单，了解被审计单位可用于存放存货的房屋建筑物，因此选择选项B。检查费用支出明细账和租赁合同，关注被审计单位是否租赁仓库并支付租金，如果有，该仓库是否已包括在被审计单位提供的仓库清单中，因此选择选项C。检查被审计单位存货的出、入库单，关注是否存在被审计单位尚未告知注册会计师的仓库，因此选择选项D。

6. 【答案】ABC

【解析】存货盘点结束的时间不在存货监盘的时间考虑范围之内，因此不选择选项D。

7. 【答案】ABC

【解析】注册会计师应当在被审计单位盘点存货前，观察盘点现场，因此选择选项A。注册会计师应尽可能避免让被审计单位事先了解将抽盘的存货项目，因此选择选项B。在存货监盘过程中检查存货，虽然不一定能够确定存货所有权，但有助于确定存货的存在，以及识别过时、毁损或陈旧的存货，因此选择选项C。

8. 【答案】AB

【解析】对盘点日至财务报表日之间的存货采购和存货销售分别实施双向检查，因此不选择选项C。对盘点日至财务报表日之间的存货变动记录重新计算仅能获得数据的勾稽关系，但需要结合相关内部控制的有效性等因素进行风险评估，因此不选择选项D。

9. 【答案】ABCD

【解析】被审计单位提供证明，如果是真实有效的，注册会计师应当实施替代审计程序，以获取有关存货的存在和状况的充分、适当的审计证据，因此选择选项A。因天气原因，原定监盘计划无法开展，注册会计师应当另择日期实施监盘，而不是采取替代审计程序，因此选择选项B。车辆故障，导致注册会计师无法在被审计单位盘点前到达监盘现场进行观察，无法保证监盘的全过程有效控制，也无法确认存货的状况，因此选择选项C。因大雨导致监盘延期，注册会计师应对间隔期内发生的交易实施审计程序，因此选择选项D。

10. 【答案】BC

【解析】编制存货账龄分析表是被审计单位的工作，因此不选择选项A。注册会计师了解被审计单位如何收集有关滞销、过时、陈旧、毁损、残次存货的信息并为之计提必要的跌价损失准备，因此不选择选项D。

（三）简答题

1. 【答案】

（1）不恰当。制造业的成本核算涉及重大类别交易或账户余额，应当实施实质性程序。

（2）不恰当。如果某项控制被用于实现相同控制目标的另一控制所取代，注册会计师需要就确定是否测试这两个控制的运行有效性，或只测试新控制，这与存货相关的控制运行有效不构成减少本年度细节测试样本规模的充分理由。

（3）不恰当。注册会计师应当测试盘点日与资产负债表日之间存货的变动是否已得到恰当记录。

(4) 不恰当。注册会计师可以从存货盘点记录中选取项目追查至存货实物，以及从存货实物中选取项目追查至盘点记录，以获取有关盘点记录准确性和完整性的审计证据。

(5) 不恰当。只对询证函进行口头回复不是注册会计师的直接书面回复，不符合函证要求，因此，不能作为可靠的审计函证。在收到对询证函口头回复的情况下，注册会计师可以要求被询证者提供直接书面回复。如果仍未收到书面回函，注册会计师需要通过实施替代程序，询证其他审计证据以支持口头回复中的信息。

(6) 不恰当。注册会计师还需测试存货货龄分析表的准确性。

2. 【答案】

(1) 不恰当。A注册会计师在存货盘点现场实施监盘，没有/应当评价管理层用以记录和控制存货盘点结果的指令和程序。

(2) 恰当。

(3) 不恰当。A注册会计师没有/应当检查暂估存货的单价。

(4) 恰当。

(5) 不恰当。抽盘的总体无法保持完整。

3. 【答案】

(1) 不恰当。无论是否信赖内部控制，注册会计师在监盘中均应当观察管理层制定的盘点程序的执行情况。

(2) 不恰当。注册会计师应当考虑存货存放地点清单的完整性。

(3) 不恰当。审计项目组代管理层执行盘点工作，将会影响其独立性。盘点存货是甲公司管理层的责任。

(4) 不恰当。应当对所有C材料执行抽盘，检查要关注存货的出入库单，关注是否存在被审计单位尚未告知注册会计师的仓库（期末库存量为零的仓库）。

(5) 恰当。

第十二章　货币资金的审计

2021 年教材内容主要变化

本章主要变化如下：

（1）在实施货币资金审计或财务其他项目审计时，应保持警觉的事项或情形列举；

（2）银行存款的实质性程序；

（3）增加对“因互联网支付留存于第三方支付平台的资金”的审计程序。

【小贴士】具体详见有关重难点。

本章近五年考情统计分析

本章考题主要以客观题和主观题（简答题）为主，但是针对个别的知识点（如银行存款等），也可以结合审计实务（教材第三编各类交易和账户余额的审计），以主观题（简答题）的形式考查。

本章属于一般重要的考试章节之一，最近五年平均考试分值一般在 2 分左右。

（一）近五年考试分值分布

题型	2016 年	2017 年	2018 年	2019 年	2020 年
单选题	1	—	—	—	—
多选题	—	—	—	—	—
简答题	—	6	—	—	1
综合题	—	—	—	—	—
合计	1	6	—	—	1

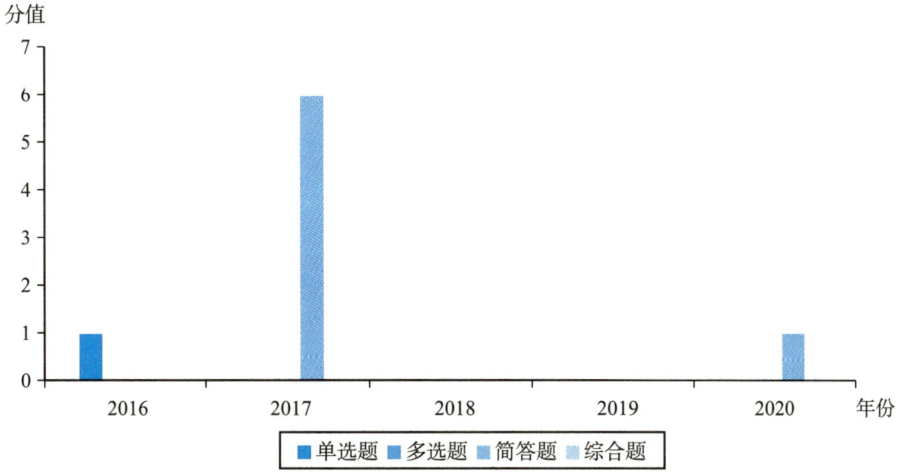

（二）近五年考试考点分布

高频考点内容	年度及题型分布
库存现金实质性程序	2017 年简答
银行存款实质性程序	2020 年简答、2017 年简答
定期存款实质性程序	2017 年简答、2016 年单选

重难点解析

本章内容为货币资金审计的相关内容，属于审计的实务章节，主要包括货币资金循环涉及的主要业务活动、存在的重大错报风险及注册会计师对货币资金实施的控制测试和实质性程序。

【小贴士】本章内容的学习，需要结合前面有关章节内容。例如，银行存款实质性程序与第一编（审计基本原理）第三章（审计证据）相结合。

重难点 1：涉及的主要业务活动★★

（一）涉及的主要业务活动

货币资金的增减变动与企业的日常经营活动密切相关，且涉及多个业务循环。注册会计师通常实施以下程序，以了解与货币资金相关的内部控制：

（1）询问参与货币资金业务活动的被审计单位人员，如销售部门、采购部门和财务部门的员工和管理人员。

（2）观察货币资金业务流程中特定控制的执行，例如观察被审计单位的出纳人员如何进行现金盘点。

（3）检查相关文件和报告，例如检查银行余额调节表是否恰当编制以及其中的调节项是否经会计主管恰当复核等。

（4）实施穿行测试，即追踪货币资金业务在财务报告信息系统中的处理过程。穿行测试通常综合了询问、观察、检查、重新执行等多种程序。

（二）一般制造型企业货币资金业务活动要点示例

1. 现金管理

出纳员每日对库存现金自行盘点，编制现金报表，计算当日现金收入、支出及结余额，并将结余额与实际库存额进行核对，如有差异及时查明原因。会计主管不定期检查现金日报表。

每月末，会计主管指定出纳员以外的人员对现金进行盘点，编制库存现金盘点表，将盘点金额与现金日记账余额进行核对。对冲抵库存现金的借条、未提现支票、未做报销的原始票证，在库存现金盘点报告表中予以注明。会计主管复核库存现金盘点表，如果盘点金额与现金日记账余额存在差异，需查明原因并报经财务经理批准后进行财务处理。

2. 银行存款管理

（1）银行账户管理：企业银行账户的开立、变更或注销须经财务经理审核，报总经理审批。

（2）编制银行存款余额调节表：每月末，会计主管指定出纳员以外的人员核对银行存款日记账和银行对账单，编制银行存款余额调节表，使银行存款账面余额与银行对账单调节相符。如调节不符，查明原因。会计主管复核银行存款余额调节表，对需要调整的调节项目及时进行处理。

（3）票据管理：财务部门设置银行票据登记簿，防止票据遗失或被盗用。出纳员登记银行票据的购买、领用、背书转让及注销等事项。空白票据存放在保险柜中。每月末，会计主管指定出纳员以外的人员对空白票据、未办理收款和承兑的票据进行盘点，编制银行票据盘点表，并与银行票据登记簿进行核对。会计主管复核库存银行票据盘点表，如果存在差异，需查明原因。

（4）印章管理：企业的财务专用章由财务经理保管，办理相关业务中使用的个人名章由出纳员保管。

重难点2：货币资金内部控制★★

（一）良好的货币资金内部控制要求

（1）货币资金收支与记账的岗位分离。

（2）货币资金收支要有合理、合法的凭据。

（3）全部收支及时准确入账，并且资金支付应严格履行审批、复核制度。

（4）控制现金坐支，当日收入现金应及时送存银行。

（5）按月盘点现金，编制银行存款余额调节表，以做到账实相符。

（6）对货币资金进行内部审计。

（二）共同遵循的货币资金内部控制

要求	具体内容
岗位分工及授权批准	（1）企业应当建立货币资金业务的岗位责任制，明确相关部门和岗位的职责权限，确保办理货币资金业务的不相容岗位相互分离、制约和监督。 【小贴士】出纳人员不得兼任稽核、会计档案保管和收入、支出、费用、债权债务账目的登记工作。企业不得由一人办理货币资金业务的全过程。 （2）企业应当对货币资金业务建立严格的授权审批制度，明确审批人对货币资金业务的授权批准方式、权限、程序、责任和相关控制措施，规定经办人办理货币资金业的职责范围和工作要求。 ①审批人应当根据货币资金授权批准制度的规定，在授权范围内进行审批，不得超越审批权限。 ②经办人应当在职责范围内，按照审批人的批准意见办理货币资金业务。 ③对于审批人超越授权范围审批的货币资金业务，经办人员有权拒绝办理，并及时向审批人的上级授权部门报告。 （3）企业应当按照规定的程序办理货币资金支付业务。 ①支付申请。 ②支付审批。 ③支付复核。 ④办理支付。 （4）企业对于重要货币资金支付业务，应当实行集体决策和审批，并建立责任追究制度，防范贪污、侵占、挪用货币资金等行为。 （5）严禁未经授权的机构或人员办理货币资金业务或直接接触货币资金
现金和银行存款的管理	（1）企业应当加强现金库存限额的管理，超过库存限额的现金应及时存入银行。 （2）企业必须根据《现金管理暂行条例》的规定，结合本企业的实际情况，确定本企业现金的开支范围。 （3）企业现金收入应当及时存入银行，不得从企业的现金收入中直接支付（即坐支）。因特殊情况需坐支现金的，应事先报经开户银行审查批准，由开户银行核定坐支范围和限额。企业借出款项必须执行严格的授权批准程序，严禁擅自挪用、借出货币资金。 （4）企业取得的货币资金收入必须及时入账，不得私设“小金库”，不得账外设账，严禁收款不入账。 （5）企业应当严格按照《支付结算办法》等国家有关规定，加强银行账户的管理，严格按照规定开立账户，办理存款、取款和结算。 （6）企业应当严格遵守银行结算纪律，不准套取银行信用、套取银行和他人资金；不准违反规定开立和使用银行账户。 （7）企业应当指定专人定期核对银行账户（每月至少核对一次），编制银行存款余额调节表，使银行存款账面余额与银行对账单调节相符。如调节不符，应查明原因，及时处理。 （8）企业应当定期和不定期地进行现金盘点，确保现金账面余额与实际库存相符。发现不符，及时查明原因并作出处理

续表

要求	具体内容
票据及有关印章的管理	（1）企业应当加强与货币资金相关的票据的管理，明确各种票据的购买、保管、领用、背书转让、注销等环节的职责权限和程序，并专设登记簿进行记录，防止空白票据的遗失和被盗用。 （2）企业应当加强银行预留印鉴的管理。财务专用章应由专人保管，个人名章必须由本人或其授权人员保管。严禁一人保管支付款项所需的全部印章
监督检查	（1）企业应当建立对货币资金业务的监督检查制度，明确监督检查机构或人员的职责权限，定期和不定期地进行检查。 （2）货币资金监督检查的内容主要包括： ①货币资金业务相关岗位及人员的设置情况。重点检查是否存在货币资金业务不相容岗位职责未分离的现象。 ②货币资金授权批准制度的执行情况。重点检查货币资金支出的授权批准手续是否健全，是否存在越权审批行为。 ③支付款项印章的保管情况。重点检查是否存在办理付款业务所需的全部印章交由一人保管的现象。 ④票据的保管情况。重点检查票据的购买、领用、保管手续是否健全，票据保管是否存在漏洞。 （3）对监督检查过程中发现的货币资金内部控制中的薄弱环节，应当及时采取措施，加以纠正和完善

重难点3：货币资金的可能发生错报环节★★

可能发生错报环节	认定
被审计单位资产负债表的货币资金项目中的库存现金和银行存款在资产负债表日不存在	存在
被审计单位所有应当记录的现金收支业务和银行存款收支业务未得到完整记录，存在遗漏	完整性
被审计单位的现金收款通过舞弊手段被侵占	完整性
记录的库存现金和银行存款不是为被审计单位所拥有或控制	权利和义务
库存现金和银行存款的金额未被恰当地包括在财务报表的货币资金项目中，与之相关的计价调整未得到恰当记录	准确性、计价和分摊
库存现金和银行存款未按照企业会计准则的规定在财务报表中作出恰当列报	列报

重难点4：货币资金业务交易、账户余额和列报的认定层次的重大错报风险★★

（一）可能存在的情形

（1）被审计单位存在虚假的货币资金余额或交易，因而导致银行存款余额的存在性或交易的发生存在重大错报风险。

（2）被审计单位存在大额的外币交易和余额，可能存在外币交易或余额未被准确记录的风险。

【示例】对于有外币现金或外币银行存款的被审计单位，企业有关外币交易的增减变动或年底余额可能因未采用正确的折算汇率而导致计价错误（计价和分摊/准确性）。

（3）银行存款的期末收支存在大额的截止性错误（截止）。

【示例】被审计单位期末存在金额重大且异常的银付企未付，企收银未收事项。

（4）被审计单位可能存在未能按照企业会计准则的规定对货币资金作出恰当披露的风险。

【示例】被审计单位期末持有使用受限制的大额银行存款，但在编制财务报表时未在财务报表附注中对其进行披露。

（1）被审计单位的现金交易比例较高，并且与其所在行业的常用结算模式不同。

（2）库存现金规模明显超过业务周转所

需资金。

（3）银行账户开立数量与企业实际业务规模不匹配，或存在多个零余额账户且长期不注销。

（4）在没有经营业务的地区开立银行账户，或将高额资金存放于其经营和注册地之外的异地。

（5）被审计单位资金存放于管理层或员工个人账户，或通过个人账户进行被审计单位交易的资金结算。

（6）货币资金收支金额与现金流量表中的经营活动、筹资活动、投资活动的现金流量不匹配，或经营活动现金流量净额与净利润不匹配。

（7）不能提供银行对账单或银行存款余额调节表，或提供的银行对账单没有银行印章、交易对方名称或摘要。

（8）存在长期或大量银行未达账项。

（9）银行存款明细账存在非正常转账。例如，短期内相同金额的一收一付或相同金额的分次转入转出等大额异常交易。

（10）存在期末余额为负数的银行账户。

（11）受限货币资金占比较高。

（12）存款收益金额与存款的规模明显不匹配。

（13）针对同一交易对方，在报告期内存在现金和其他结算方式并存的情形。

（14）违反货币资金存放和使用规定，如上市公司将募集资金违规用于质押、未经批准开立账户转移募集资金、未经许可将募集资金转作其他用途等。

（15）存在大额外币收付记录，而被审计单位并不涉足进出口业务。

（16）被审计单位以各种理由不配合注册会计师实施银行函证、不配合注册会计师至人民银行或基本户开户行打印《已开立银行结算账户清单》。

（17）与实际控制人（或控股股东）、银行（或财务公司）签订集团现金管理账户协议或类似协议。

【小贴士】2021 年增加（10）~（13）、（17）这 5 种情形，调整了其他 12 种情形的表述。

（二）注册会计师在审计其他财务报表项目时，需保持警觉的事项或情形

（1）存在没有真实业务支持或与交易不相匹配的大额资金或汇票往来。

（2）存在长期挂账的大额预付款项等。

（3）存在大量货币资金的情况下仍高额或高息举债。

（4）付款方全称与销售客户名称不一致、收款方全称与供应商名称不一致。

（5）开具的银行承兑汇票没有银行承兑协议支持。

（6）银行承兑票据保证金余额与应付票据相应余额比例不合理。

（7）存在频繁的票据贴现。

（8）实际控制人（或控股股东）频繁进行股权质押（冻结）且累计被质押（冻结）的股权占其持有被审计单位总股本的比例较高。

（9）存在大量货币资金的情况下，频繁发生债务违约，或者无法按期支付股利或偿付债务本息。

（10）首次公开发行股票（IPO）公司申报期内持续现金分红。

（11）工程付款进度或结算周期异常等。

【小贴士】2021 年增加（7）~（11）这 5 种情形。

当被审计单位存在以上事项或情形时，可能表明存在舞弊风险。

（三）注册会计师拟实施的进一步审计程序的总体方案

注册会计师基于以上识别的重大错报风险评估结果，制定实施进一步审计程序的总体方案（包括综合性方案和实质性方案），继而实施控制测试和实质性审计程序，以应对识别出的重大错报风险。注册会计师通过综合性方案或实质性方案获取的审计证据应足以应对识别出的认定层次的重大错报风险。

重难点5：库存现金的控制测试★★★

（一）现金付款的审批和复核

1. 被审计单位的内控要求

（1）部门经理审批本部门的付款申请，审核付款业务是否真实发生、付款金额是否准确，及后附票据是否齐备，并在复核无误后签字认可。

（2）财务部门在安排付款前，财务经理再次复核经审批的付款申请及后附相关凭据或证明，如核对一致，进行签字认可并安排付款。

2. 注册会计师选取适当样本基础上实施以下控制测试程序

（1）询问相关业务部门的部门经理和财务经理其在日常现金付款业务中执行的内部控制，以确定其是否与被审计单位内部控制政策要求保持一致。

（2）观察财务经理复核付款申请的过程，是否核对了付款申请的用途、金额及后附相关凭据，以及在核对无误后是否进行了签字确认。

（3）重新核对经审批及复核的付款申请及其相关凭据，并检查是否经签字确认。

（二）现金盘点

注册会计师针对被审计单位现金盘点实施的现金监盘

（1）检查现金以确定其是否存在，并检查现金盘点结果。

（2）观察执行现金盘点的人员对盘点计划的遵循情况，以及用于记录和控制现金盘点结果的程序的实施情况。

（3）获取有关被审计单位现金盘点程序可靠性的审计证据。

【小贴士】现金监盘程序是用作控制测试还是实质性程序，取决于注册会计师对风险评估结果、审计方案和实施的特定程序的判断。注册会计师可以将现金监盘同时用作控制测试和实质性程序。

【示例】

被审计单位内部控制要求	注册会计师实施控制测试程序
（1）会计主管指定应付账款会计在每月末的最后一天对库存现金进行盘点，根据盘点结果编制库存现金盘点表，将盘点余额与现金日记账余额进行核对，并对差异调节项进行说明。 （2）会计主管复核库存现金盘点如盘点金额与现金日记账余额存在差异且差异金额超过2万元，需查明原因并报财务经理批准后进行财务处理	（1）在月末最后一天参与被审计单位的现金盘点，检查是否由应付账款会计进行现金盘点。 （2）观察现金盘点程序是否按照盘点计划的指令和程序执行，是否编制了现金盘点表并根据内控要求经财务部相关人员签字复核。 （3）检查现金盘点表中记录的现金盘点余额是否与实际盘点金额保持一致、现金盘点表中记录的现金日记账余额是否与被审计单位现金日记账中余额保持一致。 （4）针对调节差异金额超过2万元的调节项，检查是否经财务经理批准后进行财务处理

重难点6：银行存款的控制测试★★★

内部控制	被审计单位内部控制要求	注册会计师实施控制测试程序
银行账户的开立、变更和注销	会计主管根据被审计单位的实际业务需要就银行账户的开立、变更和注销提出申请，经财务经理审核后报总经理审批	（1）询问会计主管被审计单位本年开户、变更、撤销的整体情况。 （2）取得本年度账户开立、变更、撤销申请项目清单，检查清单的完整性，并在选取适当样本的基础上检查账户的开立、变更、撤销项目是否已经财务经理和总经理审批

续表

内部控制	被审计单位内部控制要求	注册会计师实施控制测试程序
银行付款的审批和复核	部门经理审批本部门的付款申请，审核付款业务是否真实发生、付款金额是否准确，以及后附票据是否齐备，并在复核无误后签字认可。 财务部门在安排付款前，财务经理再次复核经审批的付款申请后附相关凭据或证明，如核对一致，进行签字认可并安排付款	（1）询问相关业务部门的部门经理和财务经理在日常银行付款业务中执行的内部控制，以确定其是否与被审计单位内部控制政策要求保持一致。 （2）观察财务经理复核付款申请的过程，是否核对了付款申请的用途、金额及后附相关凭据，以及在核对无误后是否进行了签字确认。 （3）重新核对经审批及复核的付款申请及其相关凭据，并检查是否经签字确认
编制银行存款余额调节表	每月末，会计主管指定应收账款会计核对银行存款日记账和银行对账单，编制银行存款余额调节表，使银行存款账面余额与银行对账单调节相符。如存在差异项，查明原因并进行差异调节说明。 会计主管复核银行存款余额调节表，对需要进行调整的调节项目及时进行处理，并签字确认	（1）询问应收账款会计和会计主管，以确定其执行的内部控制是否与被审计单位内部控制政策要求保持一致，特别是针对未达账项的编制及审批流程。 （2）针对选取的样本，检查银行存款余额调节表，查看调节表中记录的企业银行存款日记账余额是否与银行存款日记账余额保持一致、调节表中记录的银行对账单余额是否与被审计单位提供的银行对账单中的余额保持一致。 （3）针对调节项目，检查是否经会计主管的签字复核。 （4）针对大额未达账项进行期后收付款的检查

重难点7：库存现金的实质性程序★★★

注册会计师就库存现金实施的实质性程序可能包括：核对库存现金日记账与总账的金额是否相符，检查非记账本位币库存现金的折算汇率及折算金额是否正确。注册会计师测试现金余额的起点是，核对库存现金日记账与总账的金额是否相符。如果不相符，应查明原因，必要时应建议作出适当调整。

（一）监盘库存现金

监盘库存现金	内容
监盘时间	最好选择在上午上班前或下午下班时
监盘范围	一般包括被审计单位各部门经管的所有现金
监盘参加人员	现金出纳员和被审计单位会计主管人员必须参加，注册会计师
监盘方式	对库存现金的监盘最好实施突击性的检查
监盘步骤与方法	（1）查看被审计单位制定的盘点计划，以确定监盘时间。 （2）查阅库存现金日记账并同时与现金收付凭证相核对。 一方面检查库存现金：日记账的记录与凭证的内容和金额是否相符；另一方面了解凭证日期与库存现金日记账日期是否相符或接近。 （3）检查被审计单位现金实存数，并将该监盘金额与库存现金日记账余额进行如有差异，应要求被审计单位查明原因，必要时应提请被审计单位作出调整；如无法明原因，应要求被审计单位按管理权限批准后作出调整。若有冲抵库存现金的借条、未提现支票、未作报销的原始凭证，应在“库存现金监盘表”中注明，必要时应提请被审计单位作出调整。 （4）在非资产负债表日进行监盘时，应将监盘金额调整至资产负债表日的金额，并对变动情况实施程序

续表

监盘库存现金	内容
【小贴士】对被审计单位现金盘点实施的监盘程序是用作控制测试还是实质性程序，取决于注册会计师对风险评估结果、审计方案和实施的特定程序的判断。 注册会计师可能基于风险评估的结果判断无需对现金盘点实施控制测试，仅实施实质性程序	

（二）抽查大额库存现金收支

查看大额现金收支，并检查原始凭证是否齐全、原始凭证内容是否完整、有无授权批准、记账凭证与原始凭证是否相符、账务处理是否正确、是否记录于恰当的会计期间等项内容。

（三）检查库存现金列报

是否在财务报表中作出恰当列报。

重难点8：银行存款的实质性程序★★★

注册会计师就银行存款实施的实质性程序可能包括：

（一）基本程序

1. 获取银行存款余额明细表

复核加计是否正确，并与总账数和日记账合计数核对是否相符；检查非记账本位币银行存款的折算汇率及折算金额是否正确。

2. 可以考虑额外实施的实质性程序

如果对被审计单位银行账户的完整性存有疑虑，例如，当被审计单位可能存在外账或资金体外循环时，注册会计师可以考虑额外实施以下实质性程序：

（1）注册会计师在企业人员陪同下到中国人民银行或基本存款账户开户行查询并打印《已开立银行结算账户清单》，观察银行办事人员的查询、打印过程，并检查被审计单位账面记录的银行人民币结算账户是否完整。

（2）结合其他相关细节测试，关注交易相关单据中被审计单位的收（付）款银行账户是否均包含在注册会计师已获取的开立银行账户清单内。

【小贴士】该知识点2021年小范围修改。

（二）实施实质性分析程序

（1）计算银行存款累计余额应收利息收入，分析比较被审计单位银行存款应收利息收入与实际利息收入的差异是否恰当，评估利息收入的合理性。

（2）检查是否存在高息资金拆借，确认银行存款余额是否存在，利息收入是否已经完整记录。

（三）检查银行存款账户发生额。注册会计师还可以考虑对银行存款账户的发生额实施以下程序

（1）结合银行账户性质，分析不同账户发生银行存款日记账漏记银行交易的可能性，获取相关账户相关期间的全部银行对账单。

（2）利用数据分析等技术，对比银行对账单上的收付款流水与被审计单位银行存款日记账的收付款信息是否一致，对银行对账单及被审计单位银行存款日记账记录进行双向核对。

注册会计师通常可以考虑选择以下银行账户进行核对：基本户，余额较大的银行账户，发生额较大且收付频繁的银行账户，发生额较大但余额较小、零余额或当期注销的银行账户，募集资金账户等。

针对同一银行账户，注册会计师可以根据具体情况实施下列审计程序：

①选定同一期间（月度、年度）的银行存款日记账、银行对账单的发生额合计数（借方及贷方）进行总体核对。

②对银行对账单及被审计单位银行存款日记账记录进行双向核对，即在选定的账户和期间，从被审计单位银行存款日记账上选取样本，核对至银行对账单，以及自银行对账单中进一步选取样本，与被审计单位银行存款日记账记录进行核对。在运用数据分析技术时，可选择全部项目进行核对。核对内容包括日期、金额、借贷方向、收付款单位、摘要等。

对相同金额的一收一付、相同金额的多次

转入转出等大额异常货币资金发生额，检查银行存款日记账和相应交易及资金划转的文件资料，关注相关交易及相应资金流转安排是否具有合理的商业理由。

(3) 浏览资产负债表日前后的银行对账单和被审计单位银行存款账簿记录，关注是否存在大额、异常资金变动以及大量大额红字冲销或调整记录，如存在，需要实施进一步的审计程序。

【小贴士】该知识点2021年进行修改，注意理论联系实际进行掌握。

(四) 取得并检查银行对账单和银行存款余额调节表

在下面重难点9中展开说明。

(五) 函证银行存款余额，编制银行函证结果汇总表，检查银行回函

在下面重难点10中展开说明。

(六) 检查银行存款账户存款人是否为被审计单位，若存款人非被审计单位，应获取该账户户主和被审计单位的书面声明，确认资产负债表日是否需要提请被审计单位进行调整

(七) 关注是否存在质押、冻结等对变现有限制或存在境外的款项。如果存在，是否已提请被审计单位作必要的调整和披露

(八) 对不符合现金及现金等价物条件的银行存款在审计工作底稿中予以列明，以考虑对现金流量表的影响

(九) 抽查大额银行存款收支的原始凭证，检查原始凭证是否齐全、记账凭证与原始凭证是否相符、账务处理是否正确、是否记录于恰当的会计期间等项内容

(十) 检查银行存款收支的截止是否正确

(十一) 检查银行存款是否在财务报表中作出恰当列报

【小贴士】如果企业的银行存款存在抵押、冻结等使用限制情况或者潜在回收风险，注册会计师应关注企业是否已经恰当披露有关情况。

重难点9：检查银行对账单和银行存款余额调节表★★★

【小贴士】该知识点2021年进行修订，注意理论联系实际进行掌握。

1. 取得并检查银行对账单

(1) 取得被审计单位加盖银行印章的银行对账单，注册会计师应对银行对账单的真实性保持警觉，必要时，亲自到银行获取对账单，并对获取过程保持控制。此外，注册会计师还可以观察被审计单位人员登录并操作网银系统导出信息的过程，核对网银界面的真实性，核对网银中显示或下载的信息与提供给注册会计师的对账单中信息的一致性。

(2) 将获取的银行对账单余额与银行日记账余额进行核对，如存在差异，获取银行存款余额调节表。

(3) 将被审计单位资产负债表日的银行对账单与银行询证函回函核对，确认是否一致。

2. 取得并检查银行存款余额调节表

(1) 检查调节表中加计数是否正确，调节后银行存款日记账余额与银行对账单余额是否一致。

(2) 检查调节事项。

①对于企付银未付款项，检查被审计单位付款的原始凭证，并检查该项付款是否已在期后银行对账单上得以反映。

②对于企收银未收款项，检查被审计单位收款入账的原始凭证，检查其是否已在期后银行对账单上得以反映。

③对于银收企未收、银付企未付款项，检查收、付款项的内容及金额，确定是否为截止错报。

【小贴士】如果企业的银行存款余额调节表存在大额或较长时间的未达账项，注册会计师应查明原因并确定是否需要提请被审计单位进行调整。

(3) 关注长期未达账项，查看是否存在挪用资金等事项。

(4) 特别关注银付企未付、企付银未付中支付异常的领款事项，包括没有载明收款人、签字不全等支付事项，确认是否存在舞弊。

重难点 10：函证银行存款余额★★★

【小贴士】结合第一编（审计基本原理）与第三章第三节函证相关内容学习。

函证银行存款余额，编制银行函证结果汇总表，检查银行回函。应注意：

（1）银行函证程序是证实资产负债表所列银行存款是否存在的重要程序。通过向往来银行函证，注册会计师不仅可了解企业资产的存在，还可了解企业账面反映所欠银行债务的情况，并有助于发现企业未入账的银行借款和未披露的或有负债。

（2）注册会计师应当对银行存款（包括零余额账户和在本期内注销的账户）、借款及与金融机构往来的其他重要信息实施函证程序，除非有充分证据表明某一银行存款、借款及与金融机构往来的其他重要信息对财务报表不重要且与之相关的重大错报风险很低。如果不对这些项目实施函证程序，注册会计师应当在审计工作底稿中说明理由。

（3）当实施函证程序时，注册会计师应当对询证函保持控制，当函证信息与银行回函结果不符时，注册会计师应当调查不符事项，以确定是否表明存在错报。

（4）在实施银行函证时，注册会计师需要以被审计单位名义向银行发函询证，以验证被审计单位的银行存款是否真实、合法、完整。

【文件规定】根据《关于进一步规范银行函证及回函工作的通知》（财会〔2016〕13号）（以下简称《通知》），各银行应对询证函列示的全部项目作出回应，并在收到询证函之日起10个工作日内，将回函直接寄往会计师事务所。

重难点 11：其他货币资金的实质性程序★★★

【小贴士】该知识点2021年进行修订，注意理论联系实际进行掌握。

（一）定期存款的实质性程序

如果被审计单位有定期存款，注册会计师可以考虑实施以下审计程序：

（1）如果定期存款占银行存款的比例偏高，或同时负债比例偏高，注册会计师需要向管理层询问定期存款存在的商业理由并评估其合理性。

（2）获取定期存款明细表，检查是否与账面记录金额一致，存款人是否为被审计单位，定期存款是否被质押或限制使用。

（3）监盘定期存款凭据，或实地观察被审计单位登录网银系统查询定期存款信息，并将查询信息截屏保存。

【小贴士】如果被审计单位在资产负债表日有大额定期存款，基于对风险的判断考虑选择在资产负债表日实施监盘。

（4）对存款期限跨越资产负债表日的未质押定期存款，检查开户证实书原件而非复印件，以防止被审计单位提供的复印件是未质押或未提现前原件的复印件，特别关注被审计单位在定期存单到期之前，是否存在先办理质押贷款或提前套现，再用质押贷款所得货币资金或套取的货币资金虚增收入、挪作他用或从事其他违规业务的情形。

【小贴士】在检查时，还要认真核对相关信息，包括存款人、金额、期限等，如有异常，需实施进一步审计程序。

（5）对已质押的定期存款，检查定期存单复印件，并与相应的质押合同核对。

①对于质押借款的定期存单，关注定期存单对应的质押借款有无入账。

②对于超过借款期限但仍处于质押状态的定期存款，还应关注相关借款的偿还情况，了解相关质权是否已被行使。

③对于为他人担保的定期存单，关注担保是否逾期及相关质权是否已被行使。

（6）函证定期存款相关信息。

（7）结合财务费用和投资收益审计，分析利息收入的合理性，判断定期存款是否真实存在，或是否存在体外资金循环的情形。

（8）对于在报告期内到期结转的定期存款、资产负债表日后已提取的定期存款，检查、核对相应的兑付凭证、银行对账单或网银记录等。

(9) 关注被审计单位是否在财务报表附注中对定期存款及其受限情况（如有）给予充分披露。

(二) 除定期存款外，注册会计师特别关注事项

注册会计师对其他货币资金实施审计程序时，通常可能特别关注以下事项：

(1) 保证金存款的检查，检查开立银行承兑汇票的协议或银行授信审批文件。

(2) 对于存出投资款，跟踪资金流向，并获取董事会决议等批准文件、开户资料、授权操作资料等。

(3) 因互联网支付留存于第三方支付平台的资金。(2021 年新增知识点)

①了解是否开立支付宝、微信等第三方支付账户，如是，获取相关开户信息资料，了解其用途和使用情况，获取与第三方支付平台签订的协议。

②了解第三方平台使用流程等内部控制，比照验证银行存款或银行交易的方式对第三方平台支付账户函证交易发生额和余额（如可行）。

③获取第三方支付平台发生额及余额明细，并与账面记录进行核对，对大额交易考虑实施进一步的检查程序。

【经典例题】

【真题·单选题】(2016) 下列审计程序中，通常不能为定期存款的存在认定提供可靠的审计证据的是（　　）。

A. 函证定期存款的相关信息

B. 对于未质押的定期存款，检查开户证实书原件

C. 对于已质押的定期存款，检查定期存单复印件

D. 对于在资产负债表日后已到期的定期存款，核对兑付凭证

【答案】C

【解析】对于已质押的定期存款，检查定期存款复印件，并与相应的质押合同核对，因此选择选项 C。

【真题·简答题】(2017) ABC 会计师事务所的 A 注册会计师负责审计甲公司 2016 年度财务报表，与货币资金审计相关的部分事项如下：

(1) A 注册会计师认为库存现金重大错报风险很低，因此，未测试甲公司财务主管每月末盘点库存现金的控制，于 2016 年 12 月 31 日实施了现金监盘，结果满意。

(2) 对于账面余额与银行对账单余额存在差异的银行账户，A 注册会计师获取了银行存款余额调节表，检查了调节表中的加计数是否正确，并检查了调节后的银行存日记账余额与银行对账单余额是否一致，据此认可了银行存款余额调节表。

(3) 因对甲公司管理层提供的银行对账单的真实性存有疑虑，A 注册会计师在出纳陪同下前往银行获取银行对账单。在银行柜台人员打印对账单时 A 注册会计师前往该银行其他部门实施了银行函证。

(4) 甲公司有一笔 2015 年 10 月存入的期限两年的大额定期存款。A 注册计师在 2015 年度财务报表审计中检查了开户证实书原件并实施了函证，结果满意，因此，未在 2016 年度审计中实施审计程序。

(5) 为测试银行账户交易入账的真实性，A 注册会计师在验证银行对账单的真实性时从银行存款日记账中选取样本与银行对账单进行核对，并检查了支持性文件，结果满意。

(6) 乙银行在银行询证函回函中注明：“接收人不能依赖函证中的信息。”A 注册会计师认为该条款不影响回函的可靠性，认可了回函结果。

【要求】针对上述第 (1) ~ (6) 项，逐项指出 A 注册会计师的做法是否恰当。如不恰当，简要说明理由。

【答案】

(1) 恰当。

（2）不恰当。还应检查调节事项/关注长期未达账项/关注未达账中异常的支付款项。

（3）不恰当。应全程关注银行对账单的打印过程/未对银行对账单获取过程保持控制。

（4）不恰当。应当对重大账户余额实施实质性程序。

（5）恰当。

（6）不恰当。该条款影响回函可靠性。

通关练习

（一）单选题

1. 出纳员的主要工作是（　　）。

A. 每日对库存现金进行盘点

B. 检查现金日报表

C. 每月对现金进行盘点

D. 核对银行存款日记账和银行对账单

2. 关于出纳人员岗位职责的说法中不正确的是（　　）。

A. 出纳人员不得兼任会计档案保管工作

B. 出纳人员不得由一人办理货币资金业务的全过程

C. 出纳人员应当根据支付申请，按规定办理货币资金支付手续

D. 登记库存现金日记账和银行存款日记账

3. 关于库存现金监盘的说法中，正确的是（　　）。

A. 对被审计单位库存现金盘点实施的监盘程序是控制测试程序

B. 对被审计单位库存现金盘点实施的监盘程序是实质性程序

C. 如果注册会计师基于风险评估的结果判断无须对现金盘点实施控制测试，仅实施实质性程序

D. 如果注册会计师基于风险评估的结果判断无须对现金盘点实施实质性程序，仅实施控制测试

4. 下列事项中，不属于注册会计师对银行存款账户发生额实施的审计程序是（　　）。

A. 分析不同账户发生银行日记账漏记银行交易的可能性

B. 注册会计师在被审计单位的协助下获取银行对账单

C. 从银行对账单中选取交易的样本与被审计单位银行日记账记录进行核对

D. 从被审计单位银行存款日记账上选择样本，核对至银行对账单

5. 关于注册会计师取得并检查银行对账单和银行存款余额调节表的测试程序的说法中，正确的是（　　）。

A. 取得并检查银行对账单和银行存款余额调节表

B. 将获取的银行对账单余额与银行询证函回函核对，确认是否一致

C. 调节银行存款余额调节表调节事项

D. 取得被审计单位的银行对账单

6. 注册会计师通过向往来银行函证的说法中，不正确的是（　　）。

A. 可以了解被审计单位资产的存在

B. 可以了解被审计单位未披露的或有负债

C. 零余额账户和年内注销的账户不应列入函证范围

D. 实施银行函证时，注册会计师需要以被审计单位名义向银行发询证函，要求将回函直接寄给会计师事务所

（二）多选题

1. 属于财务主管的工作内容有（　　）。

A. 不定期检查现金日记账

B. 复核银行存款余额调节表

C. 对空白票据、未办理收款和承兑的票据进行盘点

D. 个人名章的保管

2. 按照货币资金的管理制度，下列情况中，不恰当的有（　　）。

A. 审批人应该根据货币资金授权批准制度的规定进行审批

B. 指定出纳人员定期核对银行账户，编制银行存款余额调节表

C. 出纳人员应定期或不定期进行现金盘点

D. 企业加强货币资金管控，由财务经理保管财务专用章、法人名章、财务经办人员名章

3. 关于监盘库存现金的步骤与方法的说法中，正确的有（　　）。

A. 对库存现金的监盘最好实施突击性的检查

B. 查阅库存现金日记账并同时与库存现金监盘表相核对

C. 在资产负债表日前进行现金监盘时，应将监盘金额调整至资产负债表日的金额，并对变动情况实施程序

D. 在资产负债表日后进行现金监盘时，应将监盘金额调整至资产负债表日的金额，并对变动情况实施程序

4. 针对被审计单位银行存款余额调节表的调节事项，注册会计师的测试程序包括（　　）。

A. 企业已经收款、银行尚未入账的事项，检查相关收付款凭证，并取得银行对账单，确认未达账项是否存在，银行是否已于期后入账

B. 银行已收付、企业尚未入账的事项，检查企业入账的收付款凭证，确认未达账项是否存在

C. 检查调节表中加计数是否正确

D. 调节后银行日记账余额与银行对账单余额是否一致

5. 关于注册会计师向被审计单位往来银行函证的说法中，不正确的有（　　）。

A. 注册会计师应当对银行存款、借款的金融机构实施函证

B. 实施银行函证时，注册会计师需要以被审计单位名义向银行发询证函

C. 实施函证程序时，注册会计师应当对询证函保持控制，当询证信息与银行回函结果不一致时，注册会计师应采取替代程序

D. 注册会计师评估认定被审计单位货币资金控制的重大错报风险很低，决定不对银行存款实施函证，并在审计工作底稿中说明理由

6. 可以为被审计单位定期存款的存在认定提供可靠的审计证据，注册会计师可以考虑实施的审计程序有（　　）。

A. 监盘定期存款凭据

B. 对已质押的定期存款，检查定期存单复印件

C. 函证定期存款相关信息

D. 结合财务费用审计测算利息收入的合理性，判断是否存在体外资金循环的情形

（三）简答题

1. ABC会计师事务所的A注册会计师负责审计甲公司2019年度财务报表，与货币资金审计相关的部分事项如下：

（1）A注册会计师认为库存现金重大错报风险很低，因此于2020年1月3日实施了现金监盘，结果满意。

（2）对于银行存款日记账余额与银行对账单余额存在差异的银行账户，A注册会计师获取了银行存款余额调节表，检查了调节事项，被审计单位调节后的银行存日记账余额与银行对账单余额一致，据此认可了银行存款余额调节表。

（3）因对甲公司管理层提供的银行对账单的真实性存有疑虑，A注册会计师在出纳与开户银行客户经理联系后独自前往银行，在约定的时间获取了银行对账单。

（4）甲公司有一笔2018年10月存入的期限两年的大额定期存款，在2019年10月办理质押手续。A注册计师在2019年度财务报表审计中检查了定期存单复印件，并与相应的质押合同核对相符，注册会计师对此结果满意。

（5）A注册会计师在验证银行对账单时发现2019年12月30日有3 000 000元转出记录，但企业银行存款日记账找不到此项交易，询问被审计单位财务人员答复是S公司委托银行收

取的销售款，A注册会计师与银行对账单进行核对，并检查了支持性文件，结果满意。

（6）乙银行在银行询证函回函中注明："本信息是从电子数据库中取得，可能不包括被询证方所拥有的全部信息。"A注册会计师认为询证的信息均已查证，该条款不影响回函的可靠性，认可了回函结果。

【要求】针对上述第（1）~（6）项，逐项指出A注册会计师的做法是否恰当。如不恰当，简要说明理由。

2. 甲集团公司在公司总部和下属4个分公司均设有出纳部门，A注册会计师负责甲集团公司2019年度财务报表审计业务，计划于2020年1月3日进行现金监盘，与库存现金监盘相关审计要点如下：

（1）为提高工作效率，A注册会计师在2020年1月2日下班前告知甲公司出纳员做好1月3日上班前监盘准备工作。

（2）由于甲公司库存现金多处存放，A注册会计师决定在1月3日上午上班前对总部和乙、丙两家分公司进行现金监盘，丁、戊两家分公司在1月3日下班前进行现金监盘。

（3）监盘库存现金时，A注册会计师以及甲公司总部和各分公司的出纳员均要在现场。

（4）A注册会计师对甲公司总部和乙、丙两家分公司直接进行现金盘点，盘点结束核对库存现金日记账余额相符，丁、戊两家分公司出纳员先将现金盘点后放入保险柜，并将当日已办妥收付款手续的交易登记现金日记账，结出现金日记账余额，A注册会计师对出纳员放入保险柜的现金当场进行盘点。

（5）A注册会计师将监盘金额与现金日记账余额进行核对后填写"库存现金监盘表"，签字后形成审计工作底稿。

【要求】

（1）针对上述第（1）~（5）项，逐项指出A注册会计师的做法是否恰当。如不恰当，简要说明理由。

（2）A注册会计师的现金监盘是否存在遗漏，如有，请指出。

通关练习答案及解析

（一）单选题

1.【答案】A

【解析】会计主管不定期检查现金日报表，因此不选择选项B。每月末，会计主管指定出纳员以外的人员对现金进行盘点，编制库存现金盘点表，因此不选择选项C。每月末，会计主管指定出纳员以外的人员核对银行存款日记账和银行对账单，编制银行存款余额调节表，因此不选择选项D。

2.【答案】C

【解析】出纳人员应当根据复核无误的支付申请，按规定办理货币资金支付手续，因此选择选项C。

3.【答案】C

【解析】对被审计单位库存现金盘点实施的监盘程序是用作控制测试程序还是实质性程序，取决于注册会计师对风险评估结果、审计方案和实施的特定程序的判断，因此不选择选项A和选项B。如果注册会计师基于风险评估的结果判断无须对现金盘点实施控制测试，仅实施实质性程序，因此不选择选项D。

4.【答案】B

【解析】注册会计师在不登记单位的协助下亲自到银行获取银行对账单，在获取银行对账单时，注册会计师要全程关注银行对账单的打印过程，因此选择选项B。

5.【答案】A

【解析】将获取的银行对账单余额与银行日记账余额核对，将被审计单位的资产负债表日的银行对账单与银行询证回函函核，因此不选择选项B。注册会计师检查银行存款余额调节表调节事项，因此不选择选项C。注册会计师取得被审计单位加盖银行印章的银行对账单，因此不选择选项D。

6. 【答案】C

【解析】注册会计师应当对银行存款（包括零余额账户和在本期内注销的账户）实施函证程序，因此选择选项C。

（二）多选题

1. 【答案】AB

【解析】会计主管制定出纳员以外的人员对空白票据、未办理收款和承兑的票据进行盘点，会计主管复核库存银行票据盘点表，因此不选择选项C。办理相关业务中使用的个人名章由出纳员保管，因此不选择选项D。

2. 【答案】ABCD

【解析】审批人应该根据货币资金授权批准制度的规定，在授权范围内进行审批，不得超越审批范围，因此选项A不恰当。企业应指定专人定期核对银行账户，编制银行存款余额调节表，出纳人员一般不得同时从事银行对账单的获取，银行存款余额调节表的编制工作，因此选项B不恰当。出纳人员每日对库存现金自行盘点，每月末，会计主管指定出纳员以外的人员对现金进行盘点，编制库存现金盘点表，因此选项C不恰当。财务专用章应由专人保管，个人名章必须由本人或其授权人员保管，严禁一人保管支付款项所需的全部印章，因此选项D不恰当。

3. 【答案】ACD

【解析】对库存现金监盘最好采取突击性检查，是为了防止出纳员在监盘前采取措施掩盖弊端，因此选择选项A。查阅库存现金日记账并同时与现金收付凭证相核对，因此不选择选项B。在非资产负债表日进行现金监盘时，应将监盘金额调整至资产负债表日的金额，并对变动情况实施程序，因此选择选项C和选项D。

4. 【答案】CD

【解析】企业已经收款、银行尚未入账的事项，检查相关收付款凭证，并取得期后银行对账单，确认未达账项是否存在，银行是否已于期后入账，因此不选择选项A。银行已收付、企业尚未入账的事项，检查期后企业入账的收付款凭证，确认未达账项是否存在，因此不选择选项B。

5. 【答案】ACD

【解析】注册会计师应当对银行存款（包括零余额账户和在本期内注销的账户）、借款及与金融机构往来的其他重要信息实施函证程序，因此选择选项A。实施函证程序时，注册会计师应当对询证函保持控制，当询证信息与银行回函结果不一致时，注册会计师应当调查不符事项，以确定是否表明存在错报，因此选择选项C。除非有充分证据表明某一银行存款、借款及与金融机构往来的其他重要信息对财务报表不重要且与之相关的重大错报风险很低，如果不对这些项目实施函证程序，注册会计师应当在审计工作底稿中说明理由，因此选择选项D。

6. 【答案】ACD

【解析】对已质押的定期存款，检查定期存单复印件，并与相应的质押合同核对，因此不选择选项B。

（三）简答题

1. 【答案】

（1）不恰当。应将监盘金额调整至资产负债表日的金额，并对变动情况实施程序。

（2）不恰当。还应检查调节表中加计数是否正确/关注长期未达账项/关注未达账中异常的支付款项。

（3）不恰当。应全程关注银行对账单的打印过程/未对银行对账单获取过程保持控制。

（4）不恰当。应当关注定期存单对应的质押借款有无入账/为他人担保的定期存单，关注担保是否逾期及相关质权是否已被行使。

（5）恰当。

（6）不恰当。该条款影响回函可靠性。

2. 【答案】

（1）

①不恰当。对库存现金的监盘最好实施突击性检查，提前通知被审计单位的做法不当。

②不恰当。甲公司总部和4个分公司都存有库存现金，应同时盘点，如果不能同时盘点，应对后监盘的库存现金实施封存。

③不恰当。除了A注册会计师和出纳员之外，被审计单位的会计主管人员必须参加。

④不恰当。库存现金的盘点工作应有被审计单位出纳员负责，注册会计师进行监盘。

⑤不恰当。“库存现金监盘表”的审计工作底稿中的签字人员除了注册会计师，还应包括被审计单位的出纳员、会计主管人员。

（2）有遗漏，在非资产负债表日进行监盘时，应将监盘金额调整至资产负债表日的金额，并对变动情况实施程序。

第十三章　对舞弊和法律法规的考虑

2021 年教材内容主要变化

2021 年本章主要变化知识点为删除“会计分录测试”相关内容。

本章近五年考情统计分析

本章考题客观题和主观题均可涉及，本章属于重要的考试章节之一，最近五年平均考试分值一般在 5 分左右。

（一）近五年考试分值分布

题型	2016 年	2017 年	2018 年	2019 年	2020 年
单选题	1	2	1	1	1
多选题	2	—	—	4	—
简答题	—	—	—	—	—
综合题	2	1	1	2	0.5
合计	5	3	2	7	1.5

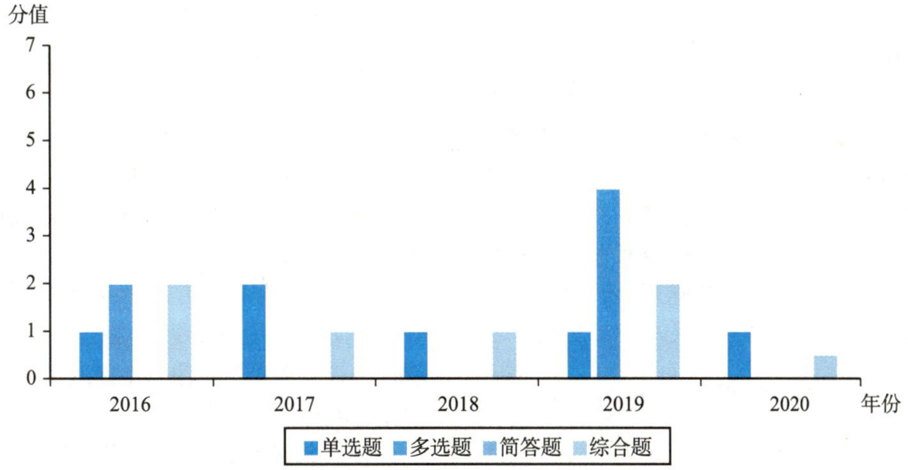

（二）近五年考试考点分布

高频考点内容	年度及题型分布
识别舞弊风险因素	2017 年单选
假定收入确认存在舞弊风险	2016 年综合
应对舞弊导致的重大错报风险	2020 年单选
应对管理层凌驾控制	2017 年单选
与治理层的沟通	2020 年综合
发现舞弊的处理	2019 年多选
违反法规行为	2019 年综合、2019 年多选、2018 年单选、2017 年综合、2016 年单选
风险评估程序	2019 年单选

重难点解析

本章内容属于财务报表审计对特殊事项考虑的重要章节之一，主要阐述舞弊的含义和种类；治理层、管理层的责任和注册会计师的责任；风险评估程序和相关活动；识别和评估舞弊导致的重大错报风险；应对舞弊导致的重大错报风险；评价审计证据；无法继续执行审计业务；书面声明；与管理层、治理层和监管机构的沟通；违反法律法规行为的含义和类别；注册会计师对被审计单位违反法律法规的审计责任；对被审计单位遵守法律法规的考虑、识别出或怀疑存在违反法律法规行为时实施的审计程序；对识别出的或怀疑存在的违反法律法规行为的报告等。

【小贴士】本章尽管属于财务报表审计对特殊事项考虑内容，但是面对舞弊高发的审计环境，为了缩小注册会计师与社会公众期望差距，合理控制审计风险，对于舞弊和违反法律法规的考虑已经成为财务报表审计的重要审计领域，学习时需要把握风险识别和评估以及风险应对的主线，充分理解有关程序的运用。

重难点1：舞弊的含义和种类★★

（一）舞弊的含义

舞弊是指被审计单位的管理层、治理层、员工或第三方使用欺骗手段获取不当或非法利益的故意行为。

（二）舞弊的种类

在财务报表审计中，注册会计师关注的是导致财务报表发生重大错报的舞弊。

【小贴士】与财务报表审计相关的故意错报，包括编制虚假财务报告导致的错报和侵占资产导致的错报，需要区分两类错报。

1. 编制虚假财务报告导致的错报

（1）对编制财务报表所依据的会计记录或支持性文件进行操纵、弄虚作假（包括伪造）或篡改。

（2）在财务报表中错误表达或故意漏记事项、交易或其他重要信息。

（3）故意错误使用与金额、分类、列报或披露相关的会计原则。

2. 侵占资产导致的错报

（1）贪污收到的款项。例如，侵占收到的应收账款或将与已注销账户相关的收款转移至个人银行账户。

（2）盗窃实物资产或无形资产。例如，盗窃存货以自用或出售、盗窃废料以再销售、通过向被审计单位竞争者泄露技术资料与其串通以获取回报。

（3）使被审计单位对未收到的商品或未接受的劳务付款。例如，向虚构的供应商支付款项、供应商向采购人员提供回扣以作为其提高采购价格的回报、向虚构的员工支付工资。

（4）将被审计单位资产挪为私用。例如，将被审计单位的资产作为个人或关联方贷款的抵押。侵占资产通常伴随着虚假或误导性的记录或文件，其目的是隐瞒资产丢失或未经适当授权而被抵押的事实。

【经典例题】

【真题·多选题】（2015）下列舞弊风险因素中，与编制虚假财务报告相关的有（　　）。

A. 在非所有者管理的主体中，管理层由一人或少数人控制，且缺乏补偿性控制

B. 对高级管理人员支出的监督不足

C. 会计系统和信息系统无效

D. 利用商业中介进行交易，但缺乏明显的商业理由

【答案】ACD

【解析】选项B，对高级管理人员支出的监督不足，属于与侵占资产导致错报相关的舞弊风险因素。

重难点2：治理层、管理层的责任和注册会计师的责任★★★

（一）治理层、管理层对舞弊的责任

1. 治理层和管理层对防止或发现舞弊负有主要责任

2. 治理层、管理层防范和遏制舞弊的措施

（1）营造和保持讲诚信、讲道德的文化。

（2）评估舞弊风险并实施方案以控制、化解风险。

（3）建立适当的舞弊监督程序，如由审计委员会监督内部控制和财务报告。

（二）注册会计师对舞弊的责任

1. 注册会计师对财务报表整体是否不存在由于舞弊或错误导致的重大错报获取合理保证

（1）对能够导致财务报告产生重大错报的舞弊，注册会计师应当合理保证能够予以发现，这是实现财务报表审计目标的内在要求，也是财务报表审计的价值所在。

（2）在获取合理保证时，注册会计师有责任在整个审计过程中保持职业怀疑，考虑管理层凌驾于控制之上的可能性，并认识到对发现错误有效的审计程序未必对发现舞弊有效。

2. 注册会计师不能对财务报表整体不存在重大错报获取绝对保证

（1）舞弊导致的重大错报未被发现的风险，大于错误导致的重大错报未被发现的风险。

（2）如果涉及串通舞弊，注册会计师可能更加难以发现蓄意隐瞒的企图。

【小贴士】如果在完成审计工作后发现舞弊导致的财务报表重大错报，特别是串通舞弊或伪造文件记录导致的重大错报，并不一定表明注册会计师没有遵守审计准则。

【小贴士】注册会计师是否按照审计准则的规定实施了审计工作，取决于其是否根据具体情况实施了审计程序，是否获取了充分、适当的审计证据，以及是否根据证据评价结果出具了恰当的审计报告。

【经典例题】

【真题·单选题】（2015）在判断注册会计师是否按照审计准则的规定执行工作以应对舞弊风险时，下列各项中，不需要考虑的是（　　）。

A. 注册会计师在审计过程中是否保持了职业怀疑

B. 注册会计师是否识别出舞弊导致的财务报表重大错报

C. 注册会计师是否根据审计证据评价结果出具了恰当的审计报告

D. 注册会计师是否根据具体情况实施了审计程序，并获取了充分、适当的审计证据

【答案】B

【解析】如果在完成审计工作后发现舞弊导致的财务报表重大错报，并不必然表明注册会计师没有遵守审计准则，注册会计师是否按照审计准则的规定实施了审计工作，取决于其是否根据具体情况实施了审计程序，是否获取

了充分、适当的审计证据，以及是否根据证据评价结果出具了恰当的审计报告。故选择选项 B。

重难点 3：风险评估程序和相关活动★★★

（一）询问

1. 询问管理层

（1）管理层对财务报表可能存在由于舞弊导致的重大错报风险的评估，包括评估的性质、范围和频率等。

（2）管理层对舞弊风险的识别和应对过程，包括管理层识别出的或注意到的特定舞弊风险，或可能存在舞弊风险的各类交易、账户余额或披露。

（3）管理层就其对舞弊风险的识别和应对过程向治理层的通报。

（4）管理层就其经营理念和道德观念向员工的通报。

（5）是否知悉任何舞弊事实、舞弊嫌疑或舞弊指控。

2. 询问治理层

（1）除非治理层全部成员参与管理被审计单位，注册会计师应当了解治理层如何监督管理层对舞弊风险的识别和应对过程，以及为降低舞弊风险而建立的内部控制。

（2）除非治理层全部成员参与管理被审计单位，否则注册会计师对治理层的询问内容应包括治理层是否知悉任何舞弊事实、舞弊嫌疑或舞弊指控。

3. 询问内部审计人员

（1）是否知悉舞弊事实、舞弊嫌疑或舞弊指控。

（2）对舞弊风险的看法。

（3）特定内部审计活动，例如，内部审计人员在本期实施的旨在发现舞弊的程序以及管理层是否对实施内部审计程序的结果采取了令人满意的应对措施。

4. 询问内部其他相关人员

（1）内部其他人员可能包括：不直接参与财务报告过程的业务人员；拥有不同级别权限的人员；参与生成、处理或记录复杂或异常交易的人员及对其进行监督的人员；内部法律顾问；负责道德事务的主管人员或承担类似职责的人员；负责处理舞弊指控的人员。

（2）询问内容。对内部其他人员的询问内容包括：是否知悉任何舞弊事实、舞弊嫌疑或舞弊指控。

（二）评价舞弊风险因素

根据舞弊存在时通常伴随着的三种情况，评价舞弊风险因素可以分为：

1. 实施舞弊的动机或压力

【小贴士】舞弊者具有舞弊的动机是舞弊发生的首要条件。

2. 实施舞弊的机会

舞弊的机会一般源于内部控制在设计和运行上的缺陷，如公司对资产管理松懈，公司管理层能够凌驾于内部控制之上而随意操纵会计记录等。

3. 为舞弊行为寻找借口的能力

【小贴士】该内容基于舞弊三角理论，需要区分舞弊风险的三个因素，掌握教材表 13－1 和表 13－2 的具体示例。

【经典例题】

【真题·单选题】（2017）下列各项中，属于舞弊发生的首要条件的是（　　）。

A. 实施舞弊的动机或压力

B. 治理层和管理层对舞弊行为的态度

C. 实施舞弊的机会

D. 为舞弊行为寻找借口的能力

【答案】A

【解析】选项 A，尽管舞弊的发生需要三个要件，但是具有实施舞弊的动机或压力是首要条件。

【例题·多选题】下列情形中，注册会计师认为可能为管理层提供实施舞弊机会的有（　　）。

A. 甲公司从事科技含量高、研发周期长的经营业务

B. 甲公司大量采用分销渠道销售产品

C. 甲公司高级管理人员变更频繁

D. 管理层拥有甲公司10%的股份

【答案】ABC

【解析】选项D，管理层拥有甲公司10%的股份是动机，而不是机会。

（三）实施分析程序

在实施分析程序以了解被审计单位及其环境时，注册会计师应当评价识别出的异常或偏离预期的关系（包括与收入账户有关的关系），是否表明存在由于舞弊导致的重大错报风险。

【小贴士】在识别舞弊时要充分运用分析程序，但是，要注意风险应对时谨慎运用实质性分析程序。

【经典例题】

【真题·单选题】（2015）下列程序中，通常不用于评估舞弊风险的是（　　）。

A. 考虑在客户接受或保持过程中获取的信息

B. 实施实质性分析程序

C. 组织项目组内部讨论

D. 询问治理层、管理层和内部审计人员

【答案】B

【解析】实质性分析程序，属于风险应对的程序，即属于进一步审计程序，故选择选项B。

【真题·综合题（部分）】（2017）ABC会计师事务所首次接受委托，审计上市公司甲公司2016年度财务报表，委派A注册会计师担任项目合伙人。A注册会计师确定财务报表整体的重要性为1 200万元。甲公司主要提供快递物流服务。

资料一：A注册会计师在审计工作底稿中记录了所了解的甲公司情况及其环境，部分内容摘录如下：

（1）2016年3月，甲公司股东大会批准一项利润分享计划。如2016年度实现净利润较上年度增长20%以上，按净利润增长部分的10%给予管理层奖励。

资料二：A注册会计师在审计工作底稿中记录了甲公司的财务数据，部分内容摘录如下：

金额单位：万元

项目	2016年（未审数）	2015年（已审数）
应付职工薪酬——管理层利润分享	350	0
净利润	19 500	16 000

【要求】针对资料一第（1）项，结合资料二，假定不考虑其他条件，指出资料一所列事项是否可能表明存在重大错报风险，如果认定可能表明存在重大错报风险，简要说明理由。如果认为该风险为认定层次重大错报风险，说明该风险主要与哪些财务报表项目（仅限于应收账款、预付款项、预收款项、应付职工薪酬、长期应付款、营业收入、营业成本、销售费用、投资收益）的哪些认定相关（不考虑税务影响）。

【答案】

事项序号	是否可能表明存在重大错报风险（是/否）	理由	财务报表项目名称及认定
（1）	是	甲公司管理层为获得利润增长奖励，具有实施舞弊的动机和压力/2016年度的净利润勉强达到利润分享条件，可能表明财务报表存在舞弊导致的重大错报风险	财务报表层次

【解析】管理层为获得利润增长奖励，具有实施舞弊的动机和压力，并且年度的净利润勉强达到利润分享条件，故可能表明财务报表存在舞弊导致的重大错报风险。

（四）考虑其他信息

应考虑获取的其他信息是否表明存在舞弊导致的重大错报风险。其他信息可能来源于项目组内部的讨论、客户承接或续约过程以及向被审计单位提供其他服务所获得的经验。

（五）组织项目组讨论

项目负责人应当在讨论时强调在整个审计过程中对舞弊导致的重大错报风险保持警惕的重要性。

1. 项目组讨论可以达到的目的

（1）具有较多经验的项目组成员有机会与其他成员分享关于财务报表易于发生由于舞弊导致的重大错报的方式和领域的见解。

（2）针对财务报表易于发生由于舞弊导致的重大错报的方式和领域考虑适当的应对措施，并确定分派哪些项目组成员实施特定的审计程序。

（3）确定如何在项目组成员中共享实施审计程序的结果，以及如何处理可能引起注册会计师注意的舞弊指控。

2. 项目组内部讨论的内容

（1）项目组成员认为财务报表易于发生由于舞弊导致的重大错报的方式和领域、管理层可能编制和隐瞒虚假财务报告的方式以及侵占资产的方式等。

（2）可能表明管理层操纵利润的迹象，以及管理层可能采取的导致虚假财务报告的利润操纵手段。

（3）管理层企图通过晦涩难懂的披露使披露事项无法得到正确理解的风险（例如，包含太多不重要的信息或使用不明晰或模糊的语言）。

（4）已知悉的对被审计单位产生影响的外部和内部因素，这些因素可能产生动机或压力使管理层或其他人员实施舞弊，可能提供实施舞弊的机会，可能存在为舞弊行为寻找借口的文化或环境。

（5）对接触现金或其他易被侵占资产的员工，管理层对其实施监督的情况。

（6）注意到的管理层或员工在行为或生活方式上出现的异常或无法解释的变化。

（7）强调在整个审计过程中对由于舞弊导致重大错报的可能性保持适当关注的重要性。

（8）遇到的哪些情形可能表明存在舞弊。

（9）如何在拟实施审计程序的性质、时间安排和范围中增加不可预见性。

（10）为应对由于舞弊导致财务报表发生重大错报的可能性而选择实施的审计程序，以及特定类型的审计程序是否比其他审计程序更为有效。

（11）注册会计师注意到的舞弊指控。

（12）管理层凌驾于控制之上的风险。

重难点4：识别和评估舞弊导致的重大错报风险★★★

（一）评估要求

（1）舞弊导致的重大错报风险属于需要注册会计师特别考虑的重大错报风险，即特别风险。

（2）在识别和评估财务报表层次以及各类交易、账户余额、披露的认定层次的重大错报风险时，注册会计师应当识别和评估舞弊导致的重大错报风险。

（二）基于收入确认存在舞弊风险的假定

（1）在识别和评估由于舞弊导致的重大错报风险时，注册会计师应当基于收入确认存在舞弊风险的假定，评价哪些类型的收入、收入交易或认定导致舞弊风险。

（2）如果认为收入确认存在舞弊风险的假定不适用于业务的具体情况，从而未将收入确认作为由于舞弊导致的重大错报风险领域，注册会计师应当在审计工作底稿中记录得出该结论的理由。

【小贴士】该知识点与第九章（销售与收款循环审计）相关内容有交叉。

【经典例题】

【例题·多选题】下列有关舞弊导致的重大错报风险的说法中，正确的有（　　）。

A. 编制虚假财务报告导致的重大错报风险，大于侵占资产导致的重大错报风险

B. 舞弊导致的重大错报未被发现的风险，大于错误导致的重大错报未被发现的风险

C. 所有被审计单位都存在管理层凌驾于控制之上的风险

D. 收入确认存在舞弊风险的假定可能不适用于所有审计项目

【答案】BCD

【解析】选项A，编制虚假财务报告导致的重大错报风险，大于侵占资产导致的重大错报风险，这一观点是不谨慎的，需要结合具体情形判断。

重难点5：应对舞弊导致的重大错报风险 ★★★

（一）确定总体应对措施

（1）在分派和督导项目组成员时，考虑承担重要业务职责的项目组成员所具备的知识、技能和能力，并考虑由于舞弊导致的重大错报风险的评估结果。

（2）评价被审计单位对会计政策（特别是涉及主观计量或复杂交易的会计政策）的选择和运用，是否可能表明管理层通过操纵利润对财务信息作出虚假报告。

（3）选择审计程序的性质、时间安排和范围时，增加审计程序的不可预见性。

【小贴士】总体应对措施主要针对报表层面重大错报风险。

（二）针对舞弊导致的认定层次重大错报风险实施的审计程序

（1）调整实施拟实施审计程序的性质，以获取更为可靠、相关的审计证据，或获取额外的佐证性信息。

（2）调整实施实质性程序的时间，包括在期末或接近期末实施实质性程序、针对本期较早时间发生的交易事项或贯穿于本会计期间的交易事项实施测试。

（3）实施的审计程序的范围反映对由于舞弊导致的重大错报风险的评估结果，包括扩大样本规模，采用更详细的数据实施分析程序等。

【小贴士】掌握教材表13－3、表13－4的应对程序和举例或解释。

【经典例题】

【真题·单选题】（2015）如果注册会计师认为存货数量存在舞弊导致的重大错报风险，下列做法中，通常不能应对该风险的是（　　）。

A. 扩大与存货相关的内部控制测试的样本规模

B. 要求被审计单位在报告期末或临近期末的时点实施存货盘点

C. 在不预先通知被审计单位的情况下对特定存放地点的存货实施监盘

D. 利用专家的工作对特殊类型的存货实施更严格的检查

【答案】A

【解析】如果注册会计师评估认为存货存在舞弊导致的重大错报风险，因此，相关的内部控制很可能无效，这样就应该减少对内控的信赖，主要依赖实质性程序，不能通过扩大控制测试的样本规模应对存货数量存在舞弊导致的重大错报风险，故选择选项A。

【例题·单选题】注册会计师应当针对评估的由于舞弊导致的财务报表层次重大错报风险确定总体应对措施。下列各项措施中，错误的是（　　）。

A. 评价被审计单位对会计政策的选择和运用

B. 改变拟实施审计程序的性质

C. 指派更有经验、知识、技能和能力的项目组成员

D. 在确定审计程序的性质、时间安排和范围时，增加审计程序的不可预见性

【答案】B

【解析】选项B错误，改变拟实施审计程序的性质主要针对认定层重大错报风险。

（三）管理层凌驾于控制之上实施舞弊的手段

（1）编制虚假的会计分录，特别是在临近会计期末时。

（2）滥用或随意变更会计政策。

（3）不恰当地调整会计估计所依据的假设及改变原先作出的判断。

（4）故意漏记、提前确认或推迟确认报告期内发生的交易或事项。

（5）隐瞒可能影响财务报表金额的事实。

（6）构造复杂或虚假的交易以歪曲财务状况或经营成果。

（7）篡改与重大或异常交易相关的会计记录和交易条款。

【经典例题】

【真题·多选题】（2015）下列各项中，属于管理层通过凌驾于控制之上实施舞弊的手段的有（　　）。

A. 不恰当地调整会计估计所依据的假设

B. 随意变更会计政策

C. 篡改与重大交易相关的会计记录和交易条款

D. 构造复杂的交易以歪曲财务状况或经营成果

【答案】ABCD

（四）针对管理层凌驾于控制之上的风险实施的审计程序

（1）测试日常会计核算过程中作出的会计分录以及编制财务报表过程中作出的其他调整是否适当。

①向参与财务报告过程的人员询问与处理会计分录和其他调整相关的不恰当或异常的活动。

②选择在报告期末作出的会计分录和其他调整。

③考虑是否有必要测试整个会计期间的会计分录和其他调整。

（2）复核会计估计是否存在偏向，并评价产生这种偏向的环境是否表明存在由于舞弊导致的重大错报风险。

①评价管理层在作出会计估计时所作出的判断和决策是否反映出管理层的某种偏向（即使判断和决策单独看起来是合理的），从而可能表明存在由于舞弊导致的重大错报风险。如果存在偏向，注册会计师应当从整体上重新评价会计估计。

②追溯复核与以前年度财务报表反映的重大会计估计相关的管理层判断和假设。

（3）对于超出被审计单位正常经营过程的重大交易，或基于对被审计单位及其环境的了解以及在审计过程中获取的其他信息而显得异常的重大交易，评价其商业理由（或缺乏商业理由）是否表明被审计单位从事交易的目的是为了对财务信息作出虚假报告或掩盖侵占资产的行为。

以下迹象可能表明被审计单位从事超出其正常经营过程的重大交易或虽然未超出其正常经营过程，但显得异常的重大交易：

①交易的形式显得过于复杂（例如涉及集团内部多个实体或涉及多个非关联的第三方）。

②管理层未与治理层就此类交易的性质和会计处理进行过讨论，且缺乏充分的记录。

③管理层更强调采用某种特定的会计处理的需要，而不是交易的经济实质。

④对于涉及不纳入合并范围的关联方的交易，治理层未进行适当的审核与批准。

⑤交易涉及以往未识别出的关联方，或涉及在没有被审计单位帮助的情况下不具备物质基础或财务能力完成交易的第三方。

【经典例题】

【真题·多选题】（2018）为应对管理层凌驾于控制之上的风险，下列审计程序中，注册会计师应当在所有审计业务中实施的有（　　）。

A. 复核会计估计是否存在偏向

B. 对报告期末作出的会计分录和其他调整实施测试

C. 对关联方交易及余额实施函证程序

D. 对营业收入实施实质性分析程序

【答案】AB

【解析】应对管理层凌驾于控制之上的风险，"可以"考虑实施对关联方交易及余额实施函证程序和对营业收入实施实质性分析程序，但不是约束性程序，即不属于"应当"范畴，故选项C、D不恰当。

【例题·单选题】下列审计程序中通常不能应对管理层凌驾于控制之上的风险的是（　　）。

A. 测试会计分录和其他调整

B. 复核会计估计是否存在偏向

C. 评价重大非常规交易的商业理由

D. 获取有关重大关联方交易的管理层书面声明

【答案】D

【解析】选项D，获取有关重大关联方交易的管理层书面声明不能应对管理层凌驾于控制之上的风险。

重难点6：评价审计证据★★★

【小贴士】从一般性角度出发，对于审计证据的评价，主要从其充分性和适当性的维度考虑，该知识点也遵循这样一个思路。

（1）如果发现某项错报，注册会计师应当考虑该项错报是否表明存在舞弊。注册会计师不应将审计中发现的舞弊视为孤立发生的事项。注册会计师还应当考虑发现的错报是否表明，在某一特定领域存在舞弊导致的更高的重大错报风险。

（2）如果认为错报是舞弊或可能是舞弊导致的，且涉及管理层，尤其是高层，无论错报是否重大，注册会计师都应当重新评价对由于舞弊导致的重大错报风险的评估结果，以及该结果旨在应对评估的风险的审计程序的性质、时间安排和范围的影响。

（3）在重新考虑此前获取的审计证据的可靠性时，注册会计师还应当考虑相关的情形是否表明可能存在涉及员工、管理层或第三方的串通舞弊。

【小贴士】如果确认财务报表存在由于舞弊导致的重大错报，或无法确定财务报表是否存在由于舞弊导致的重大错报，注册会计师应当评价这两种情况对审计（例如，维系审计关系或审计意见等）的影响。

【经典例题】

【真题·综合题（部分）】（2015）甲集团公司是ABC会计师事务所的常年审计客户，主要从事化妆品的生产、批发和零售。A注册会计师负责审计甲集团公司2014年度财务报表，确定集团财务报表整体的重要性为600万元。

资料五：

A注册会计师在审计工作底稿中记录了处理错报的相关情况，部分内容摘录如下：

（2）A注册会计师发现甲集团公司销售副总经理挪用客户回款50万元，就该事项与总经理和治理层进行了沟通，因管理层已同意调整该错报并对相关内部控制缺陷进行整改，A注册会计师未再执行其他审计工作。

【要求】针对资料五第（2）项，假定不考虑其他条件，指出A注册会计师的做法是否恰当。如不恰当，简要说明理由并提出改进建议。

【答案】

事项序号	是否恰当（是/否）	理由及改进建议
（2）	否	理由：该错报涉及较高层级的管理层舞弊。 改进建议：注册会计师应当采取下列措施： （1）重新评估舞弊导致的重大错报风险。 （2）考虑重新评估的结果对审计程序的性质、时间安排和范围的影响。 （3）重新考虑此前获取的审计证据的可靠性

【解析】该错报涉及副总经理舞弊，属于较高层级的管理层舞弊，注册会计师应该执行其他审计工作。

【真题·综合题（部分）】（2018）上市公司甲公司是ABC会计师事务所的常年审计客户，主要从事药品的研发、生产和销售。A注册会计师负责审计甲公司2017年度财务报表，确定财务报表整体的重要性为300万元，明显微小错报的临界值为15万元。

资料五：A注册会计师的审计工作底稿中记录了重大事项的处理情况，部分内容摘录如下。

（2）A注册会计师发现某业务员虚报业务费10万元，向甲公司管理层进行了通报。管理层追回了已支付的报销款，按内部规定对该业务员进行处罚，并作了相应的会计处理。A注册会计师对甲公司的处理实施了相关审计程序，结果满意。

【要求】针对资料五第（2）项，假定不考虑其他条件，指出A注册会计师的做法是否恰当。如不恰当，简要说明理由。

【答案】不恰当。所述事项表明存在舞弊，注册会计师应当实施追加程序，确定该业务员是否存在其他类似错报。

【解析】不能因为业务员虚报业务费10万元，低于明显微小错报的临界值为15万元，而将其定为明显微小错报，因为在性质上是重大的。

重难点7：无法继续执行审计业务★★

（一）对继续执行审计业务的能力产生怀疑

（1）被审计单位没有针对舞弊采取适当的、必要的措施，即使该舞弊对财务报表并不重大；

（2）注册会计师对由于舞弊导致的重大错报风险的考虑以及实施审计测试的结果，表明存在重大且广泛的舞弊风险；

（3）注册会计师对管理层或治理层的胜任能力或诚信产生重大疑虑。

（二）解除业务约定

由于可能出现的情形各不相同，因而难以确切地说明在何时解除业务约定是适当的。影响注册会计师得出结论的因素包括管理层或治理层成员参与舞弊可能产生的影响（可能会影响到管理层声明的可靠性），以及与被审计单位之间保持客户关系对注册会计师的影响。如果决定解除业务约定，注册会计师应当采取以下措施：

（1）与适当层级的管理层和治理层讨论解除业务约定的决定和理由。

（2）考虑是否存在职业责任或法律责任，需要向审计业务委托人或监管机构报告解除业务约定的决定和理由。

重难点8：书面声明★

注册会计师应当就下列事项向管理层和治理层（如适用）获取书面声明：

（1）管理层和治理层认可其设计、执行和维护内部控制以防止和发现舞弊的责任。

（2）管理层和治理层已向注册会计师披露了管理层对由于舞弊导致的财务报表重大错报风险的评估结果。

（3）管理层和治理层已向注册会计师披露了已知的涉及管理层、在内部控制中承担重要职责的员工以及其他人员（在舞弊行为导致财务报表出现重大错报的情况下）的舞弊或舞弊嫌疑。

（4）管理层和治理层已向注册会计师披露了从现任和前任员工、分析师、监管机构等方面获知的、影响财务报表的舞弊指控或舞弊嫌疑。

重难点9：与管理层、治理层和监管机构的沟通★★★

（一）与管理层沟通

当证据表明存在或可能存在舞弊时，除非法律法规禁止，尽快提请适当层级的管理层关注这一事项是很重要的。

【小贴士】通常情况下，适当层级的管理层至少要比涉嫌舞弊人员高出一个级别。即使该事项可能被认为不重要（如被审计单位组织结构中处于较低职位的员工挪用小额公款），注册会计师也应当这样做。

【经典例题】

【真题·综合题（部分）】（2016）甲公司是ABC会计师事务所的常年审计客户，主要从事肉制品的加工和销售。A注册会计师负责审计甲公司2015年度财务报表，确定财务报表整体的重要性为100万元。审计报告日为2016年4月30日。

资料四：甲公司部分原材料系向农户采购。财务人员办理结算时应当查验农户身份证，并将身份证复印件及农户签字的收据作为付款凭证附件。2 000元以上的付款应当通过银行转账。A注册会计师在审计工作底稿中记录了与采购与付款交易相关的审计工作，部分内容摘录如下：

（1）2015年10月，A注册会计师在观察原材料验收流程时发现某农户向验收员支付回扣2 000元，以提高核定的品质等级。A注册会计师认为该事项不重大，在审计完成阶段向管理层通报了该事项。

【要求】针对资料四第（1）项，假定不考虑其他条件，指出A注册会计师的做法是否恰当。如不恰当，简要说明理由。

【答案】

事项序号	是否恰当（是/否）	理　　由
（1）	否	应当尽快与管理层进行沟通

【解析】农户向验收员支付2 000元回扣，尽管金额不大，但是性质重大。

（二）与治理层的沟通

【小贴士】如果确定或怀疑舞弊涉及管理层、在内部控制中承担重要职责的员工以及其舞弊行为可能导致财务报表重大错报的其他人员，应当尽早就此类事项与治理层沟通。如果怀疑舞弊涉及管理层，除非法律法规禁止，注册会计师应当将此怀疑向治理层通报，并与其讨论为完成审计工作所必需的审计程序的性质、时间安排和范围。

如果根据判断认为还存在与治理层职责相关的、涉及舞弊的其他事项，注册会计师应当就此与治理层沟通。这些事项可能包括：

（1）对管理层评估的性质、范围和频率的疑虑。

（2）管理层未能恰当应对识别出的值得关注的内部控制缺陷或舞弊。

（3）注册会计师对被审计单位控制环境的评价，包括对管理层胜任能力和诚信的疑虑。

（4）可能表明存在编制虚假财务报告的管理层行为。

（5）对超出正常经营过程的交易的授权的适当性和完整性的疑虑。

（三）与被审计单位之外的适当机构的沟通

如果识别出舞弊或怀疑存在舞弊，注册会计师应当确定是否有责任向被审计单位以外的机构报告。

【小贴士】尽管注册会计师对客户信息负有的保密义务可能妨碍这种报告，但如果法律法规或相关职业道德要求注册会计师履行报告责任，注册会计师应当遵守法律法规或相关职业道德的规定。

重难点10：违反法律法规行为的含义和类别★★

（一）违反法律法规的含义

违反法律法规是指被审计单位有意或无意违背除适用的财务报告编制基础以外的现行法律法规的行为。

【小贴士】违反法律法规不包括由治理层、管理层或员工实施的与被审计单位经营活动无关的不当个人行为。

（二）“两类”法律法规

1. “第一类”法律法规

该类法规是指对决定财务报表中的重大金额和披露有直接影响的法律法规。

2. “第二类”法律法规

该类法规是指对决定财务报表中的金额和披露没有直接影响的其他法律法规，但遵守这些法律法规对被审计单位的经营活动、持续经营能力或避免大额罚款至关重要；违反这些法律法规，可能对财务报表产生重大影响。

（三）注册会计师关注违反法律法规行为的理由

（1）被审计单位违反法律法规的行为可能与财务报表相关，有些违反法律法规行为还可能产生重大财务后果，进而影响财务报表的合法性和公允性。

（2）如果不实施必要的审计程序，则可能导致注册会计师出具不恰当的审计报告。

（3）在设计和实施审计程序以及评价和报告审计结果时，注册会计师应当充分关注被审计单位违反法律法规行为可能对财务报表产生的重大影响。

【经典例题】

【真题·多选题】（2019）下列有关注册会计师执行财务报表审计时对法律法规的考虑的说法中，正确的有（　　）。

A. 注册会计师没有责任防止被审计单位违反法律法规

B. 对于不直接影响财务报表金额和披露的法律法规，注册会计师应就被审计单位遵守了这些法律法规获取管理层的书面声明

C. 如果识别出被审计单位的违反法律法规行为，注册会计师应当考虑是否有责任向被审计单位以外的监管机构报告

D. 对于直接影响财务报表金额和披露的法律法规，注册会计师应就被审计单位遵守了这些法律法规获取充分、适当的审计证据

【答案】ACD

【解析】选项B不正确，对于不直接影响财务报表金额和披露的法律法规，注册会计师的责任仅限于实施特定的审计程序，以有助于识别可能对财务报表产生重大影响的违反这些法律法规的行为。

重难点11：注册会计师对被审计单位违反法律法规的审计责任★★★

（一）总体要求

【小贴士】注册会计师有责任对财务报表整体不存在由于舞弊或错误导致的重大错报获取合理保证。注册会计师没有责任防止被审计单位违反法律法规行为，也不能期望其发现所有的违反法律法规行为。

（1）许多法律法规主要与被审计单位经营活动相关，通常不影响财务报表，且不能被与财务报告相关的信息系统所获取。

（2）违反法律法规可能涉及故意隐瞒的行为，如共谋、伪造、故意漏记交易、管理层凌驾于控制之上或故意向注册会计师提供虚假陈述。

（3）某行为是否构成违反法律法规，最终只能由法院认定。

（二）注册会计师对“两类”法律法规的审计责任

（1）针对被审计单位需要遵守的第一类法律法规，注册会计师的责任是，就被审计单位遵守这些法律法规的规定获取充分、适当的审计证据。

（2）针对被审计单位需要遵守的第二类法律法规，注册会计师的责任仅限于实施特定的审计程序，有助于识别可能对财务报表产生重大影响的违反这些法律法规的行为。

【经典例题】

【真题·单选题】（2016）下列有关财务报表审计中对法律法规的考虑的说法中，错误的是（　　）。

A. 注册会计师没有责任防止被审计单位违反法律法规

B. 注册会计师有责任实施特定的审计程序，以识别和应对可能对财务报表产生重大影响的违反法律法规行为

C. 注册会计师通常采用书面形式与被审计单位治理层沟通审计过程中注意到的有关违反法律法规的事项

D. 如果被审计单位存在对财务报表有重大影响的违反法律法规行为，且未能在财务报表中得到充分反映，注册会计师应当发表保留意见或否定意见

【答案】B

【解析】选项 B 错误，针对被审计单位遵守的第二类违反法律法规行为，注册会计师并不需要实施特定程序去应对可能对财务报表产生重大影响的违反法律法规行为。

重难点 12：对被审计单位遵守法律法规的考虑★★

（一）对法律法规框架的了解

在了解被审计单位及其环境时，注册会计师应当总体了解下列事项：

（1）适用于被审计单位及其所处行业或领域的法律法规框架。

（2）被审计单位如何遵守这些法律法规框架。

（二）对决定财务报表中的重大金额和披露有直接影响的法律法规

通常对决定财务报表中的重大金额和披露有直接影响的法律法规的规定，注册会计师应当获取被审计单位遵守这些规定的充分、适当的审计证据。

（三）识别违反其他法律法规的行为的程序

其他法律法规可能因其对被审计单位的经营活动具有至关重要的影响，需要注册会计师予以特别关注。

注册会计师应当实施下列审计程序，有助于识别可能对财务报表产生重大影响的违反其他法律法规的行为：

（1）向管理层和治理层（如适用）询问被审计单位是否遵守了这些法律法规。

（2）检查被审计单位与许可证颁发机构或监管机构的往来函件。

（四）实施其他审计程序使注册会计师注意到违反法律法规行为

为形成审计意见所实施的审计程序，可能使注册会计师注意到识别出的或怀疑存在的违反法律法规行为。这些审计程序可能包括：

（1）阅读会议纪要。

（2）向被审计单位管理层、内部或外部法律顾问询问诉讼、索赔及评估情况。

（3）对某类交易、账户余额和披露实施细节测试。

（五）书面声明

由于法律法规对财务报表的影响差异很大，对于管理层识别出的或怀疑存在的、可能对财务报表产生重大影响的违反法律法规行为，书面声明可以提供必要的审计证据。然而，书面声明本身并不提供充分、适当的审计证据，因此，不影响注册会计师拟获取的其他审计证据的性质和范围。

【经典例题】

【真题·单选题】（2015）下列审计程序中，通常不能识别被审计单位违反法律法规行为的是（　　）。

A. 向管理层、内部或外部法律顾问询问诉讼、索赔及评估情况

B. 获取管理层关于被审计单位不存在违反法律法规行为的书面声明

C. 对营业外支出中的罚款及滞纳金支出实施细节测试

D. 阅读董事会和管理层的会议纪要

【答案】B

【解析】选项 B 错误，对于管理层识别出的或怀疑存在的可能对财务报表产生重大影响的违反法律法规行为。书面声明可以提供必要的审计证据，但书面声明本身并不提供充分、适当的审计证据。

重难点13：识别出或怀疑存在违反法律法规行为时实施的审计程序★★★

（一）注意到与识别出的或怀疑存在的与违反法律法规行为相关的信息时的审计程序

1. 了解违反法律法规行为的性质及其发生的环境

2. 获取进一步的信息以评价对财务报表可能产生的影响

（1）违反法律法规行为对财务报表产生的潜在财务后果，如受到罚款、处分、赔偿、封存财产、强制停业和诉讼等。

（2）潜在财务后果是否需要列报。

（3）潜在财务后果是否严重，以致对财务报表的公允反映产生怀疑或导致财务报表产生误导。

（二）怀疑被审计单位存在违反法律法规行为时的审计程序

（1）如果治理层能够提供额外的审计证据，注册会计师可以与治理层讨论其发现。例如，对于可能导致违反法律法规的交易或事项相关的事实和情况，注册会计师可以证实治理层是否对此具有相同的理解。

（2）如果管理层或治理层不能向注册会计师提供充分的信息，证明被审计单位遵守了法律法规，注册会计师可以考虑向被审计单位内部或外部的法律顾问咨询有关法律法规在具体情况下的运用，包括舞弊的可能性以及对财务报表的影响。

（3）如果认为向被审计单位法律顾问咨询是适当的或不满意其提供的意见，注册会计师可以考虑向所在会计师事务所的法律顾问咨询，以确定被审计单位是否存在违反法律法规行为、可能导致的法律后果（包括舞弊的可能性），以及可能采取的进一步行动。

【经典例题】

【真题·综合题（部分）】（2017）ABC会计师事务所首次接受委托，审计上市公司甲公司2016年度财务报表，委派A注册会计师担任项目合伙人。A注册会计师确定财务报表整体的重要性为1 200万元。甲公司主要提供快递物流服务。

资料四：A注册会计师在审计工作底稿中记录了实施的进一步审计程序，部分内容摘录如下：

（5）A注册会计师发现甲公司未与部分快递员签订劳动合同且未缴纳社保金，管理层解释系快递员流动频繁所致。A注册会计师检查了甲公司人事部门的员工入职和离职记录，认为解释合理，未再实施其他审计程序。

【要求】针对资料四第（5）项，假定不考虑其他条件，指出A注册会计师的做法是否恰当。如不恰当，简要说明理由。

【答案】不恰当。注册会计师应当评价违法违规行为对财务报表可能产生的影响/与治理层进行沟通。

【解析】甲公司未与部分快递员签订劳动合同且未缴纳社保金，属于违反《劳动法》行为，应该实施其他程序。

（三）评价违反法律法规行为的影响

注册会计师应当评价违反法律法规行为对审计的其他方面可能产生的影响，包括对注册会计师风险评估和被审计单位书面声明可靠性的影响。

注册会计师识别出的违反法律法规行为的影响，取决于该行为的实施和隐瞒与具体控制活动之间的关系，以及牵涉的管理人员或员工的级别，尤其是最高权力机构参与违反法律法规行为所产生的影响。

【小贴士】如果管理层或治理层没有采取注册会计师认为适合具体情况的补救措施，即使违反法律法规行为对财务报表不重要，如果法律法规允许，注册会计师也可能考虑是否有必要解除业务约定。

【经典例题】

【真题·多选题】（2015）如果识别出被审计单位违反法律法规的行为，下列各项程序中，注册会计师应当实施的有（　　）。

A. 评价识别出的违反法律法规行为对注册会计师风险评估的影响

B. 评价被审计单位书面声明的可靠性

C. 就识别出的所有违反法律法规行为与治理层进行沟通

D. 了解违反法律法规行为的性质及其发生的环境

【答案】ABD

【解析】选项 C 错误，就识别出的所有违反法律法规行为与治理层进行沟通，对于识别出的明显不重要的违反法律法规行为，可以不与治理层进行沟通。

重难点 14：对识别出的或怀疑存在的违反法律法规行为的报告★★★

（一）与治理层沟通

1. 与治理层沟通的总体要求

（1）除非治理层全部成员参与管理被审计单位，否则注册会计师应当与治理层沟通识别出的或怀疑存在的违反法律法规行为的事项。

（2）不必沟通明显不重要的事项。

（3）通常采用书面形式，也可以采取口头方式。如果采用口头沟通方式，应形成沟通记录，并提请沟通对象签字确认。

2. 违反法律法规行为情节严重时的沟通要求

（1）对故意和重大的违反法律法规行为的沟通要求。如果根据判断认为需要沟通的违反法律法规行为是故意和重大的，注册会计师应当就此尽快向治理层通报。

（2）怀疑违反法律法规行为涉及管理层或治理层时的沟通要求。如果怀疑违反法律法规行为涉及管理层或治理层，注册会计师应当向被审计单位审计委员会或监事会等更高层级的机构通报。如果不存在更高层级的机构，或者注册会计师认为被审计单位可能不会对通报作出反应，或者注册会计师不能确定向谁报告，注册会计师应当考虑是否需要征询法律意见。

（二）出具审计报告

【小贴士】该知识点与第五编有关内容有交叉。

1. 考虑违反法律法规行为的影响

（1）如果认为违反法律法规行为对财务报表具有重大影响，注册会计师应当要求被审计单位在财务报表中予以恰当反映。

（2）如果被审计单位在财务报表中对该违反法律法规行为作出恰当反映，注册会计师应当出具无保留意见的审计报告。

（3）如果认为违反法律法规行为对财务报表有重大影响，且未能在财务报表中得到恰当反映，注册会计师应当出具保留意见或否定意见的审计报告。

2. 考虑审计范围受到限制的影响

（1）来自被审计单位的限制。如果因管理层或治理层阻挠而无法获取充分、适当的审计证据以评价是否存在或可能存在对财务报表产生重大影响的违反法律法规行为，注册会计师应当根据审计范围受到限制的程度，发表保留意见或无法表示意见。

（2）其他条件的限制。如果由于审计范围受到管理层或治理层以外的其他方面的限制而无法确定被审计单位是否存在违反法律法规行为，注册会计师应当评价这一情况对审计意见的影响。

（三）向监管机构和执法机构报告违反法律法规行为

如果识别出或怀疑存在违反法律法规行为，注册会计师应当考虑是否有责任向被审计单位以外的监管机构和执法机构等相关机构或人员报告。

【小贴士】要求向监管机构报告的是经注册会计师发现和确定的严重违反法规行为。所谓“严重”主要是指有重大法律后果或涉及社会公众利益。

通关练习

（一）单选题

1. 下列舞弊风险因素中，与实施舞弊的态度或借口相关的是（　　）。

A. 存在异常的法律实体或管理层级

B. 非财务管理人员过度参与会计政策的选择或重大会计估计的确定

C. 管理层在被审计单位中拥有重大直接经济利益

D. 部门职责分离不合理

2. 下列舞弊风险因素中，与侵占资产导致的错报相关的是（　　）。

A. 利用商业中介进行复杂的交易，但缺乏明显的商业理由

B. 管理层由一人或少数人控制，且缺乏有效的补偿性控制

C. 会计信息系统存在重大缺陷

D. 对高级管理人员差旅费支出的监督不足

3. 被审计单位进行会计处理时存在下列情形，其中不属于舞弊行为的是（　　）。

A. 随意变更会计政策

B. 由于疏忽和误解有关事实而作出不恰当的会计估计

C. 故意推迟确认报告期内发生的交易

D. 人为不恰当地调整会计估计所依据的假设

4. 下列有关管理层凌驾于控制之上的风险的说法中，不恰当的是（　　）。

A. 管理层凌驾于控制之上的风险属于特别风险

B. 自动化控制能够合理控制管理层凌驾于控制之上的风险

C. 管理层凌驾于控制之上的行为发生方式不可预见

D. 如果对管理层凌驾于控制之上的风险的评估结果满意，可以不实施进一步审计程序

5. 注册会计师识别出或怀疑被审计单位存在违反法律法规的行为，下列拟实施程序中不恰当的是（　　）。

A. 了解违反法律法规行为的性质及其发生的环境

B. 评价识别出的违反法律法规行为对注册会计师风险评估的影响

C. 就识别出的所有违反法律法规行为与治理层进行沟通

D. 注册会计师应当评价违反法律法规行为对审计的其他方面可能产生的影响，包括评价被审计单位书面声明的可靠性

6. 下列各项审计程序中，不属于针对舞弊导致的认定层次重大错报风险实施的是（　　）。

A. 在不预先通知的情况下对特定存放地点的存货实施监盘

B. 将询问范围延伸至管理层和会计部门以外的人员，以印证管理层完成与作出会计估计相关的计划的能力和意图

C. 向第三方函证合同的具体条款

D. 评价被审计单位对会计政策的选择和运用，是否可能表明管理层通过操纵利润对财务信息作出虚假报告

7. 下列审计程序中，不能增加审计程序不可预见性的是（　　）。

A. 改变实质性分析程序的对象

B. 运用与以往不同的抽样方法选择需要检查的存货

C. 多选几个月的银行存款余额调节表进行测试

D. 在审计项目中，对零余额的银行账户进行函证

8. 以下做法中，通常不能应对库存商品期末数量存在舞弊导致的重大错报风险的是（　　）。

A. 扩大与存货相关的内部控制测试的样本规模

B. 要求被审计单位在报告期末或邻近期末的时点实施存货盘点

C. 在不预先通知的情况下对特定存放地点的存货实施监盘

D. 利用专家的工作对特殊类型的存货实施更严格的检查

9. 关于识别和评估舞弊导致的重大错报风险相关内容，下列说法中错误的是（　　）。

A. 关联方交易、当年超额完成但预期下年难以达到、完工百分比法确认收入但进度具有高度不确定性等，存在舞弊风险

B. 编制虚假财务报告导致的重大错报风险小于侵占资产导致的重大错报风险

C. 舞弊导致的重大错报未被发现的风险，大于错误导致的重大错报未被发现风险

D. 注册会计师应当基于收入确认存在舞弊风险的假定，评价哪些类型的收入、收入交易或认定导致舞弊风险

（二）多选题

1. 下列各项中，属于形成舞弊的风险因素有（　　）。

A. 实施舞弊的动机或压力

B. 公司对资产管理松懈

C. 为舞弊行为寻找借口的能力

D. 高级管理人员的报酬与财务业绩挂钩

2. 下列审计程序中，能够应对管理层凌驾于控制之上的风险的有（　　）。

A. 测试日常会计核算过程中作出的会计分录以及编制财务报表过程中作出的其他调整是否适当

B. 复核会计估计是否存在偏向，并评价产生这种偏向的环境是否表明存在由于舞弊导致的重大错报风险

C. 是否表明被审计单位从事交易的目的是为了对财务信息作出虚假报告或掩盖侵占资产的行为

D. 获取有关重大关联方交易的管理层书面声明

3. 当怀疑被审计单位存在违反法律法规行为时，如果管理层或治理层不能向注册会计师提供充分的信息，证明被审计单位遵守了法律法规，下列各项审计程序中，能够为注册会计师提供额外审计证据的有（　　）。

A. 获取被审计单位管理层的书面声明

B. 与被审计单位治理层讨论

C. 向被审计单位内部法律顾问咨询

D. 向会计师事务所的法律顾问咨询

4. 下列有关财务报表审计中对法律法规的考虑的观点中，正确的有（　　）。

A. 违反法律法规，是指被审计单位、治理层、管理层或者为被审计单位工作或受其指导的其他人，有意或无意违背现行法律法规的行为

B. 注册会计师没有责任防止被审计单位违反法律法规

C. 如果被审计单位存在对财务报表有重大影响的违反法律法规行为，且未能在财务报表中得到充分反映，注册会计师应发表非无保留意见

D. 注册会计师通常采用书面形式与被审计单位治理层沟通审计过程中注意到的有关违反法律法规的重大事项

5. 在判断注册会计师是否按照审计准则的规定执行工作以应对舞弊风险时，下列各项中，需要考虑的有（　　）。

A. 注册会计师是否根据具体情况实施了审计程序，并获取了充分、适当的审计证据

B. 注册会计师是否识别出舞弊导致的财务报表重大错报

C. 注册会计师在审计过程中是否保持了职业怀疑

D. 注册会计师是否根据审计证据评价结果出具了恰当的审计报告

6. 下列关于注册会计师针对发现的舞弊事项与管理层和治理层沟通的说法中，不正确的有（　　）。

A. 如果怀疑舞弊涉及管理层，注册会计师应当将此怀疑向治理层通报，但不应该与其讨论完成审计工作所必须的审计程序的性质、

时间安排和范围

B. 注册会计师针对发现的舞弊事项与治理层的沟通应该采用书面形式

C. 注册会计师应当与治理层沟通审计过程中注意到的有关违反法律法规的事项，但不必沟通明显不重要的事项

D. 如果根据判断认为需要沟通的违反法律法规行为是故意和重大的，注册会计师应当就此尽快向管理层通报

7. 在审计工作完成后，媒体曝出被审计单位存在由总经理参与的串通舞弊重大事件，则以下说法正确的有（　　）。

A. 存在串通舞弊的重大错报未被发现，一定表明注册会计师没有遵守审计准则

B. 虽然存在串通舞弊的重大错报，并不一定表明注册会计师没有遵守审计准则

C. 如果在审计过程中，注册会计师根据具体情况实施了审计程序，获取了充分适当的审计证据，则表明遵守了审计准则的规定

D. 如果注册会计师根据审计证据评价结果出具了恰当的审计报告，说明遵守了审计准则的规定

8. 下列各项中，关于治理层、管理层与注册会计师对舞弊的责任的说法中，恰当的有（　　）。

A. 被审计单位治理层和管理层对防止或发现舞弊负有主要责任

B. 治理层的监督包括考虑管理层凌驾于控制之上或对财务报告过程施加其他不当影响的可能性

C. 注册会计师有责任对财务报表整体是否不存在由于舞弊或错误导致的重大错报获取合理保证

D. 注册会计师对防止或发现舞弊负有次要责任

9. 形成注册会计师没有责任防止被审计单位违反法律法规行为，也不能期望其发现所有的违反法律法规行为的原因有（　　）。

A. 许多法律法规主要与被审计单位经营活动相关，通常不影响财务报表，且不能被与财务报告相关的信息系统所获取

B. 违反法律法规可能涉及故意隐瞒的行为，如共谋、伪造、故意漏记交易、管理层凌驾于控制之上或故意向注册会计师提供虚假陈述

C. 某行为是否构成违反法律法规，最终只能由法院认定

D. 受到审计成本的制约，致使审计证据不充分

10. 下列关于被审计单位违反法律法规的说法中，正确的有（　　）。

A. 被审计单位无意违背除适用的财务报告编制基础以外的现行法律法规的行为属于违反法律法规行为

B. 在考虑被审计单位的一项行为是否违反法律法规时，注册会计师应当征询法律意见

C. 审计准则中的违反法律法规，包括由治理层、管理层或员工实施的与被审计单位经营活动无关的不当个人行为

D. 被审计单位需要遵守的所有法律法规，构成注册会计师在财务报表审计中需要考虑的法律法规框架

通关练习答案及解析

（一）单选题

1. 【答案】B

【解析】选项 A、D 与实施舞弊的机会相关，选项 C 与实施舞弊的动机或压力有关。

2. 【答案】D

【解析】选项 A、B、C 属于与编制虚假财务报告相关的舞弊风险因素。

3. 【答案】B

【解析】选项B，舞弊是指使用欺骗的手段获取不当或非法利益的故意行为，疏忽和误解并不属于是故意行为，所以不属于舞弊。

4. 【答案】D

【解析】选项D错误，无论对管理层凌驾于控制之上的风险的评估结果如何，注册会计师都应当设计和实施审计程序。

5. 【答案】C

【解析】选项C，不需要将识别出的所有违反法律法规的行为都与治理层进行沟通。

6. 【答案】D

【解析】选项D属于针对评估的由于舞弊导致的财务报表层次重大错报风险的总体应对措施。

7. 【答案】D

【解析】选项D属于常用审计程序。

8. 【答案】A

【解析】选项A，控制测试目标是测试控制的运行有效性，难以应对由于舞弊导致的存货数量存在的重大错报风险。

9. 【答案】B

【解析】选项B，编制虚假财务报告导致的重大错报风险，与侵占资产导致的重大错报风险，没有必然的高低关系。

（二）多选题

1. 【答案】ABCD

【解析】根据舞弊存在时通常伴随着的三种情况，这些风险因素可以分为以下三类：（1）实施舞弊的动机或压力（选项A、选项D）；（2）实施舞弊的机会（选项B）；（3）为舞弊行为寻找借口的能力（选项C）。

2. 【答案】ABC

【解析】管理层凌驾于控制之上的风险属于特别风险，无论对管理层凌驾于控制之上的风险的评估结果如何，注册会计师都应当设计和实施审计程序，用以：（1）测试日常会计核算过程中作出的会计分录以及编制财务报表过程中作出的其他调整是否适当（选项A）；（2）复核会计估计是否存在偏向，并评价产生这种偏向的环境是否表明存在由于舞弊导致的重大错报风险（选项B）；（3）对于超出被审计单位正常经营过程的重大交易，或基于对被审计单位及其环境的了解以及在审计过程中获取的其他信息而显得异常的重大交易，评价其商业理由（或缺乏商业理由）是否表明被审计单位从事交易的目的是为了对财务信息作出虚假报告或掩盖侵占资产的行为（选项C）。而选项D不能应对管理层凌驾于控制之上的风险。

3. 【答案】BCD

【解析】选项A，已经说明管理层或治理层不能向注册会计师提供充分的信息，则书面声明可靠性也较差。

4. 【答案】BCD

【解析】选项A错误，违反法律法规，是指被审计单位、治理层、管理层或者为被审计单位工作或受其指导的其他人，有意或无意违背除适用的财务报告编制基础以外的现行法律法规的行为。

5. 【答案】ACD

【解析】选项B错误，由于审计的固有限制，即使注册会计师按照审计准则的规定恰当计划和执行了审计工作，也不可避免地存在财务报表中的某些重大错报未被发现的风险。

6. 【答案】ABD

【解析】选项A不正确，如果怀疑舞弊涉及管理层，注册会计师应当将此怀疑向治理层通报，并与其讨论完成审计工作所必需的审计程序的性质、时间安排和范围；选项B不正确，注册会计师针对发现的舞弊事项与治理层的沟通可以采用口头形式，也可以采用书面形式；选项D不正确，应当与治理层沟通，而不是与管理层沟通。

7. 【答案】BCD

【解析】选项A错误，如果在完成审计工作后发现舞弊事件，特别是串通舞弊事件，并不一定表明注册会计师没有遵守审计准则。

8. 【答案】ABC

【解析】选项D不恰当，被审计单位治理

层和管理层对防止或发现舞弊负有主要责任，但就得出注册会计师对防止或发现舞弊负有次要责任也是不合理的，注册会计师有责任对财务报表整体是否不存在由于舞弊或错误导致的重大错报获取合理保证。

9. 【答案】ABC

【解析】选项 D 不恰当，审计成本的制约，不能成为审计证据不充分的理由。

10. 【答案】ABD

【解析】选项 C 不正确，违反法律法规不包括由治理层、管理层或员工实施的与被审计单位经营活动无关的不当个人行为。

第十四章　审计沟通

2021 年教材内容主要变化

2021 年本章主要变化如下：

（1）双向沟通的主要目的；

（2）已与管理层讨论或需要书面沟通的重大事项（增加两种情形）；

（3）删除“被审计单位不同意沟通时的处理”相关内容。

【小贴士】具体详见有关重难点。

本章近五年考情统计分析

本章考题主要以主观题（综合题、简答题）为主，但客观题也可涉及，本章属于重要的考试章节之一，最近五年平均考试分值一般在 3 分左右。

（一）近五年考试分值分布

题型	2016 年	2017 年	2018 年	2019 年	2020 年
单选题	1	2	—	—	1
多选题	2	—	—	—	—
简答题	—	—	—	4	—
综合题	—	1	—	1	—
合计	3	3	—	5	1

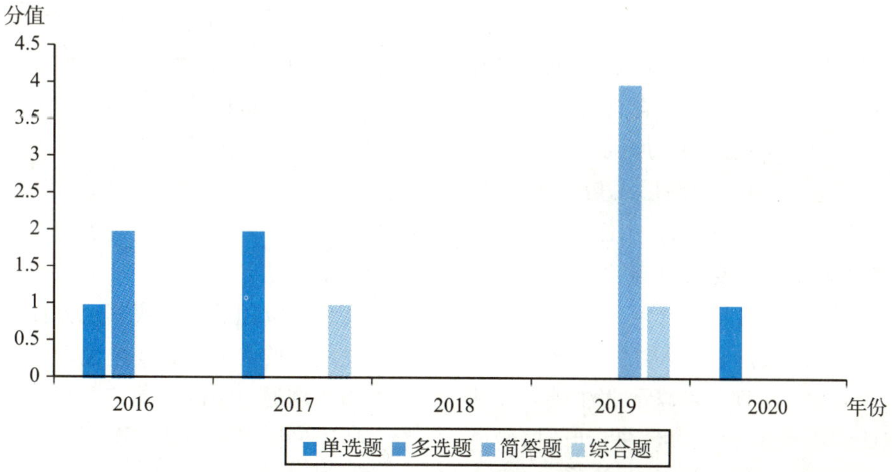

（二）近五年考试考点分布

高频考点内容	年度及题型分布
与治理层沟通的事项	2019 年简答、2019 年综合、2017 年综合
与治理层沟通的形式	2020 年单选、2017 年单选、2016 年单选
与前任沟通的前提	2017 年单选
签约前后与前后任的沟通	2019 年简答、2016 年多选

重难点解析

本章内容属于财务报表审计对特殊事项考虑的重要章节之一，主要阐述与治理层的双向沟通动因与目的、沟通的对象、沟通的事项、沟通的过程、审计工作底稿、前后任注册会计师的含义、接受委托前的沟通、接受委托后的沟通、发现前任注册会计师已审计财务报表可能存在重大错报时的处理等。

【小贴士】注册会计师与治理层的沟通以及前后任注册会计师沟通，已成为注册会计师良好作风和规范执业的有机组成部分，本章学习时需要把握沟通的框架下不同节点的审计准则规范要求。

重难点 1：与治理层的双向沟通动因与目的★★

（一）双向沟通的动因

被审计单位的治理层与注册会计师在财务报告编制过程中监督和财务报表审计职责方面存在着共同的关注点，在履行职责方面存在着很强的互补性，这也正是注册会计师需要与治理层保持有效双向沟通的根本原因。

（1）注册会计师和治理层了解与审计相关事项的背景，并建立建设性的工作关系，在建立这种关系时，注册会计师需要保持独立性和客观性。

（2）注册会计师向治理层获取与审计相关的信息，例如，治理层可以帮助注册会计师了解被审计单位及其环境，确定审计证据的适当来源，以及提供有关具体交易或事项的信息。

（3）治理层履行其对财务报告过程的监督责任，从而降低财务报表重大错报风险。

（二）双向沟通的主要目的

（1）就注册会计师与财务报告审计相关的责任、计划的审计范围和时间安排的总体情况，与治理层进行清晰的沟通。

（2）向治理层获取与审计相关的信息。

（3）及时向治理层通报审计中发现的与治理层对财务报告过程的监督责任相关的重大事项。

（4）推动注册会计师与治理层之间的有效的双向沟通。

【小贴士】该知识点 2021 年小范围修订。

重难点 2：沟通的对象★★

（一）总体要求

1. 确定沟通对象的一般要求

（1）确定适当的沟通人员。注册会计师应当确定与被审计单位治理结构中的哪些适当人员沟通，适当人员可能因沟通事项的不同而不同。

不同的被审计单位，适当的沟通对象可能不同。即使是同一家被审计单位，由于组织形式的变化、章程的修改或其他方面的变动，也可能使适当的沟通对象发生变动。

由于沟通事项的不同，适当的沟通对象也会有所不同。尽管一般情况下适当的沟通对象可能是相对固定的，但是针对一些特殊事项，注册会计师应当运用职业判断考虑是否应当与被审计单位治理结构中的其他适当对象进行沟通。

【小贴士】例如，在上市公司审计中，有关注册会计师独立性问题的沟通，其沟通对象最好是被审计单位治理结构中有权决定聘任、解聘注册会计师的组织或人员。再如，有关管理层胜任能力和诚信问题方面的事项，就不宜与兼任高级管理职务的治理层成员沟通。

（2）确定适当的沟通人员时应当利用的信息。在确定与哪些适当人员沟通特定事项时，注册会计师应当利用在了解被审计单位及其环境时获取的有关治理结构和治理过程的信息。通常，了解被审计单位的法律结构、组织形式，查阅被审计单位的章程、组织结构图，询问被审计单位的相关人员等，都有助于获取有关被审计单位治理结构和治理过程的信息，能够帮助注册会计师清楚地识别出适当的沟通对象。

2. 需要商定沟通对象的特殊情形

一般而言，注册会计师通过上述了解，并运用职业判断，可以确定适当的沟通对象。通常，被审计单位也会指定其治理结构中相对固定的人员或组织（如审计委员会）负责与注册会计师进行沟通。如果由于被审计单位的治理结构没有被清楚界定，导致注册会计师无法清楚地识别适当的沟通对象，被审计单位也没有指定适当的沟通对象，注册会计师就应当尽早与审计委托人商定沟通对象，并就商定的结果形成备忘录或其他形式的书面记录。

（二）与治理层的下设组织或个人沟通

1. 决定与治理层的下设组织或个人沟通时应当考虑的主要因素

通常，注册会计师没有必要（实际上也不可能）就全部沟通事项与治理层整体进行沟通。

【小贴士】适当的沟通对象往往是治理层的下设组织和人员，如董事会下设的审计委员会、独立董事、监事会或者被审计单位特别指定的组织和人员等。

2. 被审计单位设有审计委员会的情形

尽管审计委员会的具体权力和职责可能不同，但与其沟通已成为注册会计师与治理层沟通的一个关键要素。良好的公司治理原则建议：

（1）邀请注册会计师定期参加审计委员会会议。

（2）审计委员会主席和其他相关成员定期与注册会计师联系。

（3）审计委员会每年至少一次在管理层不在场的情况下会见注册会计师。

重难点3：沟通的事项★★★

（一）注册会计师与财务报表审计相关的责任

（1）注册会计师负责对管理层在治理层监督下编制的财务报表形成和发表意见。

（2）财务报表审计并不减轻管理层或治理层的责任。注册会计师与财务报表审计相关的责任通常包含在审计业务约定书或记录审计业务约定条款的其他适当形式的书面协议中。

（二）计划的审计范围和时间安排

【小贴士】沟通计划的审计范围和时间安排时，需保持职业谨慎，避免损害审计的有效性。例如，沟通具体审计程序的性质和时间安排、沟通审计的重要性水平，都可能降低审计的有效性。

可能沟通的内容：

（1）注册会计师拟如何应对舞弊或错误导致的特别风险。

（2）注册会计师对与审计相关内部控制采取的方案。

（3）在审计中对重要性概念的运用。

【小贴士】重要性概念的运用不能具体到重要性水平，否则会降低审计的有效性。

（4）实施计划的审计程序或评价审计结果需要的专门技术或知识的性质和程度，包括利用注册会计师的专家的工作。

（5）当在审计报告中沟通关键审计事项适用时，注册会计师对哪些事项可能需要重点关注因而可能构成关键审计事项所做的初步判断。

（三）审计中发现的重大问题

1. 对被审计单位会计实务重大方面的质量的看法

（1）会计政策。

①会计政策对于被审计单位具体情况的适当性。

②重要会计政策的初始选择和变更，包括对新会计准则的应用。

③有争议的或新兴领域的重要会计政策的影响。

④与记录交易的期间相关的交易时间安排的影响。

（2）会计估计。

①管理层对会计估计的识别。

②管理层作出会计估计的过程。

③会计估计的重大错报风险。

④可能表明存在管理层偏向的迹象。

⑤财务报表中对估计不确定性的披露。

2. 审计工作中遇到的重大困难

（1）在提供审计所需信息时管理层出现严重拖延或不愿提供，或者被审计单位的人员不予配合。

（2）不合理地要求缩短完成审计工作的时间。

（3）为获取充分、适当的审计证据需要付出的努力远超预期。

（4）无法获取预期的信息。

（5）管理层对注册会计师施加限制。

（6）管理层不愿意按要求对持续经营能力进行评估，或不愿意延长评估期间。

3. 已与管理层讨论或需要书面沟通的重大事项

（1）影响被审计单位的业务环境，以及可能影响重大错报风险的经营计划和战略。

（2）对管理层就会计或审计问题向其他专业人士进行咨询的关注。

（3）管理层在首次或连续委托注册会计师时，就会计实务、审计准则应用、审计或其他服务费用与注册会计师进行的讨论或书面沟通。

（4）当年发生的重大事项或交易；

（5）与管理层存在意见分歧的重大事项，但因事实不完整或初步信息造成并在随后通过进一步获取相关事实或信息得以解决的初始意见分歧除外。

【小贴士】该知识点2021年增加（4）、（5）两种情形。

4. 影响审计报告形式和内容的情形

注册会计师可能认为有必要向治理层提供审计报告的草稿，以便于讨论如何在审计报告中处理这些事项。

5. 其他事项

这类事项可能包括已更正的含有已审计财务报表的文件中的其他信息存在的对事实的重大错报或重大不一致。

（四）值得关注的内部控制缺陷

1. 内部控制缺陷和值得关注的内部控制缺陷

（1）内部控制缺陷含义。内部控制缺陷是指在下列任一情况下内部控制存在的缺陷：

①某项控制的设计、执行或运行不能及时防止或发现并纠正财务报表错报。

②缺少用以及时防止或发现并纠正财务报表错报的必要控制。

（2）值得关注的内部控制缺陷。值得关注的内部控制缺陷是指注册会计师根据职业判断，认为足够重要从而值得治理层关注的内部控制的一个缺陷或多个缺陷的组合。

2. 向治理层和管理层通报内部控制缺陷

（1）注册会计师应当以书面形式及时向治理层通报审计过程中识别出的值得关注的内部控制缺陷。

（2）注册会计师还应当及时向相应层级的管理层通报下列内部控制缺陷。

①已向或拟向治理层通报的值得关注的内部控制缺陷，除非在具体情况下不适合直接向管理层通报。

②在审计过程中识别出的、其他方尚未向

管理层通报而注册会计师根据职业判断认为足够重要从而值得管理层关注的内部控制其他缺陷。

【小贴士】在向治理层和管理层提供信息时，注册会计师应当特别说明的事项：

（1）注册会计师执行审计工作的目的是对财务报表发表审计意见。

（2）审计工作包括考虑与财务报表编制相关的内部控制，其目的是设计适合具体情况的审计程序，并非对内部控制的有效性发表意见（如果结合财务报表审计对内部控制的有效性发表意见，应当删除“并非对内部控制的有效性发表意见”的措辞）。

（3）报告的事项仅限于注册会计师在审计过程中识别出的、认为足够重要从而值得向治理层报告的缺陷。

【经典例题】

【真题·综合题（部分）】（2018）上市公司甲公司是ABC会计师事务所的常年审计客户，主要从事药品的研发、生产和销售。A注册会计师负责审计甲公司2017年度财务报表，确定财务报表整体的重要性为300万元，明显微小错报的临界值为15万元。

资料五：A注册会计师的审计工作底稿中记录了重大事项的处理情况，部分内容摘录如下：

（3）因甲公司2017年发生召回事件，A注册会计师认为甲公司对产品质量的控制存在重大缺陷，与治理层进行了书面沟通。

【要求】针对资料五第（3）项，假定不考虑其他条件，指出A注册会计师的做法是否恰当。如不恰当，简要说明理由。

【答案】

事项序号	是否恰当（是/否）	理　由
（3）	是	—

【解析】发生召回事件属于甲公司对产品质量的控制存在重大缺陷，与治理层进行了书面沟通，是合理的，如果不沟通或者口头形式是不合理的。

（五）注册会计师的独立性

（1）对独立性的不利影响。

（2）法律法规和职业规范规定的防范措施、被审计单位采取的防范措施，以及会计师事务所内部自身的防范措施。

重难点4：沟通的过程★★★

（一）确立沟通的过程

1. 基本要求

清楚地沟通注册会计师的责任、计划的审计范围和时间安排以及期望沟通的大致内容，有助于为有效的双向沟通确立基础。

2. 与管理层的沟通

在与治理层沟通某些事项前，注册会计师可能就这些事项与管理层讨论，除非这种做法并不适当。

【小贴士】不适合与管理层讨论的事项包括管理层的胜任能力或诚信问题等。

3. 与第三方的沟通

在向第三方提供为治理层编制的书面沟通文件时，在书面沟通文件中声明以下内容，告知第三方这些书面沟通文件不是为他们编制，可能是非常重要的：

（1）书面沟通文件仅为治理层的使用而编制，在适当的情况下也可供集团管理层和集团注册会计师使用，但不应被第三方依赖。

（2）注册会计师对第三方不承担责任。

（3）书面沟通文件向第三方披露或分发的任何限制。

【小贴士】除非法律法规要求向第三方提供注册会计师与治理层的书面沟通文件的副本，否则注册会计师在向第三方提供前可能需要事先征得治理层同意。

（二）沟通形式

1. 沟通形式

沟通形式分为书面形式和口头形式。

2. 采用书面形式情形

（1）对于审计中发现的重大问题，如果根据职业判断认为采用口头形式沟通不适当，注册会计师应当以书面形式与治理层沟通，当然，书面沟通不必包括审计过程中的所有事项。

（2）对于审计准则要求的注册会计师的独立性，注册会计师也应当以书面形式与治理层沟通。

（3）注册会计师还应当以书面形式向治理层通报值得关注的内部控制缺陷。

（4）书面沟通可能包括向治理层提供审计业务约定书。

【经典例题】

【真题·单选题】（2017）下列各项中，注册会计师应当以书面形式与治理层沟通的是（　　）。

A. 注册会计师识别出的舞弊风险

B. 未更正错报

C. 注册会计师确定的关键审计事项

D. 注册会计师识别出的值得关注的内部控制缺陷

【答案】D

【解析】选项D恰当，注册会计师识别出的值得关注的内部控制缺陷属于审计准则明确要求应当以书面形式与治理层沟通的事项；而选项A、B、C，应该在考虑有关因素的基础上，决定采取的形式。

（三）沟通的时间安排

注册会计师应当及时与治理层沟通。怎样才算及时并非一成不变的，适当的沟通时间安排，因业务环境的不同而不同。相关的环境包括事项的重要程度和性质，以及期望治理层采取的行动。

【小贴士】对于计划事项的沟通，通常在审计业务的早期进行，如系首次接受委托，沟通可以随同就审计业务条款达成一致意见一并进行；对于审计中遇到的重大困难，如果治理层能够协助克服这些困难，或者这些困难可能导致发表非无保留意见，可能需要尽快沟通。如识别出值得关注的内部控制缺陷，进行书面沟通前，尽快向治理层口头沟通。

【小贴士】当同时审计通用目的和特殊目的的财务报表时，注册会计师协调沟通的时间安排可能是适当的。

（四）沟通不充分的应对措施

注册会计师应当评价其与治理层之间的双向沟通对实现审计目的是否充分。

如果认为双向沟通不充分，注册会计师应当评价其对重大错报风险评估以及获取充分、适当的审计证据的能力的影响，并采取适当的措施。

如果注册会计师与治理层之间的双向沟通不充分，并且这种情况得不到解决，注册会计师可以采取下列措施：

（1）根据范围受到的限制发表非无保留意见。

（2）就采取不同措施的后果征询法律意见。

（3）与第三方（如监管机构）、被审计单位外部的在治理结构中拥有更高权力的组织或人员（如企业的业主、股东大会中的股东）或对公共部门负责的政府部门进行沟通。

（4）在法律法规允许的情况下解除业务约定。

【经典例题】

【真题·多选题】（2015）如果注册会计师与治理层之间的双向沟通不充分，并且这种情况得不到解决，下列措施中，注册会计师可以采取的有（　　）。

A. 与监管机构、被审计单位外部的在治理结构中拥有更高权力的组织或人员进行沟通

B. 在法律法规允许的情况下解除业务约定

C. 就采取不同措施的后果征询法律意见

D. 根据范围受到的限制发表非无保留意见

【答案】ABCD

重难点5：审计工作底稿★

注册会计师应当记录与治理层沟通的重大事项，包括记录那些对于表明形成审计报告的

合理基础、证明审计工作的执行遵循了审计准则和其他法律法规要求而言很重要的事项。

【小贴士】如果审计准则要求沟通的事项是以口头形式沟通的，注册会计师应当将其包括在审计工作底稿中，并记录沟通的时间和对象；如果审计准则要求沟通的事项是以书面形式沟通的，注册会计师应当保存一份沟通文件的副本作为审计工作底稿的一部分。

【小贴士】如果被审计单位编制的会议纪要是沟通的适当记录，注册会计师可以将其副本作为对口头沟通的记录，并作为审计工作底稿的一部分；如果发现这些会议纪要的记录不能恰当反映沟通的内容，且有差别的事项比较重大，注册会计师一般会另行编制能恰当记录沟通内容的纪要，并将其副本连同被审计单位编制的纪要一起致送治理层，提示两者的差别，以免引起不必要的误解。

重难点6：前后任注册会计师的含义★★

（一）前任注册会计师的含义

前任注册会计师是指已对被审计单位上期财务报表进行审计，但被现任注册会计师接替的其他会计师事务所的注册会计师。

【小贴士】接受委托但未完成审计工作，已经或可能与委托人解除业务约定的注册会计师，也被视为前任注册会计师。

当会计师事务所发生变更时，前任注册会计师通常包含两种情况：

（1）已对上期财务报表发表了审计意见的某会计师事务所的注册会计师。

（2）接受委托但未完成审计工作的某会计师事务所的注册会计师。

（二）后任注册会计师的含义

后任注册会计师是指正在考虑接受委托或已经接受委托，接替前任注册会计师对被审计单位本期财务报表进行审计的注册会计师。

【小贴士】如果被审计单位委托注册会计师对已审计财务报表进行重新审计，正在考虑接受委托或已经接受委托的注册会计师也被视为后任注册会计师。

当会计师事务所发生变更时，后任注册会计师通常包括两种情况：

（1）在签订业务约定书之前，正在考虑接受委托的注册会计师。此时，后任注册会计师对于是否接受委托尚未作出最后决定，正准备与前任注册会计师沟通，待了解有关情况之后再做决定。

（2）已接受委托并签订业务约定书，接替前任注册会计师执行财务报表审计业务的注册会计师。

【经典例题】

【例题·多选题】下列有关后任注册会计师的说法中，正确的有（　　）。

A. 当会计师事务所发生变更时，正在考虑接受委托的会计师事务所是后任注册会计师

B. 当会计师事务所发生变更时，已经接受委托的会计师事务所是后任注册会计师

C. 被审计单位的财务报表已经审计但需要重新审计时，接受委托执行重新审计的会计师事务所为后任注册会计师

D. 某一会计师事务所中B注册会计师接替A注册会计师担任ABC公司的项目合伙人，则B注册会计师属于后任注册会计师

【答案】ABC

【解析】选项D错误，在未发生会计师事务所变更的情况下，同处于某一会计师事务所中的不同的注册会计师不属于前后任注册会计师的范畴。

（三）前后任注册会计师沟通的总体原则

1. 沟通的发起方

在前任注册会计师与后任注册会计师的沟通过程中，后任注册会计师负有主动沟通的义务。

2. 沟通的前提

尽管后任注册会计师负有主动沟通的义务，但前提是需要征得被审计单位的同意。

3. 沟通的方式

前任注册会计师与后任注册会计师的沟通可以采用书面或口头的方式。

【经典例题】

【例题·多选题】ABC会计师事务所的A注册会计师负责审计上市公司甲公司2019年度财务报表。下列各项中，A注册会计师不能以口头形式与甲公司治理层沟通的有（　　）。

A. 涉及甲公司管理层的舞弊嫌疑

B. 值得关注的内部控制缺陷

C. ABC会计师事务所和甲公司审计项目组成员按照相关职业道德要求与甲公司保持了独立性

D. ABC会计师事务所在2019年度为甲公司提供审计和非审计服务收费总额

【答案】BCD

【解析】选项A，涉及甲公司管理层的舞弊嫌疑可以以口头形式与甲公司治理层沟通，不是准则规定须书面沟通的事项。

4. 对沟通情况的记录

尽管沟通可以采用书面或口头的方式进行，但无论是前任注册会计师还是后任注册会计师，都应当将沟通的情况记录于各自的审计工作底稿，以便完整反映审计工作的轨迹。

5. 前后任注册会计师应当对沟通过程中获知的信息保密

【小贴士】即使未接受委托，“后任”仍应履行保密义务。

【经典例题】

【真题·多选题】（2016）下列有关前后任注册会计师沟通的说法中，错误的有（　　）。

A. 后任注册会计师在接受委托前与前任注册会计师沟通，应当征得被审计单位同意

B. 在接受委托前，后任注册会计师应当采用书面形式与前任注册会计师进行沟通

C. 如果需要查阅前任注册会计师的审计工作底稿，后任注册会计师不必征得被审计单位同意

D. 在接受委托前和接受委托后，后任注册会计师均应与前任注册会计师沟通

【答案】BCD

【解析】选项B，在接受委托前，后任注册会计师可以采用书面形式或口头形式与前任注册会计师进行沟通；选项C，如果需要查阅前任注册会计师的审计工作底稿，后任注册会计师必须征得被审计单位同意；选项D，在接受委托前，后任注册会计师应当与前任注册会计师沟通，而接受委托后，与前任注册会计师的沟通非必要程序。

重难点7：接受委托前的沟通★★★

（一）接受委托前的必要沟通

在接受委托前，后任注册会计师应当与前任注册会计师进行必要沟通，并对沟通结果进行评价，以确定是否接受委托，它包括以下三层含义：

1. 沟通的目的

在接受委托前，后任注册会计师与前任注册会计师进行沟通的目的是为了确定是否接受委托。

2. 沟通是必要的审计程序

与前任注册会计师进行沟通，是后任注册会计师在接受委托前应当执行的必要审计程序。

3. 评价沟通结果

在进行沟通后，后任注册会计师应当对沟通结果进行评价，以确定是否接受委托。

（二）沟通内容

接受委托前，向前任注册会计师进行询问是一项必要的沟通程序。但后任注册会计师向前任注册会计师询问的内容应当合理、具体。必要沟通过程中通常值得关注和询问的事项包括：

（1）是否发现被审计单位管理层存在诚信方面的问题。

（2）前任注册会计师与管理层在重大会计、审计等问题上存在的意见分歧。

（3）前任注册会计师向被审计单位治理层通报的管理层舞弊、违反法律法规行为以及

值得关注的内部控制缺陷。

(4) 前任注册会计师认为导致被审计单位变更会计师事务所的原因。

(三) 前任注册会计师的答复

(1) 在被审计单位允许前任注册会计师对后任注册会计师的询问作出充分答复的情况下，前任注册会计师应当根据所了解的事实，对后任注册会计师的合理询问及时作出充分的答复。

(2) 如果受到被审计单位的限制或存在法律诉讼的顾虑，决定不向后任注册会计师作出充分答复，前任注册会计师应当向后任注册会计师表明其答复是有限的，并说明原因。此时，后任注册会计师应当考虑对接受委托的影响。

【小贴士】如果未得到答复，且没有理由认为变更会计师事务所的原因异常，后任注册会计师需要设法以其他方式与前任注册会计师再次进行沟通。如果仍得不到答复，后任注册会计师可以致函前任注册会计师，说明如果在适当的时间内得不到答复，将假设不存在专业方面的原因使其拒绝接受委托，并表明拟接受委托。

【经典例题】

【真题·简答题（部分）】(2016) ABC会计师事务所首次接受委托，审计上市公司甲公司2015年度财务报表，委派A注册会计师担任项目合伙人。相关事项如下：

(1) A注册会计师与前任注册会计师在征得甲公司管理层口头同意后，通过电话进行了接受委托前的沟通，未发现影响其接受委托的事项，并将沟通情况记入审计工作底稿。

【要求】指出A注册会计师的做法是否恰当。如不恰当，简要说明理由。

【答案】不恰当。后任注册会计师应当提请被审计单位以书面方式允许前任注册会计师对其询问作出充分答复，非口头同意。

【解析】注册会计师与前任注册会计师须征得管理层同意，但是不能以口头回复意见。

重难点8：接受委托后的沟通★★★

【小贴士】接受委托后的沟通与接受委托前有所不同，它不是必要程序，而是由后任注册会计师根据审计工作需要自行决定的。

(一) 查阅前任注册会计师工作底稿的前提

接受委托后，如果需要查阅前任注册会计师的工作底稿，后任注册会计师应当征得被审计单位同意，并与前任注册会计师进行沟通。

(二) 查阅相关工作底稿及其内容

前任注册会计师所在的会计师事务所可自主决定是否允许后任注册会计师获取工作底稿部分内容，或摘录部分工作底稿。

如果前任注册会计师决定向后任注册会计师提供工作底稿，一般可考虑进一步从被审计单位（前审计客户）处获取一份确认函，以便降低在与后任注册会计师进行沟通时发生误解的可能性。

(三) 前后任注册会计师就使用工作底稿达成一致意见

在允许查阅工作底稿之前，前任注册会计师应当向后任注册会计师获取确认函，就工作底稿的使用目的、范围和责任等与其达成一致意见。

(四) 利用工作底稿的责任

查阅前任注册会计师工作底稿获取的信息可能影响后任注册会计师实施审计程序的性质、时间安排和范围，但后任注册会计师应当对自身实施的审计程序和得出的审计结论负责。

【小贴士】后任注册会计师不应在审计报告中表明，其审计意见全部或部分地依赖前任注册会计师的审计报告或工作。

【经典例题】

【真题·单选题】(2017) 下列有关前任注册会计师与后任注册会计师的沟通的说法中，正确的是（　　）。

A. 后任注册会计师应当在接受委托前和接受委托后与前任注册会计师进行沟通

B. 前任注册会计师与后任注册会计师应当将沟通的情况记录于审计工作底稿

C. 后任注册会计师与前任注册会计师的沟通应当采用书面方式

D. 后任注册会计师应当在取得被审计单位的书面同意后，与前任注册会计师进行沟通

【答案】D

【解析】选项A错误，接受委托后，后任注册会计师根据审计工作需要自行决定是否与前任注册会计师沟通；选项B错误，后任注册会计师应当将沟通的情况记录于审计工作底稿，以便完整反映审计工作的轨迹，而不是前任注册会计师；选项C错误，后任注册会计师与前任注册会计师的沟通可以采用书面或口头的方式。

重难点9：发现前任注册会计师已审计财务报表可能存在重大错报时的处理★★

（一）安排三方会谈

如果发现前任注册会计师审计的财务报表可能存在重大错报，后任注册会计师应当提请被审计单位告知前任注册会计师。必要时，后任注册会计师应当要求被审计单位安排三方会谈。

【小贴士】*必要时，后任注册会计师应当要求被审计单位安排三方会谈，并不是所有的都安排，需要专业判断。*

（二）无法参加三方会谈的处理

如果被审计单位拒绝告知前任注册会计师，或前任注册会计师拒绝参加三方会谈，或后任注册会计师对解决问题的方案不满意，后任注册会计师应当考虑对审计意见的影响或解除业务约定。在这种情况下，后任注册会计师应当考虑：

（1）这种情况对当前审计业务的潜在影响，并根据具体情况出具恰当的审计报告。

（2）是否退出当前审计业务。

（3）后任注册会计师可考虑向其法律顾问咨询，以便决定如何采取进一步措施。

【经典例题】

【真题·简答题】（2019）ABC会计师事务所首次接受委托审计甲公司2018年度财务报表，委派A注册会计师担任项目合伙人。与首次承接审计业务相关的部分事项如下：

（1）DEF会计师事务所审计了甲公司2017年度财务报表。XYZ会计师事务所接受委托审计甲公司2018年度财务报表，但未完成审计工作。A注册会计师将DEF会计师事务所确定为前任注册会计师，与其进行了沟通。

（2）A注册会计师在与甲公司签署审计业务约定书并征得管理层同意后，与前任注册会计师进行了口头沟通，沟通内容包括：是否发现甲公司管理层存在诚信方面的问题，前任注册会计师与甲公司管理层存在重大会计、审计等问题上存在的意见分歧；向甲公司治理层通报的管理层舞弊、违反法律法规行为以及值得关注的内部控制缺陷；甲公司变更会计师事务所的原因。

（3）对于长期股权投资的期初余额，A注册会计师检查了形成期初余额的会计记录，以及包括投资协议和被投资单位工商登记信息在内的相关支持性文件，结果满意。

（4）A注册会计师对2018年末的存货实施了监盘，将年末存货数量调节至期初存货数量，并抽样检查了2018年度存货数量的变动情况，据此认可了存货的期初余额。

（5）在征得甲公司管理层同意，并向前任注册会计师承诺不对任何人作出关于其是否遵循审计准则的任何评论后，A注册会计师通过查阅前任注册会计师的审计工作底稿，获取了有关甲公司固定资产期初余额的审计证据，并在审计报告的其他事项段中提及部分依赖了前任注册会计师的工作。

【要求】对上述第（1）~（5）项，逐项指出A注册会计师的做法是否恰当。如不恰当，简要说明理由。

【答案】

（1）不恰当。

理由：应当将 DEF 会计师事务以及 XYZ 会计师事务所均确定为前任注册会计师。

（2）不恰当。

理由：注册会计师应当在接受委托前与前任注册会计师沟通此部分内容。

（3）恰当。

（4）不恰当。

理由：应当对期初存货项目的计价实施审计程序。

（5）不恰当。

理由：后任注册会计师不应在审计报告中表明，其审计意见全部或部分依赖前任注册会计师的审计报告或工作。

通关练习

（一）单选题

1. 下列关于注册会计师与被审计单位治理层沟通的说法中，不恰当的是（　　）。

A. 注册会计师沟通在审计过程中注意到的所有有关违反法律法规的事项

B. 注册会计师沟通对与审计相关的内部控制采取的方案

C. 注册会计师沟通在审计中对重要性概念的运用

D. 注册会计师沟通实施计划的审计程序或评价审计结果需要的专门技术或知识的性质和程度

2. 下列关于前后任注册会计师沟通的观点中，正确的是（　　）。

A. 后任注册会计师在接受委托前与前任注册会计师沟通，应当征得被审计单位同意

B. 在接受委托前，后任注册会计师应当采用书面形式与前任注册会计师进行沟通，不能采取口头形式

C. 如果需要查阅前任注册会计师的审计工作底稿，后任注册会计师不必征得被审计单位同意，这样会有助于审计目标的实现

D. 在接受委托前和接受委托后，后任注册会计师均应当采取书面或口头的形式与前任注册会计师沟通

3. 下列关于与治理层沟通注册会计师的责任说法中，错误的是（　　）。

A. 注册会计师负责对在治理层监督下管理层编制的财务报表形成和发表意见

B. 注册会计师承担对财务报表审计的责任，在一定程度上可以减轻治理层的责任

C. 注册会计师与财务报表审计相关的责任应当包含在审计业务约定书或记录审计业务约定条款的其他适当形式的书面协议

D. 注册会计师通常不专门为识别与治理层沟通的补充事项设计程序

4. 在确定与治理层沟通的时间时，注册会计师下列做法中不恰当的是（　　）。

A. 怎样才算及时并非一成不变的，适当的沟通时间安排因业务环境的不同而不同

B. 对于计划事项的沟通，通常在审计业务的早期阶段进行

C. 对于审计中遇到的重大困难，如果这些困难可能导致发表非无保留意见，可能需要尽快沟通

D. 对于注册会计师的独立性，应当在初步业务活动阶段沟通

5. 在与治理层就计划的审计范围和时间安排进行沟通时，沟通的事项不包括（　　）。

A. 在审计中对重要性概念的运用

B. 可能构成关键审计事项的事项所作的初步判断

C. 注册会计师拟对存货监盘具体采取的不可预见的审计程序

D. 注册会计师拟如何应对舞弊或错误导致的特别风险

6. 在向治理层和管理层通报值得关注的内部控制缺陷的信息时，注册会计师应当特别说明相关事项，下列说法中正确的是（　　）。

A. 注册会计师执行财务报表审计工作的

目的是对财务报表发表审计意见和对内部控制发表审计意见

B. 报表审计工作包括对财务报告内部控制的有效性发表意见

C. 报告的事项不仅限于注册会计师在审计过程中识别出的、认为足够重要从而值得向治理层报告的缺陷

D. 审计工作包括考虑与财务报表编制相关的内部控制，其目的是设计适合具体情况的审计程序，如控制测试等

7. 如下关于前任注册会计师的说法中，不恰当的是（　　）。

A. 已对被审计单位上期财务报表进行审计，但被现任注册会计师接替的其他会计师事务所的注册会计师

B. 正在对本期财务报表进行审计但可能与委托人解除业务约定

C. 接受委托但未完成审计工作，已经或可能与委托人解除业务约定的注册会计师

D. 正在与客户接触但尚未签订本期财务报表的审计业务约定注册会计师

8. 下列关于注册会计师接受委托前的沟通的说法中，错误的是（　　）。

A. 在接受委托前，与前任注册会计师沟通不是必要的审计程序，具体视情形判断

B. 在接受委托前，后任注册会计师与前任注册会计师进行沟通的目的，是了解被审计单位更换会计师事务所的原因以及是否存在不应接受委托的情况，以确定是否接受委托

C. 沟通之前要征得被审计单位的同意

D. 如果被审计单位不同意前任注册会计师作出答复，后任注册会计师应当向被审计单位询问原因，并考虑是否接受委托

9. 后任注册会计师在接受委托后与前任注册会计师进行沟通的说法中，不正确的是（　　）。

A. 接受委托后的沟通只能采取查阅审计工作底稿的形式

B. 接受委托后的沟通与接受委托前有所不同，它不是必要程序，而是由后任注册会计师根据审计工作需要自行决定的

C. 接受委托后，如果需要查阅前任注册会计师的工作底稿，后任注册会计师应当征得被审计单位同意，并与前任注册会计师进行沟通

D. 查阅前任注册会计师工作底稿获取的信息可能影响后任注册会计师实施审计程序的性质、时间安排和范围，但后任注册会计师应当对自身实施的审计程序和得出的审计结论负责

10. 如果注册会计师与治理层之间的双向沟通不充分，并且这种情况得不到解决，下列措施中不恰当的是（　　）。

A. 根据范围受到的限制发表非无保留意见

B. 与如监管机构、被审计单位外部的在治理结构中拥有更高权力的组织或人员或对公共部门负责的政府部门进行沟通

C. 就采取不同措施的后果征询法律意见

D. 直接解除业务约定

（二）多选题

1. 被审计单位设有审计委员会的情形下，良好的治理原则建议包括（　　）。

A. 邀请注册会计师定期参加审计委员会会议

B. 吸纳注册会计师成为审计委员会的临时成员

C. 审计委员会主席和其他相关成员定期与注册会计师联系

D. 审计委员会每年至少一次在管理层不在场的情况下会见注册会计师

2. 下列有关前后任注册会计师沟通的说法中，恰当的有（　　）。

A. 接受委托前的沟通是必要的审计程序，接受委托后的沟通不是必要的审计程序

B. 在接受委托前，后任注册会计师与前任注册会计师进行沟通的目的，是了解被审计单位更换会计师事务所的原因以及是否存在不应接受委托的情况，以确定是否接受委托

C. 如果前任注册会计师受到被审计单位

的限制或存在法律诉讼的顾虑，决定不向后任注册会计师作出充分答复，承接业务的风险很大，后任注册会计师应当拒绝接受委托

D. 当会计师事务所通过投标方式承接审计业务时，前任注册会计师无须对所有参与投标的会计师事务所的询问进行答复

3. 下列关于与治理层沟通的说法中，恰当的有（　　）。

A. 在某些情形下，注册会计师的保密义务与沟通义务之间的潜在冲突可能十分复杂，此时注册会计师可以考虑获取法律咨询意见

B. 注册会计师通常没有必要就全部沟通事项与治理层整体进行沟通

C. 书面沟通可能包括向治理层提供审计业务约定书

D. 注册会计师应当与治理层沟通计划的审计范围和时间安排的总体情况，不包括识别的特别风险

4. 注册会计师应该在审计工作底稿中记录与治理层沟通的重大事项，以下说法恰当的有（　　）。

A. 如果审计准则要求沟通的事项是以书面形式沟通的，注册会计师应当保存一份沟通文件的副本，作为审计工作底稿的一部分

B. 如果被审计单位编制的会议纪要是沟通的适当记录，注册会计师可以将其副本作为对口头沟通的记录，并作为审计工作底稿的一部分

C. 如果治理层全部参与管理，注册会计师还应当记录对沟通的充分性进行考虑的过程，即考虑与负有管理责任人员的沟通能否向所有负有治理责任的人员充分传递应予沟通内容的过程

D. 如果不容易识别出适当的沟通人员，注册会计师还应当记录识别治理结构中的适当沟通人员的过程

5. 注册会计师在决定与治理层某下设组织或个人沟通时，需要考虑下列事项有（　　）。

A. 治理层的下设组织与治理层各自的责任

B. 拟沟通事项的性质

C. 相关法律法规的要求

D. 下设组织是否有权就沟通的信息采取行动，以及是否能够提供注册会计师可能需要的进一步信息和解释

6. 下列事项中，注册会计师通常与治理层沟通的内容有（　　）。

A. 计划的审计范围和时间安排

B. 注册会计师与财务报表审计相关的责任

C. 审计中发现的重大问题

D. 注册会计师采用的整体重要性

7. 在向第三方提供为治理层编制的书面沟通文件时，在书面沟通文件中声明以下内容包括（　　）。

A. 书面沟通文件仅为治理层的使用而编制，在适当的情况下也可供集团管理层和集团注册会计师使用，但不应被第三方依赖

B. 注册会计师对第三方不承担责任

C. 书面沟通文件向第三方披露或分发的任何限制

D. 获取有关保密的书面声明

8. 下列关于注册会计师与被审计单位沟通形式的说法中，恰当的有（　　）。

A. 有效的沟通可能包括结构化的陈述、书面报告以及不太正式的沟通

B. 书面沟通需包括审计过程中的所有需要沟通的事项

C. 对于审计中发现的重大问题，如果根据职业判断认为采用口头形式沟通不适当，注册会计师应当以书面形式与治理层沟通

D. 注册会计师可能认为有必要就确定为关键审计事项的事项进行沟通

9. 下列关于前后任注册会计师沟通的说法中，错误的有（　　）。

A. 沟通的形式应当采取书面形式，也可采用口头形式

B. 后任注册会计师负有主动沟通的义务并享有决定权，不需要征得被审计单位的同意

C. 前任注册会计师应主动将其知悉的事

项告知后任注册会计师

D. 后任注册会计师需要将沟通的情况记录于审计工作底稿

10. 接受委托前，向前任注册会计师进行询问是一项必要的沟通程序。必要沟通过程中通常值得关注和询问的事项包括（　　）。

A. 是否发现被审计单位管理层存在诚信方面的问题

B. 是否发现被审计单位内部控制存在缺陷

C. 前任注册会计师与管理层在重大会计、审计等问题上存在的意见分歧

D. 前任注册会计师向被审计单位治理层通报的管理层舞弊、违反法律法规行为

（三）简答题

W 注册会计师担任甲公司 2019 年度财务报表审计业务项目合伙人。甲公司 2018 年度财务报表由 XYZ 会计师事务所审计，出具的是否定意见审计报告。W 注册会计师承接审计业务后，部分事项的工作底稿摘录如下：

（1）W 注册会计师与前任注册会计师沟通，询问前任注册会计师是否发现被审计单位管理层存在诚信方面的问题；

（2）W 注册会计师首先采用电话询问的方式与前任注册会计师取得联系，与其进行沟通，W 注册会计师认为采用电话询问的方式与前任注册会计师取得联系较为灵活，事先未征得被审计单位意见，事后告知了被审计单位；

（3）因电话沟通认为效果不理想，于是打算采用查阅前任工作底稿。为此，W 注册会计师在征得被审计单位同意前提下，与前任注册会计师进行沟通；

（4）在允许查阅工作底稿之前，W 注册会计师向前任注册会计师提交有关确认函，就工作底稿的使用目的、范围和责任等与其达成一致意见；

（5）W 注册会计师在审计报告中表明，其审计意见全部或部分地依赖前任注册会计师的工作。

【要求】针对上述第（1）~（5）项，不考虑其他因素，逐项判断各事项是否恰当，如不恰当，请简要说明理由。

通关练习答案及解析

（一）单选题

1.【答案】A

【解析】选项 A 不恰当，注册会计师应当与治理层沟通审计过程中注意到的有关违反法律法规的事项，但不必沟通明显不重要的事项。

2.【答案】A

【解析】选项 B 错误，接受委托前的沟通可以是书面形式也可以是口头形式；选项 C 错误，查阅前任注册会计师的审计工作底稿是必须要经过被审计单位同意的；选项 D 错误，在接受委托后，前任与后任注册会计师的沟通不是必须的，视具体情况而定。

3.【答案】B

【解析】选项 B 错误，注册会计师承担对财务报表审计的责任并不能减轻管理层和治理层的责任。

4.【答案】D

【解析】选项 D 不恰当，注册会计师的独立性，根据业务的具体情形，无论何时沟通都可能是适当的。

5.【答案】C

【解析】沟通的事项可能包括：（1）注册会计师拟如何应对由于舞弊或错误导致的特别风险（选项 D）；（2）注册会计师对与审计相关的内部控制采取的方案；（3）在审计中对重要性概念的运用（选项 A）；（4）实施计划的审计程序或评价审计证据结果需要的专门技术或知识的性质和程度，包括利用专家的工作；（5）当《中国注册会计师审计准则第 1504 号——在审计报告中沟通关键审计事项》适用时，注册会计师对哪些事项可能需要重点关注因而可能构成关键审计事项所作的初步判

断（选项 B）。而选项 C 错误，注册会计师可以沟通拟对存货监盘采取不可预见的审计程序，但是不能太具体。

6. 【答案】D

【解析】在向治理层和管理层通报值得关注的内部控制缺陷时，注册会计师应当特别说明下列事项：（1）注册会计师执行审计工作的目的是对财务报表发表审计意见，故选项 A 错误；（2）审计工作包括考虑与财务报表编制相关的内部控制，其目的是设计适合具体情况的审计程序，并非对内部控制的有效性发表意见，自然不存在对非财务报告内部控制发表意见的说法（选项 B 错误、选项 D 正确）；（3）报告的事项仅限于注册会计师在审计过程中识别出的、认为足够重要从而值得向治理层报告的缺陷，故选项 C 错误。

7. 【答案】D

【解析】选项 D 不恰当，正在考虑接受委托的是后任注册会计师。

8. 【答案】A

【解析】选项 A 错误，接受委托前与前任注册会计师的沟通是必要的审计程序。

9. 【答案】A

【解析】选项 A 不正确，接受委托后的沟通可以采用电话询问、举行会谈、致送审计问卷等方式，其中最有效、最常用的方式是查阅前任注册会计师的工作底稿。

10. 【答案】D

【解析】选项 D 不恰当，需要在法律法规允许的情况下解除业务约定。

（二）多选题

1. 【答案】ACD

【解析】选项 B，吸纳注册会计师成为审计委员会的临时成员是不可行的，此种做法属于代行管理层职责。

2. 【答案】ABD

【解析】选项 C 不恰当，应当考虑是否接受委托，而不是一定拒绝接受委托。

3. 【答案】ABC

【解析】选项 D 不恰当，注册会计师应当与治理层沟通计划的审计范围和时间安排的总体情况，包括特别风险的审计范围和时间安排。

4. 【答案】ABCD

5. 【答案】ABCD

6. 【答案】ABC

【解析】选项 D，注册会计师采用的整体重要性不能沟通，否则，使得审计程序治理层具有了预见性。

7. 【答案】ABC

【解析】选项 D 不恰当，准则中没有该条款。

8. 【答案】ACD

【解析】选项 B 不恰当，书面沟通不必包括审计中的所有需要沟通的事项，有的可以采用口头形式。

9. 【答案】BC

【解析】选项 A 正确，沟通可以采取书面形式，也可以采取口头形式；选项 B 错误，后任注册会计师负有主动沟通的义务，但需要征得被审计单位的同意；选项 C 错误，后任注册会计师负有主动沟通的义务；选项 D 正确，后任注册会计师需要将沟通的情况记录于审计工作底稿。

10. 【答案】ACD

【解析】选项 B 不恰当，值得关注和询问的事项应该是值得关注的内部控制重大缺陷。

（三）简答题

【答案】

（1）不恰当。

理由：向前任注册会计师询问诚信方面的问题，属于接受委托前的沟通。

（2）不恰当。

理由：采用电话询问的方式同样须事先征得被审计单位同意。

（3）恰当。

（4）恰当。

（5）不恰当。

理由：后任注册会计师应当对自身实施的审计程序和得出的审计结论负责，不应在审计报告中表明，其审计意见全部或部分地依赖前任注册会计师的审计报告或工作。

第十五章　注册会计师利用他人的工作

2021 年教材内容主要变化

本章主要变化为：删除“决策是否利用管理层专家的工作的决策可能受到影响的因素”。

本章近五年考情统计分析

本章考题主要以客观题为主，但在主观题也可涉及，本章属于一般重要的考试章节之一，最近五年平均考试分值一般在 3 分左右。

（一）近五年考试分值分布

题型	2016 年	2017 年	2018 年	2019 年	2020 年
单选题	1	—	3	—	2
多选题	—	—	—	2	—
简答题	—	—	—	—	1
综合题	1. 2	1	—	—	0. 5
合计	2. 2	1	3	2	3. 5

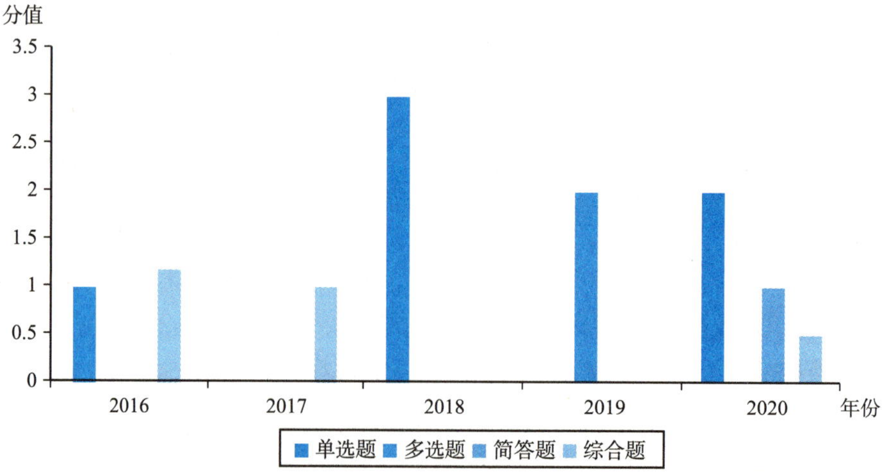

（二）近五年考试考点分布

高频考点内容	年度及题型分布
利用内部审计工作的内容	2020 年综合、2018 年单选
利用专家的工作	2020 年单选、2020 年简答、2019 年多选、2018 年单选、2017 年综合、2016 年单选、2016 年综合
内部审计和注册会计师的关系	2018 年单选

重难点解析

本章内容属于财务报表审计对特殊事项考虑的重要章节之一，主要阐述内部审计目标、内部审计与注册会计师审计的关系、确定是否利用、在哪些领域利用以及多大程度上利用内部审计的工作、利用内部审计工作、确定是否能够利用、在哪些领域利用以及在多大程度上利用内部审计人员提供直接协助、利用内部审计人员提供直接协助、专家的含义、利用专家的工作的决策框架等。

【小贴士】注册会计师合理利用内部审计可以有效提高审计效率和充分利用专家的工作可以降低审计风险，本章学习时需要把握利用内部审计和专家的决策框架下，不同节点的审计准则规范要求。

重难点1：内部审计目标★★

被审计单位的规模、组织结构以及管理层和治理层（如适用）的要求不同，内部审计的目标和范围、职责及其在被审计单位中的地位（包括权威性和问责机制）可能有较大差别。内部审计可能包括下列一项或多项活动：

1. 与公司治理有关的活动

内部审计可能评估被审计单位的治理流程是否能够实现下列方面的目标：道德和价值观，绩效管理和问责机制，向组织内的适当范围传达风险和控制信息，以及治理层、注册会计师、内部审计人员和管理层之间的有效沟通。

2. 与风险管理有关的活动

（1）内部审计可能有助于被审计单位识别和评价面临的重大风险，改善风险管理和内部控制（包括财务报告过程的有效性）。

（2）内部审计可能有助于被审计单位发现舞弊情形。

3. 与内部控制有关的活动

（1）评价内部控制。

（2）检查财务和经营信息。

（3）复核经营活动。

（4）复核遵守法律法规的情况。

【经典例题】

【例题·多选题】下列各项活动，有助于内部审计为实现其目标的有（　　）。

A. 与公司治理有关的活动（如道德和价值观的沟通等）

B. 与风险管理有关的活动（如实施程序发现舞弊等）

C. 与内部控制有关的活动（如评价内部控制等）

D. 与编制报表有关的活动（如履行编制财务报表职责等）

【答案】ABC

【解析】选项D不恰当，内部审计不能参与编制报表有关的活动，如履行编制财务报表职责等。

重难点2：内部审计与注册会计师审计的关系★★

（一）内部审计与注册会计师审计联系

1. 技术方法一致

尽管内部审计与注册会计师审计之间存在

诸多差异，但两者用以实现各自目标的某些方式却通常是相似的。例如，为支持所得出的结论，审计人员都需要获取充分、适当的审计证据，都可以运用观察、询问、函证和分析程序等审计方法。

2. 审计对象密切相关

内部审计对象与注册会计师审计对象也密切相关，甚至存在部分重叠。

【小贴士】如果内部审计的工作结果表明被审计单位的财务报表在某些领域存在重大错报风险，注册会计师就应当对这些领域给予特别关注。注册会计师在审计中利用内部审计人员的工作包括：

（1）在获取审计证据的过程中利用内部审计部门、岗位或人员的工作。

（2）在注册会计师的指导、监督和复核下利用内部审计人员提供直接协助。

（二）利用内部审计工作不能减轻注册会计师的责任

（1）内部审计的自主程度和客观性是有限的，无法达到注册会计师审计所要求的水平。

（2）审计过程中涉及的职业判断，如重大错报风险的评估、重要性水平的确定、样本规模的确定、对会计政策和会计估计的评估等，均应当由注册会计师负责执行。

【小贴士】注册会计师对发表的审计意见独立承担责任，这种责任并不因利用内部审计人员的工作而减轻。

【经典例题】

【真题·单选题】（2018）在确定内部审计人员的工作是否可能足以实现审计目的时，下列有关注册会计师执行的评价的说法中，错误的是（　　）。

A. 注册会计师应当评价内部审计人员是否能够符合注册会计师职业道德守则有关客观性的要求

B. 注册会计师应当评价内部审计人员的专业胜任能力

C. 注册会计师应当评价内部审计人员在执行工作时是否可能保持应有的职业关注

D. 注册会计师应当评价内部审计人员和注册会计师之间是否可能进行有效的沟通

【答案】A

【解析】选项A错误，内部审计的自主程度和客观性毕竟是有限的，无法达到注册会计师审计所要求的水平，不能按照注册会计师职业道德的要求进行评价，此外，两者的主体性质不同，职业道德要求自然会存在差别。

重难点3：确定是否利用、在哪些领域利用以及多大程度上利用内部审计的工作★★

（一）确定是否能够利用内部审计工作

注册会计师应当通过评价下列事项，确定是否能够利用内部审计的工作以实现审计目的：

（1）内部审计在被审计单位中的地位，以及相关政策和程序支持内部审计人员客观性的程度。

（2）内部审计人员的胜任能力。

（3）内部审计是否采用系统、规范化的方法（包括质量控制）。

【小贴士】如果存在下列情形之一，注册会计师不得利用内部审计的工作：

（1）内部审计在被审计单位的地位以及相关政策和程序不足以支持内部审计人员的客观性。

（2）内部审计人员缺乏足够的胜任能力。

（3）内部审计没有采用系统、规范化的方法（包括质量控制）。

（二）确定在哪些领域利用以及在多大程度上利用内部审计的工作

当存在下列情况之一时，注册会计师应当计划较少地利用内部审计工作，而更多地直接执行审计工作：

（1）当计划和实施相关的审计程序或评价收集的审计证据涉及较多判断时。

（2）当评估的认定层次重大错报风险较

高，需要对识别出的特别风险予以特殊考虑时。

（3）当内部审计在被审计单位中的地位以及相关政策和程序对内部审计人员客观性的支持程度较弱时。

（4）当内部审计人员的胜任能力较低时。

重难点4：利用内部审计工作★★

（一）一般性要求

1. 与内部审计人员讨论

注册会计师应当与内部审计人员讨论利用其工作的计划，以作为协调各自工作的基础。

2. 阅读内部审计报告

注册会计师应当阅读与拟利用的内部审计工作相关的内部审计报告，以了解其实施的审计程序的性质和范围以及相关发现。

（二）实施充分的审计程序，确定实现审计目的的适当性

（1）内部审计工作是否经过恰当的计划、实施、监督、复核和记录。

（2）内部审计是否获取了充分、适当的证据，以使其能够得出合理的结论。

（3）内部审计得出的结论在具体环境下是否适当，编制的报告与执行工作的结果是否一致。

【小贴士】注册会计师实施审计程序的性质和范围应当与其对以下事项的评价相适应，并应当包括重新执行内部审计的部分工作：

（1）涉及判断的数量或金额。

（2）评估的重大错报风险。

（3）内部审计在被审计单位中的地位以及相关政策和程序支持内部审计人员客观性的程度。

（4）内部审计人员的胜任能力。

重难点5：确定是否能够利用、在哪些领域利用以及在多大程度上利用内部审计人员提供直接协助★★

（一）一般性要求

如果法律法规不禁止利用内部审计人员提供直接协助，并且注册会计师计划利用内部审计人员在审计中提供直接协助，注册会计师应当评价是否存在对内部审计人员客观性的不利影响及其严重程度，以及提供直接协助的内部审计人员的胜任能力。

注册会计师在评价是否存在对内部审计人员客观性的不利影响及其严重程度时，应当包括询问内部审计人员可能对其客观性产生不利影响的利益和关系。

（二）不得利用内部审计人员提供直接协助的情形

当存在下列情形之一时，注册会计师不得利用内部审计人员提供直接协助：

（1）存在对内部审计人员客观性的重大不利影响。

（2）内部审计人员对拟执行的工作缺乏足够的胜任能力。

【小贴士】注册会计师不得利用内部审计人员提供直接协助以实施具有下列特征的程序：

（1）在审计中涉及作出重大判断。

（2）涉及较高的重大错报风险，在实施相关审计程序或评价收集的审计证据时需要作出较多的判断。

（3）涉及内部审计人员已经参与并且已经或将要由内部审计向管理层或治理层报告的工作。

（4）涉及注册会计师按照规定就内部审计职能，以及利用内部审计工作或利用内部审计人员提供直接协助作出的决策。

【经典例题】

【例题·单选题】下列各项审计工作中，注册会计师可以考虑利用内部审计人员提供直接协助的是（　　）。

A. 协助注册会计师获取内控手册

B. 确定重要性水平

C. 确定控制测试的样本规模

D. 评估会计政策和会计估计

【答案】A

【解析】注册会计师不得利用内部审计人员提供直接协助以实施具有下列特征的程序：（1）在审计中涉及作出重大判断；（2）涉及较高的重大错报风险，在实施相关审计程序或评价收集的审计证据时需要作出较多的判断；（3）涉及内部审计人员已经参与并且已经或将要由内部审计向管理层或治理层报告的工作；（4）涉及注册会计师按照规定就内部审计职能，以及利用内部审计工作或利用内部审计人员提供直接协助作出的决策。故选项 B、选项 C、D 不得利用内部审计人员提供直接协助。

（三）对内部审计人员进行指导、监督和复核

在确定可能分配给内部审计人员的工作的性质和范围，以及根据具体情况对内部审计人员进行指导、监督和复核的性质、时间安排和范围时，注册会计师应当考虑下列方面：

（1）在计划和实施相关审计程序以及评价收集的审计证据时，涉及判断的数量或金额。

（2）评估的重大错报风险。

（3）针对拟提供直接协助的内部审计人员，是否存在对其客观性的不利影响及其严重程度的评价结果，以及关于其胜任能力的评价结果。

【经典例题】

【真题·多选题】（2018）下列情况中，注册会计师不得利用内部审计工作的有（　　）。

A. 内部审计没有采用系统、规范化的方法

B. 评估的认定层次的重大错报风险较高

C. 内部审计的地位不足以支持内部审计人员的客观性

D. 计划和实施相关的审计程序涉及较多判断

【答案】AC

【解析】选项 B、D，可以较少的利用内部审计工作，并非不得利用。

重难点 6：利用内部审计人员提供直接协助★★

（一）获取书面协议

（1）从拥有相关权限的被审计单位代表人员处获取书面协议，允许内部审计人员遵循注册会计师的指令，并且被审计单位不干涉内部审计人员为注册会计师执行的工作。

（2）从内部审计人员处获取书面协议，表明其将按照注册会计师的指令对特定事项保密，并将对其客观性受到的任何不利影响告知注册会计师。

（二）指导、监督和复核

（1）注册会计师在确定指导、监督和复核的性质、时间安排和范围时应当认识到内部审计人员并不独立于被审计单位，并且指导、监督和复核的性质、时间安排和范围应当恰当应对涉及判断的数量或金额、评估的重大错报风险、拟提供直接协助的内部审计人员客观性和胜任能力的评价结果。

（2）复核程序应当包括由注册会计师检查内部审计人员执行的部分工作所获取的审计证据。

重难点 7：专家的含义★★★

（一）专家的定义

专家，即注册会计师的专家，是指在会计或审计以外的某一领域具有专长的个人或组织，并且其工作被注册会计师利用，以协助注册会计师获取充分、适当的审计证据。

【小贴士】“专家”定于具有相对性。

（二）专家的来源

专家既可能是会计师事务所内部专家（如会计师事务所或其网络事务所的合伙人或员工，包括临时员工），也可能是会计师事务所外部专家。

【小贴士】会计师事务所外部专家，不受会计师事务所质量控制政策和程序的约束，例如，外部专家形成的业务底稿，所有权不归事

务所所有。

（三）专家的专业身份及领域

专家通常可以是工程师、律师、资产评估师、精算师、环境专家、地质专家、IT专家以及税务专家，也可以是这些个人所从属的组织，如律师事务所、资产评估公司以及各种咨询公司等。

【经典例题】

【真题·多选题】（2019）下列选项中，可以作为注册会计师专家的有（　　）。

A. 网络所的合伙人或员工

B. 会计审计领域有专长的个人或者组织

C. 被审计单位的管理层的专家

D. 会计师事务所的临时员工

【答案】 ACD

【解析】 专家，即注册会计师的专家，是指在会计或审计以外的某一领域具有专长的个人或组织，并且其工作被注册会计师利用，以协助注册会计师获取充分、适当的审计证据。专家既可能是会计师事务所内部专家（如会计师事务所或其网络事务所的合伙人或员工，包括临时员工），也可能是会计师事务所外部专家。而选项B是针对管理层来说的，故不恰当。

【真题·单选题】（2018）下列有关注册会计师的外部专家的说法中，错误的是（　　）。

A. 外部专家无需遵守注册会计师职业道德守则的要求

B. 外部专家不是审计项目组成员

C. 外部专家不受会计师事务所质量控制政策和程序的约束

D. 外部专家的工作底稿通常不构成审计工作底稿

【答案】 A

【解析】 选项A错误，外部专家需要遵守注册会计师职业道德守则中的保密要求。

【例题·多选题】 下列参与审计业务的人员中，属于注册会计师的专家的有（　　）。

A. 对保险合同进行精算的会计师事务所精算部门人员

B. 受聘于会计师事务所对投资性房地产进行评估的资产评估师

C. 就复杂会计问题提供建议的会计师事务所技术部门人员

D. 对与企业重组相关的复杂税务问题进行分析的会计师事务所税务部门人员

【答案】 ABD

【解析】 选项C错误，就复杂会计问题提供建议的会计师事务所技术部门人员，不能称为注册会计师的专家。

（四）利用专家工作的目标

（1）确定是否利用专家的工作。

（2）如果利用专家的工作，专家的工作是否足以实现审计目的。

【小贴士】 注册会计师对发表的审计意见独立承担责任，这种责任并不因利用专家的工作而减轻。

重难点8：利用专家的工作的决策框架★★★

（一）确定是否利用专家工作

1. 可能需要利用专家工作的情形

（1）了解被审计单位及其环境。

（2）识别和评估重大错报风险。

（3）针对评估的财务报表层次风险，确定并实施总体应对措施。

（4）针对评估的认定层次风险，设计和实施进一步审计程序，包括控制测试和实质性程序。

（5）在对财务报表形成审计意见时，评价已获取的审计证据的充分性和适当性。

2. 确定是否利用专家工作时可能考虑的因素

如果编制财务报表需要利用会计以外某一领域的专长，尽管注册会计师拥有会计和审计技能，但可能不具备审计这些财务报表的必要专长。

项目合伙人需要确信项目组和不属于项目

组的专家整体上具备适当的胜任能力和专业素质以执行审计任务。并且，注册会计师需要确定完成审计项目所需资源的性质、时间安排和范围。注册会计师需要确定是否利用专家的工作，如果需要利用，确定何时利用以及在多大程度上利用，以满足上述要求。

在确定是否利用专家的工作，以协助获取充分、适当的审计证据时，注册会计师可能考虑的因素包括：

（1）管理层在编制财务报表时是否利用了管理层的专家的工作。

【小贴士】管理层的专家，是指在会计、审计以外的某一领域具有专长的个人或组织，其工作被管理层利用以协助编制财务报表。

【小贴士】如果管理层在编制财务报表时利用了管理层的专家的工作，可能意味着编制财务报表具有复杂性，重大错报风险可能增加。

（2）事项的性质和重要性，包括复杂程度。

（3）事项存在的重大错报风险。

（4）应对识别出的风险的预期程序的性质，包括注册会计师对与这些事项相关的专家工作的了解和具有的经验，以及是否可以获得替代性的审计证据。

（二）评价专家的胜任能力、专业素质和客观性

专家的胜任能力、专业素质和客观性，对评价专家的工作是否适合审计目的具有重大影响。注册会计师应当评价专家是否具有实现审计目的所必需的胜任能力、专业素质和客观性。

在评价外部专家的客观性时，注册会计师应当询问可能对外部专家客观性产生不利影响的利益和关系。

【经典例题】

【例题·简答题（部分）】A注册会计师负责审计甲公司2019年度财务报表审计工作底稿中与会计估计审计相关的部分事项摘录如下：

（3）2019年甲公司聘请XYZ咨询公司提供精算服务，并根据精算结果进行了会计处理，A注册会计师评价了XYZ咨询公司的胜任能力和专业素质，了解和评价了其工作，认为可以将其工作结果作为审计证据。

【要求】指出A注册会计师做法是否恰当。如不恰当，简要说明理由。

【答案】不恰当。还应当对XYZ公司的客观性进行评价。

【解析】对于专家的评价，应该包含胜任能力、专业素质和客观性三个方面。

（三）了解专家的专长领域

1. 总体要求

注册会计师应当充分了解专家的专长领域，为了实现审计目的，确定专家工作的性质、范围和目标；评价专家的工作是否足以实现审计目的。

【小贴士】注册会计师可以凭借审计工作经验或通过与专家及其他有关人士进行讨论的方式，了解专家的专长领域。

2. 对专家的专长领域的了解事项

（1）专家的专长领域是否与审计工作相关。

（2）职业准则或其他准则以及法律法规是否适用。

（3）专家使用哪些假设和方法（包括专家使用的模型，如适用），及其在专家的专长领域是否得到普遍认可，对实现财务报告目的是否适当。

（4）专家使用的内外部数据或信息的性质。

（四）与专家达成一致意见

1. 总体要求

专家工作的性质、范围和目标可能会随着情况的变化而发生较大变化，相应地，注册会计师和专家各自的角色与责任、注册会计师和专家沟通的性质、时间安排和范围等也可能因情况的变化而发生较大变化。因此，无论是对外部专家还是内部专家，注册会计师都有必要就这些事项与其达成一致意见，并根据需要形成书面协议。

2. 专家工作的性质、范围和目标

当就专家工作的性质、范围和目标达成一致意见时，注册会计师通常需要与专家讨论需要遵守的相关技术标准、其他职业准则或行业要求。

3. 注册会计师和专家各自的角色和责任

（1）由注册会计师还是专家对原始数据实施细节测试。

（2）同意注册会计师与被审计单位或其他人员讨论专家的工作结果或结论，必要时，包括同意注册会计师将专家的工作结果或结论的细节作为注册会计师在审计报告中发表非无保留意见的基础。

（3）将注册会计师对专家工作形成的结论告知专家。

【小贴士】除非协议另作安排，外部专家的工作底稿属于外部专家，不是审计工作底稿的一部分。

【经典例题】

【真题·多选题】（2019）下列各项中，注册会计师在利用外部专家工作时应当与专家达成一致意见的有（　　）。

A. 注册会计师和专家各自的责任

B. 注册会计师和专家之间沟通的时间安排

C. 注册会计师对专家遵守事务所质量管理政策和程序的要求

D. 专家工作的性质、范围和目标

【答案】ABD

【解析】选项C不恰当，外部专家不是项目组成员，不受会计师事务所质量管理政策和程序的约束。

【真题·综合题（部分）】（2015）A注册会计师负责审计甲公司2014年度财务报表。

资料五：审计工作底稿中记录了重大事项的处理情况，部分内容摘录如下。

（2）A注册会计师在存货监盘过程中利用了专家的工作，专家工作的结果与甲公司管理层的盘点结果差异较大，A注册会计师实施了追加的审计程序并与管理层沟通后仍无法解决，因该项差异对财务报表的影响重大但不广泛，A注册会计师拟出具保留意见审计报告，并提及专家的工作，同时指明这种提及不减轻注册会计师对审计意见承担的责任。

【要求】指出A注册会计师的做法是否恰当，如不恰当，简要说明理由。

【答案】恰当。

【解析】注册会计师在存货监盘过程中利用了专家的工作，专家工作的结果与甲公司管理层的盘点结果差异较大，注册会计师实施了追加的审计程序（符合职业谨慎）并与管理层沟通后仍无法解决，因该项差异对财务报表的影响重大但不广泛，注册会计师拟出具保留意见审计报告（形成意见恰当），并提及专家的工作，同时指明这种提及不减轻注册会计师对审计意见承担的责任（符合报告准则）。

4. 注册会计师和专家沟通的性质、时间安排和范围

有效的双向沟通有利于将专家工作的性质、时间安排和范围与审计的其他工作整合在一起，也有利于在审计过程中对专家工作的目标进行适当的调整。

例如，如果专家的工作与注册会计师针对某项特别风险形成的结论相关，专家不仅要在工作结束时提交一份正式的书面报告，而且要随着工作的推进随时作出口头报告。

明确与专家保持联络的合伙人或员工，以及专家和被审计单位的沟通程序，有助于及时、有效地沟通，特别是在较大的业务项目中。

5. 专家保密要求

适用于注册会计师相关职业道德要求中的保密条款同样也适用于专家。法律法规可能对保密作出额外规定，被审计单位也可能要求外部专家同意遵守特定的保密条款。

【经典例题】

【例题·多选题】下列有关注册会计师的

专家的说法中，错误的有（　　）。

A. 无论是内部专家还是外部专家，注册会计师都应当就专家工作的性质、范围和目标等事项与专家达成一致意见并形成书面协议

B. 无论是内部专家还是外部专家，都是项目组成员，受会计师事务所质量管理政策和程序的约束

C. 无论是内部专家还是外部专家，注册会计师都应当询问对专家客观性产生不利影响的利益和关系

D. 无论是内部专家还是外部专家，都不包括会计、审计领域的专家

【答案】ABC

【解析】无论是外部专家还是内部专家，注册会计师都有必要就这些事项与其达成一致意见，并非必须签署书面协议，故选项A错误；外部专家不属于项目组成员，也不受会计师事务所质量管理政策和程序的约束，故选项B错误；在评价外部专家的客观性时，注册会计师应当询问对外部专家客观性产生不利影响的利益和关系，故选项C错误。

（五）评价专家工作的恰当性

1. 总体要求

注册会计师应当评价专家的工作是否足以实现审计目的，包括：

（1）专家的工作结果或结论的相关性和合理性，以及与其他审计证据的一致性。

（2）如果专家的工作涉及使用重要的假设和方法，这些假设和方法在具体情况下的相关性和合理性。

（3）如果专家的工作涉及使用重要的原始数据，这些原始数据的相关性、完整性和准确性。

【经典例题】

【真题·综合题（部分）】（2017）甲公司是ABC会计师事务所的常年审计客户，主要从事电气设备的生产和销售。A注册会计师负责审计甲公司2016年度财务报表，确定财务报表整体的重要性为300万元，实际执行的重要性为210万元。

资料三：

A注册会计师在审计工作底稿中记录了审计计划，部分摘录如下：

（4）A注册会计师拟利用评估专家对甲公司的商誉减值测试进行评估。由专家负责评价其使用的重要原始数据的相关性、准确性和完整性。A注册会计师负责评价：①专家工作涉及使用的重要假设和方法的相关性和合理性；②专家工作结果的相关性和合理性，以及与其他审计证据的一致性。

【要求】针对资料三第（4）项，假定不考虑其他条件，指出审计计划的内容是否恰当。如不恰当，简要说明理由。

【答案】不恰当。应当由注册会计师评价专家的工作涉及使用的重要原始数据的相关性、准确性和完整性。

【解析】按准则的规定，注册会计师应当评价专家的工作涉及使用的重要原始数据的相关性、准确性和完整性。

2. 评价专家工作是否足以实现审计目的所实施的特定程序

评价专家工作是否足以实现审计目的所实施的特定程序可能包括：

（1）询问专家。

（2）复核专家的工作底稿和报告。

（3）实施用于证实的程序。

（4）必要时（如当专家的工作结果或结论与其他审计证据不一致时）与具有相关专长的其他专家讨论。

（5）与管理层讨论专家的报告。

3. 评价专家的工作结果或结论的相关性和合理性

（1）专家提交其工作结果或结论的方式是否符合专家所在的职业或行业标准。

（2）专家的工作结果或结论是否得到清楚表述，包括提及与注册会计师达成一致的目标，执行工作的范围和运用的标准。

（3）专家的工作结果或结论是否基于适当的期间，并考虑期后事项（如相关）。

（4）专家的工作结果或结论在使用方面是否有任何保留、限制或约束，如果有，是否对注册会计师的工作产生影响。

（5）专家的工作结果或结论是否适当考虑了专家遇到的错误或偏差情况。

4. 评价专家工作涉及使用重要的假设和方法的相关性和合理性

虽然注册会计师不具备与专家同等的专业技能，对专家选择的假设和方法提出异议存在一定的困难，但是，注册会计师应当了解专家选择的假设和方法，并根据专家工作的具体情况，评价专家工作涉及使用重要的假设和方法的相关性和合理性。此外，还要考虑专家选择的假设和方法与以前期间采用的假设和方法是否一致。

（1）如果专家的工作是评价管理层作出会计估计时使用的基础假设和方法（包括模型，如适用），注册会计师实施的程序可能主要是评价专家是否已经充分复核了这些假设和方法。

（2）如果专家的工作是形成注册会计师的点估计，或是形成注册会计师用来与管理层的点估计进行比较的范围，注册会计师实施的程序可能主要是评价专家使用的假设和方法（包括专家使用的模型，如适用）。

（3）当专家的工作涉及使用重要的假设和方法时，注册会计师评价这些假设和方法需要考虑：

①假设和方法在专家的专长领域是否得到普遍认可。

②假设和方法是否与适用的财务报告编制基础的要求相一致。

③假设和方法是否依赖某些专用模型的应用。

④假设和方法是否与管理层的假设、方法相一致，如果不一致，差异的原因及影响。

5. 评价专家工作涉及使用重要的原始数据的相关性、完整性和准确性

注册会计师应当实施相应的审计程序，评价专家工作涉及使用重要的原始数据的相关性、完整性和准确性。注册会计师可以实施下列程序测试这些数据：

（1）核实数据的来源，包括了解和测试（适用时）针对数据的内部控制以及向专家传送数据的方式（如相关）。

（2）复核数据的完整性和内在一致性。在许多情况下，注册会计师可能测试原始数据。然而，在另外一些情况下，如果专家使用的是其领域中高度专业化的原始数据，该专家可能测试这些原始数据。如果专家已测试，注册会计师可以通过询问专家、监督或复核专家的测试来评价数据的相关性、完整性和准确性。

6. 评价结果为不恰当时应当采取的措施

（1）就专家拟执行的进一步工作的性质和范围，与专家达成一致意见。

（2）根据具体情况，实施追加的审计程序。如果注册会计师认为专家的工作不足以实现审计目的，且通过实施追加的审计程序，或者通过雇用、聘请其他专家仍不能解决问题，有必要发表非无保留意见。

【小贴士】如果注册会计师认为专家的工作不足以实现审计目的，且注册会计师通过实施追加的审计程序（如专家和注册会计师执行进一步工作），或者通过雇用、聘请其他专家仍不能解决问题，则意味着没有获取充分、适当的审计证据，注册会计师有必要按照《中国注册会计师审计准则第 1502 号——在审计报告中发表非无保留意见》的规定发表非无保留意见。

通关练习

（一）单选题

1. 在确定利用内部审计人员的工作是否足以实现审计目的时，下列说法中不恰当的是（　　）。

A. 应当评价内部审计人员配合审计工作的积极性

B. 应当评价内部审计人员的专业胜任能力

C. 内部审计在被审计单位中的地位，以及相关政策和程序支持内部审计人员客观性的程度

D. 应当评价内部审计是否采用系统、规范化的方法

2. 下列有关注册会计师在利用专家工作的表述中，正确的是（　　）。

A. 专家的工作底稿属于审计工作底稿的一部分

B. 专家不是审计组成员，所以不需要遵守注册会计师职业道德要求中的保密条款

C. 注册会计师应当在无保留意见的审计报告中提及专家的工作

D. 如果确定专家的工作不足以实现审计目的，注册会计师应当就专家拟执行的进一步工作的性质和范围，与专家达成一致意见，或者根据具体情况，实施追加的审计程序

3. 关于注册会计师利用内部审计工作，下列说法中不恰当的是（　　）。

A. 注册会计师应当对发表的审计意见独立承担责任

B. 内部审计的独立性和客观性水平不足以对注册会计师发表的审计意见承担责任

C. 审计过程中涉及的职业判断均应当由注册会计师负责

D. 注册会计师可以利用内部审计工作对财务报表审计中的某些重大事项作出职业判断

4. 下列各项中，注册会计师可以利用内部审计人员提供直接协助的是（　　）。

A. 在审计中涉及作出重大判断

B. 涉及较高的重大错报风险，在实施相关审计程序或评价收集的审计证据时需要作出较多的判断

C. 实施风险较低业务的控制测试

D. 涉及内部审计人员已经参与并且已经或将要由内部审计向管理层或治理层报告的工作

5. 注册会计师应当在利用内部审计人员提供直接协助之前实施相关程序，下列说法中恰当的是（　　）。

A. 从拥有相关权限的被审计单位代表人员处获取书面协议，允许内部审计人员遵循注册会计师的指令，并且被审计单位不干涉内部审计人员为注册会计师执行的工作

B. 从董事会处获取书面协议，表明其对管理层负有监督职责

C. 从内部审计人员处获取口头承诺，表明其将按照注册会计师的指令对特定事项保密，并将对其客观性受到的任何不利影响告知注册会计师

D. 向管理层获取关于内部审计客观公正的书面声明

6. 下列关于外部专家的说法中，不恰当的是（　　）。

A. 注册会计师有必要就专家工作的性质、范围和目标等与外部专家达成一致意见

B. 外部专家要遵守保密规定

C. 当注册会计师发表无保留意见时，可以在审计报告中注明依据了外部专家工作的部分

D. 必要时，注册会计师可以将专家的工作结果作为其在审计报告中发表非无保留意见的基础

7. 下列各项业务中，不属于注册会计师利用专家工作的范围的是（　　）。

A. 土地及建筑物的评估

B. 对异常或复杂的纳税问题进行分析

C. 对递延所得税进行相关的会计处理

D. 对合同、法律和法规进行解释

8. 下列人员中，无需遵守会计师事务所质量控制政策和程序的是（　　）。

A. 网络事务所的合伙人

B. 聘请的外部法律顾问

C. 会计师事务所的项目经理

D. 会计师事务所的临时员工

9. 如果利用内部审计人员为审计提供直

接协助，不属于注册会计师应当在审计工作底稿中记录的是（　　）。

A. 关于是否存在对内部审计人员客观性的不利影响其严重程度的评价，以及关于提供直接协助的内部审计人员的胜任能力的评价

B. 就内部审计人员执行工作的性质和范围作出决策的基础

C. 所执行工作的复核人员及复核的日期和范围

D. 内部审计是否采用系统、规范化的方法（包括质量控制）

10. 有关注册会计师与专家就各自角色和责任达成的一致意见，下列说法不恰当的是（　　）。

A. 由注册会计师还是专家对原始数据实施细节测试

B. 同意注册会计师与被审计单位或其他人员讨论专家的工作结果或结论

C. 将注册会计师对专家工作形成的结论告知专家

D. 明确与专家保持联络的合伙人或员工

（二）多选题

1. 下列有关注册会计师的外部专家的说法中，恰当的有（　　）。

A. 外部专家不是审计项目组成员

B. 适用于注册会计师的相关职业道德要求中的保密条款不适用于外部专家

C. 外部专家的工作底稿通常不构成审计工作底稿

D. 外部专家需遵守会计师事务所的质量控制管理和程序

2. 下列有关注册会计师的专家的说法中，正确的有（　　）。

A. 专家均属于项目组成员，受会计师事务所的质量管理政策和程序的约束

B. 无论是内部专家还是外部专家，都不包括会计、审计领域的专家

C. 无论是内部专家还是外部专家，注册会计师都有必要就专家的性质、范围和目标与其达成一致意见，并根据需要形成书面协议

D. 无论是内部专家还是外部专家，注册会计师都应当询问对专家客观性产生不利影响的利益和关系

3. 下列有关利用内部审计工作的说法中，正确的有（　　）。

A. 如果被审计单位的内部审计没有采用系统、规范化的方法，注册会计师不得利用其工作

B. 内部审计人员缺乏足够的胜任能力，注册会计师应当计划较少地利用内部审计工作，而更多地直接执行审计工作

C. 注册会计师应当作出审计业务中的所有重大判断，并防止不当利用内部审计工作

D. 当内部审计在被审计单位中的地位以及相关政策和程序对内部审计人员客观性的支持程度较弱时，注册会计师应当计划较少地利用内部审计工作，而更多地直接执行审计工作

4. 注册会计师在评价专家的工作是否足以实现审计目的时，应当考虑的事项有（　　）。

A. 专家工作涉及使用重要的假设和方法在具体情况下的相关性和合理性

B. 专家工作结果或结论的合理性和相关性

C. 专家工作结果或结论与其他审计证据的一致性

D. 专家工作涉及使用的重要原始数据的相关性、完整性和准确性

5. 注册会计师应当作出审计业务中的所有重大判断，并防止不当利用内部审计工作。下列选项中，注册会计师应当计划较少地利用内部审计工作，而更多地直接执行审计工作的有（　　）。

A. 计划和实施相关的审计程序涉及较多判断

B. 当评估的认定层次重大错报风险较高，需要对识别出的特别风险予以特殊考虑时

C. 当内部审计在被审计单位中的地位以及相关政策和程序对内部审计人员客观性的支持程度较弱时

D. 当内部审计人员的胜任能力较低时

6. 在评价专家工作是否足以实现审计目的时，下列实施的特定程序中合理的有（　　）。

A. 复核专家的工作底稿和报告

B. 必要时与具有相关专长的其他专家讨论

C. 执行详细的分析程序

D. 与管理层讨论专家的报告

7. 如果确定专家的工作不足以实现审计目的，则注册会计师应该采取的措施有（　　）。

A. 就专家拟执行的进一步工作的性质和范围，与专家达成一致意见

B. 直接对财务报表出具无法表示意见

C. 根据具体情况，实施追加的审计程序

D. 与被审计单位的管理层进一步讨论

8. 在确定可能分配给内部审计人员的工作的性质和范围，以及根据具体情况对内部审计人员进行指导、监督和复核的性质、时间安排和范围时，注册会计师应当考虑的有（　　）。

A. 在计划和实施相关审计程序以及评价收集的审计证据时，涉及判断的数量或金额

B. 评估的重大错报风险

C. 针对拟提供直接协助的内部审计人员，注册会计师关于其胜任能力的评价结果

D. 被审计单位治理层和管理层是否诚信

9. 下列工作中，可能需要利用专家的有（　　）。

A. 针对评估的认定层次风险，设计和实施进一步审计程序

B. 识别和评估重大错报风险

C. 针对评估的财务报表层次风险，确定并实施总体应对措施

D. 在对财务报表形成审计意见时，评价已获取的审计证据的充分性和适当性

10. 如果管理层在编制财务报表时利用了管理层的专家的工作，注册会计师作出是否利用专家的工作的决策，可能需要考虑的因素有（　　）。

A. 管理层的专家的工作的性质、范围和目标

B. 管理层的专家是否受雇于被审计单位，或者为被审计单位所聘请

C. 管理层能够对其专家的工作实施控制或施加影响的程度

D. 注册会计师对管理层的专家的工作实施的各种控制

通关练习答案及解析

（一）单选题

1. 【答案】A

【解析】选项A不恰当，评价的内部审计人员配合审计的积极性的，不是按照审计准则的要求。

2. 【答案】D

【解析】当专家是项目组的成员时，专家的工作底稿是审计工作底稿的一部分，除非协议另作安排，外部专家的工作底稿属于外部专家，不是审计工作底稿的一部分，故选项A错误；专家应遵守注册会计师职业道德要求中的保密条款，故选项B错误；除非法律法规另有规定，注册会计师不应在无保留意见的审计报告中提及专家的工作，故选项C错误。

3. 【答案】D

【解析】选项D不恰当，注册会计师即使利用内部审计工作结果但仍应当对财务报表审计有关的所有重大事项独立作出职业判断。

4. 【答案】C

【解析】注册会计师不得利用内部审计人员提供直接协助以实施具有下列特征的程序：（1）在审计中涉及作出重大判断（选项A）；（2）涉及较高的重大错报风险，在实施相关审计程序或评价收集的审计证据时需要作出较多的判断（选项B）；（3）涉及内部审计人员已经参与并且已经或将要由内部审计向管理层

或治理层报告的工作（选项 D）。

5. 【答案】A

【解析】在利用内部审计人员为审计提供直接协助之前，注册会计师应当：（1）从拥有相关权限的被审计单位代表人员处获取书面协议，允许内部审计人员遵循注册会计师的指令，并且被审计单位不干涉内部审计人员为注册会计师执行的工作（选项 A）；（2）从内部审计人员处获取书面协议，表明其将按照注册会计师的指令对特定事项保密，并将对其客观性受到的任何不利影响告知注册会计师。选项 B、选项 C、选项 D 不恰当。

6. 【答案】C

【解析】选项 C 不恰当，注册会计师对发表的审计意见独立承担责任，这种责任并不因利用专家的工作而减轻。所以当注册会计师发表无保留意见时，不可以在审计报告中注明依据了外部专家工作的部分。

7. 【答案】C

【解析】选项 C 属于会计问题，不属于注册会计师利用专家工作的范围，专家，即注册会计师的专家，是指在会计或审计以外的某一领域具有专长的个人或组织。

8. 【答案】B

【解析】选项 D，会计师事务所聘请的外部专家，不受会计师事务所质量控制政策和程序的约束。

9. 【答案】D

【解析】如果利用内部审计人员为审计提供直接协助，注册会计师应当在审计工作底稿中记录：（1）关于是否存在对内部审计人员客观性的不利影响其严重程度的评价，以及关于提供直接协助的内部审计人员的胜任能力的评价（选项 A）；（2）就内部审计人员执行工作的性质和范围作出决策的基础（选项 B）；（3）根据《中国注册会计师审计准则第 1131 号——审计工作底稿》的规定，所执行工作的复核人员及复核的日期和范围（选项 C）。

10. 【答案】D

【解析】注册会计师与专家就各自角色和责任达成的一致意见可能包括下列内容：（1）由注册会计师还是专家对原始数据实施细节测试（选项 A）；（2）同意注册会计师与被审计单位或其他人员讨论专家的工作结果或结论，必要时，包括同意注册会计师将专家的工作结果或结论的细节作为注册会计师在审计报告中发表非无保留意见的基础（选项 B）；（3）将注册会计师对专家工作形成的结论告知专家（选项 C）。而选项 D 属于就注册会计师和专家之间沟通的性质、时间安排和范围达成的一致意见。

（二）多选题

1. 【答案】AC

【解析】选项 B 错误，外部专家需要遵守注册会计师的职业道德守则，比如保密原则等；选项 D 错误，外部专家不受会计师事务所质量管理政策和程序的约束。

2. 【答案】BC

【解析】选项 A 错误，外部专家不属于审计项目组成员，不受会计师事务所的质量管理政策和程序约束；选项 D 错误，在评价外部专家的客观性时，注册会计师应当询问可能对外部专家客观性产生不利影响的利益和关系。

3. 【答案】ACD

【解析】选项 B 错误，内部审计人员缺乏足够的胜任能力，注册会计师不得利用其工作而不是计划较少地利用内部审计工作，而更多地直接执行审计工作。

4. 【答案】ABCD

【解析】注册会计师应当评价专家的工作是否足以实现审计目的，包括：（1）专家的工作结果或结论的相关性和合理性，以及与其他审计证据的一致性（选项 B、C）；（2）如果专家的工作涉及使用重要的假设和方法，这些假设和方法在具体情况下的相关性和合理性（选项 A）；（3）如果专家的工作涉及使用重要的原始数据，这些原始数据的相关性、完整性和准确性（选项 D）。

5. 【答案】ABCD

【解析】当存在下列情况之一时，注册会

计师应当计划较少地利用内部审计工作，而更多地直接执行审计工作：（1）当在下列方面涉及较多判断时：一是计划和实施相关的审计程序，二是评价收集的审计证据（选项 A）；（2）当评估的认定层次重大错报风险较高，需要对识别出的特别风险予以特殊考虑时（选项 B）；（3）当内部审计在被审计单位中的地位以及相关政策和程序对内部审计人员客观性的支持程度较弱时（选项 C）；（4）当内部审计人员的胜任能力较低时（选项 D）。

6.【答案】ABCD

7.【答案】AC

【解析】如果确定专家的工作不足以实现审计目的，注册会计师应当采取下列措施之一：（1）就专家拟执行的进一步工作的性质和范围，与专家达成一致意见（选项 A）；（2）根据具体情况，实施追加的审计程序（选项 C）。故选项 B、D 不恰当。

8.【答案】ABC

【解析】在确定可能分配给内部审计人员的工作的性质和范围，以及根据具体情况对内部审计人员进行指导、监督和复核的性质、时间安排和范围时，注册会计师应当考虑下列方面：（1）在计划和实施相关审计程序以及评价收集的审计证据时，涉及判断的数量或金额（选项 A）；（2）评估的重大错报风险（选项 B）；（3）针对拟提供直接协助的内部审计人员，注册会计师关于是否存在对其客观性的不利影响及其严重程度的评价结果，以及关于其胜任能力的评价结果（选项 C）。

9.【答案】ABCD

10.【答案】ABC

【解析】选项 D，不是注册会计师对管理层的专家的工作实施的各种控制，而是被审计单位对管理层的专家的工作实施的各种控制。

第十六章　对集团财务报表审计的特殊考虑

2021 年教材内容主要变化

本章内容无实质变化。

本章近五年考情统计分析

本章考题主要以客观题和主观题（简答题）为主，但是针对个别的知识点（如重要组成部分、组成部分重要性），也可以结合审计实务（教材第三编内容），以主观题（综合题）的形式考查。

本章属于比较重要的考试章节之一，最近五年平均考试分值一般在 5 分左右。

（一）近五年考试分值分布

题型	2016 年	2017 年	2018 年	2019 年	2020 年
单选题	—	1	2	—	2
多选题	—	2	—	—	2
简答题	5	—	2	6	—
综合题	—	—	—	—	—
合计	5	3	4	6	4

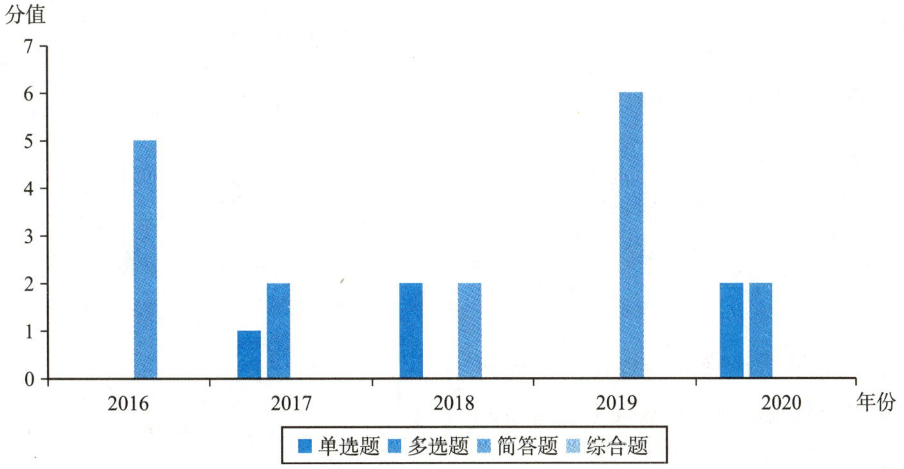

（二）近五年考试考点分布

高频考点内容	年度及题型分布
了解组成部分注册会计师	2017 年单选、2016 年简答
组成部分重要性	2020 单选、2018 年单选、2017 年多选
对不同组成部分执行的工作	2020 年单选、2020 年多选、2016 年简答
了解集团财务报表及其环境	2019 年简答、2018 年单选、2018 年简答

重难点解析

本章内容为注册会计师执行审计工作中涉及集团财务报表审计的相关内容，属于审计中的重要章节，主要包括集团财务报表审计中涉及的范围、责任、注册会计师执行集团财务报表审计过程中需要了解的集团相关内容及组成部分注册会计师，审计过程中对重要性的使用与评价，及注册会计师工作中与组成部分注册会计师、评价获取的审计证据的充分性和适当性、集团管理层和集团治理层的沟通等内容。

【小贴士】本章内容的学习，需要结合前面有关章节内容。例如，重要性与第一编（审计基本原理）第二章（审计计划）相结合；针对评估的风险采取的应对措施与第二编（审计测试流程）第八章（风险应对）相结合；与治理层沟通与第四编（对特殊事项的考虑）第十四章（审计沟通）相结合。

重难点1：重要组成部分★★★

（一）识别特征

重要组成部分，是指集团项目组识别出来的具有下列特征之一的组成部分：

（1）单个组成部分对集团具有财务重大性。

（2）由于单个组成部分的特定性质或情况，可能存在导致集团财务报表发生重大错报的特别风险。

【小贴士】在集团财务报表审计时集团项目组应当将集团所有组成部分划分为重要组成部分和不重要的组成部分，并对重要的组成部分和不重要的组成部分执行相应的工作（详见重难点9）。

（二）财务重大性

随着单个组成部分对集团具有的财务重大性的增加，集团财务报表的重大错报风险通常也会增加。

1. 判断方法

集团项目组可以将选定的基准乘以某一百分比，以协助识别对集团具有财务重大性的单个组成部分。

2. 基准选择

确定基准和应用于该基准的百分比属于职业判断。根据集团的性质和具体情况，适当的基准可能包括集团资产、负债、现金流量、利润总额或营业收入。

【示例】集团项目组可能认为超过选定基准15%的组成部分是重要组成部分。然而，较高或较低的百分比也可能是适合具体情况的。

（三）性质重大

某些组成部分由于其特定性质或情况，可能存在导致集团财务报表发生重大错报的特别风险，集团项目组可能将其识别为重要组成部分。

【示例】某组成部分进行外汇交易，虽然其对集团并不具有财务重大性，但仍使集团面临导致重大错报的特别风险。

重难点2：集团财务报表审计中的责任设定★★

（一）集团财务报表审计中的责任设定模式

（1）集团项目组对整个集团财务报表审计工作及审计意见负全部责任，这一责任不因利用组成部分注册会计师的工作而减轻。（我国采用的模式）。

（2）集团项目组和组成部分注册会计师就各自执行的审计工作分别负责，集团项目组在执行集团财务报表审计时完全基于组成部分注册会计师的工作。

（二）我国集团财务报表审计中责任设定

为保证审计质量，《中国注册会计师审计准则第1401号——对集团财务报表审计的特殊考虑》采用了第一种模式。在这种模式下，尽管组成部分注册会计师基于集团审计目的对组成部分财务信息执行相关工作，并对所有发现的问题、得出的结论或形成的意见负责，集团项目合伙人及其所在的会计师事务所仍对集团审计意见负全部责任。

【小贴士】集团项目合伙人及其所在的会计师事务所仍对集团审计意见负全部责任。

重难点3：集团财务报表审计中注册会计师的目标★★

在集团财务报表审计中，担任集团审计的注册会计师的目标是：

（1）就组成部分注册会计师对组成部分财务信息执行工作的范围、时间安排和发现的问题，与组成部分注册会计师进行清晰的沟通。

（2）针对组成部分财务信息和合并过程，获取充分、适当的审计证据，以对集团财务报表是否在所有重大方面按照适用的财务报告编制基础发表审计意见。

重难点4：注册会计师在承接与保持阶段了解事项★

（一）目的及要求

（1）集团项目合伙人应当确定是否能够合理预期获取与合并过程和组成部分财务信息相关的充分、适当的审计证据，以作为形成集团审计意见的基础。

（2）集团项目组应当了解集团及其环境、集团组成部分及其环境，以足以识别可能的重要组成部分。

（3）如果组成部分注册会计师对重要组成部分财务信息执行相关工作，集团项目合伙人应当评价集团项目组参与组成部分注册会计师工作的程度是否足以获取充分、适当的审计证据。

（二）新业务的了解事项

（1）了解途径。

如果是新业务，集团项目组可以通过下列途径了解集团及其环境、集团组成部分及其环境：

①集团管理层提供的信息。

②与集团管理层的沟通。

③如适用，与前任集团项目组、组成部分管理层或组成部分注册会计师的沟通。

（2）集团项目组可能需要对下列事项进行了解：

①集团结构，包括法律意义上的结构和组织结构（即集团财务报告系统是如何组织的）。

②组成部分中对集团重要的业务活动，包括业务活动在何种行业状况、监管环境以及经济和政治环境下发生。

③对服务机构的利用，包括共享服务中心。

④对集团层面控制的描述。

⑤合并过程的复杂程度。

⑥是集团项目合伙人所在的会计师事务所还是网络以外的组成部分注册会计师对组成部分财务信息执行相关工作，以及集团管理层委托多家会计师事务所的理由。

⑦集团项目组是否可以不受限制地接触集团治理层和管理层、组成部分治理层和管理层、组成部分信息和组成部分注册会计师（包括集团项目组需要获取的相关审计工作底稿），

以及是否可以对组成部分财务信息执行必要的工作。

（三）连续审计时可能受到的影响

如果是连续审计业务，集团项目组获取充分、适当的审计证据的能力可能受某些方面重大变化的影响。

（1）集团组织结构的变化（如发生收购、处置或重组，或集团财务报告系统的组织方式发生变化）。

（2）对集团具有重要影响的组成部分业务活动的变化。

（3）集团治理层、管理层或重要组成部分的关键管理人员在构成上的变化。

（4）对集团或组成部分管理层诚信和胜任能力的疑虑。

（5）集团层面控制的变化。

（6）适用的财务报告编制基础的变化。

重难点5：审计范围受到限制★★★

（一）集团项目合伙人认为管理层施加限制

1. 发表无法表示意见

如果集团项目合伙人认为由于集团管理层施加的限制使集团项目组不能获取充分、适当的审计证据，由此产生的影响可能导致对集团财务报表发表无法表示意见。

2. 采取的措施

集团项目合伙人应当视具体情况采取下列措施：

（1）如果是新业务，拒绝接受业务委托；如果是连续审计业务，在法律法规允许的情况下，解除业务约定。

（2）如果法律法规禁止注册会计师拒绝接受业务委托，或者注册会计师不能解除业务约定，在可能的范围内对集团财务报表实施审计，并对集团财务报表发表无法表示意见。

（二）集团项目组接触信息受到限制

1. 集团项目组接触信息可能受到集团管理层无法克服的情况的限制

受到保密性或数据隐私有关的法律法规的限制，或组成部分注册会计师拒绝集团项目组接触相关审计工作底稿的要求，某些限制也可能来自于集团管理层。

2. 对集团项目组获取充分、适当的审计证据的影响

（1）即使接触信息受到限制，集团项目组仍有可能获取充分、适当的审计证据，然而这种可能性随着组成部分对集团重要程度的增加而降低。

【示例】对于按权益法核算的组成部分，集团项目组无法接触组成部分的治理层、管理层或注册会计师（包括集团项目组需要获取的相关审计工作底稿）。

①在这种情况下，如果该组成部分不是重要组成部分，且集团项目组拥有其整套财务报表和审计报告，并能够接触集团管理层拥有的与该组成部分相关的信息，则集团项目组可能认为这些信息已构成与该组成部分相关的充分、适当的审计证据。

②如果该组成部分是重要组成部分，集团项目组就无法遵守审计准则中与集团审计相关的要求。

集团项目组无法按照准则的要求参与组成部分注册会计师的工作。因此，集团项目组无法获取与该组成部分相关的充分、适当的审计证据。集团项目组需要按照《中国注册会计师审计准则第1502号——在审计报告中发表非无保留意见》的规定考虑无法获取充分、适当的审计证据对其形成审计意见的影响。

（2）如果集团管理层限制集团项目组或组成部分注册会计师接触重要组成部分的信息，则集团项目组将无法获取充分、适当的审计证据。

（3）如果这类限制与不重要的组成部分有关，集团项目组仍有可能获取充分、适当的审计证据，但是受到限制的原因可能影响集团审计意见。

【示例】可能影响集团管理层对集团项目组的询问所作回复的可靠性，以及集团管理层

对集团项目组所作的声明的可靠性。

重难点6：了解集团及其环境、集团组成部分及其环境的程序★

（一）集团项目组应当对集团及其环境、集团组成部分及其环境获取充分的了解

1. 确认或修正最初识别的重要组成部分

2. 评估由于舞弊或错误导致集团财务报表发生重大错报的风险

（二）集团项目组可以基于下列信息，在集团层面评估集团财务报表重大错报风险

（1）在了解集团及其环境、集团组成部分及其环境和合并过程时获取的信息，包括在评价集团层面控制以及与合并过程相关的控制的设计和执行时获取的审计证据；

（2）从组成部分注册会计师获取的信息。在了解集团及其环境、集团组成部分及其环境的基础上，集团项目组制定集团总体审计策略和具体审计计划。集团项目合伙人应当复核集团总体审计策略和具体审计计划。集团项目合伙人对集团总体审计策略和具体审计计划的复核，是其履行集团审计业务指导责任的重要内容。

重难点7：了解组成部分注册会计师★★★

（一）了解的目的

只有当基于集团审计目的，计划要求由组成部分注册会计师执行组成部分财务信息的相关工作时，集团项目组才需要了解组成部分注册会计师。

（二）与集团审计相关的职业道德要求

【小贴士】当基于集团审计目的对组成部分财务信息执行相关工作时，组成部分注册会计师需要遵守与集团审计相关的职业道德要求。

集团项目组需要了解组成部分注册会计师是否了解并将遵守与集团审计相关的职业道德要求，组成部分注册会计师了解和遵守的程度是否足以使其履行其在集团审计中承担的责任。

（三）组成部分注册会计师的专业胜任能力

集团项目组对组成部分注册会计师的专业胜任能力的了解可能包括下列方面：

（1）组成部分注册会计师是否对适用于集团审计的审计准则和其他职业准则有充分的了解，以足以履行其在集团审计中的责任。

（2）组成部分注册会计师是否拥有对特定组成部分财务信息执行相关工作所必需的专门技能（如行业专门知识）。

（3）如果相关，组成部分注册会计师是否对适用的财务报告编制基础（集团管理层向组成部分下达的指令，通常说明适用的财务报告编制基础的特征）有充分的了解，以足以履行其在集团审计中的责任。

（四）利用对组成部分注册会计师的了解

（1）如果组成部分注册会计师不符合与集团审计相关的独立性要求，或集团项目组对下列事项存有重大疑虑，集团项目组应当就组成部分财务信息亲自获取充分、适当的审计证据，而不应要求组成部分注册会计师对组成部分财务信息执行相关工作。

①组成部分注册会计师是否了解并将遵守与集团审计相关的职业道德要求。

②组成部分注册会计师是否具备专业胜任能力。

③集团项目组参与组成部分注册会计师工作的程度是否足以获取充分、适当的审计证据。

（2）如果组成部分注册会计师不符合与集团审计相关的独立性要求，集团项目组不能通过参与组成部分注册会计师的工作、实施追加的风险评估程序或对组成部分财务信息实施进一步审计程序，消除组成部分注册会计师不具有独立性的影响。

【小贴士】组成部分注册会计师独立性有重大疑虑时，不应要求组成部分注册会计师对组成部分财务信息执行相关工作。

组成部分注册会计师不符合与集团审计相关的独立性要求，集团项目组不能消除组成部分注册会计师不具有独立性的影响。

【经典例题】

【真题·单选题】（2018）在审计集团财务报表时，下列情形中，导致集团项目组无法利用组成部分注册会计师工作的是（　　）。

A. 组成部分注册会计师不符合与集团审计相关的独立性要求

B. 组成部分注册会计师未处于积极有效的监管环境中

C. 集团项目组对组成部分注册会计师的专业胜任能力存有并非重大的疑虑

D. 组成部分注册会计师无法向集团项目组提供所有审计工作底稿

【答案】A

【解析】组成部分注册会计师不符合与集团审计相关的独立性要求，集团项目组不能通过参与组成部分注册会计师的工作、实施追加的风险评估程序或对组成部分财务信息实施进一步审计程序，消除组成部分注册会计师不具有独立性的影响。因此选择选项 A。

（五）消除组成部分注册会计师不利影响

集团项目组可以通过参与组成部分注册会计师的工作、实施追加的风险评估程序或对组成部分财务信息实施进一步审计程序，消除对组成部分注册会计师专业胜任能力的并非重大的疑虑（如认为其缺乏行业专门知识），或消除组成部分注册会计师未处于积极有效的监管环境中的影响。

【小贴士】集团项目组可以采取措施消除组成部分注册会计师非独立性的影响。

【经典例题】

【真题·单选题】（2015）在了解组成部分注册会计师后，下列情形中，集团项目组可以采取措施消除其疑虑或影响的是（　　）。

A. 组成部分注册会计师不符合与集团审计相关的独立性要求

B. 集团项目组对组成部分注册会计师的专业胜任能力存有重大疑虑

C. 集团项目组对组成部分注册会计师的职业道德存有重大疑虑

D. 组成部分注册会计师未处于积极有效的监管环境中

【答案】D

【解析】如果组成部分注册会计师不符合与集团审计相关的独立性要求，或集团项目组对组成部分注册会计师职业道德、专业胜任能力或所处的监管环境存在重大疑虑，集团项目组应当就组成部分财务信息亲自获取充分、适当的审计证据，而不应要求组成部分注册会计师对组成部分财务信息执行相关工作。故选项 A、B、C 错误。组成部分注册会计师未处于积极有效的监管环境中，可以通过集团项目组参加组成部分注册会计师的工作，实施追加的风险评估程序或对组成部分财务信息实施进一步审计程序消除组成部分注册会计师未处于积极有效的监管环境中规定影响，因此选择选项 D。

重难点 8：重要性★★★

（一）集团财务报表整体的重要性

在制定集团总体审计策略时，集团项目组确定集团财务报表整体的重要性。

（二）适用于特定类别的交易、账户余额或披露的一个或多个重要性水平

根据集团的特定情况，如果集团财务报表中存在特定类别的交易、账户余额或其发生的错报金额低于集团财务报表整体的重要性，但合理预期将影响财务报表使用者据集团财务报表作出的经济决策，则确定适用于这些交易、账户余额或披露的一个或多个重要性水平。

（三）组成部分重要性

1. 组成部分重要性的确定

（1）如果组成部分注册会计师对组成部分财务信息实施审计或审阅，集团项目组应当基于集团审计目的，为这些组成部分确定组成部分重要性。

（2）为将未更正和未发现错报的汇总数超过集团财务报表整体的重要性的可能性降至

适当的低水平，集团项目组应当将组成部分重要性设定为低于集团财务报表整体的重要性。针对不同的组成部分确定的重要性可能有所不同。

（3）在确定组成部分重要性时，无需采用将集团财务报表整体重要性按比例分配的方式，因此，对不同组成部分确定的重要性的汇总数，有可能高于集团财务报表整体重要性。在制定组成部分总体审计策略时，需要使用组成部分的重要性。

2. 组成部分重要性的使用

（1）组成部分注册会计师需要使用组成部分重要性，评价识别出的未更正错报单独或汇总起来是否重大。

（2）在审计组成部分财务信息时，组成部分注册会计师（或集团项目组）需要确定组成部分层面实际执行的重要性。这对于将组成部分财务信息中未更正和未发现错报的汇总数超过组成部分重要性的可能性降至适当的低水平是必要的。

实务中，集团项目组可能按这一较低的水平确定组成部分重要性。在这种情况下，组成部分注册会计师需要使用组成部分重要性，评估组成部分财务信息的重大错报风险，针对评估的风险设计进一步审计程序，以及评价识别出的错报单独或汇总起来是否重大。

（3）如果基于集团审计目的，由组成部分注册会计师对组成部分财务信息执行审计工作，集团项目组应当评价在组成部分层面确定的实际执行的重要性的适当性。

【经典例题】

【真题·单选题】（2018）对于集团财务报表审计，下列有关组成部分重要性的说法中，错误的是（　　）。

A. 组成部分重要性应当小于集团财务报表整体的重要性

B. 组成部分重要性应当由集团项目组确定

C. 不重要的组成部分无需确定组成部分重要性

D. 不同组成部分的组成部分重要性可能不同

【答案】 C

【解析】 如果对不重要的组成部分实施审计或审阅，需要为不重要的组成部分确定重要性，因此选择选项C。

【真题·多选题】（2017）在审计集团财务报表时，下列有关组成部分重要性的说法中，正确的有（　　）。

A. 组成部分重要性的汇总数不能高于集团财务报表整体的重要性

B. 组成部分重要性应当由集团项目组确定

C. 集团项目组应当为所有组成部分确定组成部分重要性

D. 集团项目组应当将组成部分重要性设定为低于集团财务报表整体的重要性

【答案】 BD

【解析】 对不同组成部分重要性的汇总数也可能高于集团财务报表整体的重要性，因此不选择选项A。如果组成部分注册会计师对组成部分财务信息实施审计或审阅，集团项目组应当基于集团审计目的，为这些组成部分确定组成部分重要性，因此选择选项B。对于不重要的组成部分，集团项目组应当在集团层面实施分析程序，因此不选择选项C。集团项目组应当将组成部分重要性设定为低于集团财务报表整体的重要性，因此选择选项D。

3. 明显微小错报的临界值

（1）注册会计师需要设定临界值，不能将超过该临界值的错报视为对集团财务报表明显微小的错报。

（2）组成部分注册会计师需要将在组成部分财务信息中识别出的超过临界值的错报通报给集团项目组。

重难点9：针对评估的风险采取的应对措施★★★

（一）对重要组成部分需执行的工作

1. 财务重大的单个组成部分

就集团而言，对于具有财务重大性的单个

组成部分，集团项目组或代表集团项目组的组成部分注册会计师应当运用该组成部分的重要性，对组成部分财务信息实施审计。

2. 特定性质或情况的组成部分

对由于其特定性质或情况，可能存在导致集团财务报表发生重大错报的特别风险的重要组成部分，集团项目组或代表集团项目组的组成部分注册会计师应当执行下列一项或多项工作：

（1）使用组成部分重要性对组成部分财务信息实施审计。

（2）针对与可能导致集团财务报表发生重大错报的特别风险相关的一个或多个账户余额、一类或多类交易或披露事项实施审计。

（3）针对可能导致集团财务报表发生重大错报的特别风险实施特定的审计程序。

（二）对不重要组成部分需执行的工作

（1）对于不重要组成部分，集团项目组应当在集团层面实施分析程序。

（2）根据业务的具体情况，集团项目组可以将组成部分财务信息在不同层面进行汇总，用以实施分析程序。

（3）实施分析程序的结果，可以佐证集团项目组得出的结论，即汇总的不重要组成部分的财务信息不存在特别风险。

（三）已执行的工作仍不能提供充分、适当审计证据时的处理

1. 集团项目组执行的工作

如果集团项目组认为对重要组成部分财务信息执行的工作、对集团层面控制和合并过程执行的工作以及在集团层面实施的分析程序还不能获取形成集团审计意见所依据的充分、适当的审计证据，集团项目组应当选择某些不重要的组成部分，并对已选择的组成部分财务信息亲自执行或由代表集团项目组的组成部分注册会计师执行下列一项或多项工作：

（1）使用组成部分重要性对组成部分财务信息实施审计。

（2）对一个或多个账户余额、一类或多类交易或披露实施审计。

（3）使用组成部分重要性对组成部分财务信息实施审阅。

（4）实施特定程序。

2. 集团项目组执行工作的影响因素

集团项目组确定选择多少组成部分、选择哪些组成部分以及对所选择的每个组成部分财务信息执行工作的类型，可能受到下列因素的影响：

（1）预期就重要组成部分财务信息获取审计证据的程度。

（2）组成部分是新设立的还是收购的。

（3）组成部分是否发生重大变化。

（4）内部审计是否对组成部分执行了工作，以及内部审计工作对集团审计的影响。

（5）组成部分是否应用相同的系统和程序。

（6）集团层面控制运行的有效性。

（7）通过在集团层面实施分析程序识别出的异常波动。

（8）与同类其他组成部分相比，某组成部分是否对集团具有财务重大性或可能导致风险。

（9）是否因法律法规要求或其他原因需要对组成部分执行审计。

3. 集团项目组对组成部分财务信息实施审阅

集团项目组可以按照《中国注册会计师审阅准则第2101号——财务报表审阅》的相关要求，根据具体情况对组成部分财务信息实施审阅。集团项目组还可以实施追加的程序，作为对审阅程序的补充。

4. 集团项目组应当在一段时间之后更换所选择的组成部分

集团项目组应当在一段时间之后更换所选择的组成部分。选择不会被审计单位预见的同类其他组成部分，可以增加识别组成部分财务信息重大错报的可能性。

【小贴士】对组成部分的选择通常实行定期轮换。

【经典例题】

【真题·单选题】（2017）在审计集团财

务报表时，下列工作类型中，不适用于重要组成部分的是（　　）。

A. 特定项目审计

B. 财务信息审阅

C. 财务信息审计

D. 实施特定审计程序

【答案】B

【解析】就集团而言，对于具有财务重大性的单个组成部分，集团项目组或代表集团项目组的组成部分注册会计师应当运用该组成部分的重要性，对组成部分财务信息实施审计（选项 C）。对由于其特定性质或情况，可能存在导致集团财务报表发生重大错报的特别风险的重要组成部分，集团项目组或代表集团项目组的组成部分注册会计师应当执行下列一项或多项工作：（1）使用组成部分重要性对组成部分财务信息实施审计（选项 A）；（2）针对与可能导致集团财务报表发生重大错报的特别风险相关的一个或多个账户余额、一类或多类交易或披露事项实施审计；（3）针对可能导致集团财务报表发生重大错报的特别风险实施特定的审计程序（选项 D）。如果集团项目组认为对重要组成部分财务信息执行的工作、对集团层面控制和合并过程执行的工作以及在集团层面实施的分析程序还不能获取形成集团审计意见所依据的充分、适当的审计证据，集团项目组应当选择某些不重要的组成部分，并对已选择的组成部分财务信息亲自执行或由代表集团项目组的组成部分注册会计师执行下列一项或多项工作：（1）使用组成部分重要性对组成部分财务信息实施审计；（2）对一个或多个账户余额、一类或多类交易或披露实施审计；（3）使用组成部分重要性对组成部分财务信息实施审阅（选项 B）；（4）实施特定程序。因此选择选项 B。

（四）参与组成部分注册会计师的工作

1. 重要组成部分财务信息审计

如果组成部分注册会计师对重要组成部分财务信息执行审计，集团项目组应当参与组成部分注册会计师实施的风险评估程序，以识别导致集团财务报表发生重大错报的特别风险。集团项目组参与的性质、时间安排和范围受其对组成部分注册会计师所了解情况的影响，但至少应当包括：

（1）与组成部分注册会计师或组成部分管理层讨论对集团而言重要的组成部分业务活动。

（2）与组成部分注册会计师讨论由于舞弊或错误导致组成部分财务信息发生重大错报的可能性。

（3）复核组成部分注册会计师对识别出的导致集团财务报表发生重大错报的特别风险形成的审计工作底稿。审计工作底稿可以采用备忘录的形式，反映组成部分注册会计师针对识别出的特别风险得出的结论。

2. 评价拟实施的进一步审计程序的恰当性

如果在由组成部分注册会计师执行相关工作的组成部分内，识别出导致集团财务报表发生重大错报的特别风险，集团项目组应当评价针对识别出的特别风险拟实施的进一步审计程序的恰当性。根据对组成部分注册会计师的了解，集团项目组应当确定是否有必要参与进一步审计程序。可能影响集团项目组参与组成部分注册会计师工作的因素包括：

（1）组成部分的重要程度。

（2）识别出的导致集团财务报表发生重大错报的特别风险。

（3）集团项目组对组成部分注册会计师的了解。

3. 组成部分是不重要组成部分的考虑

集团项目组参与组成部分注册会计师工作的性质、时间安排和范围，将根据集团项目组对组成部分注册会计师的了解不同而不同。而该组成部分不是重要组成部分这一事实，成为次要考虑的因素。

【示例】即使某一组成部分未被视为重要组成部分，集团项目组仍可能决定参与组成部分注册会计师的风险评估，因为集团项目组对组成部分注册会计师专业胜任能力并非存在重大疑虑（如认为其缺乏行业专门知识），或者组成部分注册会计师未处于积极有效的监管环境中。

4. 集团项目组参与组成部分注册会计师工作的方式

取决于集团项目组对组成部分注册会计师的了解。这些方式可能还包括：

（1）与组成部分管理层或组成部分注册会计师会谈，获取对组成部分及其环境的了解。

（2）复核组成部分注册会计师的总体审计策略和具体审计计划。

（3）实施风险评估程序，识别和评估组成部分层面的重大错报风险。集团项目组可以单独或与组成部分注册会计师共同实施这类程序。

（4）设计和实施进一步审计程序。集团项目组可以单独或与组成部分注册会计师共同设计和实施这类程序。

（5）参加组成部分注册会计师与组成部分管理层的总结会议和其他重要会议。

（6）复核组成部分注册会计师的审计工作底稿的其他相关部分。

【经典例题】

【真题·综合题（部分）】（2015）甲集团公司是ABC会计师事务所的常年审计客户，主要从事化妆品的生产、批发和零售。A注册会计师负责审计甲集团公司2014年度财务报表，确定集团财务报表整体的重要性为600万元。

资料一：

A注册会计师在审计工作底稿中记录了审计计划，部分内容摘录如下：

（1）子公司乙公司从事新产品研发。2014年度新增无形资产1 000万元，为自行研发的产品专利。A注册会计师拟仅针对乙公司的研发支出实施审计程序。

（2）子公司丙公司负责生产，产品全部在集团内销售。A注册会计师认为丙公司的成本核算存在可能导致集团财务报表发生重大错报的特别风险，拟仅针对与成本核算相关的财务报表项目实施审计。

（3）甲集团公司的零售收入来自40家子公司，每家子公司的主要财务报表项目金额占集团的比例均低于1%。A注册会计师认为这些子公司均不重要，拟实施集团层面分析程序。

（4）DEF会计师事务所作为组成部分注册会计师负责审计联营企业丁公司的财务信息，其审计项目组按丁公司利润总额的3%确定组成部分重要性为300万元，实际执行的重要性为150万元。

（5）子公司戊公司负责甲集团公司主要原材料的进口业务，通过外汇掉期交易管理外汇风险。A注册会计师拟使用50万元的组成部分重要性对戊公司财务信息实施审阅。

资料二：

A注册会计师在审计工作底稿中记录了甲集团公司的财务数据，部分内容摘录如下：

<table>
<tr><th rowspan="2">集团/组成部分</th><th colspan="3">2014年（未审数）</th></tr>
<tr><th>资产总额</th><th>营业收入</th><th>利润总额</th></tr>
<tr><td>甲集团公司</td><td>80 000</td><td>60 000
其中：批发收入 38 000
零售收入 20 000
其他 2 000</td><td>12 000</td></tr>
<tr><td>乙公司</td><td>1 900</td><td>200</td><td>（300）</td></tr>
<tr><td>丙公司</td><td>60 000</td><td>40 000</td><td>8 000</td></tr>
<tr><td>丁公司</td><td>20 000</td><td>50 000</td><td>10 000</td></tr>
<tr><td>戊公司</td><td>2 000</td><td>– 200</td><td>50</td></tr>
</table>

【要求】 针对资料一第（1）~（5）项，结合资料二，假定不考虑其他条件，逐项指出资料一所列审计计划是否恰当。如不恰当，简要说明理由。将答案直接填入答题区的相应表格内。

事项序号	是否恰当（是/否）	理　由
（1）		
（2）		
（3）		
（4）		
（5）		

【答案】

事项序号	是否恰当（是/否）	理　由
（1）	是	
（2）	否	丙公司是具有财务重大性的重要组成部分，应当对丙公司的财务信息实施审计
（3）	否	零售收入占集团营业收入的1/3，金额重大，对这40家子公司仅在集团层面实施分析程序不足够
（4）	否	组成部分重要性应当由集团项目组确定
（5）	否	戊公司的业务涉及外汇掉期交易，属于可能存在导致集团财务报表发生重大错报的特别风险的重要组成部分，应当实施审计程序

重难点10：合并过程★

（一）集团层面控制测试

如果对合并过程执行工作的性质、时间安排和范围基于预期集团层面控制有效运行，或者仅实施实质性程序不能提供认定层次充分、适当的审计证据，集团项目组应当亲自测试或要求组成部分注册会计师代为测试集团层面控制运行的有效性。

（二）合并过程进一步审计程序

集团项目组应当针对合并过程设计和实施进一步审计程序，以应对评估的、由合并过程导致的集团财务报表发生重大错报的风险。设计和实施的进一步审计程序应当包括评价所有组成部分是否均已体现在集团财务报表中。

（三）集团项目组对调整的评价

集团项目组应当评价合并调整和重分类事项的适当性、完整性和准确性，并评价是否存在舞弊风险因素或可能存在管理层偏向的迹象。合并过程可能需要对集团财务报表中列报的金额作出调整，这类调整不经过常规交易处理系统，可能不会受到针对其他财务信息的控制的约束。集团项目组对这类调整的适当性、完整性和准确性的评价可能包括：

（1）评价重大调整是否恰当反映了相关事项和交易。

（2）确定重大调整是否得到集团管理层和组成部分管理层（如适用）的正确计算、处理和授权。

（3）确定重大调整是否有适当的证据支持并得到充分记录。

（4）检查集团内部交易、未实现内部交易损益以及集团内部往来余额是否核对一致并抵销。

（四）集团项目组对组成部分财务信息的评价

如果组成部分财务信息没有按照集团财务报表采用的会计政策编制，集团项目组应当评价组成部分财务信息是否已得到适当调整，以满足编制和列报集团财务报表的要求。

【小贴士】集团项目组应当确定，组成部分注册会计师上报的财务信息是否就是包括在集团财务报表中的财务信息。

（五）集团财务报表的调整

如果集团财务报表包括的组成部分财务报表的报告期末不同于集团财务报表，集团项目组应当评价是否已按照适用的财务报告编制基础对这些财务报表作出恰当调整。

重难点11：与组成部分注册会计师的沟通★★★

如果集团项目组与组成部分注册会计师之间未能建立有效的双向沟通关系，则存在集团项目组可能无法获取形成集团审计意见所依据的充分、适当的审计证据的风险。集团项目组清晰、及时地通报工作要求，是集团项目组和组成部分注册会计师之间形成有效双向沟通关系的基础。

（一）集团项目组向组成部分注册会计师的沟通

1. 沟通的要求

集团项目组应当及时向组成部分注册会计师通报工作要求。通报的内容应当明确组成部分注册会计师应执行的工作和集团项目组对其工作的利用，以及组成部分注册会计师与集团项目组沟通的形式和内容。

2. 沟通的内容

（1）在组成部分注册会计师知悉集团项目组将利用其工作的前提下，要求组成部分注册会计师确认其将配合集团项目组的工作。

（2）与集团审计相关的职业道德要求，特别是独立性要求。

（3）在对组成部分财务信息实施审计或审阅的情况下，组成部分的重要性和针对特定类别的交易、账户余额或披露采用的一个或多个重要性水平（如适用）以及临界值，超过临界值的错报不能视为对集团财务报表明显微小的错报。

（4）识别出的与组成部分注册会计师工作相关的、由于舞弊或错误导致集团财务报表发生重大错报的特别风险。集团项目组应当要求组成部分注册会计师及时沟通所有识别出的、在组成部分内的其他由于舞弊或错误可能导致集团财务报表发生重大错报的特别风险，以及组成部分注册会计师针对这些特别风险采取的应对措施。

（5）集团管理层编制的关联方清单和集团项目组知悉的任何其他关联方。集团项目组应当要求组成部分注册会计师及时沟通集团管理层或集团项目组以前未识别出的关联方。集团项目组应当确定是否需要将新识别的关联方告知其他组成部分注册会计师。

（二）组成部分注册会计师向集团项目组沟通

集团项目组应当要求组成部分注册会计师沟通与得出集团审计结论相关的事项。沟通的内容应当包括：

（1）组成部分注册会计师是否已遵守与集团审计相关的职业道德要求，包括对独立性和专业胜任能力的要求。

（2）组成部分注册会计师是否已遵守集团项目组的要求。

（3）指出作为组成部分注册会计师出具报告对象的组成部分财务信息。

（4）因违反法律法规而可能导致集团财务报表发生重大错报的信息。

（5）组成部分财务信息中未更正错报的清单（清单不必包括低于集团项目组通报的临界值且明显微小的错报）。

（6）表明可能存在管理层偏向的迹象。

（7）描述识别出的组成部分层面值得关注的内部控制缺陷。

（8）组成部分注册会计师向组成部分治理层已通报或拟通报的其他重大事项，包括涉及组成部分管理层、在组成部分层面内部控制中承担重要职责的员工以及其他人员（在舞弊行为导致组成部分财务信息出现重大错报的情况下）的舞弊或舞弊嫌疑。

（9）可能与集团审计相关或者组成部分注册会计师期望集团项目组加以关注的其他事项，包括在组成部分注册会计师要求组成部分管理层提供的书面声明中指出的例外事项。

（10）组成部分注册会计师的总体发现、得出的结论和形成的意见。

【小贴士】在配合集团项目组时，如果法律法规未予禁止，组成部分注册会计师可以允许集团项目组接触相关审计工作底稿。

（三）评价与组成部分注册会计师的沟通

1. 集团项目组与组成部分沟通的内容

集团项目组应当评价与组成部分注册会计师的沟通。集团项目组应当：

（1）与组成部分注册会计师、组成部分管理层或集团管理层（如适用）讨论在评价过程中发现的重大事项。

（2）确定是否有必要复核组成部分注册会计师审计工作底稿的相关部分。

2. 组成部分审计工作底稿的复核

组成部分注册会计师的审计工作底稿中哪些部分与集团审计相关，可能因具体情况的不同而不同。集团项目组在复核时，通常关注的是与导致集团财务报表发生重大错报的特别风险相关的审计工作底稿。组成部分注册会计师的审计工作底稿按照组成部分注册会计师所在会计师事务所的复核程序进行复核这一事实，可能将影响集团项目组的复核范围。

3. 集团项目组实施追加程序决策

如果认为组成部分注册会计师的工作不充分，集团项目组应当确定需要实施哪些追加的程序，以及这些程序是由组成部分注册会计师还是由集团项目组实施。

重难点11：评价审计证据的充分性和适当性★★★

注册会计师应当获取充分、适当的审计证据，将审计风险降至可接受的低水平，从而得出合理的结论以作为形成审计意见的基础。

（1）集团项目组应当评价，通过对合并过程实施的审计程序以及由集团项目组和组成部分注册会计师对组成部分财务信息执行的工作，是否已获取充分、适当的审计证据，作为形成集团审计意见的基础。

（2）如果认为未能获取充分、适当的审计证据作为形成集团审计意见的基础，集团项目组可以要求组成部分注册会计师对组成部分财务信息实施追加的程序。如果不可行，集团项目组可以直接对组成部分财务信息实施程序。

（3）集团项目合伙人应当评价未更正错报（无论该错报是由集团项目组识别出的还是由组成部分注册会计师告知的）和未能获取充分、适当的审计证据的情况下对集团审计意见的影响。

（4）集团项目合伙人对错报（无论该错报是由集团项目组识别还是由组成部分注册会计师告知）汇总影响的评价，能够使其确定集团财务报表整体是否存在重大错报。

【经典例题】

【真题·简答题】（2016）ABC会计师事务所的A注册会计师负责审计甲集团公司2015年度财务报表。与集团审计相关的部分事项如下：

（1）乙公司为不重要的组成部分。A注册会计师对组成部分注册会计师的专业胜任能力存在重大疑虑，因此，对其审计工作底稿实施了详细复核，不再实施其他审计程序。

（2）丙公司为甲集团公司2015年新收购的子公司，存在导致集团财务报表产生重大错报的特别风险。A注册会计师要求组成部分注册会计师使用组成部分重要性对丙公司财务信息实施审阅。

（3）丁公司为海外子公司。A注册会计师要求担任丁公司组成部分注册会计师的境外会计师事务所确认其是否了解并遵守中国注册会计师职业道德守则的规定。

（4）联营公司戊公司为重要组成部分。因无法接触戊公司的管理层和注册会计师，A注册会计师取得了戊公司2015年度财务报表和审计报告、甲集团公司管理层拥有的戊公司财务信息及其作出的与戊公司财务信息有关的书面声明，认为这些信息已构成与戊公司相关的充分、适当的审计证据。

（5）2016年2月15日，组成部分注册会计师对已公司2015年度财务信息出具了审计报告。A注册会计师对已公司2016年2月15日至集团审计报告日期间实施了期后事项审计程序，未发现需要调整或披露的事项。

【要求】针对上述第（1）~（5）项，逐项指出A注册会计师的做法是否恰当。如不恰当，简要说明理由。

【答案】

（1）不恰当。对组成部分注册会计师的专业胜任能力存有重大疑虑，不应由组成部分注册会计师执行工作/应当由集团项目组亲自获取审计证据。

（2）不恰当。丙公司为重要组成部分，不应执行审阅/应当对丙公司执行财务信息审计/特定账户余额、披露或交易审计/实施特定审计程序。

（3）恰当。

（4）不恰当。戊公司是重要组成部分，A注册会计师取得的这些信息不能构成与戊公司相关的充分、适当的审计证据。

（5）恰当。

重难点12：与集团管理层和集团治理层的沟通★★★

（一）与集团管理层的沟通

1. 集团项目组通报内容要求

集团项目组应当确定哪些识别出的内部控制缺陷需要向集团治理层和集团管理层通报。在确定通报的内容时，集团项目组应当考虑：

（1）集团项目组识别出的集团层面内部控制缺陷。

（2）集团项目组识别出的组成部分层面内部控制缺陷。

（3）组成部分注册会计师提请集团项目组关注的内部控制缺陷。

2. 集团项目组通报舞弊事项的规定

如果集团项目组识别出舞弊或组成部分注册会计师提请集团项目组关注舞弊，或者有关信息表明可能存在舞弊，集团项目组应当及时向适当层级的集团管理层通报，以便管理层告知主要负责防止和发现舞弊事项的人员。

3. 法律法规或其他原因的要求

因法律法规要求或其他原因，组成部分注册会计师可能需要对组成部分财务报表发表审计意见。在这种情况下，集团项目组应当要求集团管理层告知组成部分管理层其尚未知悉的、集团项目组注意到的可能对组成部分财务报表产生重要影响的事项。如果集团管理层拒绝向组成部分管理层通报该事项，集团项目组应当与集团治理层进行讨论。如果该事项仍未得到解决，集团项目组在遵守法律法规和职业准则有关保密要求的前提下，应当考虑是否建议组成部分注册会计师在该事项得到解决之前，不对组成部分财务报表出具审计报告。

（二）与集团治理层的沟通

集团项目组向集团治理层通报的事项，可能包括组成部分注册会计师提请集团项目组关注，并且集团项目组根据职业判断认为与集团治理层责任相关的重大事项。除《中国注册会计师审计准则第1151号——与治理层的沟通》和其他审计准则要求沟通的事项外，集团项目组还应当与集团治理层沟通下列事项：

（1）对组成部分财务信息拟执行工作的类型的概述。

（2）在组成部分注册会计师对重要组成部分财务信息拟执行的工作中，集团项目组计划参与其工作的性质的概述。

（3）对组成部分注册会计师的工作作出的评价，引起集团项目组对其工作质量产生疑虑的情形。

（4）集团审计受到的限制，如集团项目组接触某些信息受到的限制。

（5）涉及集团管理层、组成部分管理层、在集团层面控制中承担重要职责的员工以及其他人员（在舞弊行为导致集团财务报表出现重大错报的情况下）的舞弊或舞弊嫌疑。

【小贴士】与集团治理层的沟通可以在集团审计过程中的不同时点进行。

【经典例题】

【真题·简答题】（2019）ABC会计师事务所的A注册会计师负责审计甲集团公司2018年度财务报表。与集团审计相关的部分事项如下：

（1）A注册会计师将资产总额、营业收入或利润总额超过设定金额的组成部分识别为重要组成部分，其余作为不重要的组成部分。

（2）乙公司为重要组成部分，各项主要财务指标均占集团财务报表相关财务指标的50%以上。A注册会计师亲自担任组成部分注册会计师，选取乙公司财务报表中所有金额超过组成部分重要性的项目执行了审计工作，结果满意。

（3）A注册会计师对不重要组成部分的财务报表执行了集团层面分析程序，并对这些组成部分的年末银行存款、借款和与金融机构往来的其他信息实施了函证程序，结果满意。

（4）A注册会计师评估认为重要组成部分丙公司的组成部分注册会计师具备专业胜任能力，复核后认可了其确定的组成部分重要性和组成部分实际执行的重要性。

（5）A注册会计师要求所有组成部分注册会计师汇报组成部分的控制缺陷和超过组成部分实际执行重要性的未更正错报，将其与集团层面的控制缺陷和未更正错报汇总评估后认为：甲集团公司不存在值得关注的内部控制缺陷；集团财务报表不存在重大错报。

【要求】针对上述第（1）~（5）项，逐项指出A注册会计师的做法是否恰当。如不恰当，简要说明理由。

【答案】

（1）不恰当。在识别重要组成部分时还要考虑可能存在导致集团财务报表发生重大错报的特别风险的组成部分。

（2）不恰当。乙公司是具有财务重大性的重要组成部分，应当对乙公司财务信息执行审计。

（3）恰当。

（4）不恰当。应当由集团项目组确定组成部分重要性。

（5）不恰当。应当要求组成部分注册会计师汇报超过集团层面明显微小错报临界值的错报。

通关练习

（一）单选题

1. 关于重要组成部分的说法中不恰当的是（　　）。

A. 随着单个组成部分对集团具有的财务重大性的增加，集团财务报表的重大错报风险通常也会增加

B. 单个组成部分的特定性质或情况，可能存在导致集团财务报表发生重大错报的特别风险

C. 集团项目组可将选定的基准乘以某一百分比，以协助识别对集团财务重大错报的单个组成部分

D. 集团项目组确定重大性的基准的百分比属于职业判断

2. 集团项目组连续审计业务，集团项目组获取充分适当的审计证据的能力可能受到（　　）重大变化的影响。

A. 组成部分中对集团重要的业务活动

B. 对集团具有重要影响的组成部分业务活动的变化

C. 集团层面控制的描述

D. 集团组织结构

3. 关于了解组成部分注册会计师的说法中，正确的是（　　）。

A. 基于集团审计目的，要求组成部分注册会计师执行相关工作时，集团项目组需要了

解组成部分注册会计师

B. 集团层面对组成部分实施分析程序时，需要了解组成部分注册会计师

C. 了解组成部分注册会计师的是否具备专业胜任能力

D. 了解组成部分注册会计师是否积极工作

4. 不属于集团项目组对组成部分注册会计师专任胜任能力的了解内容是（　　）。

A. 组成部分注册会计师是否对适用于集团审计的审计准则和其他职业准则有充分了解，以足以履行其在集团审计中的责任

B. 组成部分注册会计师是否拥有对特定组成部分财务信息执行相关工作所必修的专业技能

C. 组成部分注册会计师是否对适用的财务报告编制基础有充分的了解，以足以履行其在集团审计中的责任

D. 组成部分注册会计师工作的程度是否足以获取充分、适当的审计证据

5. 在审计集团财务报表时，下列有关组成部分重要性的说法中，错误的是（　　）。

A. 集团项目组确定集团财务报表整体重要性和组成部分重要性

B. 组成部分注册会计师需要使用组成部分重要性，评价识别出的未更正错报单独或汇总起来是否重大

C. 在审计组成部分财务信息时，组成部分注册会计师（或集团项目组）需要确定组成部分层面实际执行的重要性

D. 组成部分注册会计师无需将在组成部分财务信息中识别出的超过临界值的错报通报给集团项目组

6. 集团项目组确定对组成部分信息拟执行工作的类型以及参与组成部分注册会计师工作的程序的影响因素是（　　）。

A. 组成部分的重要程度

B. 特别风险

C. 集团层面控制的设计和评价

D. 组成部分注册会计师的专业胜任能力

7. 如果集团项目组认为对重要组成部分财务信息执行的工作、对集团层面控制和合并过程执行的工作以及在集团层面实施的分析程序还不能获取形成集团审计意见所依据的充分、适当的审计证据，集团项目组可以采取的工作方式是（　　）。

A. 使用组成部分重要性对某些不重要的组成部分财务信息实施审计

B. 使用组成部分重要性对重要组成部分财务信息实施审阅

C. 集团项目组实施分析程序

D. 对重要组成部分实施特定程序

8. 关于可能影响集团项目组参与组成部分注册会计师工作的因素的说法中，错误的是（　　）。

A. 组成部分的重要性

B. 组成部分的重要程度

C. 识别出的导致集团财务报表发生重大错报的特别风险

D. 集团项目组对组成部分注册会计师的了解

9. 集团合并过程中，集团项目组应当评价的内容不包括（　　）。

A. 合并调整和重分类事项的适当性、完整性和准确性

B. 是否存在舞弊因素或可能存在管理层偏向的迹象

C. 组成部分财务信息采用的会计政策

D. 组成部分财务信息是否已经得到适当调整

10. 集团项目组向组成部分注册会计师通报的内容不包括（　　）。

A. 要求组成部分注册会计师应执行的工作和集团项目组对其工作的利用

B. 组成部分注册会计师与集团项目组沟通的形式和内容

C. 管理层编制的关联方清单和集团项目组知悉的任何其他关联方

D. 表明可能存在管理层偏向的迹象

11. 关于集团项目组与组成部分注册会计

师沟通的说法中，正确的是（　　）。

A. 集团项目组可以复核组成部分注册会计师审计工作底稿

B. 集团项目组应当与组成部分注册会计师讨论在评价过程中发现的重大事项

C. 如果认为组成部分注册会计师工作不充分，集团项目组应当确定是否需要实施追加程序

D. 如果认为组成部分注册会计师工作不充分，集团项目组应当确定追加程序有集团项目组实施

12. 评价具体审计证据的充分性和适当性的说法中正确的是（　　）。

A. 如果集团项目组和组成部分注册会计师对组成部分财务信息执行的工作获取充分、适当的审计证据，则可形成集团审计意见

B. 如果认为未能获得充分、适当的审计证据，集团项目组可以直接对组成部分财务信息实施程序

C. 集团项目合伙人应当评价未更正错报和未能获得充分、适当的审计证据的情况下对集团审计意见的影响

D. 集团项目合伙人对错报的汇总影响的评价，能够确定集团财务报表整体存在重大错报分析

（二）多选题

1. 集团财务报表审计的责任设定的说法中，符合我国标准的有（　　）。

A. 集团项目组对整个集团财务报表审计工作及审计意见负全部责任，这一责任不因利用组成部分注册会计师的工作而减轻

B. 集团项目组和组成部分注册会计师就各自执行的审计工作分别负责，集团项目组在执行集团财务报表审计时完全基于组成部分注册会计师的工作

C. 组成部分注册会计师基于集团审计目的对组成部分财务信息执行相关工作，并对所有发现的问题、得出的结论或形成的意见负责，集团项目合伙人及其所在的会计师事务所仍对集团审计意见负全部责任

D. 注册会计师对集团财务报表审计出具的审计报告不应提及组成部分注册会计师，除非法律法规另有规定

2. 集团项目合伙人认为由于集团管理层施加的限制，使集团项目组不能获取充分、适当的审计证据，集团项目合伙人应采取的措施有（　　）。

A. 如果是新业务，拒绝接受业务委托

B. 如果是连续审计，修改审计业务约定书

C. 如果是新业务且法律法规禁止注册会计师拒绝接受业务委托，在可能的范围内对具体财务报表实施审计，并对集团财务报表发表无法表示意见

D. 如果是连续审计，注册会计师不能解除业务约定，在可能的范围内对具体财务报表实施审计，并对集团财务报表发表无法表示意见

3. 集团审计时，参加对集团财务报表重大错报风险的讨论组成人员包括（　　）。

A. 项目组全部成员

B. 项目组关键成员

C. 组成部分注册会计师

D. 集团项目合伙人

4. 在集团财务报表审计中，集团项目组对组成部分注册会计师在职业道德、专任胜任能力和所处的监管环境存在重大疑虑，可以采取消除影响的方式有（　　）。

A. 参加组成部分注册会计师的工作

B. 实施追加的风险评估程序

C. 对组成部分财务信息实施进一步审计程序

D. 亲自获取充分、适当的审计证据

5. 对于集团财务报表审计，下列有关组成部分重要性的说法中，正确的有（　　）。

A. 不同组成部分确定的重要性的汇总数应当小于集团财务报表整体的重要性

B. 集团项目组确定组成部分重要性

C. 集团项目组应当将组成部分重要性设定为低于集团财务报表整体的重要性

D. 集团项目组可以为组成部分设定一个或多个重要性水平

6. 对组成部分需执行的工作的说法中正确的有（　　）。

A. 使用组成部分重要性对组成部分财务信息实施审计

B. 可能导致集团财务报表发生重大错报风险的特别风险实施特定的审计程序

C. 不重要的组成部分，由组成部分注册会计师实施审计

D. 具有财务重大性的单个组成部分，集团项目组对组成部分财务信息实施审计

7. 集团项目组参与组成部分注册会计师的工作的说法中错误的有（　　）。

A. 如果组成部分注册会计师对重要组成部分财务信息执行审计，集团项目组应当参加组成部分注册会计师实施的风险评估程序

B. 与组成部分注册会计师讨论对集团而言重要的组成部分活动

C. 与组成部分注册会计师讨论财务信息发生重大错报风险的可能性

D. 复核组成部分注册会计师形成的审计工作底稿

8. 关于识别出导致集团财务报表发生重大错报的特别风险的说法中，正确的有（　　）。

A. 集团项目组应与组成部分注册会计师或组成部分管理层讨论对集团而言重要的组成部分业务活动

B. 复核组成部分注册会计师对识别出的导致集团财务报表发生重大错报的特别风险形成的审计工作底稿

C. 集团项目组应当评价针对识别出的特别风险拟实施的进一步审计程序的恰当性

D. 集团项目组应当确定是否有必要参与进一步审计程序

9. 集团项目组参与组成部分注册会计师的工作方式包括（　　）。

A. 与组成部分注册会计师会谈

B. 设计和实施进一步审计程序

C. 参与组成部分注册会计师的会议

D. 复核组成部分注册会计师的总体审计策略和具体审计计划

10. 集团项目组对合并过程中不经过常规交易系统对集团财务报表列报金额作出调整的适当性、完整性和准确性的评价可能包括（　　）。

A. 评价重大调整是否恰当反映了相关事项和交易

B. 确定重大调整是否得到集团管理层和组成部分管理层（如适用）的正确计算、处理和授权

C. 确定重大调整是否有适当的证据支持并得到充分的记录

D. 检查集团内部交易、未实现内部交易损益以及集团内部往来余额是否核对一致

11. 组成部分注册会计师向集团项目组沟通的事项包括（　　）。

A. 组成部分注册会计师是否已遵守集团项目组的要求

B. 组成部分财务信息中未更正错报的清单

C. 描述识别出的组成部分层面值得关注的内部控制缺陷

D. 因违反法律法规而可能导致组成部分财务信息发生重大错报的风险

12. 下列事项中，集团项目组与集团治理层沟通而不予管理层沟通的事项有（　　）。

A. 集团项目组识别出集团管理层面内部控制缺陷

B. 集团项目组识别出来的组成部分层面内部控制缺陷

C. 集团审计受到的限制

D. 涉及集团管理层、组成部分管理层、在集团层面控制中承担重要职责的员工以及其他人员（在舞弊行为导致集团财务报表出现重大错报的情况下）的舞弊或舞弊嫌疑

（三）简答题

1. ABC会计师事务所承接甲集团公司2019年度财务报表，A注册会计师为集团项目合伙人，审计过程中发现以下事项：

（1）XYZ 会计师事务所担任甲公司海外重要子公司的组成部分注册会计师。A 注册会计师认为该事项在财务报表中可能存在导致集团财务报表发生重大错报的特别风险，拟在对甲公司 2019 年度财务报表出具的审计报告中增加其他事项段，说明该子公司的审计工作由组成部分注册会计师 XYZ 会计师事务所审计。

（2）乙公司为不重要的组成部分。A 注册会计师你在集团层面实施分析程序。

（3）丙公司为甲集团公司 2019 年新收购的子公司，A 注册会计师认为甲公司合并丙公司过程中的重大调整没有得到充分记录，要求组成部分注册会计师使用组成部分重要性对丙公司财务信息实施审阅。

（4）丁公司为重要组成部分，组成部分注册会计师重新确定了组成部分重要性并实施了审计程序。

（5）组成部分注册会计师在对戊公司审计过程中发现存在错报，超过明显微小错报临界值，但没有达到组成部分重要性水平，因此没有想集团项目组进行通报。

【要求】针对上述第（1）~（5）项，逐项指出 A 注册会计师的做法是否恰当。如不恰当，简要说明理由。

2. ABC 会计师事务所承接甲集团公司 2019 年度财务报表，A 注册会计师为集团项目合伙人，审计过程中发现以下事项：

（1）乙公司为重要组成部分，组成部分注册会计师与发现乙公司管理层可能存在的舞弊行为。A 注册会计师评估后认为该事项对集团财务报表影响不重大，未再与集团治理层沟通。

（2）丙公司为海外子公司。A 注册会计师要求担任丙公司组成部分注册会计师的境外会计师事务所确认其是否了解并遵守中国注册会计师职业道德守则的规定。

（3）丁公司为甲集团公司 2019 年并购的公司，为重要组成部分，组成部分注册会计师没有发现丁公司财务报表有重大会计调整事项，A 注册会计师发现后，拟与集团管理层进行沟通。

（4）戊公司为重要组成部分，A 注册会计师发现组成部分注册会计师 D 的爱人于 2020 年 1 月 1 日入职戊公司，担任财务经理一职。认为组成部分注册会计师不符合集团审计相关的独立性要求，决定参加组成部分注册会计师的工作，以消除组成部分注册会计师独立性的影响。

（5）己公司为重要组成部分，A 注册会计师决定由组成部分注册会计师对己公司环境进行了解并制定对己公司的总体审计策略和具体审计计划。

【要求】针对上述第（1）~（5）项，逐项指出 A 注册会计师的做法是否恰当。如不恰当，简要说明理由。

通关练习答案及解析

（一）单选题

1. 【答案】C

【解析】集团项目组可以将选定的基准乘以某一百分比，以协助识别对集团具有财务重大性的单个组成部分，因此选择选项 C。

2. 【答案】B

【解析】组成部分中对集团重要的业务活动、集团层面控制的描述和集团组织结构是集团项目组承接新业务需要了解的，因此选择选项 B。

3. 【答案】C

【解析】只有当基于集团审计目的，计划要求由组成部分注册会计师执行组成部分财务信息的相关工作时，集团项目组才需要了解组成部分注册会计师，因此不选择选项 A。如果集团项目组计划仅在集团层面对某些组成部分实施分析程序，就无需了解这些组成部分注册会计师，因此不选择选项 B。集团项目组需要了解组成部分注册会计师是否处于积极的监管环境中，因此不选择选项 D。

4. 【答案】D

【解析】组成部分注册会计师工作的程度是否足以获取充分、适当的审计证据属于集团项目组应当了解组成部分注册会计师的事项，但不属于专业胜任能力，因此选择选项 D。

5. 【答案】D

【解析】组成部分注册会计师需要将在组成部分财务信息中识别出的超过临界值的错报通报给集团项目组，因此选择选项 D。

6. 【答案】A

【解析】识别出导致集团财务报表发生重大错报风险的特别风险，因此不选择选项 B。对集团层面控制的设计和评价，以及其是否得到执行的判断，因此不选择选项 C。集团项目组对组成部分注册会计师的了解，了解的内容不仅限于专任胜任能力，还有独立性，是否处于积极有效的监管环境等，因此不选择选项 D。

7. 【答案】A

【解析】集团项目组应当使用组成部分重要性对某些不重要组成部分财务信息实施审阅，因此不选择选项 B。对于不重要组成部分，集团项目组应当在集团层面实施分析程序，因此不选择选项 C。集团项目组应当对某些不重要的组成部分实施特定程序，因此不选择选项 D。

8. 【答案】A

【解析】可能影响集团项目组参与组成部分注册会计师工作的因素不包括组成部分的重要性，因此选择选项 A。

9. 【答案】C

【解析】如果组成部分财务信息没有按照集团财务报表采用的会计政策编制，集团项目组应当评价组成部分财务信息是否已得到适当调整，以满足编制和列报集团财务报表的要求。因此选择选项 C。

10. 【答案】D

【解析】表明可能存在管理层偏向的迹象是组成部分注册会计师想集团项目组沟通的事项，因此选择选项 D。

11. 【答案】B

【解析】在配合集团项目组时，如果法律法规未予禁止，组成部分注册会计师可以允许集团项目组接触相关审计工作底稿，因此不选择选项 A。如果认为组成部分注册会计师的工作不充分，集团项目组应当确定需要实施哪些追加的程序，因此不选择选项 C。由组成部分注册会计师或是由集团项目组实施，因此不选择选项 D。

12. 【答案】C

【解析】集团项目组应当评价，通过对合并过程实施的审计程序以及由集团项目组和组成部分注册会计师对组成部分财务信息执行的工作，是否已获取充分、适当的审计证据，作为形成集团审计意见的基础，因此不选择选项 A。如果认为未能获取充分、适当的审计证据作为形成集团审计意见的基础，集团项目组可以要求组成部分注册会计师对组成部分财务信息实施追加的程序。如果不可行，集团项目组可以直接对组成部分财务信息实施程序，因此不选择选项 B。集团项目合伙人对错报的汇总影响的评价，能够使其确定集团财务报表整体是否存在重大错报，因此不选择选项 D。

（二）多选题

1. 【答案】ACD

【解析】集团项目组和组成部分注册会计师就各自执行的审计工作分别负责，集团项目组在执行集团财务报表审计时完全基于组成部分注册会计师的工作。这一种责任设定模式不是我国采用的，因此不选择选项 B。

2. 【答案】ACD

【解析】如果是连续审计，在法律规范允许的情况下，解除业务约定，如果法律法规禁止注册会计师拒绝接受业务委托，或者注册会计师不能解除业务约定，在可能的范围内对具体财务报表实施审计，并对集团财务报表发表无法表示意见，因此不选择选项 B。

3. 【答案】BCD

【解析】集团财务报表重大错报风险的讨论不需要全员参与，因此不选择选项 A。

4.【答案】ABC

【解析】亲自获取充分、适当的审计证据是在组成部分注册会计师不符合集团审计相关的独立性要求时采取的方式，因此不选择选项 D。

5.【答案】BCD

【解析】不同组成部分确定的重要性的汇总数，也可能高于集团财务报表整体的重要性，因此不选择选项 A。

6.【答案】ABD

【解析】对由于其特定性质或情况，可能存在导致集团财务报表发生重大错报的特别风险的重要组成部分，集团项目组或代表集团项目组的组成部分注册会计师应当执行下列一项或多项工作：(1) 使用组成部分重要性对组成部分财务信息实施审计，因此选择选项 A。(2) 针对与可能导致集团财务报表发生重大错报的特别风险相关的一个或多个账户余额、一类或多类交易或披露事项实施审计。(3) 针对可能导致集团财务报表发生重大错报的特别风险实施特定的审计程序，因此选择选项 B。不重要的组成部分，集团项目组应当在集团层面实施分析程序，因此不选择选项 C。就集团而言，对于具有财务重大性的单个组成部分，集团项目组或代表集团项目组的组成部分注册会计师应当运用该组成部分的重要性，对组成部分财务信息实施审计，因此选择选项 D。

7.【答案】CD

【解析】与组成部分注册会计师讨论由于舞弊或错误导致组成部分财务信息发生重大错报的可能性，因此选择选项 C。复核组成部分注册会计师对识别出的导致集团财务报表发生重大错报的特别风险形成的审计工作底稿，因此选择选项 D。

8.【答案】BCD

【解析】集团项目组应与组成部分注册会计师或组成部分管理层讨论对集团而言重要的组成部分业务活动是集团项目组参与组成部分注册会计师实施的风险评估程序的内容，因此不选择选项 A。

9.【答案】ABD

【解析】参与组成部分注册会计师与组成部分管理层的总结会议和其他会议，因此不选择选项 C。

10.【答案】ABC

【解析】检查集团内部交易、未实现内部交易损益以及集团内部往来余额是否核对一致并抵销，因此不选择选项 D。

11.【答案】ABC

【解析】因违反法律法规而可能导致集团财务报表发生重大错报的信息，因此不选择选项 D。

12.【答案】CD

【解析】集团项目组识别出集团管理层面内部控制缺陷和集团项目组识别出来的组成部分层面内部控制缺陷是集团项目组和集团管理层提供时应当考虑的事项，因此不选择选项 A 和选项 B。

（三）简答题

1.【答案】

（1）不恰当。注册会计师对集团财务报表出具的审计报告不应提及组成部分注册会计师，除非法律法规另有规定。

（2）恰当。

（3）丙公司为重要组成部分，不应执行审阅/应当对丙公司执行财务信息审计/特定账户余额、披露或交易审计/实施特定审计程序。

（4）不恰当。集团项目组为组成部分确定组成部分重要性。

（5）不恰当。组成部分注册会计师需要将组成部分财务信息中识别出来的超过微小错报临界值的错报通报给集团项目组。

2.【答案】

（1）不恰当。涉及组成部分管理层的舞弊或舞弊嫌疑，应当与治理层沟通。

（2）恰当。

（3）不恰当。集团项目组应当要求集团管理层告知组成部分管理层其尚未知悉的、集团项目组注意到的可能对组成部分财务报表产生重要影响的事项。

（4）不恰当。组成部分注册会计师不符合集团审计相关的独立性要求，集团项目组不能提供参加组成部分注册会计师的工作/实施追加的风险评估程序/对组成部分财务信息实施进一步审计程序，消除组成部分注册会计师不具有独立性的影响。

（5）不恰当。集团项目组应当对集团及其环境、集团组成部分及其环境获取充分了解/复核组成部分注册会计师的总体审计策略和具体审计计划。

第十七章　其他特殊项目的审计

2021年教材内容主要变化

本章主要变化如下：

（1）删除“在检查记录或文件时对关联方信息保持警觉”相关内容；

（2）关联方审计中识别和评估重大错报风险；

（3）关联方审计中针对重大错报风险的应对措施。

【小贴士】具体详见有关重难点。

本章近五年考情统计分析

本章考题主要以客观题和主观题（简答题）为主，但是针对个别的知识点（如会计估计、持续经营假设、首次接受委托等），也可以结合审计实务（教材第三编）、审计报告（教材第五编），以主观题（综合题）的形式考查，看持续经营、期初余额等可结合审计报告（教材第五编），以主观题（简答题）的形式考查。

本章属于重要的考试章节之一，最近五年平均考试分值一般在7分左右。

（一）近五年考试分值分布

题型	2016年	2017年	2018年	2019年	2020年
单选题	2	2	1	4	—
多选题	—	2	2	—	4
简答题	4	—	6	3	9
综合题	—	3	—	—	—
合计	6	7	9	7	13

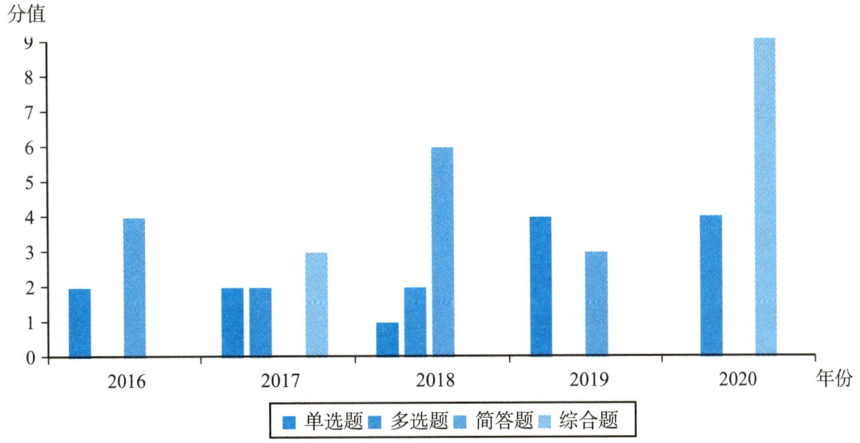

（二）近五年考试考点分布

高频考点内容	年度及题型分布
期初余额审计	2020年多选、2019年简答、2018年单选、2016年单选
持续经营假设	2020年多选、2019年单选
超常重大交易	2017年单选、2016年单选
高度不确定性估计	2018年简答、2016年简答
会计估计	2020年简答、2018年多选、2018年简答、2017年单选、2016年简答
区间估计	2019年单选、2018年简答、2017年多选
关联方审计	2020年简答
其他特殊项目的审计	2020年简答、2019年单选、2019年简答、2018年简答、2017年综合、2016年简答

重难点解析

本章内容为注册会计师执业过程中遇到的特殊事项，属于审计中的重要章节，主要内容包括审计会计估计、关联方的审计、考虑持续经营假设和首次接受委托时对期初余额的审计。

【小贴士】本章内容的学习，需要结合前后有关章节内容。例如，会计估计、期初余额的内容与第三编（各类交易和账户余额的审计）相结合；关联方交易结合第二编（审计测试流程）；可持续经营、期初余额等内容与第五编（完成审计工作与出具审计报告）相结合。

重难点1：会计估计的性质★★

（一）责任划分

被审计单位管理层应当对其作出的包括在财务报表中的会计估计负责。而按照中国注册会计师审计准则的规定，获取充分、适当的审计证据，评价被审计单位作出的会计估计是否合理、披露是否充分，则是注册会计师的责任。

（二）风险判断

会计估计通常是被审计单位在不确定情况下作出的，其准确程度取决于管理层对不确定的交易或事项的结果作出的主观判断。由于会计估计的主观性、复杂性和不确定性，管理层作出的会计估计发生重大错报的可能性较大，注册会计师应当按照规定，确定会计估计的重大错报风险是否属于特别风险。

（三）差异不等于财务报表错报

需要提醒的是，会计估计的结果与财务报表中原来已确认或披露的金额存在差异，并不必然表明财务报表存在错报。这对于公允价值会计估计而言尤其如此，因为任何已观察到的结果都不可避免受到作出会计估计的时点后所发生的事项或情况的影响。

【小贴士】除公允价值会计估计外，其他可能需要作出会计估计的例子有：坏账准备；存货跌价准备；产品质量保证义务；折旧方法或资产预计使用寿命等。

重难点2：风险评估程序和相关活动★★★

（一）了解适用的财务报告编制基础的要求

1. 有助于注册会计师确定该编制基础

（1）是否规定了会计估计的确认条件或计量方法。

（2）明确了某些允许或要求采用公允价值计量的条件（如与管理层执行与某项资产或负债相关的特定措施的意图挂钩）。

（3）明确了要求作出或允许作出的披露。

2. 为注册会计师就下列方面与管理层进

行讨论提供了基础

（1）管理层如何运用与会计估计相关的要求。

（2）注册会计师对这些要求是否得到恰当运用的判断。

【小贴士】管理层的点估计，是指管理层在财务报表中确认或披露一项会计估计而选择的金额。当存在可供选择的点估计时，财务报告编制基础可能为管理层确定点估计提供指引。

（二）了解管理层如何识别是否需要作出会计估计

编制财务报表要求管理层确定是否有必要对某项交易、事项和情况作出会计估计，以及确定是否已按照适用的财务报告编制基础确认、计量和披露所有必要的会计估计。

注册会计师主要通过询问管理层，就可以了解管理层如何识别需要作出会计估计的情形。询问的内容可以包括：

（1）被审计单位是否已从事可能需要作出会计估计的新型交易。

（2）需要作出会计估计的交易的条款是否已改变。

（3）由于适用的财务报告编制基础的要求或其他规定的变化，与会计估计相关的会计政策是否已经相应变化。

（4）可能要求管理层修改或作出新会计估计的外部监管变化或其他不受管理层控制的变化是否已经发生。

（5）是否已经发生可能需要作出新估计或修改现有估计的新情况或事项。

【小贴士】当管理层作出会计估计的流程更为结构化时（如管理层设有正式的风险管理职责），注册会计师可以针对管理层定期复核导致会计估计的情况及在必要时重新估计会计估计的方法及惯常做法实施风险评估程序。会计估计（特别是与负债相关的会计估计）的完整性，通常是注册会计师考虑的重要因素。

（三）了解管理层如何作出会计估计

1. 编制财务报表要求管理层建立针对会计估计的财务报告过程（包括适当的内部控制）

这些过程通常包括：

（1）选择适当的会计政策，并规定作出会计估计的流程，包括适当的估计或估值的方法或模型（如适用）。

（2）形成或识别影响会计估计的相关数据和假设。

（3）定期复核需要作出会计估计和在必要时重新作出会计估计的情形。

2. 管理层作出会计估计的方法和依据

（1）用以作出会计估计的方法，包括模型（如适用），如下表所示。

情形	注册会计师的应对
适用的财务报告编制基础可能规定会计估计的计量方法	【示例】计量公允价值会计估计的特定模型 考虑被审计单位管理层是否按照规定方法作出会计估计
适用的财务报告编制基础没有规定计量方法，或可能规定了多种可供选择的计量方法	当适用的财务报告编制基础没有规定具体环境下采用的特定计量方法时，注册会计师在了解管理层作出会计估计所采用的方法或模型（如适用）时可能考虑的事项包括： ①在选择特定方法时，管理层如何考虑需要作出估计的资产或负债的性质； ②被审计单位是否在某些业务领域、行业或环境中从事经营活动，而这些业务领域、行业或环境存在用于作出特定类型会计估计的通用方法

【小贴士】如果管理层作出会计估计时采用了内部开发的模型或偏离了某一特定行业或环境中所采用的通用方法，则可能存在更大的重大错报风险。

（2）相关控制。

注册会计师可能考虑的事项包括作出会计估计的人员的经验与胜任能力，以及与下列情况相关的控制：

①管理层如何确定作出会计估计所使用的数据的完整性、相关性和准确性。

②由适当层级的管理层和治理层（如适用）对会计估计（包括使用的假设或输入数据）进行复核和批准。

③将批准交易的人员和负责作出会计估计的人员进行职责分离，包括职责分配是否恰当考虑了被审计单位的性质以及产品或服务的性质。

④其他与作出会计估计相关的控制取决于具体情况。

【示例】如果被审计单位使用特定模型作出会计估计，管理层可能针对该模型建立专门的政策和程序。相关控制可能包括对下列事项的控制：①为特定目的而设计和开发或选择特定模型。②该模型的使用。③该模型可靠性的维护和定期验证。

（3）管理层是否利用管理层的专家的工作，如下表所示。

是否利用专家工作	需要考虑的具体情况
管理层自身有能力可以不聘请专家	管理层可能拥有作出点估计必要的经验和胜任能力，或者被审计单位可能雇用那些具备作出点估计必要的经验和胜任能力的人员
管理层可能需要聘请专家作出或者帮助其作出会计估计	①需要作出会计估计的事项（如在采掘行业对矿产或油气储量的测量）具有特殊性质。 ②满足适用的财务报告编制基础相关要求的模型（如对某些公允价值计量采用的模型）具有一定的技术含量。 ③需要作出会计估计的情况、交易或事项具有异常性或偶发性

（4）会计估计所依据的假设，如下表所示。

注册会计师了解 会计估计基础假设考虑事项	公允价值会计估计特别提醒注意事项及示例
①假设（包括重大假设）的性质。 ②管理层如何评价假设是否相关和完整（即考虑了所有相关变量）。 ③管理层如何确定所采用假设的内在一致性（如适用）。 ④假设是否与管理层所能控制的事项相关（如对可能影响资产使用年限的维修计划的假设），以及这些假设是否与被审计单位的经营计划和外部环境相符，或者假设与管理层控制之外的事项相关（如对利率、死亡率、潜在的司法或监管行为或未来现金流量的变动和时间安排的假设）。 ⑤支持假设的文件记录（如存在）的性质和范围	①假设反映熟悉情况且自愿的公平交易参与方（有时称为市场参与方或类似称谓）在交换资产或清偿债务时用以确定公允价值可能使用的信息，或者假设与熟悉情况且自愿的公平交易参与方使用的信息一致。特定假设也可能因被估值资产或负债的特征、估值方法（如市场法或收益法）和适用的财务报告编制基础的要求的不同而不同。 ②假设或输入数据因其来源和基础的不同而不同。 【示例】 ①依据从独立于报告主体以外的渠道获得的市场数据（有时称为“可观察到的输入数据”或类似称谓）得出的假设或输入数据，反映了市场参与方在确定资产或负债价格时使用的信息。 ②依据具体情况下可获得的最佳信息（有时称为“不可观察到的输入数据”或类似称谓）得出的假设或输入数据，反映了被审计单位自身对市场参与方在确定资产或负债价格时使用何种假设作出的判断。 在实务中，上面两者之间的差别并不总是明显的，管理层可能有必要从不同市场参与方使用的假设中作出选择。 假设或输入数据的主观程度（如是否可观察到）影响估计不确定性的程度，并由此影响注册会计师对会计估计的重大错报风险的评估

【小贴士】管理层可能使用来源于内部和外部不同类型的信息来支持假设，这些信息的相关性和可靠性各不相同。

（5）用以作出会计估计的方法是否已经发生或应当发生不同于上期的变化，以及变化的原因。

①是否发生变化或应当发生变化。在评价管理层如何作出会计估计时，注册会计师需要了解用以作出会计估计的方法与前期相比是否已经发生变化或应当发生变化。当影响被审计单位的环境或情况或者适用的财务报告编制基础的要求发生变化时，需要改变估计方法加以

应对。

②新方法更恰当或是对变化的应对。如果管理层改变了用于作出会计估计的方法，则注册会计师需要确定管理层能够证明新方法更加恰当，或者新方法本身就是对变化的应对。

（6）管理层是否评估以及如何评估估计不确定性的影响。在了解管理层是否以及如何评估估计不确定性的影响时，注册会计师可能考虑的事项包括：

①管理层是否已经考虑以及如何考虑各种可供选择的假设或结果，如通过敏感性分析确定假设变化对会计估计的影响。

②当敏感性分析表明存在多种可能结果时，管理层如何作出会计估计。

③管理层是否监控上期作出会计估计的结果，以及管理层是否已恰当应对实施监控程序的结果。

（四）需要特别关注会计估计与上期财务报表有关的事项

1. 注册会计师复核上期财务报表中的会计估计的目的

注册会计师应当复核上期财务报表中会计估计的结果，或者复核管理层在本期财务报表中对上期会计估计作出的后续重新估计（如适用）。在确定复核的性质和范围时，注册会计师应当考虑会计估计的性质，以及复核时获取的信息是否可能与识别和评估本期财务报表中会计估计的重大错报风险相关。但是，注册会计师复核的目的不是质疑上期依据当时可获得的信息而作出的判断。

2. 合理评价会计估计的结果与上期财务报表中已经确认金额的差异

（1）有差异不必然表明上期财务报表存在错报。会计估计的结果与上期财务报表中已确认金额之间的差异，并不必然表明上期财务报表存在错报。

（2）由于没有运用或错误运用下列两类信息而产生的差异可能表明上期财务报表存在错报：

①在上期财务报表编制完成阶段管理层可以获得的信息。

②合理预期管理层已经获得并在编制和列报财务报表时已予以考虑的信息。

【经典例题】

【真题·单选题】（2015）下列与会计估计审计相关的程序中，注册会计师应当在风险评估阶段实施的是（　　）。

A. 确定管理层是否恰当运用与会计估计相关的财务报告编制基础

B. 复核上期财务报表中会计估计的结果

C. 确定管理层作出会计估计的方法是否恰当

D. 评估会计估计的合理性

【答案】B

【解析】复核上期财务报表中会计估计的结果是为了了解管理层如何作出会计估计，属于风险评估阶段实施的程序，因此选择选项B。确定管理层是否恰当运用与会计估计相关的财务报告编制基础、确定管理层作出会计估计的方法是否恰当和评估会计估计的合理性都属于注册会计师应当评估的会计估计重大错报风险的措施，而非实施的程序，因此不选择选项A、C、D。

重难点3：识别和评估重大错报风险★★★

在识别和评估重大错报风险时，注册会计师应当评价与会计估计相关的估计不确定性的程度，并根据职业判断确定识别出的具有高度估计不确定性的会计估计是否会导致特别风险。

【经典例题】

【真题·单选题】（2019）下列有关注册会计师评估特别风险的说法中，正确的是（　　）。

A. 注册会计师应当将具有高度估计不确定性的会计估计评估为存在特别风险

B. 注册会计师应当将管理层凌驾于控制

之上的风险作为特别风险

C. 注册会计师应当将涉及重大管理层判断和重大审计判断的事项评估为存在特别风险

D. 注册会计师应当将重大非常规交易评估为存在特别风险

【答案】B

【解析】注册会计师应当评价与会计估计相关的估计不确定性的程度，并根据职业判断确定识别出的具有高度估计不确定性的会计估计是否会导致特别风险，因此不选择选项 A。管理层凌驾于控制之上的风险属于特别风险，因此选择选项 B。特别风险与重大非常规交易和判断事项有关，因此不选择选项 C、D。

（一）估计不确定性

1. 影响会计估计相关的估计不确定性的程度的因素

（1）会计估计对判断的依赖程度。

（2）会计估计对假设变化的敏感性。

（3）是否存在可以降低估计不确定性的经认可的计量技术（作为输入数据的假设，其主观程度仍可导致估计不确定性）。

（4）预测期的长度和从过去事项得出的数据对预测未来事项的相关性。

（5）是否能够从外部来源获得可靠数据。

（6）会计估计依据可观察到的或不可观察到的输入数据的程度。

与会计估计相关的估计不确定性程度，可能影响会计估计对管理层偏向的敏感性。

2. 评估重大错报风险时，注册会计师考虑的事项

（1）会计估计的实际的或预期的重要程度。

（2）会计估计的记录金额（即管理层的点估计）与注册会计师预期应记录金额的差异。

（3）管理层在作出会计估计时是否利用管理层的专家工作。

（4）对上期会计估计进行复核的结果。

（二）高度估计不确定性的会计估计

可能存在高度估计不确定性的会计估计的例子很多，例如：

（1）高度依赖判断的会计估计，如对未决诉讼的结果或未来现金流量的金额和时间安排的判断，而未决诉讼的结果或未来现金流量的金额和时间安排取决于多年后才能确定结果的不确定事项。

（2）未采用经认可的计量技术计算的会计估计。

（3）注册会计师对上期财务报表中类似会计估计进行复核的结果表明最初会计估计与实际结果之间存在很大差异，在这种情况下管理层作出的会计估计。

（4）采用高度专业化的、由被审计单位自主开发的模型，或在缺乏可观察到的输入数据的情况下作出的公允价值会计估计。

【小贴士】*在某些情况下，估计不确定性非常高，以致难以作出合理的会计估计。*

因此，适用的财务报告编制基础可能禁止在财务报表中对此进行确认或以公允价值计量。在这种情况下特别风险不仅与会计估计是否应予确认或以公允价值计量相关，而且与披露的充分性相关。针对这种会计估计，适用的财务报告编制基础可能要求披露会计估计和与之相关的高度估计不确定性。如果认为会计估计导致特别风险，注册会计师需要了解与会计估计相关的控制，包括控制活动。

【经典例题】

【真题·多选题】（2018）下列各项中，影响会计估计的估计不确定性程度的有（　　）。

A. 会计估计涉及的预测期的长度

B. 会计估计对假设变化的敏感性

C. 会计估计对判断的依赖程度

D. 会计估计依据不可观察到的输入数据的程度

【答案】ABCD

重难点 4：应对评估的重大错报风险★★★

（一）注册会计师应当确定的内容

基于评估的重大错报风险，注册会计师应当确定的事项，如下表所示。

注册会计师应确定的内容	出现的情形	注册会计师应对
管理层是否恰当运用与会计估计相关的适用的财务报告编制基础的规定	许多财务报告编制基础规定会计估计的确认条件，并详细说明作出会计估计的方法和需要作出的披露。这些规定可能较为复杂，并要求运用判断	(1) 根据实施风险评估程序时了解的情况，注册会计师需要重点关注适用的财务报告编制基础中容易被误用或产生不同解释的相关要求。 (2) 注册会计师确定管理层是否恰当地遵守适用的财务报告编制基础的要求，在某种程度上依据其对被审计单位及其环境的了解。 【示例】对某些项目（如在企业并购中获得的无形资产）的公允价值进行计量需要特别考虑被审计单位的性质及其经营活动的影响。 (3) 在某些情况下，为了确定管理层是否恰当地遵守适用的财务报告编制基础的要求，注册会计师有必要实施追加的审计程序，如检查资产当前实物状况
作出会计估计的方法是否恰当，并得到一贯运用，以及会计估计或作出会计估计的方法不同于上期的变化是否适合于具体情况	在情况没有发生变化或没有出现新的信息时，对会计估计或估计方法作出改变是武断的。武断的变化导致各期财务报表不一致，并可能产生财务报表重大错报，或显示存在管理层偏向	注册会计师考虑会计估计或其估计方法自上期以来发生的变化是非常重要的
	管理层通常能够为不同期间基于环境的变化对会计估计或其估计方法的改变提供很好的理由	注册会计师需要根据判断确定该理由支持管理层观点（即环境已经发生变化，需要对会计估计或其估计方法作出改变）的充分性

（二）注册会计师实施的程序

在应对评估的重大错报风险时，注册会计师应当考虑会计估计的性质，并实施下列一项或多项程序：

（1）确定截至审计报告日发生的事项是否提供有关会计估计的审计证据，如下表所示。

能否提供充分、适当的审计证据	示例	注册会计师应对
有时可能提供有关会计估计的充分、适当的审计证据	期后不久出售某被替代的产品的全部存货，可能提供有关其可变现净值估计的审计证据。如果截至审计报告日可能发生的事项预期发生并提供用以证实或否定会计估计的审计证据，确定这些事项是否提供有关会计估计的审计证据可能是恰当的应对措施	在这种情况下，可能没有必要对会计估计实施追加的审计程序
某些会计估计，截至审计报告日发生的事项不可能提供审计证据	与某些会计估计相关的情况或事项需要较长时间才有进展；同样，由于公允价值会计估计的计量目标，期后信息可能不反映财务报表日存在的事项或情况，因而可能与公允价值会计估计的计量无关	注册会计师仍需要遵守《中国注册会计师审计准则第1332号——期后事项》及其应用指南的相关规定。注册会计师需要实施审计程序，获取充分、适当的审计证据，以确定财务报表日至审计报告日之间发生的、需要在财务报表中调整或披露的事项是否已经按照适用的财务报告编制基础在财务报表中得到恰当反映

【小贴士】由于除公允价值会计估计外的许多会计估计的计量通常取决于未来情况、交易或事项的结果，《中国注册会计师审计准则第1332号——期后事项》规定的审计工作对于这些会计估计尤为相关。

（2）测试管理层如何作出会计估计以及会计估计所依据的数据，如下表所示。

测试范围	可能是恰当的应对措施
测试所依据的数据	（1）会计估计是依据模型（使用可观察到的或不可观察到的输入数据）作出的公允价值会计估计。 （2）会计估计源于被审计单位会计系统对数据的常规处理。 （3）注册会计师对上期财务报表中类似的会计估计的复核表明管理层本期的会计估计流程可能是有效的。 （4）会计估计建立在性质相似、单项不重要但数量众多的项目的基础上
注册会计师应当评价采用的计量方法在具体情况下是否恰当，以及根据适用的财务报告编制基础确定的计量目标，管理层使用的假设是否合理。测试管理层如何作出会计估计	（1）测试会计估计所依据的数据的准确性、完整性和相关性，以及管理层是否使用这些数据和假设恰当地作出会计估计。 （2）考虑外部数据或信息的来源、相关性和可靠性，包括从管理层聘请的、用以协助其作出会计估计的外部专家那里获取的数据或信息。 （3）重新计算会计估计，并复核有关会计估计信息的内在一致性。 （4）考虑管理层的复核和批准流程

着重就评价计量方法、评价模型的使用和评价管理层使用的假设三个方面进行讨论，如下表所示。

内容	界定	注册会计师考虑事项
计价计量方法	当适用的财务报告编制基础没有规定计量方法时，评价计量方法（包括适用的模型）是否适用于具体情况属于职业判断	（1）管理层选择计量方法的理由是否合理。 （2）管理层是否充分评价和恰当运用适用的财务报告编制基础提供的、用以支持所选择的计量方法的标准（如存在）。 （3）根据被估计的资产或负债的性质和适用的财务报告编制基础的要求，评价计量方法是否适用于具体情况。 （4）计量方法相对于被审计单位开展的业务、所处行业和环境是否恰当。 【小贴士】在某些情况下，管理层可能已确定采用不同的估计方法会导致一系列显著不同的会计估计。 在这种情况下，了解被审计单位如何调查导致这些差异的原因可能有助于注册会计师评价管理层所选择方法的恰当性
评价模型的使用	在某些情况下，特别是作出公允价值会计估计时，管理层可能使用模型。使用的模型是否适用于具体情况，可能取决于多种因素，如被审计单位的性质及其环境，包括被审计单位所处的行业和需要计量的特定资产或负债	根据所处的不同环境，在测试模型时，注册会计师可能需要考虑一些事项，这些事项的相关程度取决于具体情况，包括模型是否公开出售供特定部门或行业使用，或是专有的模型。在某些情况下，被审计单位可能利用专家来开发和测试模型。这些事项包括： （1）在使用前是否验证模型，并定期复核以确保其能持续满足预定用途。被审计单位的验证流程可能是指：①评价模型理论上的合理性和数学上的可靠性，包括模型参数的恰当性；②评价模型输入数据相对于市场惯例的一致性和完整性；③与实际交易相比，评价模型的输出数据。 （2）是否存在针对模型变更的恰当控制政策和程序。 （3）是否定期校准和测试模型的有效性，特别是当输入数据具有主观性时。 （4）是否对模型输出数据作出调整，包括作出公允价值会计估计时，这些调整是否反映市场参与方在类似环境中所使用的假设。 （5）模型是否得到恰当记录，包括模型的预定用途、局限性和关键参数、要求的输入数据和实施验证分析的结果

续表

内容	界定	注册会计师考虑事项
评价管理层使用的假设	首先应当明确的是，注册会计师对管理层使用的假设的评价，仅以其在审计时可获得的信息为基础。针对管理层假设而实施审计程序是为了财务报表审计的目的，而不是为了针对假设本身发表意见	在评价管理层使用的假设的合理性时，注册会计师可能需要考虑： （1）单项假设是否显得合理。 （2）假设是否相互依赖且具有内在一致性。 （3）当将这些假设汇总起来考虑或结合其他假设考虑时，无论是对于特定会计估计还是其他会计估计，这些假设是否显得合理。 （4）对于公允价值会计估计，假设是否恰当反映可观察到的市场假设。 在评价管理层使用的构成公允价值会计估计基础的假设的合理性时，注册会计师除了考虑上述事项，在适用时还可能考虑下列事项： （1）管理层是否以及如何在作出假设时加入特定市场输入数据（如相关）。 （2）假设是否与可观察到的市场情况和以公允价值计量的资产或负债的特征一致。 （3）市场参与方假设的来源是否相关和可靠，以及当存在多种市场参与方假设时管理层如何选择假设。 （4）管理层是否以及如何考虑在可比较的交易、资产或负债中使用的假设或有关信息（如适用）

进一步讲，公允价值会计估计可能依据可观察到和不可观察到的输入数据。当公允价值会计估计依据不可观察到的输入数据时，注册会计师可能考虑的事项包括管理层是如何为下列方面提供合理支持的：识别与会计估计相关的市场参与方的特征；修改自有假设以反映市场参与方可能使用的假设；是否包括在具体情形下可获得的最佳信息；管理层的假设是如何考虑可比较的交易、资产或负债的（如适用）。

当存在不可观察到的输入数据时，注册会计师需要在评价假设时结合审计准则提出的其他应对措施，以获取充分、适当的审计证据。在这种情况下，注册会计师有必要实施其他审计程序，如检查适当层级的管理层和治理层（如适用）复核和批准会计估计的文件。

【小贴士】在评价支持会计估计的假设的合理性时，注册会计师可能识别出一个或多个重大假设，这可能表明会计估计存在高度估计不确定性并由此可能产生特别风险。

（三）测试与管理层如何作出会计估计相关的控制的运行有效性，并实施恰当的实质性程序

审计准则规定，当存在下列情形之一时，注册会计师需要测试控制运行的有效性：

（1）在评估认定层次重大错报风险时，预期针对会计估计流程的控制的运行是有效的。

（2）仅实施实质性程序不能提供认定层次充分、适当的审计证据。如果管理层作出会计估计的流程的设计、执行和维护良好，测试与管理层如何作出会计估计相关的控制运行的有效性可能是适当的。这样的例子比如：存在适当层级的管理层和治理层（如适用）对会计估计进行复核和批准的控制；会计估计源于被审计单位会计系统对数据的常规处理。

（四）作出注册会计师的点估计或区间估计，以评价管理层的点估计

（1）界定。注册会计师的点估计或区间估计，是指从审计证据中得出的、用于评价管理层点估计的金额或金额区间。

（2）注册会计师的应对。注册会计师应当针对下列两种情况分别予以处理.

①如果使用有别于管理层的假设或方法，注册会计师应当充分了解管理层的假设或方法，以确定注册会计师在作出点估计或区间估计时已考虑了相关变量，并评价与管理层的点估计存在的任何重大差异。

这种了解可能向注册会计师提供与其作出恰当点估计或区间估计相关的信息，并有助于了解和评价任何有别于管理层点估计的重大差异。

【示例】差异可能源于注册会计师与管理层使用不同但同样有效的假设。这可能显示出会计估计对某些假设高度敏感，因此受高度估计不确定性的影响，这意味着会计估计可能存在特别风险。此外，差异也可能是由于管理层造成的事实错误所导致。根据具体情况，注册会计师在得出结论时，与管理层就使用的假设的基础及其有效性以及作出会计估计的方法差异（如存在）进行讨论可能是有帮助的。

②如果认为使用区间估计是恰当的，注册会计师应当基于可获得的审计证据来缩小区间估计，直至该区间估计范围内的所有结果均可被视为合理。

当注册会计师认为运用区间估计（注册会计师的区间估计）来评价管理层点估计的合理性恰当时，作出的区间估计需要包括所有“合理”的结果而不是所有可能的结果。

这是因为包括所有可能结果的区间估计太宽泛，以至于不能有效确定会计估计是否存在错报。如果注册会计师的区间估计范围足够小，以至于能够确定会计估计是否存在错报，它就是有用和有效的。

通常情况下，当区间估计的区间已缩小至等于或低于实际执行的重要性时，该区间估计对于评价管理层的点估计是适当的。而对于某些特定行业，可能难以将区间缩小至低于某一金额。这并不必然否定管理层对会计估计的确认，但是可能意味着与会计估计相关的估计不确定性可能导致特别风险。

（3）缩小区间估计的方法。下列方法可以将区间估计的区间缩小至某一区域，使得在该区域内的所有结果视为是合理的：

①从区间估计中剔除注册会计师认为不可能发生的极端结果。

②根据可获得的审计证据，继续缩小区间估计直至注册会计师认为该区间估计内的所有结果均视为是合理的。在极其特殊的情况下，注册会计师可能缩小区间估计直至审计证据指向点估计。

【经典例题】

【真题·单选题】（2019）下列有关注册会计师作出区间估计以评价管理层的点估计的说法中，错误的是（　　）。

A. 注册会计师作出区间估计时可以使用与管理层不同的假设

B. 在极其特殊的情况下，注册会计师可能缩小区间估计直至审计证据指向点估计

C. 注册会计师作出的区间估计需要包括所有可能的结果

D. 如果注册会计师难以将区间估计的区间缩小至低于实际执行的重要性，可能意味着与会计估计相关的估计不确定性可能导致特别风险

【答案】C

【解析】在应对评估的重大错报风险时，当注册会计师认为运用区间估计（注册会计师的区间估计）来评价管理层点估计的合理性是恰当的时，作出的区间估计需要包括所有“合理”的结果而不是所有可能的结果。因此选择选项 C。

【真题·多选题】（2017）下列有关注册会计师作出的区间估计的说法中，正确的有（　　）。

A. 注册会计师作出的区间估计需要包括所有可能的结果

B. 当区间估计的区间缩小至等于或低于财务报表整体的重要性时，该区间估计对于评价管理层的点估计是适当的

C. 如果使用有别于管理层的假设或方法作出区间估计，注册会计师应当充分了解管理层的假设或方法

D. 注册会计师有可能缩小区间估计直至审计证据指向点估计

【答案】CD

【解析】注册会计师作出的区间估计需要包括所有“合理”的结果而不是所有可能的结果，因此不选择选项 A。当区间估计的区间已缩小至等于或低于实际执行的重要性时，该

区间估计对于评价管理的点估计是适当的，因此不选择选项B。

【真题·多选题】（2015）下列各项审计工作中，可以应对与会计估计相关的重大错报风险的有（　　）。

A. 测试管理层如何作出会计估计以及会计估计所依据的数据

B. 测试与管理层作出会计估计相关的控制的运行有效性

C. 作出注册会计师的点估计或区间估计，以评价管理层的点估计

D. 确定截至审计报告日发生的事项是否提供有关会计估计的审计证据

【答案】ABCD

【解析】以上选项均是在应对评估的重大错报风险时，注册会计师应当考虑会计估计的性质，并实施的一项或多项程序。

重难点5：实施进一步实质性程序以应对特别风险★★★

（一）重点评价内容

在审计导致特别风险的会计估计时，注册会计师在实施进一步实质性程序时需要重点评价：

（1）管理层是如何评估估计不确定性对会计估计的影响，以及这种不确定性对财务报表中会计估计的确认的恰当性可能产生的影响。

（2）相关披露的充分性。

（二）估计不确定性

对导致特别风险的会计估计，除实施《中国注册会计师审计准则第1231号——针对评估的重大错报风险采取的应对措施》和应用指南规定的其他实质性程序外，注册会计师还应当实施以下审计程序：

（1）评价管理层如何考虑替代性的假设或结果，以及拒绝采纳的原因，或者在管理层没有考虑替代性的假设或结果的情况下，评价管理层在作出会计估计时如何处理估计不确定性。

①管理层可能根据具体情况采用多种方法评价会计估计的可供选择的假设或结果。

②重要的是管理层是否已评估了估计不确定性影响会计估计的方式，而不是所采用的具体评估方法。

③当管理层没有考虑可供选择的假设或结果时，注册会计师有必要与管理层讨论其如何处理估计不确定性对会计估计的影响，并要求管理层提供支持性证据。

（2）评价管理层使用的重大假设是否合理。

①如果在作出会计估计时运用的某些假设的合理变化可能对会计估计的计量产生重大影响，则这些假设被视为重大假设。

②注册会计师从管理层建立的持续战略分析和风险管理流程中可能获得相关信息，以支持管理层根据其了解的情况作出的重大假设。

③即使没有建立正式的流程（如在小型被审计单位），注册会计师可以通过询问管理层或与其讨论评价假设，并结合其他审计程序，获取充分、适当的审计证据。

（3）当管理层实施特定措施的意图和能力与其使用的重大假设的合理性或对适用的财务报告编制基础的恰当应用相关时，评价这些意图和能力。

（三）作出区间估计

如果根据职业判断认为管理层没有适当处理估计不确定性对导致特别风险的会计估计的影响，注册会计师应当在必要时作出用于评价会计估计合理性的区间估计。

在某些情况下，注册会计师可能认为管理层的工作是不够的，例如，注册会计师可能作出以下判断：

（1）通过评价管理层如何处理估计不确定性的影响不能获取充分、适当的审计证据。

（2）有必要进一步分析与会计估计相关的估计不确定性的程度，例如，注册会计师注意到类似环境下类似会计估计的结果存在较大差别。

（3）不大可能通过如复核截至审计报告日发生的事项等审计程序获得其他审计证据。

（4）可能有迹象表明管理层在作出会计估计时存在管理层偏向。

（四）确认和计量的标准

对导致特别风险的会计估计，注册会计师应当获取充分、适当的审计证据，以确定下列方面是否符合适用的财务报告编制基础的规定：

1. 管理层对会计估计在财务报表中予以确认或不予确认的决策

（1）如果管理层在财务报表中确认一项会计估计，注册会计师评价的重点是会计估计的计量是否足够可靠，能否满足适用的财务报告编制基础规定的确认标准。

（2）对于没有在财务报表中确认的会计估计，注册会计师评价的重点是会计估计是否在实质上已满足适用的财务报告编制基础规定的确认标准。

【小贴士】*即使某一项会计估计没有得到确认，且注册会计师认为这种处理是恰当的，可能仍然有必要在财务报表附注中披露具体情况。注册会计师也可能认为有必要在审计报告中增加强调事项段，以提醒财务报表使用者关注重大不确定性的存在。*

2. 作出会计估计所选择的计量基础

（1）对于公允价值会计估计，某些适用的财务报告编制基础在要求或者允许进行公允价值计量和披露时，是以公允价值可以可靠计量这一假定作为前提条件的。

（2）在某些情况下，如不存在恰当的计量方法或基础，这种假定可能不成立。

（3）在这种情况下，注册会计师评价的重点是管理层用以推翻适用的财务报告编制基础所规定的与采用公允价值相关的假定的依据是否恰当。

【经典例题】

【真题·简答题】（2014）ABC会计师事务所负责审计甲公司2013年度财务报表，审计项目组在审计工作底稿中记录了与公允价值和会计估计审计相关的情况，部分内容摘录如下：

（1）为确定甲公司管理层在2012年度财务报表中作出的会计估计是否恰当，审计项目组复核了甲公司2012年度财务报表中的会计估计在2013年度的结果。

（2）甲公司年末持有上市公司乙公司的流通股股票100万股，账面价值为500万元，以公允价值计量。审计项目组核对了该股票于2013年12月31日的收盘价，结果满意。

（3）甲公司持有以公允价值计量的投资性房地产。审计项目组认为该项公允价值计量不存在特别风险，无需了解相关控制，聘请DEF资产评估公司对该投资性房地产的公允价值进行了评估。

（4）2013年末，甲公司针对一项未决诉讼确认了500万元预计负债。审计项目组作出的区间估计为550万元至650万元，据此认为预计负债存在少计50万元的事实错报。

（5）为减少利润总额和应纳税所得额之间的差异，甲公司自2013年1月1日起将固定资产折旧年限调整为税法规定的最低年限。审计项目组根据变更后的折旧年限检查了甲公司2013年度计提的折旧额，结果满意。

（6）审计项目组向管理层获取了有关会计估计的书面声明，内容包括在财务报表中确认或披露的会计估计和未在财务报表中确认或披露的会计估计。

【要求】针对上述第（1）~（6）项，逐项指出审计项目组的做法是否恰当。如不恰当，简要说明理由。

【答案】

（1）不恰当。注册会计师复核上期财务报表中会计估计的结果，是为了识别和评估本期会计估计重大错报风险而执行的风险评估程序，目的不是质疑上期依据当时可获得的信息而作出的判断。

（2）恰当。

（3）不恰当。即使不存在特别风险，注册会计师也应了解相关控制。

（4）不恰当。根据审计项目组的区间估计，只能得出错报不小于50万元的结论，并不能确定就是50万元。该错报是判断错报，不是事实错报。

（5）不恰当。管理层变更折旧年限的理由不合理。

（6）恰当。

重难点6：评估会计估计的合理性并确定错报★★★

（一）评估会计估计

注册会计师应当根据获取的审计证据，评价财务报表中的会计估计在适用的财务报告编制基础下是合理的还是存在错报。

（二）确定错报

（1）根据获取的审计证据，注册会计师可能认为这些证据指向与管理层的点估计不同的会计估计。当审计证据支持点估计时，注册会计师的点估计与管理层的点估计之间的差异构成错报。

（2）当注册会计师认为使用其区间估计能够获取充分、适当的审计证据时，则在注册会计师区间估计之外的管理层的点估计得不到审计证据的支持。在这种情况下，错报不小于管理层的点估计与注册会计师区间估计之间的最小差异。

（3）当管理层根据其对环境变化的主观判断而改变某项会计估计，或者改变上期作出会计估计的方法时，基于获取的审计证据，注册会计师可能认为会计估计被管理层随意改变而产生错报，或者将其视为可能存在管理层偏向的迹象。

（三）错报的成因

一项错报，无论是由于舞弊还是错误导致，当与会计估计相关时，可能是由于下列因素导致的：

（1）毋庸置疑存在错报（事实错报）；

（2）由注册会计师认为管理层对会计估计作出的判断不合理，或认为管理层对会计政策的选择或运用不恰当而产生的差异（判断错报）；

（3）注册会计师对总体中错报的最佳估计，包括由审计样本中识别出的错报推断出总体中的错报（推断错报）。

在某些涉及会计估计的情形中，错报可能由上述因素共同导致，因此难以或不可能区分出由哪一具体因素导致。

评价在财务报表附注中的会计估计和相关披露（无论是由适用的财务报告编制基础要求的还是属于自愿披露的）的合理性时考虑的事项，与在审计财务报表中确认的会计估计时考虑的事项在实质上是相同的。

【经典例题】

【真题·简答题】（2018）ABC会计师事务所的A注册会计师负责审计甲公司2017年度财务报表。与会计估计审计相关的部分事项如下：

（1）A注册会计师就管理层确认的某项预计负债作出了区间估计，该区间包括了甲公司所有可能承担的赔偿金额。管理层确认的预计负债处于该区间内，A注册会计师据此认可了管理层确认的金额。

（2）2016年末，管理层对某项应收款项全额计提了坏账准备。因2017年全额收回该款项，管理层转回了相应的坏账准备。A注册会计师据此认为2016年度财务报表存在重大错报，要求管理层更正2017年度财务报表的对应数据。

（3）管理层编制盈利预测以评价递延所得税资产的可回收性。A注册会计师向管理层询问了盈利预测中使用的假设的依据，并对盈利预测实施了重新计算，结果满意，据此认可了管理层的评价。

（4）2017年末，甲公司确认与产品保修义务相关的预计负债400万元。A注册会计师作出的点估计为600万元。管理层将预计负债调增至550万元。A注册会计师将未调整的50万元作为错报累积。

（5）A注册会计师认为应收账款坏账准备的计提存在特别风险，在了解相关内部控制后，对应收账款坏账准备实施了实质性分析程序，结果满意，据此认可了管理层计提的金额。

【要求】针对上述第（1）~（5）项，逐项指出A注册会计师的做法是否恰当。如不恰当，简要说明理由。

【答案】

（1）不恰当。作出的区间估计需要包括所有合理的结果而不是所有可能的结果。

（2）不恰当。2016年度财务报表中的会计估计与实际结果存在差异，并不必然表明2016年度财务报表存在错报。

（3）不恰当。还应当执行程序评价盈利预测中假设的合理性/仅执行询问和重新计算无法获取有关假设合理性的充分、适当的审计证据。

（4）恰当。

（5）不恰当。对特别风险的应对程序仅为实质性程序时，应当包括细节测试。

【真题·单选题】（2017）下列有关会计估计错报的说法中，正确的是（　　）。

A. 当审计证据支持注册会计师的点估计时，该点估计与管理层的点估计之间的差异构成错报

B. 如果会计估计的结果与上期财务报表中已确认的金额存在重大差异，表明上期财务报表存在错报

C. 如果管理层的点估计在注册会计师的区间估计内，表明管理层的点估计不存在错报

D. 由于会计估计具有主观性，与会计估计相关的错报是判断错报

【答案】A

【解析】会计估计的结果与上期财务报表中已确认金额之间的差异，并不必然表明上期财务报表存在错报，因此不选择选项B。当注册会计师认为使用区间估计能够获得充分、适当的审计证据时，则注册会计师区间估计之外的管理层的点估计得不到审计证据的支持，但这并不意味着点估计落在区间估计之内就一定不存在错报，因此不选择选项C。与会计估计相关的错报包括事实错报、判断错报和推断错报，因此不选择选项D。

重难点7：会计估计的其他相关审计程序★★★

（一）关注与会计估计相关的披露

注册会计师应当获取充分、适当的审计证据，以确定与会计估计相关的财务报披露是否符合适用的财务报告编制基础的规定。对导致特别风险的会计估计，注册会计师应当评价在适用的财务报告编制基础下，财务报表对估计不确定性的披露的充分性。

1. 按照适用财务报告编制基础作出的披露

按照适用财务报告编制基础作出的披露，如下表所示。

披露规定	披露内容及应对
按照适用的财务报告编制基础作出的披露。按照适用的财务报告编制基础列报财务报表，包括对重大事项的充分披露。适用的财务报告编制基础可能允许或规定与会计估计相关的披露，并且某些实体可能在财务报表附注中自愿披露额外信息	（1）使用的假设。 （2）使用的估计方法，包括适用的模型。 （3）选择估计方法的基础。 （4）改变上期估计方法产生的影响。 （5）估计不确定性的原因和影响。 这些披露与财务报表使用者理解在财务报表中确认或披露的会计估计相关，注册会计师需要就其披露是否符合适用的财务报告编制基础的规定获取充分、适当的审计证据

续表

披露规定	披露内容及应对
某些情况下，适用的财务报告编制基础可能对披露估计不确定性作出特别规定	（1）披露关键假设以及产生估计不确定性的其他原因，该估计不确定性具有导致对资产和负债账面价值作出重大调整的特别风险。这些要求可能用“估计不确定性的关键原因”或“关键会计估计”等术语表述。 （2）对于区间估计，披露可能出现的结果的区间和用以确定该区间的假设。 （3）披露关于公允价值会计估计相对被审计单位财务状况和经营成果的重要程度的信息。 （4）披露定性信息（如受风险影响的情况、被审计单位管理风险的目标、政策和程序以及计量风险的方法），以及自上期以来这些定性信息的任何变化。 （5）披露定量信息，如受风险影响的程度（以内部提供给关键管理人员的信息为基础），包括信用风险、流动性风险和市场风险

2. 披露导致特别风险的会计估计的估计不确定性

（1）对具有特别风险的会计估计，即使已按照适用的财务报告编制基础的要求进行了披露，注册会计师仍可能根据所涉及的情况和事实认为对估计不确定性的披露是不充分的。

（2）会计估计可能结果的区间估计相对于重要性越大，注册会计师对估计不确定性的披露充分性的评价越重要。

（3）在某些情况下，注册会计师可能认为鼓励管理层在财务报表附注中描述与估计不确定性相关的情况是适当的。当注册会计师认为管理层在财务报表中对估计不确定性的披露不充分或存在误导时，应当考虑其对审计报告的影响。

（二）识别可能存在管理层偏向的迹象

（1）注册会计师应当复核管理层在作出会计估计时的判断和决策，以识别是否可能存在管理层偏向的迹象。

（2）在审计过程中，注册会计师可能注意到管理层作出的、可能导致出现管理层偏向迹象的判断和决策。

①这些迹象可能影响注册会计师对有关风险评估结果和相关应对措施是否仍然恰当的判断，并且注册会计师可能有必要考虑对审计其他方面的影响。

②进一步讲，这些迹象可能影响注册会计师对财务报表整体是否不存在重大错报的评估。

（3）与会计估计相关的、可能存在管理层偏向迹象的例子。

①管理层主观地认为环境已经发生变化，并相应地改变会计估计或估计方法。

②针对公允价值会计估计，被审计单位的自有假设与可观察到的市场假设不一致，但仍使用被审计单位的自有假设。

③管理层选择或作出重大假设以产生有利于管理层目标的点估计。

④选择带有乐观或悲观倾向的点估计。

（三）获取书面声明

1. 目的

注册会计师应当向管理层和治理层（如适用）获取书面声明，以确定其是否认为在作出会计估计时使用的重大假设是合理的。

2. 在财务报表中确认或披露会计估计的书面声明的可能内容

根据估计不确定性的性质、重要性和程度，有关财务报表中确认或披露的会计估计的书面声明可能包括下列内容：

（1）计量流程（包括管理层在根据适用的财务报告编制基础作出会计估计时使用的相关假设和模型）的恰当性，以及流程的一贯运用。

（2）假设恰当地反映了管理层代表被审计单位执行特定措施的意图和能力（当这些意图和能力与会计估计和披露相关时）。

（3）在适用的财务报告编制基础下与会计估计相关的披露的完整性和适当性。

（4）不存在需要对财务报表中会计估计和披露作出调整的期后事项。

3. 针对未在财务报表中确认或披露的会计估计，书面声明也可能包括的内容

（1）管理层用于确定不满足适用的财务报告编制基础规定的确认或披露标准的依据的恰当性。

（2）针对未在财务报表中以公允价值计量或披露的会计估计，管理层用于推翻适用的财务报告编制基础规定的与使用公允价值相关的假定的依据的恰当性。

【小贴士】在审计过程中，注册会计师应当将识别出的可能存在管理层偏向的迹象形成审计工作底稿，这有助于注册会计师确定风险评估结果和相关应对措施是否仍然恰当，以及评价财务报表整体是否不存在重大错报。

【经典例题】

【真题·简答题】（2016）甲公司是ABC会计师事务所的常年审计客户。A注册会计师负责审计甲公司2015年度财务报表，确定财务报表整体的重要性为200万元。审计工作底稿中与会计估计审计相关的部分事项摘录如下：

（1）因甲公司2015年度经营情况较上年度没有发生重大变化，A注册会计师通过实施分析程序对上年会计估计在本年的结果进行了复核，以评估与会计估计相关的重大错报风险。

（2）甲公司管理层实施固定资产减值测试时采用的重大假设具有高度估计不确定性，导致特别风险。A注册会计师评价了管理层采用的计量方法，测试了基础数据，并将重大假设与相关历史数据进行了比较，未发现重大差异，据此认为管理层的减值测试结果合理。

（3）2015年甲公司聘请XYZ咨询公司提供精算服务，并根据精算结果进行了会计处理。A注册会计师评价了XYZ咨询公司的胜任能力和专业素质，了解和评价了其工作，认为可以将其工作结果作为审计证据。

（4）2015年12月，甲公司厂房发生重大火灾，管理层根据保险合同和损失，情况估计和确认了应收理赔款1 000万元。A注册会计师检查了保险合同和甲公司管理层编制的损失情况说明，据此认为管理层的会计估计合理。

（5）因2014年年末少计无形资产减值准备300万元，A注册会计师对甲公司2014年度财务报表发表了保留意见。甲公司于2015年处置了相关无形资产，并在2015年度财务报表中确认了处置损益。A注册会计师认为导致对上期财务报表发表保留意见的事项已经解决，不影响2015年度审计报告。

【要求】针对上述第（1）~（5）项，逐项指出A注册会计师的做法是否恰当。如不恰当，简要说明理由。

【答案】

（1）不恰当。对具有高度估计不确定性的会计估计仅实施分析程序不够。

（2）不恰当。对存在特别风险的会计估计，未评价管理层如何考虑替代性的假设/未评价管理层在作出会计估计时如何处理估计不确定性。

（3）不恰当。注册会计师未/应评价管理层的专家的客观性。

（4）不恰当。应当考虑从保险公司获取相关证据/应当考虑利用专家工作对财产损失情况进行评估。

（5）不恰当。该事项对本期财务报表影响重大，A注册会计师应当考虑该事项对2015年审计意见的影响。

重难点8：关联方审计风险评估程序和相关工作★★★

注册会计师在审计过程中应当实施风险评估程序和相关工作，以获取与识别关联方关系及其交易相关的重大错报风险的信息，如下表所示。

关联方审计风险评估程序和相关工作	了解关联方关系及其交易	项目组内部讨论 询问管理层 与关联方关系及其交易相关的控制
	在检查记录或文件时对关联方信息保持警觉	检查记录或文件 询问管理层

1. 项目组内部的讨论

（1）要求。项目组按照《中国注册会计师审计准则第 1211 号——通过了解被审计单位及其环境识别和评估重大错报风险》和《中国注册会计师审计准则第 1141 号——财务报表审计中与舞弊相关的责任》的规定进行内部讨论时，应当特别考虑由于关联方关系及其交易导致的舞弊或错误使得财务报表存在重大错报的可能性。

（2）项目组内部讨论的内容可能包括：

①关联方关系及其交易的性质和范围（如利用在每次审计后更新的有关识别出的关联方的记录进行讨论）。

②强调在整个审计过程中对关联方关系及其交易导致的潜在重大错报风险保持职业怀疑的重要性。

③可能显示管理层以前未识别或未向注册会计师披露的关联方关系或关联方交易的情形或状况（如被审计单位组织结构复杂，利用特殊目的实体从事表外交易，或信息系统不够完善）。

④可能显示存在关联方关系或关联方交易的记录或文件。

⑤管理层和治理层对关联方关系及其交易（如果适用的财务报告编制基础对关联方作出规定）进行识别、恰当会计处理和披露的重视程度，以及管理层凌驾于相关控制之上的风险。

（3）针对舞弊进行的讨论。在对舞弊进行讨论时，项目组内部讨论的内容还可能包括对关联方可能如何参与舞弊的特殊考虑。

①如何利用管理层控制的特殊目的实体进行利润操纵。

②如何安排被审计单位与已知关键管理人员的商业伙伴之间进行交易，以达到侵占资产的目的。

2. 询问管理层

（1）注册会计师应当向管理层询问下列事项：

①关联方的名称和特征，包括关联方自上期以来发生的变化。

②被审计单位和关联方之间关系的性质。

③被审计单位在本期是否与关联方发生交易，如发生，交易的类型、定价政策和目的。

（2）具体情形及注册会计师应对如下表所示。

具体情形	对注册会计师的影响
如果适用的财务报告编制基础对关联方作出了规定，管理层可能容易获得有关关联方名称和特征的信息，因为被审计单位的信息系统需要记录、处理和汇总关联方关系及其交易，以满足适用的财务报告编制基础对关联方关系及其交易的会计处理和披露的要求。因此，管理层可能拥有关联方的详细清单以及自上期以来关联方发生变化情况的详细清单	在连续审计的情况下，向管理层进行询问，可以为注册会计师提供将其在以前审计中形成的有关关联方的工作记录与管理层提供的信息进行比较的基础
如果适用的财务报告编制基础没有对关联方作出规定，被审计单位可能就没有上述信息系统。在这种情况下，管理层可能无法知悉所有关联方。尽管如此，管理层仍可能注意到存在关联方	在这种情况下，注册会计师对被审计单位关联方名称和特征的询问，可能构成其根据《中国注册会计师审计准则第 1211 号——通过了解被审计单位及其环境识别和评估重大错报风险》的规定所实施风险评估程序和相关活动的一部分。 注册会计师实施这些程序和活动旨在获得下列信息： （1）被审计单位的所有权和治理结构。 （2）被审计单位正在实施和计划实施的投资的类型。 （3）被审计单位的组织结构和筹资方式

续表

具体情形	对注册会计师的影响
如果被审计单位与另一实体受同一方控制，且这种关系对被审计单位具有重大经济影响，则管理层更可能注意到这种关系	如果注册会计师重点询问与被审计单位从事重大交易或共享众多资源的另一实体是否为关联方，则询问可能更有效
对于集团审计业务，审计准则要求集团项目组向组成部分注册会计师提供集团管理层编制的关联方清单，以及集团项目组知悉的任何其他关联方	如果被审计单位是集团的一个组成部分，这些信息有助于注册会计师就关联方的名称和特征向管理层进行询问

【小贴士】通过在业务接受或保持过程中对管理层的询问，注册会计师也可以获取有关关联方名称和特征的某些信息。

3. 与关联方关系及其交易相关的控制

（1）了解关联方关系及其交易的控制。如果管理层建立了下列与关联方关系及其交易相关的控制，注册会计师应当询问管理层和被审计单位内部其他人员，实施其他适当的风险评估程序，以获取对相关控制的了解：

①按照适用的财务报告编制基础，对关联方关系及其交易进行识别、会计处理和披露。

②授权和批准重大关联方交易和安排。

③授权和批准超出正常经营过程的重大交易和安排。

（2）除管理层外的可能知悉关联方关系及其交易以及相关控制的人员。被审计单位内部的其他人员在某种程度上并不构成管理层，但也可能知悉关联方关系及其交易以及相关控制。这些人员可能包括：

①治理层成员。

②负责生成、处理或记录超出正常经营过程的重大交易的人员，以及对其进行监督或监控的人员。

③内部审计人员。

④内部法律顾问。

⑤负责道德事务的人员。

（3）可能不存在与关联方关系及其交易相关的控制或控制存在缺陷：

①管理层对识别和披露关联方关系及其交易的重视程度较低。

②缺乏治理层的适当监督。

③由于披露关联方可能会泄露管理层认为敏感的某些信息（如关联方交易涉及管理层家庭成员），管理层有意忽视相关控制。

④管理层未能充分了解适用的财务报告编制基础对关联方的有关规定。

⑤适用的财务报告编制基础没有对关联方披露作出规定。

【小贴士】如果这些控制无效或者不存在，注册会计师可能无法就关联方关系及其交易获取充分、适当的审计证据。在这种情况下，注册会计师需要考虑对审计工作（包括审计意见）的影响。

（4）管理层凌驾于控制之上的方式。虚假财务报告通常与管理层凌驾于控制之上有关，而此时控制可能看似有效运行。如果管理层和参与交易的另一方之间具有控制或重大影响的关系，管理层凌驾于控制之上的风险就会增高，其原因是这些关系可能表明管理层有更大的动机和机会实施舞弊。管理层在特定关联方中的财务利益可能驱使其通过下列方式凌驾于控制之上：

①指示被审计单位从事损害自身利益但能够使关联方获益的交易。

②与关联方串通或控制其行动。

（5）实施舞弊示例。

①虚构关联方交易条款，以对交易的商业理由作出不实表述。

②采用欺诈方式，安排与管理层或其他人员之间按照显著高于或低于市价的金额进行资产转让交易。

③与关联方（如特殊目的实体）从事复杂的交易，以使被审计单位财务状况或经营成果存在不实表述。

重难点9：关联方审计中识别和评估重大错报风险★★★

（一）要求

根据《中国注册会计师审计准则第1211号——通过了解被审计单位及其环境识别和评估重大错报风险》的规定，注册会计师应当识别和评估关联方关系及其交易导致的重大错报风险，并确定这些风险是否为特别风险。

（二）超出被审计单位正常经营过程的重大关联方交易导致的重大错报风险

超出正常经营过程的重大交易，特别是临近会计期末发生的、在作出“实质重于形式”判断方面存在困难的重大交易（如交易实质不清晰、交易实质与其形式明显不符或交易不具有合理的商业理由），为被审计单位编制虚假财务报告提供了机会。

如果被审计单位开展超出正常经营过程的重大交易，并且关联方作为交易的一方直接影响该交易，或通过中间机构间接影响该交易，或为配合被审计单位管理层特定目的开展该交易，则很可能表明存在舞弊风险因素。

【小贴士】注册会计师应当将识别出的、超出被审计单位正常经营过程的重大关联方交易导致的风险确定为特别风险。

（三）存在具有支配性影响的关联方导致的重大错报风险

管理层由一个或少数几个人支配且缺乏补偿性控制是一项舞弊风险因素，而具有支配性影响的关联方（通常为控股股东或实际控制人）借助对被审计单位财务和经营政策实施控制和重大影响的能力，通常能够对被审计单位或其管理层甚至治理层施加支配性影响。

1. 关联方施加的支配性影响

（1）关联方否决管理层或治理层作出的重大经营决策。

（2）重大交易需经关联方的最终批准。

（3）日常经营（采购、销售或技术支持）高度依赖关联方或关联方提供的资金支持。

（4）对关联方提出的业务建议，管理层和治理层未曾或很少进行讨论即获得通过。

（5）对涉及关联方（或与关联方关系密切的家庭成员）的交易，管理层和治理层极少进行独立复核和批准。

（6）管理层或治理层成员由关联方选定，独立董事实质上不独立，或者与关联方存在密切关系。

（7）存在实际控制人、控股股东或者单一大股东，并利用其影响力凌驾于被审计单位内部控制之上，或使被审计单位管理层在作出决策时只关注单方面的利益，且相关决策在治理层（如董事会）缺乏充分的讨论。

【小贴士】此外，如果关联方在被审计单位的设立和日后经营管理中均发挥主导作用，也可能表明存在支配性影响。

2. 由于舞弊导致的特别风险

如果存在能够对被审计单位或其管理层、治理层施加支配性影响的关联方，并同时出现其他风险因素，可能表明被审计单位存在由于舞弊导致的特别风险。例如：

（1）异常频繁地变更高级管理人员或专业顾问（例如，法律或财务顾问等），可能表明被审计单位为关联方谋取利益而从事不道德或虚假的交易。

（2）通过中间机构开展的重大交易，且难以判断通过中间机构开展该交易的必要性以及交易是否具有合理的商业理由，这可能表明关联方或被审计单位出于舞弊目的，通过控制这些中间机构从交易中获利。

（3）有证据显示关联方过度干涉或关注会计政策的选择或重大会计估计的作出，可能表明存在虚假财务报告。

（四）管理层未能识别出或未向注册会计师披露的关联方关系或重大关联方交易导致的重大错报风险

1. 原因

（1）在某些情况下，管理层未能识别出或未向注册会计师披露某些关联方关系或重大关联方交易可能是无意的。

例如，管理层对《企业会计准则第36

号——关联方披露》的规定缺乏充分了解。

【小贴士】在这种情况下，财务报表很可能存在因管理层缺乏足够的胜任能力而导致的重大错报风险。

(2) 在其他大多数情况下，管理层不向注册会计师披露某些关联方关系或重大关联方交易可能是有意的。

例如，管理层出于粉饰财务报表的目的，精心策划和实施某项重大关联方交易，并有意不在财务报表中作出披露。在注册会计师实施审计时，管理层与关联方串通向注册会计师提供虚假陈述，蓄意隐瞒交易对方是关联方的事实。

【小贴士】在这种情况下，财务报表存在因管理层舞弊而导致的重大错报风险。

2. 某些安排或其他信息可能显示存在管理层未向注册会计师披露的关联方关系或关联方交易

(1) 与其他机构或人员组成不具有法人资格的合伙企业。

(2) 按照超出正常经营过程的交易条款和条件，向特定机构或人员提供服务的安排。

(3) 担保和被担保关系。

（五）管理层披露关联方交易是公平交易时可能存在的重大错报风险

1. 披露关联方交易是公平交易的条件

公平交易是指按照互不关联、各自独立行事且追求自身利益最大化的、自愿的买卖双方达成的条款和条件进行的交易。《企业会计准则第36号——关联方披露》要求企业只有在提供确凿证据的情况下才能披露关联方交易是公平交易。

2. 关联方交易就可能存在重大错报风险的情形

(1) 某些被审计单位对公平交易的理解存在误区，简单认为如果交易价格是按照类似公平交易的价格执行，该项交易就是公平交易，而忽略了该项交易的其他条款和条件（如信用条款、对产品的质量要求等）是否与独立各方之间通常达成的交易条款相同。

(2) 一些被审计单位可能出于误导财务报表使用者的目的，有意忽略交易价格之外的其他条款，并披露关联方交易是公平交易。

（六）管理层未能按照适用的财务报告编制基础对特定关联方关系及其交易进行恰当会计处理和披露导致的重大错报风险

导致管理层未能按照适用的财务报告编制基础对特定关联方关系及其交易进行恰当会计处理和披露的原因很多，除了被审计单位管理层不熟悉相关财务报告编制基础外，更多的可能是为了粉饰财务报表。

例如，被审计单位以明显高于公允市价的价格向其控股股东出售不动产，并将其作为一笔产生损益的交易进行会计处理，而这项交易可能实质上是一项正常经营性交易和权益性交易的组合，高出公允市价的部分可能实质上构成了权益性交易。在这种情况下，关联方交易的经济实质可能没有在财务报表中恰当反映，从而导致财务报表存在重大错报风险。

【经典例题】

【例题·多选题】除管理层外的可能知悉关联方关系及其交易以及相关控制的人员包括（　　）。

A. 内部审计人员

B. 内部法律顾问

C. 治理层成员

D. 负责道德事务的人员

【答案】ABCD

【解析】除管理层外的可能知悉关联方关系及其交易以及相关控制的人员包括：(1) 治理层成员。(2) 负责生成、处理或记录超出正常经营过程的重大交易的人员，以及对其进行监督或监控的人员。(3) 内部审计人员。(4) 内部法律顾问。(5) 负责道德事务的人员。

重难点10：关联方审计中针对重大错报风险的应对措施★★★

针对评估的与关联方关系及其交易相关的

重大错报风险，注册会计师应当设计和实施进一步审计程序，以获取充分、适当的审计证据。

（一）应对超出被审计单位正常经营过程的重大关联方交易导致的重大错报风险

1. 检查相关合同或协议（如有）

如果检查相关合同或协议，注册会计师应当评价：

（1）交易的商业理由（或缺乏商业理由）是否表明被审计单位从事交易的目的可能是为了对财务信息作出虚假报告或为了隐瞒侵占资产的行为；

（2）交易条款是否与管理层的解释一致；

（3）关联方交易是否已按照适用的财务报告编制基础得到恰当会计处理和披露。

2. 获取交易已经恰当授权和批准的审计证据

（1）如果超出正常经营过程的重大关联方交易经管理层、治理层或股东（如适用）授权和批准，可以为注册会计师提供审计证据，表明该项交易已在被审计单位内部的适当层面进行了考虑，并在财务报表中恰当披露了交易的条款和条件。

【小贴士】当然，授权和批准本身不足以就是否不存在由于舞弊或错误导致的重大错报风险得出结论，原因在于如果被审计单位与关联方串通舞弊或关联方对被审计单位具有支配性影响，被审计单位与授权和批准相关的控制可能是无效的。

（2）如果存在未经授权和批准的这类交易，且注册会计师与管理层或治理层进行讨论后仍未获取合理解释，可能表明存在由于舞弊或错误导致的重大错报风险。

【小贴士】在这种情况下，注册会计师可能需要对其他类似性质的交易保持警觉。

（二）应对存在具有支配性影响的关联方导致的重大错报风险

1. 有关特别风险的考虑

如果存在具有支配性影响的关联方，并且因此存在由于舞弊导致的重大错报风险，注册会计师将其评估为一项特别风险。

2. 考虑实施进一步的恰当的实质性程序

除了遵守《中国注册会计师审计准则第1141号——财务报表审计中与舞弊相关的责任》的总体要求外，注册会计师还可以实施诸如下列审计程序，以了解关联方与被审计单位直接或间接建立的业务关系，并确定是否有必要实施进一步的恰当的实质性程序：

（1）询问管理层和治理层并与之讨论。

（2）询问关联方。

（3）检查与关联方之间的重要合同。

（4）通过互联网或某些外部商业信息数据库，进行适当的背景调查。

（5）如果被审计单位保留了员工的举报报告，查阅该报告。

（三）应对管理层未能识别出或未向注册会计师披露的关联方关系或重大关联方交易导致的重大错报风险

1. 检查获取的必要记录和文件

为确定是否存在管理层和治理层未向注册会计师披露的关联方关系或关联方交易，《中国注册会计师审计准则第1323号——关联方》要求注册会计师检查在实施审计程序时获取的银行和律师询证函回函、股东会和治理层会议纪要，以及其认为必要的其他记录和文件。

2. 特定情况下考虑实施的审计程序

如果识别出可能表明存在管理层以前未识别出或未向注册会计师披露的关联方关系或关联方交易的安排或信息，注册会计师应当确定相关情况是否能够证实关联方关系或关联方交易的存在。如果注册会计师认为必要且可行，可以考虑实施的程序包括：

（1）访谈被审计单位的控股股东、实际控制人、治理层以及关键管理人员等，必要时就访谈内容获取上述人员的书面确认或执行函证程序。

（2）以被审计单位控股股东、实际控制人、治理层以及关键管理人员为起点，通过互联网查询或第三方商业信息服务机构实施背景调查，用以识别与这些个人或机构有关联方关系或受其控制的实体，评估这些实体与被审计单位的关系。

【小贴士】如果认为必要且可行，注册会计师也可以考虑将上述访谈和背景调查扩大至其他主要股东及其他相关人员。

(3) 运用数据分析工具，设置特定分析条件对被审计单位的交易信息进行分析，识别是否存在管理层未向注册会计师披露的关联方关系和交易。

①识别被审计单位与并非客户或供应商的实体之间的大额资金往来、在月初和月末发生的大额资金收付等。

②识别交易规模、频率等明显异于被审计单位通常的交易规模或频率的事项，如交易异常频繁，或交易虽不频繁，但单次交易金额重大的事项。

③识别在会计记录中首次出现的交易对方，检查其是否包含在管理层提供的当期新增客户或供应商名单中。

(4) 亲自获取被审计单位的企业信用报告，关注企业信用报告内容的完整性，检查企业信用报告中显示的内容，包括对外担保等，是否已经完整包含在被审计单位管理层披露的信息中。

(5) 检查被审计单位银行对账单中与疑似关联方的大额资金往来交易，关注对账单中是否存在异常的资金流动，关注资金或商业汇票往来是否以真实、合理的交易为基础。

(6) 识别被审计单位银行对账单中与实际控制人、控股股东或高级管理人员的大额资金往来交易，关注是否存在异常的资金流动，关注资金往来是否以真实、合理的交易为基础。如果评估认为这些大额资金往来性质异常，注册会计师还可以要求实际控制人、控股股东或高级管理人员提供其自身的银行对账单，并检查其中与被审计单位之间的资金往来。

(7) 在获得被审计单位授权后，向为被审计单位提供过税务和咨询服务的有关人员询问其对关联方的了解。

(8) 在获得被审计单位授权后，通过律师或其他调查机构获取被审计单位的诉讼信息，关注其中是否存在涉及由于被审计单位对外提供担保而引起的诉讼以及诉讼的内容、性质，评价相关对外担保是否涉及关联方，如果涉及关联方，关联方关系和交易是否已在财务报表中恰当披露。

3. 识别出重大异常情况考虑实施的审计程序

如果注册会计师识别出重大异常情况，使其对某些供应商、客户或其他交易对方是否为被审计单位关联方存有重大疑虑，注册会计师还可以考虑实施以下程序：

(1) 针对交易对方实施背景调查，将其股东情况、注册时间、注册地址、办公地址、网站地址、邮箱域名、注册登记的联系人及其电话和邮箱等信息与被审计单位的相关信息进行比对；并将交易对方的法定代表人、董事、高级管理人员与被审计单位实际控制人、董事、监事、高级管理人员的名单进行比对，考虑交易对方的日常经营范围和规模是否与相关交易相匹配。

(2) 查询交易对方在报告期内或邻近报告期末的股权架构的变动情况，在必要且可行的情况下，考虑是否需要逐级向上追溯至其实际控制人，将查询结果与被审计单位实际控制人、董事、监事、高级管理人员的名单进行比对。

(3) 获取管理层提供的当期新增客户和供应商清单，考虑被审计单位与客户和供应商的首次交易时间是否与客户和供应商的注册成立时间重合或接近，以考虑客户和供应商是否仅为与被审计单位开展交易而设立，并考虑客户和供应商是否可能与被审计单位存在关联方关系。

(4) 询问直接参与交易的基层员工，以了解相关交易的执行情况是否与被审计单位管理层提供的信息一致。

(5) 实施函证和实地走访，包括观察交易对方的经营场所、货物进出情况，现场询问相关人员，以了解该交易对方与被审计单位的交易详情。

（6）利用其他专业人士或机构的工作，如反舞弊专家、信用调查机构或律师的协助。

（四）应对管理层披露关联方交易是公平交易时可能存在的重大错报风险

如果管理层在财务报表中作出认定，声明关联方交易是按照等同于公平交易中通行的条款执行的，注册会计师应当就该项认定获取充分、适当的审计证据。

1. 管理层认定关联方交易是按照等同于公平交易中通行的条款执行的措施

（1）将关联方交易条款与相同或类似的非关联方交易的条款进行比较。

（2）聘请外部专家确定交易的市场价格，并确认交易的条款和条件。

（3）将关联方交易条款与公开市场进行的类似交易的条款进行比较。

2. 注册会计师的审计程序

注册会计师应当检查关联方交易披露的充分性，同时就关联方交易为公平交易的披露进行评价。评价管理层如何支持这项认定，可能涉及以下一个或多个方面：

（1）考虑管理层用于支持其认定的程序是否恰当。

（2）验证支持管理层认定的内部或外部数据来源，对这些数据进行测试，以判断其准确性、完整性和相关性。

（3）评价管理层认定所依据的重大假设的合理性。

【小贴士】有些财务报告编制基础要求披露未按照等同于公平交易中通行的条款执行的关联方交易。在这种情况下，如果管理层未在财务报表中披露关联方交易，则可能隐含着一项认定，即关联方交易是按照等同于公平交易中通行的条款执行的。

（五）应对管理层未能按照适用的财务报告编制基础对特定关联方关系及其交易进行恰当会计处理和披露导致的重大错报风险

应当按照《中国注册会计师审计准则第1501号——对财务报表形成审计意见和出具审计报告》的规定对财务报表形成审计意见时，注册会计师应当评价：

（1）识别出的关联方关系及其交易是否已按照适用的财务报告编制基础得到恰当会计处理和披露。

（2）关联方关系及其交易是否导致财务报表未实现公允反映。

《中国注册会计师审计准则第1251号——评价审计过程中识别出的错报》要求注册会计师在评价错报是否重大时，考虑错报的金额和性质以及错报发生的特定情况。对财务报表使用者而言，某项交易的重要程度，可能不仅取决于所记录的交易金额，还取决于其他特定的相关因素，如关联方关系的性质。

注册会计师按照适用的财务报告编制基础的规定评价被审计单位对关联方关系及其交易的披露，需要考虑被审计单位是否已对关联方关系及其交易进行了恰当汇总和列报，以使披露具有可理解性。当存在下列情形之一时，表明管理层对关联方交易的披露可能不具有可理解性：

（1）关联方交易的商业理由以及交易对财务报表的影响披露不清楚，或存在错报。

（2）未适当披露为理解关联方交易所必需的关键条款、条件或其他要素。

【小贴士】由于关联方之间很可能串通舞弊，隐瞒关联方关系或关联方交易，注册会计师需要在整个审计过程中保持足够的职业怀疑，审慎评价管理层及关联方提供的解释以及获取的审计证据，并特别关注审计过程中取得的或注意到的任何存在不一致或相互矛盾的信息或证据。

【经典例题】

【例题·多选题】应对管理层未能识别出或未向注册会计师披露的关联方关系或重大关联方交易导致的重大错报风险的审计程序包括（　　）。

A. 检查获取的必要记录和文件

B. 访谈被审计单位的控股股东、实际控制人、治理层以及关键管理人员等

C. 运用数据分析工具，设置特定分析条件对被审计单位的交易信息进行分析

D. 以被审计单位控股股东、实际控制人、治理层以及关键管理人员为起点，通过互联网查询或第三方商业信息服务机构实施背景调查

【答案】ABCD

重难点11：关联方审计中的其他相关审计程序★★★

（一）获取书面声明

如果适用的财务报告编制基础对关联方作出规定，注册会计师应当向管理层和治理层（如适用）获取下列书面声明：

（1）已经向注册会计师披露了全部已知的关联方名称和特征、关联方关系及其交易。

（2）已经按照适用的财务报告编制基础的规定对关联方关系及其交易进行了恰当的会计处理和披露。

在下列情况下，注册会计师向治理层获取书面声明可能是适当的：

（1）治理层批准某项特定关联方交易，该项交易可能对财务报表产生重大影响或涉及管理层。

（2）治理层就某些关联方交易的细节向注册会计师作出口头声明。

（3）治理层在关联方或关联方交易中享有财务或者其他利益。

注册会计师还可能决定就管理层作出的某项特殊认定获取书面声明，如管理层对特殊关联方交易不涉及某些未予披露的“背后协议”的声明。

（二）与治理层沟通

除非治理层全部成员参与管理被审计单位，注册会计师应当与治理层沟通审计工作中发现的与关联方相关的重大事项。

注册会计师与治理层沟通审计工作中发现的与关联方相关的重大事项，有助于双方就这些事项的性质和解决方法达成共识。与关联方相关的重大事项的例子包括：

（1）管理层有意或无意未向注册会计师披露关联方关系或重大关联方交易。沟通这一情况可以提醒治理层关注以前未识别的重要关联方和关联方交易。

（2）识别出的未经适当授权和批准的、可能产生舞弊嫌疑的重大关联方交易。

（3）注册会计师与管理层在按照适用的财务报告编制基础的规定披露重大关联方交易方面存在分歧。

（4）违反适用的法律法规有关禁止或限制特定类型关联方交易的规定。

（5）在识别被审计单位最终控制方时遇到的困难。

【经典例题】

【例题·多选题】为应对管理层凌驾于控制之上的风险，下列各项审计程序中，注册会计师应当实施的有（　　）。

A. 确认重大关联方交易是否得到适当授权

B. 测试编制财务报表过程中作出的会计分录和其他调整是否适当

C. 评价作出被审计单位正常经营过程的重大交易的商业理由

D. 复核会计估计是否存在偏向

【答案】BCD

【解析】管理层凌驾于控制之上的风险属于特别风险。无论对管理层凌驾于控制之上的风险的评估结果如何，注册会计师都应当设计和实施审计程序。

重难点12：考虑持续经营假设时管理层的责任和注册会计师的责任★★★

（一）管理层的责任

（1）某些适用的财务报告编制基础明确要求管理层对持续经营能力作出评估，并规定了与此相关的需要考虑的事项和作出的披露。相关法律法规还可能对管理层评估持续经营能力的责任和相关财务报表披露作出具体规定。

（2）其他财务报告编制基础可能没有明确要求管理层对持续经营能力作出评估。但由于持续经营假设是编制财务报表的基本原则，即使其他财务报告编制基础没有对此作出明确规定，管理层也需要在编制财务报表时评估持续经营能力。

（3）与管理层判断相关的因素。管理层对持续经营能力的评估涉及在特定时点对事项或情况的未来结果作出判断，这些事项或情况的未来结果具有固有不确定性。下列因素与管理层的判断相关：

①某一事项或情况或其结果出现的时点距离管理层作出评估的时点越远，与事项或情况的结果相关的不确定性程度将显著增加。因此，明确要求管理层对持续经营能力作出评估的大多数财务报告编制基础可能规定了管理层应当考虑所有可获得信息的期间。

②被审计单位的规模和复杂程度、经营活动的性质和状况以及被审计单位受外部因素影响的程度，将影响对事项或情况的结果作出的判断。

③对未来的所有判断都以作出判断时可获得的信息为基础。管理层作出的判断在当时情况下可能是合理的，但之后发生的事项可能导致事项或情况的结果与作出的判断不一致。

（二）注册会计师的责任

（1）在执行财务报表审计业务时，注册会计师的责任是就管理层在编制和列报财务报表时运用持续经营假设的适当性获取充分、适当的审计证据，并就持续经营能力是否存在重大不确定性得出结论。

【小贴士】即使编制财务报表时采用的财务报告编制基础没有明确要求管理层对持续经营能力作出专门评估，注册会计师的这种责任仍然存在。

（2）如果存在可能导致被审计单位不再持续经营的未来事项或情况，审计的固有限制对注册会计师发现重大错报能力的潜在影响会加大。注册会计师不能对这些未来事项或情况作出预测。

【小贴士】相应地，注册会计师未在审计报告中提及持续经营的不确定性，不能被视为对被审计单位持续经营能力的保证。

【经典例题】

【真题·单选题】（2014）下列有关注册会计师对持续经营假设的审计责任的说法中，错误的是（　　）。

A. 注册会计师有责任就管理层在编制和列报财务报表时运用持续经营假设的适当性获取充分、适当的审计证据

B. 如果适用的财务报告编制基础不要求管理层对持续经营能力作出专门评估，注册会计师没有责任对被审计单位的持续经营能力是否存在重大不确定性作出评估

C. 除询问管理层外，注册会计师没有责任实施其他审计程序，以识别超出管理层评估期间并可能导致对被审计单位持续经营能力产生重大疑虑的事项或情况

D. 注册会计师未在审计报告中提及持续经营能力的不确定性，不能被视为对被审计单位持续经营能力的保证

【答案】B

【解析】即使编制财务报表时采用的财务报告编制基础没有明确要求管理层对持续经营能力作出专门评估，注册会计师的这种责任仍然存在。因此选择选项B。

重难点13：考虑持续经营假设时的风险评估程序和相关活动★★★

（一）要求

（1）在按照《中国注册会计师审计准则第1211号——通过了解被审计单位及其环境识别和评估重大错报风险》的规定实施风险评估程序时，注册会计师应当考虑是否存在可能导致对被审计单位持续经营能力产生重大疑虑的事项或情况，并确定管理层是否已对被审计单位持续经营能力作出初步评估。

（2）如果管理层已对持续经营能力作出初步评估，注册会计师应当与管理层进行讨

论，并确定管理层是否已识别出单独或汇总起来可能导致对被审计单位持续经营能力产生重大疑虑的事项或情况；如果管理层已识别出这些事项或情况，注册会计师应当与其讨论应对计划；如果管理层未对持续经营能力作出初步评估，注册会计师应当与管理层讨论其拟运用持续经营假设的基础，询问管理层是否存在单独或汇总起来可能导致对被审计单位持续经营能力产生重大疑虑的事项或情况。

（3）在计划审计工作和实施风险评估程序时，注册会计师应当考虑是否存在可能导致对持续经营能力产生重大疑虑的事项或情况及相关的经营风险，评价管理层对持续经营能力作出的评估，并考虑已识别的事项或情况对重大错报风险评估的影响。

（二）持续经营假设产生重大疑虑的事项

被审计单位在财务、经营以及其他方面存在的某些事项或情况可能导致经营风险，这些事项或情况单独或连同其他事项或情况可能导致对持续经营假设产生重大疑虑。

1. 财务方面

被审计单位在财务方面存在的可能导致对持续经营假设产生重大疑虑的事项或情况主要包括：

（1）净资产为负或营运资金出现负数。资不抵债有可能使被审计单位在近期内无法偿还到期债务，从而引发债务危机。

（2）定期借款即将到期，但预期不能展期或偿还，或过度依赖短期借款为长期资产筹资。

（3）存在债权人撤销财务支持的迹象。

（4）历史财务报表或预测性财务报表表明经营活动产生的现金流量净额为负数。

（5）关键财务比率不佳。

（6）发生重大经营亏损或用以产生现金流量的资产的价值出现大幅下跌。

（7）拖欠或停止发放股利。

（8）在到期日无法偿还债务。

（9）无法履行借款合同的条款。

（10）与供应商由赊购变为货到付款。

（11）无法获得开发必要的新产品或进行其他必要的投资所需的资金。

2. 经营方面

被审计单位在经营方面存在的可能导致对持续经营假设产生重大疑虑的事项或情况主要包括：

（1）管理层计划清算被审计单位或终止经营。

（2）关键管理人员离职且无人替代。

（3）失去主要市场、关键客户、特许权、执照或主要供应商。

（4）出现用工困难问题。

（5）重要供应短缺。

（6）出现非常成功的竞争者。

3. 其他方面

被审计单位在其他方面存在的可能导致对持续经营假设产生重大疑虑的事项或情况主要包括：

（1）违反有关资本或其他法定要求。

（2）未决诉讼或监管程序，可能导致其无法支付索赔金额。

（3）法律法规或政府政策的变化预期会产生不利影响。

（4）对发生的灾害未购买保险或保额不足。

以上是单独或汇总起来可能导致对持续经营假设产生重大疑虑的事项或情况的示例。这些示例并不能涵盖所有事项或情况，也不意味着存在其中一个或多个项目就一定存在重大不确定性，就必然导致被审计单位无法持续经营。某些措施通常可以减轻这些事项或情况的严重性，注册会计师对此应作出职业判断。

【小贴士】针对有关可能导致对被审计单位持续经营能力产生重大疑虑的事项或情况的审计证据，注册会计师应当在整个审计过程中保持警觉。

重难点14：评价管理层对持续经营能力作出的评估★★★

（一）管理层评估涵盖的期间

（1）在评价管理层对被审计单位持续经

营能力作出的评估时，注册会计师的评价期间应当与管理层按照适用的财务报告编制基础或法律法规（如果法律法规要求的期间更长）的规定作出评估的涵盖期间相同。

（2）财务报告编制基础规定了管理层需要在多长期间考虑所有可获得的持续经营信息。

（3）持续经营假设是指被审计单位在编制财务报表时，假定其经营活动在可预见的将来会继续下去，而可预见的将来通常是指财务报表日后12个月。

（4）管理层对持续经营能力的合理评估期间应是自财务报表日起的下一个会计期间。

（5）如果管理层评估持续经营能力涵盖的期间短于自财务报表日起的12个月，注册会计师应当提请管理层将其至少延长至自财务报表日起的12个月。

【经典例题】

【真题·单选题】（2012）注册会计师对被审计单位2011年1月至6月财务报表进行审计，并于2011年8月31日出具审计报告。下列各项中，管理层在编制2011年1月至6月财务报表时，评估其持续经营能力应当涵盖的最短期间是（　　）。

A. 2011年7月1日至2012年6月30日止期间

B. 2011年9月1日至2012年8月31日止期间

C. 2011年7月1日至2011年12月31日止期间

D. 2011年7月1日至2012年12月31日止期间

【答案】A

【解析】注册会计师对被审计单位2011年1月至6月财务报表进行审计，要求管理层对持续经营能力的合理评估期间应是自财务报表日起的下一个会计期间（至少12个月），即2011年7月1日至2012年6月30日止期间。

（二）管理层的评估、支持性分析和注册会计师的评价

（1）纠正管理层缺乏分析的错误不是注册会计师的责任

①在某些情况下，管理层缺乏详细分析以支持其评估，可能不妨碍注册会计师确定管理层运用持续经营假设是否适合具体情况。

【示例】如果被审计单位具有盈利经营的记录并很容易获得财务支持，管理层可能不需要进行详细分析就能作出评估。在这种情况下，如果其他审计程序足以使注册会计师认为管理层在编制财务报表时运用的持续经营假设适合具体情况，注册会计师可能无须实施详细的评价程序，就可以对管理层评估的适当性得出结论。

②在其他情况下，注册会计师评价管理层对被审计单位持续经营能力所作的评估，可能包括评价管理层作出评估时遵循的程序、评估依据的假设、管理层的未来应对计划以及管理层的计划在当前情况下是否可行。

（2）注册会计师应当考虑管理层作出的评估是否已考虑所有相关信息，其中包括注册会计师实施审计程序获取的信息。

（3）在考虑管理层作出的评估所依据的假设时，注册会计师需要考虑管理层对相关事项或情况结果的预测所依据的假设是否合理，并特别关注具有以下几类特征的假设：

①对预测性信息具有重大影响的假设。

②特别敏感的或容易发生变动的假设。

③与历史趋势不一致的假设。

【小贴士】注册会计师应当基于对被审计单位的了解，比较以前年度的预测与实际结果、本期的预测和截至目前的实际结果。

如果发现某些因素的影响尚未反映在相关预测中，注册会计师需要与管理层讨论这些因素，必要时，要求管理层对相关预测所依据的假设作出修正。

【经典例题】

【例题·单选题】注册会计师评价管理层

对持续经营能力作出的评估。下列说法中错误的是（　　）。

A. 注册会计师应当评价管理层对持续经营能力作出的评估，并对其错误进行纠正

B. 在考虑管理层作出的评估所依据的假设时，注册会计师需要考虑管理层对相关事项或情况结果的预测所依据的假设是否合理，并特别关注特别敏感的或容易发生变动的假设

C. 注册会计师应当基于对被审计单位的了解，比较以前年度的预测与实际结果、本期的预测和截至目前的实际结果。如果发现某些因素的影响尚未反映在相关预测中，注册会计师需要与管理层讨论这些因素

D. 注册会计师应当考虑管理层作出的评估是否已考虑所有相关信息，其中包括注册会计师实施审计程序获取的信息

【答案】A

【解析】注册会计师应当评价管理层对持续经营能力作出的评估，注册会计师的责任是就管理层在编制和列报财务报表时运用持续经营假设的适当性获得充分、适当的审计证据，并就持续经营能力是否存在重大不确定性得出结论，没有对其错误进行纠正的责任，因此选择选项A。

重难点15：超出管理层评估期间的事项或情况★★★

（1）注册会计师应当询问管理层是否知悉超出评估期间的、可能导致对持续经营能力产生重大疑虑的事项或情况。

①可能存在着已知的事项（预定的或非预定的）或情况，是超出管理层评估期间发生的，可能导致注册会计师对管理层编制财务报表时运用持续经营假设的适当性产生怀疑。

②注册会计师需要对存在这些事项或情况的可能性保持警觉。

A. 由于事项或情况发生的时点距离作出评估的时点越远，与事项或情况的结果相关的不确定性的程度也相应增加，因此在考虑更远期间发生的事项或情况时，只有持续经营事项的迹象达到重大时，注册会计师才需要考虑采取进一步措施。

B. 如果识别出这些事项或情况，注册会计师可能需要提请管理层评价这些事项或情况对于其评估被审计单位持续经营能力的潜在重要性。在这种情况下，注册会计师应当通过实施追加的审计程序（包括考虑缓解因素），获取充分、适当的审计证据，以确定是否存在重大不确定性。

（2）除询问管理层外，注册会计师没有责任实施其他任何审计程序，以识别超出管理层评估期间并可能导致对被审计单位持续经营能力产生重大疑虑的事项或情况。

重难点16：考虑持续经营假设过程中识别出事项或情况时实施追加的审计程序★★★

（一）要求

如果识别出可能导致对待续经营能力产生重大疑虑的事项或情况，注册会计师应当通过实施追加的审计程序（包括考虑缓解因素），获取充分、适当的审计证据，以确定是否存在重大不确定性。

（二）实施追加的审计程序

这些程序应当包括：

（1）如果管理层尚未对被审计单位持续经营能力作出评估，提请其进行评估。

（2）评价管理层与持续经营能力评估相关的未来应对计划，这些计划的结果是否可能改善目前的状况，以及管理层的计划对于具体情况是否可行。

（3）如果被审计单位已编制现金流量预测，且对预测的分析是评价管理层未来应对计划时所考虑事项或情况的未来结果的重要因素，评价用于编制预测的基础数据的可靠性，并确定预测所基于的假设是否具有充分的支持。

此外，注册会计师还可能：

①将最近若干期间的预测性财务信息与实际结果相比较。

②将本期预测性财务信息与截至目前的实际结果相比较。

【示例】如果管理层的假设包括第三方通过放弃贷款优先求偿权、承诺保持或提供补充资金或担保等方式向被审计单位提供持续的支持，且这种支持对于被审计单位的持续经营能力很重要，注册会计师可能需要考虑要求该第三方提供书面确认（包括条款和条件），并获得有关该第三方有能力提供这种支持的证据。

（4）考虑自管理层作出评估后是否存在其他可获得的事实或信息。

（5）要求管理层和治理层（如适用）提供有关未来应对计划及其可行性的书面声明。

①如果合理预期不存在其他充分、适当的审计证据，注册会计师应当就对财务报表有重大影响的事项向管理层和治理层（如适用）获取书面声明。

②由于管理层就持续经营能力而提出的应对计划和其他缓解措施通常基于假设基础之上，注册会计师在进行评价时，取得的审计证据多为说服性而非结论性的，因此，注册会计师应当向管理层获取有关应对计划的书面声明。

③尽管被审计单位当前可能是盈利的，但一些特殊的事项或情况可能导致被审计单位发生重大损失。为避免诸如诉讼事项可能发生的巨额赔偿支出，管理层可能会考虑主动寻求破产保护。在这种情况下，获取管理层和治理层（如适用）声明是非常有必要的。注册会计师可以要求管理层和治理层（如适用）作出如下声明："在财务报表日起的12个月内，管理层和治理层（如适用）没有申请破产保护的计划。"

【经典例题】

【真题·综合题（部分）】（2015）甲集团公司是ABC会计师事务所的常年审计客户，主要从事化妆品的生产、批发和零售。A注册会计师负责审计甲集团公司2014年度财务报表，确定集团财务报表整体的重要性为600万元。

资料四：

A注册会计师在审计工作底稿中记录了重大事项的处理情况，部分内容摘录如下：

（2）化妆品行业将于2016年执行更严格的化学成分限量标准，甲集团公司的主要产品可能因此被淘汰。管理层提供了其对该事项的评估及相关书面声明，A注册会计师据此认为该事项不影响甲集团公司的持续经营能力。

（4）A注册会计师认为甲集团公司2014年某新增主要客户很可能是甲集团公司的关联方，在询问管理层和实施追加的进一步审计程序后仍无法确定，拟因此发表保留意见。

【要求】针对资料四第（2）和（4）项，假定不考虑其他条件，A注册会计师的做法是否恰当。如不恰当，简要说明理由。将答案直接填入答题区的相应表格内。

【答案】

事项序号	是否恰当（是/否）	理　由
（2）	否	如果识别出可能导致对持续经营能力产生重大疑虑的事项，注册会计师应当通过实施追加的审计程序，获取充分、适当的审计证据，以确定是否存在重大不确定性/未对管理层的评估实施进一步审计程序/书面声明本身并不为所涉及的任何事项提供充分、适当的审计证据
（4）	否	注册会计师应当考虑将该事项作为审计中的重大困难与治理层进行沟通，要求治理层提供进一步的信息

【例题·多选题】注册会计师识别出可能导致对持续经营能力产生重大疑虑的事项或情况时，应当实施追加的审计程序有（　　）。

A. 考虑自管理层作出评估后是否存在其他可获得的事实或信息

B. 要求管理层和治理层（如适用）提供有关未来应对计划及其可行性的书面声明

C. 评价管理层与持续经营能力评估相关的未来应对计划，这些计划的结果是否可能改善目前的状况，以及管理层的计划对于具体情况是否可行

D. 注册会计师应当询问管理层是否知悉超出评估期间的、可能导致对持续经营能力产生重大疑虑的事项或情况

【答案】ABC

【解析】注册会计师应当询问管理层是否知悉超出评估期间的、可能导致对持续经营能力产生重大疑虑的事项或情况，是可持续经营假设超过管理层评估期间时注册会计师应对策略，不是实施追加的审计程序，因此不选择选项D。

重难点17：注册会计师考虑持续经营假设形成的审计结论★★

（一）要求

注册会计师应当评价是否就管理层编制财务报表时运用持续经营假设的适当性获取了充分、适当的审计证据，并就运用持续经营假设的适当性得出结论。

（二）注册会计师运用职业判断时的考虑

（1）注册会计师应当根据获取的审计证据，运用职业判断，确定是否存在与事项或情况相关的重大不确定性（且这些事项或情况单独或汇总起来可能导致对被审计单位持续经营能力产生重大疑虑）并考虑对审计意见的影响。

（2）如果注册会计师根据职业判断认为，鉴于不确定性潜在影响的重要程度和发生的可能性，为了使财务报表实现公允反映，有必要适当披露该不确定性的性质和影响，表明存在重大不确定性。

（三）持续经营假设存在重大不确定性时的应对

如果认为运用持续经营假设适合具体情况，但存在重大不确定性，注册会计师应当确定：

（1）财务报表是否已充分描述可能导致对持续经营能力产生重大疑虑的主要事项或情况以及管理层针对这些事项或情况的应对计划。

（2）财务报表是否已清楚披露可能导致对持续经营能力产生重大疑虑的事项或情况存在重大不确定性，并由此导致被审计单位可能无法在正常的经营过程中变现资产和清偿债务。

（四）持续经营假设不存在重大不确定性时的应对

如果已识别出可能导致对被审计单位持续经营能力产生重大疑虑的事项或情况，但根据获取的审计证据，注册会计师认为不存在重大不确定性，则注册会计师应当根据适用的财务报告编制基础的规定，评价财务报表是否对这些事项或情况作出充分披露。

重难点18：考虑持续经营假设对审计报告的影响★★★

（一）被审计单位运用持续经营假设适当但存在重大不确定性

1. 出具无保留意见类型审计报告的情形

如果运用持续经营假设是适当的，但存在重大不确定性，且财务报表对重大不确定性已作出充分披露，注册会计师应当发表无保留意见，并在审计报告中增加以“与持续经营相关的重大不确定性”为标题的单独部分。

（1）提醒财务报表使用者关注财务报表附注中对所述事项的披露。

（2）说明这些事项或情况表明存在可能导致对被审计单位持续经营能力产生重大疑虑

的重大不确定性，并说明该事项并不影响发表的审计意见。

2. 出具无法表示意见类型审计报告的情形

在极少数情况下，当存在多项对财务报表整体具有重要影响的重大不确定性时，注册会计师可能认为发表无法表示意见而非增加以“与持续经营相关的重大不确定性”为标题的单独部分是适当的。

《中国注册会计师审计准则第 1502 号——在审计报告中发表非无保留意见》规定，在极其特殊的情况下，可能存在多个不确定事项。尽管注册会计师对每个单独的不确定事项获取了充分、适当的审计证据，但由于不确定事项之间可能存在相互影响，以及可能对财务报表产生累积影响，注册会计师不可能对财务报表形成审计意见。在这种情况下，注册会计师应当发表无法表示意见。

3. 出具保留意见或否定意见类型审计报告的情形

如果财务报表未作出充分披露，注册会计师应当发表保留意见或否定意见。注册会计师应当在审计报告中说明，存在可能导致对被审计单位持续经营能力产生重大疑虑的重大不确定性。

（二）运用持续经营假设不适当

1. 出具否定意见类型审计报告的情形

如果财务报表按照持续经营基础编制，而注册会计师运用职业判断认为管理层在编制财务报表时运用持续经营假设是不适当的，则无论财务报表中对管理层运用持续经营假设的不适当性是否作出披露，注册会计师均应发表否定意见。

2. 采用替代基础编制财务报表的情形

（1）如果在具体情况下运用持续经营假设是不适当的，但管理层被要求或自愿选择编制财务报表，则可以采用替代基础（如清算基础）编制财务报表。

（2）注册会计师可以对财务报表进行审计，前提是注册会计师确定替代基础在具体情况下是可接受的编制基础。

（3）如果财务报表对此作出了充分披露，注册会计师可以发表无保留意见，但也可能认为在审计报告中增加强调事项段是适当或必要的，以提醒财务报表使用者注意替代基础及其使用理由。

（三）严重拖延对财务报表的批准

（1）如果管理层或治理层在财务报表日后严重拖延对财务报表的批准，注册会计师应当询问拖延的原因。

（2）如果认为拖延可能涉及与持续经营评估相关的事项或情况，注册会计师有必要实施前述识别出可能导致对持续经营能力产生重大疑虑的事项或情况时追加的审计程序，并就存在的重大不确定性考虑对审计结论的影响。

重难点 19：考虑持续经营假设时与治理层的沟通★★★

注册会计师应当与治理层就识别出的可能导致对被审计单位持续经营能力产生重大疑虑的事项或情况进行沟通，除非治理层全部成员参与管理被审计单位。

与治理层的沟通应当包括下列方面：

（1）这些事项或情况是否构成重大不确定性。

（2）管理层在编制财务报表时运用持续经营假设是否适当。

（3）财务报表中的相关披露是否充分。

（4）对审计报告的影响（如适用）。

【经典例题】

【例题·单选题】（2019）如果注册会计师识别出可能导致对被审计单位持续经营能力产生重大疑虑的事项或情况，下列说法中错误的是（　　）。

A. 注册会计师应当通过实施追加的审计程序，以确定这些事项或情况是否存在重大不确定性

B. 注册会计师应当评价管理层与持续经营能力评估相关的未来应对计划对于具体情况

是否可行

C. 注册会计师应当考虑自管理层对持续经营能力作出评估后是否存在其他可获得的事实或信息

D. 注册会计师应当根据对这些事项或情况是否存在重大不确定性的评估结果，确定是否与治理层沟通

【答案】D

【解析】选项 D 错误。注册会计师应当与治理层就识别出的可能导致对被审计单位持续经营能力产生重大疑虑的事项或情况进行沟通，除非治理层全部成员参与管理被审计单位。

【真题·简答题（部分）】（2017）ABC 会计师事务所的 A 注册会计师负责审计多家上市公司 2016 年度财务报表，遇到下列与审计报告相关的事项：

（4）丁公司 2016 年发生重大经营亏损。A 注册会计师实施审计程序并与治理层沟通后，认为可能导致对持续经营能力产生重大疑虑的事项或情况不存在重大不确定性。因在审计工作中对该事项进行过重点关注，A 注册会计师拟将其作为关键审计事项在审计报告中沟通。

【要求】针对第（4）项，指出 A 注册会计师的做法是否恰当。如不恰当，简要说明理由。

【答案】

（4）恰当。

【真题·综合题（部分）】（2016）甲公司是 ABC 会计师事务所的常年审计客户，主要从事肉制品的加工和销售。A 注册会计师负责审计甲公司 2015 年度财务报表，确定财务报表整体的重要性为 100 万元。审计报告日为 2016 年 4 月 30 日。

资料五：

A 注册会计师在审计工作底稿中记录了重大事项的处理情况，部分内容摘录如下：

（3）甲公司 2015 年末营运资金为负数，大额银行借款将于 2016 年到期，存在导致对持续经营能力产生重大疑虑的事项。A 注册会计师评估后认为管理层的应对计划可行，甲公司持续经营能力不存在重大不确定性，无需与治理层沟通。

【要求】针对资料五第（3）项，假定不考虑其他条件，指出 A 注册会计师的做法是否恰当。如不恰当，简要说明理由。

【答案】

事项序号	是否恰当（是/否）	理　　由
（3）	否	存在导致对持续经营能力产生重大疑虑的事项，应当与治理层进行沟通

重难点 20：期初余额的含义★★★

（一）定义

期初余额是指期初存在的账户余额。期初余额以上期期末余额为基础，反映了以前期间的交易和事项以及上期采用的会计政策的结果。

（二）正确理解期初余额的含义

1. 期初余额是期初已存在的账户余额

（1）期初已存在的账户余额是由上期结转至本期的金额。

（2）或是上期期末余额调整后的金额。

2. 期初余额反映了以前期间的交易和事项以及上期采用的会计政策的结果

3. 期初余额与注册会计师首次审计业务相联系

（1）所谓首次审计业务，是指在上期财务报表未经审计。

（2）或上期财务报表由前任注册会计师审计的情况下承接的审计业务。

（三）判断期初余额对本期财务报表的影响程度

应着眼于以下三方面：

1. 上期结转至本期的金额

2. 上期所采用的会计政策

3. 上期期末已存在的或有事项及承诺

【小贴士】注册会计师应以这三方面的内容为重点，确定期初余额对本期财务报表的影响。

重难点21：期初余额的审计目标★★★

（一）确定期初余额是否含有对本期财务报表产生重大影响的错报

（1）要确定期初余额是否存在对本期财务报表产生重大影响的错报，主要是判断期初余额的错报对本期财务报表使用者进行决策的影响程度，是否足以改变或影响其判断。

（2）如果期初余额存在对本期财务报表产生重大影响的错报，则注册会计师在审计中必须对此提出恰当的审计调整或披露建议。

（3）如果期初余额不存在对本期财务报表产生重大影响的错报，注册会计师无须对此予以特别关注和处理。

【示例】上期财务报表中对某项新增固定资产的初始计量存在重大差错，这一差错不仅会影响本期期末资产负债表中固定资产项目和资产总额项目的正确列报，同时还会因此影响本期损益核算的正确性，进而可能使得本期财务报表使用者在决策时作出错误判断。

（二）确定期初余额反映的恰当的会计政策是否在本期财务报表中得到一贯运用，或会计政策的变更是否已按照适用的财务报告编制基础作出恰当的会计处理和充分的列报与披露

（1）可以变更会计政策的情形。

在满足下列条件之一的情形下，可以变更会计政策：

①法律、行政法规或者国家统一的会计制度等要求变更会计政策。

②会计政策变更能够提供更可靠、更相关的会计信息。

（2）会计政策变更后的追溯调整。

会计政策变更能够提供更可靠、更相关的会计信息，应当采用追溯调整法处理，即将会计政策变更累积影响数调整列报前期最早期初留存收益，其他相关项目的期初余额和列报前期披露的其他比较数据也应当一并调整，但确定该项会计政策变更累积影响数不切实可行的情况除外。

（3）在审计期初余额时，注册会计师应当按照《企业会计准则第28号——会计政策、会计估计变更和差错更正》的有关要求，评价被审计单位是否一贯运用恰当的会计政策，或是否对会计政策的变更作出了正确的会计处理和恰当的列报。

【经典例题】

【真题·单选题】（2018）首次接受委托时，下列审计工作中，注册会计师应当执行的是（　　）。

A. 评价期初余额是否含有对上期财务报表产生重大影响的错报

B. 为期初余额确定财务报表整体的重要性和实际执行的重要性

C. 查阅前任注册会计师的审计工作底稿

D. 确定期初余额反映的恰当的会计政策是否在本期财务报表中得到一贯应用

【答案】D

【解析】在执行首次审计业务时，注册会计师针对期初余额的目标是，获取充分、适当的审计证据以确定：（1）期初余额是否含有对本期财务报表产生重大影响的错报；（2）期初余额反映的恰当的会计政策是否在本期财务报表中得到一贯运用，或会计政策的变更是否已按照适用的财务报告编制基础作出恰当的会计处理和充分的列报与披露。因此选择选项D。

重难点22：期初余额的审计程序★★★

（一）要求

为达到上述期初余额的审计目标，注册会计师应当阅读被审计单位最近期间的财务报表和相关披露，以及前任注册会计师出具的审计报告（如有），获取与期初余额相关的信息。

（二）注册会计师对期初余额需要实施的审计程序的性质和范围取决于下列事项

（1）被审计单位运用的会计政策。

（2）账户余额、各类交易和披露的性质以及本期财务报表存在的重大错报风险。

（3）期初余额相对于本期财务报表的重要程度。

（4）上期财务报表是否经过审计，如果经过审计，前任注册会计师的意见是否为非无保留意见。

（三）注册会计师对期初余额实施的审计程序

1. 确定上期期末余额是否已正确结转至本期，或在适当的情况下已作出重新表述

上期期末余额已正确结转至本期，主要是指：

（1）上期账户余额计算正确。

（2）上期总账余额与各明细账余额合计数或日记账余额合计数相等。

（3）上期各总账余额和相应的明细账余额或日记账余额已经分别恰当地过入本期的总账和相应的明细账或日记账。

【小贴士】上期期末余额通常应直接结转至本期。但在出现某些情形时，上期期末余额不应直接结转至本期，而应当作出重新表述。

【示例】企业会计准则和相关会计制度的要求发生变化；或者上期期末余额存在重大的前期差错，如果前期差错累积影响数能够确定，按规定应当采用追溯重述法进行更正。

2. 确定期初余额是否反映对恰当会计政策的运用

（1）注册会计师首先应了解、分析被审计单位所选用的会计政策是否恰当，是否符合适用的财务报告编制基础的要求，按照所选用会计政策对被审计单位发生的交易或事项进行处理，是否能够提供可靠、相关的会计信息。

（2）如果认定被审计单位所选用的会计政策恰当，应确认该会计政策是否在每一会计期间和前后各期得到一贯执行，有无变更。

（3）如果发现会计政策发生变更，应确定其变更理由是否充分，是否按规定予以变更，或者由于具体情况发生变化，会计政策变更能够提供更可靠、更相关的会计信息，并关注被审计单位是否已经按照适用的财务报告编制基础的要求，对会计政策变更作出适当的会计处理和充分披露。

（4）如果被审计单位上期适用的会计政策不恰当或与本期不一致，注册会计师在实施期初余额审计时应提请被审计单位进行调整或予以披露。

3. 实施一项或多项审计程序

（1）上期财务报表已经审计注册会计师实施的一项或多项审计程序如下表所示。

情形	实施的审计程序
如果上期财务报表已经审计，查阅前任注册会计师的审计工作底稿，以获取有关期初余额的审计证据	查阅前任注册会计师的工作底稿。查阅的重点通常限于对本期审计产生重大影响的事项，如前任注册会计师对上期财务报表发表的审计意见的类型和主要内容，针对上期财务报表的审计计划和审计总结等，具体来讲： ①查阅前任注册会计师工作底稿中的所有重要审计领域。 ②考虑前任注册会计师是否已实施审计程序，收集充分、适当的审计证据，以支持资产负债表重要账户期初余额。 ③复核前任注册会计师建议的调整分录和未更正错报汇总表，并评价其对当期审计的影响
考虑前任注册会计师的独立性和专业胜任能力	注册会计师可能通过复核前任注册会计师的审计工作底稿获取有关期初余额的充分、适当的审计证据，这种复核是否能够获取充分、适当的审计证据，受前任注册会计师的独立性和专业胜任能力的影响。 如果认为前任注册会计师不具有独立性，或者不具有应有的专业胜任能力，则无法通过查阅其审计工作底稿获取有关期初余额的充分、适当的审计证据
与前任注册会计师沟通时的考虑	在与前任注册会计师沟通时，注册会计师应当遵守职业道德守则和《中国注册会计师审计准则第 1153 号——前任注册会计师和后任注册会计师的沟通》的规定

（2）评价本期实施的审计程序是否提供了有关期初余额的审计证据。

（3）实施其他专门的审计程序，以获取有关期初余额的审计证据。

注册会计师应当根据期初余额有关账户的不同性质实施相应的审计程序。账户的性质主要按照账户属于资产类还是负债类、属于流动性还是非流动性等标准加以区分。

①对流动资产和流动负债的审计程序。对流动资产和流动负债，注册会计师可以通过本期实施的审计程序获取部分审计证据，如下表所示。

示例	应收账款	本期应收账款的收回（或应付账款的支付）为其在期初的存在、权利和义务、完整性以及准确性、计价和分摊提供了部分审计证据
	存货	就存货而言，如果因为委托时间滞后，注册会计师可能未能对上期期末存货实施监盘，本期对存货的期末余额实施的审计程序，几乎无法提供有关期初持有存货的审计证据。注册会计师有必要实施追加的审计程序。 ①监盘当前的存货数最并调节至期初存货数量； ②对期初存货项目的计价实施审计程序； ③对毛利和存货截止实施审计程序

②对非流动资产和非流动负债的审计程序，如下表所示。

非流动资产和非流动负债的审计程序	对非流动资产和非流动负债，如长期股权投资、固定资产和长期借款，注册会计师可以通过检查形成期初余额的会计记录和其他信息获取审计证据
	在某些情况下，注册会计师还可以通过向第三方函证获取有关期初余额（如长期借款和长期股权投资的期初余额）的部分审计证据
	而在另外一些情况下，注册会计师还可能需要实施追加的审计程序

（4）对本期财务报表产生重大影响的错报的处理。

①如果获取的审计证据表明期初余额存在可能对本期财务报表产生重大影响的错报，注册会计师应当实施适合具体情况的追加的审计程序，以确定对本期财务报表的影响。

②如果认为本期财务报表中存在这类错报，注册会计师应当按照《中国注册会计师审计准则第1251号——评价审计过程中识别出的错报》的规定，就这类错报与适当层级的管理层和治理层进行沟通。

（5）如果上期财务报表已由前任注册会计师审计，并发表了非无保留意见，注册会计师应当按照《中国注册会计师审计准则第1211号——通过了解被审计单位及其环境识别和评估重大错报风险》的规定，在评估本期财务报表重大错报风险时，评价导致对上期财务报表发表非无保留意见的事项的影响。

【经典例题】

【真题·简答题】（2019）ABC会计师事务所首次接受委托审计甲公司2018年度财务报表，委派A注册会计师担任项目合伙人。与首次承接审计业务相关的部分事项如下：

（1）DEF会计师事务所审计了甲公司2017年度财务报表。XYZ会计师事务所接受委托审计甲公司2018年度财务报表，但未完成审计工作。A注册会计师将DEF会计师事务所确定为前任注册会计师，与其进行了沟通。

（2）A注册会计师在与甲公司签署审计业务约定书并征得管理层同意后，与前任注册会计师进行了口头沟通，沟通内容包括：是否发现甲公司管理层存在诚信方面的问题；前任注册会计师与甲公司管理层在重大会计、审计等问题上存在的意见分歧；向甲公司治理层通报的管理层舞弊、违反法律法规行为以及值得关注的内部控制缺陷；甲公司变更会计师事务所的原因。

（3）对于长期股权投资的期初余额，A注册会计师检查了形成期初余额的会计记录，以及包括投资协议和被投资单位工商登记信息在内的相关支持性文件，结果满意。

（4）A注册会计师对2018年末的存货实施了监盘，将年末存货数量调节至期初存货数量，并抽样检查了2018年度存货数量的变动情况，据此认可了存货的期初余额。

（5）在征得甲公司管理层同意，并向前任注册会计师承诺不对任何人作出关于其是否遵循审计准则的任何评论后，A注册会计师通过查阅前任注册会计师的审计工作底稿，获取了有关甲公司固定资产期初余额的审计证据，并在审计报告的其他事项段中提及部分依赖了前任注册会计师的工作。

【要求】针对上述第（1）~（5）项，逐项指出A注册会计师的做法是否恰当。如不恰当，简要说明理由。

【答案】

（1）不恰当。前任注册会计师还包括XYZ会计师事务所/在后任注册会计师之前接受委托对当期财务报表进行审计但未完成审计工作的会计师事务所。

（2）不恰当。应在接受委托前/签署业务约定书前与前任注册会计师进行沟通。

（3）恰当。

（4）不恰当。还应对期初存货的计价实施审计程序。

（5）不恰当。后任注册会计师应当对自身实施的审计程序/得出的审计结论负责。

【真题·多选题】（2015）下列有关注册会计师首次接受委托时就期初余额获取审计证据的说法中，正确的有（　　）。

A. 对非流动资产和非流动负债，注册会计师可以通过检查形成期初余额的会计记录和其他信息获取有关期初余额的审计证据

B. 对流动资产和流动负债，注册会计师可以通过本期实施的审计程序获取有关期初余额的审计证据

C. 注册会计师可以通过向第三方函证获取有关期初余额的审计证据

D. 如果上期财务报表已经审计，注册会计师可以通过查阅前任注册会计师的审计工作底稿获取有关期初余额的审计证据

【答案】ABCD

【解析】对非流动资产和非流动负债，注册会计师可以通过检查形成期初余额的会计记录和其他信息获取有关期初余额的审计证据，因此选择选项A。对流动资产和流动负债，注册会计师可以通过本期实施的审计程序获取有关期初余额的审计证据，因此选择选项B。某些情况下，注册会计师可以通过向第三方函证获取有关期初余额的审计证据，因此选择选项C。如果上期财务报表已经审计，注册会计师可以通过查阅前任注册会计师的审计工作底稿获取有关期初余额的审计证据，因此选择选项D。

【真题·单选题】（2014）甲公司2012年度财务报表已经XYZ会计师事务所的X注册会计师审计。ABC会计师事务所的A注册会计师负责审计甲公司2013年度财务报表。下列有关期初余额审计的说法中，错误的是（　　）。

A. 注册会计师应当阅读甲公司2012年度财务报表和相关披露，以及X注册会计师出具的审计报告

B. 为确定期初余额是否含有对本期财务报表产生重大影响的错报，A注册会计师需要确定适用于期初余额的重要性水平

C. A注册会计师评估认为X注册会计师具备审计甲公司需要的独立性和专业胜任能力，因此，可能通过查阅2012年度审计工作底稿，获取关于非流动资产期初余额的充分、适当的审计证据

D. A注册会计师未能对2012年12月31日的存货实施监盘，因此，除对存货的期末余额实施审计程序，有必要对存货期初余额实施追加的审计程序

【答案】B

【解析】注册会计师无须专门对期初余额发表审计意见，无须确定期初余额的重要性水平。因此选择选项 B。

重难点 23：期初余额的审计结论和审计报告★★★

（一）要求

在对期初余额实施审计程序后，注册会计师应当分析已获取的审计证据，区分不同情况形成对被审计单位期初余额的审计结论，在此基础上确定其对本期财务报表出具审计报告的影响。

（二）审计后不能获取有关期初余额的充分、适当的审计证据

如果不能针对期初余额获取充分、适当的审计证据，注册会计师应当在审计报告中发表下列类型之一的非无保留意见：

（1）发表适合具体情况的保留意见或无法表示意见。

（2）除非法律法规禁止，对经营成果和现金流量（如相关）发表保留意见或无法表示意见，而对财务状况发表无保留意见。

（三）期初余额存在对本期财务报表产生重大影响的错报

（1）如果期初余额存在对本期财务报表产生重大影响的错报，注册会计师应当告知管理层。

（2）如果上期财务报表由前任注册会计师审计，注册会计师还应当考虑提请管理层告知前任注册会计师。

（3）如果错报的影响未能得到正确的会计处理和恰当的列报与披露，注册会计师应当对财务报表发表保留意见或否定意见。

（四）会计政策变更对审计报告的影响

（1）如果认为按照适用的财务报告编制基础与期初余额相关的会计政策未能在本期得到一贯运用。

（2）会计政策的变更未能得到恰当的会计处理或适当的列报与披露。

（3）注册会计师应当对财务报表发表保留意见或否定意见。

（五）前任注册会计师对上期财务报表发表了非无保留意见

（1）如果前任注册会计师对上期财务报表发表了非无保留意见，注册会计师应当考虑该审计报告对本期财务报表的影响。

（2）如果导致出具非标准审计报告的事项对本期财务报表仍然相关和重大，注册会计师应当对本期财务报表发表非无保留意见。

（3）前任注册会计师对上期财务报表出具了非标准审计报告，对本期财务报表可能产生影响，也可能不再产生影响，注册会计师在审计中应当对具体问题做具体分析，不能一概而论。

①无需发表非无保留意见。在某些情况下，导致前任注册会计师发表非无保留意见的事项可能与对本期财务报表发表的意见既不相关也不重大。例如，上期存在范围限制，但在本期导致范围限制的事项已得到解决，那么注册会计师在本期审计时就无须因此而发表非无保留意见。

②发表非无保留意见。如果该重大事项在本期仍然存在并且对本期财务报表的影响仍然重大，而被审计单位继续坚持不在本期财务报表附注中予以披露，那么注册会计师在本期审计时仍需因此而发表非无保留意见。

【经典例题】

【真题·单选题】（2016）下列有关期初余额审计的说法中，正确的是（　　）。

A. 如果上期财务报表已经前任注册会计师审计，或未经审计，注册会计师可以在审计报告中增加其他事项段说明相关情况

B. 如果不能针对期初余额获取充分、适当的审计证据，注册会计师应当发表保留意见

C. 如果按照适用的财务报告编制基础确定的与期初余额相关的会计政策未能在本期得到一贯运用，注册会计师应当发表保留意见或否定意见

D. 如果期初余额存在对本期财务报表产

生重大影响的错报，且错报的影响未能得到正确的会计处理和恰当的列报，注册会计师应当发表保留意见

【答案】C

【解析】如果上期财务报表已经前任注册会计师审计，当决定提及时，应当在审计报告中增加其他事项段说明相关情况，或未经审计，注册会计师应当在审计报告中增加其他事项段说明相关情况，因此不选择选项A。如果不能针对期初余额获取充分、适当的审计证据，注册会计师应当发表非无保留意见，发表适合具体情况的保留意见或无法表示意见，因此不选择选项B。如果认为按照适用的财务报告编制基础与期初余额相关的会计政策未能在本期得到一贯运用，或者会计政策的变更未能得到恰当的会计处理或适当的列报与披露，注册会计师应当对财务报表发表保留意见或否定意见。因此选择选项C。如果期初余额存在对本期财务报表产生重大影响的错报，且错报的影响未能得到正确的会计处理和恰当的列报，注册会计师应当发表保留意或否定意见，因此不选择选项D。

通关练习

（一）单选题

1. 关于会计估计的表述中，错误的是（　　）。

A. 被审计单位管理层应当对其作出的包括在财务报表中的会计估计负责

B. 注册会计师的责任是获取充分、适当的审计证据，评价被审计单位作出是会计估计是否合理、披露是否充分

C. 管理层作出的会计估计发生重大错报的可能性较大

D. 会计估计的结果与财务报表中原来已确认或披露的金额存在差异，表明财务报表存在错报

2. 关于注册会计师询问管理层，了解管理层如何识别需要作出会计估计的情形说法中错误的是（　　）。

A. 作出会计估计的交易条款是否已经改变

B. 是否已经发生可能需要从新估计的新情况或事项

C. 是否已经发生可能需要修改现有估计的新情况或事项

D. 会计估计的完整性

3. 下列不属于注册会计师在了解管理层作出会计估计所采用的方法或模型（如适用）时可能考虑的事项是（　　）。

A. 在选择特定方法时，管理层如何考虑需要作出估计的资产的性质

B. 被审计单位是否在某些业务领域、行业或环境中从事经营活动，而这些业务领域、行业或环境存在用于作出特定类型会计估计的通用方法

C. 形成或识别影响会计估计的相关数据和假设

D. 在选择特定方法时，管理层如何考虑需要作出估计的负债的性质

4. 下列不属于管理层需要聘请专家作出或帮助其作出会计估计的情况的是（　　）。

A. 需要作出会计估计的事项具有特殊性质

B. 满足适用的财务报告编制基础相关要求的模型具有一定的技术含量

C. 需要作出会计估计的事项具有重大错报风险

D. 需要作出会计估计的情况、交易或事项具有异常性或偶发性

5. 在了解管理层是否以及如何评估估计不确定性的影响时，不属于注册会计师考虑的事项是（　　）。

A. 管理层是否已经考虑以及如何考虑各种可供选择的假设或结果

B. 敏感性分析的存在的多种可能结果

C. 当敏感性分析表明存在多种可能结果时，管理层如何作出会计估计

D. 管理层是否监控上期作出会计估计的结果，以及管理层是否已恰当应对实施监控程序的结果

6. 应对评估的重大错报风险，不属于注册会计师应当确定的事项是（　　）。

A. 管理层是否恰当运用于会计估计相关的适用的财务报告编制基础的规定

B. 作出会计估计的方法是否恰当，并得到一贯运用

C. 会计估计或作出会计估计的方法不同于上期的变化是否适合于具体情况

D. 注册会计师实施追加的审计程序

7. 在应对评估的重大错报风险时，注册会计师实施的程序不包括（　　）。

A. 确定截至审计报告日发生的事项是否提供有关会计估计的审计证据

B. 测试管理层如何作出会计估计以及会计估计所依据的数据

C. 与管理层讨论其如何处理估计不确定性对会计估计的影响，并要求管理层提供支持性证据

D. 作出注册会计师的点估计或区间估计，以评价管理层的点估计

8. 注册会计师测试管理层如何作出会计估计以及会计估计所依据的数据时，应当评价的内容是（　　）。

A. 重新计算会计估计，并复核有关会计估计信息的内在一致性

B. 管理层使用的假设是否合理

C. 采用的计量方法在具体情况下是否恰当

D. 管理层的复核和批准流程

9. 注册会计师评价计量方法是否适用于具体情况，需要考虑的事项不包括（　　）。

A. 管理层选择计量方法的理由是否合理

B. 管理层是否充分评价和恰当运用适用的财务报告编制基础提供的、用以支持所选择的计量方法的标准

C. 根据被估计的资产或负债的性质和适用的财务报告编制基础的要求，评价计量方法是否适用于具体情况

D. 管理层作出会计估计所选择的计量基础

10. 下列有关注册会计师作出的区间估计的说法中，错误的是（　　）。

A. 注册会计师作出的区间估计需要包括所有“合理”的结果而不是所有可能的结果

B. 当区间估计的区间缩小至等于或低于财务报表整体的重要性时，该区间估计对于评价管理层的点估计是适当的

C. 如果使用有别于管理层的假设或方法作出区间估计，注册会计师应当充分了解管理层的假设或方法

D. 如果注册会计师的区间估计范围足够小，以至于能够确定会计估计是否存在错报，它就是有用和有效的

11. 注册会计师以应对特别风险实施的进一步实质性程序不包括（　　）。

A. 评价管理层如何评估估计不确定性对会计估计的影响

B. 评价管理层如何考虑替代性的假设或结果以及拒绝采纳的原因

C. 评价管理层使用的重大假设是否合理

D. 当管理层实施特定措施的意图和能力与其使用的重大假设的合理性或对适用的财务报告编制基础的恰当应用相关时，评价这些意图和能力

12. 有关会计估计错报的说法中，正确的是（　　）。

A. 当审计证据支持点估计时，注册会计师的点估计与管理层的点估计之间的差异构成错报

B. 当注册会计师认为使用其区间估计能够获取充分、适当的审计证据时，则在注册会计师区间估计之外的管理层的点估计得不到审计证据的支持，此种情况下，错报不大于管理层的点估计与注册会计师区间估计之间的最小差异

C. 注册会计师认为管理层对会计估计作出的判断不合理是推断错报

D. 注册会计师对总体中错报的最佳估计，包括由审计样本中识别出的错报推断出总体中的错报是判断错报

13. 针对会计估计的其他审计程序不包括（　　）。

A. 关注与会计估计相关的披露

B. 识别可能存在管理层偏向的迹象

C. 评价会计估计模型的使用

D. 获取书面声明

14. 管理层在作出会计估计时的判断和决策时可能存在管理层偏向的迹象的影响不包括（　　）。

A. 可能影响注册会计师对财务报表整体是否不存在重大错报的评估

B. 管理层主观地认为环境已经发生变化，并相应地改变会计估计或估计方法

C. 可能影响注册会计师对有关风险评估结果和相关应对措施是否仍然恰当地判断

D. 注册会计师可能有必要考虑对审计其他方面的影响

15. 在了解关联方关系及其交易过程中，注册会计师组织项目组讨论，项目组内部讨论的内容不包括（　　）。

A. 关联方关系及其交易的性质和范围

B. 关联方的名称和特征，包括关联方自上期以来发生的变化

C. 可能显示存在关联方关系或关联方交易的记录或文件

D. 强调在整个审计过程中对关联方关系及其交易导致的潜在重大错报风险保持职业怀疑的重要性

16. 注册会计师为了获取关联方关系及其交易，应当向管理层询问的事项不包括（　　）。

A. 关联方的名称和特征

B. 关联方自上期以来发生的变化

C. 被审计单位在本期是否与关联方发生交易

D. 与关联方交易是否存在重大舞弊风险

17. 关联方及其交易审计过程中，如果存在能够对被审计单位或其管理层、治理层施加支配性影响的关联方，注册会计师认为可能表明存在舞弊导致的特别风险的事项不包括（　　）。

A. 异常频繁地变更高级管理人员或专业顾问

B. 有证据显示关联方过度干涉或关注会计政策的选择或重大会计估计的作出

C. 关联方自上期以来发生重大的变化

D. 通过中间机构开展的重大交易，且难以判断通过中间机构开展该交易的必要性以及交易是否具有合理的商业理由

18. 注册会计师应当检查关联方交易披露的充分性，同时就关联方交易为公平交易的披露进行评价。评价管理层支持这项认定的审计程序包括（　　）。

A. 考虑管理层用于支持其认定的程序是否恰当

B. 询问管理层

C. 评价管理层认定所依据的重大假设的合理性

D. 验证支持管理层认定的内部或外部数据来源，对这些数据进行测试，以判断其准确性、完整性和相关性

19. 有关管理层和注册会计师对持续经营假设责任的说法中，正确的是（　　）。

A. 财务报告编制基础没有明确要求管理层对持续经营能力作出评估，管理层不需要在编制财务报表时评估持续经营能力

B. 编制财务报表时采用的财务报告编制基础没有明确要求管理层对持续经营能力作出专门评估，注册会计师仍需就管理层在编制和列报财务报表时运用持续经营假设的适当性获取充分、适当的审计证据，并就持续经营能力是否存在重大不确定性得出结论

C. 某些适用的财务报告编制基础明确要求管理层对持续经营能力作出评估，并规定了与此相关的需要考虑的事项和作出的披露

D. 注册会计师未在审计报告中提及持续经营的不确定性，应被视为对被审计单位持续经营能力的保证

20. 注册会计师对被审计单位2018年度财务报表进行审计，并于2019年3月15日出具审计报告。下列各项中，管理层编制2018年财务报表时，评估其持续经营能力应当涵盖的最短期间是（　　）。

A. 2019年3月16日至2020年3月15日

B. 2019年3月15日至2020年3月14日

C. 2019年1月1日至2020年1月1日

D. 2019年1月1日至2019年12月31日

21. 关于期初余额的表述中，错误的是（　　）。

A. 期初余额与注册会计师首次审计业务相联系

B. 注册会计师无须专门对期初余额发表审计意见

C. 注册会计师应当根据期初余额对财务报表的影响程度，合理运用职业判断，以确定期初余额是否真实

D. 注册会计师应确定期初余额对本期财务报表的影响

22. 注册会计师对期初余额实施审计程序的说法中正确的是（　　）。

A. 确定上期期末余额是否已正确结转至本期，或在适当的情况下已作出重新表述

B. 如果被审计单位上期适用的会计政策不恰当或与本期不一致，注册会计师在实施期初余额审计时进行调整

C. 如果上期财务报表已经审计，注册会计师可以查阅前任注册会计师的审计工作底稿，以获取有关期初余额的已审数

D. 如果获取的审计证据表明期初余额存在可能对本期财务报表产生重大影响的错报，注册会计师应当考虑对审计报告的影响

（二）多选题

1. 为识别和评估会计估计重大错报风险，注册会计师在风险评估阶段应实施（　　）程序。

A. 了解适用的财务报告编制基础的要求

B. 了解管理层如何识别是否需要作出会计估计

C. 了解管理层如何作出会计估计

D. 了解管理层如何记录会计估计的结果

2. 注册会计师需要了解管理层作出会计估计的方法和依据有（　　）。

A. 相关控制

B. 管理层是否利用专家的工作

C. 会计估计所依据的假设

D. 会计估计不确定性的程度

3. 在了解相关控制时，注册会计师可能考虑的事项包括（　　）。

A. 作出会计估计的人员的经验与胜任能力

B. 管理层如何确定作出会计估计所使用的数据的完整性、相关性和准确性

C. 管理层和治理层对会计估计进行复核和批准

D. 被审计单位作出会计估计而使用的特定模型可靠性的维护和定期验证

4. 在了解构成会计估计基础的假设时，注册会计师可能考虑的事项包括（　　）。

A. 假设（包括重大假设）的性质

B. 管理层如何评价假设是否相关和完整

C. 管理层如何确定所采用假设的内在一致性

D. 支持假设的文件记录的完整性

5. 对公允价值会计估计的说法中正确的有（　　）。

A. 公允价值会计估计所依据的假设反映熟悉情况且自愿交易参与方和适用财务报告编制基础的要求的不同而不同

B. 公允价值会计估计所依据的假设或输入数据因其来源和基础的不同而不同

C. 如果市场参与方假设发生的变化影响上期公允价值会计估计的结果，注册会计师在复核公允价值会计估计时，可将重点放在获取与识别和评估重大错报风险相关的信息上

D. 对公允价值会计估计和其他以计量日

情况为基础的会计估计，注册会计师可能着重了解会计估计流程的有效性，并据此判断本期估计流程可能的有效性

6. 注册会计师在评估重大错报风险时，考虑的事项可能包括（　　）。

A. 会计估计对判断的依赖程度

B. 会计估计的记录金额与注册会计师预期应记录金额的差异

C. 满足适用的财务报告编制基础相关要求的模型

D. 对上期会计估计进行复核的结果

7. 注册会计师恰当应对测试管理层如何作出会计估计和会计估计所依据的数据的措施包括（　　）。

A. 会计估计是依据模型作出的公允价值会计估计

B. 会计估计源于被审计单位会计系统对数据的常规处理

C. 注册会计师对上期财务报表中类似的会计估计的复核表明管理层本期的会计估计流程可能是有效的

D. 会计估计建立在性质相似、单项重要的项目的基础上

8. 注册会计师在评价管理层使用的构成公允价值会计估计基础的假设合理性时应考虑的事项有（　　）。

A. 假设是否相互依赖且具有内在一致性

B. 当将这些假设汇总起来考虑或结合其他假设考虑时，无论是对于特定会计估计还是其他会计估计，这些假设是否显得合理

C. 对于公允价值会计估计，假设是否恰当地反映可观察到的市场假设

D. 假设是否与可观察到的市场情况和以公允价值计量的资产或负债的特征一致

9. 注册会计师需要测试控制运行的有效性，并实施恰当的实质性程序的情形有（　　）。

A. 在评估认定层次重大错报风险时，预期针对会计估计流程的控制的运行是有效的

B. 仅实施实质性程序不能提供认定层次充分、适当的审计证据

C. 存在不可观察到的输入数据

D. 管理层的复核和批准流程

10. 可能导致会计估计错报的因素有（　　）。

A. 毋庸置疑地存在错报（事实错报）

B. 由注册会计师认为管理层对会计估计作出的判断不合理（判断错报）

C. 由注册会计师认为管理层对会计政策的选择或运用不恰当而产生的差异（判断错报）

D. 注册会计师对总体中错报的最佳估计，包括由审计样本中识别出的错报推断出总体中的错报（推断错报）

11. 注册会计师向管理层和治理层（如适用）获取书面声明的内容可能包括（　　）。

A. 计量流程的恰当性，以及流程的一贯运用

B. 在适用的财务报告编制基础下与会计估计相关的披露的完整性和适当性

C. 不存在需要对财务报表中会计估计和披露作出调整的期后事项

D. 管理层用于确定不满足适用的财务报告编制基础规定的确认或披露标准的依据的恰当性

12. 下列会计估计审计中涉及特别风险的说法中，正确的有（　　）。

A. 对具有特别风险的会计估计，即使已按照适用的财务报告编制基础的要求进行了披露，注册会计师仍可能根据所涉及的情况和事实认为对估计不确定性的披露是不充分的

B. 如果认为会计估计导致特别风险，注册会计师需要了解与会计估计相关的控制，包括控制活动

C. 由于会计估计的主观性、复杂性和不确定性，管理层作出的会计估计发生重大错报的可能性较大，注册会计师应当确定会计估计的重大错报风险属于特别风险

D. 在评价支持会计估计的假设的合理性时，注册会计师可能识别出一个或多个重大假

设，这可能表明会计估计存在高度估计不确定性并由此可能产生特别风险

13. 关联方施加的支配性影响可能表现在（　　）。

A. 关联方否决管理层或治理层作出的重大经营决策

B. 日常经营依赖关联方

C. 重大交易需经关联方的最终批准

D. 对关联方提出的业务建议，管理层和治理层未曾或很少进行讨论即获得通过

14. 应对超出被审计单位正常经营过程的重大关联方交易导致的重大错报风险的措施包括（　　）。

A. 检查相关合同或协议

B. 获取交易已经恰当授权和批准的审计证据

C. 评价关联方交易是否已按照适用的财务报告编制基础得到恰当会计处理和披露

D. 通过互联网或某些外部商业信息数据库，进行适当的背景调查

15. 某些安排或其他信息可能显示存在管理层未向注册会计师披露的关联方关系或关联方交易，包括（　　）。

A. 与其他机构或人员组成不具有法人资格的合伙企业

B. 存在担保和被担保关系

C. 按照超出正常经营过程的交易条款和条件，向特定机构或人员提供服务的安排

D. 管理层存在粉饰财务报表的动机

16. 如果注册会计师识别出重大异常情况，使其对某些供应商、客户或其他交易对方是否为被审计单位关联方存有重大疑虑，注册会计师还可以考虑实施的程序包括（　　）。

A. 实施函证和实地走访

B. 询问直接参与交易的基层员工

C. 针对交易对方实施背景调查

D. 利用其他专业人士或机构的工作

17. 应对存在具有支配性影响的关联方导致的重大错报风险时，注册会计师实施进一步的恰当的实质性程序包括（　　）。

A. 询问管理层和治理层并与之讨论

B. 询问关联方

C. 通过互联网或某些外部商业信息数据库，进行适当的背景调查

D. 检查与关联方之间的重要合同

18. 应对管理层未能识别出或未向注册会计师披露的关联方关系或重大关联方交易导致的重大错报风险的审计程序包括（　　）。

A. 访谈被审计单位的控股股东、实际控制人、治理层以及关键管理人员等

B. 运用数据分析工具，设置特定分析条件对被审计单位的交易信息进行分析，识别是否存在管理层未向注册会计师披露的关联方关系和交易

C. 亲自获取被审计单位的企业信用报告，关注企业信用报告内容的完整性，检查企业信用报告中显示的内容

D. 识别被审计单位银行对账单中与实际控制人、控股股东或高级管理人员的大额资金往来交易，关注是否存在异常的资金流动

19. 可能导致注册会计师对持续经营能力测试中的疑虑的事项有（　　）。

A. 关键财务比率不佳

B. 出现用工困难

C. 重要供应短缺

D. 违反有关资本法定要求

20. 有关注册会计师考虑管理层对持续经营能力作出的评估的说法中，正确的有（　　）。

A. 注册会计师应当考虑管理层作出的评估是否已考虑所有相关信息，但不包括注册会计师实施审计程序获取的信息

B. 在考虑管理层的评估程序时，注册会计师需要关注管理层是如何识别可能导致对其持续经营能力产生重大疑虑的事项或情况的，所识别的事项或情况是否完整

C. 在考虑管理层的评估程序时，注册会计师需要关注管理层是否已经了解了注册会计师在实施审计程序过程中发现的所有相关信息

D. 注册会计师需要考虑管理层对相关事

项或情况结果的预测所依据的假设是否合理，并特别关注对预测性信息具有重大影响的假设

21. 如果识别出可能导致对持续经营能力产生重大疑虑的事项或情况，注册会计师能够实施的最佳审计程序有（　　）。

A. 如果管理层尚未对被审计单位持续经营能力作出评估，提请其进行评估

B. 考虑自管理层作出评估后是否存在其他可获得的事实或信息

C. 除询问管理层外，注册会计师没有责任实施其他任何审计程序

D. 要求管理层和治理层（如适用）提供有关未来应对计划及其可行性的书面声明

22. 注册会计师认为被审计单位运用持续经营假设存在重大不确定性时，应采取的对策有（　　）。

A. 注册会计师应当确定财务报表是否已充分描述可能导致对持续经营能力产生重大疑虑的主要事项或情况以及管理层针对这些事项或情况的应对计划

B. 注册会计师应当确定财务报表是否已清楚披露可能导致对持续经营能力产生重大疑虑的事项或情况存在重大不确定性，并由此导致被审计单位可能无法在正常的经营过程中变现资产和清偿债务

C. 注册会计师应当根据适用的财务报告编制基础的规定，评价财务报表是否对这些事项或情况作出充分披露

D. 注册会计师应当发表无保留意见类型的审计报告

23. 由于被审计单位运用持续经营假设不当，导致注册会计师发表否定意见类型审计报告的说法中正确的有（　　）。

A. 当存在多项对财务报表整体具有重要影响的重大不确定性时，注册会计师可能认为发表否定意见是适当的

B. 如果运用持续经营假设是适当的，但存在重大不确定性，且财务报表对重大不确定性已作出充分披露，注册会计师应当发表否定意见

C. 如果财务报表按照持续经营基础编制，而注册会计师运用职业判断认为管理层在编制财务报表时运用持续经营假设是不适当的，则无论财务报表中对管理层运用持续经营假设的不适当性是否作出披露，注册会计师均应发表否定意见

D. 如果在具体情况下运用持续经营假设是不适当的，注册会计师可以发表否定意见

24. 注册会计师注册会计师识别出的可能导致对被审计单位持续经营能力产生重大疑虑的事项或情况需要与被审计单位进行沟通，下列说法正确的有（　　）。

A. 注册会计师应当与治理层就识别出的可能导致对被审计单位持续经营能力产生重大疑虑的事项或情况进行沟通，除非治理层全部成员参与管理

B. 注册会计师与治理层的沟通应当包括这些事项或情况是否构成重大不确定性

C. 注册会计师应当评价管理层在编制财务报表时运用持续经营假设是否适当

D. 注册会计师应当评估财务报表中的相关披露是否充分

25. 关于期初余额审计目标的说法中，正确的有（　　）。

A. 如果期初余额不存在对本期财务报表产生重大影响的错报，注册会计师无须对此予以特别关注和处理

B. 在执行首次审计业务时，注册会计师针对期初余额的目标是，获取充分、适当的审计证据以确定期初余额是否含有对本期财务报表产生重大影响的错报

C. 期初余额反映的恰当的会计政策是否在本期财务报表中得到一贯运用

D. 会计政策的变更是否已按照适用的财务报告编制基础作出恰当的会计处理和充分的列报与披露

26. 对期初余额实施审计后，注册会计师确定发表保留意见或否定意见的情况有（　　）。

A. 不能针对期初余额获取充分、适当的

审计证据

B. 如果认为按照适用的财务报告编制基础与期初余额相关的会计政策未能在本期得到一贯运用

C. 如果错报的影响未能得到正确的会计处理和恰当的列报

D. 或者会计政策的变更未能得到恰当的会计处理或适当的列报与披露

（三）简答题

1. ABC会计师事务所首次接受委托审计甲公司等多家被审计单位2019年度财务报表，委派A注册会计师担任项目合伙人。与首次承接审计业务相关的部分事项如下：

（1）对于甲公司长期股权投资的期初余额，A注册会计师检查了形成期初余额的会计记录，以及包括投资协议和被投资单位工商登记信息在内的相关支持性文件，结果满意。

（2）注册会计师对甲公司2019年末的存货实施了监盘，将年末存货数量调节至期初存货数量，并抽样检查了2019年度存货数量的变动情况，据此认可了存货的期初余额。

（3）甲公司一项工期两年的在建工程于2019年12月完工结转固定资产。A注册会计师测试了该项在建工程的本期增加额，检查了与结转固定资产相关的批准文件、资产明细清单和验收报告等，据此认可了该项在建工程的期初余额。

（4）公司2018年度财务报表未经审计。A注册会计师发现2019年末资产负债表的期初余额存在一项重大的分类错报，要求管理层进行更正，并检查了更正后的资产负债表，认可了管理层对该项差错的处理。

【要求】针对上述第（1）~（4）项，逐项指出A注册会计师的做法是否恰当。如不恰当，简要说明理由。

2. ABC会计师事务所首次接受委托审计甲公司等多家被审计单位2019年度财务报表，委派A注册会计师担任项目合伙人。审计业务相关的部分事项如下：

（1）甲公司因原董事长以公司名义违规对外提供多项担保导致2019年发生多起重大诉讼，多个银行账户被冻结，业务停止，主要客户和员工流失。管理层在2019年度财务报表中确认了大额预计负债，并披露了持续经营存在的重大不确定性。A注册会计师认为存在多项对财务报表整体具有重要影响的重大不确定性，拟对戊公司财务报表发表无法表示意见。

（2）乙公司的某重要子公司2019年末处于停产状态，其核心技术人员已离职成立新公司，与乙公司竞争并占据主要市场份额。管理层拟在三年内自主研发替代性技术，基于该假设编制的预计未来现金流量现值显示，收购该子公司形成的大额商誉不存在减值。A注册会计师认为技术研发成功的可能性存在重大不确定性，在无保留意见的审计报告中增加了强调事项段提醒报表使用者关注。

（3）丙公司生产化妆品，但由于化妆品行业将于2020年执行更严格的化学成分限量标准，公司的主要产品可能因此被淘汰。管理层提供了其对该事项的评估及相关书面声明，A注册会计师据此认为该事项不影响甲集团公司的持续经营能力。

【要求】针对上述第（1）~（3）项，逐项指出A注册会计师的做法是否恰当。如不恰当，简要说明理由。

3. ABC会计师事务所的A注册会计师负责审计甲公司2019年度财务报表。与会计估计审计相关的部分事项如下：

（1）A注册会计师就管理层确认的某项预计负债作出了区间估计，该区间包括了甲公司所有可能承担的赔偿金额。管理层确认的预计负债处于该区间内，A注册会计师据此认可了管理层确认的金额。

（2）2018年末，管理层对某项应收款项全额计提了坏账准备。因2019年全额收回该款项，管理层转回了相应的坏账准备。A注册会计师据此认为2018年度财务报表存在重大错报，要求管理层更正2019年度财务报表的对应数据。

（3）管理层编制盈利预测以评价递延所得税资产的可回收性。A注册会计师向管理层询问了盈利预测中使用的假设的依据，并对盈利预测实施了重新计算，结果满意，据此认可了管理层的评价。

（4）2019年末，甲公司确认与产品保修义务相关的预计负债600万元。A注册会计师作出的点估计为800万元。管理层将预计负债调增至700万元。A注册会计师将未调整的100万元作为错报累积。

（5）由于2019年人员工资和维修材料价格持续上涨，甲公司实际发生的产品质量保证支出与以前年度的预计数相差较大。A注册会计师要求管理层就该差异进行追溯调整。

【要求】针对上述第（1）~（5）项，逐项指出A注册会计师的做法是否恰当。如不恰当，简要说明理由。

通关练习答案及解析

（一）单选题

1.【答案】D

【解析】会计估计的结果与财务报表中原来已确认或披露的金额存在差异，并不必然表明财务报表存在错报，因此选择选项D。

2.【答案】D

【解析】会计估计的完整性通常是注册会计师考虑的重要因素，因此选择选项D。

3.【答案】C

【解析】形成或识别影响会计估计的相关数据和假设是管理层建立针对会计估计的财务报告过程，因此选择选项C。

4.【答案】C

【解析】管理层可能拥有作出点估计必要的经验和胜任能力，或者被审计单位可能雇用那些具备作出点估计必要经验和胜任能力的人员。但在某些情况下，管理层可能需要聘请专家作出或者帮助其作出会计估计。这些情况可能包括：①需要作出会计估计的事项（如在采掘行业对矿产或油气储量的测量）具有特殊性质；②满足适用的财务报告编制基础相关要求的模型（如对某些公允价值计量采用的模型）具有一定的技术含量；③需要作出会计估计的情况、交易或事项具有异常性或偶发性。因此选择选项C。

5.【答案】B

【解析】当敏感性分析的存在的多种可能结果时，注册会计师需要考虑的是管理层如何作出会计估计，因此选择选项B。

6.【答案】D

【解析】在某些情况下，为了确定管理层是否恰当地遵守适用的财务报告编制基础的要求，注册会计师有必要实施追加的审计程序，因此选择选项D。

7.【答案】C

【解析】选项A、B、D是在应对评估的重大错报风险时，注册会计师考虑会计估计的性质，实施的一项或多项程序。与管理层讨论其如何处理估计不确定性对会计估计的影响，并要求管理层提供支持性证据是注册会计师实施进一步实质性程序以应对特别风险的程序，因此选择选项C。

8.【答案】C

【解析】重新计算会计估计，并复核有关会计估计信息的内在一致性是测试管理层如何作出会计估计涉及的内容，因此不选择选项A。根据适用的财务报告编制基础确定的计量目标，管理层使用的假设是否合理，选项B缺失前提条件，因此不选择选项B。考虑管理层的复核和批准流程也是注册会计师测试管理层如何作出会计估计所涉及的内容，因此不选择选项D。

9.【答案】D

【解析】管理层作出会计估计所选择的计量基础是注册会计师对导致特别风险的会计估计确定作出会计估计所选择的计量基础是否符

合适用的财务报告编制基础的获取审计证据的内容之一，因此选择选项 D。

10.【答案】B

【解析】当区间估计的区间已缩小至等于或低于实际执行的重要性时，该区间估计对于评价管理的点估计是适当的，因此选择选项 B。

11.【答案】A

【解析】评价管理层如何评估估计不确定性对会计估计的影响，以及这种不确定性对财务报表中会计估计的确认的恰当性可能产生的影响是注册会计师在审计导致特别风险的会计估计时实施进一步实质性程序时需要重点评价的内容，因此选择选项 A。

12.【答案】A

【解析】当注册会计师认为使用其区间估计能够获取充分、适当的审计证据时，则在注册会计师区间估计之外的管理层的点估计得不到审计证据的支持，此种情况下，错报不小于管理层的点估计与注册会计师区间估计之间的最小差异，因此不选择选项 B。由注册会计师认为管理层对会计估计作出的判断不合理，或认为管理层对会计政策的选择或运用不恰当而产生的差异是判断错报，因此不选择选项 C。注册会计师对总体中错报的最佳估计，包括由审计样本中识别出的错报推断出总体中的错报是推断错报，因此不选择选项 D。

13.【答案】C

【解析】评价会计估计模型的使用是注册会计师应对评估的重大错报风险采取的措施，不属于其他程序之列，因此选择选项 C。

14.【答案】B

【解析】管理层主观地认为环境已经发生变化，并相应地改变会计估计或估计方法是可能存在管理层偏向迹象的例子，不是影响，因此选择选项 B。

15.【答案】B

【解析】在了解关联方关系及其交易过程中，注册会计师组织项目组讨论的内容包括：(1) 关联方关系及其交易的性质和范围（选项 A）。(2) 强调在整个审计过程中对关联方关系及其交易导致的潜在重大错报风险保持职业怀疑的重要性（选项 D）。(3) 可能显示管理层以前未识别或未向注册会计师披露的关联方关系或关联方交易的情形或状况。(4) 可能显示存在关联方关系或关联方交易的记录或文件（选项 C）。(5) 管理层和治理层对关联方关系及其交易（如果适用的财务报告编制基础对关联方作出规定）进行识别、恰当会计处理和披露的重视程度，以及管理层凌驾于相关控制之上的风险。故选择选项 B。

16.【答案】D

【解析】注册会计师为了获取关联方关系及其交易，应当向管理层询问的事项包括：(1) 关联方的名称和特征，包括关联方自上期以来发生的变化(选项 A、选项 B)。(2) 被审计单位和关联方之间关系的性质。(3) 被审计单位在本期是否与关联方发生交易，如发生，交易的类型、定价政策和目的（选项 C)。故选择选项 D。

17.【答案】C

【解析】关联方及其交易审计过程中，如果存在能够对被审计单位或其管理层、治理层施加支配性影响的关联方，并同时出现其他风险因素，可能表明被审计单位存在由于舞弊导致的特别风险：(1) 异常频繁地变更高级管理人员或专业顾问（例如，法律或财务顾问等)，可能表明被审计单位为关联方谋取利益而从事不道德或虚假的交易（选项 A)。(2) 通过中间机构开展的重大交易，且难以判断通过中间机构开展该交易的必要性以及交易是否具有合理的商业理由，这可能表明关联方或被审计单位出于舞弊目的，通过控制这些中间机构从交易中获利（选项 D)。(3) 有证据显示关联方过度干涉或关注会计政策的选择或重大会计估计的作出，可能表明存在虚假财务报告（选项 B)。故选择选项 C。

18.【答案】B

【解析】注册会计师应当检查关联方交易披露的充分性，同时就关联方交易为公平交易的披露进行评价。评价管理层如何支持这项认定，可能涉及以下一个或多个方面：（1）考虑管理层用于支持其认定的程序是否恰当（选项 A）。（2）验证支持管理层认定的内部或外部数据来源，对这些数据进行测试，以判断其准确性、完整性和相关性（选项 D）。（3）评价管理层认定所依据的重大假设的合理性（选项 C）。故选择选项 B。

19. 【答案】B

【解析】其他财务报告编制基础可能没有明确要求管理层对持续经营能力作出评估，但由于持续经营假设是编制财务报表的基本原则，即使其他财务报告编制基础没有对此作出明确规定，管理层也需要在编制财务报表时评估持续经营能力，因此不选择选项 A。某些适用的财务报告编制基础明确要求管理层对持续经营能力作出评估，并规定了与此相关的需要考虑的事项和作出的披露，这是对财务报告编制的要求，不能视为管理层的责任，应不选择选项 C。注册会计师未在审计报告中提及持续经营的不确定性，不能被视为对被审计单位持续经营能力的保证，因此不选择选项 D。

20. 【答案】D

【解析】可预见的将来通常是指财务报表日后 12 个月，2018 年度财务报表的报表日是 2018 年 12 月 31 日，因此选择选项 D。

21. 【答案】C

【解析】注册会计师应当根据期初余额对财务报表的影响程度，合理运用职业判断，以确定期初余额的审计范围，因此选择选项 C。

22. 【答案】A

【解析】如果被审计单位上期适用的会计政策不恰当或与本期不一致，注册会计师在实施期初余额审计时应提请被审计单位进行调整或予以披露，因此不选择选项 B。如果上期财务报表已经审计，查阅前任注册会计师的审计工作底稿，以获取有关期初余额的审计证据，因此不选择选项 C。如果获取的审计证据表明期初余额存在可能对本期财务报表产生重大影响的错报，注册会计师应当实施适合具体情况的追加的审计程序，因此不选择选项 D。

（二）多选题

1. 【答案】ABC

【解析】在实施风险评估程序和相关活动，以了解被审计单位及其环境时，注册会计师应当了解适用的财务报告编制基础的要求、管理层如何识别是否需要作出会计估计和管理层如何作出会计估计，作为识别和评估会计估计重大错报风险的基础，因此选择选项 A、B、C。

2. 【答案】ABC

【解析】识别和评估重大错报风险时，注册会计师应当评价与会计估计相关的估计不确定性的程度，因此不选择选项 D。

3. 【答案】ABD

【解析】由适当层级的管理层和治理层（如适用）对会计估计（包括使用的假设或输入数据）进行复核和批准，因此不选择选项 C。选项 A 和选项 B 是原文，选项 D 是其他与作出会计估计相关的控制取决于具体情况的类型之一。

4. 【答案】ABC

【解析】在了解构成会计估计基础的假设时，注册会计师可能考虑的事项包括：①假设（包括重大假设）的性质；②管理层如何评价假设是否相关和完整（即考虑了所有相关变量）；③管理层如何确定所采用假设的内在一致性（如适用）；④假设是否与管理层所能控制的事项相关（如对可能影响资产使用年限的维修计划的假设），以及这些假设是否与被审计单位的经营计划和外部环境相符，或者假设与管理层控制之外的事项相关（如对利率、死亡率、潜在的司法或监管行为或未来现金流量的变动和时间安排的假设）；⑤支持假设的文件记录（如存在）的性质和范围，因此不选择选项 D。

5. 【答案】AB

【解析】对公允价值会计估计和其他以计量日情况为基础的会计估计，上期财务报表中确认的公允价值金额与本期结果或为实现本期目的而重新作出估计的金额之间的差异可能更大。注册会计师在复核时，可将重点放在获取与识别和评估重大错报风险相关的信息上。因此不选择选项 C。如果市场参与方假设发生的变化影响上期公允价值会计估计的结果，则了解该变化可能难以提供与本期审计目的相关的信息。在这种情况下，注册会计师在对上期公允价值会计估计结果进行考虑时，可能着重了解管理层上期会计估计流程（即管理层的历史记录）的有效性，并据此判断管理层本期估计流程可能的有效性，因此不选择选项 D。

6.【答案】BD

【解析】会计估计对判断的依赖程度是与会计估计相关的估计不确定性的程序影响因素之一，因此不选择选项 A。满足适用的财务报告编制基础相关要求的模型具有一定的技术含量是管理层可能需要聘请专家作出或帮助其作出会计估计的情况之一，因此不选择选项 C。

7.【答案】ABC

【解析】会计估计建立在性质相似、单项不重要但数量众多的项目的基础上，因此不选择选项 D。

8.【答案】ABCD

【解析】在评价管理层使用的假设的合理性时，注册会计师可能需要考虑：（1）单项假设是否显得合理；（2）假设是否相互依赖且具有内在一致性；（3）当将这些假设汇总起来考虑或结合其他假设考虑时，无论是对于特定会计估计还是其他会计估计，这些假设是否显得合理；（4）对于公允价值会计估计，假设是否恰当地反映可观察到的市场假设。在评价管理层使用的构成公允价值会计估计基础的假设的合理性时，注册会计师除了考虑上述事项，在适用时还可能考虑下列事项：管理层是否以及如何在作出假设时加入特定市场输入数据（如相关）；假设是否与可观察到的市场情况和以公允价值计量的资产或负债的特征一致；市场参与方假设的来源是否相关和可靠，以及当存在多种市场参与方假设时管理层如何选择假设；管理层是否以及如何考虑在可比较的交易、资产或负债中使用假设或有关信息（如适用）。因此选择选项 A、B、C、D。

9.【答案】AB

【解析】当存在不可观察到的输入数据时，注册会计师需要在评价假设时结合审计准则提出的其他应对措施，以获取充分、适当的审计证据。在这种情况下，注册会计师有必要实施其他审计程序，因此不选择选项 C。考虑管理层的复核和批准流程是应对评估重大错报风险时注册会计师采取的措施，因此不选择选项 D。

10.【答案】ABCD

【解析】一项错报，无论是由于舞弊还是错误导致，当与会计估计相关时，可能是由于下列因素导致的：（1）毋庸置疑地存在错报（事实错报）；（2）由注册会计师认为管理层对会计估计作出的判断不合理，或认为管理层对会计政策的选择或运用不恰当而产生的差异（判断错报）；（3）注册会计师对总体中错报的最佳估计，包括由审计样本中识别出的错报推断出总体中的错报（推断错报）。因此选择选项 A、B、C、D。

11.【答案】ABCD

【解析】根据估计不确定性的性质、重要性和程度，有关财务报表中确认或披露的会计估计的书面声明可能包括下列内容：（1）计量流程（包括管理层在根据适用的财务报告编制基础作出会计估计时使用的相关假设和模型）的恰当性，以及流程的一贯运用；（2）假设恰当地反映了管理层代表被审计单位执行特定措施的意图和能力（当这些意图和能力与会计估计和披露相关时）；（3）在适用的财务报告编制基础下与会计估计相关披露的完整性和适当性；（4）不存在需要对财务报表中会计估计和披露作出调整的期后事项。针对未在财务报表中确认或披露的会计估计，书面声明也可能包括下列内容：（1）管理层用于确定不满足适用的财务报告编制基础规定的确认或披露标准的依据的恰当性；（2）针对未在财务报表中以公允价值计量或披露的会计估计，管理层用于推翻适用的财务报告编制基础规定的与使用公允价值相关的假定的依据的恰当性。因此选择选项 A、B、C、D。

12. 【答案】ABD

【解析】由于会计估计的主观性、复杂性和不确定性，管理层作出的会计估计发生重大错报的可能性较大，注册会计师应当按照《中国注册会计师审计准则第 1211 号——通过了解被审计单位及其环境识别和评估重大错报风险》的规定，确定会计估计的重大错报风险是否属于特别风险，因此不选择选项 C。

13. 【答案】ACD

【解析】关联方施加的支配性影响可能表现在下列方面：（1）关联方否决管理层或治理层作出的重大经营决策（选项 A）。（2）重大交易需经关联方的最终批准（选项 C）。（3）日常经营（采购、销售或技术支持）高度依赖关联方或关联方提供的资金支持。（4）对关联方提出的业务建议，管理层和治理层未曾或很少进行讨论即获得通过（选项 D）。（5）对涉及关联方（或与关联方关系密切的家庭成员）的交易，管理层和治理层极少进行独立复核和批准。（6）管理层或治理层成员由关联方选定，独立董事实质上不独立，或者与关联方存在密切关系。（7）存在实际控制人、控股股东或者单一大股东，并利用其影响力凌驾于被审计单位内部控制之上，或使被审计单位管理层在作出决策时只关注单方面的利益，且相关决策在治理层（如董事会）缺乏充分的讨论。因此选择选项 A、C、D。

14. 【答案】ABC

【解析】选项 A、B、C 均属于应对超出被审计单位正常经营过程的重大关联方交易导致的重大错报风险的措施，选项 D 属于应对存在具有支配性影响的关联方导致的重大错报风险的措施。

15. 【答案】ABC

【解析】某些安排或其他信息可能显示存在管理层未向注册会计师披露的关联方关系或关联方交易，包括：（1）与其他机构或人员组成不具有法人资格的合伙企业；（2）按照超出正常经营过程的交易条款和条件，向特定机构或人员提供服务的安排；（3）担保和被担保关系。因此选择选项 A、B、C。

16. 【答案】ABCD

17. 【答案】ABCD

18. 【答案】ABCD

19. 【答案】ABCD

【解析】上述内容都是可能导致对持续经营假设产生重大疑虑的事项，分布于财务方面（选项 A）；经营方面（选项 B、C）和其他方面（选项 D）。

20. 【答案】BD

【解析】注册会计师应当考虑管理层作出的评估是否已考虑所有相关信息，其中包括注册会计师实施审计程序获取的信息，因此不选择选项 A。在考虑管理层的评估程序时，注册会计师需要关注管理层是如何识别可能导致对其持续经营能力产生重大疑虑的事项或情况的，所识别的事项或情况是否完整（选项 B），是否已经对注册会计师在实施审计程序过程中发现的所有相关信息进行了充分考虑，因此不选择选项 C。考虑管理层作出的评估所依据的假设时，注册会计师需要考虑管理层对相关事项或情况结果的预测所依据的假设是否合理，并特别关注具有以下几类特征的假设：（1）对预测性信息具有重大影响的假设；（2）特别敏感的或容易发生变动的假设；（3）与历史趋势不一致的假设。因此选择选项 D。

21. 【答案】ABD

【解析】除询问管理层外，注册会计师没有责任实施其他任何审计程序是注册会计师应对超出管理层评估期间的事项或情况所采取的应对措施，因此不选择选项 C。

22. 【答案】AB

【解析】如果认为运用持续经营假设适合具体情况，但存在重大不确定性，注册会计师应当确定：（1）财务报表是否已充分描述可能导致对持续经营能力产生重大疑虑的主要事项或情况以及管理层针对这些事项或情况的应对计划（选项 A）；（2）财务报表是否已清楚披露可能导致对持续经营能力产生重大疑虑的事项或情况存在重大不确定性，并由此导致被审计单位可能无法在正常的经营过程中变现资产和清偿债务（选项 B）。如果已识别出可能导致对被审计单位持续经营能力产生重大疑虑的事项或情况，但根据获取的审计证据，注册会计师认为不存在重大不确定性，则注册会计师应当根据适用的财务报告编制基础的规定，评价财务报表是否对这些事项或情况作出充分披露（因此不选择选项 C）。注册会计师应当发表无保留意见类型的审计报告被审计单位运用持续经营假设适当但存在重大不确定性是注册会计师形成的审计意见，因此不选择选项 D。

23. 【答案】CD

【解析】当存在多项对财务报表整体具有重要影响的重大不确定性时，注册会计师可能认为发表无法表示意见而非增加以“与持续经营相关的重大不确定性”为标题的单独部分是适当的，因此不选择选项 A。如果运用持续经营假设是适当的，但存在重大不确定性，且财务报表对重大不确定性已作出充分披露，注册会计师应当发表无保留意见，因此不选择选项 B。如果财务报表按照持续经营基础编制，而注册会计师运用职业判断认为管理层在编制财务报表时运用持续经营假设是不适当的，则无论财务报表中对管理层运用持续经营假设的不适当性是否作出披露，注册会计师均应发表否定意见，因此选择选项 C 和选项 D。

24. 【答案】ABCD

【解析】注册会计师应当与治理层就识别出的可能导致对被审计单位持续经营能力产生重大疑虑的事项或情况进行沟通，除非治理层全部成员参与管理被审计单位。与治理层的沟通应当包括下列方面：（1）这些事项或情况是否构成重大不确定性；（2）管理层在编制财务报表时运用持续经营假设是否适当；（3）财务报表中的相关披露是否充分；（4）对审计报告的影响（如适用）。

25. 【答案】ABCD

【解析】在执行首次审计业务时，注册会计师针对期初余额的目标是，获取充分、适当的审计证据以确定：（1）期初余额是否含有对本期财务报表产生重大影响的错报（选项 B）；（2）期初余额反映的恰当的会计政策是否在本期财务报表中得到一贯运用（选项 C），或会计政策的变更是否已按照适用的财务报告编制基础作出恰当的会计处理和充分的列报与披露（选项 D）。如果期初余额存在对本期财务报表产生重大影响的错报，则注册会计师在审计中必须对此提出恰当的审计调整或披露建议；反之，注册会计师无须对此予以特别关注和处理（选项 A）。

26. 【答案】AC

【解析】如果不能针对期初余额获取充分、适当的审计证据，注册会计师应当发表适合具体情况的保留意见或无法表示意见，因此选择选项 A。如果错报的影响未能得到正确的会计处理和恰当的列报，注册会计师应当对财务报表发表保留意见或否定意见，因此选择选项 C。如果认为按照适用的财务报告编制基础与期初余额相关的会计政策未能在本期得到一贯运用（选项 B），或者会计政策的变更未能得到恰当的会计处理或适当的列报与披露（选项 D），注册会计师应当对财务报表发表保留意见或否定意见。

（三）简答题

1. 【答案】

（1）恰当。

（2）不恰当。应当对期初存货项目的计价实施审计程序。

（3）恰当。

（4）不恰当。应当对本期期初余额实施恰当的审计程序以确定期初余额不存在重大错报。

2. 【答案】

（1）恰当。

（2）不恰当。乙公司的持续经营假设适当，但是存在重大不确定性，A 注册会计师应当在无保留意见的审计报告中增加“与持续经营相关的重大不确定性”的单独部分，而不是增加强调事项段。

（3）不恰当。如果识别出可能导致对持续经营能力产生重大疑虑的事项，注册会计师应当通过实施追加的审计程序，获取充分、适当的审计证据，以确定是否存在重大不确定性/未对管理层的评估实施进一步审计程序/书面声明本身并不为所涉及的任何事项提供充分、适当的审计证据。

3.【答案】

（1）不恰当。作出的区间估计需要包括所有合理的结果而不是所有可能的结果。

（2）不恰当。2018 年度财务报表中的会计估计与实际结果存在差异，并不必然表明 2018 年度财务报表存在错报。

（3）不恰当。还应当执行程序评价盈利预测中假设的合理性/仅执行询问和重新计算无法获取有关假设合理性的充分、适当的审计证据。

（4）恰当。

（5）不恰当。资产负债表日后价格的变化并不表明前期会计估计存在差错。

第十八章　完成审计工作

2021 年教材内容主要变化

本章主要变化如下：

（1）复核审计工作；

（2）项目合伙人复核；

（3）项目质量复核。

【小贴士】具体详见有关重难点。

本章近五年考情统计分析

本章考题主观题客观题均可涉及，本章属于重要的考试章节之一，常常结合第十九章内容考查，最近五年平均考试分值一般在 4 分左右。

（一）近五年考试分值分布

题型	2016 年	2017 年	2018 年	2019 年	2020 年
单选题	2	1	1	1	1
多选题	—	—	—	—	—
简答题	—	—	—	—	1
综合题	1. 2	1	3. 2	4. 75	2
合计	3. 2	2	4. 2	5. 75	4

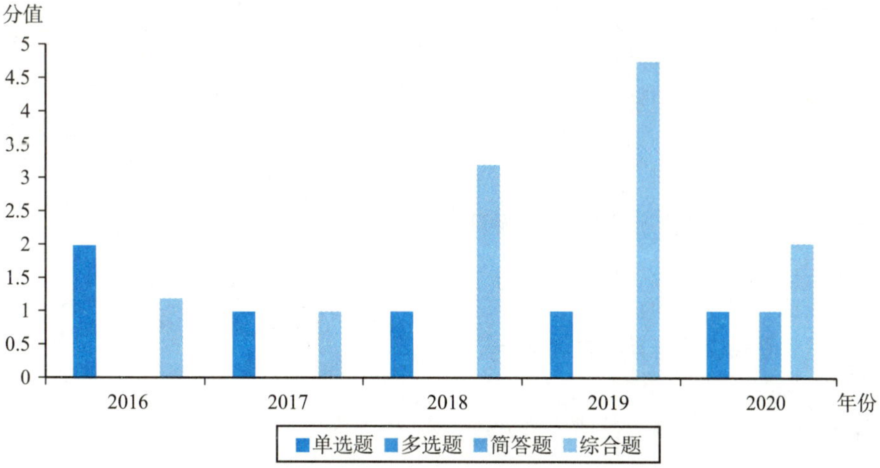

（二）近五年考试考点分布

高频考点内容	年度及题型分布
书面声明	2020 年单选、2020 年综合、2018 年单选、2018 年综合、2017 年单选、2016 年单选
复核工作底稿	2019 年单选、2016 年单选
期后事项	2020 年简答、2020 年综合、2019 年综合、2018 年综合、2016 年综合
评价审计过程中发现的错报	2020 年综合、2017 年综合、2016 年综合

重难点解析

本章内容属于第五编的重要章节之一，主要阐述评价审计过程中发现的错报、复核审计工作、期后事项的种类、财务表报表日至审计报告日发生的事项、审计报告日后至财务报表报出日前知悉的事实、财务报表报出后知悉的事实、书面声明的含义与特征、针对管理层责任的书面声明、其他书面声明、书面声明的日期和涵盖的期间、对书面声明可靠性的疑虑以及管理层不提供要求的书面声明等。

【小贴士】完成审计阶段既是审计最后一个阶段也是审计工作的重要阶段，它是审计质量控制的关键阶段。本章学习需要结合第十九章（审计报告）、链接第二十一章（会计师事务所业务质量管理）等章节内容。

重难点 1：评价审计过程中发现的错报★★★

（一）错报的沟通与更正

除非法律法规禁止，注册会计师应当及时将审计过程中累积的所有错报（即超过明显微小错报临界值的所有错报）与适当层级的管理层进行沟通。注册会计师还应当要求管理层更正这些错报。

1. 法律法规可能限制注册会计师向管理层或被审计单位内部的其他人员通报某些错报

法律法规可能专门规定禁止通报某事项或采取其他行动，这些通报或行动可能不利于有关权力机构对实际存在的或怀疑存在的违反法律法规行为展开调查。在某些情况下，注册会计师的保密义务与通报义务之间存在的潜在冲突可能很复杂。此时，注册会计师可以考虑征询法律意见。

2. 如果管理层拒绝更正沟通的部分或全部错报

注册会计师应当了解管理层不更正错报的理由，并在评价财务报表整体是否不存在重大错报时考虑该理由。

【小贴士】注册会计师对管理层不更正错报的理由的理解，可能影响其对被审计单位会计实务质量的考虑。

（二）评价未更正错报的影响

未更正错报指注册会计师在审计过程中累积的且被审计单位未予更正的错报。

1. 重新评估计划重要性的适当性

（1）注册会计师在确定重要性时，通常依据对被审计单位财务结果的估计，因为此时可能尚不知道实际的财务结果。因此，在评价未更正错报的影响之前，注册会计师可能有必要依据实际的财务结果对重要性作出修改。

（2）在审计过程中获知了某项信息，而该信息可能导致注册会计师确定与原来不同的财务报表整体重要性或者特定类别交易、账户余额或披露的一个或多个重要性水平（如适用），注册会计师应当予以修改。

【小贴士】如果注册会计师对重要性或重要性水平（如适用）进行的重新评价导致需要确定较低的金额，则应重新考虑实际执行的重要性和进一步审计程序的性质、时间安排和范围的适当性，以获取充分、适当的审计证据，作为发表审计意见的基础。

【经典例题】

【真题·综合题（部分）】（2020）甲公司是ABC会计师事务所的常年审计客户，主要从事家电产品的生产、批发和零售。A注册会计师负责审计甲公司2019年度财务报表，确定财务报表整体的重要性为800万元，明显微小错报的临界值为40万元。

资料五：A注册会计师在审计工作底稿中记录了重大事项的处理情况，部分内容摘录如下：

（1）A注册会计师在审计过程中发现了一笔300万元的重分类错报，因金额较小未提出审计调整，要求管理层在书面声明中说明该错报对财务报表整体的影响不重大。

（2）甲公司某重要客户于2020年1月初申请破产清算。管理层在计提2019年末坏账准备时考虑了这一情况。A注册会计师检查了相关法律文件、评估了计提金额的合理性，结果满意，据此认可了管理层的处理。

（3）甲公司总经理因新冠肺炎疫情滞留外地，无法签署书面声明。A注册会计师与总经理视频沟通。总经理表示同意书面声明的内容，并授权副总经理在书面声明上签字并加盖了公章。A注册会计师接受了甲公司的做法。

【要求】针对资料五第（1）~（3）项，假定不考虑其他条件，逐项指出A注册会计师的做法是否恰当。如不恰当，简要说明理由。

【答案】

事项序号	是否恰当（是/否）	理由
（1）	否	应当要求管理层更正所有超过明显微小错报临界值的错报/累积的错报
（2）	是	—
（3）	是	—

【解析】除非法律法规禁止，注册会计师应当及时将审计过程中累积的所有错报（即超过明显微小错报临界值的所有错报）与适当层级的管理层进行沟通。注册会计师还应当要求管理层更正这些错报。

【真题·综合题（部分）】（2016）甲公司是ABC会计师事务所的常年审计客户，主要从事肉制品的加工和销售。A注册会计师负责审计甲公司2015年度财务报表，确定财务报表整体的重要性为100万元。审计报告日为2016年4月30日。

资料五：A注册会计师在审计工作底稿中记录了重大事项的处理情况，部分内容摘录如下：

（1）2016年2月，甲公司因2015年的食品安全事件向主管部门缴纳罚款300万元，管理层在2015年度财务报表中将其确认为营业外支出。A注册会计师检查了处罚文件和付款单据，认可了管理层的处理。

（2）审计过程中累积的错报合计数为200万元。因管理层已全部更正，A注册会计师认为错报对审计工作和审计报告均无影响。

【要求】针对资料五第（1）~（2）项，假定不考虑其他条件，指出A注册会计师的做法是否恰当。如不恰当，简要说明理由。

【答案】

事项序号	是否恰当（是/否）	理由
（1）	是	—
（2）	否	累积的错报合计数200万元超过财务报表整体的重要性，没有考虑对审计工作的影响/应当确定是否需要考虑修改审计计划　当

【解析】审计过程中累积的错报合计数为200万元，管理层已全部更正，对审计报告无影响，但是对审计工作还是有影响的。

2. 评价未更正错报

（1）定量评价错报。注册会计师需要考虑每一单项错报，以评价其对相关类别的交易、账户余额或披露的影响，包括评价该项错报是否超过特定类别的交易、账户余额或披露的重要性水平（如适用）。

如果注册会计师认为某一单项错报是重大的，则该项错报不太可能被其他错报抵销。例如，如果收入存在重大高估，即使这项错报对收益的影响完全可被相同金额的费用高估所抵销，注册会计师仍认为财务报表整体存在重大错报。

【小贴士】对于同一账户余额或同一类别的交易内部的错报，这种抵销可能是适当的。然而，在得出抵销非重大错报是适当的这一结论之前，需要考虑可能存在其他未被发现的错报的风险。

（2）定性评价错报。确定一项分类错报是否重大，需要进行定性评估。例如，分类错报对负债或其他合同条款的影响，对单个财务报表项目或小计数的影响，以及对关键比率的影响。

【小贴士】即使分类错报超过了在评价其他错报时运用的重要性水平，注册会计师可能仍然认为该分类错报对财务报表整体不产生重大影响。

在某些情况下，即使某些错报低于财务报表整体的重要性，但因与这些错报相关的某些情况，在将其单独或连同在审计过程中累积的其他错报一并考虑时，注册会计师也可能将这些错报评价为重大错报。

例如，某项错报的金额虽然低于财务报表整体的重要性，但对被审计单位的盈亏状况有决定性的影响，注册会计师应认为该项错报是重大错报。

【经典例题】

【真题·综合题（部分）】（2017）甲公司是ABC会计师事务所的常年审计客户，主要从事电气设备的生产和销售。A注册会计师负责审计甲公司2016年度财务报表，确定财务报表整体的重要性为300万元，实际执行的重要性为210万元。

资料五：A注册会计师在审计工作底稿中记录了审计完成阶段的工作，部分内容摘录如下：

（1）甲公司与乙公司既有采购业务也有销售业务，2016年末，甲公司多计应收乙公司款项400万元，多计应付乙公司款项360万元，A注册会计师认为两项错报相抵后的金额不重大，同意管理层不予调整。

【要求】指出A注册会计师的做法是否恰当，如不恰当，简要说明理由。

【答案】不恰当。两项错报的金额都超过了财务报表整体的重要性水平，单独来看都构成重大错报，影响不能相抵。A注册会计师不应同意管理层不予调整。

【解析】两项错报的金额都超过了财务报表整体的重要性水平，单独来看都构成重大错报，影响不能相抵。而对于同一账户余额或同一类别的交易内部错报，这种抵销可能是适当的。

（三）管理层提供有关未更正错报的书面声明

注册会计师应当要求管理层和治理层（如适用）提供书面声明，说明其是否认为未更正错报单独或汇总起来对财务报表整体的影响不重大。这些错报项目的概要应当包含在书面声明中或附在其后。

重难点2：复核审计工作★★★

【小贴士】该知识点2021年大范围修订。

（一）项目组内部复核

1. 复核人员

（1）会计师事务所针对业务执行的质量目标应当包括由经验较为丰富的项目组成员对经验较为缺乏的项目组成员的工作进行指导、监督和复核。会计师事务所应当基于这一质量目标，确定有关复核的政策和程序。

（2）对一些较为复杂、审计风险较高的领域，例如，舞弊风险的评估与应对、重大会计估计及其他复杂的会计问题、审核会议记录和重大合同、关联方关系和交易、持续经营存在的问题等，需要指派经验丰富的项目组成员执行复核，必要时可以由项目合伙人执行复核。

2. 复核范围

执行复核时，复核人员需要考虑的事项包括：

（1）审计工作是否已按照职业准则和适用的法律法规的规定执行。

（2）重大事项是否已提请进一步考虑。

（3）相关事项是否已进行适当咨询，由此形成的结论是否已得到记录和执行。

（4）是否需要修改已执行审计工作的性质、时间安排和范围。

（5）已执行的审计工作是否支持形成的结论，并已得到适当记录。

（6）已获取的审计证据是否充分、适当。

（7）审计程序的目标是否已实现。

3. 复核时间

审计项目复核贯穿审计全过程，随着审计工作的开展，复核人员在审计计划阶段、执行阶段和完成阶段及时复核相应的工作底稿。

例如，在审计计划阶段复核记录审计策略和审计计划的工作底稿，在审计执行阶段复核记录控制测试和实质性程序的工作底稿，在审计完成阶段复核记录重大事项、审计调整及未更正错报的工作底稿等。

【经典例题】

【真题·单选题】（2019）确定项目组内部的复核的性质、时间安排和范围时，注册会计师不应当考虑的是（　　）。

A. 被审计单位的规模

B. 评估的重大错报风险

C. 项目质量控制复核人员的经验和能力

D. 项目组成员的专业素质和胜任能力

【答案】C

【解析】选项C不恰当，项目质量控制复核人员的经验和能力是事务所层面的，不是项目组内部的。

4. 项目合伙人复核

【小贴士】项目合伙人应当对管理和实现审计项目的高质量承担总体责任。

项目合伙人应当在审计过程中的适当时点复核审计工作底稿，包括与下列方面相关的工作底稿：

（1）重大事项。

（2）重大判断，包括与在审计中遇到的困难或有争议事项相关的判断，以及得出的结论。

（3）根据项目合伙人的职业判断，与项目合伙人的职责有关的其他事项。

【小贴士】项目合伙人应当在签署审计报告前复核财务报表、审计报告以及相关的审计工作底稿，包括对关键审计事项的描述（如适用）。项目合伙人应当在与管理层、治理层或相关监管机构签署正式书面沟通文件之前对其进行复核。

【经典例题】

【真题·单选题】（2016）下列有关项目合伙人复核的说法中，错误的是（　　）。

A. 项目合伙人无须复核所有审计工作底稿

B. 项目合伙人通常需要复核项目组对关键领域所作的判断

C. 项目合伙人应当复核与重大错报风险相关的所有审计工作底稿

D. 项目合伙人应当在审计工作底稿中记录复核的范围和时间

【答案】C

【解析】选项C错误，项目合伙人复核与重大错报风险相关的所有审计工作底稿，显然不符合重要性原则。

（二）项目质量复核

项目质量控制复核是事务所层面的复核，根据《质量管理准则第5101号——业务质量管理》的规定，会计师事务所应当制定政策和程序，并对上市实体财务报表审计业务、法律法规要求实施项目质量复核的审计业务或其他业务，以及会计师事务所认为，为应对一项或多项质量风险，有必要实施项目质量复核的审计业务或其他业务实施项目质量复核。（详见第二十一章第二节）

重难点3：期后事项的种类★★★

期后事项是指财务报表日至审计报告日之间发生的事项，以及注册会计师在审计报告日后知悉的事实。

（一）财务报表日后调整事项

这类事项既为被审计单位管理层确定财务报表日账户余额提供信息，也为注册会计师核实这些余额提供补充证据。如果这类期后事项的金额重大，应提请被审计单位对本期财务报表及相关的账户金额进行调整。如：

（1）财务报表日后诉讼案件结案，法院判决证实了企业在财务报表日已经存在现时义务，需要调整原先确认的与该诉讼案件相关的预计负债，或确认一项新负债。

（2）财务报表日后取得确凿证据，表明某项资产在财务报表日发生了减值或者需要调整该项资产原先确认的减值金额。

（3）财务报表日后进一步确定了财务报表日前购入资产的成本或售出资产的收入。

（4）财务报表日后发现了财务报表舞弊或差错。

【小贴士】利用期后事项审计以确认被审计单位财务报表所列金额时，应对财务报表日已经存在的事项和财务报表日后出现的事项严加区分，不能混淆。如果确认发生变化的事项直到财务报表日后才发生，就不应将财务报表日后的信息并入财务报表中去。

【经典例题】

【真题·综合题（部分）】（2017）ABC会计师事务所首次接受委托，审计上市公司甲公司2016年度财务报表，委派A注册会计师担任项目合伙人。

资料五：A注册会计师在审计工作底稿中记录了审计完成阶段的工作，部分内容摘录如下：

（1）甲公司2016年末的一项重大未决诉讼在审计报告日前终审结案，管理层根据判决结果调整了2016年度财务报表。A注册会计师检查了法院判决书以及甲公司的账务处理和披露，结果满意，未再实施其他审计程序。

【要求】指出A注册会计师的做法是否恰当。如不恰当，简要说明理由。

【答案】恰当。

【解析】2016年末的一项重大未决诉讼在审计报告日前终审结案，财务报表日后调整事项，管理层根据判决结果调整了2016年度财务报表（管理层处理合理）。注册会计师检查了法院判决书以及甲公司的账务处理和披露，结果满意，未再实施其他审计程序（注册会计师处理合理）。

（二）财务报表日后非调整事项

这类事项因不影响财务报表日财务状况，而不需要调整被审计单位的本期财务报表。但如果被审计单位的财务报表因此可能受到误解，就应在财务报表中以附注的形式予以适当披露，包括：

（1）财务报表日后发生重大诉讼、仲裁、承诺。

（2）财务报表日后资产价格、税收政策、外汇汇率发生重大变化。

（3）财务报表日后因自然灾害导致资产发生重大损失。

（4）财务报表日后发行股票和债券以及其他巨额举债。

（5）财务报表日后资本公积转增资本。

（6）财务报表日后发生巨额亏损。

（7）财务报表日后发生企业合并或处置子公司。

（8）财务报表日后企业利润分配方案中拟分配的以及经审议批准宣告发放的股利或利润。

【经典例题】

【真题·综合题（部分）】（2016）上市公司甲公司是ABC会计师事务所的常年审计客户，主要从事电子商务业务。A注册会计师负责审计甲公司2015年度财务报表，确定财务报表整体的重要性为600万元，实际执行重要性为360万元，明显微小错报临界值为30万元。

资料五：A注册会计师在审计工作底稿中记录了错报及重大事项的处理情况，部分内容摘录如下：

（3）2016年1月，甲公司的客户丁公司因火灾导致重大损失，经营困难。甲公司管理层因此在2015年度财务报表中补提了200万元的应收账款坏账准备。A注册会计师在对该事项实施细节测试并获取书面声明后，认可了管理层的处理。

【要求】指出A注册会计师的做法是否恰当。如不恰当，简要说明理由。

【答案】不恰当。2016年1月，甲公司的客户丁公司因火灾导致重大损失，该事项属于资产负债表日后非调整事项，不能调整2015年报表。

【解析】2016年1月，甲公司的客户丁公司因火灾导致重大损失，经营困难，财务报表日后非调整事项。甲公司管理层因此在2015年度财务报表中补提了200万元的应收账款坏账准备（管理层处理合理）。A注册会计师在对该事项实施细节测试并获取书面声明后，认可了管理层的处理（注册会计师处理不合理）。

（三）期后事项三个时段的划分

期后事项分为三个时段，具体如下图所示。

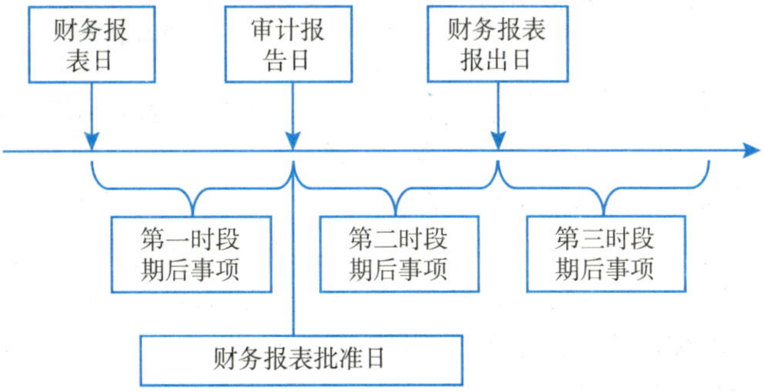

（1）财务报表日：指财务报表涵盖的最近期间的截止日期。

（2）财务报表批准日：指构成整套财务报表的所有报表（含披露）已编制完成，并且被审计单位的董事会、管理层或类似机构已经认可其对财务报表负责的日期。

（3）财务报表报出日：指审计报告和已审计财务报表提供给第三方的日期。

【小贴士】审计报告日不应早于注册会计师获取充分、适当的审计证据（包括管理层认可对财务报表的责任且已批准财务报表的证据），并在此基础上对财务报表形成审计意见的日期。

【小贴士】在实务中审计报告日与财务报表批准日通常是相同的日期。

【经典例题】

【真题·单选题】（2016）下列有关审计报告日的说法中，错误的是（　　）。

A. 审计报告日可以晚于管理层签署已审计财务报表的日期

B. 审计报告日不应早于管理层书面声明的日期

C. 在特殊情况下，注册会计师可以出具双重日期的审计报告

D. 审计报告日应当是注册会计师获取充分、适当的审计证据，并在此基础上对财务报表形成审计意见的日期

【答案】D

【解析】选项D错误，审计报告日不应早于注册会计师获取充分、适当的审计证据，并在此基础上对财务报表形成审计意见的日期，而不是“应当是”。

重难点4：财务报表日至审计报告日发生的事项★★★

（一）主动识别第一时段期后事项（主动责任）

注册会计师应当设计和实施审计程序，获取充分、适当的审计证据，以确定所有在财务报表日至审计报告日之间发生的、需要在财务报表中调整或披露的事项均已得到识别。

【小贴士】注册会计师并不需要对之前已实施审计程序并已得出满意结论的事项执行追加的审计程序。

（二）知悉对财务报表有重大影响的期后事项时的考虑

（1）如果注册会计师识别出对财务报表有重大影响的期后事项，应当确定这些事项是否按照适用的财务报告编制基础的规定在财务报表中得到恰当反映。

（2）如果所知悉的期后事项属于调整事项，注册会计师应当考虑被审计单位是否已对财务报表作出适当的调整。如果所知悉的期后事项属于非调整事项，注册会计师应当考虑被审计单位是否在财务报表附注中予以充分披露。

【经典例题】

【真题·综合题（部分）】（2018）上市公司甲公司是ABC会计师事务所的常年审计客户，主要从事汽车的生产和销售。A注册会计师负责审计甲公司2017年度财务报表，确定财务报表整体的重要性为1 000万元，明显微小错报的临界值为30万元。

资料五：A注册会计师在审计工作底稿中记录了重大事项的处理情况，部分内容摘录如下：

（1）2018年1月初，甲公司对某型号汽车实施召回，免费更换安全气囊，预计将发生更换费用4 000万元。管理层在2017年度财务报表中确认了该项费用并进行了披露。A注册会计师在对更换费用及相关披露实施审计程序后，认可了管理层的处理。

【要求】针对资料五第（1）项，假定不考虑其他条件，指出A注册会计师的做法是否恰当。如不恰当，简要说明理由。

【答案】

事项序号	是否恰当（是/否）	理由
（1）	是	—

【解析】本题该事项属于第一时段期后事项，注册会计师采取了主动识别的程序，且认为管理层处理合理。

重难点5：审计报告日后至财务报表报出日前知悉的事实★★

（一）被动识别第二时段期后事项（被动责任）

在审计报告日后，注册会计师没有义务针对财务报表实施任何审计程序。审计报告日后至财务报表报出日前发现的事实属于“第二时段期后事项”，注册会计师针对被审计单位的审计业务已经结束，要识别可能存在的期后事项比较困难，因而无法承担主动识别第二时段期后事项的审计责任。

【小贴士】注册会计师还可能从媒体报道、举报信或者证券监管部门告知等途径获悉影响财务报表的期后事项。

（二）知悉第二时段期后事项时的考虑

1. 总体要求

在审计报告日后至财务报表报出日前，如果知悉了某事实，且若在审计报告日知悉可能导致修改审计报告，注册会计师应当采取以下措施：

（1）应当与管理层和治理层（如适用）讨论该事项。

（2）确定财务报表是否需要修改。

（3）如果需要修改，询问管理层将如何在财务报表中处理该事项。

2. 管理层修改财务报表时的处理

（1）管理层整体修改。如果管理层修改财务报表，注册会计师应当根据具体情况对有关修改实施必要的审计程序；同时，除非下文述及的特殊情况适用，注册会计师应当将用以识别期后事项的上述审计程序延伸至新的审计报告日，并针对修改后的财务报表出具新的审计报告。新的审计报告日不应早于修改后的财务报表被批准的日期。

（2）管理层局部修改。在有关法律法规或适用的财务报告编制基础未禁止的情况下，如果管理层对财务报表的修改仅限于反映导致修改的期后事项的影响，被审计单位的董事会、管理层或类似机构也仅对有关修改进行批准，注册会计师可以仅针对有关修改将用以识别期后事项的上述审计程序延伸至新的审计报告日（以下简称特定情形）。在这种情况下，注册会计师应当选用下列处理方式之一：

①修改审计报告，针对财务报表修改部分增加补充报告日期，从而表明注册会计师对期后事项实施的审计程序仅限于财务报表相关附注所述的修改。

②出具新的或经修改的审计报告，在强调事项段或其他事项段中说明注册会计师对期后事项实施的审计程序仅限于财务报表相关附注所述的修改。

3. 管理层不修改财务报表且审计报告未提交时的处理

如果认为管理层应当修改财务报表而没有修改，并且审计报告尚未提交给被审计单位，注册会计师应当按照《中国注册会计师审计准则第 1502 号——在审计报告中发表非无保留意见》的规定发表非无保留意见，然后再提交审计报告。

4. 管理层不修改财务报表且审计报告已提交时的处理

（1）如果认为管理层应当修改财务报表而没有修改，并且审计报告已经提交给被审计单位，注册会计师应当通知管理层和治理层（除非治理层全部成员参与管理被审计单位）在财务报表作出必要修改前不要向第三方报出。

（2）如果财务报表在未经必要修改的情况下仍被报出，注册会计师应当采取适当措施，以设法防止财务报表使用者信赖该审计报告。

例如，针对上市公司，注册会计师可以利用证券传媒等刊登必要的声明，防止使用者信赖审计报告。注册会计师采取的措施取决于自身的权利和义务以及所征询的法律意见。

重难点 6：财务报表报出后知悉的事实★★

（一）没有义务识别第三时段的期后事项（被动责任）

财务报表报出日后知悉的事实属于第三时段期后事项，注册会计师没有义务针对财务报表实施任何审计程序。但是，并不排除注册会计师通过媒体等其他途径获悉可能对财务报表产生重大影响的期后事项的可能性。

（二）知悉第三时段期后事项时的考虑

1. 总体要求

在财务报表报出后，如果知悉了某事实，且若在审计报告日知悉可能导致修改审计报告，注册会计师应当采取以下措施：

（1）与管理层和治理层（如适用）讨论该事项。

（2）确定财务报表是否需要修改。

（3）如果需要修改，询问管理层将如何在财务报表中处理该事项。

【小贴士】需要注册会计师在知悉后采取行动的第三时段期后事项是有严格限制的：一是这类期后事项应当是在审计报告日已经存在的事实；二是该事实如果被注册会计师在审计报告日前获知，可能影响审计报告。只有同时满足这两个条件，注册会计师才需要采取行动。

2. 管理层修改财务报表时的处理

（1）根据具体情况对有关修改实施必要

的审计程序。例如，查阅法院判决文件、复核会计处理或披露事项，确定管理层对财务报表的修改是否恰当。

（2）复核管理层采取的措施能否确保所有收到原财务报表和审计报告的人士了解这一情况。

（3）延伸实施审计程序，并针对修改后的财务报表出具新的审计报告。

（4）在特殊情况下，修改审计报告或提供新的审计报告。

【小贴士】注册会计师应当在新的或经修改的审计报告中增加强调事项段或其他事项段，提醒财务报表使用者关注财务报表附注中有关修改原财务报表的详细原因和注册会计师提供的原审计报告。

3. 管理层未采取任何行动时的处理

（1）如果管理层没有采取必要措施确保所有收到原财务报表的人士了解这一情况，也没有在注册会计师认为需要修改的情况下修改财务报表，注册会计师应当通知管理层和治理层（除非治理层全部成员参与管理被审计单位），注册会计师将设法防止财务报表使用者信赖该审计报告。

（2）如果注册会计师已经通知管理层或治理层，而管理层或治理层没有采取必要措施，注册会计师应当采取适当措施，以设法防止财务报表使用者信赖该审计报告。

【经典例题】

【真题·综合题（部分）】（2016）上市公司甲公司是ABC会计师事务所的常年审计客户，主要从事电子商务业务。A注册会计师负责审计甲公司2015年度财务报表，确定财务报表整体的重要性为600万元，实际执行重要性为360万元，明显微小错报临界值为30万元。

资料五：审计工作底稿中记录了错报及重大事项的处理情况，部分内容摘录如下：

（4）在财务报表报出后，甲公司管理层发现一项需修改2015年度财务报表的重大错报，因此修改了2015年度财务报表，并在财务报表附注中披露了修改原因。A注册会计师就修改事项实施了必要的审计程序，重新出具了无保留意见审计报告。

【要求】 指出A注册会计师的做法是否恰当。如不恰当，简要说明理由。

【答案】 不恰当。针对第三时段期后事项，注册会计师应当在新的或经修改的审计报告中增加强调事项段或其他事项段，提醒财务报表使用者关注财务报表附注中有关修改原财务报表的详细原因和注册会计师提供的原审计报告。

【解析】 在财务报表报出后，管理层发现一项需修改财务报表的重大错报（属于第三时段的期后事项），按规定予以修改，并在财务报表附注中披露了修改原因（管理层处理合理）。注册会计师就修改事项实施了必要的审计程序，重新出具了无保留意见审计报告（注册会计师处理不合理）。

重难点7：书面声明的含义与特征★

（一）书面声明的含义

书面声明，是指管理层向注册会计师提供的书面陈述，用以确认某些事项或支持其他审计证据。

【小贴士】书面声明不包括财务报表及其认定，以及支持性账簿和相关记录。

（二）书面声明的特征

（1）书面声明是注册会计师在财务报表审计中需要获取的必要信息，是审计证据的重要来源。

【小贴士】如果管理层修改书面声明的内容或不提供注册会计师要求的书面声明，可能使注册会计师警觉存在重大问题的可能性。而且，在很多情况下，要求管理层提供书面声明而非口头声明，可以促使管理层更加认真地考虑声明所涉及的事项，从而提高声明的质量。

（2）尽管书面声明提供了必要的审计证据，但其本身并不为所涉及的任何事项提供充分、适当的审计证据。

（3）管理层已提供可靠书面声明的事实，并不影响注册会计师就管理层责任履行情况或具体认定获取的其他审计证据的性质和范围。

【经典例题】

【真题·单选题】（2020）下列有关书面声明的作用的说法中，错误的是（　　）。

A. 书面声明是审计证据的重要来源

B. 要求管理层提供书面声明而非口头声明，可以提高管理层声明的质量

C. 在某些情况下，书面声明可能可以为相关事项提供充分、适当的审计证据

D. 书面声明可能影响注册会计师需要获取的审计证据的性质和范围

【答案】 C

【解析】 书面声明本身并不为所涉及的任何事项提供充分、适当的审计证据，故选项C正确。

重难点8：针对管理层责任的书面声明★★

（一）总体要求

针对财务报表的编制，注册会计师应当要求管理层提供书面声明，确认其根据审计业务约定条款，履行了按照适用的财务报告编制基础编制财务报表并使其实现公允反映（如适用）的责任。

（二）针对完整性的书面声明

针对提供的信息和交易的完整性，注册会计师应当要求管理层就下列事项提供书面声明：

（1）按照审计业务约定条款，已向注册会计师提供所有相关信息，并允许注册会计师不受限制地接触所有相关信息以及被审计单位内部人员和其他相关人员。

（2）所有交易均已记录并反映在财务报表中。

（三）书面声明与管理层责任

（1）如果未从管理层获取其确认已履行责任的书面声明，注册会计师在审计过程中获取的有关管理层已履行这些责任的其他审计证据是不充分的。

（2）基于管理层认可并理解在审计业务约定条款中提及的管理层的责任，注册会计师可能还要求管理层在书面声明中再次确认其对自身责任的认可与理解。

当存在下列情况时，这种确认尤为适当：

①代表被审计单位签订审计业务约定条款的人员不再承担相关责任。

②审计业务约定是在以前年度签订的。

③有迹象表明管理层误解了其责任。

④情况的改变需要管理层再次确认其责任。

重难点9：其他书面声明★★

除了针对财务报表的编制，注册会计师应当要求管理层提供基本书面声明以确认其履行了责任外，注册会计师可能认为有必要获取有关财务报表的其他书面声明。

【小贴士】 其他书面声明可能是对基本书面声明的补充，但不构成其组成部分。

（一）其他书面声明针对事项

（1）会计政策的选择和运用是否适当。

（2）是否按照适用的财务报告编制基础对下列事项（如相关）进行了确认、计量、列报或披露：

①可能影响资产和负债账面价值或分类的计划或意图。

②负债（包括实际负债和或有负债）。

③资产的所有权或控制权，资产的留置权或其他物权，用于担保的抵押资产。

④可能影响财务报表的法律法规及合同（包括违反法律法规及合同的行为）。

（二）与向注册会计师提供信息有关的额外书面声明

除了针对管理层提供的信息和交易的完整性的书面声明外，注册会计师可能认为有必要要求管理层提供书面声明，确认其已将注意到的所有内部控制缺陷向注册会计师通报。

（三）关于特定认定的书面声明

在获取有关管理层的判断和意图的证据

时，或在对判断和意图进行评价时，注册会计师可能认为有必要要求管理层提供有关财务报表特定认定的书面声明，尤其是支持注册会计师就管理层的判断或意图或者完整性认定从其他审计证据中获取的了解。

【小贴士】尽管这些书面声明能够提供必要的审计证据，但其本身并不能为财务报表特定认定提供充分、适当的审计证据。

【经典例题】

【真题·单选题】（2017）下列有关管理层书面声明的作用的说法中，错误的是（　　）。

A. 书面声明为财务报表审计提供了必要的审计证据

B. 管理层已提供可靠书面声明的事实，可能影响注册会计师就具体认定获取的审计证据的性质和范围

C. 书面声明可以促使管理层更加认真地考虑声明所涉及的事项

D. 书面声明本身不为所涉及的任何事项提供充分、适当的审计证据

【答案】B

【解析】选项B错误，管理层已提供可靠书面声明的事实，并不影响注册会计师就具体认定获取的审计证据的性质和范围。

重难点10：书面声明的日期和涵盖的期间★★

（一）书面声明的日期

书面声明的日期应当尽量接近对财务报表出具审计报告的日期，但不得在审计报告日后。书面声明应当涵盖审计报告针对的所有财务报表和期间。

【小贴士】由于书面声明是必要的审计证据，在管理层签署书面声明前，注册会计师不能发表审计意见，也不能签署审计报告。

【经典例题】

【真题·单选题】（2018）下列有关书面声明日期的说法中，错误的是（　　）。

A. 书面声明的日期不得早于财务报表报出日

B. 书面声明的日期不得晚于审计报告日

C. 书面声明的日期可以和审计报告日是同一天

D. 书面声明的日期可以早于审计报告日

【答案】A

【解析】选项A错误，书面声明的日期应当尽量接近对财务报表出具审计报告的日期，但不得在审计报告日后。

（二）书面声明涵盖的期间

在某些情况下，注册会计师在审计过程中获取有关财务报表特定认定的书面声明可能是适当的。此时，可能有必要要求管理层更新书面声明。管理层有时需要再次确认以前期间作出的书面声明是否依然适当，因此，书面声明需要涵盖审计报告中提及的所有期间。

更新后的书面声明需要表明，以前期间所作的声明是否发生了变化，以及发生了什么变化（如有）。

【小贴士】在实务中可能会出现这样的情况，即在审计报告中提及的所有期间内，现任管理层均尚未就任。他们可能由此声称无法就上述期间提供部分或全部书面声明。然而，这一事实并不能减轻现任管理层对财务报表整体的责任。相应地，注册会计师仍然需要向现任管理层获取涵盖整个相关期间的书面声明。

重难点11：对书面声明可靠性的疑虑以及管理层不提供要求的书面声明★★

（一）对书面声明可靠性的疑虑

1. 对管理层的胜任能力、诚信、道德价值观或勤勉尽责存在疑虑

（1）如果对管理层的胜任能力、诚信、道德价值观或勤勉尽责存在疑虑，或者对管理层在这些方面的承诺或贯彻执行存在疑虑，注册会计师应当确定这些疑虑对书面或口头声明和审计证据总体的可靠性可能产生的影响。

（2）注册会计师可能认为，管理层在财

务报表中作出不实陈述的风险很大，以至于审计工作无法进行。

【小贴士】在这种情况下，除非治理层采取适当的纠正措施，否则注册会计师可能需要考虑解除业务约定（如果法律法规允许）。

【小贴士】很多时候，治理层采取的纠正措施可能并不足以使注册会计师发表无保留意见。

2. 书面声明与其他审计证据不一致

（1）如果书面声明与其他审计证据不一致，注册会计师应当实施审计程序以设法解决这些问题。

【小贴士】注册会计师可能需要考虑风险评估结果是否仍然适当。如果认为不适当，注册会计师需要修正风险评估结果，并确定进一步审计程序的性质、时间安排和范围，以应对评估的风险。

（2）如果问题仍未解决，注册会计师应当重新考虑对管理层的胜任能力、诚信、道德价值观或勤勉尽责的评估，或者重新考虑对管理层在这些方面的承诺或贯彻执行的评估，并确定书面声明与其他审计证据的不一致对书面或口头声明和审计证据总体的可靠性可能产生的影响。

【小贴士】如果认为书面声明不可靠，注册会计师应当采取适当措施，包括确定其对审计意见可能产生的影响。

（二）管理层不提供要求的书面声明

1. 一般性要求

（1）与管理层讨论该事项。

（2）重新评价管理层的诚信，并评价该事项对书面或口头声明和审计证据总体的可靠性可能产生的影响。

（3）采取适当措施，包括确定该事项对审计意见可能产生的影响。

2. 发表无法表示意见（具体措施）

如果存在下列情形之一，注册会计师应当对财务报表发表无法表示意见：

（1）注册会计师对管理层的诚信产生重大疑虑，以至于认为其作出的书面声明不可靠。

（2）管理层不提供下列书面声明。

①针对财务报表的编制，管理层确认其根据审计业务约定条款，履行了按照适用的财务报告编制基础编制财务报表并使其实现公允反映（如适用）的责任。

②针对提供的信息和交易的完整性，按照审计业务约定条款，已向注册会计师提供所有相关信息，并允许注册会计师不受限制地接触所有相关信息以及被审计单位内部人员和其他相关人员；所有交易均已记录并反映在财务报表中。

【经典例题】

【真题·单选题】（2016）下列有关书面声明的说法中，错误的是（　　）。

A. 即使管理层已提供可靠的书面声明，也不影响注册会计师就管理层责任履行情况或具体认定获取的其他审计证据的性质和范围

B. 为支持与财务报表或某项具体认定相关的其他审计证据，注册会计师可以要求管理层提供关于财务报表或特定认定的书面声明

C. 如果管理层不向注册会计师提供所有交易均已记录并反映在财务报表中的书面声明，注册会计师应当对财务报表发表保留意见或无法表示意见

D. 如果在审计报告中提及的所有期间内，现任管理层均尚未就任，注册会计师也需要向现任管理层获取涵盖整个相关期间的书面声明

【答案】C

【解析】选项C错误，如果管理层不向注册会计师提供所有交易均已记录并反映在财务报表中的书面声明，注册会计师应当对财务报表发表无法表示意见，不存在发表保留意见。

通关练习

（一）单选题

1. 下列有关期后事项审计的说法中，不恰当的是（　　）。

A. 注册会计师应当设计和实施审计程序，获取充分、适当的审计证据，以确定所有在财务报表日至审计报告日之间发生的、需要在财务报表中调整或披露的事项均已得到识别

B. 注册会计师应当恰当应对在审计报告日后知悉的、且如果在审计报告日知悉可能导致注册会计师修改审计报告的事实

C. 注册会计师应当设计和实施审计程序，获取充分、适当的审计证据，以确定所有在财务报表日至财务报表报出日之间发生的，需要在财务报表中调整或披露的事项均已得到识别

D. 在财务报表报出以后，注册会计师没有义务针对财务报表实施任何审计程序

2. 以下关于书面声明的说法中，恰当的是（　　）。

A. 在很多情况下，要求管理层提供书面声明而非口头声明，从而可以提高声明的质量

B. 如果注册会计师不能获取充分、适当的审计证据，可获取书面声明作为审计意见的基础

C. 被审计单位管理层就某事项提供的书面声明可以在一定程度上减轻注册会计师的责任

D. 书面声明包括财务报表及其认定

3. 对于审计过程发现的错报，注册会计师下列做法中恰当的是（　　）。

A. 如果错报单独或汇总起来未超过实际执行的重要性，注册会计师可以不要求管理层更正

B. 如果错报率未超过判断重要性的比例，注册会计师可以不要求管理层更正

C. 如果错报单独或汇总起来未超过财务报表整体的重要性，注册会计师可以不要求管理层更正

D. 注册会计师应当要求管理层更正审计过程中累积的所有错报

4. 下列关于未更正错报的说法中，错误的是（　　）。

A. 被审计单位财务报表中大于明显微小错报临界值但尚未更正的错报构成未更正错报

B. 未更正错报，是指注册会计师在审计过程中累积的且被审计单位未予更正的错报

C. 注册会计师应当要求管理层和治理层（如适用）提供书面声明，说明其是否认为未更正错报单独或汇总起来对财务报表整体的影响不重大

D. 如果营业收入的高估错报和营业成本的高估错报，两者抵消对损益的影响金额低于明显微小错报临界值，此时收入和费用的错报可以不调整

5. 对于第一时段的期后事项注册会计师的责任说法中，不恰当的是（　　）。

A. 设计专门的审计程序识别这些期后事项

B. 尽量在接近资产负债表日时实施针对期后事项的专门审计程序

C. 尽量在接近审计报告日时实施针对期后事项的专门审计程序

D. 对于这一时段的期后事项，注册会计师负有主动识别的义务

6. 在被审计单位年度财务报表公布后，对于知悉的事实，需要注册会计师采取适当措施的情况是（　　）。

A. 被审计单位年度财务报表存在重大错报

B. 被审计单位年度财务报表中披露的或有事项在财务报表公布后得到解决

C. 被审计单位年度财务报表公布后，在本年度采用了不符合企业具体情况的会计政策

D. 被审计单位年度财务报表公布后，在

本年度出售了一家重要子公司

7. 下列选项中，属于基本书面声明的是（　　）。

A. 针对管理层责任的书面声明

B. 关于会计政策的选择和运用是否适当的书面声明

C. 从管理层获取有关该项投资意图的书面声明

D. 与向注册会计师提供信息有关的额外书面声明

8. 下列关于书面声明日期和涵盖的期间的说法中，不恰当的是（　　）。

A. 书面声明的日期应当尽量接近对财务报表出具审计报告的日期

B. 书面声明的日期不得在审计报告日后

C. 书面声明的日期为资产负债表日

D. 书面声明应当涵盖审计报告针对的所有财务报表和期间

9. 下列说法中，不属于项目合伙人复核需要复核的内容的是（　　）。

A. 重大事项

B. 重大判断，包括与在审计中遇到的困难或有争议事项相关的判断，以及得出的结论

C. 根据项目合伙人的职业判断，与项目合伙人的职责有关的其他事项

D. 重大事项是否已提请进一步考虑

10. 下列关于评价未更正错报的影响说法中，不恰当的是（　　）。

A. 某些错报低于财务报表整体的重要性，在将其单独或连同在审计过程中累积的其他错报一并考虑时，注册会计师也可能将这些错报评价为重大错报

B. 分类错报超过了在评价其他错报时运用的重要性水平，注册会计师也可能认为该分类错报对财务报表整体不产生重大影响

C. 未更正错报，是指注册会计师在审计过程中发现的且被审计单位未予更正的错报

D. 沟通时，注册会计师应当逐项指明重大的未更正错报

（二）多选题

1. 下列有关项目合伙人复核的说法中，恰当的有（　　）。

A. 项目合伙人应当对管理和实现审计项目的高质量承担总体责任

B. 项目合伙人应当在与管理层、治理层或相关监管机构签署正式书面沟通文件之前对其进行复核

C. 项目合伙人应当在签署审计报告前复核财务报表、审计报告以及相关的审计工作底稿

D. 审计报告日之前，项目合伙人应当通过复核审计工作底稿与项目组讨论，确信已获取充分、适当的审计证据

2. 下列有关书面声明的说法中，错误的有（　　）。

A. 为支持与财务报表或某项具体认定相关的其他审计证据，注册会计师可以要求管理层提供关于财务报表或特定认定的书面声明

B. 管理层提供的可靠书面声明的事实，可能会影响注册会计师就管理层责任履行情况或具体认定获取的其他审计证据的性质和范围

C. 如果在审计报告中提及的所有期间内，现任管理层均尚未就任，注册会计师也需向现任管理层获取涵盖整个相关期间的书面证明

D. 如果管理层不向注册会计师提供所有交易均已记录并反映在财务报表中的书面声明，注册会计师应当对财务报表发表非保留意见

3. 下列有关注册会计师对错报进行沟通的说法中，不恰当的有（　　）。

A. 除非法律法规禁止，注册会计师应当及时将审计过程中发现的所有错报与适当层级的管理层进行沟通

B. 如果管理层拒绝更正沟通的部分或全部错报，应该出具非无保留意见

C. 注册会计师应当与治理层沟通与以前期间相关的未更正错报对相关类别的交易、账户余额或披露以及财务报表整体的影响

D. 注册会计师的保密义务与通报义务之间存在的潜在冲突可能很复杂，注册会计师可

以考虑征询法律意见

4. 以下对审计过程识别出的错报的考虑中，正确的有（　　）。

A. 评价错报时，注册会计师要将每项错报单独或连同在审计过程中累积的其他错报一并考虑

B. 如果法律法规限制注册会计师向被审计单位管理层或被审计单位的其他人员通报某些错报，注册会计师直接出具无保留意见的审计报告

C. 确定一项分类错报是否重大时，注册会计师需要进行定性评估

D. 注册会计师在审计过程中，要及时与被审计单位管理层沟通所有的错报

5. 对于项目组内部复核，下列做法中恰当的有（　　）。

A. 应当由项目组内经验较多的人员复核经验较少的人员的工作

B. 会计师事务所应当制定与内部复核相关的政策和程序，对内部复核的层级、各层级的复核范围、执行复核的具体要求以及对复核的记录要求等作出规定

C. 需要指派经验丰富的项目组成员执行复核，必要时可以由项目合伙人执行复核

D. 复核人员应该在执行阶段和完成阶段及时复核相应的工作底稿

6. 下列关于项目质量复核的说法中，错误的有（　　）。

A. 项目质量复核是对项目组所有工作的详细复核

B. 项目质量复核是在报告日或报告日之前，对项目组作出的重大判断和在准备报告时形成的结论作出客观评价的过程

C. 项目质量复核是对审计工作结果实施的最后的质量控制

D. 项目质量复核的时间可以在审计报告日后进行

7. 下列属于财务报表日后调整事项的有（　　）。

A. 被审计单位由于某种原因在财务报表日前被起诉，法院于财务报表日后判决被审计单位应赔偿对方损失

B. 财务报表日被审计单位认为可以收回的大额应收款项，因财务报表日后债务人突然破产而无法收回

C. 财务报表日后发现了财务报表舞弊或差错

D. 财务报表日后资本公积转增资本

8. 下列属于注册会计师主动识别第一时段期后事项审计程序的有（　　）。

A. 了解管理层为确保识别期后事项而建立的程序

B. 询问管理层和治理层，确定是否已发生可能影响财务报表的期后事项

C. 查阅被审计单位上期财务报表

D. 查阅被审计单位的所有者、管理层和治理层在财务报表日后举行会议的纪要，在不能获取会议纪要的情况下，询问此类会议讨论的事项

9. 下列关于注册会计师知悉第二时段期后事项时的考虑正确的有（　　）。

A. 如果知悉了某事实，且若在审计报告日知悉可能导致修改审计报告，注册会计师应当与管理层和治理层讨论该事项

B. 确定财务报表是否需要修改，如果需要修改，询问管理层将如何在财务报表中处理该事项

C. 如果认为管理层应当修改财务报表而没有修改，并且审计报告尚未提交给被审计单位，发表非无保留意见，然后再提交审计报告

D. 如果认为管理层应当修改财务报表而没有修改，直接解除业务约定

10. 注册会计师知悉第三时段期后事项时，如果管理层修改了财务报表，注册会计师应当采取的措施有（　　）。

A. 根据具体情况对有关修改实施必要的审计程序

B. 复核管理层采取的措施能否确保所有收到原财务报表和审计报告的人士了解这一情况

C. 延伸实施审计程序，并针对修改后的财务报表出具新的审计报告

D. 在特殊情况下，修改审计报告或提供新的审计报告

通关练习答案及解析

（一）单选题

1. 【答案】C

【解析】选项C不恰当，财务报表日至财务报表报出日之间分为两个时段，第一时段财务报表日至审计报告日之间发生的事项，注册会计师有主动识别的义务；第二时段审计报告日至财务报表报出日前知悉的事实，注册会计师负有被动识别的义务。

2. 【答案】A

【解析】书面声明本身并不为所涉及的任何事项提供充分、适当的审计证据，而且，管理层已提供可靠书面声明的事实，并不影响注册会计师就管理层责任履行情况或具体认定获取的其他审计证据的性质和范围，故选项B、选项C不恰当；书面声明不包括财务报表及其认定，以及支持性账簿和相关记录，故选项D不恰当。

3. 【答案】D

【解析】只要错报不低于明显微小错报的临界值，则注册会计师应当提请管理层更正这些错报，故选项D恰当；选项A、选项B、选项C做法不恰当。

4. 【答案】D

【解析】选项D错误，营业收入的高估错报不能被营业成本的高估错报抵销。

5. 【答案】B

【解析】对于第一时段的期后事项，注册会计师负有主动识别的义务（选项D）；应当设计专门的审计程序来识别这些期后事项（选项A）；通常情况下，针对期后事项的专门审计程序，其实施时间越接近审计报告日越好，故选项C正确、选项B错误。

6. 【答案】A

【解析】选项A正确，对于财务报表公布后的第三时期期后事项是有严格限制的：（1）这类期后事项应当是在审计报告日已经存在的事实；（2）该事实如果被注册会计师在审计报告日前获知，可能影响审计报告。只有同时满足这两个条件，注册会计师才需要采取行动。

7. 【答案】A

【解析】针对管理层责任的书面声明属于基本书面声明，故选项A正确；选项B、选项C、选项D属于其他书面声明。

8. 【答案】C

【解析】选项C错误，书面声明的日期没有确定的日期，需要根据具体情形判断。

9. 【答案】D

【解析】选项D属于项目组内部复核人员执行复核时需考虑的事项。

10. 【答案】C

【解析】选项C错误，未更正错报，是指注册会计师在审计过程中累计的且被审计单位未予更正的错报。

（二）多选题

1. 【答案】ABCD

2. 【答案】BD

【解析】选项B错误，即使管理层已提供可靠的书面声明，也不影响注册会计师就管理层责任履行情况或具体认定获取的其他审计证据的性质和范围；选项D错误，针对所有交易均记录并反映在财务报表属于准则规定的基本书面声明，被审计单位是必须要提供的。如果管理层拒绝签署审计准则规定的书面声明，则出具无法表示意见的审计报告，不能出具非保留意见审计报告。

3. 【答案】AB

【解析】选项A错误，注册会计师应当及时将审计过程中累积（明显微小错报以上）的所有错报与适当层级的管理层进行沟通，并

不是发现的所有错报都沟通；选项B错误，如果管理层拒绝更正沟通的部分或全部错报，也可能无保留意见（未更正错报不属于重大错报）。

4.【答案】AC

【解析】选项B错误，如果法律法规限制注册会计师向被审计单位管理层或被审计单位的其他人员通报某些错报，注册会计师可以考虑征询法律意见，而不是直接出具无法表示意见的审计报告；选项D错误，及时与适当层级的管理层沟通错报事项，并不是所有的错报都要与被审计单位管理层沟通，法律法规可能限制注册会计师向管理层或被审计单位内部的其他人员通报某些错报。

5.【答案】ABC

【解析】选项D错误，复核人员应该在计划阶段、执行阶段和完成阶段及时复核相应的工作底稿。

6.【答案】AD

【解析】选项A错误，项目质量复核是指在报告日或报告日之前，项目质量复核人员对项目组作出的重大判断及据此得出的结论作出的客观评价；选项D错误，未完成项目质量复核不能出具审计报告。

7.【答案】ABC

【解析】选项D错误，财务报表日后资本公积转增资本属于财务报表日后非整事项。

8.【答案】ABD

【解析】选项C不恰当，应该查阅被审计单位最近中期的财务报表。

9.【答案】ABC

【解析】选项D错误，直接解除业务约定是一种极端做法。

10.【答案】ABCD

第十九章　审计报告

2021 年教材内容主要变化

本章主要变化如下：

（1）需要增加强调事项段的情形；

（2）其他信息、其他信息错报、获取其他信息。

【小贴士】具体详见有关重难点。

本章近五年考情统计分析

本章考题主要以主观题为主，但个别知识点也可以客观题考查，本章属于最重要的考试章节之一，最近五年平均考试分值一般在 7 分左右。

（一）近五年考试分值分布

题型	2016 年	2017 年	2018 年	2019 年	2020 年
单选题	1	—	—	—	—
多选题	—	—	—	—	—
简答题	1.2	6	3.6	6	5.5
综合题	1.2	3.2	2	—	—
合计	3.4	9.2	5.6	6	5.5

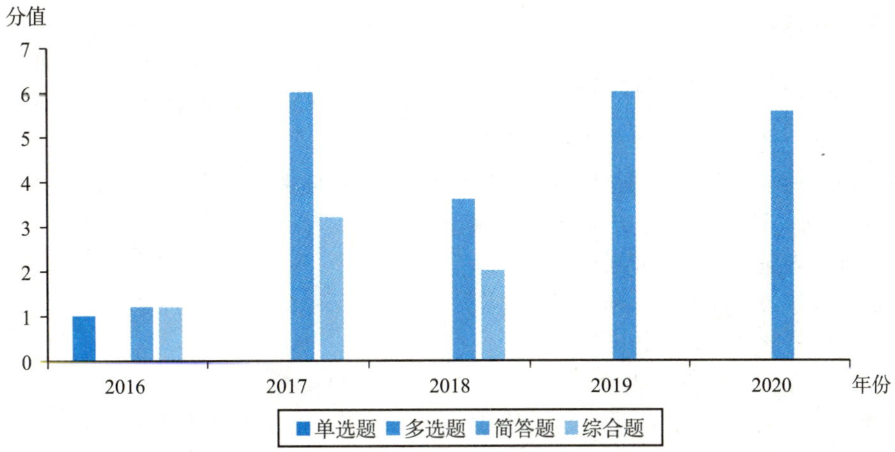

（二）近五年考试考点分布

高频考点内容	年度及题型分布
关键审计事项	2020年简答、2019年简答、2018年简答、2017年简答
非无保留审计意见	2020年简答、2019年简答、2016年简答
审计报告的强调事项段和其他事项段	2020年简答、2017年简答、2016年综合
审计报告	2018年综合、2017年简答、2017年综合、2016年单选
其他信息部分	2020年简答、2018年简答

重难点解析

本章内容属于第五编的重要章节之一，主要阐述得出审计结论时考虑的领域、审计意见的类型、报告日期、确定关键审计事项应当遵循的决策框架、在审计报告中沟通关键审计事项的情形、不在审计报告中沟通关键审计事项的情形、非无保留意见的形成条件、确定非无保留意见的类型、非无保留意见的审计报告的格式与内容、强调事项段、其他事项段、比较信息的含义、比较信息的审计程序、对应数据、比较财务报表、获取并阅读其他信息、当似乎存在重大不一致或其他信息似乎存在重大错报时的应对、当注册会计师认为其他信息存在重大错报时的应对、其他信息的审计报告等。

【小贴士】审计报告是审计意见的主要载体，是衡量审计意见的重要书面文件，本章学习时需要把握不同类型审计意见的出具条件以及不同类型审计报告重要部分的撰写。

重难点1：得出审计结论时考虑的领域★★

注册会计师应当就财务报表是否在所有重大方面按照适用的财务报告编制基础编制并实现公允反映形成审计意见。为了形成审计意见，针对财务报表整体是否不存在由于舞弊或错误导致的重大错报，注册会计师应当得出结论，确定是否已就此获取合理保证。

1. 审计证据的充分性和适当性

2. 未更正错报单独或汇总起来是否构成重大错报

3. 评价财务报表是否在所有重大方面按照适用的财务报告编制基础编制

4. 评价财务报表是否实现公允反映

5. 评价财务报表是否恰当提及或说明适用的财务报告编制基础

重难点2：审计意见的类型★★

（一）无保留意见

无保留意见，是指当注册会计师认为财务报表在所有重大方面按照适用的财务报告编制基础编制并实现公允反映时发表的审计意见。

（二）非无保留意见

非无保留意见，是指对财务报表发表的保留意见、否定意见或无法表示意见。

当存在下列情形之一时，注册会计师应当在审计报告中发表非无保留意见：

（1）根据获取的审计证据，得出财务报表整体存在重大错报的结论。

（2）无法获取充分、适当的审计证据，不能得出财务报表整体不存在重大错报的结论。

【小贴士】具体意见类型见教材表19－1。

重难点3：审计报告的要素★

（1）标题。

（2）收件人。

（3）审计意见。

（4）形成审计意见的基础。

（5）管理层对财务报表的责任。

(6) 注册会计师对财务报表审计的责任。

(7) 按照相关法律法规的要求报告的事项（如适用）。

(8) 注册会计师的签名和盖章。

(9) 会计师事务所的名称、地址和盖章。

(10) 报告日期。

【小贴士】本知识点是对审计报告的要素一般性阐述，具体报告的意见类型为无保留意见，未列示其他段落，是后续审计报告结构的基础框架。

重难点4：报告日期★★★

(一) 确定审计报告日的基本要求

审计报告应当注明报告日期。审计报告日不应早于注册会计师获取充分、适当的审计证据，并在此基础上对财务报表形成审计意见的日期。

【小贴士】在确定审计报告日时，注册会计师应当确信已获取下列两方面的审计证据：

(1) 构成整套财务报表的所有报表（含披露）已编制完成。

(2) 被审计单位的董事会、管理层或类似机构已经认可其对财务报表负责。

(二) 审计报告日的确定（实务流程）

如果法律法规没有对财务报表在报出前获得批准作出规定，则注册会计师在正式签署审计报告前，通常把审计报告草稿随附管理层已按审计调整建议修改后的财务报表提交给管理层。如果管理层签署已按审计调整建议修改后的财务报表，注册会计师即可签署审计报告。

【小贴士】注册会计师签署审计报告的日期可能与管理层签署已审计财务报表的日期为同一天，也可能晚于管理层签署已审计财务报表的日期。

【经典例题】

【真题·单选题】(2016) 下列有关审计报告日的说法中，错误的是（　　）。

A. 审计报告日可以晚于管理层签署已审计财务报表的日期

B. 审计报告日不应早于管理层书面声明的日期

C. 在特殊情况下，注册会计师可以出具双重日期的审计报告

D. 审计报告日应当是注册会计师获取充分、适当的审计证据，并在此基础上对财务报表形成审计意见的日期

【答案】D

【解析】选项D错误，审计报告日不应早于（而不是“应当是”）注册会计师获取充分、适当的审计证据，并在此基础上对财务报表形成审计意见的日期。

重难点5：确定关键审计事项的决策框架★★

(一) 以“与治理层沟通过的事项”为起点选择关键审计事项（第一步）

【小贴士】财务报表和审计报告使用者对与治理层沟通事项感兴趣，并且呼吁增加这些沟通的透明度。因此，注册会计师应当从与治理层沟通过的事项中选取关键审计事项。

审计准则要求注册会计师与被审计单位治理层沟通审计过程中的重大发现，包括注册会计师对被审计单位的重要会计政策、会计估计和财务报表披露等会计实务的看法，审计过程中遇到的重大困难，已与治理层讨论或需要书面沟通的重大事项等，以便治理层履行其监督财务报告过程的职责。

(二) 从“与治理层沟通过的事项”中选出“在执行审计工作时重点关注过的事项”（第二步）

注册会计师重点关注过的领域通常与财务报表中复杂、重大的管理层判断领域相关，因而通常涉及困难或复杂的注册会计师职业判断。在确定哪些事项属于重点关注过的事项时，应当考虑下列方面：

(1) 评估的重大错报风险较高的领域或识别出的特别风险。

(2) 与财务报表中涉及重大管理层判断（包括被认为具有高度估计不确定性的会计估计）的领域相关的重大审计判断。

(3) 本期重大交易或事项对审计的影响。

(三)从"在执行审计工作时重点关注过的事项"中确定对本期财务报表审计"最为重要的事项",从而构成关键审计事项(第三步)

注册会计师可能已就需要重点关注的事项与治理层进行了较多的互动,就这些事项与治理层沟通的性质和范围,通常能够表明哪些事项对审计而言最为重要。在确定某一与治理层沟通过的事项的相对重要程度以及该事项是否构成关键审计事项时,下列考虑也可能是相关的:

(1) 该事项对预期使用者理解财务报表整体的重要程度,尤其是对财务报表的重要性。

(2) 与该事项相关的会计政策的性质或者与同行业其他实体相比,管理层在选择适当的会计政策时涉及的复杂程度或主观程度。

(3) 从定性和定量方面考虑,与该事项相关的由于舞弊或错误导致的已更正错报和累积未更正错报(如有)的性质和重要程度。

(4) 为应对该事项所需要付出的审计努力的性质和程度,包括:

①为应对该事项而实施审计程序或评价这些审计程序的结果(如有)在多大程度上需要特殊的知识或技能。

②就该事项在项目组之外进行咨询的性质。

(5) 在实施审计程序、评价实施审计程序的结果、获取相关和可靠的审计证据以作为发表审计意见的基础时,注册会计师遇到的困难的性质和严重程度,尤其是当注册会计师的判断变得更加主观时。

(6) 识别出的与该事项相关的控制缺陷的严重程度。

(7) 该事项是否涉及数项可区分但又相互关联的审计考虑。如长期合同的收入确认、诉讼或其他或有事项等方面,可能需要重点关注,并且可能影响其他会计估计。

【小贴士】确定哪些事项以及多少事项对本期财务报表审计最为重要属于职业判断问题。"最为重要的事项"并不意味着只有一项,但对关键审计事项做冗长的列举可能与这些事项是审计中最为重要的事项这一概念相抵触。

重难点6:在审计报告中沟通关键审计事项★★★

(一)单设关键审计事项部分

为达到突出关键审计事项的目的,同时向财务报表预期使用者展示项目特定信息在其眼中的价值,注册会计师应当在审计报告中单设一部分,以"关键审计事项"为标题,并在该部分使用恰当的子标题逐项描述关键审计事项。关键审计事项部分的引言应当同时说明下列事项:

(1) 关键审计事项是注册会计师根据职业判断,认为对本期财务报表审计最为重要的事项。

(2) 关键审计事项的应对以对财务报表整体进行审计并形成审计意见为背景,注册会计师对财务报表整体形成审计意见,而不对关键审计事项单独发表意见。

(二)描述单一关键审计事项

1. 描述内容

为帮助财务报表预期使用者了解注册会计师确定的关键审计事项,注册会计师应当在审计报告中逐项描述每一关键审计事项,并同时说明下列方面:

(1) 该事项被认定为审计中最为重要的事项之一,因而被确定为关键审计事项的原因。

(2) 该事项在审计中是如何应对的。

①审计应对措施或审计方法中,与该事项最为相关或对评估的重大错报风险最有针对性的方面。

②对已实施审计程序的简要概述。

③实施审计程序的结果。

④对该事项的主要看法。

【小贴士】在描述时,注册会计师还应当分别索引至财务报表的相关披露(如有),以使预期使用者能够进一步了解管理层在编制财务报表时如何应对这些事项。

2. 描述语言的要求

（1）不暗示注册会计师在对财务报表形成审计意见时尚未恰当解决该事项。

（2）将该事项直接联系到被审计单位的具体情况，避免使用一般化或标准化的语言。

（3）能够体现出对该事项在相关财务报表披露（如有）中如何应对的考虑。

（4）不对财务报表单一要素发表意见，也不暗示是对财务报表单一要素单独发表意见。

【小贴士】对某项关键审计事项的描述是否充分属于职业判断对关键审计事项进行描述的目的在于提供一种简明、不偏颇的解释，以使预期使用者能够了解为何该事项是对审计最为重要的事项之一，以及这些事项是如何在审计中加以应对的。同时，限制使用过于专业的审计术语。

在描述关键审计事项时，注册会计师需要避免不恰当地提供与被审计单位相关的原始信息。对关键审计事项的描述本身通常不构成有关被审计单位的原始信息，这是由于对关键审计事项的描述是在对财务报表进行审计的背景下进行的。然而，注册会计师可能认为提供进一步信息是有必要的。如果确定披露这些信息是必要的，注册会计师可以鼓励管理层或治理层进一步披露信息，而不是在审计报告中提供原始信息。

【经典例题】

【真题·简答题（部分）】（2020）ABC会计师事务所的A注册会计师负责审计多家上市公司2019年度财务报表，遇到下列与审计报告相关的事项：

（4）丁公司2019年度营业收入和毛利率均大幅增长，A注册会计师评估认为存在较高的舞弊风险，将收入确认作为审计中最为重要的事项与治理层进行了沟通。A注册会计师实施审计程序后未发现收入确认存在重大错报，拟将收入确认作为审计报告中的关键审计事项，并在审计应对部分说明，丁公司的收入确认符合企业会计准则的规定，在所有重大方面公允反映了丁公司2019年度的营业收入。

【要求】指出A注册会计师的做法是否恰当。如不恰当，简要说明理由。

【答案】不恰当。

【解析】关键审计事项不能包含对财务报表单一要素单独发表的意见。

【真题·简答题（部分）】（2018）ABC会计师事务所的A注册会计师负责审计多家上市公司2017年度财务报表，遇到下列与审计报告相关的事项：

（5）己公司的某重要子公司因环保问题被监管部门调查并停业整顿。A注册会计师将该事项识别为关键审计事项。因己公司管理层未在财务报表附注中披露该子公司停业整顿的具体原因，A注册会计师拟在审计报告的关键审计事项部分进行补充说明。

【要求】针对上述第（5）项，指出A注册会计师的做法是否恰当，如不恰当，简要说明理由。

【答案】不恰当。注册会计师不应在关键审计事项部分描述被审计单位的原始信息/关键审计事项不能替代管理层的披露/应要求管理层作出补充披露。

【解析】管理层未在财务报表附注中披露该子公司停业整顿的具体原因，注册会计师应要求管理层作出补充披露，不应该在审计报告的关键审计事项部分进行补充说明。

重难点7：不在审计报告中沟通关键审计事项的情形★

（1）法律法规禁止公开披露某事项。例如，公开披露某事项可能损害相关机构对某项违法行为或疑似违法行为进行的调查。

（2）在极少数的情况下，如果合理预期在审计报告中沟通某事项造成的负面后果超过产生的公众利益方面的益处，注册会计师确定不应在审计报告中沟通该事项。

【小贴士】如果注册会计师根据被审计单位和审计业务的具体事项和情况，确定不存在需要沟通的关键审计事项，或者仅有的需要沟通的关键审计事项是导致非无保留意见的事项或可能导致对被审计单位持续经营能力产生重大疑虑的事项或情况存在重大不确定性，注册会计师应当在审计报告中单设的关键审计事项部分对此进行说明。这一要求包括三种情形。

具体情形如下表所示。

具体情形描述	审计报告中表述
注册会计师确定不存在关键审计事项	“我们确定不存在需要在审计报告中沟通的关键审计事项”
因法律法规禁止公开披露某事项或注册会计师合理预期在审计报告中沟通某事项造成的负面后果超过产生的公众利益方面的益处，注册会计师确定不在审计报告中沟通某一关键审计事项，并且不存在其他关键审计事项	“我们确定不存在需要在审计报告中沟通的关键审计事项”
仅有的关键审计事项是导致非无保留意见的事项、可能导致对被审计单位持续经营能力产生重大疑虑的事项或情况存在重大不确定性。就其性质而言，这些事项都属于关键审计事项，但这些事项在审计报告中专门的部分披露，不在审计报告的关键审计事项部分进行描述。进一步说，在关键审计事项部分披露的关键审计事项是已经得到满意解决的事项，即不存在审计范围受到限制，也不存在注册会计师与被审计单位管理层意见分歧的情况。注册会计师应当按照适用的审计准则的规定报告这些事项，并在关键审计事项部分提及形成保留（否定）意见的基础部分或与持续经营相关的重大不确定性部分	“除形成保留（否定）意见的基础部分或与持续经营相关的重大不确定性部分所描述的事项外，我们确定不存在其他需要在审计报告中沟通的关键审计事项”

重难点8：非无保留意见的形成条件★★

（一）根据获取的审计证据，得出财务报表整体存在重大错报的结论

1. 选择的会计政策的恰当性

（1）选择的会计政策与适用的财务报告编制基础不一致。

（2）财务报表没有正确描述与资产负债表、利润表、所有者权益变动表或现金流量表中的重大项目相关的会计政策。

（3）财务报表没有按照公允反映的方式列报交易和事项。

2. 对选择的会计政策的运用

（1）管理层没有按照适用的财务报告编制基础的要求一贯运用所选择的会计政策，包括管理层未在不同会计期间或对相似的交易和事项一贯运用所选择的会计政策（运用的一致性）。

（2）不当运用所选择的会计政策（如运用中的无意错误）。

3. 财务报表披露的恰当性或充分性

（1）财务报表没有包括适用的财务报告编制基础要求的所有披露。

（2）财务报表的披露没有按照适用的财务报告编制基础列报。

（3）财务报表没有作出适用的财务报告编制基础特定要求之外的其他必要的披露以实现公允反映。

（二）无法获取充分、适当的审计证据，不能得出财务报表整体不存在重大错报的结论

1. 超出被审计单位控制的情形

（1）被审计单位的会计记录已被毁坏。

（2）重要组成部分的会计记录已被政府有关机构无限期地查封。

2. 与注册会计师工作的性质或时间安排相关的情形

（1）被审计单位需要使用权益法对联营企业进行核算，注册会计师无法获取有关联营企业财务信息的充分、适当的审计证据以评价是否恰当运用了权益法。

（2）注册会计师接受审计委托的时间安排，使注册会计师无法实施存货监盘。

（3）注册会计师确定仅实施实质性程序是不充分的，但被审计单位的控制是无效的。

3. 管理层施加限制的情形

（1）管理层阻止注册会计师实施存货监盘。

（2）管理层阻止注册会计师对特定账户余额实施函证。

重难点9：确定非无保留意见的类型★★★

（一）导致非无保留意见的事项

（1）导致非无保留意见的事项的性质，是财务报表存在重大错报，还是在无法获取充分、适当的审计证据的情况下，财务报表可能存在重大错报。

（2）注册会计师就导致非无保留意见的事项对财务报表产生或可能产生影响的广泛性作出的判断。

【小贴士】广泛性是描述错报影响的术语，用以说明错报对财务报表的影响，或者由于无法获取充分、适当的审计证据而未发现的错报（如存在）对财务报表可能产生的影响。根据注册会计师的判断，对财务报表的影响具有广泛性的情形包括：

（1）不限于对财务报表的特定要素、账户或项目产生影响。

（2）虽然仅对财务报表的特定要素、账户或项目产生影响，但这些要素、账户或项目是或可能是财务报表的主要组成部分。

（3）当与披露相关时，产生的影响对财务报表使用者理解财务报表至关重要。

【经典例题】

【例题·多选题】下列各项错报中，通常对财务报表不具有广泛影响的有（　　）。

A. 被审计单位没有披露关键管理人员薪酬

B. 信息系统缺陷导致的应收账款、存货等多个财务报表项目的错报

C. 被审计单位没有将年内收购的一家重要子公司纳入合并范围

D. 被审计单位没有按照成本与可变现净值孰低原则对存货进行计量

【答案】AD

【解析】根据注册会计师的判断，对财务报表的影响具有广泛性的情形包括：（1）不限于对财务报表的特定要素、账户或项目产生影响；（2）虽然仅对财务报表的特定要素、账户或项目产生影响，但这些要素、账户或项目是或可能是财务报表的主要组成部分；（3）当与披露相关时，产生的影响对财务报表使用者理解财务报表至关重要。故选择选项A、D。

（二）非无保留意见类型

意见类型	意见形成的依据
保留意见	（1）在获取充分、适当的审计证据后，注册会计师认为错报单独或汇总起来对财务报表影响重大，但不具有广泛性。 （2）注册会计师无法获取充分、适当的审计证据以作为形成审计意见的基础，但认为未发现的错报（如存在）对财务报表可能产生的影响重大，但不具有广泛性
否定意见	在获取充分、适当的审计证据后，如果认为错报单独或汇总起来对财务报表的影响重大且具有广泛性
无法表示意见	如果无法获取充分、适当的审计证据以作为形成审计意见的基础，但认为未发现的错报（如存在）对财务报表可能产生的影响重大且具有广泛性

【经典例题】

【真题·简答题（部分）】（2016）A注册会计师负责审计己公司2015年度财务报表，遇到下列审计报告相关的事项：

（5）A注册会计师认为己公司的商誉年末存在重大减值，但管理层未计提减值准备，因缺少相关信息，A注册会计师无法对减值金额

作出估计，拟在审计报告中增加强调事项段，提请财务报表使用者关注财务报表附注中与商誉相关的披露。

【要求】指出A注册会计师拟出具的审计报告类型是否恰当，如不恰当，简要说明理由，并指出应当出具何种类型的审计报告。

【答案】不恰当。未对商誉计提减值准备，注册会计师无法对减值金额作出会计估计，应当出具保留意见审计报告。

【解析】商誉年末存在重大减值，但管理层未计提减值准备，因缺少相关信息，无法对减值金额作出估计，属于审计范围受到限制。

【真题·简答题（部分）】（2017）ABC会计师事务所的A注册会计师负责审计多家上市公司2016年度财务报表，遇到下列与审计报告相关的事项：

（5）因戊公司财务部多位关键人员离职，A注册会计师无法实施必要的审计程序就营业收入、营业成本、存货等多个重要财务报表项目获取充分、适当的审计证据，拟对2016年度财务报表发表保留意见。

【要求】指出A注册会计师的做法是否恰当。如不恰当，简要说明理由。

【答案】不恰当。A注册会计师无法就营业收入、营业成本、存货等多个重要财务报表项目获取充分、适当的审计证据，属于审计范围受限重大且广泛，应出具无法表示意见的审计报告。

【解析】因财务部多位关键人员离职，致使无法实施必要的审计程序就营业收入、营业成本、存货等多个重要财务报表项目获取充分、适当的审计证据，属于范围受限，重大且广泛。

【真题·简答题（部分）】（2018）ABC会计师事务所的A注册会计师负责审计多家上市公司2017年度财务报表，遇到下列与审计报告相关的事项：

（4）因原董事长以公司名义违规对外提供多项担保，导致戊公司2017年发生多起重大诉讼，多个银行账户被冻结，业务停止，主要客户和员工流失。管理层在2017年度财务报表中确认了大额预计负债，并披露了持续经营存在的重大不确定性。A注册会计师认为存在多项对财务报表整体具有重要影响的重大不确定性，拟对戊公司财务报表发表无法表示意见。

【要求】针对上述第（4）项，指出A注册会计师的做法是否恰当，如不恰当，简要说明理由。

【答案】恰当。

【解析】因原董事长以公司名义违规对外提供多项担保，导致公司发生多起重大诉讼，多个银行账户被冻结，业务停止，主要客户和员工流失。尽管管理层在财务报表中确认了大额预计负债，并披露了持续经营存在的重大不确定性，但是，属于重大且广泛。

（三）在确定非无保留意见的类型的特殊考虑

1. 管理层对审计范围施加了限制的考虑

承接审计业务后，如果注意到管理层对审计范围施加了限制，且认为这些限制可能导致对财务报表发表保留意见或无法表示意见，注册会计师应当要求管理层消除这些限制。如果管理层拒绝消除限制，除非治理层全部成员参与管理被审计单位，注册会计师应当就此事项与治理层沟通，并确定能否实施替代程序以获取充分、适当的审计证据。

如果无法获取充分、适当的审计证据，注册会计师应当通过下列方式确定其影响：

（1）如果未发现的错报（如存在）可能对财务报表产生的影响重大，但不具有广泛性，应当发表保留意见。

（2）如果未发现的错报（如存在）可能对财务报表产生的影响重大且具有广泛性，以至于发表保留意见不足以反映情况的严重性，应当在可行时解除业务约定（除非法律法规禁止）。

当然，注册会计师应当在解除业务约定前，与治理层沟通在审计过程中发现的、将会导致发表非无保留意见的所有错报事项。如果在出具审计报告之前解除业务约定被禁止或不可行，应当发表无法表示意见。

【小贴士】在某些情况下，如果法律法规要求注册会计师继续执行审计业务，则注册会计师可能无法解除审计业务约定。这种情况可能包括：（1）注册会计师接受委托审计公共部门实体的财务报表。（2）注册会计师接受委托审计涵盖特定期间的财务报表，或者接受一定期间的委托，在完成财务报表审计前或在受托期间结束前，不允许解除审计业务约定。在这些情况下，注册会计师可能认为需要在审计报告中增加其他事项段。

2. 发表否定意见或无法表示意见的特殊考虑

如果认为有必要对财务报表整体发表否定意见或无法表示意见，注册会计师不应在同一审计报告中对按照相同财务报告编制基础编制的单一财务报表或者财务报表特定要素、账户或项目发表无保留意见。在同一审计报告中包含无保留意见，将会与对财务报表整体发表的否定意见或无法表示意见相矛盾。

【小贴士】对经营成果、现金流量（如相关）发表无法表示意见，而对财务状况发表无保留意见，这种情况可能是被允许的。因为在这种情况下，注册会计师并没有对财务报表整体发表无法表示意见。

重难点10：非无保留意见的审计报告的格式与内容★★★

【小贴士】非无保留意见的审计报告的格式与内容与无保留意见审计报告，主要差别在意见段和形成审计意见基础段落。

（一）导致非无保留意见的事项段（形成审计意见基础）

1. 审计报告格式和内容的一致性

如果对财务报表发表非无保留意见，注册会计师还应当直接在审计意见段之后增加一个部分，并使用恰当的标题，如“形成保留意见的基础”“形成否定意见的基础”或“形成无法表示意见的基础”，说明导致发表非无保留意见的事项。

（1）当发表保留意见或否定意见时，注册会计师应当修改“形成保留（否定）审计意见的基础”部分的描述，以说明：注册会计师相信，注册会计师获取的审计证据是充分、适当的，为发表保留（否定）意见提供了基础。

（2）当发表无法表示意见时，注册会计师应当修改“形成无法表示意见的基础”部分的表述，不应提及审计报告中用于描述注册会计师责任的部分，也不应说明注册会计师是否已获取充分、适当的审计证据以作为形成审计意见的基础。

2. 量化财务影响

如果财务报表中存在与具体金额（包括定量披露）相关的重大错报，注册会计师应当在形成审计意见的基础部分说明并量化该错报的财务影响。

如果无法量化财务影响，注册会计师应当在该部分说明这一情况。

3. 存在与定性披露相关的重大错报

如果财务报表中存在与定性披露相关的重大错报，注册会计师应当在形成审计意见的基础部分解释该错报错在何处。

4. 存在与应披露而未披露信息相关的重大错报

如果财务报表中存在与应披露而未披露信息相关的重大错报，注册会计师应当：

（1）与治理层讨论未披露信息的情况。

（2）在形成审计意见的基础部分描述未披露信息的性质。

（3）如果可行并且已针对未披露信息获取了充分、适当的审计证据，在形成审计意见的基础部分包含对未披露信息的披露，除非法律法规禁止。

【小贴士】如果存在下列情形之一，则在形成审计意见的基础部分披露遗漏的信息是不可行的：①管理层还没有作出这些披露，或管理层已作出但注册会计师不易获取这些披露。②根据注册会计师的判断，在审计报告中披露该事项过于庞杂。

5. 无法获取充分、适当的审计证据

如果因无法获取充分、适当的审计证据而导致发表非无保留意见，注册会计师应当在形成审计意见的基础部分说明无法获取审计证据的原因。

6. 披露其他事项

即使发表了否定意见或无法表示意见，注册会计师也应当在形成审计意见的基础部分说明注意到的、将导致发表非无保留意见的所有其他事项及其影响。这是因为，对注册会计师注意到的其他事项的披露可能与财务报表使用者的信息需求相关。

（二）审计意见部分（审计意见段）

1. 标题

在发表非无保留意见时，注册会计师应当对审计意见部分使用恰当的标题，如“保留意见”、“否定意见”或“无法表示意见”。

2. 发表保留意见

当由于财务报表存在重大错报而发表保留意见时，注册会计师应当在审计意见部分说明：

注册会计师认为，除形成保留意见的基础部分所述事项产生的影响外，后附的财务报表在所有重大方面按照适用的财务报告编制基础编制，公允反映了［……］。

当无法获取充分、适当的审计证据而导致发表保留意见时，注册会计师应当在审计意见部分使用“除……可能产生的影响外”等措辞。

【小贴士】当注册会计师发表保留意见时，在审计意见部分使用“由于上述解释”或“受……影响”等措辞是不恰当的，因为这些措辞不够清晰或没有足够的说服力。

3. 发表否定意见

当发表否定意见时，注册会计师应当在审计意见部分说明：

注册会计师认为，由于形成否定意见的基础部分所述事项的重要性，后附的财务报表没有在所有重大方面按照适用的财务报告编制基础编制，未能公允反映［……］。

4. 发表无法表示意见

当由于无法获取充分、适当的审计证据而发表无法表示意见时，注册会计师应当在审计意见部分说明注册会计师不对后附的财务报表发表审计意见，并说明：

由于形成无法表示意见的基础部分所述事项的重要性，注册会计师无法获取充分、适当的审计证据以为发表审计意见提供基础。

同时，注册会计师应当将有关财务报表已经审计的说明，修改为注册会计师接受委托审计财务报表。

【经典例题】

【真题·简答题（部分）】（2020）ABC会计师事务所的A注册会计师负责审计多家上市公司2019年度财务报表，遇到下列与审计报告相关的事项：

（3）丙公司管理层以无法做出准确估计为由未对2019年末的长期股权投资、固定资产和无形资产计提减值准备。A注册会计师实施审计程序获取充分、适当审计证据后，认为上述事项导致的错报对财务报表具有重大且广泛的影响，拟对财务报表发表无法表示意见。

【要求】指出A注册会计师的做法是否恰当。如不恰当，简要说明理由。

【答案】不恰当。

【解析】财务报表存在重大且广泛的错报/应发表否定意见。

【真题·简答题（部分）】（2017）ABC会计师事务所的A注册会计师负责审计多家上市公司2016年度财务报表，遇到下列与审计报告相关的事项：

（1）A注册会计师对甲公司关联方关系及交易实施审计程序并与治理层沟通后，对是否存在未在财务报表中披露的关联方关系及交易仍存有疑虑，拟将其作为关键审计事项在审计报告中沟通。

（6）A注册会计师认为，己公司财务报表附注中未披露其对外提供的多项担保，构成重大错报，因拟就己公司持续经营问题对财务报表发表无法表示意见，不再在审计报告中说明披露错报。

【要求】针对上述事项，逐项指出 A 注册会计师的做法是否恰当。如不恰当，简要说明理由。

【答案】

（1）不恰当。关键审计事项必须是已经得到满意解决的事项/关键审计事项不能替代非无保留意见/应当发表非无保留意见。

（6）不恰当。应当在形成无法表示意见的基础部分说明存在的披露错报。

【解析】

（1）注册会计师对甲公司关联方关系及交易实施审计程序并与治理层沟通后，对是否存在未在财务报表中披露的关联方关系及交易仍存有疑虑，属于沟通事项未满意解决，故不能作为关键审计事项。

（6）已公司财务报表附注中未披露其对外提供的多项担保，构成重大错报，即使拟就已公司持续经营问题对财务报表发表无法表示意见，也应该在审计报告中说明披露错报。

重难点 11：强调事项段★★★

（一）含义

审计报告的强调事项段，是指审计报告中含有的一个段落，该段落提及已在财务报表中恰当列报或披露的事项，且根据注册会计师的职业判断，该事项对财务报表使用者理解财务报表至关重要。

（二）增加强调事项段的条件

如果认为有必要提醒财务报表使用者关注已在财务报表中列报或披露，且根据职业判断认为对财务报表使用者理解财务报表至关重要的事项，在同时满足下列条件时，注册会计师应当在审计报告中增加强调事项段：

（1）该事项不会导致注册会计师发表非无保留意见。

（2）该事项未被确定为在审计报告中沟通的关键审计事项。

（三）增加强调事项段的情形

1. 审计准则的要求（强制要求）

（1）法律法规规定的财务报告编制基础不可接受，但其是基于法律或法规作出的规定。

（2）提醒财务报表使用者注意财务报表按照特殊目的编制基础编制。

（3）注册会计师在审计报告日后知悉了某些事实（即期后事项），并且出具了新的或经修改的审计报告。

2. 注册会计师的专业判断（非强制要求）

【小贴士】该知识点 2021 年增加了一种情形。

（1）异常诉讼或监管行动的未来结果存在不确定性。

（2）在财务报表日至审计报告日之间发生的重大期后事项。

（3）在允许的情况下，提前应用对财务报表有重大影响的新会计准则。

（4）存在已经或持续对被审计单位财务状况产生重大影响的特大灾难。

（四）在审计报告中增加强调事项段时注册会计师采取的措施

（1）将强调事项段作为单独的一部分置于审计报告中，并使用包含“强调事项”这一术语的适当标题。

（2）明确提及被强调事项以及相关披露的位置，以便能够在财务报表中找到对该事项的详细描述。强调事项段应当仅提及已在财务报表中列报或披露的信息。

（3）指出审计意见没有因该强调事项而改变。

【小贴士】在审计报告中包含强调事项段不影响审计意见。包含强调事项段不能代替下列情形：

（1）根据审计业务的具体情况，按照审计准则的规定发表非无保留意见。

（2）适用的财务报告编制基础要求管理层在财务报表中作出的披露，或为实现公允列报所需的其他披露。

（3）按照审计准则的规定，当可能导致对被审计单位持续经营能力产生重大疑虑的事项或情况存在重大不确定性时作出的报告。

【经典例题】

【真题·简答题（部分）】（2020）ABC会计师事务所的A注册会计师负责审计多家上市公司2017年度财务报表，遇到下列与审计报告相关的事项：

（5）戊公司管理层在2019年度财务报表附注中充分披露了与持续经营相关的多项重大不确定性。因无法判断管理层采用持续经营假设编制财务报表是否适当，A注册会计师拟发表无法表示意见，并在审计报告中增加强调事项段，提醒报表使用者关注戊公司因连续亏损已触发证券交易所退市标准的风险提示公告。

【要求】针对上述事项，指出A注册会计师的做法是否恰当。如不恰当，简要说明理由。

【答案】不恰当。注册会计师已经在关键审计事项部分沟通该事项，不应增加强调事项段/该事项同时符合关键审计事项和强调事项的标准，应仅作为关键审计事项。

【解析】强调事项段应提及已在财务报表中披露的事项/不符合强调事项段的定义。

【真题·简答题（部分）】（2018）ABC会计师事务所的A注册会计师负责审计多家上市公司2017年度财务报表，遇到下列与审计报告相关的事项：

（1）甲公司管理层在2017年度财务报表中确认和披露了年内收购乙公司的交易。A注册会计师将其作为审计中最为重要的事项与治理层进行了沟通，拟在审计报告的关键审计事项部分沟通该事项。同时，因该事项对财务报表使用者理解财务报表至关重要，A注册会计师拟在审计报告中增加强调事项段予以说明。

【要求】针对上述事项，指出A注册会计师的做法是否恰当。如不恰当，简要说明理由。

【答案】

（1）不恰当。注册会计师已经在关键审计事项部分沟通该事项，不应增加强调事项段/该事项同时符合关键审计事项和强调事项的标准，应仅作为关键审计事项。

【解析】甲公司管理层在财务报表中确认和披露了年内收购乙公司的交易。注册会计师将其作为审计中最为重要的事项与治理层进行了沟通，就不能在强调事项段中重复列示。

重难点12：其他事项段★★★

（一）其他事项段的含义

其他事项段，是指审计报告中含有的一个段落，该段落提及未在财务报表中列报或披露的事项，且根据注册会计师的职业判断，该事项与财务报表使用者理解审计工作、注册会计师的责任或审计报告相关。

（二）增加其他事项段的条件

在同时满足下列条件时，注册会计师应当在审计报告中增加其他事项段：

（1）未被法律法规禁止。

（2）事项未被确定为在审计报告中沟通的关键审计事项。

（三）需要增加其他事项段的情形

（1）与使用者理解审计工作相关的情形。

（2）与使用者理解注册会计师的责任或审计报告相关的情形。

（3）对两套以上财务报表出具审计报告的情形。

（4）限制审计报告分发和使用的情形。

【小贴士】其他事项段的内容明确反映了未被要求在财务报表中列报的其他事项。其他事项段不包括法律法规或其他职业准则（如中国注册会计师职业道德守则中与信息保密相关的规定）禁止注册会计师提供的信息。其他事项段也不包括要求管理层提供的信息。

【经典例题】

【真题·简答题（部分）】（2017）ABC会计师事务所的A注册会计师负责审计多家上市公司2016年度财务报表，遇到下列与审计报告相关的事项：

（3）ABC会计师事务所首次接受委托，

审计丙公司2016年度财务报表。A注册会计师拟在审计报告中增加其他事项段，说明上期财务报表由前任注册会计师审计及其出具的审计报告的日期。

（5）戊公司管理层在2016年度财务报表附注中披露了2017年1月发生的一项重大收购。A注册会计师认为该事项对财务报表使用者理解财务报表至关重要，拟在审计报告中增加其他事项段予以说明。

【要求】针对上述事项，分别指出A注册会计师的做法是否恰当。如不恰当，简要说明理由。

【答案】

（3）不恰当。应当说明前任注册会计师发表的审计意见类型。

（5）不恰当。应当增加强调事项段/其他事项段用于提及未在财务报表附注中列报或披露的事项/其他事项段与财务报表使用者理解审计工作、注册会计师的责任或审计报告相关。

【解析】

（3）会计师事务所首次接受委托，审计丙公司2016年度财务报表，涉及期初余额的审计，注册会计师在审计报告中增加其他事项段，说明上期财务报表由前任注册会计师审计及其出具的审计报告的日期以及前任注册会计师发表的审计意见类型。

（5）管理层在2016年度财务报表附注中披露了2017年1月发生的一项重大收购，属于在财务报表列报或披露的事项，这样就不能作为其他事项段予以说明。

重难点13：比较信息★★

（一）比较信息的含义

比较信息，是指包含于财务报表中的、符合适用的财务报告编制基础的、与一个或多个以前期间相关的金额和披露。

【小贴士】财务报表使用者为了确定在一段时期内被审计单位财务状况和经营成果的变化趋势，需要了解涉及一个或多个以前会计期间的比较信息。为此，企业会计准则明确规定：当期财务报表的列报，至少应当提供所有列报项目上一可比会计期间的比较数据，以及与理解当期财务报表相关的说明。比较信息是当期财务报表的不可缺少的组成部分。注册会计师在对财务报表发表审计意见时，应当考虑比较信息对审计意见的影响。

1. 对应数据

对应数据，属于比较信息，是指作为本期财务报表组成部分的上期金额和相关披露，这些金额和披露只能和与本期相关的金额和披露（称为“本期数据”）联系起来阅读。对应数据列报的详细程度主要取决于其与本期数据的相关程度。

2. 比较财务报表

比较财务报表，属于比较信息，是指为了与本期财务报表相比较而包含的上期金额和相关披露。比较财务报表包含信息的详细程度与本期财务报表包含信息的详细程度相似。

【小贴士】如果上期金额和相关披露已经审计，则将在审计意见中提及。

（二）比较信息的审计程序

1. 一般审计程序

注册会计师应当确定财务报表中是否包括适用的财务报告编制基础要求的比较信息，以及比较信息是否得到恰当分类。基于上述目的，注册会计师应当评价：

（1）比较信息是否与上期财务报表列报的金额和相关披露一致，如果必要，比较信息是否已经重述。

（2）在比较信息中反映的会计政策是否与本期采用的会计政策一致，如果会计政策已发生变更，这些变更是否得到恰当处理并得到充分列报与披露。

2. 注意到比较信息可能存在重大错报时的审计要求

在实施本期审计时，如果注意到比较信息可能存在重大错报，注册会计师应当根据实际情况追加必要的审计程序，获取充分、适当的审计证据，以确定是否存在重大错报。

本期财务报表中的比较信息出现重大错报的情形通常包括：

（1）上期财务报表存在重大错报，该财务报表虽经审计，但注册会计师因未发现而未在针对上期财务报表出具的审计报告中对该事项发表非无保留意见，本期财务报表中的比较信息未作更正。

（2）上期财务报表存在重大错报，该财务报表未经注册会计师审计，比较信息未作更正。

（3）上期财务报表不存在重大错报，但比较信息与上期财务报表存在重大不一致，由此导致重大错报。

（4）上期财务报表不存在重大错报，但在某些特殊情形下，比较信息未按照适用的财务报告编制基础的要求恰当重述。

【小贴士】如果上期财务报表已经审计，注意到影响上期财务报表的重大错报的情形：

（1）如果上期财务报表未经更正，也未重新出具审计报告，且比较数据未经恰当重述和充分披露，注册会计师应当对本期财务报表出具非无保留意见的审计报告，说明比较数据对本期财务报表的影响。（2）如果上期财务报表已经更正，并已重新出具审计报告，注册会计师应当获取充分、适当的审计证据，以确定比较信息与更正的财务报表是否一致。

3. 获取书面声明

注册会计师应当按照《中国注册会计师审计准则第1341号——书面声明》的规定，获取与审计意见中提及的所有期间相关的书面声明。

对于管理层作出的、更正上期财务报表中影响比较信息的重大错报的任何重述，注册会计师还应当获取特定书面声明。

重难点14：审计报告：对应数据★★★

（一）总体要求

由于审计意见是针对包括对应数据的本期财务报表整体，当财务报表中列报对应数据时，除下列情形外，审计意见不应提及对应数据：

（1）导致对上期财务报表发表非无保留意见的事项在本期仍未解决。

（2）上期财务报表存在重大错报，而以前对该财务报表发表了无保留意见，且对应数据未经适当重述或恰当披露。

（二）上期导致非无保留意见的事项本期仍未解决的处理

如果以前针对上期财务报表发表了保留意见、无法表示意见或否定意见，且导致非无保留意见的事项仍未解决，注册会计师应当对本期财务报表发表非无保留意见。在审计报告的形成非无保留意见的基础部分，注册会计师应当分下列两种情况予以处理：

（1）如果未解决事项对本期数据的影响或可能的影响是重大的，注册会计师应当在形成非无保留意见的基础部分同时提及本期数据和对应数据。

（2）如果未解决事项对本期数据的影响或可能的影响不重大，注册会计师应当说明，由于未解决事项对本期数据和对应数据之间可比性的影响或可能的影响，因此发表了非无保留意见。

【经典例题】

【真题·简答题（部分）】（2016）甲公司是ABC会计师事务所的常年审计客户。A注册会计师负责审计甲公司2015年度财务报表，确定财务报表整体的重要性为200万元，审计工作底稿中与会计估计审计相关的部分事项摘录如下：

（5）因2014年末少计无形资产减值准备300万元，A注册会计师对甲公司2014年度财务报表发表了保留意见，甲公司于2015年处置了相关无形资产并在2015年度财务报表中确认了处置损益，A注册会计师认为导致对上期财务报表发表保留意见的事项已经解决，不影响2015年度审计报告。

【要求】指出A注册会计师做法是否恰当。如不恰当，简要说明理由。

【答案】不恰当。该事项对本期财务报表影响重大。A 注册会计师应当考虑该事项对 2015 年审计意见的影响。

【解析】尽管导致对上期财务报表发表保留意见的事项已经解决，但是影响 2015 年度审计报告。

（三）上期财务报表存在重大错报的报告要求

如果注册会计师已经获取上期财务报表存在重大错报的审计证据，而以前对该财务报表发表了无保留意见，且对应数据未经适当重述或恰当披露，注册会计师应当就包括在财务报表中的对应数据，在审计报告中对本期财务报表发表保留意见或否定意见。

如果存在错报的上期财务报表尚未更正，并且没有重新出具审计报告，但对应数据已在本期财务报表中得到适当重述或恰当披露。此时，注册会计师可以在审计报告中增加强调事项段，以描述这一情况，并提及详细描述该事项的相关披露在财务报表中的位置。

【经典例题】

【真题·简答题（部分）】（2016）ABC 会计师事务所首次接受委托，审计上市公司甲公司 2015 年度财务报表，委派 A 注册会计师担任项目合伙人。相关事项如下：

（6）A 注册会计师发现甲公司 2014 年度财务报表存在某项重大错报。管理层对 2015 年度财务报表的对应数据进行了适当重述，并在财务报表附注中作出了充分披露。A 注册会计师在 2015 年度审计报告中增加其他事项段说明了这一情况，并提及了前任注册会计师对对应数据出具的审计报告。

【要求】指出 A 注册会计师的做法是否恰当。如不恰当，简要说明理由。

【答案】不恰当。针对该事项，注册会计师可以增加强调事项段以描述这一情况，并提及详细描述该事项的相关披露在财务报表中的位置。

【解析】注册会计师在 2015 年度审计报告中增加其他事项段说明了这一情况，并提及了前任注册会计师对对应数据出具的审计报告，但没有指出其位置。

（四）上期财务报表未经审计时的报告要求

如果上期财务报表未经审计，注册会计师应当在审计报告的其他事项段中说明对应数据未经审计。但这种说明并不减轻注册会计师获取充分、适当的审计证据，以确定期初余额不含有对本期财务报表产生重大影响的错报的责任。

（五）上期财务报表已由前任注册会计师审计时的报告要求

如果上期财务报表已由前任注册会计师审计，注册会计师在审计报告中可以提及前任注册会计师对对应数据出具的审计报告。当注册会计师决定提及时，应当在审计报告的其他事项段中说明：

（1）上期财务报表已由前任注册会计师审计。

（2）前任注册会计师发表的意见的类型（如果是非无保留意见，还应当说明发表非无保留意见的理由）。

（3）前任注册会计师出具的审计报告的日期。

重难点 15：审计报告：比较财务报表★★

（一）总体要求

当列报比较财务报表时，审计意见应当提及列报财务报表所属的各期，以及发表的审计意见涵盖的各期。

由于对比较财务报表出具的审计报告涵盖所列报的每期财务报表，注册会计师可以对一期或多期财务报表发表保留意见、否定意见或无法表示意见，或者在审计报告中增加强调事项段，而对其他期间的财务报表发表不同的审计意见。

（二）对上期财务报表发表的意见与以前发表的意见不同

当因本期审计而对上期财务报表发表审计

意见时，如果对上期财务报表发表的意见与以前发表的意见不同，注册会计师应当在其他事项段中披露导致不同意见的实质性原因。

【小贴士】当结合本期审计对上期财务报表出具审计报告时，如果注册会计师在本期审计过程中注意到严重影响上期财务报表的情形或事项，对上期财务报表发表的意见可能与以前发表的意见不同。在某些国家或地区，注册会计师可能负有额外的报告责任，因此，要求注册会计师在审计报告的其他事项段中披露导致不同意见的实质性原因，以防止信赖注册会计师以前对上期财务报表出具的报告。

（三）上期财务报表已由前任注册会计师审计

如果上期财务报表已由前任注册会计师审计，除非前任注册会计师对上期财务报表出具的审计报告与财务报表一同对外提供，注册会计师除对本期财务报表发表意见外，还应当在其他事项段中说明：

（1）上期财务报表已由前任注册会计师审计。

（2）前任注册会计师发表的意见的类型（如果是非无保留意见，还应当说明发表非无保留意见的理由）。

（3）前任注册会计师出具的审计报告的日期。

（四）存在影响上期财务报表的重大错报

如果认为存在影响上期财务报表的重大错报，而前任注册会计师以前出具了无保留意见的审计报告，注册会计师应当就此与适当层级的管理层沟通，并要求其告知前任注册会计师。注册会计师还应当与治理层进行沟通，除非治理层全部成员参与管理被审计单位。

如果上期财务报表已经更正，且前任注册会计师同意对更正后的上期财务报表出具新的审计报告，注册会计师应当仅对本期财务报表出具审计报告。

前任注册会计师可能无法或不愿对上期财务报表重新出具审计报告。注册会计师可以在审计报告中增加其他事项段，指出前任注册会计师对更正前的上期财务报表出具了报告。

（五）上期财务报表未经审计

如果上期财务报表未经审计，注册会计师应当在其他事项段中说明比较财务报表未经审计。但这种说明并不减轻注册会计师获取充分、适当的审计证据，以确定期初余额不含有对本期财务报表产生重大影响的错报的责任。

重难点16：获取并阅读其他信息★★

【小贴士】该知识点2021年进行了小范围修订。

（一）其他信息的相关含义

1. 其他信息

其他信息是指在被审计单位年度报告中包含的除财务报表和审计报告以外的财务信息和非财务信息。

【小贴士】年度报告，是指管理层或治理层根据法律法规的规定或惯例，一般以年度为基础编制的、旨在向所有者（或类似的利益相关方）提供实体经营情况和财务业绩及财务状况（财务业绩及财务状况反映于财务报表）信息的一个文件或系列文件组合。一份年度报告包含或随附财务报表和审计报告，通常包括实体的发展，未来前景、风险和不确定事项，治理层声明，以及包含治理事项的报告等信息。根据法律法规或惯例，以下一项或多项文件可能构成年度报告：

（1）董事会报告。

（2）公司董事会、监事会及董事、监事、高级管理人员保证年度报告内容的真实、准确、完整，不存在虚假记载、误导性陈述或重大遗漏，并承担个别和连带法律责任的声明。

（3）公司治理情况说明。

（4）内部控制自我评价报告。

2. 其他信息的错报

其他信息的错报是指对其他信息作出的不正确陈述或其他信息具有误导性，包括遗漏或掩饰对恰当理解其他信息披露的事项必要的信息。

例如，其他信息声称说明了管理层使用的

关键业绩指标，则遗漏某项管理层使用的关键业绩指标可能表明其他信息未经正确陈述或个有误导性。

（二）获取其他信息

注册会计师应当：

（1）通过与管理层讨论，确定哪些文件组成年度报告，以及被审计单位计划公布这些文件的方式和时间安排。

（2）就及时获取组成年度报告的文件的最终版本与管理层作出适当安排。如果可能，在审计报告日之前获取。

（3）如果组成年度报告的部分或全部文件在审计报告日后才能取得，要求管理层提供书面声明，声明上述文件的最终版本将在可获取时并且在被审计单位公布前提供给注册会计师，以使注册会计师可以完成准则要求的程序。

【小贴士】如果治理层需要在被审计单位发布其他信息前批准其他信息，其他信息的最终版本应为治理层已经批准的用于发布的版本。如果使用者只能通过被审计单位的网站获取其他信息，注册会计师应当根据审计准则对其执行程序的相关文件，是从被审计单位获取的、而不是直接从被审计单位获取的其他信息的版本。

（三）阅读并考虑其他信息

（1）考虑其他信息和财务报表之间是否存在重大不一致。作为考虑的基础，注册会计师应当将其他信息中选取的金额或其他项目与财务报表中的相应金额或其他项目进行比较，以评价其一致性。

（2）在已获取审计证据并已得出审计结论的背景下，考虑其他信息与注册会计师在审计中了解到的情况是否存在重大不一致。

（3）对与财务报表或注册会计师在审计中了解到的情况不相关的其他信息中似乎存在重大错报的迹象保持警觉。

【经典例题】

【真题·简答题（部分）】（2017）ABC会计师事务所首次接受委托，审计上市公司甲公司2016年度财务报表，委派A注册会计师担任项目合伙人。A注册会计师确定财务报表整体的重要性为1 200万元。甲公司主要提供快递物流服务。

资料五：A注册会计师在审计工作底稿中记录了审计完成阶段的工作，部分内容摘录如下：

（3）A注册会计师未能在审计报告日前获取甲公司2016年年度报告的最终版本，因此，未要求管理层提供有关其他信息的书面声明。

【要求】指出A注册会计师的做法是否恰当。如不恰当，简要说明理由。

【答案】不恰当。未能在审计报告日前获取年度报告的最终版本，应当要求管理层提供书面声明。

【解析】注册会计师未能在审计报告日前获取年度报告的最终版本，应当要求管理层提供有关其他信息的书面声明。

重难点17：其他信息的应对★★

1. 当似乎存在重大不一致或其他信息似乎存在重大错报时的应对

如果注册会计师识别出似乎存在重大不一致，或者知悉其他信息似乎存在重大错报，注册会计师应当与管理层讨论该事项，必要时，实施其他程序以确定：

（1）其他信息是否存在重大错报。

（2）财务报表是否存在重大错报。

（3）注册会计师对被审计单位及其环境的了解是否需要更新。

2. 当注册会计师认为其他信息存在重大错报时的应对

（1）要求管理层更正其他信息。

①如果管理层同意作出更正，注册会计师应当确定更正已经完成。

②如果管理层拒绝作出更正，注册会计师应当就该事项与治理层进行沟通，并要求作出更正。

（2）审计报告日前获取的其他信息存在

重大错报，且在与治理层沟通后其他信息仍未得到更正。

①考虑对审计报告的影响，并就注册会计师计划如何在审计报告中处理重大错报与治理层进行沟通。注册会计师可在审计报告中指明其他信息存在重大错报。

【小贴士】在少数情况下，当拒绝更正其他信息的重大错报导致对管理层和治理层的诚信产生怀疑，进而质疑审计证据总体上的可靠性时，对财务报表发表无法表示意见可能是恰当的。

②在相关法律法规允许的情况下，解除业务约定。当拒绝更正其他信息的重大错报导致对管理层和治理层的诚信产生怀疑，进而质疑审计过程中从其获取声明的可靠性时，解除业务约定可能是适当的。

（3）注册会计师认为审计报告日后获取的其他信息存在重大错报。

①如果其他信息得以更正，注册会计师应当根据具体情形实施必要的程序，包括确定更正已经完成，也可能包括复核管理层为与收到其他信息（如果之前已经公告）的人士沟通并告知其修改而采取的步骤。

②如果与治理层沟通后其他信息未得到更正，注册会计师应当考虑其法律权利和义务，并采取恰当的措施，以提醒审计报告使用者恰当关注未更正的重大错报。

【小贴士】在法律法规允许的情况下，注册会计师可能采取的、设法提醒审计报告使用者适当关注未更正错报的措施包括：

（1）向管理层提供一份新的或修改后的审计报告，其中指出其他信息的重大错报。同时要求管理层将该新的或修改后的审计报告提供给审计报告使用者。在此过程中，注册会计师可能需要基于审计准则和适用的法律法规的要求，考虑对新的或修改后的审计报告的日期产生的影响。注册会计师也可以复核管理层采取的、向这些使用者提供新的或修改后的审计报告的步骤。

（2）提醒审计报告使用者关注其他信息的重大错报，例如，在股东大会上通报该事项。

（3）与监管机构或相关职业团体沟通未更正的重大错报。

（4）考虑对持续承接业务的影响。

【经典例题】

【真题·简答题（部分）】（2020）ABC会计师事务所的A注册会计师负责审计多家上市公司2019年度财务报表，遇到下列与审计报告相关的事项：

（1）A注册会计师在审计报告日后获取并阅读了甲公司2019年年度报告的最终版本，发现其他信息存在重大错报。因与管理层和治理层沟通后该错报未得到更正，A注册会计师拟在甲公司股东大会上通报该事项，但不重新出具审计报告。

【要求】指出A注册会计师的做法是否恰当。如不恰当，简要说明理由。

【答案】恰当。

【解析】注册会计师审计报告日后获取并阅读了2019年年度报告的最终版本，发现其他信息存在重大错报，与管理层和治理层沟通后，该错报未得到更正。与监管机构沟通未更正的重大错报，但不重新出具审计报告，符合准则的要求。

【真题·简答题（部分）】（2017）ABC会计师事务所的A注册会计师负责审计多家上市公司2016年年度财务报表，遇到下列与审计报告相关的事项：

（2）A注册会计师在乙公司审计报告日后获取并阅读了乙公司2016年年度报告的最终版本，发现其他信息存在重大错报，与管理层和治理层沟通后，该错报未得到更正。A注册会计师拟重新出具审计报告，指出其他信息存在的重大错报。

【要求】指出A注册会计师的做法是否恰当，如不恰当，简要说明理由。

【答案】恰当。

【解析】注册会计师审计报告日后获取并阅读了年度报告的最终版本，发现其他信息存在重大错报，与管理层和治理层沟通后，该错报未得到更正。注册会计师拟重新出具审计报告，指出其他信息存在的重大错报，符合准则的要求。

重难点18：审计报告中对其他信息的描述★★

（一）需要单独披露的情形

如果在审计报告日存在下列两种情况之一，审计报告应当包括一个单独部分，以“其他信息”为标题：

（1）对于上市实体财务报表审计，注册会计师已获取或预期将获取其他信息。

（2）对于上市实体以外其他被审计单位的财务报表审计，注册会计师已获取部分或全部其他信息。

（二）审计报告包含的其他信息部分的描述内容

（1）管理层对其他信息负责的说明。

（2）指明：

①注册会计师于审计报告日前已获取的其他信息（如有）。

②对于上市实体财务报表审计，预期将于审计报告日后获取的其他信息（如有）。

③说明注册会计师的审计意见未涵盖其他信息，因此，注册会计师对其他信息不发表（或不会发表）审计意见或任何形式的鉴证结论。

④描述注册会计师根据审计准则的要求，对其他信息进行阅读、考虑和报告的责任。

⑤如果审计报告日前已经获取其他信息，则选择下列两种做法之一进行说明：

A. 说明注册会计师无任何需要报告的事项。

B. 如果注册会计师认为其他信息存在未更正的重大错报，说明其他信息中的未更正重大错报。

【经典例题】

【真题·简答题（部分）】（2018）ABC会计师事务所的A注册会计师负责审计多家上市公司2017年度财务报表，遇到下列与审计报告相关的事项：

（2）A注册会计师无法就丙公司年末与重大诉讼相关的预计负债获取充分、适当的审计证据，拟对财务报表发表保留意见。A注册会计师在审计报告日前取得并阅读了丙公司2017年年度报告，未发现其他信息与财务报表有重大不一致或存在重大错报，拟在保留意见审计报告的其他信息部分说明无任何需要报告的事项。

【要求】针对上述第（2）项，指出A注册会计师的做法是否恰当，如不恰当，简要说明理由。

【答案】不恰当。注册会计师需要考虑导致保留意见的事项对其他信息的影响/注册会计师需要在其他信息部分说明无法判断与导致保留意见的事项相关的其他信息是否存在重大错报。

【解析】注册会计师无法就与重大诉讼相关的预计负债获取充分、适当的审计证据，拟对财务报表发表保留意见（处理合理）。注册会计师即使在审计报告日前取得并阅读了年度报告，未发现其他信息与财务报表有重大不一致或存在重大错报，也需要在其他信息部分说明无法判断与导致保留意见的事项相关的其他信息是否存在重大错报。

【真题·简答题（部分）】（2019）ABC会计师事务所的A注册会计师负责审计多家上市公司2018年度财务报表，遇到下列与审计报告相关的事项：

（1）A注册会计师无法就乙公司2018年末存放在第三方的存货获取充分、适当的审计证据，对财务报表发表了保留意见。A注册会计师认为除这一事项外，不存在其他关键审计事项，因此，未在审计报告中包含关键审计事项部分。

（2）丙公司某子公司于2019年1月1日起停止营业并开始清算，债权人申报的债权金额比该子公司2018年末相应的账面余额多5亿元，占丙公司2018年末合并财务报表净资产的15%。丙公司管理层解释系该子公司与债权人就工程款存在争议，最终需要支付的金额尚不确定，故未在财务报表中予以确认。A注册会计师认为该事项对财务报表使用者理解财务报表至关重要，在无保留意见的审计报告中增加了强调事项段提醒报表使用者关注。

（3）丁公司的某重要子公司2018年末处于停产状态，其核心技术人员已离职成立新公司，与丁公司竞争并占据主要市场份额。管理层拟在三年内自主研发替代性技术，基于该假设编制的预计未来现金流量现值显示，收购该子公司形成的大额商誉不存在减值。A注册会计师认为技术研发成功的可能性存在重大不确定性，在无保留意见的审计报告中增加了强调事项段提醒报表使用者关注。

（4）戊公司2016年度和2017年度连续亏损，2018年度实现净利润1.4亿元，其中包括控股股东债务豁免收益2亿元。A注册会计师认为该交易不具有商业实质，对2018年度财务报表发表了保留意见。

【要求】针对上述第（1）~（4）项，逐项指出A注册会计师的做法是否恰当。如不恰当，简要说明理由。

【答案】

（1）不恰当。A注册会计师应当在关键审计事项部分提及形成保留意见的基础部分。

（2）不恰当。未在财务报表中确认应确认的金额，A注册会计师应当发表非无保留意见，而不是增加强调事项段。

（3）不恰当。丁公司的持续经营假设适当，但是存在重大不确定性，A注册会计师应当在无保留意见的审计报告中增加“与持续经营相关的重大不确定性”的单独部分，而不是增加强调事项段。

（4）不恰当。应出具否定意见的审计报告。

通关练习

（一）单选题

1. 下列有关审计报告要素的相关说法中，不恰当的是（　　）。

A. 审计报告应当按照审计业务的约定载明收件人的全称

B. 审计报告应包含标题为“形成审计意见的基础”部分

C. 应当在出具的审计报告中注明会计师事务所详细通讯地址

D. 审计报告应当由项目合伙人和另一名负责该项目的注册会计师签名和盖章

2. 从“在执行审计工作时重点关注过的事项”中选出“最为重要的事项”时，下列选项中无须考虑的是（　　）。

A. 该事项对预期使用者理解财务报表整体的重要程度，尤其是对财务报表的重要性

B. 与该事项相关的会计政策的性质或者与同行业其他实体相比，管理层在选择适当的会计政策时涉及的复杂程度或主观程度

C. 从定性和定量方面考虑，与该事项相关的由于舞弊或错误导致的已更正错报和累积未更正错报（如有）的性质和重要程度

D. 评估的重大错报风险较高的领域或识别出的特别风险

3. 下列情况中，不属于审计范围受到限制的是（　　）。

A. 管理层阻止注册会计师对应收账款余额实施函证

B. 被审计单位的会计记录已在火灾中烧毁

C. 重要组成部分的会计记录已被政府有关机构无限期地查封

D. 注册会计师无法实施原定程序，只能通过替代程序获取证据

4. 下列选项中，属于在审计报告中增加强调事项段的情形的是（　　）。

A. 提醒财务报表使用者注意财务报表按照特殊目的的编制基础编制

B. 发表非无保留意见的事项

C. 当注册会计师对财务报表发表无法表

示意见时，修改无保留意见审计报告中注册会计师对财务报表审计的责任部分

D. 对持续经营能力存在重大不确定性时作出的报告

5. 以下有关比较信息的说法中，不恰当的是（　　）。

A. 比较信息，是指包含于财务报表中的、符合适用的财务报告编制基础的、与一个或多个以前期间相关的金额和披露

B. 对应数据列报的详细程度主要取决于其与本期数据的相关程度

C. 比较财务报表包含信息的详细程度与本期财务报表包含信息的详细程度相似

D. 注册会计师发表的审计意见应包括对比较信息的意见

6. 如果注册会计师在审计报告日后获知其他信息存在重大错报，且与管理层沟通后其他信息仍未更正，下列不属于注册会计师采取的措施的是（　　）。

A. 向管理层提供一份新的或修改后的审计报告，其中指出其他信息的重大错报

B. 与监管机构或相关职业团体沟通未更正的重大错报

C. 提醒审计报告使用者关注其他信息的重大错报

D. 注册会计师应当确定沟通未更正原因

7. 当财务报表存在重大错报或注册会计师对被审计单位及其环境的了解需要更新时，以下应对措施中不恰当的是（　　）。

A. 修改注册会计师对风险的评估

B. 评价已识别的错报对审计的影响和未更正错报（如有）对财务报表的影响的责任

C. 考虑注册会计师关于期后事项的责任

D. 在后续审计予以关注

8. 下列关于注册会计师在得出审计结论时考虑的领域的说法中，不恰当的是（　　）。

A. 在得出总体结论之前，注册会计师应当根据实施的审计程序和获取的审计证据，评价对认定层次重大错报风险的评估是否仍然适当

B. 如果对重大的财务报表认定没有获取充分、适当的审计证据，注册会计师应当尽可能获取进一步的审计证据

C. 评价财务报表是否在所有重大方面按照适用的财务报告编制基础编制

D. 应当考虑发现的错报单独或汇总起来是否构成重大错报

9. 下列关于注册会计师就关键审计事项与治理层沟通的说法中，不恰当的是（　　）。

A. 关键审计事项与治理层沟通，进一步明确各自责任

B. 关键审计事项与治理层沟通，能够使治理层了解关键审计事项将如何在审计报告中作出描述

C. 关键审计事项与治理层沟通，能够使治理层考虑鉴于关键审计事项将在审计报告中沟通，作出新的披露或提高披露质量是否有用

D. 关键审计事项与治理层沟通，能够使治理层了解注册会计师就关键审计事项作出的审计决策的基础

10. 注册会计师在上年度审计工作中，因应付账款审计范围受到重大限制而发表了保留意见。在执行本年度审计业务时，获取证据表明上年所有应付账款均已偿还。编制本年度财务报表的审计报告时，注册会计师正确的做法是（　　）。

A. 在意见段中指明应付账款期初余额可能存在错报

B. 应付账款的对应数据审计范围受到限制而发表保留意见

C. 不在审计报告中提及之前发表的保留意见

D. 在强调事项段中说明对应数据审计范围已不受限

（二）多选题

1. 在评价财务报表是否实现公允反映时，注册会计师应当考虑内容的有（　　）。

A. 财务报表的整体列报、结构和内容是否合理

B. 财务报表（包括相关附注）是否公允地反映了相关交易和事项

C. 财务报表使用的术语（包括每一财务报表的标题）是否适当

D. 管理层作出的会计估计是否合理

2. 下列有关财务报表审计报告特征的说法中，恰当的有（　　）。

A. 注册会计师应当按照审计准则的规定执行审计工作

B. 只有在实施审计工作的基础上才能出具审计报告

C. 履行业务约定书约定的责任是通过对财务报表发表意见实现的

D. 财务报表审计报告中可以考虑对财务报告内部控制发表意见

3. 下列关于审计报告日期的说法中，正确的有（　　）。

A. 注册会计师签署审计报告的日期可以晚于财务报表报出日

B. 注册会计师签署审计报告的日期通常与财务报表报出日为同一天

C. 注册会计师签署审计报告的日期可以晚于管理层签署已审计财务报表的日期

D. 注册会计师签署审计报告的日期通常与管理层签署已审计财务报表的日期为同一天

4. 关于在审计报告中沟通关键审计事项的说法中，正确的有（　　）。

A. 关键审计事项是注册会计师根据职业判断认为对当期财务报表审计最为重要的事项

B. 在关键审计事项部分披露的关键审计事项必须是已经得到满意解决的事项

C. 形成保留或否定意见的基础部分可能需要在关键审计事项部分提及

D. 预期在审计报告中沟通某事项造成的负面后果超过产生公众利益方面的益处的事项，需要在关键审计事项部分披露

5. 下列各项中，可能导致注册会计师无法获取充分、适当的审计证据的情形有（　　）。

A. 非重要组成部分的会计记录已被政府有关机构无限期地查封

B. 注册会计师接受审计委托的时间安排，使注册会计师无法实施存货监盘

C. 注册会计师确定仅实施实质性程序是不充分的，但被审计单位的控制是无效的

D. 管理层阻止注册会计师对特定账户余额实施函证

6. 在下列情况中，导致注册会计师发表保留意见的有（　　）。

A. 在获取充分、适当的审计证据后，注册会计师认为错报单独或汇总起来对财务报表影响重大，但不具有广泛性

B. 注册会计师无法获取充分、适当的审计证据以作为形成审计意见的基础，但认为未发现的错报对财务报表可能产生的影响重大，但不具有广泛性

C. 在获取充分、适当的审计证据后，如果认为错报单独或汇总起来对财务报表的影响远低于报表整体重要性

D. 如果无法获取充分、适当的审计证据以作为形成审计意见的基础，但认为未发现的错报对财务报表可能产生的影响重大且具有广泛性

7. 下列关于强调事项的理解中，正确的有（　　）。

A. 强调事项是对已在财务报表中恰当列报或披露，并且根据注册会计师的职业判断对财务报表使用者理解财务报表至关重要的事项的强调

B. 强调事项是对已在财务报表列报或披露但是列报或披露的内容不恰当，并且根据注册会计师的职业判断对财务报表使用者理解财务报表至关重要的事项的强调

C. 强调事项不能代替发表非无保留意见的事项

D. 与使用者理解注册会计师的责任或审计报告相关的情形应该列为强调事项

8. 下列各项中，属于需要在审计报告中增加其他事项段的情形的有（　　）。

A. 与使用者理解审计工作相关的情形

B. 与使用者理解注册会计师的责任或审计报告相关的情形

C. 对两套以上财务报表出具审计报告的情形

D. 限制审计报告分发和使用的情形

9. 下列关于对应数据和比较财务报表的说法中，正确的有（　　）。

A. 审计意见中应该提及对应数据

B. 对应数据是本期财务报表的组成部分

C. 比较财务报表是为了与本期财务报表相比较而包含的上期金额和相关披露

D. 比较财务报表包含信息的详细程度不如本期财务报表信息

10. 如果上期财务报表已由前任注册会计师审计，注册会计师在审计报告中可以提及前任注册会计师对对应数据出具的审计报告。当注册会计师决定提及时，应当在审计报告的其他事项段中说明事项的有（　　）。

A. 上期财务报表已由前任注册会计师审计

B. 前任注册会计师发表的意见的类型

C. 前任注册会计师出具的审计报告的日期

D. 前任注册会计师应该承担的责任

（三）简答题

XYZ 会计师事务所的 W 注册会计师，2019 年度担任多家上市公司财务报表审计的项目合伙人，与审计报告相关的事项摘录如下：

（1）甲公司 2019 年发生重大对外投资损失，致使本年度利润首次亏损，甲公司采取了相应的应对措施，也在报表附注中进行了充分披露。W 注册会计师实施审计程序并与治理层沟通后，认为可能导致对持续经营能力产生重大疑虑的事项或情况存在重大不确定性。因该事项属于与治理层沟通的事项，W 注册会计师拟将其作为关键审计事项在审计报告中沟通。

（2）W 注册会计师在乙公司审计报告日前获取并阅读了乙公司 2019 年年度报告的最终版本，发现其他信息存在重大错报，与管理层和治理层沟通后，该错报未得到更正，W 注册会计师在出具的审计报告中，指出其他信息存在的重大错报。

（3）W 注册会计师对丁公司管理层的诚信产生重大疑虑，以至于认为其作出的书面声明不可靠，出具了保留意见审计报告。

（4）己公司为戊集团公司的不重要的子公司，W 注册会计师作为集团注册会计师，在集团层面对己公司实施分析程序。

（5）2019 年 1 月 1 日，庚公司管理层在 2019 年度提前采用新的会计准则（法律允许），W 注册会计师认为该事项对财务报表使用者理解财务报表至关重要，在审计报表中增加其他事项段予以说明。

【要求】 针对上述第（1）~（5）项，假定不考虑其他条件，逐项指出 W 注册会计师的做法是否恰当，如不恰当，请简要说明理由。

通关练习答案及解析

（一）单选题

1. **【答案】** C

【解析】 选项 C 不恰当，当实务中，审计报告通常载于会计师事务所统一印刷的标有该所详细通讯地址的信笺上，无须在审计报告中注明详细地址。

2. **【答案】** D

【解析】 选项 D 不恰当，评估的重大错报风险较高的领域或识别出的特别风险，属于从“与治理层沟通的事项”中选出“在执行审计工作时重点关注过的事项”考虑的因素。

3. **【答案】** D

【解析】 选项 D 不恰当，如果注册会计师能够通过实施替代程序获取充分、适当的审计证据，则无法实施原定的程序并不构成对审计范围的限制。

4. 【答案】A

【解析】在审计报告中包含强调事项段不影响审计意见。选项B、选项C属于非无保留审计报告中的情形；选项D属于按照《中国注册会计师审计准则第1324号——持续经营》的规定，当可能导致对被审计单位持续经营能力产生重大疑虑的事项或情况存在重大不确定性时作出的报告的情形。

5. 【答案】D

【解析】选项D不恰当，比较信息包括对应数据和比较财务报表。针对比较财务报表，注册会计师需要发表审计意见，而针对对应数据来说，审计意见仅提及本期报表。

6. 【答案】D

【解析】选项D，注册会计师应当确定沟通未更正原因，属于沟通更正时考虑的事项。

7. 【答案】D

【解析】如果注册会计师认为财务报表存在重大错报，或者注册会计师对被审计单位及其环境的了解需要更新，注册会计师应当作出恰当应对，包括修改注册会计师对风险的评估（选项A）、评估错报（选项B）、考虑注册会计师关于期后事项的责任（选项C）。此种情形应该在本期解决，故选项D不恰当。

8. 【答案】D

【解析】选项D不恰当，在得出审计结论时，注册会计师应当按照《中国注册会计师审计准则第1251号——评价审计过程中识别出的错报》的规定，考虑未更正错报单独或汇总起来是否构成重大错报。

9. 【答案】A

【解析】关键审计事项与治理层沟通，能够使治理层了解注册会计师就关键审计事项作出的审计决策的基础以及这些事项将如何在审计报告中作出描述，也能够使治理层考虑鉴于这些事项将在审计报告中沟通，作出新的披露或提高披露质量是否有用（选项B、选项C、选项D恰当），关键审计事项与治理层沟通，不涉及进一步明确各自责任，故选项A不恰当。

10. 【答案】C

【解析】选项C做法正确，如果以前针对上期财务报表发表了非无保留意见，且导致非无保留意见的事项已经解决，则针对本期财务报表发表的审计意见无需提及之前发表的非无保留意见。

（二）多选题

1. 【答案】AB

【解析】选项C、D是评价财务报表是否在所有重大方面按照适用的财务报告编制基础编制的内容。

2. 【答案】ABC

【解析】选项D错误，财务报表审计报告中不对内部控制发表意见。

3. 【答案】CD

【解析】注册会计师签署审计报告的日期通常与管理层签署已审计财务报表的日期为同一天，也可以晚于管理层签署已审计财务报表的日期，选项C、D正确。

4. 【答案】AB

【解析】选项C错误，形成保留或否定意见的基础部分的事项，属于没有得到满意解决的事项，为此不属于关键审计事项；选项D错误，除非法律法规禁止公开披露某事项，或者在极其罕见的情况下，如果合理预期在审计报告中沟通某事项造成的负面后果超过产生的公众利益方面的益处，注册会计师确定不应在审计报告中沟通该事项，则注册会计师应当在审计报告中逐项描述关键审计事项。

5. 【答案】BCD

【解析】选项A错误，非重要组成部分的会计记录已被政府有关机构无限期地查封不影响集团财务报表审计。

6. 【答案】AB

【解析】选项A、B发表保留意见；选项C，在获取充分、适当的审计证据后，如果认为错报单独或汇总起来对财务报表的影响远低于报表整体重要性，应该发表无保留意见；选项 D，如果无法获取充分、适当的审计证据以作为形成审计意见的基础，但认为未发现的错报对财务报表可能产生的影响重大且具有广泛性应该发表无法表示意见。

7.【答案】AC

【解析】强调事项段是对已在财务报表中恰当列报或披露（选项 B 错误），并且根据注册会计师的职业判断对财务报表使用者理解财务报表至关重要的事项的强调。与使用者理解注册会计师的责任或审计报告相关的情形应该列为其他事项（选项 D 错误）。

8.【答案】ABCD

9.【答案】BC

【解析】选项 A 错误，当财务报表中列报对应数据时，由于审计意见是针对包括对应数据的本期财务报表整体的，审计意见通常不提及对应数据。只有在特定情形下，注册会计师才应当在审计报告中提及对应数据；选项 D 错误，比较财务报表包含信息的详细程度与本期财务报表包含信息的详细程度相似。

10.【答案】ABC

【解析】当注册会计师决定在审计报告提及时，应当在审计报告的其他事项段中说明：（1）上期财务报表已由前任注册会计师审计（选项 A）；（2）前任注册会计师发表的意见的类型（选项 B）；（3）前任注册会计师出具的审计报告的日期（选项 C）。

（三）简答题

【答案】

（1）不恰当。对持续经营能力产生重大疑虑的事项或情况存在重大不确定性，在报告中单独列示。而不能作为关键审计事项在审计报告中沟通。

（2）恰当。

（3）不恰当。应该发表无法表示意见的审计报告。

（4）恰当。

（5）不恰当。应该在审计报表中增加强调事项段予以说明。

第二十章　企业内部控制审计

2021 年教材内容主要变化

本章主要变化如下：

（1）删除财务报告内部控制审计包括的内容；

（2）增加整合审计相关介绍；

（3）在审计计划中增加对应对舞弊风险的考虑相关内容；

（4）增加对以前审计获取的有关控制运行有效性审计证据的运用。

【小贴士】具体详见有关重难点。

本章近五年考情统计分析

本章考题主要以客观题为主，但也可涉及主观题（简答题），本章属于一般重要的考试章节之一，最近五年平均考试分值一般在 3 分左右。

（一）近五年考试分值分布

题型	2016 年	2017 年	2018 年	2019 年	2020 年
单选题	—	2	1	2	—
多选题	—	2	2	2	2
简答题	—	—	—	—	—
综合题	—	—	—	—	—
合计	0	4	3	4	2

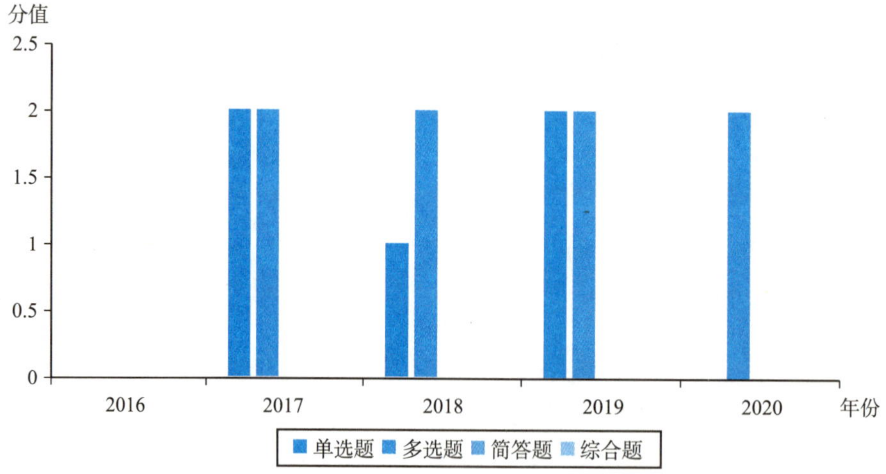

（二）近五年考试考点分布

高频考点内容	年度及题型分布
自上而下	2018 年单选、2017 年单选、2017 年多选
控制测试的有效性	2019 年单选
控制偏差	2020 年多选
业务层面的控制测试	2019 年多选
内部控制缺陷评价	2019 年单选、2018 年多选、2017 年单选

重难点解析

重难点 1：财务报告内部控制与非财务报告内部控制★★

（一）财务报告内部控制

财务报告内部控制，是指公司的董事会、监事会、经理层及全体员工实施的旨在合理保证财务报告及相关信息真实、完整而设计和运行的内部控制，以及用于保护资产安全的内部控制中与财务报告可靠性目标相关的控制。

（二）非财务报告内部控制

非财务报告内部控制，是指除财务报告内部控制之外的其他控制，通常是指为了合理保证除财务报告及相关信息、资产安全外的其他控制目标的实现而设计和运行的内部控制。

重难点 2：内部控制审计的含义★★★

（一）内部控制审计的定义

内部控制审计，是指会计师事务所接受委托，对特定基准日内部控制设计与运行的有效性进行审计。

（二）内部控制审计的范围

（1）针对财务报告内部控制，注册会计师对其有效性发表审计意见。

（2）针对非财务报告内部控制，注册会计师对内部控制审计过程中注意到的非财务报告内部控制的重大缺陷，在内部控制审计报告中增加“非财务报告内部控制重大缺陷描述段”予以披露。

（三）内部控制审计基准日

内部控制审计基准日，是指注册会计师评价内部控制在某一时日是否有效所涉及的基准日，也是被审计单位评价基准日，即最近一个会计期间截止日。

注册会计师不可能对企业内部控制在某个期间段（如一年）内每天的运行情况进行描述，然后发表审计意见，这样做不切实际，并且无法向信息使用者提供准确清晰的信息（考虑到中间对内部控制缺陷的纠正），甚至会误导使用者。

【小贴士】对特定基准日内部控制的有效性发表意见，并不意味着注册会计师只测试基准日这一天的内部控制，而是需要考察足够长一段时间内部控制设计和运行的情况。

（四）整合审计

【小贴士】该知识点 2021 年增加内部控制审计和财务报表审计的差异和联系。

整合审计是指注册会计师为提高审计效果和效率将内部控制审计与财务报表审计整合进行。

1. 内部控制审计和财务报表审计的差异

两者在具体目标、保证程度、评价要求、报告类型等方面存在实质性差异。

2. 内部控制审计和财务报表审计的联系

（1）两者都采用风险导向审计模式，均需要识别重点账户、重要类别的交易等重点审计领域。

（2）在技术层面和审计实务中，两者审

计模式、程序、方法等存在着共同之处，风险识别、评估和应对等大量工作内容相近，有很多的基础工作可以共享，在一项审计工作中发现的问题还可以为另一项审计工作提供线索和思路。

【经典例题】

【例题·多选题】下列有关财务报表审计与内部控制审计的共同点的说法中，不正确的有（　　）。

A. 两者识别的重要账户、列报及其相关认定相同

B. 两者了解和测试内部控制设计和运行有效性的审计程序类型相同

C. 两者测试内部控制运行有效性的范围相同

D. 两者的审计报告意见类型相同

【答案】CD

【解析】选项 C 不正确，两者测试内部控制运行有效性的范围不相同；选项 D 不正确，两者的审计报告意见类型不相同，内控审计报告没有保留意见类型。

重难点 3：自上而下方法★★

（一）基本要求

注册会计师应当采用自上而下的方法选择拟测试的控制。

自上而下的方法始于财务报表层次，以注册会计师对财务报告内部控制整体风险的了解开始，然后，将关注重点放在企业层面的控制上，并将工作逐渐下移至重要账户、列报及其相关认定。随后，确认其对被审计单位业务流程中风险的了解，并选择能足以应对评估的每个相关认定的重大错报风险的控制进行测试。

（二）自上而下的方法的步骤

（1）从财务报表层次初步了解内部控制整体风险。

（2）识别、了解和测试企业层面控制。

（3）识别重要账户、列报及其相关认定。

（4）了解潜在错报的来源并识别相应的控制。

（5）选择拟测试的控制。

重难点 4：识别、了解和测试企业层面控制★★★

（一）企业层面控制的含义和内容

1. 企业层面控制的含义

企业层面的控制通常为应对企业财务报表整体层面的风险而设计，或作为其他控制运行的“基础设施”，通常在比业务流程更高的层面上乃至整个企业范围内运行，其作用比较广泛，通常不局限于某个具体认定。

2. 企业层面控制的内容

（1）与控制环境（即内部环境）相关的控制。

（2）针对管理层和治理层凌驾于控制之上的风险而设计的控制。

（3）被审计单位的风险评估过程。

（4）对内部信息传递和期末财务报告流程的控制。

（5）对控制有效性的内部监督（即监督其他控制的控制）和内部控制评价。

（6）集中化的处理和控制（包括共享的服务环境）、监控经营成果的控制以及针对重大经营控制及风险管理实务的政策。

（二）企业层面控制对其他控制及其测试的影响

不同的企业层面控制在性质和精确度上存在差异，注册会计师应当从下列方面考虑这些差异对其他控制及其测试的影响：

1. 间接影响

某些企业层面控制，例如某些与控制环境相关的控制，对重大错报是否能够被及时防止或发现的可能性有重要影响，虽然这种影响是间接的，但这些控制可能影响注册会计师拟测试的其他控制及其对其他控制所执行程序的性质、时间安排和范围。

例如，被审计单位是否制定了合适的经营理念以及管理基调对于一个有效的内部控制是非常重要的。虽然这些与控制环境相关的控制与某个财务报表的认定没有直接关联，同时这

些控制不能减少注册会计师为对财务报表认定相关的内部控制的有效性作出结论而所需获得的充分证据，但是由于这些控制可能会对其他控制的有效运行，以及注册会计师对财务报表是否存在重大错报的风险评估带来普遍性的影响。

2. 直接监督

某些企业层面控制能够监督其他控制的有效性。当这些控制运行有效时，注册会计师可以减少原本拟对其他控制的有效性进行的测试。

例如，被审计单位的财务总监定期审阅经营收入的详细月度分析报告。如果这个控制有效，可能可以使注册会计师修改其原本拟对其他控制所进行的测试程序。

3. 直接影响

某些企业层面控制本身能精确到足以及时防止或发现一个或多个相关认定中存在的重大错报。如果一项企业层面控制足以应对已评估的重大错报风险，注册会计师可能可以不必测试与该风险相关的其他控制。

例如，被审计单位设立了银行余额调节表的监督审阅流程，并且对下属所有分级机构作出定期检查，以确定所有下属单位已经做好银行余额调节表的编制、审阅及跟踪工作。如果这个监督审阅过程中的程序有足够的精确度以复核各个下属单位的工作是否恰当，那么注册会计师可以考虑测试这个企业层面的控制，并且不必对下属每个单位的银行余额调节表相关控制进行测试。

【小贴士】由于对企业层面控制的评价结果将影响注册会计师测试其他控制的性质、时间安排及范围，所以注册会计师可以考虑在执行业务的早期阶段对企业层面控制进行测试。

重难点5：识别重要账户、列报及其相关认定★★★

（一）重要账户、列报及其相关认定的定义

1. 重要账户、列报含义

如果某账户或列报可能存在一个错报，该错报单独或连同其他错报将导致财务报表发生重大错报，则该账户或列报为重要账户或列报。

2. 相关认定含义

如果某财务报表认定可能存在一个或多个错报，这个或这些错报将导致财务报表发生重大错报，则该认定为相关认定。

【小贴士】识别重要账户或列报及其相关认定，是以确定重要性水平为基础。

（二）重要账户、列报的评价

在识别重要账户、列报及其相关认定时，注册会计师应当从定性和定量两个方面作出评价，包括考虑舞弊的影响。

1. 定量评价

超过财务报表整体重要性的账户，无论是在内部控制审计还是财务报表审计中，通常情况下被认定为重要账户。一个账户或列报，即使从性质方面考虑与之相关的风险较小，其金额超过财务报表整体重要性越多，该账户或列报被认定为重要账户或列报的可能性就越大。

【小贴士】一个账户或列报的金额超过财务报表整体重要性，并不必然表明其属于重要账户或列报。

2. 定性评价

即使该账户或列报从金额上看并不重大，但这些固有风险或舞弊风险很有可能导致重大错报（该错报单独或连同其他错报将导致财务报表发生重大错报）。

例如，某负债类账户很可能被显著低估，则该负债类账户应被确定为重要账户。对于其他账户而言，由于财务报表使用者的预期，也可能从性质上来看是重要的。

【小贴士】在识别重要账户、列报及其相关认定时，注册会计师不应考虑控制的影响，因为内部控制审计的目标本身就是评价控制的有效性。

【小贴士】在确定某账户、列报是否重要和某认定是否相关时，注册会计师应当将所有可获得的信息加以综合考虑。例如，在识别重要账户、列报及其相关认定时，注册会计师还

应当确定重大错报的可能来源。

【小贴士】注册会计师在识别重要账户、列报及其相关认定时应当评价的风险因素，与财务报表审计中考虑的因素相同。因此，在这两种审计中识别的重要账户、列报及其相关认定应当相同。

【经典例题】

【真题·多选题】（2019）对于内部控制审计，下列有关重要账户的说法中，正确的有（　　）。

A. 超过财务报表整体重要性的账户未必是重要账户

B. 在识别重要账户时，注册会计师不应考虑控制的影响

C. 在识别重要账户时，注册会计师无需确定重大错报的可能来源

D. 存在舞弊风险的账户，即使其金额小于财务报表整体重要性，仍是重要账户

【答案】ABD

【解析】选项C错误，在识别重要账户、列报及其相关认定时，注册会计师应当确定重大错报的可能来源。注册会计师可以通过考虑在特定的重要账户或列报中错报可能发生的领域和原因，确定重大错报的可能来源。

【真题·单选题】（2017）注册会计师执行内部控制审计时，下列有关识别重要账户、列报及其相关认定的说法中，错误的是（　　）。

A. 注册会计师应当从定性和定量两个方面识别重要账户、列报及其相关认定

B. 在识别重要客户、列报及其相关认定时，注册会计师应当确定重大错报的可能来源

C. 注册会计师通常将超过财务报表整体重要性的账户认定为重要账户

D. 在识别重要账户、列报及其相关认定时，注册会计师应当考虑控制的影响

【答案】D

【解析】选项D错误，在识别重要账户、列报及其相关认定时，不考虑控制的影响。

重难点6：了解潜在错报的来源并识别相应的控制★★

（一）了解潜在错报的来源

（1）了解与相关认定有关的交易的处理流程，包括这些交易如何生成、批准、处理及记录。

（2）验证注册会计师识别出的业务流程中可能发生重大错报（包括由于舞弊导致的错报）的环节。

（3）识别被审计单位用于应对这些错报或潜在错报的控制。

（4）识别被审计单位用于及时防止或发现并纠正未经授权的、导致重大错报的资产取得、使用或处置的控制。

（二）实施穿行测试

1. 含义

穿行测试是指追踪某笔交易从发生到最终被反映在财务报表中的整个处理过程。穿行测试通常是评价控制设计的有效性以及确定控制是否得到执行的有效方法。

2. 需要实施穿行测试的情形

（1）存在较高固有风险的复杂领域。

（2）以前年度审计中识别出的缺陷（需要考虑缺陷的严重程度）。

（3）由于引入新的人员、新的系统、收购和采取新的会计政策而导致流程发生重大变化。

【小贴士】一般而言，对每个重要流程，选取一笔交易或事项实施穿行测试即可。如果被审计单位采用集中化的系统为多个组成部分执行重要流程，则可能不必在每个重要的经营场所或业务单位选取一笔交易或事项实施穿行测试。

3. 穿行测试涉及的审计程序

注册会计师在实施穿行测试时，通常需要综合运用询问、观察、检查相关文件记录。

重难点7：选择拟测试的控制★★★

（一）选择拟测试控制的基本要求

注册会计师应当针对每一相关认定获取控

制有效性的审计证据，以便对内部控制整体的有效性发表意见，但没有责任对单项控制的有效性发表意见。

1. 选择具有重要影响的控制进行测试

注册会计师应当对被审计单位的控制是否足以应对评估的每个相关认定的错报风险形成结论。因此，注册会计师应当选择对形成这一评价结论具有重要影响的控制进行测试。

2. 不必测试与某项相关认定有关的所有控制

对特定的相关认定而言，可能有多项控制用以应对评估的错报风险；反之，一项控制也可能应对评估的多项相关认定的错报风险。注册会计师没有必要测试与某项相关认定有关的所有控制。

【小贴士】在确定是否测试某项控制时，注册会计师应当考虑该项控制单独或连同其他控制，是否足以应对评估的某项相关认定的错报风险，而不论该项控制的分类和名称如何。

（二）选择拟测试的控制的考虑因素（关键控制判断依据）

（1）哪些控制是不可缺少的？

（2）哪些控制直接针对相关认定？

（3）哪些控制可以应对错误或舞弊导致的重大错报风险？

（4）控制的运行是否足够精确。

【小贴士】选取关键控制需要注册会计师作出职业判断，每个重要账户、认定和/或重大错报风险至少应当有一个对应的关键控制。

【小贴士】注册会计师应当选择测试那些对形成内部控制审计意见有重大影响的控制。如果存在多个控制均应对相关认定的重大错报风险，注册会计师通常会选择那个（些）能够以最有效的方式予以测试的控制。

【经典例题】

【真题·单选题】（2018）在执行内部控制审计时，下列有关注册会计师选择拟测试的控制的说法中，错误的是（　　）。

A. 注册会计师应当选择测试对形成内部控制审计意见有重大影响的控制

B. 注册会计师无须测试即使有缺陷也合理预期不会导致财务报表重大错报的控制

C. 注册会计师选择拟测试的控制，应当涵盖企业管理层在执行内部控制自我评价时测试的控制

D. 注册会计师通常选择能够为一个或多个重要账户或列报的一个或多个相关认定提供最有效果或最有效率的证据的控制进行测试

【答案】C

【解析】选项C错误，企业管理层在执行内部控制自我评价时选择测试的控制，并非都属于关键控制。

重难点8：控制测试的时间安排★★★

（一）测试涵盖的期间

对控制有效性测试的实施时间越接近基准日，提供的控制有效性的审计证据越有力。为了获取充分、适当的审计证据，注册会计师应当在下列两个因素之间作出平衡，以确定测试的时间：

（1）尽量在接近基准日实施测试。

（2）实施的测试需要涵盖足够长的期间。

（二）期中测试的两种方法

（1）在整合审计中测试控制在整个会计年度的运行有效性时，注册会计师可以进行期中测试，然后对剩余期间实施前推测试。

【小贴士】在将期中测试结果前推至基准日时，注册会计师应当考虑下列因素以确定需获取的补充审计证据：

①基准日之前测试的特定控制，包括与控制相关的风险、控制的性质和测试的结果。

②期中获取的有关审计证据的充分性和适当性。

③剩余期间的长短。

④期中测试之后，内部控制发生重大变化的可能性。

⑤注册会计师基于对控制的依赖程度拟减少进一步实质性程序的程度（仅适用于整合审计）。

⑥控制环境。

（2）在整合审计中测试控制在整个会计年度的运行有效性时，注册会计师可以将样本分成两部分，一部分在期中测试，剩余部分在临近年末的期间测试。

（三）是否测试被取代的控制

1. 不再需要测试被取代的控制

如果注册会计师认为新的控制能够满足控制的相关目标，而且新控制已运行足够长的时间，足以使注册会计师通过实施控制测试评估其设计和运行的有效性，则注册会计师不再需要测试被取代的控制的设计和运行有效性。

2. 适当地测试被取代的控制

如果被取代的控制的运行有效性对注册会计师执行财务报表审计时的控制风险评估具有重要影响，注册会计师应当适当地测试这些被取代的控制的设计和运行的有效性。

（四）以前审计获取的有关控制运行有效性的审计证据

【小贴士】该知识点为2021年新增。

1. 财务报表审计

对于财务报表审计，注册会计师可以在某些方面利用以前审计中获取的有关控制运行有效性的审计证据。

2. 内部控制审计

对于内部控制审计，除考虑对自动化应用控制实施与基准相比较的策略外（完全自动化的控制通常不会因人为失误而失效），注册会计师不能利用以前审计中获取的有关控制运行有效性的审计证据，而是需要每年获取有关控制有效性的审计证据。

重难点9：控制测试的范围★★

注册会计师在测试控制的运行有效性时，应当在考虑与控制相关的风险的基础上，确定测试的范围（样本规模）：

1. 测试人工控制的最小样本规模

在运用教材中表20－1时，注册会计师应当注意下列事项：

（1）测试的最小样本规模是指所需测试的控制运行次数。

（2）注册会计师应当根据与控制相关的风险，基于最小样本规模区间确定具体的样本规模。

（3）表20－1假设控制的运行偏差率预期为零。如果预期偏差率不为零，注册会计师应当扩大样本规模。

（4）如果注册会计师不能确定控制运行的频率，但是知道控制运行的总次数，仍可根据“控制运行的总次数”一列确定测试的最小样本规模。

2. 测试自动化应用控制的最小样本规模

信息技术处理具有内在一贯性，除非系统发生变动，一项自动化应用控制应当一贯运行。对于一项自动化应用控制，一旦确定被审计单位正在执行该控制，注册会计师通常无须扩大控制测试的范围，但需要考虑执行下列测试以确定该控制持续有效运行：

（1）测试与该应用控制有关的一般控制的运行有效性。

（2）确定系统是否发生变动，如果发生变动，是否存在适当的系统变动控制。

（3）确定对交易的处理是否使用授权批准的软件版本。

3. 发现偏差的处理

如果发现控制偏差，注册会计师应当确定对下列事项的影响：

（1）与所测试控制相关的风险的评估。

（2）需要获取的审计证据。

（3）控制运行有效性的结论。

【小贴士】评价控制偏差的影响需要注册会计师运用职业判断，并受到控制的性质和所发现偏差数量的影响。如果发现的控制偏差是系统性偏差或人为有意造成的偏差，注册会计师应当考虑舞弊的可能迹象以及对审计方案的影响。

【经典例题】

【真题·多选题】（2020）在执行内部控制审计时，下列有关控制偏差的说法中，正确的有（　　）。

A. 如果发现的控制偏差是系统性偏差，注册会计师应当考虑对审计方案的影响

B. 如果发现的控制偏差是系统性偏差，注册会计师应当扩大样本规模进行测试

C. 如果发现控制偏差，注册会计师应当确定偏差对与所测试控制相关的风险评估的影响

D. 如果发现的控制偏差是人为有意造成的，注册会计师应当考虑舞弊的可能迹象

【答案】ACD

【解析】如果发现控制偏差是系统性偏差或人为有意造成的偏差，注册会计师应当考虑舞弊的可能迹象以及对审计方案的影响。如果发现的控制偏差是系统性偏差，扩大样本规模无法达到审计目标。故选项 B 错误。

【真题·单选题】（2019）对于内部控制审计业务，下列有关控制测试的时间安排的说法中，错误的是（　　）。

A. 注册会计师应当获取内部控制在基准日之前一段足够长的期间内有效运行的审计证据

B. 注册会计师对控制有效性测试的实施越接近基准日，提供的控制有效性的审计证据越有力

C. 如果被审计单位在所审计年度内对控制作出改变，注册会计师应当对新的控制和被取代的控制分别实施控制测试

D. 如果已获取有关控制在期中运行有效性的审计证据，注册会计师应当获取补充证据，将期中测试结果前推至基准日

【答案】C

【解析】选项 C 错误，如果被审计单位为了提高控制效果和效率或整改控制缺陷而对控制作出改变，注册会计师应当考虑这些变化并适当予以记录。如果注册会计师认为新的控制能够满足控制的相关目标，而且新控制已运行足够长的时间，足以使注册会计师通过实施控制测试评估其设计和运行的有效性，则注册会计师不再需要测试被取代的控制的设计和运行有效性，但是如果被取代的控制的运行有效性对注册会计师执行财务报表审计时的控制风险评估具有重要影响，注册会计师应当适当测试这些被取代的控制的设计和运行的有效性。

重难点 10：企业层面控制的测试★★

（一）针对管理层和治理层凌驾于控制之上的风险而设计的控制

针对管理层和治理层凌驾于控制之上的风险（以下简称“凌驾风险”）而设计的控制，对所有企业保持有效的财务报告相关的内部控制都有重要的影响。在不同的企业，管理层和治理层凌驾于内部控制之上的风险水平不同。注册会计师可以根据对被审计单位进行的舞弊风险评估作出判断，选择相关的企业层面控制进行测试，并评价这些控制是否能有效应对已识别的可能导致财务报表发生重大错报的凌驾风险。一般而言，针对凌驾风险采用的控制包括但不限于：

（1）针对重大的异常交易的控制。

（2）针对关联方交易的控制。

（3）与管理层的重大估计相关的控制。

（4）能够减弱管理层伪造或不恰当操纵财务结果的动机及压力的控制。

（5）建立内部举报投诉制度。

（二）对内部信息传递和期末财务报告流程的控制

期末财务报告流程对内部控制审计和财务报表审计有重要影响，注册会计师应当对期末财务报告流程进行评价。注册会计师应当从下列方面评价期末财务报告流程：

（1）被审计单位财务报表的编制流程，包括输入、处理及输出。

（2）期末财务报告流程中运用信息技术的程度。

（3）管理层中参与期末财务报告流程的人员。

（4）纳入财务报表编制范围的组成部分。

（5）调整分录及合并分录的类型。

（6）管理层和治理层对期末财务报告流程进行监督的性质及范围。

【小贴士】由于期末财务报告流程通常发生在管理层评价日之后，注册会计师一般只能在该日之后测试相关控制。

结合财务报表审计的要求，注册会计师还应当了解管理层为确保识别期后事项而建立的程序。注册会计师可以基于对财务报告流程的了解，确定可能发生错报的环节，识别用于防止或发现并纠正错报的控制，并对控制的有效性进行评估。

（三）集中化的处理和控制（包括共享的服务环境）

1. 集中化的处理和控制的特点

集中化的处理可以视作一种企业内部的"外包"安排，以取得规模效益并通过将某些或全部的财务报告过程与负责经营的管理层分离以改进控制环境。集中化的财务管理可能有助于降低财务报表错报的风险。

2. 共享服务中心的测试

注册会计师在对共享服务中心执行审计程序时，可以先了解共享服务中心的服务对象以及服务范围，并分析其服务对象的重大财务报表错报风险。针对这些风险，注册会计师可以分析被审计单位是否有相关的内部控制用以降低其下属单位或分部财务报表发生重大错报的风险。

一般而言，特定服务对象单位与财务报表相关的风险越大，注册会计师在进行内控测试过程中可能更需要到共享服务中心或其服务对象单位测试与特定服务对象单位相关的内部控制。

【小贴士】一般而言，在对共享服务中心的内部控制进行了解或测试时，注册会计师还可以关注共享服务中心与财务报表相关的信息技术系统，特别是系统的复杂程度、使用的软件等因素，以选择合适的内部控制进行测试，其中包括集中处理环境下的信息技术一般控制是否有效。

（四）针对重大经营控制及风险管理实务的政策

保持良好的内部控制的企业通常针对重大经营控制及风险管理实务采用相应的内部控制政策，在对内部控制进行审计时，注册会计师在这方面可以考虑的主要因素包括（但不限于）：

（1）企业是否建立了重大风险预警机制，明确界定哪些风险是重大风险，哪些事项一旦出现必须启动应急处理机制。

（2）企业是否建立了突发事件应急处理机制，确保突发事件得到及时妥善处理。

重难点11：控制缺陷的分类★★★

（一）按缺陷性质分类

1. 设计缺陷

设计缺陷是指缺少为实现控制目标所必需的控制，或现有控制设计不适当、即使正常运行也难以实现预期的控制目标。

2. 运行缺陷

运行缺陷是指现存设计适当的控制没有按设计意图运行，或执行人员没有获得必要授权或缺乏胜任能力，无法有效地实施内部控制。

（二）按严重程度分类

1. 重大缺陷

重大缺陷是内部控制中存在的、可能导致不能及时防止或发现并纠正财务报表出现重大错报的一项控制缺陷或多项控制缺陷的组合。

2. 重要缺陷

重要缺陷是内部控制中存在的、其严重程度不如重大缺陷但足以引起负责监督被审计单位财务报告的人员（如审计委员会或类似机构）关注的一项控制缺陷或多项控制缺陷的组合。

3. 一般缺陷

一般缺陷是内部控制中存在的、除重大缺陷和重要缺陷之外的控制缺陷。

重难点12：评价控制缺陷的严重程度★★★

注册会计师应当评价其识别的各项控制缺陷的严重程度，以确定这些缺陷单独或组合起来，是否构成内部控制的重大缺陷。

【小贴士】在计划和实施审计工作时，不要求注册会计师寻找单独或组合起来不构成重大缺陷的控制缺陷。

（一）评价控制缺陷严重程度考虑的因素

（1）控制不能防止或发现并纠正账户或列报发生错报的可能性的大小。

（2）因一项或多项控制缺陷导致的潜在错报的金额大小。

【小贴士】控制缺陷的严重程度与错报是否发生无关，而取决于控制不能防止或发现并纠正错报的可能性的大小。

（二）评价控制缺陷严重程度的主要情形

1. 控制缺陷是否可能导致账户或列报发生错报

在评价一项控制缺陷或多项控制缺陷的组合是否可能导致账户或列报发生错报时，注册会计师应当考虑的风险因素包括：

（1）所涉及的账户、列报及其相关认定的性质。

（2）相关资产或负债易于发生损失或舞弊的可能性。

（3）确定相关金额时所需判断的主观程度、复杂程度和范围。

（4）该项控制与其他控制的相互作用或关系。

（5）控制缺陷之间的相互作用。

（6）控制缺陷在未来可能产生的影响。

2. 控制缺陷组合起来是否构成重大缺陷

如果多项控制缺陷影响财务报表的同一账户或列报，错报发生的概率会增加。在存在多项控制缺陷时，即使这些缺陷从单项看不重要，但组合起来也可能构成重大缺陷。

3. 评价控制缺陷导致潜在错报金额大小

在评价因一项或多项控制缺陷导致的潜在错报的金额大小时，注册会计师应当考虑的因素包括：

（1）受控制缺陷影响的财务报表金额或交易总额。

（2）在本期或预计的未来期间受控制缺陷影响的账户余额或各类交易涉及的交易量。

4. 评价补偿性控制

在确定一项控制缺陷或多项控制缺陷的组合是否构成重大缺陷时，注册会计师应当评价补偿性控制的影响。在评价补偿性控制是否能够弥补控制缺陷时，注册会计师应当考虑补偿性控制是否有足够的精确度以防止或发现并纠正可能发生的重大错报。

（三）内部控制缺陷评价的步骤（具体见教材图 20－1）

【经典例题】

【真题·单选题】（2017）注册会计师执行内部控制审计时，下列有关评价控制缺陷的说法中，错误的是（　　）。

A. 如果一项控制缺陷存在补偿性控制，注册会计师不应将该控制缺陷评价为重大缺陷

B. 注册会计师评价控制缺陷的严重程度时，无需考虑错报是否已经发生

C. 注册会计师评价控制缺陷是否可能导致错报时，无需量化错报发生的概率

D. 注册会计师评价控制缺陷导致的潜在错报的金额大小时，应当考虑本期或未来期间受控制缺陷影响的账户余额或各类交易涉及的交易量

【答案】A

【解析】选项 A 错误，仅具有补偿性控制，关键在于补偿性控制是否发挥作用。

重难点 13：内部控制缺陷整改★

（一）总体要求

如果被审计单位在基准日前对存在缺陷的控制进行了整改，整改后的控制需要运行足够长的时间，才能使注册会计师得出其是否有效的审计结论。

（二）确定整改后控制运行的时间

（1）注册会计师应当根据控制的性质和与控制相关的风险，合理运用职业判断，确定整改后控制运行的最短期间（或整改后控制的最少运行次数）以及最少测试数量。

（2）整改后控制运行的最短期间（或最少运行次数）和最少测试数量（参见教材表 20－7）。

【小贴士】如果被审计单位在基准日前对存在重大缺陷的内部控制进行了整改，但新控制尚没有运行足够长的时间，注册会计师应当将其视为内部控制在基准日存在重大缺陷。

【经典例题】

【真题·单选题】（2019）执行内部控制审计时，下列有关注册会计师评价控制缺陷的说法中，错误的是（　　）。

A. 在评价控制缺陷的严重程度时，注册会计师无需考虑错报是否发生

B. 在评价一项控制缺陷或多项控制缺陷组合是否构成重大缺陷时，注册会计师应当考虑补偿性控制的影响

C. 在评价控制缺陷是否可能导致错报时，注册会计师无需量化错报发生的概率

D. 如果被审计单位在基准日完成了对所有存在缺陷的内部控制的整改，注册会计师可以评价认为内部控制在基准日运行有效

【答案】D

【解析】选项D错误，如果被审计单位在基准日前对存在缺陷的控制进行了整改，整改后的控制需要运行足够长的时间，才能使注册会计师得出其是否有效的审计结论。

重难点14：形成审计意见★

注册会计师应当评价从各种来源获取的审计证据，包括对控制的测试结果、财务报表审计中发现的错报以及已识别的所有控制缺陷，形成对内部控制有效性的意见。

（一）形成审计意见的基础

（1）只有在审计范围没有受到限制时，注册会计师才能对内部控制的有效性形成意见；

（2）如果审计范围受到限制，注册会计师需要解除业务约定或出具无法表示意见的内部控制审计报告。

（二）内部控制审计意见类型

1. 无保留意见

2. 否定意见

3. 无法表示意见

【小贴士】相对于财务报表审计报告意见类型不存在保留意见。

重难点15：无保留意见的内部控制审计报告★

（一）适用条件

如果符合下列所有条件，注册会计师应当对财务报告内部控制出具无保留意见的内部控制审计报告：

（1）在基准日，被审计单位按照适用的内部控制标准的要求，在所有重大方面保持了有效的内部控制。

（2）注册会计师已经按照《企业内部控制审计指引》的要求计划和实施审计工作，在审计过程中未受到限制。

（二）内部控制审计报告要素

（1）标题；

（2）收件人；

（3）引言段；

（4）企业对内部控制的责任段；

（5）注册会计师的责任段；

（6）内部控制固有局限性的说明段；

（7）财务报告内部控制审计意见段；

（8）非财务报告内部控制重大缺陷描述段；

（9）注册会计师的签名和盖章；

（10）会计师事务所的名称、地址及盖章；

（11）报告日期。

【小贴士】如果内部控制审计和财务报表审计整合进行，注册会计师对内部控制审计报告和财务报表审计报告需要签署相同的日期。

重难点16：非无保留意见的内部控制审计报告★

（一）否定意见内部控制审计报告

1. 适用条件

如果认为内部控制存在一项或多项重大缺陷，除非审计范围受到限制，注册会计师应当对内部控制发表否定意见。

【小贴士】如果在发现内部控制重大缺陷

的同时审计范围受到限制，应当发表无法表示意见而不是否定意见。

2. 撰写报告的考虑

（1）重大缺陷的描述。否定意见的内部控制审计报告还应当包括重大缺陷的定义、重大缺陷的性质及其对内部控制的影响程度。

（2）企业内部控制评价报告。

①如果重大缺陷尚未包含在企业内部控制评价报告中，注册会计师应当在内部控制审计报告中说明重大缺陷已经识别、但没有包含在企业内部控制评价报告中。

②如果企业内部控制评价报告中包含了重大缺陷，但注册会计师认为这些重大缺陷未在所有重大方面得到公允反映，注册会计师应当在内部控制审计报告中说明这一结论，并公允表达有关重大缺陷的必要信息。

【小贴士】如果对内部控制的有效性发表否定意见，注册会计师应当确定该意见对财务报表审计意见的影响，并在内部控制审计报告中予以说明。

【经典例题】

【例题·多选题】（2017）下列有关财务报表审计与内部控制审计的共同点的说法中，正确的有（　　）。

A. 两者识别的重要账户、列报及其相关认定相同

B. 两者的审计报告意见类型相同

C. 两者了解和测试内部控制设计和运行有效性的审计程序类型相同

D. 两者测试内部控制运行有效性的范围相同

【答案】AC

【解析】选项 B 错误，内部控制审计没有保留意见，财务报表审计包括保留意见；选项 D 错误，在财务报表审计中，如不拟信赖内部控制，可以不实施控制测试。

（二）无法表示意见内部控制审计报告

1. 适用条件

如果审计范围受到限制，注册会计师应当解除业务约定或出具无法表示意见的内部控制审计报告。在未能解除业务约定的情况下，认为审计范围受到限制将导致无法获取发表审计意见所需的充分、适当的审计证据，出具无法表示意见的内部控制审计报告。

2. 撰写报告的考虑

（1）详述已发现的重大缺陷。如果在已执行的有限程序中发现内部控制存在重大缺陷，注册会计师应当在内部控制审计报告中对重大缺陷做出详细说明。

（2）不应提及相关程序与特征。注册会计师不应在内部控制审计报告中指明所执行的程序，也不应描述内部控制审计的特征，以避免对无法表示意见的误解。

（3）确定内控审计报告日期。内部控制审计报告的日期应为注册会计师已就该报告中陈述的内容获取充分、适当的审计证据的日期。

【小贴士】发表无法表示意见时，注册会计师应当就未能完成整个内部控制审计工作的情况，以书面形式与管理层和治理层进行沟通。

【经典例题】

【真题·多选题】（2018）在执行内部控制审计时，如果审计范围受到限制，导致注册会计师无法获取充分、适当的审计证据，下列做法中，正确的有（　　）。

A. 在内部控制审计报告中指明已执行的有限程序

B. 出具无法表示意见的内部控制审计报告

C. 在内部控制审计报告中对在已执行的有限程序中发现的内部控制重大缺陷进行详细说明

D. 在内部控制审计报告中指明审计范围受到限制

【答案】BCD

【解析】仅当通过已执行的有限程序发现内部控制存在重大缺陷时，才在内部控制审计

报告中指明这些程序，故选项 A 错误，选项 C 正确；如审计范围受到限制，应当解除业务约定或发表无法表示意见，故选项 B 正确。在发表无法表示意见时，应当在内部控制审计报告中指明审计范围受到限制，故选项 D 正确。

重难点 17：强调事项★

（一）强调事项

1. 总体要求

如果认为内部控制虽然不存在重大缺陷，但仍有一项或多项重大事项需要提请内部控制审计报告使用者注意，注册会计师应当在内部控制审计报告中增加强调事项段予以说明。

2. 增加强调事项段的情形

（1）如果确定企业内部控制评价报告对要素的列报不完整或不恰当，注册会计师应当在内部控制审计报告中增加强调事项段，说明这一情况并解释得出该结论的理由。

（2）如果注册会计师知悉在基准日并不存在、但在期后期间发生的事项，且这类期后事项对内部控制有重大影响，注册会计师应当在内部控制审计报告中增加强调事项段，描述该事项及其影响，或提醒内部控制审计报告使用者关注企业内部控制评价报告中披露的该事项及其影响。

【小贴士】注册会计师应当在强调事项段中指明，该段内容仅用于提醒内部控制审计报告使用者关注，并不影响对内部控制发表的审计意见。

重难点 18：非财务报告内部控制缺陷★

如果在审计过程中注意到的非财务报告内部控制存在重大缺陷，注册会计师应当在内部控制审计报告中增加非财务报告内部控制重大缺陷描述段，对重大缺陷的性质及其对实现相关控制目标的影响程度进行披露，提示内部控制审计报告使用者注意相关风险，但无需对其发表审计意见。

【经典例题】

【真题·多选题】（2018）在执行内部控制审计时，下列有关非财务报告内部控制重大缺陷的说法中，正确的有（　　）。

A. 注册会计师应当以书面形式与被审计单位董事会沟通发现的非财务报告内部控制重大缺陷

B. 非财务报告内部控制重大缺陷不影响内部控制审计报告的意见类型

C. 注册会计师可以以书面或口头形式与被审计单位经理层沟通发现的非财务报告内部控制重大缺陷

D. 注册会计师应当在内部控制审计报告中披露非财务报告内部控制重大缺陷

【答案】ABD

【解析】选项 C 错误，注册会计师应当以书面形式（不能是口头形式）与企业董事会和经理层沟通非财务报告内部控制缺陷重大缺陷，提醒企业加以改进。

通关练习

（一）单选题

1. 下列有关财务报表审计与内部控制审计的说法中，恰当的是（　　）。

A. 两者测试内部控制运行有效性的目标相同

B. 两者的审计报告意见类型相同

C. 两者测试内部控制有效性的审计程序性质不同

D. 两者在识别重要账户、列报及其相关认定时应当评价的风险因素考虑的因素相同

2. 下列各项中，有关内部控制审计的说法正确的是（　　）。

A. 内部控制审计是财务报表审计的一部分

B. 内部控制审计是指财务报告内部控制审计，不包括非财务报告内部控制审计

C. 内部控制审计不同于内部控制评价

D. 注册会计师对被审计单位所有的内部控制发表审计意见，包括非财务报告内部控制

3. 下列有关注册会计师选择拟测试的控制的说法中，不恰当的是（　　）。

A. 注册会计师应当针对每一相关认定获取控制有效性的审计证据，以便对内部控制整体的有效性发表意见

B. 注册会计师没有必要测试与某项相关认定有关的所有控制

C. 在确定是否测试某项控制时，注册会计师应当考虑该项控制单独或连同其他控制，是否足以应对评估的某项相关认定的错报风险，而不论该项控制的分类和名称如何

D. 注册会计师应当对内部控制整体的有效性发表意见，但也有责任对单项控制的有效性发表意见

4. 下列选项中，不属于针对凌驾风险采用的控制的是（　　）。

A. 针对常规交易的控制

B. 针对关联方交易的控制

C. 能够减弱管理层伪造或不恰当操纵财务结果的动机及压力的控制

D. 与管理层的重大估计相关的控制

5. 下列有关控制缺陷的说法中，恰当的是（　　）。

A. 控制缺陷的严重程度取决于因一项或多项控制缺陷导致的发生错报的金额大小

B. 在计划和实施审计工作时，注册会计师应当寻找单独或组合起来不构成重大缺陷的控制缺陷

C. 控制缺陷的严重程度取决于控制不能防止或发现并纠正错报的可能性大小

D. 评价控制缺陷是否可能导致错报时，注册会计师需将错报发生的概率量化为某特定的百分比或区间

6. 在注册会计师在审计过程中注意到非财务报告内部控制重大缺陷时，下列做法中正确的是（　　）。

A. 以书面形式与企业董事会和经理层沟通

B. 发表无法表示审计意见

C. 在报告中增加说明段

D. 发表否定审计意见

7. 下列关于整改后控制运行的最短期间以及最少测试数量的说法中，正确的是（　　）。

A. 对于运行频率为每季 1 次的控制，整改后控制运行的最短期间为 2 个季度，且最少测试 1 个

B. 对于运行频率为每月 1 次的控制，整改后控制运行的最短期间为 2 个月，且最少测试 2 个

C. 对于运行频率为每周 1 次的控制，整改后控制运行的最短期间为 5 周，且最少测试 2 个

D. 对于运行频率为每天 1 次的控制，整改后控制运行的最短期间为 25 天，且最少测试 25 个

8. 下列关于内部控制审计报告的说法中，不恰当的是（　　）。

A. 注册会计师在完成内部控制审计和财务报表审计后，应当分别对内部控制和财务报表出具审计报告，并签署相同的日期

B. 如果认为内部控制存在一项或多项重大缺陷，除非审计范围受到限制，注册会计师应当对内部控制发表否定意见

C. 只要认为审计范围受到限制将导致无法获取发表审计意见所需的充分、适当的审计证据，注册会计师不必执行任何其他工作即可对内部控制出具保留意见或无法表示意见的内部控制审计报告

D. 如果对内部控制的有效性发表否定意见，注册会计师应当确定该意见对财务报表审计意见的影响，并在内部控制审计报告中予以说明

9. 下列选项中，说法不正确的是（　　）。

A. 内部控制审计和财务报表审计报告类型不同

B. 内部控制审计和财务报表审计都采用

风险导向审计模式

C. 对于内部控制审计，任何情况下注册会计师都不能利用以前审计中获取的有关控制运行有效性的审计证据

D. 财务报表审计，注册会计师可以在某些方面利用以前审计中获取的有关控制运行有效性的审计证据

10. 下列关于注册会计师考虑实施穿行测试情况说法中，错误的是（　　）。

A. 对存在较高固有风险的复杂领域实施穿行测试

B. 每个重要流程应选取一笔交易或事项实施穿行测试

C. 对以前年度审计中识别出的缺陷实施穿行测试

D. 当引入新的人员、新的系统、收购和采取新的会计政策而导致流程发生重大变化时实施穿行测试

（二）多选题

1. 下列有关内部控制审计范围的说法中，正确的有（　　）。

A. 财务报告审计涉及的内部控制测试范围与内部控制审计中的测试范围不同

B. 针对非财务报告内部控制，注册会计师对注意到的非财务报告内部控制，在审计报告中增加“非财务报告内部控制缺陷描述段”予以披露

C. 针对财务报告内部控制，注册会计师对其有效性发表审计意见

D. 注册会计师应该区分财务报告内部控制和非财务报告内部控制，并分别就其有效性发表审计意见

2. 下列各项中，属于内部控制审计意见类型的有（　　）。

A. 无保留意见

B. 保留意见

C. 否定意见

D. 无法表示意见

3. 在计划审计工作时，注册会计师应当评价相关事项对财务报告内部控制、财务报表及审计工作的影响，下列说法中不恰当的有（　　）。

A. 注册会计师应当了解被审计单位在上年度内部控制发生的变化以及变化的程度，从而相应地调整审计计划

B. 考虑对注册会计师发现的控制缺陷均予以测试

C. 对于内部控制可能存在重大缺陷的领域，注册会计师应当在接近内部控制评价基准日的时间测试内部控制

D. 内部控制的特定领域存在重大缺陷的风险越高，注册会计师所需获取的审计证据客观性、可靠性越强

4. 会计师在评价不同的企业层面控制在性质和精确度上的差异对其他控制及其测试的影响时，下列说法中正确的有（　　）。

A. 企业层面控制对其他控制测试所执行程序的性质、时间安排和范围几乎没有影响

B. 某些企业层面控制有效时，注册会计师可能可以减少原本拟对其他控制的有效性进行的测试

C. 企业层面控制可能本身足以精确到足以及时防止或发现一个或多个相关认定中存在的重大错报

D. 有些企业层面控制可能影响注册会计师拟测试的其他控制

5. 注册会计师在内部控制审计工作中选择拟测试的控制时，下列说法中恰当的有（　　）。

A. 注册会计师为了评价内部控制的有效性而测试的控制与企业管理层在执行内部控制自我评价时选择测试的控制是一致的

B. 如果被审计单位内部控制信赖程度很低，注册会计师可以不测试内控

C. 注册会计师无须测试那些即使有缺陷也合理预期不会导致财务报表重大错报的控制

D. 如果企业层面的控制是有效的且得到精确执行，能够及时防止或发现并纠正一个或多个认定的重大错报，注册会计师可能不必就所有流程、交易或应用层面的控制的运行有效性获取审计证据

6. 下列关于在内部控制审计中，识别重

要账户、列报及其相关认定的说法中，正确的有（　　）。

A. 注册会计师在确定重要性水平之后，应当识别重要账户、列报及其相关认定

B. 在识别重要账户、列报及其相关认定时，应当从定性和定量两个方面作出评价，包括考虑舞弊风险的影响

C. 超过明显微小错报临界值的账户，通常情况下被认定为重要账户

D. 注册会计师识别重要账户、列报及其相关认定时应当评价的风险因素与财务报表审计中考虑的因素相同

7. 注册会计师在选取拟测试的控制时，通常会选择关键控制，在选择关键控制时，注册会计师要考虑的因素有（　　）。

A. 哪些控制是不可缺少的

B. 哪些控制直接针对相关认定

C. 哪些控制可以应对错误或舞弊导致的重大错报风险

D. 控制的运行是否足够精确

8. 注册会计师对内部控制审计时，需要获取的有关控制运行有效性的审计证据，下列各项说法恰当的有（　　）。

A. 获取控制在所审计期间的相关时点是如何运行的审计证据

B. 获取控制是否得到执行审计证据

C. 获取控制由谁执行审计证据

D. 获取控制以何种方式执行审计证据

9. 注册会计师执行内部控制审计时，下列有关控制测试的时间安排的说法中，正确的有（　　）。

A. 在整合审计中，注册会计师控制测试所涵盖的期间应尽量与财务报表审计中拟信赖内部控制的期间保持一致

B. 如果被审计单位为了提高控制效果和效率或整改控制缺陷而对控制作出改变，注册会计师需要测试被取代的控制的设计和运行有效性

C. 在整合审计中测试控制在整个会计年度的运行有效性时，注册会计师可以进行期中测试，然后对剩余期间实施前推测试

D. 与所测试控制相关的风险越高，注册会计师获取的审计证据越需要接近基准日

10. 下列可以用于测试控制有效性的审计程序的有（　　）。

A. 询问

B. 观察

C. 检查和重新执行

D. 穿行测试

通关练习答案及解析

（一）单选题

1. 【答案】D

【解析】财务报表审计与内部控制审计具体目标不同，故选项 A 错误；企业内部控制审计意见包括无保留、否定和无法表示意见三种类型，没有保留意见，故选项 B 错误；两者测试内部控制有效性的审计程序性质相同，故选项 C 错误。

2. 【答案】C

【解析】内部控制审计不是财务报表审计的一部分，故选项 A 错误；内部控制审计包括非财务报告内部控制，故选项 B 错误；注册会计师针对财务报告内部控制发表审计意见，而对非财务报告内部控制的重大缺陷，应增加“非财务报告内部控制重大缺陷描述段”进行披露，选项 D 错误；内部控制审计与内部控制评价的主体、范围等均存在差异，故选项 C 正确。

3. 【答案】D

【解析】选项 D 不恰当，注册会计师应当针对每一相关认定获取控制有效性的审计证据，以便对内部控制整体的有效性发表意见，但没有责任对单项控制的有效性发表意见。

4. 【答案】A

【解析】一般而言，针对凌驾风险采用的控制可以包括但不限于：（1）针对重大的异

常交易（尤其是那些导致会计分录延迟或异常的交易）的控制，故选项 A 错误；（2）针对关联方交易的控制，故选项 B 正确；（3）与管理层的重大估计相关的控制，故选项 D 正确；（4）能够减弱管理层伪造或不恰当操纵财务结果的动机及压力的控制，故选项 C 正确。

5. 【答案】C

【解析】控制缺陷的严重程度取决于因一项或多项控制缺陷导致的潜在错报的金额大小，选项 A 错误；在计划和实施审计工作时，不要求注册会计师寻找单独或组合起来不构成重大缺陷的控制缺陷，选项 B 错误；评价控制缺陷是否可能导致错报时，注册会计师无需将错报发生的概率量化为某特定的百分比或区间，选项 D 错误。

6. 【答案】A

【解析】确定识别出的非财务报告内部控制缺陷为重大缺陷的，注册会计师应当以书面形式与企业董事会和经理层沟通，提醒企业加以改进，故选项 A 正确，选项 C 错误；同时在内部控制审计报告中增加非财务报告内部控制重大缺陷描述段；对非财务报告内部控制重大缺陷的性质及其对实现相关控制目标的影响程度进行披露，提示内部控制审计报告使用者注意相关风险，但无须对其发表审计意见，选项 B、选项 D 错误。

7. 【答案】B

【解析】选项 A 错误，对于运行频率为每季 1 次的控制，整改后控制运行的最短期间为 2 个季度，且最少测试 2 个；选项 C 错误，对于运行频率为每周 1 次的控制，整改后控制运行的最短期间为 5 周，且最少测试 5 个；选项 D 错误，对于运行频率为每天 1 次的控制，整改后控制运行的最短期间为 25 天，且最少测试 25 个。

8. 【答案】C

【解析】选项 C 不恰当，只要认为审计范围受到限制将导致无法获取发表审计意见所需的充分、适当的审计证据，注册会计师应出具无法表示意见的内部控制审计报告。

9. 【答案】C

【解析】对于内部控制审计，除考虑对自动化应用控制实施与基准相比较的策略外（完全自动化的控制通常不会因人为失误而失效），注册会计师不能利用以前审计中获取的有关控制运行有效性的审计证据，而是需要每年获取有关控制有效性的审计证据。故选项 C 错误。

10. 【答案】B

【解析】选项 B 错误，一般而言，对每个重要流程，选取一笔交易或事项实施穿行测试即可。如果被审计单位采用集中化的系统为多个组成部分执行重要流程，则可能不必在每个重要的经营场所或业务单位选取一笔交易或事项实施穿行测试。

（二）多选题

1. 【答案】AC

【解析】在内部控制审计中，审计意见覆盖范围是：针对财务报告内部控制，注册会计师对其效性发表审计意见；注册会计师针对内部控制审计过程中注意到的非财务报告内部控制的重大缺陷，在内部控制审计报告中增加“非财务报告内部控制重大缺陷描述段”予以披露，故选项 A、选项 C 正确，而选项 B、选项 D 错误。

2. 【答案】ACD

【解析】内部控制审计意见包括无保留意见、否定意见和无法表示意见。故 B 选项错误。

3. 【答案】AB

【解析】选项 A 不恰当，注册会计师应当了解被审计单位本期内部控制发生的变化以及变化的程度，从而相应地调整审计计划；选项 B 不恰当，注册会计师应当更多地关注内部控制审计的高风险领域，而没有必要测试那些即使有缺陷、也不可能导致财务报表重大错报的控制。

4. 【答案】BCD

【解析】选项 A 错误，企业层面控制对其他控制测试所执行程序的性质、时间安排和范围有影响，尽管影响的程度不同，如某些与控制环境相关的控制。

5. 【答案】 CD

【解析】 选项A不恰当，企业管理层在执行内部控制自我评价时选择测试的控制，可能多于注册会计师认为为了评价内部控制的有效性有必要测试的控制；选项B不恰当，如果被审计单位内部控制信赖程度很低，说明风险很大，注册会计师要重点予以关注。

6. 【答案】 ABD

【解析】 选项C错误，超过财务报表整体重要性的账户，通常情况下被认定为重要账户。

7. 【答案】 ABCD

8. 【答案】 ACD

【解析】 选项B不恰当，应该获取控制是否得到一贯执行审计证据。

9. 【答案】 ACD

【解析】 选项B错误，如果被审计单位为了提高控制效果和效率或整改控制缺陷而对控制作出改变，如果注册会计师认为新的控制能够满足控制的相关目标，而且新控制已运行足够长的时间，足以使注册会计师通过实施控制测试评估其设计和运行的有效性，则注册会计师不再需要测试被取代的控制的设计和运行有效性。

10. 【答案】 ABC

【解析】 选项D错误，穿行测试属于识别内部控制的程序。

第二十一章　会计师事务所业务质量管理

2021年教材内容主要变化

本章内容根据《会计师事务所质量管理准则第5101号——业务质量管理》进行重新编写。

【小贴士】具体详见有关重难点。

本章近五年考情统计分析

本章考题主要以主观题（简答题）为主，但在客观题也可涉及，本章属于最重要的考试章节之一，最近五年平均考试分值一般在6分左右。

（一）近五年考试分值分布

题型	2016年	2017年	2018年	2019年	2020年
单选题	—	—	—	—	1
多选题	—	—	—	—	5
简答题	6	6	4.8	6	—
综合题	—	—	—	—	—
合计	6	6	4.8	6	6

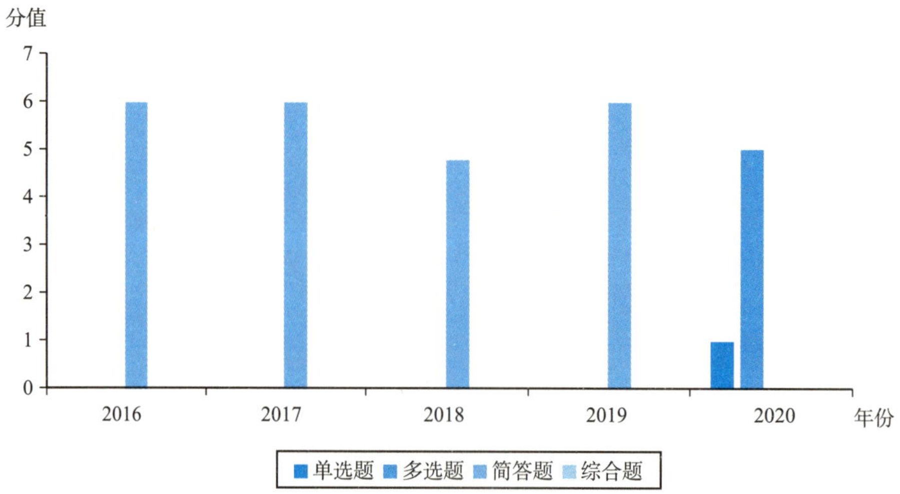

（二）近五年考试考点分布

高频考点内容	年度及题型分布
客户关系和具体业务的接受与保持	2020 年多选
监控	2019 年简答、2018 年简答、2017 年简答、2016 年简答
业务执行	2020 年单选、2020 年多选、2019 年简答、2018 年简答、2017 年简答、2016 年简答
人力资源	2019 年简答、2018 年简答
相关职业道德要求	2016 年简答

重难点解析

本章内容依据《会计师事务所质量管理准则第 5101 号——业务质量管理》准则编写，主要阐述质量管理体系的目标、总体要求、组成要素，以及各组成要素的质量管理目标及管理要求，最后阐述了对财务报表审计实施的质量管理等。

【小贴士】本章内容尽管相对独立，但是相关知识点与前面章节内容存在交叉或近似，所以应注意对照学习。“客户关系和具体业务的接受与保持”链接到第二章第一节；“项目组内部复核”和“项目质量复核”链接到第十八章第一节；“业务工作底稿”链接到第六章；关于关键审计合伙人轮换的具体要求，链接到第二十三章第五节“与审计客户长期存在业务关系”。

重难点 1：质量管理体系的目标★

质量管理体系是会计师事务所为实施质量管理而设计、实施和运行的系统，其目标是在以下两个方面提供合理保证：

（1）会计师事务所及其人员按照适用的法律法规和职业准则的规定履行职责，并根据这些规定执行业务。

（2）会计师事务所和项目合伙人出具适合具体情况的业务报告。

重难点 2：质量管理体系的总体要求和组成要素★

（一）质量管理体系的总体要求

（1）在全所范围内统一设计、实施和运行。

（2）风险导向的思路。

【小贴士】按照风险导向的思路，会计师事务所应当采取以下三个步骤：

①针对质量管理体系的各个要素设定质量目标。

②识别和评估质量风险。

③设计和采取应对措施以应对质量风险。

（3）根据本事务所及其业务的性质和具体情况“量身定制”。

（4）不断优化和完善。质量管理体系应当是动态的，而不是一成不变的。

（二）质量管理体系的组成要素

（1）会计师事务所的风险评估程序。

（2）治理和领导层。

（3）相关职业道德要求。

（4）客户关系和具体业务的接受与保持。

（5）业务执行。

（6）资源。

（7）信息与沟通。

（8）监控和整改程序。

上述各要素应当有效衔接、互相支撑、协同运行，以保障会计师事务所能够积极有效地实施质量管理。

重难点 3：会计师事务所的风险评估程序★

（一）识别和评估质量风险并采取应对措施

会计师事务所在识别和评估质量风险时，

应当了解可能对实现质量目标产生不利影响的事项或情况，包括相关人员的作为或不作为。这些事项或情况包括下列方面：

（1）会计师事务所的性质和具体情况。

①会计师事务所的复杂程度和经营特征。

②会计师事务所在战略和运营方面的决策与行动、业务流程及业务模式。

③会计师事务所领导层的特征和管理风格。

④会计师事务所的资源，包括其拥有的内部资源和可获得的外部资源。

⑤法律法规、职业准则的规定。

⑥会计师事务所运营所处的环境。

⑦会计师事务所所在网络向其成员组织统一提出的要求或统一提供的服务的性质和范围（如适用）。

（2）会计师事务所业务的性质和具体情况。

①会计师事务所执行业务的类型和出具报告的类型（例如，所执行业务的类型是否是审计等要求提供保证程度较高的业务）。

②业务执行对象的实体类型（例如，业务执行对象是否为上市公司）。

（二）对风险评估程序的动态调整

如果识别出会计师事务所或其业务的性质和具体情况发生变化，会计师事务所应当考虑调整之前实施风险评估程序的结果，并在适当时采取下列措施：

（1）设定额外的质量目标或调整之前设定的额外质量目标。

（2）识别和评估额外的质量风险、调整之前评估的质量风险或重新评估质量风险。

（3）设计和采取额外的应对措施，或调整已采取的应对措施。

重难点4：治理和领导层★★

（一）相关质量目标

针对治理和领导层，会计师事务所应当设定下列质量目标：

（1）会计师事务所在全所范围内形成一种“质量至上”的文化，树立质量意识。

【小贴士】这种“质量至上”的文化应当认可并强调以下方面：

①会计师事务所及其人员有责任持续高质量地执行业务，从而更好地服务于公众利益。

②会计师事务所人员树立正确的职业价值观、职业道德和职业态度，对于持续高质量地执行业务至关重要。

③会计师事务所所有人员都对其执行业务的质量承担责任，或者对其在质量管理体系中所执行工作的质量承担责任，并且这些人员的行为应当得当。

④会计师事务所的所有战略决策和行动，都应当坚持质量优先，都不能以牺牲质量为代价。

（2）会计师事务所的领导层对质量负责，并通过实际行动展示出其对质量的重视。

（3）会计师事务所领导层向会计师事务所人员传递“质量至上”的执业理念，培育以质量为导向的文化。

（4）会计师事务所的组织结构以及对相关人员角色、职责、权限的分配是恰当的，能够满足质量管理体系设计、实施和运行的需要。

（5）会计师事务所的资源（包括财务资源）需求得到恰当的计划，并且资源的取得和分配能够为会计师事务所持续高质量地执行业务提供保障。

（二）会计师事务所质量管理领导层

会计师事务所应当在其质量管理体系中设定以下三种角色，以保障该体系能够得以恰当地设计、实施和运行：

（1）会计师事务所主要负责人（如首席合伙人、主任会计师或者同等职位的人员）应当对质量管理体系承担最终责任。

（2）会计师事务所应当指定专门的合伙人（或类似职位的人员）对质量管理体系的运行承担责任。

（3）会计师事务所应当指定专门的合伙人（或类似职位的人员）对质量管理体系特

定方面的运行承担责任。例如，会计师事务所可以指定专门的合伙人对相关职业道德要求、监控和整改等特定方面的运行承担责任。

【小贴士】会计师事务所应当确保上述三类人员同时满足下列条件：

（1）具备适当的知识、经验和资质。

（2）在会计师事务所内具有履行其责任所需要的权威性和影响力。

（3）具有充足的时间和资源履行其责任。

（4）充分理解其应负的责任并接受对这些责任履行情况的问责。

（三）合伙人管理

会计师事务所有必要加强对合伙人晋升、培训、考核、分配、转入、退出的管理，体现以质量为导向的文化，确保合伙人能够按照质量管理体系的要求，切实履行其在质量管理方面的责任，防范执业风险。

【经典例题】

【例题·简答题】ABC会计师事务所的质量管理制度部分内容摘录如下：

质量管理部负责会计师事务所质量管理制度的设计和监控，其部门主管合伙人对质量管理体系承担最终责任。

【要求】指出ABC会计师事务所的质量管理制度的内容是否恰当，简要说明理由。

【答案】不恰当。

【解析】会计师事务所主要负责人（如首席合伙人、主任会计师或者同等职位的人员）应当对质量管理体系承担最终责任。

重难点5：相关职业道德要求★★

（一）相关质量目标

为确保会计师事务所执业人员按照相关职业道德要求（包括独立性要求）履行职责，会计师事务所应当设定下列质量目标：

（1）会计师事务所及其人员充分了解相关职业道德要求，并严格按照这些职业道德要求履行职责。

（2）受相关职业道德要求约束的其他组织或人员（例如网络事务所及其人员），充分了解与其相关的职业道德要求，并严格按照这些职业道德要求履行职责。

【小贴士】为此，会计师事务所应当制定下列政策和程序：

（1）识别、评价和应对对遵守相关职业道德要求的不利影响。

（2）识别、沟通、评价和报告任何违反相关职业道德要求的情况，并针对这些情况的原因和后果及时作出适当应对。

（3）至少每年一次向所有需要按照相关职业道德要求保持独立性的人员获取其已遵守独立性要求的书面确认。

（二）关键审计合伙人轮换机制

如果注册会计师长期连续执行同一审计客户的审计业务，将会因密切关系和自身利益对独立性产生不利影响。因此，《中国注册会计师职业道德守则》明确规定，注册会计师应当识别、评价和应对这种不利影响，尤其是，对于公众利益实体审计客户，关键审计合伙人应当严格遵守轮换要求。会计师事务所应当对本所关键审计合伙人轮换情况进行监督和管理。

【经典例题】

【例题·简答题】ABC会计师事务所的质量管理制度部分内容摘录如下：

审计项目组成员应当在执行业务时遵守事务所质量管理政策和程序。参与审计项目的实习生和事务所外部专家不受上述规定的限制。

【要求】指出ABC会计师事务所的质量控制制度的内容是否恰当，如不恰当，简要说明理由。

【答案】不恰当。

【解析】参加审计项目的实习生属于项目组成员，应在提供服务期间遵守事务所质量管理政策和程序。

重难点6：客户关系和具体业务的接受与保持★★

（一）相关质量目标

（1）会计师事务所就是否接受或保持某

项客户关系或具体业务所作出的判断是适当的，充分考虑了以下方面：

①会计师事务所是否针对业务的性质和具体情况以及客户（包括客户的管理层和治理层）的诚信和道德价值观获取了足以支持上述判断的充分信息。

②会计师事务所是否具备按照适用的法律法规和职业准则的规定执行业务的能力。

（2）会计师事务所在财务和运营方面对优先事项的安排，并不会导致对是否接受或保持客户关系或具体业务作出不恰当的判断。

【小贴士】会计师事务所应当制定相关政策和程序以应对以下情形：

（1）会计师事务所在接受或保持某一客户关系或具体业务后知悉了某些信息，而这些信息如果在接受或保持该客户关系或具体业务之前知悉，将会导致其拒绝接受该客户关系或业务。

（2）根据法律法规的规定，会计师事务所有义务接受某项客户关系或具体业务。

（二）树立风险意识

会计师事务所应当充分考虑相关职业道德要求、管理层和治理层的诚信状况、业务风险以及是否具备执行业务所必需的时间和资源，审慎作出承接与保持的决策。

对于会计师事务所认定存在高风险的业务，应当设计和实施专门的质量管理程序。

【小贴士】该部分内容与第二章第一节初步业务活动的有关内容知识点一致。

【经典例题】

【例题·多选题】会计师事务所在评价客户诚信情况时，获取与客户诚信相关的信息的途径有（　　）。

A. 与为客户提供专业会计服务的现任或前任人员进行沟通，并与其他第三方讨论

B. 询问会计师事务所其他人员或金融机构、法律顾问和客户的同行等第三方

C. 相关数据库中搜索客户的背景信息。例如，通过客户的年报、中期财务报表、向监管机构提交的报告等，获取相关信息

D. 会计师事务所可以考虑利用调查机构对客户的经营情况、管理人员及其他有问题的人员进行背景检查

【答案】ABCD

重难点7：业务执行★★

（一）相关质量目标

（1）项目组了解并履行其与所执行业务相关的责任，包括项目合伙人对项目管理和项目质量承担总体责任，并充分、适当地参与项目全过程。

（2）对项目组进行的指导和监督以及对项目组已执行的工作进行的复核是恰当的，并且由经验较为丰富的项目组成员对经验较为缺乏的项目组成员的工作进行指导、监督和复核。

（3）项目组恰当运用职业判断并保持职业怀疑。

（4）项目组对困难或有争议的事项进行了咨询，并已按照达成的一致意见执行业务。

（5）项目组内部、项目组与项目质量复核人员之间（如适用），以及项目组与会计师事务所内负责执行质量管理体系相关活动的人员之间存在的意见分歧，能够得到会计师事务所的关注并予以解决。

（6）业务工作底稿能够在业务报告日之后及时得到整理，并得到妥善的保存和维护，以遵守法律法规、相关职业道德要求和其他职业准则的规定，并满足会计师事务所自身的需要。

（二）对项目合伙人的要求

会计师事务所应当制定政策和程序，在全所范围内统一委派具有足够专业胜任能力、时间，并且无不良执业诚信记录的项目合伙人执行业务。

【小贴士】对专业胜任能力的评价应当包括下列方面：

（1）是否充分了解相关法律法规和监管要求。

（2）是否能够熟练掌握和运用相关职业准则的规定。

（3）是否充分了解客户所在行业的业务特点、发展趋势、重大风险，以及该行业对信息技术的运用情况等。

（三）项目组内部复核

会计师事务所应当制定与内部复核相关的政策和程序，对内部复核的层级、各层级的复核范围、执行复核的具体要求以及对复核的记录要求等作出规定。

【小贴士】项目组是指执行某项业务的所有合伙人和员工，以及为该项业务实施程序的所有其他人员，但不包括外部专家，也不包括为项目组提供直接协助的内部审计人员。

（四）项目质量复核

会计师事务所应当就项目质量复核制定政策和程序，并对下列业务实施项目质量复核：

（1）上市实体财务报表审计业务。

（2）法律法规要求实施项目质量复核的审计业务或其他业务。

（3）会计师事务所认为，为应对一项或多项质量风险，有必要实施项目质量复核的审计业务或其他业务。

【小贴士】项目质量复核与项目组内部复核主要区别如下：

（1）复核的主体不同。项目质量复核是由独立于项目组的项目质量复核人员执行；项目组内部复核是由项目组内部人员执行的复核，通常包括多个复核层级。

（2）适用的业务范围不同。项目质量复核仅适用于上市实体财务报表审计业务、法律法规要求实施项目质量复核的审计业务或其他业务，以及会计师事务所政策和程序要求实施项目质量复核的审计业务或其他业务；项目组内部复核适用于所有业务。

（3）复核的内容不同。项目质量复核主要聚焦于复核两个方面的内容：①项目组作出的重大判断；②根据重大判断得出的结论。项目组内部复核的内容比较宽泛，涉及项目的各个方面。

（五）意见分歧

会计师事务所应当制定与解决意见分歧相关的政策和程序，包括下列方面：

（1）明确要求项目合伙人和项目质量复核人员（如有）复核并评价项目组是否已就疑难问题或涉及意见分歧的事项进行适当咨询，以及咨询得出的结论是否得到执行。

（2）明确要求在业务工作底稿中适当记录意见分歧的解决过程和结论。如果项目质量复核人员（如有）、项目组成员以外的其他人员参与形成业务报告中的专业意见，也应当在业务工作底稿中作出适当记录。

（3）确保所执行的项目在意见分歧解决后才能出具业务报告。

（六）出具业务报告

（七）投诉和指控

【经典例题】

【真题·简答题（部分）】（2017）ABC会计师事务所的质量控制制度部分内容摘录如下：

（5）项目合伙人对会计师事务所分派的业务的总体质量负责。如项目合伙人和项目质量控制复核人存在意见分歧，以项目合伙人的意见为准。

【要求】针对上述第（5）项，指出ABC会计师事务所的质量控制制度的内容是否恰当。如不恰当，简要说明理由。

【答案】不恰当。

【解析】意见有分歧，不能以项目合伙人的意见为准。

重难点8：监控和整改程序★

（一）相关质量目标

会计师事务所应当建立在全所范围内统一的监控和整改程序，并开展实质性监控，以实现下列质量目标：

（1）就质量管理体系的设计、实施和运行情况提供相关、可靠、及时的信息。

（2）采取适当的行动以应对识别出的质

量管理体系的缺陷，以使该缺陷能够及时得到整改。

（二）监控活动

在确定监控活动的性质、时间安排和范围时，会计师事务所应当考虑下列方面：

（1）对相关质量风险的评估结果以及得出该评估结果的理由。

（2）针对质量风险的评估结果设计和采取的应对措施。

（3）会计师事务所的风险评估程序以及监控和整改程序的设计。

（4）质量管理体系发生的变化。

（5）以前实施监控活动的结果，包括以前实施的监控活动是否仍然与评价质量管理体系相关，以及为应对以前识别出的缺陷所采取的整改措施是否有效。

（6）其他相关信息。

会计师事务所的监控活动应当包括从会计师事务所已经完成的项目中周期性地选择部分项目进行检查。

【小贴士】在每个周期内，对每个项目合伙人，至少选择一项已完成的项目进行检查。对承接上市实体审计业务的每个项目合伙人，检查周期最长不得超过三年。

（三）会计师事务所质量管理体系的缺陷

当存在下列情况之一时，表明会计师事务所质量管理体系存在缺陷：

（1）未能设定某些质量目标，而这些质量目标对实现质量管理体系的目标是必要的。

（2）未能识别或恰当评估一项或多项质量风险。

（3）未能恰当设计和采取应对措施，或者应对措施未能有效发挥作用，导致一项应对措施或者多项应对措施的组合未能将相关质量风险发生的可能性降低至可接受的低水平。

（4）质量管理体系的某些方面缺失，或者某些方面未能得到恰当的设计、实施或有效运行。

【小贴士】对识别出的缺陷，会计师事务所应当通过下列方法评价缺陷的严重程度和广泛性：

（1）调查缺陷的根本原因。

（2）评价这些缺陷单独或累积起来对质量管理体系的影响。

（四）整改措施

如果监控发现某项业务在执行过程中遗漏了应当实施的程序，或者出具的报告可能不适当，会计师事务所应当采取以下应对措施：

（1）采取适当行动，以遵守适用的法律法规和职业准则的规定。

（2）当认为出具的报告不适当时，考虑其影响并采取适当的行动，包括考虑是否需要征询法律意见。

【小贴士】对监控和整改程序的运行承担责任的人员，应当及时与会计师事务所主要负责人以及对质量管理体系的运行承担责任的人员沟通下列事项：

（1）已执行的监控活动。

（2）识别出的缺陷，包括缺陷的严重程度和广泛性。

（3）针对识别出的缺陷采取的整改措施。

【经典例题】

【真题·简答题（部分）】（2017）ABC会计师事务所的质量控制制度部分内容摘录如下：

（3）每6年为一个周期，对每个项目合伙人已完成的业务至少选取两项进行检查。

【要求】指出ABC会计师事务所的质量控制制度的内容是否恰当，如不恰当，简要说明理由。

【答案】不恰当。

【解析】会计师事务所应当在每个周期内，对每个项目合伙人，至少选择一项已完成的项目进行检查。对承接上市实体审计业务的每个项目合伙人，检查周期最长不得超过三年。

【真题·简答题（部分）】（2017）ABC会计师事务所的质量控制制度部分内容摘录如下：

（4）质量控制对新晋升的合伙人每年选取一项已完成的业务进行检查，连续检查三年，对晋升三年以上的合伙人，每五年选取一项已完成的业务进行检查。

【要求】指出 ABC 事务所的质量控制制度的内容是否恰当。如不恰当，简要说明理由。

【答案】不恰当。

【解析】会计师事务所应当在每个周期内，对每个项目合伙人，至少选择一项已完成的项目进行检查。对承接上市实体审计业务的每个项目合伙人，检查周期最长不得超过三年。

重难点9：项目质量复核人员的委派和资质要求★★

（一）项目质量复核人员的委派

会计师事务所应当在全所范围内（包括分所或分部）统一委派项目质量复核人员，并确保负责实施委派工作的人员具有必要的胜任能力和权威性。

（二）项目质量复核人员的资质要求

（1）应当独立于执行业务的项目组。

（2）具备适当的胜任能力，包括充足的时间和适当的权威性以实施项目质量复核。项目质量复核人员的胜任能力应当至少与项目合伙人相当。

（3）遵守相关职业道德要求，并在实施项目质量复核时保持独立、客观、公正。

（4）遵守与项目质量复核人员任职资质要求相关的法律法规（如有）。

【小贴士】实务中，拟委派项目质量复核人员的客观性可能受到以下情况的影响：

（1）项目之间交叉实施项目质量复核。

除非出现特殊情况，如具有适当胜任能力和权威性的人员不足，否则，会计师事务所应当尽量避免在同一年度内交叉实施项目质量复核。

（2）某一项目的前任项目合伙人被委任为该项目的项目质量复核人员。

会计师事务所应当规定一段冷却期（至少应当为两年），要求在冷却期结束之前，前任项目合伙人不得担任该项目的项目质量复核人员。

（三）为项目质量复核提供协助的人员的资质要求

（1）应当独立于执行业务的项目组。

（2）具备适当的胜任能力，包括充足的时间，以履行对其分配的职责。

（3）遵守相关法律法规的规定（如有）和相关职业道德要求。

【小贴士】尽管在实施项目质量复核的过程中可以利用相关人员提供协助，项目质量复核人员仍然应当对项目质量复核的实施承担总体责任，并负责确定对协助人员进行指导、监督和复核的性质、时间安排和范围。

【经典例题】

【例题·多选题】（2020）下列情形中，可能损害项目质量控制复核人员客观性的有（　　）。

A. 项目质量控制复核人员曾经担任所复核项目的签字注册会计师

B. 项目质量控制复核人员由项目合伙人推荐

C. 项目合伙人就审计意见类型向项目质量控制复核人员进行咨询

D. 项目质量控制复核人员在会计师事务所担任高级领导职务

【答案】ABC

【解析】项目质量控制复核人员为保证客观性，应独立于项目组成员及相关工作。

【例题·简答题（部分）】ABC 会计师事务所的质量控制制度部分内容摘录如下：

（1）执行业务时，在同一年度内，由 A 项目的项目合伙人对 B 项目实施项目质量复核，同时由 B 项目的项目合伙人对 A 项目实施项目质量复核。

【要求】指出 ABC 事务所的质量控制制度的内容是否恰当。如不恰当，简要说明理由。

【答案】不恰当。

【解析】除非出现特殊情况，如具有适当胜任能力和权威性的人员不足，否则，会计师事务所应当尽量避免在同一年度内交叉实施项目质量复核。

重难点10：项目质量复核的实施★

（一）项目质量复核实施程序

（1）阅读并了解相关信息，这些信息包括：

①与项目组就项目和客户的性质和具体情况进行沟通获取的信息。

②与会计师事务所就监控和整改程序进行沟通获取的信息，特别是针对可能与项目组的重大判断相关或影响该重大判断的领域识别出的缺陷进行的沟通。

（2）与项目合伙人及项目组其他成员讨论重大事项，以及在项目计划、实施和报告时作出的重大判断。

（3）基于实施上述第（1）项和第（2）项程序获取的信息，选取部分与项目组作出的重大判断相关的业务工作底稿进行复核，并评价下列方面：

①作出这些重大判断的依据，包括项目组对职业怀疑的运用（如适用）。

②业务工作底稿能否支持得出的结论。

③得出的结论是否恰当。

（4）对于财务报表审计业务，评价项目合伙人确定独立性要求已得到遵守的依据。

（5）评价是否已就疑难问题或争议事项、涉及意见分歧的事项进行适当咨询，并评价咨询得出的结论。

（6）对于财务报表审计业务，评价项目合伙人得出下列结论的依据：

①项目合伙人对整个审计过程的参与程度是充分且适当的。

②项目合伙人能够确定作出的重大判断和得出的结论适合项目的性质和具体情况。

（7）针对下列方面实施复核：

①针对财务报表审计业务，复核被审计财务报表和审计报告，以及审计报告中对关键审计事项的描述（如适用）。

②针对财务报表审阅业务，复核被审阅财务报表或财务信息，以及拟出具的审阅报告。

③针对财务报表审计和审阅以外的其他鉴证业务或相关服务业务，复核业务报告和鉴证对象信息（如适用）。

（二）与项目质量复核相关的政策和程序

（1）项目质量复核人员有责任在项目的适当时点实施复核程序，以为客观评价项目组作出的重大判断和据此得出的结论奠定适当基础。

（2）项目合伙人与项目质量复核相关的责任，包括禁止项目合伙人在收到项目质量复核人员就已完成项目质量复核发出的通知之前签署业务报告。

（3）对项目质量复核人员的客观性产生不利影响的情形，以及在这些情形下需要采取的适当行动。

（三）与项目质量复核有关的工作底稿

项目质量复核工作底稿应当包括下列方面的内容：

（1）项目质量复核人员及协助人员的姓名。

（2）已复核的业务工作底稿的识别特征。

（3）项目质量复核人员确定项目质量复核已经完成的依据。

（4）项目质量复核人员就无法完成项目质量复核或项目质量复核已完成所发出的通知。

（5）完成项目质量复核的日期。

【小贴士】对项目质量复核形成的工作底稿应当足以使未曾接触该项目的、有经验的执业人员了解项目质量复核人员以及对项目质量复核提供协助的人员（如有）所执行程序的性质、时间安排和范围，以及在实施复核的过程中得出的结论。

重难点11：对财务报表审计实施的质量管理★★

（一）审计项目合伙人管理和实现审计质量的领导责任

审计项目合伙人应当对管理和实现审计项

目的高质量承担总体责任，这种责任包括为审计项目组营造一个良好的环境，强调会计师事务所对诚信和高质量的重视，明确对审计项目组成员的行为期望。审计项目合伙人应当向审计项目组强调以下执业理念：

（1）审计项目组所有成员都有责任为在项目层面管理和实现业务的高质量作出贡献。

（2）审计项目组成员的职业价值观、职业道德和职业态度至关重要。

（3）在审计项目组内部进行开放、顺畅、深入地沟通非常重要，这种沟通应当能够使每位审计项目组成员都能够提出自己的质疑，而不怕遭受报复。

（4）审计项目组成员在整个审计项目中保持职业怀疑非常重要。

【小贴士】在签署审计报告前，审计项目合伙人应当确定其已经对管理和实现审计项目的高质量承担责任。审计项目合伙人应当确定下列事项：

（1）审计项目合伙人已经充分、适当地参与了审计项目的全过程，能够确定审计项目组作出的重大判断和据此得出的结论是适当的。

（2）考虑了审计项目的性质和具体情况、发生的任何变化，以及会计师事务所与之相关的政策和程序。

（二）相关职业道德要求

（1）审计项目合伙人应当了解与本审计项目相关的职业道德要求，包括独立性要求。

（2）审计项目合伙人应当负责确保审计项目组其他成员了解与本审计项目相关的职业道德要求，以及会计师事务所相关的政策和程序，这些政策和程序可能包括以下方面：

①识别、评估和应对对遵守相关职业道德要求（包括独立性要求）的不利影响。

②可能导致违反相关职业道德要求（包括独立性要求）的情形，以及当审计项目组成员意识到这种违反时应当承担的责任。

③当审计项目组成员意识到被审计单位存在违反法律法规的迹象时应当承担的责任。

【小贴士】在签署审计报告之前，审计项目合伙人应当负责确定相关职业道德要求（包括独立性要求）已经得到遵守。

（三）客户关系和审计业务的接受与保持

审计项目合伙人应当确定会计师事务所就客户关系和审计业务的接受与保持制定的政策和程序已得到遵守，并且得出的相关结论是适当的。

（四）业务资源

审计项目合伙人应当负责根据审计项目的性质和具体情况，适当使用向审计项目组分配或提供的资源。

审计项目合伙人应当确保审计项目组成员以及审计项目组成员以外提供直接协助的外部专家或内部审计人员，作为一个集体拥有适当的胜任能力，包括充足的时间执行审计项目。

审计项目合伙人应当在考虑审计项目的性质和具体情况的基础上，制定合理的时间预算，以保证审计项目合伙人和审计项目组其他成员投入充分时间参与审计项目。

（五）业务执行

1. 对项目组成员的指导、监督和复核

（1）按照适用的法律法规和职业准则的规定，以及会计师事务所的政策和程序进行计划和执行。

（2）符合审计项目的性质和具体情况，并与会计师事务所向审计项目组分配或提供的资源相匹配。

2. 复核审计工作底稿等相关文件

（1）重大事项。

（2）重大判断，包括与在审计中遇到的困难或有争议事项相关的判断，以及得出的结论。

（3）根据审计项目合伙人的职业判断，与审计项目合伙人的职责有关的其他事项。

3. 咨询

（1）对审计项目组就下列事项进行咨询承担责任：

①困难或有争议的事项，以及会计师事务所政策和程序要求咨询的事项。

②审计项目合伙人根据职业判断认为需要咨询的其他事项。

（2）确定审计项目组成员已在审计过程中就相关事项进行了适当咨询，咨询可能在审计项目组内部进行，或者在审计项目组与会计师事务所内部或外部的其他适当人员之间进行。

（3）确定已与被咨询者就咨询的性质、范围以及形成的结论达成一致意见。

（4）确定咨询形成的结论已得到执行。

【经典例题】

【真题·单选题】（2020）下列有关项目组在业务执行过程中向其他专业人士进行咨询的说法中，错误的是（　　）。

A. 项目组在进行咨询前应当取得项目合伙人的批准

B. 如项目组遇到的疑难问题或争议事项不重大，可以不进行咨询

C. 咨询记录应当经被咨询者认可

D. 被咨询者可以是会计师事务所外部的其他专业人士

【答案】 A

【解析】 项目组可以进行咨询的事项包括：（1）困难或有争议的事项，以及会计师事务所政策和程序要求咨询的事项。（2）审计项目合伙人根据职业判断认为需要咨询的其他事项。故选项A错误。

4. 项目质量复核

（1）确定会计师事务所已委派项目质量复核人员。

（2）配合项目质量复核人员的工作，并要求审计项目组其他成员配合项目质量复核人员的工作。

（3）与项目质量复核人员讨论在审计中遇到的重大事项和重大判断，包括在项目质量复核过程中识别出的重大事项和重大判断。

（4）只有在项目质量复核完成后，才签署审计报告。

5. 意见分歧

针对意见分歧，审计项目合伙人应当承担下列责任：

（1）对按照会计师事务所的政策和程序处理和解决意见分歧承担责任。

（2）确定咨询得出的结论已经记录并得到执行。

（3）在所有意见分歧得到解决之前，不得签署审计报告。

（六）监控与整改

针对监控与整改，审计项目合伙人应当对下列方面承担责任：

（1）了解从会计师事务所的监控和整改程序获取的信息，这些信息可能是由会计师事务所提供的，也可能来自网络和网络事务所的监控和整改程序（如适用）。

（2）确定上述第（1）项提及的信息与审计项目的相关性及其对审计项目的影响，并采取适当行动。

（3）在整个审计过程中，对可能与会计师事务所的监控和整改程序相关的信息保持警觉，并将此类信息通报给对监控和整改程序负责的人员。

（七）审计工作底稿

针对财务报表审计的质量管理，注册会计师应当在审计工作底稿中记录下列事项：

（1）针对相关职业道德要求（包括独立性要求）、客户关系和审计业务的接受与保持等方面识别出的事项、与相关人员进行的讨论，以及讨论得出的结论。

（2）在审计过程中进行咨询的性质、范围、得出的结论，以及这些结论是如何得到执行的。

（3）如果审计项目需要实施项目质量复核，则应当记录项目质量复核已经在审计报告日或之前完成。

通关练习

（一）单选题

1. 会计师事务所质量管理制度中要求对质量管理体系承担最终责任的应当是（　　）。

A. 项目质量控制复核人

B. 项目经理

C. 主任会计师

D. 项目合伙人和签字的注册会计师

2. 下列有关会计师事务所获取有关独立性的书面确认函的说法中，不恰当的是（　　）。

A. 网络事务所及其人员也受到相关职业道德要求约束

B. 会计师事务所应当制定政策和程序，识别对遵守相关职业道德要求的不利影响

C. 会计师事务所应当至少每年一次向所有需要按照相关职业道德要求保持独立性的人员获取其已遵守独立性要求的口头确认

D. 通过获取确认函以及针对违反独立性的信息采取适当的行动，会计师事务所可以表明其强调保持独立性的重要性

3. 针对会计师事务所建立业务质量管理制度的目标和要素，下列说法中错误的是（　　）。

A. 质量管理制度不仅针对鉴证业务，也约束非鉴证业务

B. 质量管理制度只能合理保证业务质量，不能绝对保证

C. 在实务中，质量管理措施的实施，一部分可能由专职的质量管理人员执行，一部分可能是由业务人员或职能部门的人员执行

D. 会计师事务所在对合伙人进行考核和收益分配时，可以以承接和执行业务的收入或利润作为首要指标

4. 为保证质量管理制度的具体运作效果，主任会计师必须委派适当的人员以帮助主任会计师正确履行其职责，下列说法中不恰当的是（　　）。

A. 委派承担质量管理制度运作责任的人员，应当具有足够、适当的经验

B. 委派承担质量管理制度运作责任的人员，应当具有足够、适当的能力

C. 主任会计师必须委授予其必要的权限

D. 委派承担质量管理制度运作责任的人员对质量管理制度承担最终责任

5. 如果会计师事务所获知了违反独立性政策和程序的情况，下列做法中，不恰当的是（　　）。

A. 会计师事务所人员将注意到的、违反独立性要求的情况立即告知会计师事务所

B. 会计师事务所将识别出的违反这些政策和程序的情况，立即传达给需要与会计师事务所共同处理这些情况的项目合伙人

C. 在必要时立即向会计师事务所报告他们为解决有关问题所采取的行动，以使会计师事务所能够决定是否应当采取进一步的行动

D. 立即告知会计师事务所雇用的专家和关联会计师事务所的人员，以便他们采取适当的行动

6. 会计师事务所承接的每项业务都是委派给项目组具体办理的，以下关于项目组的委派做法中，不恰当的是（　　）。

A. 会计师事务所在全所范围内形成一种“质量至上”的文化，树立质量意识

B. 对于高风险的审计项目，会计师事务所要强调全体风险的责任意识

C. 对于高风险的审计项目，会计师事务所委派项目质量复核人实施项目质量复核

D. 会计师事务所应当制定政策和程序，监控项目合伙人连续服务同一客户的期限及胜任情况

7. 下列有关业务执行的相关表述中，不恰当的是（　　）。

A. 会计师事务所通常使用书面或电子手册、软件工具、标准化底稿以及行业和特定业务对象的指南性材料等方式，通过质量管理政策和程序，保持业务执行质量的一致性

B. 确定复核人员的原则是，由项目组内经验较多的人员复核经验较少的人员执行的工作

C. 被咨询者既可以是会计师事务所内部的其他专业人士，在适当情况下，也可以是会计师事务所外部的其他专业人士

D. 意见分歧问题未得到解决的，出具报告后要及时解决

8. 会计师事务所应当制定政策和程序，明确被委派的项目质量复核人员应符合的相关要求，下列说法中不恰当的是（　　）。

A. 质量复核人员需具备履行职责需要的技术资格

B. 质量复核人员具有必要的经验和权限

C. 在不损害其客观性的前提下，可适当提供业务咨询

D. 在不损害其客观性的前提下，项目组内意见分歧无法解决时，应代替项目组进行决策

9. 会计师事务所应当周期性地选取已完成的业务进行检查，下列说法中不恰当的是（　　）。

A. 对承接上市实体审计业务的每个项目合伙人，检查周期最长不得超过3年

B. 参与业务执行或质量复核的人员不应承担该项业务的检查工作

C. 检查人员应具备必需的胜任能力、时间和权威性

D. 在每个周期内，对每个项目合伙人，至少选择两项已完成的项目进行检查

10. 审计项目合伙人应当在财务报表审计过程中的适当时点复核审计工作底稿，复核内容及相关要求不正确的是（　　）。

A. 复核重大事项相关工作底稿

B. 复核重大判断相关工作底稿

C. 根据职业判断，复核与审计项目合伙人的职责有关的其他事项的工作底稿

D. 审计项目合伙人应当在与管理层、治理层或相关监管机构签署正式书面沟通文件之后对其进行复核

（二）多选题

1. 下列选项中，属于会计师事务所质量体系目标的有（　　）。

A. 合理保证会计师事务所及其人员遵守法律法规

B. 合理保证会计师事务所及其人员遵守职业准则

C. 合理保证会计师事务所和项目合伙人出具适合具体情况的报告

D. 合理保证会计师事务所的执业风险处于低水平

2. 会计师事务所质量管理体系应当满足的总体要求包括（　　）。

A. 在全所范围内统一设计、实施和运行

B. 风险导向的思路

C. 不断优化和完善

D. 根据本事务所及其业务的性质和具体情况“量身定制”

3. 下列关于注册会计师对客户的诚信问题的观点，不恰当的有（　　）。

A. 客户的诚信问题必然会导致财务报表产生重大错报

B. 绝大多数的审计问题都来源于不诚信的客户

C. 会计师事务所在承接审计业务之前要考虑客户的诚信

D. 会计师事务所如果风险承受能力强，可以接受不诚信的客户

4. 对会计师事务所认定存在高风险的业务，应当设计和实施专门的质量管理程序，包括（　　）。

A. 加强与前任注册会计师的沟通

B. 加强内部质量复核

C. 加强与相关监管机构沟通

D. 经质量管理主管合伙人（或类似职位的人员）或其授权的人员审批

5. 对监控和整改程序的运行承担责任的人员，应当及时与会计师事务所主要负责人以及对质量管理体系的运行承担责任的人员沟通的事项包括（　　）。

A. 已执行的监控活动

B. 识别出的缺陷

C. 缺陷的严重程度和广泛性

D. 针对识别出的缺陷采取的整改措施

6. 在审计过程中常会出现意见分歧，常发生在不同的主体之间，下列说法恰当的有（　　）。

A. 项目组内部成员之间

B. 项目组与项目质量复核人员之间

C. 事务所与监管机构之间的意见分歧

D. 项目组与会计师事务所内负责执行质量管理体系相关活动的人员之间

7. 会计师事务所需要制定政策和程序，以保持项目质量复核人员的客观性，下列做法中恰当的有（　　）。

A. 可以由一年前担任该项目合伙人的人员担任质量复核人员

B. 在复核期间不以其他方式参与该业务

C. 不代替项目组进行决策

D. 小型会计师事务所识别出需要实施项目质量控制复核的业务，可以聘请具有适当资格的外部人员或利用其他会计师事务所实施项目质量控制复核

8. 会计师事务所监控发现各种缺陷后，应当提出相应的整改措施，下列说法中正确的有（　　）。

A. 根据调查的根本原因，设计和采取整改措施

B. 采取的整改措施应当可以应对识别出的缺陷

C. 整改措施一旦确定，不得随意调整

D. 对监控和整改程序的运行承担责任的人员应当确定这些措施是否已得到实施

9. 项目质量复核与项目组内部复核不同，两者主要区别包括（　　）。

A. 复核的主体不同

B. 适用的业务范围不同

C. 复核的方法不同

D. 复核的内容不同

（三）简答题

XYZ会计师事务所审计质量管理相关的事项摘录如下：

（1）年度考核标准重视质量控制和职业道德，考核指标依次为业务收入、质量管理、职业道德，连续两年综合排名靠前的高级经理可晋升合伙人。

（2）在风险评估中，要求项目组的关键成员应当参与讨论，专家也可根据需要参与讨论。对于跨地区审计项目，每个重要地区项目组的关键成员都应该参加讨论，但不要求所有成员每次都参与项目组的讨论。

（3）为提高审计质量，项目组实行工作底稿的二级复核制，第一层级为项目组成员的交叉复核，第二层级为项目合伙人的复核。

（4）为提高员工的责任意识，会计师事务所规定，实行项目合伙人和项目质量复核人对质量管理制度承担最终责任的双重责任制。

【要求】针对上述第（1）~（4）项，逐项指出XYZ会计师事务所的质量管理措施是否恰当。如不恰当，简要说明理由。

通关练习答案及解析

（一）单选题

1.【答案】C

【解析】选项C正确，会计师事务所主要负责人（如首席合伙人、主任会计师或者同等职位的人员）应当对质量管理体系承担最终责任。

2.【答案】C

【解析】选项C不恰当，会计师事务所至少每年一次向所有需要按照相关职业道德要求保持独立性的人员获取其已遵守独立性要求的书面确认，而不是口头确认。

3.【答案】D

【解析】选项D错误，会计师事务所在对合伙人进行考核和收益分配时，应当综合考虑合伙人的执业质量、管理能力、经营业绩、社会声誉等指标，不得以承接和执行业务的收入或利润作为首要指标。

4.【答案】D

【解析】选项D错误，会计师事务所主要负责人（如首席合伙人、主任会计师或者同等职位的人员）应当对质量管理体系承担最终责任。

5.【答案】D

【解析】选项D不恰当，如认为必要，还应当立即告知会计师事务所雇用的专家和关联会计师事务所的相关人员，以便他们采取适当的行动。

6.【答案】B

【解析】选项B错误，对于所有的审计项目，会计师事务所要强调全体成员的风险意识。

7.【答案】D

【解析】选项D不恰当，只有意见分歧问题得到解决，项目合伙人才能出具报告。

8.【答案】D

【解析】选项D错误，为保持客观性，项目质量复核人员不应代替项目组进行决策。

9.【答案】D

【解析】选项D不恰当，在每个周期内，对每个项目合伙人，至少选择一项已完成的项目进行检查。

10.【答案】D

【解析】选项D不恰当，审计项目合伙人应当在与管理层、治理层或相关监管机构签署正式书面沟通文件之前对审计底稿进行复核。

（二）多选题

1.【答案】ABC

【解析】质量管理体系的目标主要在以下两个方面提出合理保证：（1）会计师事务所及其人员按照适用的法律法规和职业准则的规定履行职责，并根据这些规定执行业务（选项A、选项B）；（2）会计师事务所和项目合伙人出具适合具体情况的业务报告（选项C）。

2.【答案】ABCD

【解析】以上四项均属于会计师事务所质量管理体系应当满足的总体要求。

3.【答案】AD

【解析】客户的诚信问题虽然不会必然导致财务报表产生重大错报，但绝大多数的审计问题都来源于不诚信的客户。注册会计师应当了解客户的诚信，拒绝不诚信的客户，以降低业务风险，故选择选项A、D。

4.【答案】ABCD

【解析】对于会计师事务所认定存在高风险的业务，应当设计和实施专门的质量管理程序，如加强与前任注册会计师的沟通、与相关监管机构沟通、访谈拟承接客户以了解有关情况、加强内部质量复核等，并经质量管理主管合伙人（或类似职位的人员）或其授权的人员审批。

5.【答案】ABCD

【解析】以上四项均为对监控和整改程序的运行承担责任的人员，应当及时与会计师事务所主要负责人以及对质量管理体系的运行承担责任的人员沟通的事项。

6.【答案】ABD

【解析】在业务执行中，时常可能会出现项目组内部（A选项）、项目组与项目质量复核人员之间（如适用）（B选项），以及项目组与会计师事务所内负责执行质量管理体系相关活动的人员之间（D选项）存在的意见分歧。

7.【答案】BCD

【解析】选项A错误，会计师事务所应当规定一段冷却期，要求在冷却期结束之前，前任项目合伙人不得担任该项目的项目质量复核人员。这段冷却期至少应当为两年。

8. 【答案】ABD

【解析】选项C错误，如果评价表明整改措施并未得到恰当的设计和执行，或未达到预期效果，则该人员应当采取适当措施以确保对这些整改措施已作出必要调整以使其能够达到预期效果。

9. 【答案】ABD

【解析】选项C错误，项目质量复核与项目组内部复核的区别不包括复核的方法不同。

（三）简答题

【答案】

（1）不恰当。应建立以质量为导向的晋升机制，不得以承接和执行业务的收入或利润作为晋升合伙人的首要指标。

（2）恰当。

（3）不恰当。第一层级项目组成员的复核，应该是经验多复核经验少的。

（4）不恰当。会计师事务所主要负责人（如首席合伙人、主任会计师或者同等职位的人员）应当对质量管理体系承担最终责任。

第二十二章　职业道德基本原则和概念框架

2021 年教材内容主要变化

本章内容进行大范围修订。主要变化如下：

（1）职业道德基本原则；

（2）职业道德概念框架；

（3）对职业道德概念框架的具体运用。

【小贴士】具体详见有关重难点。

本章近五年考情统计分析

本章考题主要以主观题（简答题）为主，针对个别的知识点（如独立性、收费等），多为结合第二十三章审计业务对独立性的要求以主观题（简答题）的形式考查。

本章属于重要的考试章节，最近五年与第二十三章结合在一起出题，平均考试分值一般在 1 分左右。

（一）近五年考试分值分布

题型	2016 年	2017 年	2018 年	2019 年	2020 年
单选题	—	—	—	—	—
多选题	—	—	—	—	—
简答题	—	1	—	—	—
综合题	—	—	—	—	—
合计	—	1	—	—	—

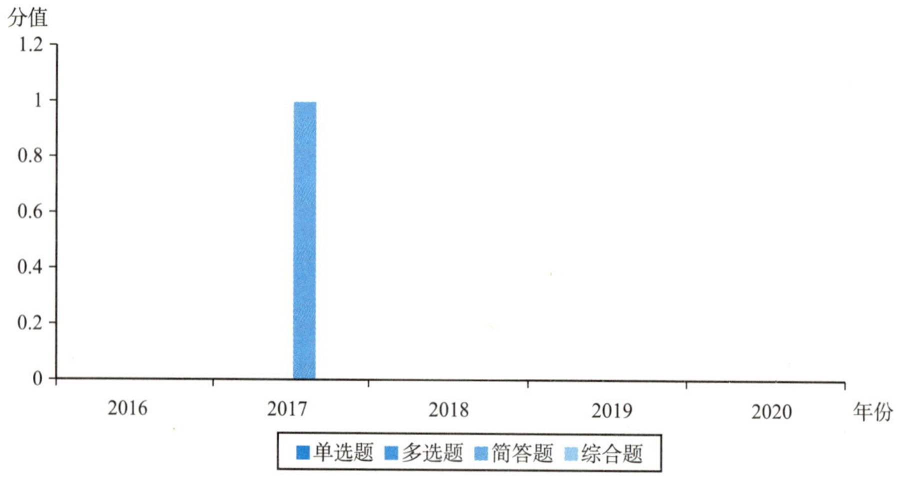

（二）近五年考试考点分布

高频考点内容	年度及题型分布
收费	2017 年简答

重难点解析

本章内容为注册会计师职业道德基本原则和概念框架，是审计的重要章节，主要内容包括注册会计师职业道德的基本原则、概念框架、注册会计师对职业道德框架概念的具体运用原则和要求及非执业会员对职业道德概念框架的运用介绍。

【小贴士】本章内容的学习，需要结合第二十三章内容。例如，独立性、收费、利益诱惑（包括礼品和款待）等内容。

重难点1：诚信★★

（一）含义和总体要求

诚信，是指诚实、守信。也就是说，一个人言行与内心思想一致，不虚假；能够履行与别人的约定而取得对方的信任。

诚信原则要求会员应当在所有的职业活动中保持正直、诚实可信。

（二）判断发生关联的事项

（1）会员如果认为业务报告、申报资料、沟通函件或其他方面的信息存在下列问题，不得与这些有问题的信息发生关联：

①含有虚假记载、误导性陈述。

②含有缺乏充分根据的陈述或信息。

③存在遗漏或含糊其辞的信息，而这种遗漏或含糊其辞可能会产生误导。

（2）具体事例。

在审计和审阅业务、其他鉴证业务中，下列事项可能会导致上述问题的出现：

①引起重大风险的事项，如舞弊行为。

②财务信息存在重大错报而客户未对此作出调整或反映。

③导致在实施审计程序时出现重大困难的情况，例如，客户未能提供充分、适当的审计证据，注册会计师难以作出结论性陈述。

④与会计准则或其他相关规定的选择、应用和一致性相关的重大发现和问题，而客户未对此在其报告或申报资料中反映。

⑤在出具审计报告时，未解决的重大审计差异。

（3）应对策略。

会员如果注意到已与有问题的信息发生关联，应当采取措施消除关联。

【小贴士】在鉴证业务中，如果注册会计师依据职业准则的规定出具了恰当的业务报告（例如，在审计业务中，出具恰当的非无保留意见审计报告），则不被视为违反上述要求。

重难点2：客观公正★★

客观公正原则要求会员应当公正处事、实事求是，不得由于偏见、利益冲突或他人的不当影响而损害自己的职业判断。

如果存在对职业判断产生过度不当影响的情形，会员不得从事与之相关的职业活动。

重难点3：独立性★★★

（一）含义及内涵

独立性，是指不受外来力量控制、支配，按照一定之规行事。独立性原则通常是对注册会计师而不是非执业会员提出的要求。

注册会计师的独立性包括两个方面——实质上的独立和形式上的独立。

（二）基本要求

会计师事务所在承接审计和审阅业务、其他鉴证业务时，应当从会计师事务所整体层面和具体业务层面采取措施，以保持会计师事务所和项目团队的独立性。

重难点4：专业胜任能力和勤勉尽责★

专业胜任能力和勤勉尽责原则要求会员通过教育、培训和执业实践获取和保持专业胜任能力。会员应当持续了解并掌握当前法律、技术和实务的发展变化，将专业知识和技能始终保持在应有的水平，确保为客户提供具有专业水准的服务。

重难点5：保密★★★

（一）保密原则不允许的行为

保密原则要求会员应当对职业活动中获知的涉密信息保密。根据该原则，会员应当遵守下列要求：

（1）警觉无意中泄密的可能性，包括在社会交往中无意中泄密的可能性，特别要警觉无意中向关系密切的商业伙伴或近亲属泄密的可能性。

【小贴士】近亲属是指配偶、父母、子女、兄弟姐妹、祖父母、外祖父母、孙子女、外孙子女。

（2）对所在会计师事务所、工作单位内部的涉密信息保密。

（3）对职业活动中获知的涉及国家安全的信息保密。

（4）对拟承接的客户、拟受雇的工作单位向其披露的涉密信息保密。

（5）在未经客户、工作单位授权的情况下，不得向会计师事务所、工作单位以外的第三方披露其所获知的涉密信息，除非法律法规或职业准则规定会员在这种情况下有权利或义务进行披露。

（6）不得利用因职业关系而获知的涉密信息为自己或第三方谋取利益。

（7）不得在职业关系结束后利用或披露因该职业关系获知的涉密信息。

（8）采取适当措施，确保下级员工以及为会员提供建议和帮助的人员履行保密义务。

（二）会员可以披露涉密信息的情况

（1）法律法规允许披露，并且取得客户或工作单位的授权。

（2）根据法律法规的要求，为法律诉讼、仲裁准备文件或提供证据，以及向有关监管机构报告发现的违法行为。

（3）法律法规允许的情况下，在法律诉讼、仲裁中维护自己的合法权益。

（4）接受注册会计师协会或监管机构的执业质量检查，答复其询问和调查。

（5）法律法规、执业准则和职业道德规范规定的其他情形。

重难点6：良好的职业行为

会员应当遵守相关法律法规，避免发生任何可能损害职业声誉的行为。

会员应当诚实、实事求是，不得有下列行为：

（1）夸大宣传提供的服务、拥有的资质或获得的经验。

（2）贬低或无根据地比较他人的工作。

【经典例题】

【例题·多选题】下列各项属于注册会计师职业道德基本原则的有（　　）。

A. 独立性

B. 保密

C. 客观公正

D. 专业胜任能力和勤勉尽责

【答案】ABCD

【解析】注册会计师的职业道德基本原则：诚信、客观公正、独立性、专业胜任能力和勤勉尽责、保密、良好职业行为。

【小贴士】知识点1～6介绍了与会员职业道德有关的基本原则，包括诚信、客观公正、独立性、专业胜任能力和勤勉尽责、保密、良好职业行为。该内容2021年进行了小范围修订。

重难点7：职业道德概念框架的内涵★★

职业道德概念框架是指解决职业道德问题

的思路和方法，用以指导会员：

（1）识别对职业道德基本原则的不利影响。

（2）评价不利影响的严重程度。

（3）必要时采取防范措施消除不利影响或将其降低至可接受的水平。

【小贴士】由于实务中的情形多种多样且层出不穷，会员职业道德守则不可能对所有情形都作出明确规定，会员如果遇到守则未作出明确规定的情形，应当运用职业道德概念框架识别、评价和应对各种可能产生的不利影响，而不能想当然地认为守则未明确禁止的情形就是允许的。

重难点8：识别、评价和应对职业道德基本原则的不利影响★★★

（一）识别对职业道德基本原则的不利影响

可能对职业道德基本原则产生不利影响的因素包括自身利益、自我评价、过度推介、密切关系和外在压力。

（1）因自身利益产生的不利影响，是指由于某项经济利益或其他利益可能不当影响会员的判断或行为，而对职业道德基本原则产生的不利影响。

（2）因自我评价产生的不利影响，是指会员在执行当前业务的过程中，其判断需要依赖其本人（或所在会计师事务所或工作单位的其他人员）以往执行业务时作出的判断或得出的结论，而该会员可能不恰当地评价这些以往的判断或结论，从而对职业道德基本原则产生的不利影响。

（3）因过度推介产生的不利影响，是指会员倾向客户或工作单位的立场，导致该会员的客观公正原则受到损害而产生的不利影响。

（4）因密切关系产生的不利影响，是指会员由于与客户或工作单位存在长期或密切的关系，导致过于偏向他们的利益或过于认可他们的工作，从而对职业道德基本原则产生的不利影响。

（5）因外在压力产生的不利影响，是指会员迫于实际存在的或可感知到的压力，导致无法客观行事而对职业道德基本原则产生的不利影响。

【小贴士】通常来说，一种情形可能产生多种不利影响，一种不利影响也可能影响多项职业道德基本原则。会员识别不利影响的前提是了解相关事实和情况，包括了解可能损害职业道德基本原则的职业活动、利益和关系。

（二）评价不利影响的严重程度

如果识别出对职业道德基本原则的不利影响，会员应当评价该不利影响的严重程度是否处于可接受的水平。在评价不利影响的严重程度时，会员应当从性质和数量两个方面予以考虑，如果存在多项不利影响，应当将多项不利影响组合起来一并考虑。

【小贴士】可接受的水平，是指会员针对识别出的不利影响实施理性且掌握充分信息的第三方测试之后，很可能得出其行为并未违反职业道德基本原则的结论时，该不利影响的严重程度所处的水平。

【小贴士】会员对不利影响严重程度的评价还受到专业服务性质和范围的影响。

（三）应对不利影响的措施

（1）消除产生不利影响的情形，包括利益或关系。

（2）采取可行并有能力采取的防范措施将不利影响降低至可接受的水平。

（3）拒绝或终止特定的职业活动。

重难点9：对职业道德基本原则的不利影响的具体情形★★★

（一）因自身利益产生不利影响的情形（举例）

（1）注册会计师在客户中拥有直接经济利益。

（2）会计师事务所的收入过分依赖某一客户。

（3）会计师事务所以较低的报价获得新业务，而该报价过低，可能导致注册会计师难以按照适用的职业准则要求执行业务。

（4）注册会计师与客户之间存在密切的商业关系。

（5）注册会计师能够接触到涉密信息，而该涉密信息可能被用于谋取个人私利。

（6）注册会计师在评价所在会计师事务所以往提供的专业服务时，发现了重大错误。

（二）因自我评价产生不利影响的情形（举例）

（1）注册会计师在对客户提供财务系统的设计或实施服务后，又对系统的运行有效性出具鉴证报告。

（2）注册会计师为客户编制用于生成有关记录的原始数据，而这些记录是鉴证业务的对象。

（三）因过度推介产生不利影响的情形（举例）

（1）注册会计师推介客户的产品、股份或其他利益。

（2）当客户与第三方发生诉讼或纠纷时，注册会计师为该客户辩护。

（3）注册会计师站在客户的立场上影响某项法律法规的制定。

（四）因密切关系产生不利影响的情形（举例）

（1）审计项目团队成员的近亲属担任审计客户的董事或高级管理人员。

（2）鉴证客户的董事、高级管理人员，或所处职位能够对鉴证对象施加重大影响的员工，最近曾担任注册会计师所在会计师事务所的项目合伙人。

（3）审计项目团队成员与审计客户之间存在长期业务关系。

【小贴士】审计项目团队成员是指所有审计项目组成员和会计师事务所中能够直接影响审计业务结果的其他人员，以及网络事务所中能够直接影响审计业务结果的所有人员。

（五）外在压力导致不利影响的情形（举例）

（1）注册会计师因对专业事项持有不同意见而受到客户解除业务关系或被会计师事务所解雇的威胁。

（2）由于客户对所沟通的事项更具有专长，注册会计师面临服从该客户判断的压力。

（3）注册会计师被告知，除非其同意审计客户某项不恰当的会计处理，否则计划中的晋升将受到影响。

（4）注册会计师接受了客户赠予的重要礼品，并被威胁将公开其收受礼品的事情。

【经典例题】

【例题·单选题】下列各项，不属于注册会计师因自身利益产生不利影响的是（　　）。

A. 会计师事务所的收入过分依赖某一客户

B. 注册会计师推介客户的产品、股份或其他利益

C. 注册会计师能够接触到涉密信息，而该涉密信息可能被用于谋取个人私利

D. 注册会计师在客户中拥有直接经济利益

【答案】B

【解析】选项B属于因过度推介产生不利影响的情形。

重难点10：评价对职业道德基本原则的不利影响的严重程度★

（一）与客户及其经营环境相关的条件、政策和程序

针对与客户及其经营环境相关的条件、政策和程序，注册会计师对不利影响严重程度的评价可能受下列因素的影响：

（1）客户是否属于审计客户，以及该客户是否属于公众利益实体。

（2）客户是否属于非审计的鉴证客户。

（3）客户是否属于非鉴证客户。

（4）客户是否要求由管理层以外的适当人员批准聘请会计师事务所执行某项业务。

（5）客户是否拥有具备足够经验和资历以及胜任能力的人员负责作出管理决策。

（6）客户是否执行相关政策和程序，以

确保在招标非鉴证服务时作出客观选择。

（7）客户是否拥有完善的公司治理结构，能够对会计师事务所的服务进行适当的监督和沟通。

（二）与会计师事务所及其经营环境相关的条件、政策和程序

针对与会计师事务所及其经营环境相关的条件、政策和程序，注册会计师对不利影响严重程度的评价可能受到下列因素的影响：

（1）会计师事务所领导层是否重视职业道德基本原则，并积极引导鉴证业务项目团队成员维护公众利益。

（2）会计师事务所是否建立政策和程序，以对所有人员遵循职业道德基本原则的情况实施监督。

（3）会计师事务所是否建立与薪酬、业绩评价、纪律处分相关的政策和程序，以促进对职业道德基本原则的遵循。

（4）会计师事务所是否对其过分依赖从某单一客户处取得收入的情况进行管理。

（5）在会计师事务所内，项目合伙人是否有权作出涉及遵循职业道德基本原则的决策，包括与向客户提供服务有关的决策。

（6）会计师事务所对人员教育、培训和经验的要求。

（7）会计师事务所用于解决内外部关注事项或投诉事项的流程。

重难点11：应对对职业道德基本原则的不利影响★

在特定情况下可能能够应对不利影响的防范措施包括：

（1）向已承接的项目分配更多时间和有胜任能力的人员，可能能够应对因自身利益产生的不利影响。

（2）由项目组以外的适当复核人员复核已执行的工作或在必要时提供建议，可能能够应对因自我评价产生的不利影响。

（3）向鉴证客户提供非鉴证服务时，指派鉴证业务项目团队以外的其他合伙人和项目组，并确保鉴证业务项目组和非鉴证服务项目组分别向各自的业务主管报告工作，可能能够应对因自我评价、过度推介或密切关系产生的不利影响。

（4）由其他会计师事务所执行或重新执行业务的某些部分，可能能够应对因自身利益、自我评价、过度推介、密切关系或外在压力产生的不利影响。

（5）由不同项目组分别应对具有保密性质的事项，可能能够应对因自身利益产生的不利影响。

【小贴士】注册会计师应当就其已采取或拟采取的行动是否能够消除不利影响或将其降低至可接受的水平形成总体结论。在形成总体结论时，注册会计师应当：

（1）复核所作出的重大判断或得出的结论。

（2）实施理性且掌握充分信息的第三方测试。

重难点12：利益冲突★★

（一）成因

（1）注册会计师为两个或多个存在利益冲突的客户提供专业服务，可能产生不利影响。

（2）注册会计师的利益与客户的利益存在冲突，也可能产生不利影响。

（二）情形举例

（1）向某一客户提供交易咨询服务，该客户拟收购注册会计师的某一审计客户，而注册会计师已在审计过程中获知了可能与该交易相关的涉密信息。

（2）同时为两家客户提供建议，而这两家客户是收购同一家公司的竞争对手，并且注册会计师的建议可能涉及双方相互竞争的立场。

（3）在同一项交易中同时向买卖双方提供服务。

（4）同时为两方提供某项资产的估值服务，而这两方针对该资产处于对立状态。

（5）针对同一事项同时代表两个客户，而这两个客户正处于法律纠纷中。

（6）针对某项许可证协议，就应收的特许权使用费为许可证授予方出具鉴证报告，并同时向被许可方就应付金额提供建议。

（7）建议客户投资一家企业，而注册会计师的主要近亲属在该企业拥有经济利益。

（8）建议客户买入一项产品或服务，但同时与该产品或服务的潜在卖方订立佣金协议。

（三）识别利益冲突产生的不利影响

建立有效的冲突识别流程，需要考虑下列因素：

（1）所提供专业服务的性质。

（2）会计师事务所的规模。

（3）客户群的规模和性质。

（4）会计师事务所的组织架构，例如，分支机构的数量和位置分布。

【小贴士】在执行业务的过程中，所提供服务的性质、利益和关系可能发生变化，这些变化可能产生利益冲突，注册会计师应当对此类变化保持警觉。

（四）评价利益冲突产生的不利影响

在评价因利益冲突产生的不利影响的严重程度时，注册会计师需要考虑是否存在相关保密措施。当为针对某一特定事项存在利益冲突的双方或多方提供专业服务时，这些保密措施能够防止未经授权而披露涉密信息。这些措施可能包括：

（1）会计师事务所内部为特殊的职能部门或岗位设置单独的工作空间，作为防止泄露客户涉密信息的屏障。

（2）限制访问客户文档的政策和程序。

（3）会计师事务所合伙人和员工签署的保密协议。

（4）使用物理方式和电子方式对涉密信息采取隔离措施。

（5）专门且明确的培训和沟通。

（五）应对利益冲突产生的不利影响

下列防范措施可能能够应对因利益冲突产生的不利影响：

（1）由不同的项目组分别提供服务，并且这些项目组已被明确要求遵守涉及保密性的政策和程序。

（2）由未参与提供服务或不受利益冲突影响的适当人员复核已执行的工作，以评估关键判断和结论是否适当。

【小贴士】在应对因利益冲突产生的不利影响时，注册会计师应当根据利益冲突的性质和严重程度，运用职业判断确定是否有必要向客户具体披露利益冲突的情况，并获取客户明确同意其可以承接或继续提供专业服务。在确定是否有必要进行具体披露并获取明确同意时，注册会计师需要考虑下列因素：

（1）产生利益冲突的情形。

（2）可能受到影响的各方。

（3）可能产生的问题的性质。

（4）特定事项以不可预期的方式发展的可能性。

重难点13：专业服务委托★★

（一）客户关系和业务的承接与保持

1. 确定接受客户时的考虑

（1）客户存在某些问题，如涉嫌违反法律法规、缺乏诚信、存在可疑的财务报告问题、存在其他违反职业道德的行为。

（2）客户的所有者、管理层或其从事的活动存在一些可疑事项，可能对诚信、良好职业行为原则产生不利影响。

【小贴士】注册会计师需要考虑的因素：

①对客户及其所有者、管理层、治理层和负责经营活动的人员的了解。

②客户对处理可疑事项的保证，诸如完善公司治理结构或内部控制。

2. 评价不利影响考虑因素

（1）注册会计师对客户的业务性质、经营复杂程度、业务具体要求，以及拟执行工作的目的、性质和范围的了解。

（2）注册会计师对相关行业或业务对象的了解。

（3）注册会计师拥有的与相关监管或报告要求有关的经验。

（4）会计师事务所制定了质量管理政策和程序，以合理保证仅承接能够胜任的业务。

3. 防范措施

（1）分派足够的、具有必要胜任能力的项目组成员。

（2）就执行业务的合理时间安排与客户达成一致意见。

（3）在必要时利用专家的工作。

【小贴士】在连续业务中，注册会计师应当定期评价是否继续保持该业务。

（二）专业服务委托的变更

1. 考虑是否拒绝承接业务情形

当注册会计师遇到下列情况时，应当确定是否有理由拒绝承接该项业务：

（1）潜在客户要求其取代另一注册会计师。

（2）考虑以投标方式接替另一注册会计师执行的业务。

（3）考虑执行某些工作作为对另一注册会计师工作的补充。

2. 产生不利影响的情形

（1）并未知悉所有相关事实就承接业务，可能因自身利益对专业胜任能力和勤勉尽责原则产生不利影响。

（2）如果客户要求注册会计师执行某些工作以作为对现任或前任注册会计师工作的补充，可能因自身利益对专业胜任能力和勤勉尽责原则产生不利影响。

3. 防范措施

（1）要求现任或前任注册会计师提供其已知的信息，这些信息是指现任或前任注册会计师认为，拟接任注册会计师在作出是否承接业务的决定前需要了解的信息。

（2）从其他渠道获取信息，例如通过向第三方进行询问，或者对客户的高级管理层或治理层实施背景调查。

重难点14：第二意见★★

（一）含义

注册会计师可能被要求就某实体或以其名义运用相关准则处理特定交易或事项的情况提供第二意见，而这一实体并非注册会计师的现有客户。

（1）向非现有客户提供第二意见可能因自身利益或其他原因对职业道德基本原则产生不利影响。

（2）如果第二意见不是以前任注册会计师所获得的相同事实为基础，或依据的证据不充分，可能因自身利益对专业胜任能力和勤勉尽责原则产生不利影响。

（二）不利影响的评价

评价因自身利益产生不利影响的严重程度时，应当考虑被要求提供第二意见的具体情形以及在运用职业判断时能够获得的所有事实和假设等相关因素。

（三）防范措施

（1）征得客户同意与前任注册会计师沟通。

（2）在与客户沟通中说明注册会计师发表专业意见的局限性。

（3）向前任注册会计师提供第二次意见的副本。

【小贴士】如果要求提供第二意见的实体不允许与现任或前任注册会计师沟通，注册会计师应当决定是否提供第二意见。

重难点15：收费★★★

（一）收费水平

1. 含义

在专业服务得到良好的计划、监督及管理的前提下，收费通常以每一专业人员适当的小时收费标准或日收费标准为基础计算。

2. 不利影响的评价

如果报价水平过低，以致注册会计师难以按照适用的职业准则执行业务，则可能因自身利益对专业胜任能力和勤勉尽责原则产生不利影响。评价不利影响的严重程度时考虑的因素：

（1）客户是否了解业务约定条款，特别是确定收费的基础。

（2）客户是否了解注册会计师在此报价范围内所能提供的服务。

（3）收费水平是否已由独立第三方（如相关监管部门）作出规定。

3. 防范措施

（1）调整收费水平或业务范围。

（2）由适当复核人员复核已执行的工作。

（二）或有收费

1. 含义

除法律法规允许外，注册会计师不得以或有收费方式提供鉴证服务，收费与否或收费多少不得以鉴证工作结果或实现特定目的为条件。

2. 不利影响的评价

尽管某些非鉴证服务可以采用或有收费的形式，或有收费仍然可能对职业道德基本原则产生不利影响，特别是在某些情况下可能因自身利益对客观公正原则产生不利影响。不利影响存在与否及其严重程度取决于下列因素：

（1）业务的性质。

（2）可能的收费金额区间。

（3）确定收费的基础。

（4）向报告的预期使用者披露注册会计师所执行的工作以及收费的基础。

（5）会计师事务所的质量管理政策和程序。

（6）是否由独立第三方复核交易和提供服务的结果。

（7）收费水平是否已由独立第三方（如监管部门）作出规定。

3. 防范措施

（1）由未参与提供非鉴证服务的适当复核人员复核注册会计师已执行的工作；

（2）预先就收费的基础与客户达成书面协议。

（三）介绍费或佣金

注册会计师收取与客户相关的介绍费或佣金，或者为获得客户而支付业务介绍费，将因自身利益对客观公正、专业胜任能力和勤勉尽责原则产生非常严重的不利影响，导致没有防范措施能够消除不利影响或将其降低至可接受的水平。

【小贴士】行为禁止：①注册会计师不得收取与客户相关的介绍费或佣金。②注册会计师不得向客户或其他方支付业务介绍费。

【经典例题】

【真题·简答题（部分）】（2017）ABC会计师事务所委派A注册会计师担任上市公司甲公司2016年度财务报表审计项目合伙人。ABC会计师事务所和XYZ公司处于同一网络。审计项目组在审计中遇到下列事项：

（6）ABC会计师事务所推荐甲公司与某开发区管委会签订了投资协议，因此获得开发区管委会的奖励10万元。

【要求】针对上述第（6）项，指出是否违反中国注册会计师职业道德守则有关职业道德和独立性规定的情况，并简要说明理由。

【答案】违反。

【解析】根据注册会计师职业道德要求，注册会计师不得收取与客户相关的介绍费或佣金。ABC会计师事务所收取与甲公司相关的介绍费（收到的政府奖励实质构成介绍费），将因自身利益对客观公正、专业胜任能力和勤勉尽责原则产生非常严重的不利影响，导致没有防范措施能够消除不利影响或将其降低至可接受的水平。

重难点16：利益诱惑（包括礼品和款待）★

（一）形式

1. 礼品
2. 款待
3. 娱乐活动
4. 捐助
5. 意图建立友好关系
6. 工作岗位或其他商业机会
7. 特殊待遇、权利或优先权

（二）承担主体

1. 注册会计师
2. 注册会计师近亲属

（三）行为禁止

注册会计师不得提供或接受，或者授意他

人提供或接受任何意图不当影响接受方或其他人员行为的利益诱惑，无论这种利益诱惑是存在不当影响行为的意图，还是注册会计师认为理性且掌握充分信息的第三方很可能会视为存在不当影响行为的意图。

如果注册会计师知悉其近亲属提供或接受某项利益诱惑，并认为该利益诱惑存在不当影响注册会计师或客户行为的意图，或者理性且掌握充分信息的第三方很可能会认为存在此类意图，则注册会计师应当建议该近亲属拒绝接受或不得提供此类利益诱惑。

（四）不利影响的评价

在确定是否存在或被认为存在不当影响行为的意图时，注册会计师需要运用职业判断。注册会计师需要考虑下列因素：

（1）利益诱惑的性质、频繁程度、价值和累积影响。

（2）提供利益诱惑的时间，这一因素需要结合该利益诱惑可能影响的行动或决策来考虑。

（3）利益诱惑是否符合具体情形下的惯例或习俗。

（4）利益诱惑是否从属于专业服务，例如，提供或接受与商务会议有关的午餐。

（5）所提供的利益诱惑是仅限于个别接受方还是可以提供给更为广泛的群体，更为广泛的群体可能来自会计师事务所内部或外部，如其他客户或供应商。

（6）提供或接受利益诱惑的人员在会计师事务所或客户中担任的角色和职位。

（7）注册会计师是否知悉或有理由相信接受该利益诱惑将违反客户的政策和程序。

（8）提供利益诱惑的透明程度。

（9）该利益诱惑是否由接受方要求或索取。

（10）利益诱惑提供方以往的行为或声誉。

（五）防范措施

1. 对于意图不当影响行为的利益诱惑

（1）就该利益诱惑的情况告知会计师事务所的高级管理层或客户治理层。

（2）调整或终止与客户之间的业务关系。

2. 对于无不当影响行为意图的利益诱惑

（1）拒绝接受或不提供利益诱惑。

（2）将向客户提供专业服务的责任移交给其他人员，前提是注册会计师没有理由相信该人员在提供专业服务时可能会受到不利影响。

（3）就提供或接受利益诱惑的事情，与会计师事务所或客户的高级管理层保持信息对称。

（4）在由会计师事务所高级管理层或其他负责会计师事务所职业道德合规性的人员监控的，或者由客户维护的记录中登记该利益诱惑。

（5）针对提供利益诱惑的客户，由未参与提供专业服务的适当复核人员复核注册会计师已执行的工作或作出的决策。

（6）在接受利益诱惑之后将其捐赠给慈善机构，并向会计师事务所高级管理层或提供利益诱惑的人员适当披露该项捐赠。

（7）支付与所接受利益诱惑（如款待）同等价值的价款。

（8）在收到利益诱惑（如礼品）后尽快将其返还给提供者。

【经典例题】

【例题·单选题】下列各项，不属于应对意图不当影响行为的利益诱惑时应采取的措施的是（　　）。

A. 调整与客户之间的业务关系

B. 终止与客户之间的业务关系

C. 就该利益诱惑的情况告知会计师事务所的高级管理层

D. 向外部专业人士咨询意见

【答案】D

【解析】选项D不属于应对意图不当影响行为的利益诱惑时应采取的措施。

重难点17：应对违反法律法规行为★

（一）主要涉及法律法规

1. 舞弊、腐败和贿赂

2. 国家安全、洗钱和犯罪所得

3. 证券市场和交易

4. 银行业务、其他金融产品和服务

5. 信息安全

6. 税务、社会保障

7. 环境保护

8. 公共健康与安全

（二）注册会计师的目标

（1）遵循诚信和良好职业行为原则。

（2）通过提醒客户的管理层或治理层（如适用），使其能够纠正违反法律法规或涉嫌违反法律法规行为或减轻其可能造成的后果，或者阻止尚未发生的违反法律法规行为。

（3）采取有助于维护公众利益的进一步措施。

（三）及时采取行动

如果注册会计师知悉违反法律法规或涉嫌违反法律法规行为，应当及时采取行动。为确保及时采取行动，注册会计师应当同时考虑下列事项：

1. 该行为的性质

2. 该行为可能对客户、投资者、债权人、员工或社会公众利益造成的损害

（四）沟通与进一步行动

如果注册会计师识别出或怀疑存在已经发生或可能发生的违反法律法规行为，应当与适当级别的管理层和治理层沟通。这种沟通也可能能够促使管理层或治理层对该事项展开调查。注册会计师应当根据管理层和治理层的应对，确定是否需要出于维护公众利益的目的而采取进一步行动。注册会计师可以采取的进一步行动包括：

1. 向适当机构报告该事项，即使法律法规没有要求进行报告

2. 在法律法规允许的情况下，解除业务约定

【小贴士】知识点 7～17 介绍了职业道德概念框架的内涵和具体运用。该内容 2021 年进行了大范围修订。

【小贴士】非执业会员对职业道德概念框架的运用，具体要求以了解为主，在此不再赘述。

通关练习

（一）单选题

1. 下列关于注册会计师职业道德的说法中正确的是（　　）。

A. 注册会计师如果注意到已与有问题的信息发生关联，应当采取措施消除关联

B. 在执行鉴证业务时，注册会计师保持实质上的独立性比形式上的独立性更重要

C. 注册会计师执行鉴证业务时，必须保持独立性，除非存在特殊情况

D. 会计师事务所在承办审计、审阅以及其他鉴证业务时，应当从整体层面采取措施，以保持会计师事务所和项目团队的独立性

2. 下列关于注册会计师执业会员专业胜任能力和勤勉尽责方面的说法中错误的是（　　）。

A. 专业胜任能力分为专业胜任能力的获取、专任胜任能力的保持及专业胜任能力的提升三个阶段

B. 会员遵守法律法规、相关职业准则的要求并保持应有的职业怀疑，认真、全面、及时地完成工作任务

C. 在适当时，会员应当使客户、工作单位和专业服务的其他使用者了解专业服务的固有局限

D. 会员应当采取适当措施以确保在其授权下从事专业服务的人员得到应有的培训和督导

3. 注册会计师执业会员职业行为中允许出现的是（　　）。

A. 夸大宣传提供的服务、拥有的资质或获得的经验

B. 贬低或无根据地比较他人的工作

C. 泄露审计客户向其披露的涉密信息

D. 某会计师事务所刊登办公地址迁移的公告

4. 下列事项中，不属于自身利益导致对职业道德不利影响的因素是（　　）。

A. 甲集团公司的审计业务收入占会计师事务所的全年总收入的50%

B. 事务所主任会计师与鉴证客户乙公司经理共同投资一家咨询公司

C. 会计师事务所与客户约定，如果出具标准意见类型审计报告，审计收费在业务约定书约定的基础上上浮15%

D. 会计师事务所为鉴证客户提供纳税筹划服务，为提高年度报表审计效率，事务所要求谁代理谁审计

5. 构成密切关系导致对职业道德基本原则产生不利影响的事项是（　　）。

A. 审计项目组组长的爱人担任客户公司副总经理

B. 项目组成员注册会计师同时拥有司法证书，在审计期间发现审计客户与第三方发生诉讼，接受审计客户聘任，担任客户的辩护人

C. 客户要求会计师事务所必须出具标准无保留意见类型的审计报告，否则将解除审计业务

D. 项目组进驻客户单位时，客户在公司会议室组织见面会，向项目组成员逐一介绍公司董事会员各主要管理层成员，以便于工作的沟通

6. 下列不属于注册会计师对可能产生利益冲突导致职业道德准则不利影响的防范措施是（　　）。

A. 由未参与提供服务或不受利益冲突影响的适当人员复核已执行的工作，以评估关键判断和结论是否适当

B. 如果为某一特定行业或领域中的两个以上客户提供服务，注册会计师应当告知客户，并在征得他们同意的情况下执行业务

C. 在与客户沟通中说明注册会计师发表专业意见的局限性

D. 分派不同的项目组为相关客户提供服务

（二）多选题

1. 注册会计师执业会员应当对职业活动中获得的涉密信息予以保密，对其行为约束的说法中错误的有（　　）。

A. 会员应当警惕无意泄密的可能性，特别是警惕无意中向近亲属或关系密切的人员泄密的可能性

B. 未经客户授权或法律法规允许，向会计师事务所以外的第三方披露其所获知的涉密信息

C. 利用所获知的涉密信息为自己或第三方谋取利益

D. 如果变更工作单位或获得新客户，会员可以利用以前的经验，但不应利用或披露以前职业活动中获知的涉密信息

2. 可能对注册会计师职业道德基本原则产生不利影响的因素包括（　　）。

A. 自身利益

B. 自我评价

C. 过度推介

D. 外在压力

3. 会计师事务所应对不利影响的防范措施包括（　　）。

A. 向鉴证客户提供非鉴证服务时，指派鉴证业务项目组以外的其他合伙人和项目组，并确保鉴证业务项目组和非鉴证业务项目组分别向各自的业务主管报告工作

B. 向合伙人和专业人员提供鉴证客户及其关联实体的名单，并要求合伙人和专业人员与之保持独立

C. 对已执行的非鉴证业务，由未参与该业务的注册会计师进行复核，或在必要时提供建议

D. 向客户治理层说明提供服务的性质和收费的范围

4. 当注册会计师遇到（　　）情况时，应当确定是否有理由拒绝承接该项业务。

A. 潜在客户要求其取代另一注册会计师

B. 考虑执行某些工作作为对另一注册会计师工作的补充

C. 考虑以投标方式接替另一注册会计师执行的业务

D. 就执行业务的合理时间安排与客户达成一致意见

5. 下列关于注册会计师应对造成职业道德不利影响的说法中，正确的有（　　）。

A. 注册会计师不得向客户或其他方支付业务介绍费

B. 注册会计师可以利用媒体刊登名称变更的信息

C. 注册会计师不得提供保管客户资金或其他资产的服务

D. 在提供鉴证服务时，注册会计师的服务应从外界看来没有偏见、无利益冲突、不受他人的不当影响

（三）简答题

ABC 会计师事务所的 A 注册会计师负责审计多家上市公司 2019 年度财务报表。审计项目组在审计中遇到下列事项：

（1）甲公司由于公司股东大会召开在即，和审计项目组约定，如果能够比审计业务约定时间提前 5 天出具审计报告，将额外支付 10 万元审计费给项目组。

（2）乙公司曾经因财务人员短缺，于 2019 年 4 月 1 日起向 ABC 会计师事务所借用一名注册会计师从事会计核算工作，该注册会计师的工作内容是将经过会计主管审核的记账凭证录入计算机信息系统。ABC 事务所未将该名注册会计师纳入乙公司 2019 年度财务报表审计项目组。

（3）A 注册会计师爱人持有丙公司 10 万股股票，于 2019 年 12 月 21 日出售。

（4）丁公司的财务经理于 2019 年 7 月 1 日离职加入 ABC 会计师事务所，A 注册会计师认为其熟悉业务，将其纳入丁公司 2019 年度财务报表审计项目组。

（5）戊公司要求审计项目组必须出具标准无保留意见类型的审计报告，否则将解除业务约定。

（6）2020 年 1 月 6 日，ABC 事务所喜迁新址，在主要媒体刊登事务所迁址和招聘 10 名注册会计师的广告。

【要求】针对事项（1）~（6）的情况，逐项判断 A 注册会计师和 ABC 会计师事务所是否存在违反中国注册会计师职业道德规范的相关规定，并简要说明理由。

通关练习答案及解析

（一）单选题

1. 【答案】A

【解析】注册会计师执行审计、审阅以及其他鉴证业务时，应当从实质上和形式上保持独立性，不得因任何利害关系影响其客观性，因此不选择选项 B、C 选项。会计师事务所在承办审计、审阅以及其他鉴证业务时，应当从整体层面和具体业务层面采取措施，以保持会计师事务所和项目团队的独立性，因此不选择选项 D。

2. 【答案】A

【解析】专业胜任能力可分为两个独立阶段：（1）专业胜任能力的获取；（2）专业胜任能力的保持，因此 A 选项不正确。

3. 【答案】D

【解析】良好的职业行为原则要求注册会计师不得夸大宣传提供的服务、拥有的资质或获得的经验、贬低或无根据地比较他人的工作。保密原则要求注册会计师会员应当对职业活动中获知的涉密信息保密。

4. 【答案】D

【解析】选项 A 属于会计师事务所的收入过分依赖某一客户的情形，构成自身利益导致的不利影响。选项 B 属于鉴证业务项目组成员

与鉴证客户存在重要且密切的商业关系，构成自身利益导致的不利影响。选项C属于会计师事务所与客户就鉴证业务达成或有收费的协议，构成自身利益导致的不利影响。选项D属于会计师事务所在对客户提供财务系统的设计或操作服务后，又对系统的运行有效性出具鉴证报告，构成自我评价导致的不利影响，因此选择选项D。

5. 【答案】A

【解析】选项A属于项目组成员的近亲属担任客户的董事或高级管理人员，构成密切关系导致的不利影响。选项B属于在审计客户与第三方发生诉讼或纠纷时，注册会计师担任该客户的辩护人，构成过度推介导致的不利影响，因此不选择选项B。选项C属于会计师事务所收到客户解除业务关系的威胁，构成外在压力导致不利影响，因此不选择选项C。选项D属于正常的工作沟通。

6. 【答案】C

【解析】选项A、B、D属于注册会计师防范利益冲突导致不利影响的防范措施，因此选择选项C。

（二）多选题

1. 【答案】BC

【解析】保密原则要求会员应当对在职业活动中获知的涉密信息予以保密，不得有下列行为：（1）未经客户授权或法律法规允许，向会计师事务所以外的第三方披露其所获知的涉密信息；（2）利用所获知的涉密信息为自己或第三方谋取利益，此题选项B、C看似属于保密要求，但缺少了限定词“不得”，因此选择选项B、C。

2. 【答案】ABCD

【解析】可能对职业道德基本原则产生不利影响的因素包括自身利益、自我评价、过度推介、密切关系和外在压力。

3. 【答案】ABCD

【解析】选项A和选项B是会计师事务所层面的防范措施，选项C、D是具体业务层面的防范措施。

4. 【答案】ABC

【解析】选项A、B、C均属于注册会计师应当确定是否有理由拒绝承接该项业务的情形，选项D是注册会计师接受专业委托时的要求，因此不选择选项D。

5. 【答案】AB

【解析】除非法律法规允许或要求，注册会计师不得提供保管客户资金或其他资产的服务，因此不选择选项C。在提供鉴证服务时，注册会计师应当从实质上和形式上独立于鉴证客户，客观公正地提出结论，并且从外界看来没有偏见、无利益冲突、不受他人的不当影响，因此不选择选项D。

（三）简答题

【答案】

（1）违反。项目组提前完成审计报告/受到外在压力导致不利影响。项目组额外收费/可能对客观公正原则/专业胜任能力和勤勉尽责原则产生严重不利影响。

（2）不违反。事务所借调注册会计师从事的工作是主管会计审核后的凭证录入，没有行使管理职能，不能对原始数据构成影响，不存在自我评价导致的不利影响。

（3）不违反。鉴证业务项目组负责人近亲属没有在鉴证客户中拥有直接经济利益。

（4）违反。鉴证业务项目组成员担任或曾受雇于客户，且所处职位能够对鉴证对象施加重大影响，属于自我评价导致的不利影响。

（5）违反。会计师事务所受到客户解除业务约定的威胁，属于外在压力导致的不利影响。

（6）不违反。会计师事务所迁址和招聘广告属于合理的专业服务营销，没有对其技能进行宣传，也没有采用强迫、欺诈、利诱或骚扰等方式招揽业务。

第二十三章　审计业务对独立性的要求

2021 年教材内容主要变化

本章内容进行了大范围修订。主要变化如下：

（1）第一节增加“违反本章独立性的规定”部分的内容；

（2）经济利益；

（3）贷款和担保以及商业关系、家庭和私人关系；

（4）为审计客户提供非鉴证服务；

（5）收费；

（6）影响独立性的其他事项。

【小贴士】具体详见有关重难点。

本章近五年考情统计分析

本章考题均为主观题（简答题），但是针对个别的知识点（如独立性、收费等），也可以结合职业道德原则和概念框架考核。

本章属于重要的考试章节之一，近年来一直与第二十二章联合出题，最近五年平均考试分值一般在 6 分左右。

（一）近五年考试分值分布

题型	2016 年	2017 年	2018 年	2019 年	2020 年
单选题	—	—	—	—	—
多选题	—	—	—	—	1
简答题	6	5	6	6	6
综合题	—	—	—	—	—
合计	6	5	6	6	7

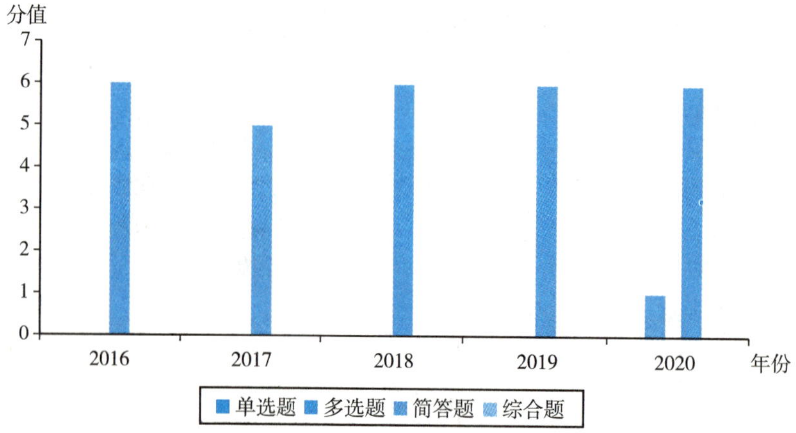

（二）近五年考试考点分布

高频考点内容	年度及题型分布
关联实体和网络事务所	2018 年简答
经济利益	2020 年简答、2019 年简答、2017 年简答、2016 年简答
关键合伙人任职时间	2020 年简答
三种关系	2020 年简答、2019 年简答、2018 年简答、2017 年简答
客户人员交流	2019 年简答、2018 年简答、2017 年简答
为审计客户提供非鉴证服务	2020 年简答、2019 年简答

重难点解析

本章内容为注册会计师执业过程中对独立性的要求，是审计的重要章节，主要内容包括独立性的基本概念和要求、注册会计师在执业过程中可能遇到的经济利益、贷款和担保以及商业关系、家庭和私人关系、与审计客户发生人员交流、与审计客户长期存在业务关系、为审计客户提供非鉴证服务、收费及影响独立性的其他事项。

【小贴士】本章各节内容均需要全面学习和掌握。

重难点 1：独立性的概念★★★

独立性包括实质上的独立性和形式上的独立性。

1. 实质上的独立性

实质上的独立性是一种内心状态，使得注册会计师在提出结论时不受损害职业判断的因素影响，诚信行事，遵循客观公正原则，保持职业怀疑。

2. 形式上的独立性

形式上的独立性是一种外在表现，使得一个理性且掌握充分信息的第三方，在权衡所有相关事实和情况后，认为会计师事务所或审计项目团队成员没有损害诚信原则、客观公正原则或职业怀疑。

重难点 2：网络与网络事务所★★★

【小贴士】该知识点 2021 年进行了小范围修订。

（一）网络与网络事务所的定义

1. 定义

（1）网络是指由多个实体组成，旨在通过合作实现共享收益、分担成本、共享所有权、控制权或管理权、执行统一的质量管理政策和程序、执行同一经营战略、使用同一品牌、共享重要的专业资源中的一个或多个目的的联合体。

（2）网络事务所是指属于某一网络的会计师事务所或实体。

2. 独立性要求

如果某一会计师事务所被视为网络事务所，应当与网络中其他会计师事务所的审计客户保持独立。

【小贴士】有关对网络事务所独立性的要求，适用于所有符合网络事务所定义的实体，而无论该实体（如咨询公司）本身是否为会计师事务所。

（二）网络的确定

在判断一个联合体是否形成网络时，注册会计师应当运用下列标准：

（1）一个联合体旨在通过合作，在各实体之间共享收益或分担成本。

（2）一个联合体旨在通过合作，在各实体之间共享所有权、控制权或管理权。

（3）一个联合体旨在通过合作，在各实

体之间共享统一的质量管理政策和程序。

（4）一个联合体旨在通过合作，在各实体之间共享同一经营战略。

【小贴士】共享同一经营战略，是指实体之间通过协议实现共同的战略目标。如果一个实体与其他实体仅以联合方式应邀提供专业服务，虽然构成联合体，但不形成网络。

（5）一个联合体旨在通过合作，在各实体之间使用同一品牌。

（6）一个联合体旨在通过合作，在各实体之间共享重要的专业资源。

【小贴士】专业资源包括：①能够使各会计师事务所交流诸如客户资料、收费安排和时间记录等信息的共享系统。②合伙人和员工。③技术部门，负责就鉴证业务中的技术或行业特定问题、交易或事项提供咨询。④审计方法或审计手册。⑤培训课程和设施。

【示例】名义上，一个联合体中的一家会计师事务所和其他几家税务所、评估机构或咨询公司没有使用同一品牌，但实质上，它们在人员及客户资源方面存在共享的情况，则上述实体属于同一网络。

（三）共享的资源被视为不重要的情形

（1）共享的资源仅限于共同的审计手册或审计方法。

（2）共享培训资源，而并不交流人员、客户信息或市场信息。

（3）没有一个共有的技术部门。

【小贴士】判断某实体是否属于网络事务所的决策流程见教材图 23－1。

重难点3：公众利益实体★★★

1. 法律法规界定的公众利益实体

2. 法律法规规定按照上市公司审计独立性的要求接受审计的实体

【小贴士】如某些大型非上市金融企业。对于其债券在法律法规认可的证券交易所报价或挂牌，或是在法律法规认可的证券交易所或其他类似机构的监管下进行交易的实体，也应当作为公众利益实体对待。

3. 其他实体

如果其他实体拥有数量众多且分布广泛的利益相关者（包括其管理层、股东、顾客、供应商、债权人、利益相关者、政府、特殊利益团体和媒体等），注册会计师应当考虑将其作为公众利益实体对待。需要考虑的因素包括该实体业务的性质（如金融业务、保险业务）、实体的规模和员工的数量等。

【经典例题】

【真题·简答题（部分）】（2015）上市公司甲公司是 ABC 会计师事务所的常年审计客户。乙公司是非公众利益实体，于 2014 年 6 月被甲公司收购，成为甲公司重要的全资子公司。XYZ 公司和 ABC 会计师事务所处于同一网络。审计项目组在甲公司 2014 年度财务报表审计中遇到下列事项：

（2）B 注册会计师自 2009 年度起担任乙公司财务报表审计项目合伙人，在乙公司被甲公司收购后，继续担任乙公司 2014 年度财务报表审计项目合伙人，并成为甲公司的关键审计合伙人。

【要求】针对上述第（2）项，指出是否可能存在违反中国注册会计师职业道德守则有关独立性规定的情况，并简要说明理由。

【答案】

事项序号	是否违反（违反/不违反）	理由
（2）	不违反	B 注册会计师在成为公众利益实体的关键审计合伙人后晌可以继续服务两年

重难点4：关联实体★★★

（一）关联实体的内涵

（1）能够对客户施加直接或间接控制的实体，并且客户对该实体重要。

（2）在客户内拥有直接经济利益的实体，并且该实体对客户具有重大影响，在客户内的利益对该实体重要。

（3）受到客户直接或间接控制的实体。

（4）客户（或受到客户直接或间接控制的实体）拥有其直接经济利益的实体，并且客户能够对该实体施加重大影响，在实体内的经济利益对客户（或受到客户直接或间接控制的实体）重要。

（5）与客户处于同一控制下的实体（即"姐妹实体"），并且该姐妹实体和客户对其控制方均重要。

（二）审计客户与关联实体关系

（1）在审计客户是上市公司的情况下，本章所称审计客户包括该客户的所有关联实体。

（2）在审计客户不是上市公司的情况下，本章所称审计客户仅包括该客户直接或间接控制的关联实体。

（三）评价及应对措施实施范围

如果认为客户存在的关系或情形涉及其他关联实体，且与评价会计师事务所独立性相关，审计项目团队在识别、评价对独立性的不利影响以及采取防范措施时，应当将其他关联实体包括在内。

【经典例题】

【真题·简答题（部分）】（2020）上市公司甲公司是ABC会计师事务所的常年审计客户。XYZ公司和ABC会计师事务所处于同一网络。审计项目组在甲公司2019年度财务报表审计中遇到下列事项：

（2）甲公司是上市公司乙公司的重要联营企业。项目经理B注册会计师的父亲于2020年1月6日购买了乙公司股票2 000股。乙公司不是ABC会计师事务所的审计客户。

【要求】针对第（2）项，指出是否可能存在违反中国注册会计师职业道德守则有关独立性规定的情况，并简要说明理由。

【答案】

事项序号	是否违反（违反/不违反）	理由
（2）	是	B注册会计师的父亲在审计业务期间拥有甲公司关联实体的直接经济利益，因自身利益对独立性产生严重不利影响

【真题·简答题（部分）】（2014）上市公司甲公司系ABC会计师事务所的常年审计客户，从事房地产开发业务。XYZ公司是ABC会计师事务所的网络事务所。在对甲公司2013年度财务报表执行审计的过程中存在下列事项：

（1）2013年10月，甲公司收购了乙公司25%的股权，乙公司成为甲公司的重要联营公司。审计项目组经理A注册会计师在收购生效日前一周得知其妻子持有乙公司发行的价值1万元的企业债，承诺将在收购生效日后一个月内出售该债券。

【要求】针对第（1）项，指出是否可能存在违反中国注册会计师职业道德守则有关独立性规定的情况，并简要说明理由。

【答案】

事项序号	是否可能违反（是/否）	理由
（1）	是	收购日后乙公司成为甲公司的关联实体，A注册会计师及其主要近亲属不得在乙公司拥有直接经济利益，应在收购生效日前处置该直接经济利益，得知持有该直接经济利益后立即处置该利益，否则将因自身利益对独立性产生严重不利影响

【经典例题】

【例题·多选题】ABC会计师事务所和DEF公司处于同一网络。ABC会计师事务所的常年审计客户甲公司，与上市公司乙公司为同一母公司的重要子公司，乙公司不是ABC会计师事务所的审计客户。A注册会计师担任甲公司审计项目合伙人，在甲公司2019年度财务报表审计中遇到下列事项中，构成关联实体关系对注册会计师独立性不利影响的有（　　）。

A. 项目合伙人A注册会计师的父亲于2019年5月买入乙公司股票1 000股，该股权对A注册会计师的父亲而言不属于重大经济利益

B. 审计项目组成员C的妻子于2019年9月购买了某金融机构金融产品50 000元。根据其金融机构及资金使用方签署的三方协议，该资金用于补充甲公司某不重要子公司的短期流动资金

C. 2019年8月，甲公司在海外设立子公司，聘请DEF公司提供设立申请服务，以及业务流程和财务流程文档的编制服务

D. 2019年12月，DEF公司的合伙人E应邀参加了甲公司为其经销商举办的研讨会，介绍了数据保护相关的监管要求及DEF公司的相关服务

【答案】ABC

【解析】审计项目组成员的主要近亲属在审计客户的关联实体中拥有直接经济利益，将造成因自身利益产生非常严重的不利影响，因此选择选项A。审计项目组成员的主要近亲属不得在审计客户的关联实体中拥有重大间接经济利益，否则将因自身利益产生非常严重的不利影响，因此选择选项B。DEF公司和ABC会计师事务所处于同一网络，网络所为审计客户的关联实体提供构成财务报告内部控制重大组成部分的信息技术系统服务，将因自我评价产生不利影响，因此选择选项C。选项D属于会计师事务所营销方式招揽服务，可能构成独立性的影响，因此不选择选项D。

重难点5：业务期间★★★

（一）含义

（1）业务期间自审计项目组开始执行审计业务之日起，至出具审计报告之日止。

（2）如果审计业务具有连续性，业务期间结束日应以其中一方通知解除业务关系或出具最终审计报告两者时间孰晚为准。

【小贴士】注册会计师应当在业务期间和财务报表涵盖的期间独立于审计客户。

（二）业务期间和财务报表涵盖期间示例

会计师事务所于2010年3月1日开始执行审计业务，这项工作将从2010年3月1日开始实施并持续到2011年4月6日。

1. 业务期间

2010年3月1日至2011年4月6日（如果会计师事务所继续为该企业提供审计服务，业务期间将会延伸至第二年）。

2. 财务报表涵盖期间

2010年1月1日至2010年12月31日。

3. 注册会计师保持独立性的期间

（1）自2010年1月1日开始，会计师事务所必须保持独立性，直到其终止作为客户的注册会计师这一角色。

（2）如果审计业务具有连续性，业务期间结束日应以其中一方通知解除业务关系或出具最终审计报告两者时间孰晚为准。

【经典例题】

【真题·简答题（部分）】（2015）上市公司甲公司是ABC会计师事务所的常年审计客户。乙公司是非公众利益实体，于2014年6月被甲公司收购，成为甲公司重要的全资子公司。XYZ公司和ABC会计师事务所处于同一网络。审计项目组在甲公司2014年度财务报表审计中遇到下列事项：

（1）A注册会计师自2012年度起担任甲公司财务报表审计项目合伙人，其妻子在甲公司2013年年度报告公告后购买了甲公司股票3 000股，在2014年度审计工作开始前卖出了这些股票。

【要求】针对上述第（1）项，指出是否可能存在违反中国注册会计师职业道德守则有关独立性规定的情况，并简要说明理由。

【答案】

事项序号	是否违反（违反/不违反）	理由
（1）	违反	因针对甲公司的审计业务具有连续性，2013年度审计报告出具后至2014年度审计工作开始前期间仍属于业务期间，A注册会计师的妻子在该期间持有甲公司的股票，因自身利益对独立性产生严重不利影响

（三）非鉴证服务的影响

1. 不利影响评价

如果在财务报表涵盖的期间或之后，在审计项目组开始执行审计业务之前，会计师事务所向审计客户提供了非鉴证服务，并且该非鉴证服务在业务期间不允许提供，会计师事务所应当评价提供的非鉴证服务对独立性产生的不利影响。

2. 防范措施

（1）不允许提供非鉴证服务的人员担任审计项目团队成员。

（2）必要时由适当复核人员复核审计和非鉴证工作。

（3）由其他会计师事务所评价非鉴证服务的结果，或重新执行非鉴证服务，使得其他会计师事务所能够对该非鉴证服务承担责任。

重难点6：合并与收购★★

（一）基本要求

如果由于合并或收购，某一实体成为审计客户的关联实体，会计师事务所应当识别和评价其与该关联实体以往和目前存在的利益或关系，并在考虑可能的防范措施后确定是否影响独立性，以及在合并或收购生效日后能否继续执行审计业务。

（二）应对措施

（1）会计师事务所应当在合并或收购生效日前采取必要措施终止目前存在的本章禁止的利益或关系。

（2）如果在合并或收购生效日前不能终止目前存在的利益或关系，会计师事务所应当评价产生的不利影响。不利影响的严重程度取决于下列因素。

①利益或关系的性质和重要程度。

②审计客户与该关联实体之间关系的性质和重要程度，例如，关联实体是审计客户的子公司还是母公司。

③合理终止该利益或关系需要的时间。

（三）与治理层沟通

会计师事务所应当与治理层讨论，在合并或收购生效日前不能终止利益或关系的原因，以及对由此产生不利影响严重程度的评价结果。

1. 会计师事务所继续执行审计业务的条件

（1）在合并或收购生效日起的六个月内，尽快终止该利益或关系。

（2）存在该利益或关系的人员不得作为

审计项目组成员，也不得负责项目质量复核。

(3) 拟采取适当的过渡性措施，并就此与治理层讨论。

2. 采取的适当过渡性措施

(1) 必要时由审计项目组以外的注册会计师复核审计或非鉴证工作。

(2) 由其他会计师事务所再次执行项目质量复核。

(3) 由其他会计师事务所评价非鉴证服务的结果，或重新执行非鉴证服务，使得其他会计师事务所能够对该非鉴证服务承担责任。

重难点7：违反本章独立性的规定★★

【小贴士】该知识点为2021年新增知识点。

(一) 基本要求

(1) 终止、暂停或消除引发违规的利益或关系，并处理违规后果。

(2) 考虑是否存在适用于该违规行为的法律法规，如果存在，遵守该法律法规的规定，并考虑向相关监管机构报告该违规行为。

(3) 按照会计师事务所的政策和程序，立即就该违规行为与下列人员沟通：

①项目合伙人。

②负责独立性相关政策和程序的人员。

③会计师事务所和网络中的其他相关人员。

④根据本守则的要求需要采取适当行动的人员。

(4) 评价违规行为的严重程度及其对会计师事务所的客观公正和出具审计报告能力的影响。

(5) 根据违规行为的严重程度，确定是否终止审计业务，或者是否能够采取适当行动以妥善处理违规后果。

(二) 违规行为的严重程度及影响的主要取决因素

(1) 违规的性质和持续时间。

(2) 以前年度发生的、与当前审计业务有关的违规次数和性质。

(3) 审计项目团队成员是否知悉造成违规的利益或关系。

(4) 造成违规的人员是否为审计项目团队成员或需要遵守独立性要求的其他人员。

(5) 如果违规涉及某一审计项目团队成员，该成员的职责。

(6) 如果违规由提供专业服务所致，该服务对会计记录或被审计财务报表金额的影响(如适用)。

(7) 由于违规导致的因自身利益、过度推介、密切关系或其他原因对独立性产生的不利影响。

(三) 采取的必要措施

(1) 将相关人员调离审计项目团队。

(2) 由其他人员对受影响的审计工作实施额外复核或必要时重新执行该工作。

(3) 建议审计客户委托其他会计师事务所复核或必要时重新执行受影响的审计工作。

(4) 如果违规涉及影响会计记录或财务报表金额的非鉴证服务，由其他会计师事务所评价非鉴证服务的结果，或重新执行非鉴证服务，使得其他会计师事务所能够对该非鉴证服务承担责任。

【小贴士】如果会计师事务所确定无法采取行动妥善处理违规后果，应当尽快通知治理层，并按照法律法规的规定终止审计业务。如果法律法规禁止终止该审计业务，会计师事务所应当遵守相关报告或披露要求。

(四) 与治理层的沟通

1. 沟通事项

(1) 违规的严重程度，包括其性质和持续时间。

(2) 违规是如何发生以及如何识别出的。

(3) 已采取或拟采取的措施，以及这些措施能够妥善处理违规后果并使会计师事务所能够出具审计报告的原因。

(4) 会计师事务所根据职业判断认为客观公正并未受到损害及其理由。

(5) 会计师事务所已采取或拟采取的、

用于降低进一步违规风险或避免发生进一步违规行为的措施。

2. 相关记录要求

（1）常规记录事项。

①违规事项。

②采取的措施。

③作出的关键决策。

④与治理层沟通的所有事项。

⑤与职业团体或监管机构所进行的任何沟通。

（2）继续执业的特别记录。

如果会计师事务所继续执行该审计业务，还应当记录下列事项：

①根据会计师事务所的职业判断，客观公正原则并未受到损害；

②所采取的措施能够妥善处理违规后果，从而使会计师事务所能够出具审计报告及其理由。

重难点8：经济利益的种类★★★

【小贴士】该知识点2021年进行了小范围修订。

（一）直接经济利益

（1）个人或实体直接拥有并控制的经济利益（包括授权他人管理的经济利益）。

（2）个人或实体通过集合投资工具、信托、实体或合伙组织、或第三方而实质拥有的经济利益，并且有能力控制这些投资工具，或影响其投资决策。

【小贴士】常见的直接经济利益包括证券或其他参与权，诸如包括股票、债券、认沽权、认购权、期权、权证和卖空权等。

【经典例题】

【真题·简答题（部分）】（2018）上市公司甲公司是ABC会计师事务所的常年审计客户。XYZ公司和ABC会计师事务所处于同一网络。审计项目组在甲公司2017年度财务报表审计中遇到下列事项：

（1）项目合伙人A注册会计师的妻子在甲公司担任人事部经理并持有该公司股票期权1万股，该期权自2018年1月1日起可以行权。A注册会计师的妻子于2018年1月2日行权后立即处置了该股票。

【要求】针对上述（1）项，指出是否可能存在违反中国注册会计师职业道德守则有关独立性规定的情况，并简要说明理由。

【答案】

事项序号	是否违反（违反/不违反）	理由
（1）	违反	A注册会计师不应参与甲公司审计/A注册会计师的妻子不得以任何形式/通过员工股票期权计划拥有甲公司的直接经济利益，否则将因自身利益对独立性产生严重不利影响

（二）间接经济利益

间接经济利益是指个人或实体通过集合投资工具、信托、实体或合伙组织、或第三方而实质拥有的经济利益，但没有能力控制这些投资工具，或影响其投资决策。

（三）判断直接经济利益和间接经济利益的方式

受益人可能通过集合投资工具、信托等投资工具拥有经济利益。确定经济利益是直接的还是间接的，取决于受益人能否控制投资工具或具有影响投资决策的能力。

（1）受益人能够控制投资工具或具有影响投资决策的能力的，这种经济利益为直接经济利益。

（2）受益人不能控制投资工具或不具有影响投资决策的能力的，这种经济利益为间接经济利益。

（四）不利影响的取决因素

（1）拥有经济利益人员的角色。

（2）经济利益是直接的还是间接的。

（3）经济利益的重要程度。

重难点9：对独立性产生不利影响的情形和防范措施★★★

（一）在审计客户中拥有经济利益

（1）会计师事务所、审计项目组团队成员及其主要近亲属不得在审计客户中拥有直接经济利益或重大间接经济利益。

【小贴士】审计项目团队成员包括执行某项审计业务的所有合伙人和员工，以及为该项业务实施审计程序的所有其他人员，还包括会计师事务所及网络事务所中能够直接影响审计业务结果的其他人员。

（2）与执行审计业务的项目合伙人同处一个分部的其他合伙人及其主要近亲属不得在审计客户中拥有直接经济利益或重大间接经济利益。

【小贴士】执行审计业务的项目合伙人所处的分部并不一定是其所隶属的分部。当项目合伙人与审计项目团队的其他成员隶属于不同的分部时，会计师事务所应当运用职业判断确定项目合伙人执行审计业务时所处的分部。

（3）为审计客户提供非审计服务的其他合伙人、管理人员及其主要近亲属不得在审计客户中拥有直接经济利益或重大间接经济利益。

【小贴士】上述规定存在例外情况，如果与执行审计业务的项目合伙人同处一个分部的其他合伙人的主要近亲属，或者为审计客户提供非审计服务的其他合伙人或管理人员的主要近亲属同时满足下列条件，则该主要近亲属可以在审计客户中拥有直接经济利益或重大间接经济利益：

①该主要近亲属作为审计客户的员工有权（例如通过退休金或股票期权计划）取得该经济利益，并且会计师事务所在必要时能够应对因该经济利益产生的不利影响。

②当该主要近亲属拥有或取得处置该经济利益的权利，或者在股票期权中，有权行使期权时，能够尽快处置或放弃该经济利益。

（二）在控制审计客户的实体中拥有经济利益

会计师事务所、审计项目团队成员及其主要近亲属不得在控制审计客户的实体中拥有直接经济利益或重大间接经济利益。

（三）作为受托管理人拥有经济利益

上述（一）中各方不得作为受托管理人在审计客户中拥有直接经济利益或重大间接经济利益，除非同时满足下列条件：

（1）受托管理人、审计项目团队成员、两者的主要近亲属、会计师事务所均不是受托财产的受益人。

（2）通过信托而在审计客户中拥有的经济利益对于该项信托而言并不重大。

（3）该项信托不能对审计客户施加重大影响。

（4）受托管理人、审计项目团队成员、两者的主要近亲属、会计师事务所对涉及审计客户经济利益的投资决策没有重大影响。

（四）与审计客户拥有共同经济利益

会计师事务所、审计项目团队成员及其主要近亲属不得与审计客户拥有共同经济利益，除非满足下列条件之一：

（1）经济利益对会计师事务所、审计项目团队成员及其主要近亲属，以及审计客户均不重要。

（2）审计客户无法对该实体施加重大影响。

【小贴士】拥有此类经济利益的人员，在成为审计项目团队成员之前，该人员或其主要近亲属应当处置全部经济利益，或处置足够数量的经济利益，使剩余经济利益不再重大。

【经典例题】

【真题·简答题（部分）】（2019）上市公司甲公司是ABC会计师事务所的常年审计客户。XYZ公司和ABC会计师事务所处于同一网络。审计项目组在甲公司2018年度财务报表审计中遇到下列事项：

（2）审计项目组成员B注册会计师的父亲在丙公司持有重大经济利益。丙公司为甲公司不重要的联营企业，不是ABC会计师事务所的审计客户。

【要求】针对上述第（2）项，指出是否可能存在违反中国注册会计师职业道德守则有关独立性规定的情况，并简要说明理由。将答案直接填入答题区相应的表格内。

【答案】

事项序号	是否违反（违反/不违反）	理由
（2）	违反	甲公司对丙公司有重大影响，且项目组成员B的父亲在丙公司持有重大经济利益，因自身利益对独立性产生严重不利影响

（五）无意中获取的经济利益

如果会计师事务所、审计项目团队成员或其主要近亲属、员工或其主要近亲属通过继承、馈赠或因企业合并或类似情况，从审计客户获得直接经济利益或重大间接经济利益，而根据本守则的规定不允许拥有此类经济利益，应当采取下列措施：

（1）如果会计师事务所、审计项目团队成员或其主要近亲属获得经济利益，应当立即处置全部经济利益，或处置全部直接经济利益并处置足够数量的间接经济利益，以使剩余经济利益不再重大。

（2）如果审计项目团队以外的人员或其主要近亲属获得经济利益，应当在合理期限内尽快处置全部经济利益，或处置全部直接经济利益并处置足够数量的间接经济利益，以使剩余经济利益不再重大。

【小贴士】在完成处置该经济利益前，会计师事务所应当在必要时采取防范措施以消除不利影响。

【经典例题】

【真题·简答题（部分）】（2017）ABC会计师事务所委派A注册会计师担任上市公司甲公司2016年度财务报表审计项目合伙人。ABC会计师事务所和XYZ公司处于同一网络。审计项目组在审计中遇到下列事项：

（1）A注册会计师因继承其祖父的遗产获得甲公司股票20 000股，承诺将在有权处置这些股票之日起一个月内出售。

【要求】针对上述第（1）项，指出是否存在违反中国注册会计师职业道德守则有关职业道德和独立性规定的情况，并简要说明理由。

【答案】

事项序号	是否违反（违反/不违反）	理由
（1）	违反	A注册会计师应当在有权处置时立即处置甲公司股票，否则将因自身利益对独立性产生严重不利影响

（六）其他情况下的经济利益

1. 与审计客户的利益相关者同时在某一实体拥有经济利益

（1）不利情形。

会计师事务所、审计项目团队成员或其主要近亲属在某一实体拥有经济利益，并且知悉审计客户的董事、高级管理人员或具有控制权的所有者也在该实体拥有经济利益，可能因自身利益、密切关系或外在压力产生不利影响。

（2）不利影响的取决因素。

①该成员在审计项目团队中的角色。

②实体的所有权是由少数人持有还是多数人持有。

③经济利益是否使得投资者能够控制该实体，或对其施加重大影响。

④经济利益的重要程度。

（3）防范措施。

①将拥有该经济利益的审计项目团队成员调离审计项目团队。

②由审计项目团队以外的注册会计师复核该成员已执行的工作。

2. 对审计项目团队成员其他近亲属拥有经济利益的要求

（1）不利情形。

如果审计项目团队某一成员的其他近亲属在审计客户中拥有直接经济利益或重大间接经济利益，将因自身利益产生非常严重的不利影响。

（2）不利影响的取决因素。

①审计项目团队成员与其他近亲属之间的关系。

②经济利益是直接的还是间接的。

③经济利益对其他近亲属的重要程度。

（3）防范措施。

①其他近亲属尽快处置全部经济利益，或处置全部直接经济利益并处置足够数量的间接经济利益，以使剩余经济利益不再重大。

②将该成员调离审计项目团队。

③由审计项目团队以外的适当复核人员复核该审计项目团队成员已执行的工作。

3. 对其他人员拥有经济利益的要求

（1）不利情形。

如果审计项目团队成员知悉下列其他人员在审计客户中拥有经济利益，也可能因自身利益对独立性产生不利影响：

①除上述（一）中提及的人员外，会计师事务所合伙人、专业人员、两者的主要近亲属。

②与审计项目团队成员存在密切私人关系的人员。

（2）不利影响的取决因素。

①会计师事务所的组织结构、经营模式和沟通机制。

②相关人员与审计项目团队成员之间的关系。

（3）防范措施。

①将存在密切私人关系的审计项目团队成员调离审计项目团队，以消除不利影响。

②不允许该审计项目团队成员参与有关审计业务的任何重大决策。

③由审计项目团队以外的适当复核人员复核该审计项目团队成员已执行的工作。

4. 会计师事务所的退休金计划

如果会计师事务所通过退休金计划，在审计客户中拥有直接经济利益或重大间接经济利益，可能因自身利益产生不利影响。注册会计师应当评价不利影响的严重程度，并在必要时采取防范措施消除不利影响或将其降低至可接受的水平。

重难点10：贷款和担保★★★

【小贴士】该知识点2021年进行了小范围修订。

（一）从银行或类似金融机构等审计客户取得贷款或获得贷款担保

会计师事务所、审计项目团队成员或其主要近亲属从银行或类似金融机构等审计客户取得贷款，或获得贷款担保，可能对独立性产生不利影响。

1. 禁止接受非正常的贷款或担保

会计师事务所、审计项目团队成员或其主要近亲属不得从银行或类似金融机构等审计客户取得贷款，或获得贷款担保，除非该贷款或担保是按照正常的程序、条款和条件进行的。

2. 可以接受正常的贷款及防范措施

（1）不利情形。

即使会计师事务所从银行或类似金融机构等审计客户按照正常的程序、条款和条件取得贷款，如果该贷款对审计客户或取得贷款的会计师事务所是重要的，也可能因自身利益对独立性产生不利影响。

（2）防范措施。

由网络中未参与执行审计业务并且未从该贷款中获益的会计师事务所复核已执行的工作。

（二）从不属于银行或类似金融机构等审计客户取得贷款或由其提供担保（行为禁止）

会计师事务所、审计项目团队成员或其主要近亲属不得从不属于银行或类似金融机构的审计客户取得贷款，或由此类审计客户提供贷款担保。

（三）向审计客户提供贷款或为其提供担保（行为禁止）

会计师事务所、审计项目团队成员或其主要近亲属不得向审计客户提供贷款或担保。

（四）在审计客户开立存款或经纪账户

【小贴士】该知识点2021年进行了小范围修订。

会计师事务所、审计项目团队成员或其主要近亲属不得在银行或类似金融机构等审计客户开立存款或经纪账户，除非该存款或经纪账户是按照正常的商业条件开立的。

【小贴士】与贷款和担保有关的适用于会计师事务所的独立性要求见下表。

<table>
<tr><td rowspan="8">适用于会计师事务所</td><td rowspan="4">向审计客户取得贷款或获得担保</td><td rowspan="3">审计客户是银行或类似金融机构</td><td rowspan="2">按照正常程序、条款和条件取得该贷款/担保</td><td>该贷款对审计客户或会计师事务所影响重大</td><td>允许（但需要采取防范措施）</td></tr>
<tr><td>该贷款对审计客户或会计师事务所影响不重大</td><td>允许</td></tr>
<tr><td>不是按照正常的程序、条款和条件取得该贷款/担保</td><td colspan="2">不得接受（禁止）</td></tr>
<tr><td>审计客户不是银行或类似金融机构</td><td colspan="3">不得接受（禁止）</td></tr>
<tr><td>向审计客户提供贷款或担保</td><td colspan="4">不得接受（禁止）</td></tr>
<tr><td rowspan="3">在审计客户开立存款或经纪账户</td><td rowspan="2">审计客户是银行或类似金融机构</td><td>账户按照正常的商业条件开立</td><td colspan="2">允许</td></tr>
<tr><td>账户没有按照正常的商业条件开立</td><td colspan="2">不得接受（禁止的）</td></tr>
<tr><td>审计客户不是银行或类似金融机构</td><td colspan="3">不得接受（禁止）</td></tr>
</table>

【小贴士】与贷款和担保有关的适用于审计项目团队成员及其主要近亲属的独立性要求见下表。

<table>
<tr><td rowspan="8">适用于审计项目团队成员及其主要近亲属</td><td rowspan="4">向审计客户取得贷款或获得担保</td><td rowspan="3">审计客户是银行或类似金融机构</td><td rowspan="2">按照正常的程序、条款和条件取得该贷款/担保</td><td>该贷款对审计客户或会计师事务所影响重大</td><td>允许（但需要采取防范措施）</td></tr>
<tr><td>该贷款对审计客户或会计师事务所影响不重大</td><td>允许</td></tr>
<tr><td>不是按照正常的程序、条款和条件取得该贷款/担保</td><td colspan="2">不得接受（禁止）</td></tr>
<tr><td>审计客户不是银行或类似金融机构</td><td colspan="3">不得接受（禁止）</td></tr>
<tr><td>向审计客户提供贷款或担保</td><td colspan="4">不得接受（禁止）</td></tr>
<tr><td rowspan="3">在审计客户开立存款或经纪账户</td><td rowspan="2">审计客户是银行或类似金融机构</td><td>账户按照正常的商业条件开立</td><td colspan="2">允许</td></tr>
<tr><td>账户没有按照正常的商业条件开立</td><td colspan="2">不得接受（禁止）</td></tr>
<tr><td>审计客户不是银行或类似金融机构</td><td colspan="3">不得接受（禁止的）</td></tr>
</table>

重难点11：商业关系★★★

【小贴士】该知识点2021年进行了小范围修订。

（一）商业关系的种类及防范措施

会计师事务所、审计项目团队成员或其主要近亲属与审计客户或其高级管理人员之间，由于商务关系或共同的经济利益而存在密切的商业关系，可能因自身利益或外在压力对独立性产生不利影响，如下表所示。

<table>
<tr><th>商业关系种类</th><th>防范措施</th></tr>
<tr><td>与客户或其控股股东、董事、高级管理人员或其他为该客户执行高级管理活动的人员共同开办企业</td><td rowspan="3">（1）会计师事务所、审计项目团队成员不得与审计客户或其高级管理人员建立密切的商业关系。（2）如果会计师事务所存在此类商业关系，应当予以终止。如果此类商业关系涉及审计项目团队成员，会计师事务所应当将该成员调离审计项目团队。（3）如果审计项目团队成员的主要近亲属与审计客户或其高级管理人员存在此类商业关系，注册会计师应当评价不利影响的严重程度，并在必要时采取防范措施消除不利影响或将其降低至可接受的水平</td></tr>
<tr><td>按照协议，将会计师事务所的产品或服务与客户的产品或服务结合在一起，并以双方名义捆绑销售</td></tr>
<tr><td>按照协议，会计师事务所销售或推广客户的产品或服务，或者客户销售或推广会计师事务所的产品或服务</td></tr>
</table>

（二）与审计客户或其利益相关者一同在某股东人数有限的实体中拥有利益

1. 不利情形

审计客户或其董事、高级管理人员，或上述各方作为投资者的任何组合，在某股东人数有限的实体中拥有经济利益，会计师事务所、审计项目团队成员或其主要近亲属也在该实体拥有经济利益。

2. 防范措施

行为禁止，除非同时满足下列条件：

（1）这种商业关系对于会计师事务所、审计项目团队成员或其主要近亲属以及审计客户均不重要。

（2）该经济利益对上述投资者或投资组合并不重大。

（3）该经济利益不能使上述投资者或投资组合控制该实体。

（三）从审计客户购买商品或服务

1. 正常商业程序公平交易

会计师事务所、审计项目团队成员或其主要近亲属从审计客户购买商品或服务，如果按照正常的商业程序公平交易，通常不会对独立性产生不利影响。

2. 交易性质特殊或金额较大

（1）如果交易性质特殊或金额较大，可能因自身利益产生不利影响。会计师事务所应当评价不利影响的严重程度，并在必要时采取防范措施消除不利影响或将其降低至可接受的水平。

（2）防范措施。

①取消交易或降低交易规模。

②将相关审计项目团队成员调离审计项目团队。

【经典例题】

【真题·简答题（部分）】（2019）上市公司甲公司是ABC会计师事务所的常年审计客户。XYZ公司和ABC会计师事务所处于同一网络。审计项目组在甲公司2018年度财务报表审计中遇到下列事项：

（6）甲公司研发的新型电动汽车于2018年12月上市。甲公司在ABC会计师事务所年会上为其员工举办了专场试驾活动，并宣布事务所员工可以按照甲公司给其同类大客户的优惠价格购车。

【要求】针对上述第（6）项，指出是否可能存在违反《中国注册会计师职业道德守则》有关独立性规定的情况，并简要说明理由。

【答案】

事项序号	是否违反（违反/不违反）	理由
（6）	违反	该试驾活动被视为ABC会计师事务所向其员工推销甲公司产品/属于禁止的商业关系，将因自身利益对独立性产生严重不利影响

【真题·简答题（部分）】（2018）上市公司甲公司是ABC会计师事务所的常年审计客户。XYZ公司和ABC会计师事务所处于同一网络。审计项目组在甲公司2017年度财务报表审计中遇到下列事项：

（6）乙公司是甲公司的子公司，从事小额贷款业务。2017年12月，乙公司和ABC会计师事务所联合对外发布行业研究报告，对该行业现状与前景进行分析，并介绍了乙公司的业务。

【要求】针对上述第（6）项，指出是否可能存在违反《中国注册会计师职业道德守则》有关独立性规定的情况，并简要说明理由。

【答案】

事项序号	是否违反（违反/不违反）	理由
（6）	违反	ABC会计师事务所通过和乙公司共同发布的行业研究报告推广了乙公司的业务/属于禁止的商业关系

【真题·简答题（部分）】（2017）ABC会计师事务所委派A注册会计师担任上市公司甲公司2016年度财务报表审计项目合伙人。ABC会计师事务所和XYZ公司处于同一网络。审计项目组在审计中遇到下列事项：

（4）D注册会计师和A注册会计师同处一个分部，不是甲公司审计项目组成员。D的母亲和甲公司某董事共同开办了一家早教机构。

【要求】针对上述第（4）项，指出是否存在违反《中国注册会计师职业道德守则》有关职业道德和独立性规定的情况，并简要说明理由。

【答案】

事项序号	是否违反（违反/不违反）	理由
（4）	不违反	D不是甲公司审计项目组成员，其母亲与甲公司董事的合作不属于被禁止的商业关系

【真题·简答题（部分）】（2015）上市公司甲公司是ABC会计师事务所的常年审计客户。乙公司是非公众利益实体，于2014年6月被甲公司收购，成为甲公司重要的全资子公司。XYZ公司和ABC会计师事务所处于同一网络。审计项目组在甲公司2014年度财务报表审计中遇到下列事项：

（6）甲公司的子公司丁公司提供信息系统咨询服务，与XYZ公司组成联合服务团队，向目标客户推广营业税改增值税相关咨询和信息系统咨询一揽子服务。

【要求】针对上述第（6）项，指出是否可能存在违反中国注册会计师职业道德守则有关独立性规定的情况，并简要说明理由。

【答案】

事项序号	是否违反（违反/不违反）	理由
（6）	违反	XYZ公司和丁公司以双方的名义捆绑提供服务，因自身利益/外在压力对独立性产生严重不利影响/上述关系属于守则禁止的商业关系

重难点12：家庭和私人关系★★★

【小贴士】该知识点2021年进行了小范围修订。

如果审计项目团队成员与审计客户的董事、高级管理人员，或某类员工（取决于该员工在审计客户中担任的角色）存在家庭和私人关系，可能因自身利益、密切关系或外在压力对独立性产生不利影响。不利影响存在与否及其严重程度取决于多种因素，包括该成员在审计项目团队的角色、其家庭成员或相关人员在客户中的职位以及关系的密切程度等，如下表所示。

角色	描述	不利影响是否严重	应对措施
审计项目团队成员的主要近亲属在审计客户中处于重要职位	审计项目团队成员的主要近亲属是审计客户的董事、高级管理人员或特定员工，或者在业务期间或财务报表涵盖的期间曾担任上述职务	非常严重，导致没有防范措施能够消除或降低	拥有此类关系的人员不得成为审计项目团队成员

续表

角色	描述	不利影响是否严重	应对措施
审计项目组成员的主要近亲属能够对客户的财务状况、经营成果和现金流量施加重大影响	审计项目组成员的主要近亲属在审计客户中所处职位能够对客户的财务状况、经营成果和现金流量施加重大影响，将可能因自身利益、密切关系或外在压力对独立性产生不利影响	主要取决于下列因素： （1）主要近亲属在客户中的职位。 （2）该成员在审计项目团队中的角色	（1）将该成员调离审计项目团队。 （2）合理安排审计项目团队成员的职责，使该成员的工作不涉及其主要近亲属的职责范围
审计项目团队成员的其他近亲属处在重要职位	审计项目团队成员的其他近亲属是审计客户的董事、高级管理人员或特定员工	主要取决于下列因素： （1）审计项目团队成员与其他近亲属的关系。 （2）其他近亲属在客户中的职位。 （3）该成员在审计项目团队中的角色	（1）将该成员调离审计项目团队。 （2）合理安排审计项目团队成员的职责，使该成员的工作不涉及其他近亲属的职责范围
审计项目团队成员与审计客户重要职务的员工存在密切关系	审计项目团队成员与审计客户的员工存在密切关系，并且该员工是审计客户的董事、高级管理人员或特定员工，即使该员工不是审计项目团队成员的近亲属，也将对独立性产生不利影响	主要取决于下列因素： （1）该员工与审计项目团队成员的关系。 （2）该员工在客户中的职位。 （3）该成员在审计项目团队中的角色	（1）将该成员调离审计项目团队。 （2）合理安排该成员的职责，使其工作不涉及与之存在密切关系的员工的职责范围
审计项目团队以外的合伙人或员工，与审计客户重要职务的人员存在家庭或私人关系	会计师事务所中审计项目团队以外的合伙人或员工，与审计客户的董事、高级管理人员或特定员工之间存在家庭或私人关系	主要取决于下列因素： （1）该合伙人或员工与审计客户的董事、高级管理人员或特定员工之间的关系。 （2）该合伙人或员工与审计项目团队之间的相互影响。 （3）该合伙人或员工在会计师事务所中的角色。 （4）董事、高级管理人员或特定员工在审计客户中的职位	（1）合理安排该合伙人或员工的职责，以减少对审计项目团队可能产生的影响。 （2）由审计项目团队以外的注册会计师复核已执行的相关审计工作

【经典例题】

【真题·简答题（部分）】（2019）上市公司甲公司是ABC会计师事务所的常年审计客户。XYZ公司和ABC会计师事务所处于同一网络。审计项目组在甲公司2018年度财务报表审计中遇到下列事项：

（3）审计项目组成员C曾担任甲公司成本会计，2018年5月离职加入ABC会计师事务所，同年10月加入甲公司审计项目组，负责审计固定资产。

【要求】针对上述第（3）项，指出是否可能存在违反中国注册会计师职业道德守则有关独立性规定的情况，并简要说明理由。

【答案】

事项序号	是否可能违反（违反/不违反）	理由
（3）	违反	C在财务报表涵盖的期间曾担任甲公司的特定员工/财务人员，因自身利益、自我评价或密切关系对独立性产生严重不利影响

【真题·简答题（部分）】（2018）上市公司甲公司是ABC会计师事务所的常年审计客户

户。XYZ公司和ABC会计师事务所处于同一网络。审计项目组在甲公司2017年度财务报表审计中遇到下列事项：

（3）XYZ公司合伙人C的丈夫于2017年7月加入甲公司并担任培训部经理。合伙人C没有为甲公司提供任何服务。

【要求】针对上述第（3）项，指出是否可能存在违反中国注册会计师职业道德守则有关独立性规定的情况，并简要说明理由。将答案直接填入答题区相应的表格内。

【答案】

事项序号	是否可能违反（违反/不违反）	理由
（3）	不违反	合伙人C不是审计项目组成员，且其丈夫的职位对所审计的财务报表的编制不能施加重大影响，不会对独立性产生不利影响

【真题·简答题（部分）】（2017）ABC会计师事务所委派A注册会计师担任上市公司甲公司2016年度财务报表审计项目合伙人。ABC会计师事务所和XYZ公司处于同一网络。审计项目组在审计中遇到下列事项：

（3）2016年11月，丙公司被甲公司收购成为其重要子公司。2017年1月1日，甲公司审计项目组成员C的妻子加入丙公司并担任财务总监。

【要求】针对上述第（3）项，指出是否存在违反中国注册会计师职业道德守则有关职业道德和独立性规定的情况，并简要说明理由。

【答案】

事项序号	是否可能违反（违反/不违反）	理由
（3）	违反	C的妻子在甲公司审计业务期间/执行审计期间担任丙公司财务总监，将因自身利益、密切关系或外在压力对独立性产生严重不利影响

重难点13：与审计客户发生人员交流★★★

【小贴士】该知识点2021年进行了小范围修订。

（一）与审计客户发生雇佣关系

1. 一般规定

如果审计客户的董事、高级管理人员或特定员工，曾经是审计项目团队的成员或会计师事务所的合伙人，可能因密切关系或外在压力产生不利影响，如下表所示。

类型	描述	独立性损害评价	应对措施
审计项目团队前任成员或前任合伙人担任审计客户的重要职位且与事务所保持重要联系	审计项目团队前任成员或会计师事务所前任合伙人加入审计客户，担任董事、高级管理人员或特定员工，并且与会计师事务所仍保持重要交往	将产生非常严重的不利影响，导致没有防范措施能够消除不利影响或将其降低至可接受的水平。 除非同时满足下列条件： （1）该人员无权从会计师事务所获取报酬或福利，除非报酬或福利是按照预先确定的固定金额支付的。 （2）应付该人员的金额（如有）对会计师事务所不重要。 （3）该人员未继续参与，并且在外界看来未参与会计师事务所的经营活动或职业活动。 即使同时满足上述条件，仍可能因密切关系或外在压力对独立性产生不利影响	无

续表

类型	描述	独立性损害评价	应对措施
前任合伙人加入的某一实体成为审计客户	会计师事务所前任合伙人加入某一实体并担任董事、高级管理人员或特定员工，而该实体随后成为会计师事务所的审计客户	不利影响存在与否及其严重程度主要取决于下列因素： （1）该人员在审计客户中担任的职位。 （2）该人员将与审计项目团队交往的程度。 （3）该人员离开审计项目团队或会计师事务所合伙人职位的时间长短。 （4）该人员以前在审计项目团队、会计师事务所中的角色	（1）修改审计计划。 （2）向审计项目团队分派与该人员相比经验更加丰富的人员。 （3）由适当复核人员复核前任审计项目团队成员已执行的工作
审计项目团队某成员拟加入审计客户	审计项目团队某一成员参与审计业务，且知道自己在未来某一时间将要或有可能加入审计客户	会计师事务所应当制定政策和程序，要求审计项目团队成员在与审计客户协商受雇于该客户时，向会计师事务所报告。在接到报告后，会计师事务所应当评价不利影响的严重程度	（1）将该成员调离审计项目团队。 （2）由审计项目团队以外的适当复核人员复核该成员在审计项目团队中作出的重大判断

2. 属于公众利益实体的审计客户

（1）关键审计合伙人加入审计客户担任重要职位。

①关键审计合伙人的界定。

指项目合伙人、项目质量复核人员，以及审计项目组中负责对财务报表审计所涉及的重大事项作出关键决策或判断的其他审计合伙人。其他审计合伙人还可能包括负责审计重要子公司或分支机构的合伙人。

②对独立性的影响。如果某一关键审计合伙人加入属于公众利益实体的审计客户，担任董事、高级管理人员或特定员工，独立性可能会受到损害。除非该合伙人不再担任该公众利益实体的关键审计合伙人后，该公众利益实体发布的已审计财务报表涵盖期间不少于 12 个月，并且该合伙人未参与该财务报表的审计。

【示例】会计师事务所审计一家以公历年为会计年度的上市公司的 2009 年度的财务报表。如果某审计项目组的前任关键审计合伙人曾为该客户 2009 年度审计工作执行任务，且该客户发布已审计 2010 年度财务报表的日期是 2011 年 3 月 31 日，此人最早可以加入该客户并担任董事、高级管理人员或特定员工的时间是在 2011 年 4 月 1 日。

（2）前任高级合伙人加入审计客户担任重要职位。

如果会计师事务所前任高级合伙人（或管理合伙人，或同等职位的人员）加入属于公众利益实体的审计客户，担任董事、高级管理人员或特定员工，除非该高级合伙人不再担任该职位已超过 12 个月，否则独立性将被视为受到损害。

（3）因企业合并原因导致前任成员加入审计客户担任重要职位。

如果由于企业合并的原因，会计师事务所前任关键审计合伙人或前任高级合伙人担任属于公众利益实体的审计客户的董事、高级管理人员或特定员工，在同时满足下列条件时，不被视为独立性受到损害：

①当该人员接受该职务时，并未预料到会发生企业合并。

②该人员在会计师事务所中应得的报酬或福利都已全额支付（除非报酬或福利是按照预先确定的固定金额支付的，并且未应付金额对会计师事务所不重要）。

③该人员未继续参与，或在外界看来未参与会计师事务所的经营活动或职业活动。

④已就该人员在审计客户中的职位与治理层讨论。

（二）临时借出员工

1. 不利影响

如果会计师事务所向审计客户借出员工，可能因自我评价、过度推介或密切关系产生不利影响。会计师事务所不得向审计客户借出员工，除非同时满足下列条件：

（1）仅在短期内向客户借出员工。

（2）借出的员工不参与注册会计师职业道德守则禁止提供的非鉴证服务。

（3）该员工不承担审计客户的管理层职责，且审计客户负责指导和监督该员工的活动。

2. 防范措施

（1）对借出员工的工作进行额外复核。

（2）合理安排审计项目团队成员的职责，使借出员工不对其在借调期间执行的工作进行审计。

（3）不安排借出员工作为审计项目团队成员。

（三）最近曾任审计客户的董事、高级管理人员或特定员工

如果审计项目团队成员最近曾担任审计客户的董事、高级管理人员或特定员工，可能因自身利益、自我评价或密切关系产生不利影响。

【示例】审计项目团队成员在审计客户工作期间曾经编制会计记录，现又对据此形成的财务报表要素进行评价，则可能产生这些不利影响。

1. 在财务报表涵盖的期间

（1）不利情形。

如果在被审计财务报表涵盖的期间，审计项目团队成员曾担任审计客户的董事、高级管理人员或特定员工，将产生非常严重的不利影响，导致没有防范措施能够将其降低至可接受的水平。

（2）行为禁止。

会计师事务所不得将此类人员分派到审计项目组。

2. 在财务报表涵盖的期间之前

（1）不利情形。

如果在被审计财务报表涵盖的期间之前，审计项目团队成员曾担任审计客户的董事、高级管理人员或特定员工，可能因自身利益、自我评价或密切关系产生不利影响。

（2）不利影响的取决因素。

①该成员在客户中曾担任的职务。

②该成员离开客户的时间长短。

③该成员在审计项目团队中的角色。

（3）防范措施。

可能包括由适当复核人员复核该成员已执行的工作等。

（四）兼任审计客户的董事或高级管理人员

1. 不利影响

如果会计师事务所的合伙人或员工兼任审计客户的董事或高级管理人员，将因自我评价和自身利益产生非常严重的不利影响，导致没有防范措施能够将其降低至可接受的水平。

2. 行为禁止

会计师事务所的合伙人或员工不得兼任审计客户的董事或高级管理人员。

【经典例题】

【真题·简答题（部分）】（2018）上市公司甲公司是ABC会计师事务所的常年审计客户。XYZ公司和ABC会计师事务所处于同一网络。审计项目组在甲公司2017年度财务报表审计中遇到下列事项：

（2）B注册会计师曾担任甲公司2016年度财务报表审计的项目质量控制复核人，于2017年5月退休，之后未和ABC会计师事务所保持交往。2018年1月1日，B注册会计师受聘担任甲公司独立董事。

【要求】针对上述第（2）项，指出是否可能存在违反中国注册会计师职业道德守则有关独立性规定的情况，并简要说明理由。将答案直接填入答题区相应的表格内。

【答案】

事项序号	是否可能违反（违反/不违反）	理由
（2）	违反	B注册会计师在2017年已审财务报表发布前就已担任甲公司独立董事，因密切关系和外在压力对独立性产生严重不利影响

【真题·简答题（部分）】（2017）ABC会计师事务所委派A注册会计师担任上市公司甲公司2016年度财务报表审计项目合伙人。ABC会计师事务所和XYZ公司处于同一网络。审计项目组在审计中遇到下列事项：

（2）B注册会计师曾担任甲公司2011～2015年度财务报表审计项目合伙人，之后调离甲公司审计项目组，担任乙公司2016年度财务报表审计项目合伙人。乙公司是甲公司重要的子公司。

【要求】针对上述第（2）项，指出是否存在违反中国注册会计师职业道德守则有关职业道德和独立性规定的情况，并简要说明理由。

【答案】

事项序号	是否可能违反（违反/不违反）	理由
（2）	违反	B注册会计师在受限制的时段不应参与甲公司的审计业务，否则将因密切关系或自身利益对独立性产生严重不利影响

【真题·简答题（部分）】（2016）ABC会计师事务所委派A注册会计师担任上市公司甲公司2015年度财务报表审计项目合伙人。ABC会计师事务所和XYZ公司处于同一网络。审计项目组在审计中遇到下列事项：

（3）审计项目组成员C曾任甲公司重要子公司的出纳，2014年10月加入ABC会计师事务所，2015年9月加入甲公司审计项目组，参与审计固定资产项目。

【要求】针对上述第（3）项，指出是否存在违反中国注册会计师职业道德守则有关独立性规定的情况，并简要说明理由。

【答案】

事项序号	是否可能违反（违反/不违反）	理由
（3）	不违反	审计项目组成员C在财务报表涵盖期间之前加入事务所，且其在审计项目组中的工作，不涉及评价其就职于甲公司的子公司时所作的工作/出纳工作，因此，不会对独立性产生不利影响

【真题·简答题（部分）】（2015）上市公司甲公司是ABC会计师事务所的常年审计客户。乙公司是非公众利益实体，于2014年6月被甲公司收购，成为甲公司重要的全资子公司。XYZ公司和ABC会计师事务所处于同一网络。审计项目组在甲公司2014年度财务报表审计中遇到下列事项：

（4）C注册会计师曾是ABC会计师事务所的管理合伙人，于2014年1月退休后担任甲公司董事。

【要求】针对上述第（4）项，逐项指出是否可能存在违反中国注册会计师职业道德守则有关独立性规定的情况，并简要说明理由。

【答案】

事项序号	是否可能违反（违反/不违反）	理由
（4）	违反	C注册会计师作为高级合伙人在离职后十二个月内加入甲公司担任董事，因外在压力对独立性产生严重不利影响

重难点14：与审计客户长期存在业务关系 ★★★

（一）一般规定

1. 不利情形

会计师事务所长期委派同一名合伙人或高级员工执行某一客户的审计业务，将因密切关系和自身利益对独立性产生不利影响。

2. 不利影响的取决因素

（1）该人员与客户之间关系的总体时间长度，包括该人员在之前的会计师事务所中与该客户之间已存在的关系（如适用）。

（2）该人员成为审计项目团队成员的时间长短及其所承担的角色。

（3）更高层人员对该人员所实施的工作进行指导、复核和监督的程度。

（4）根据其资历，该人员能够影响审计结果的程度，例如，该人员可能作出关键决策或指导审计项目组其他成员的工作。

（5）该人员与客户高级管理层或治理层之间关系的密切程度。

（6）该人员与客户高级管理层或治理层之间互动的性质、频率和程度。

（7）审计客户会计和财务报告问题的性质和复杂程度，以及性质和复杂程度是否发生变化。

（8）审计客户高级管理层或治理层近期是否发生变动。

（9）审计客户的组织结构是否发生变动，从而影响会计师事务所人员与客户高级管理层或治理层之间互动的性质、频率和程度。

【小贴士】上述的两个或多个因素相组合可能提高或降低不利影响的严重程度。

3. 防范措施

（1）将与审计客户长期存在业务关系的人员轮换出审计项目团队。

（2）变更与审计客户长期存在业务关系的人员在审计项目团队中担任的角色或其所实施任务的性质和范围。

（3）由审计项目团队以外的适当复核人员复核与审计客户长期存在业务关系的人员所执行的工作。

（4）定期对该业务实施独立的内部或外部质量复核。

【小贴士】如果确定所产生的不利影响仅能通过将该人员轮换出审计项目团队予以应对，会计师事务所应当确定一个适当的期间，在该期间内该人员不得有下列行为：

①成为审计项目组成员。

②对该审计项目实施质量管理。

③对该审计项目的结果施加直接影响。

（二）属于公众利益实体的审计客户

1. 与公众利益实体审计客户关键审计合伙人轮换相关的任职期

（1）关键审计合伙人界定。

①项目合伙人。

②项目质量复核人员。

③其他属于关键审计合伙人的职务。

（2）关键审计合伙人任职期间。

累计时间不得超过五年。任期结束后，该人员应当遵守有关冷却期的规定。

【小贴士】在任期内，如果某人员继担任项目合伙人之后立即或短时间内担任项目质量复核人员，可能因自我评价对客观公正原则产生不利影响，该人员不得在二年内担任该审计业务的项目质量复核人员。

（3）关键审计合伙人确定轮换时间。

①担任关键审计合伙人的时间应当累计计算，除非该人员不再担任这些职务的期间达到最短时间（该人员所适用的冷却期）要求，否则累计期间不得清零并重新计算。

②担任的职务不同，冷却期的长度也不同。

③在极其特殊的情况下，会计师事务所可能因无法预见和控制的情形而不能按时轮换关键审计合伙人。

【小贴士】如果关键审计合伙人的连任对审计质量特别重要，在获得审计客户治理层同意的前提下，并且通过采取防范措施能够消除对独立性的不利影响或将其降低至可接受的水平，则在法律法规允许的情况下，该人员担任关键审计合伙人的期限可以延长一年。

④如果在审计客户成为公众利益实体之前，该合伙人作为关键审计合伙人已为该客户服务的时间不超过三年，则该人员还可以为该客户继续提供服务的年限为五年减去已经服务的年限。

⑤如果在审计客户成为公众利益实体之前，该合伙人作为关键审计合伙人已为该客户服务了四年或更长的时间，在取得客户治理层同意的前提下，该合伙人最多还可以继续服务二年。

⑥如果审计客户是首次公开发行证券的公司，关键审计合伙人在该公司上市后连续执行审计业务的期限，不得超过二个完整会计年度。

2. “冷却期”的规定

（1）如果某人员担任项目合伙人或其他签字注册会计师累计达到五年，冷却期应当为连续五年。

（2）如果某人员担任项目质量复核人员累计达到五年，冷却期应当为连续三年。

（3）如果某人员担任其他关键审计合伙人累计达到五年，冷却期应当为连续二年。

（4）如果某人员相继担任多项关键审计合伙人职责，冷却期应当按照以下规定：

①担任项目合伙人累计达到三年或以上，冷却期应当为连续五年。

②担任项目质量复核人员累计达到三年或以上，冷却期应为连续三年。

③担任项目合伙人和项目质量复核人员累计达到三年或以上，但累计担任项目合伙人未达到三年，冷却期应当为连续三年。

④担任多项关键审计合伙人职责，并且不符合上述各项情况，冷却期应当为连续二年。

【小贴士】在确定某人员担任关键审计合伙人的年限时，服务年限应当包括该人员在之前任职的会计师事务所工作时针对同一审计业务担任关键审计合伙人的年限（如适用）。

3. “冷却期”的禁止行为

（1）成为审计项目组成员或为审计项目提供项目质量管理。

（2）就有关技术或行业特定问题、交易或事项向审计项目组或审计客户提供咨询（如果与审计项目组沟通仅限于该人员任职期间的最后一个年度所执行的工作或得出的结论，并且该工作和结论与审计业务仍然相关，则不违反本项规定）。

（3）负责领导或协调会计师事务所向审计客户提供的专业服务，或者监控会计师事务所与审计客户的关系。

（4）执行上述各项未提及的、涉及审计客户且导致该人员出现下列情况的职责或活动（包括提供非鉴证服务）：

①与审计客户高级管理层或治理层进行重大或频繁的互动。

②对审计业务的结果施加直接影响。

【小贴士】本条规定并非旨在禁止个人担任会计师事务所的领导层职务，如高级合伙人或管理合伙人。

适用于一般公众利益实体的审计客户，如下表所示。

关键审计合伙人	项目合伙人	项目质量复核人员	其他关键审计合伙人
任职期	5 年	5 年	5 年
冷却期	5 年	3 年	2 年
特殊情况（详见上文）	6 年	6 年	6 年

适用于客户成为公众利益实体后的轮换时间，如下表所示。

<table>
<tr><td rowspan="2">在审计客户成为公众利益实体前的服务年限（X年）</td><td rowspan="2">成为公众利益实体后继续提供服务的年限</td><td colspan="3">冷却期</td></tr>
<tr><td>项目合伙人</td><td>项目质量复核人员</td><td>其他关键审计合伙人</td></tr>
<tr><td>X≤3</td><td>（5－X）年</td><td>5年</td><td>3年</td><td>2年</td></tr>
<tr><td>X≥4</td><td>2年</td><td>2年</td><td>2年</td><td>2年</td></tr>
<tr><td>如客户是首次公开发行证券</td><td>2年</td><td>2年</td><td>2年</td><td>2年</td></tr>
</table>

【经典例题】

【真题·简答题（部分）】（2020）上市公司甲公司是ABC会计师事务所的常年审计客户。XYZ公司和ABC会计师事务所处于同一网络。审计项目组在甲公司2019年度财务报表审计中遇到下列事项：

（1）A注册会计师自2013年度起担任甲公司审计项目合伙人，2017年12月因个人原因调离甲公司审计项目组，2019年12月起重新担任甲公司审计项目合伙人。

【要求】针对上述第（1）项，指出是否可能存在违反中国注册会计师职业道德守则有关独立性规定的情况，并简要说明理由。

【答案】

事项序号	是否违反（违反/不违反）	理由
（1）	违反	冷却期应从2018年度算起/2017年度算作连续服务的第五年/2019年还在冷却期内

【真题·简答题（部分）】（2019）上市公司甲公司是ABC会计师事务所的常年审计客户。XYZ公司和ABC会计师事务所处于同一网络。审计项目组在甲公司2018年度财务报表审计中遇到下列事项：

（1）项目合伙人A注册会计师曾负责审计甲公司2013年度至2015年度财务报表，之后调离甲公司审计项目组，担任乙公司2016～2017年度财务报表审计项目合伙人，乙公司是甲公司不重要的子公司。

【要求】针对上述第（1）项，指出是否可能存在违反中国注册会计师职业道德守则有关独立性规定的情况，并简要说明理由。

【答案】

事项序号	是否可能违反（违反/不违反）	理由
（1）	不违反	A注册会计师不是甲公司2016年度及2017年度关键审计合伙人/2016年度及2017年度不计入甲公司关键审计合伙人五年连续任期

【真题·简答题（部分）】（2017）ABC会计师事务所委派A注册会计师担任上市公司甲公司2016年度财务报表审计项目合伙人。ABC会计师事务所和XYZ公司处于同一网络。审计项目组在审计中遇到下列事项：

（2）B注册会计师曾担任甲公司2011年度至2015年度财务报表审计项目合伙人，之后调离甲公司审计项目组，担任乙公司2016年度财务报表审计项目合伙人。乙公司是甲公司重要的子公司。

【要求】针对上述第（2）项，指出是否存在违反中国注册会计师职业道德守则有关职业道德和独立性规定的情况，并简要说明理由。

【答案】

事项序号	是否可能违反（违反/不违反）	理由
（2）	违反	B注册会计师在冷却期不应参与甲公司的审计业务，否则将因密切关系或自身利益对独立性产生严重不利影响

【真题·简答题（部分）】（2016）ABC会计师事务所委派A注册会计师担任上市公司甲公司2015年度财务报表审计项目合伙人。ABC会计师事务所和XYZ公司处于同一网络。审计项目组在审计中遇到下列事项：

（1）甲公司于2014年8月首次公开发行股票并上市。A注册会计师自2010年度起担任甲公司财务报表审计项目合伙人。

【要求】针对上述第（1）项，指出是否存在违反中国注册会计师职业道德守则有关独立性规定的情况，并简要说明理由。

【答案】

事项序号	是否可能违反（违反/不违反）	理由
（1）	不违反	A注册会计师在甲公司首次公开发行股票后/上市后担任关键审计合伙人的时间没有超过两年，不违反有关独立性规定

【真题·简答题（部分）】（2015）上市公司甲公司是ABC会计师事务所的常年审计客户。乙公司是非公众利益实体，于2014年6月被甲公司收购，成为甲公司重要的全资子公司。XYZ公司和ABC会计师事务所处于同一网络。审计项目组在甲公司2014年度财务报表审计中遇到下列事项：

（2）B注册会计师自2009年度起担任乙公司财务报表审计项目合伙人，在乙公司被甲公司收购后，继续担任乙公司2014年度财务报表审计项目合伙人，并成为甲公司的关键审计合伙人。

【要求】针对上述第（2）项，指出是否可能存在违反中国注册会计师职业道德守则有关独立性规定的情况，并简要说明理由。

【答案】

事项序号	是否可能违反（违反/不违反）	理由
（2）	不违反	B注册会计师在成为公众利益实体的关键审计合伙人后还可以继续服务两年

重难点15：为审计客户提供非鉴证服务★★

【小贴士】该知识点2021年进行了大范围修订。

（一）一般规定

1. 基本要求

（1）会计师事务所向审计客户提供非鉴证服务，可能对多项职业道德基本原则产生不利影响。在接受委托向审计客户提供非鉴证服务之前，会计师事务所应当确定提供该服务是否将对独立性产生不利影响。

【小贴士】会计师事务所可能向同一审计客户提供多种非鉴证服务。在这种情况下，会计师事务所应当综合考虑因提供这些服务可能产生的不利影响。

（2）如果注册会计师职业道德守则不允许会计师事务所为其审计客户提供某项服务，则会计师事务所不得以任何形式参与提供该服务。

2. 评价不利影响考虑因素

（1）非鉴证服务的性质、范围和目的。

（2）审计业务对该非鉴证服务结果的依赖程度。

（3）与提供该非鉴证服务相关的法律和监管环境。

（4）非鉴证服务的结果是否影响被审计财务报表中的相关事项，如果影响，影响的程度以及在确定这些事项的金额或会计处理方法时涉及的主观程度。

（5）客户管理层和员工在该非鉴证服务方面的专长水平。

（6）客户针对重大判断事项的参与程度。

（7）非鉴证服务对与客户会计记录、财务报表、财务报告内部控制相关的系统所产生影响的性质和程度（如有）。

（8）客户是否属于公众利益实体，如果客户属于公众利益实体，通常认为会产生更为严重的不利影响。

3. 审计客户为公众利益实体时的要求

当审计客户成为公众利益实体时，除非同时满足下列条件，否则会计师事务所向该客户提供非鉴证服务（无论是当前还是以往提供的）将会损害会计师事务所的独立性：

（1）以往向该客户提供的非鉴证服务符合有关向非公众利益实体提供非鉴证服务的规定。

（2）对于当前正在向该客户提供的非鉴证服务，如果属于不允许向公众利益实体审计客户提供的非鉴证服务，应当在客户成为公众利益实体之前终止，或之后尽快终止。

（3）会计师事务所采取防范措施应对超出可接受水平的不利影响。

【经典例题】

【真题·简答题（部分）】（2019）上市公司甲公司是 ABC 会计师事务所的常年审计客户。XYZ 公司和 ABC 会计师事务所处于同一网络。审计项目组在甲公司 2018 年度财务报表审计中遇到下列事项：

（5）甲公司是丁公司的重要联营企业。2018 年 8 月，XYZ 公司接受丁公司委托对其拟投资的标的公司进行评估，作为定价参考。丁公司不是 ABC 会计师事务所的审计客户。

【要求】针对上述第（5）项，指出是否可能存在违反中国注册会计师职业道德守则有关独立性规定的情况，并简要说明理由。将答案直接填入答题区相应的表格内。

【答案】

事项序号	是否可能违反（违反/不违反）	理由
（5）	不违反	对丁公司投资标的的评估结果不会对甲公司财务报表产生影响/不构成实施审计程序的对象，不会对独立性产生不利影响

（二）承担管理层职责

1. 管理层职责的界定

审计客户的管理层职责涉及控制和领导该客户的各项工作，包括针对人力资源、财务资源、技术资源、有形或无形资源的取得、配置和控制作出重大决策。

2. 管理层职责活动

（1）制定政策和战略方针。

（2）招聘或解雇员工。

（3）指导员工与工作有关的行动并对其行动负责。

（4）对交易进行授权。

（5）控制或管理银行账户或投资。

（6）确定采纳会计师事务所或其他第三方提出的建议。

（7）代表管理层向治理层报告。

（8）负责按照适用的财务报告编制基础编制财务报表。

(9) 负责设计、执行、监督和维护内部控制。

【小贴士】如果会计师事务所仅向审计客户提供意见和建议以协助其管理层履行职责，通常不视为承担管理层职责。

3. 行为禁止

会计师事务所不得承担审计客户的管理层职责或向审计客户提供某些非鉴证服务。应当避免在向审计客户提供非鉴证服务时承担管理层职责，确保属于管理层职责的所有判断和决策都由客户管理层作出。

4. 对审计客户关联实体的相关要求

对于会计师事务所将对其财务报表发表审计意见的审计客户的下列关联实体，在满足一定条件的情况下，会计师事务所可以承担管理层职责或向其提供某些本节禁止提供的非鉴证服务：

(1) 直接或间接控制该审计客户的实体。

(2) 在该审计客户中拥有直接经济利益的实体，该实体能够对审计客户施加重大影响，并且在客户中拥有的经济利益对该实体重大。

(3) 与该审计客户处于同一控制下的实体。

【小贴士】上述规定需要同时满足下列条件：

(1) 会计师事务所不对该关联实体的财务报表发表意见。

(2) 会计师事务所不对接受审计的实体直接或间接承担管理层职责。

(3) 由于非鉴证服务的结果不构成实施审计程序的对象，因而该非鉴证服务不会因自我评价对独立性产生不利影响。

(4) 会计师事务所采取防范措施应对因提供此类服务而产生的超出可接受水平的其他不利影响。

(三) 会计和记账服务

会计师事务所向审计客户提供会计和记账服务，可能因自我评价对独立性产生不利影响。会计和记账服务主要包括编制会计记录和财务报表（包括财务报表附注）、记录交易、工资服务等服务。

1. 编制财务报表是管理层的职责

按照适用的财务报告编制基础编制财务报表是管理层的职责，这种职责包括但不限于：

(1) 设计、执行和维护必要的内部控制，以使财务报表不存在由于舞弊或错误导致的重大错报。

(2) 评估被审计单位的持续经营能力和运用持续经营假设是否适当，并披露与持续经营相关的事项（如适用）。

(3) 确定会计政策并运用该政策确定会计处理方法，并作出恰当的会计估计。

(4) 编制或更改会计分录，确定或批准交易的账户分类。

(5) 编制或更改以电子形式或其他形式存在的、用以证明交易发生的相关凭证或数据。

2. 不对独立性产生不利影响的活动

具体如下表所示。

活动	事项描述及预防措施
沟通审计相关的事项	在审计过程中，会计师事务所与审计客户管理层就下列事项进行沟通，只要审计客户负责就会计记录及财务报表的编制作出决策，通常不对独立性产生不利影响： (1) 对会计准则或会计政策，以及财务报表披露要求的运用。 (2) 财务报告内部控制的有效性，以及资产、负债计量方法的适当性。 (3) 审计调整建议
提供会计咨询服务	审计客户可能要求会计师事务所在下列方面提供技术支持或建议等会计咨询服务，如果会计师事务所不承担审计客户的管理层职责，通常不会对独立性产生不利影响： (1) 解决账户调节问题。 (2) 分析和收集监管机构要求提供的信息。 (3) 为会计准则转换（如为了遵守集团会计政策从企业会计准则转换为国际财务报告准则）提供咨询服务。 (4) 协助了解相关会计准则、原则和解释，分享领先的行业最佳实践

续表

活动	事项描述及预防措施
日常性或机械性的会计和记账服务	日常性或机械性的会计和记账服务通常不需要很多职业判断。这类例子包括： （1）根据来源于客户的数据编制工资计算表或工资报告，供客户批准并支付。 （2）在客户已确定或批准账户分类的前提下，以原始凭证（如水电费单据）或原始数据为基础，记录易于确定其金额并且重复发生的交易。 （3）根据客户确定的折旧政策、预计使用寿命和净残值计算固定资产折旧。 （4）将客户已记录的交易过入总分类账。 （5）将客户批准的分录过入试算平衡表。 （6）根据客户批准的试算平衡表中的信息编制财务报表，根据客户批准的记录编制相关财务报表附注
向不属于公众利益实体的审计客户提供会计和记账服务	会计师事务所不得向不属于公众利益实体的审计客户提供会计和记账服务，包括编制被审计财务报表（包括财务报表附注）或构成财务报表基础的财务信息，除非同时满足下列条件： （1）该服务是日常性或机械性的。 （2）会计师事务所能够采取防范措施应对因提供此类服务产生的超出可接受水平的不利影响。 举例来说，防范措施可能包括： （1）由审计项目团队以外的专业人员提供此类服务。 （2）由未参与提供此类服务的适当复核人员复核已执行的审计工作或所提供的此类服务
向公众利益实体的审计客户提供会计和记账服务	会计师事务所不得向属于公众利益实体的审计客户提供会计和记账服务，包括编制被审计财务报表（包括财务报表附注）或构成财务报表基础的财务信息。 在同时满足下列条件的情况下，会计师事务所可以向属于公众利益实体的审计客户的分支机构或关联实体提供会计和记账服务： （1）该服务是日常性或机械性的。 （2）提供服务的人员不是审计项目团队成员。 （3）接受该服务的分支机构或关联实体从整体上对被审计财务报表不具有重要性，或者该服务所涉及的事项从整体上对该分支机构或关联实体的财务报表不具有重要性

【经典例题】

【真题·简答题（部分）】（2015）上市公司甲公司是ABC会计师事务所的常年审计客户。乙公司是非公众利益实体，于2014年6月被甲公司收购，成为甲公司重要的全资子公司。XYZ公司和ABC会计师事务所处于同一网络。审计项目组在甲公司2014年度财务报表审计中遇到下列事项：

（5）丙公司是甲公司新收购的海外子公司，为甲公司不重要的子公司。丙公司聘请XYZ公司将其按照国际财务报告准则编制的财务报表转化为按照中国企业会计准则编制的财务报表。

【要求】针对上述第（5）项，指出是否可能存在违反中国注册会计师职业道德守则有关独立性规定的情况，并简要说明理由。

【答案】

事项序号	是否可能违反（违反/不违反）	理由
（5）	违反	该服务不属于日常性和机械性的工作，将因自我评价对独立性产生严重不利影响

（四）行政事务性服务

行政事务性服务包括协助客户执行正常经营过程中的日常性或机械性任务。向审计客户提供下列行政事务性服务通常不会对独立性产生不利影响：

（1）文字处理服务。

（2）编制行政或法定表格供客户审批。

（3）按照客户的指示将该表格提交给各

级监管机构。

(4) 跟踪法定报备日期，并告知审计客户该日期。

(五) 评估服务

1. 不利情形

评估包括对未来发展趋势提出相关假设，运用适当的方法和技术，以确定资产、负债或企业整体的价值或价值区间。向审计客户提供评估服务可能因自我评价或过度推介对独立性产生不利影响。

2. 不利影响的取决因素

(1) 评估报告的用途和目的。

(2) 是否对外公布评估报告。

(3) 在确定和批准评估方法以及其他重大判断事项时，客户的参与程度。

(4) 在运用标准或既定的方法进行评估时，评估事项的固有主观程度。

(5) 评估结果是否对财务报表产生重大影响。

(6) 评估相关的财务报表披露的范围和明晰程度。

(7) 对能引起评估金额发生重大波动的未来事项的依赖程度。

3. 防范措施

(1) 由审计项目团队以外的专业人员提供评估服务。

(2) 由未参与评估服务的适当复核人员复核所执行的审计工作或提供的服务。

4. 对独立性不产生不利影响的评估业务

如果审计客户要求会计师事务所提供评估服务，以帮助其履行纳税申报义务或满足税务筹划目的，并且评估的结果不对财务报表产生直接影响，且间接影响并不重大，或者评估服务经税务机关或类似监管机构外部复核，则通常不对独立性产生不利影响。

5. 对独立性产生不利影响的评估业务

(1) 审计客户不属于公众利益实体。如果评估结果涉及高度的主观性，且评估服务对被审计财务报表具有重大影响，会计师事务所不得向审计客户提供这种评估服务。

(2) 审计客户属于公众利益实体。如果评估结果单独或累积起来对被审计财务报表具有重大影响，则会计师事务所不得向该审计客户提供这种评估服务。

【经典例题】

【真题·简答题（部分）】(2015) 上市公司甲公司是ABC会计师事务所的常年审计客户。乙公司是非公众利益实体，于2014年6月被甲公司收购，成为甲公司重要的全资子公司。XYZ公司和ABC会计师事务所处于同一网络。审计项目组在甲公司2014年度财务报表审计中遇到下列事项：

(3) 在收购过程中，甲公司聘请XYZ公司对乙公司的各项资产和负债进行了评估，并根据评估结果确定了购买日乙公司可辨认净资产的公允价值。

【要求】针对上述第(3)项，指出是否可能存在违反中国注册会计师职业道德守则有关独立性规定的情况，并简要说明理由。

【答案】

事项序号	是否可能违反（违反/不违反）	理由
(5)	违反	该评估结果对甲公司合并财务报表影响重大，因自我评价对独立性产生严重不利影响

(六) 税务服务

1. 税务服务种类

(1) 编制纳税申报表。

(2) 为进行会计处理计算税额。

(3) 税务筹划和其他税务咨询服务。

(4) 与评估有关的税务服务。

(5) 协助解决税务纠纷。

2. 不利影响的取决因素

(1) 业务的具体特征。

(2) 客户员工的税务专业水平。

（3）税务机关评价和管理有争议税务问题的方式，以及会计师事务所在该过程中的角色。

（4）税收法律法规的复杂程度，以及应用时需要进行判断的程度。

3. 编制纳税申报表的服务

具体服务描述	对独立性的影响
（1）编制信息，以协助客户履行纳税申报义务，例如计算应向税务机关缴纳的税额（通常采用标准化的表格）。 （2）对已发生交易的纳税申报处理方法提供建议。 （3）代表审计客户向税务机关提供所要求的附加信息和分析（例如，对所采用的方法提供解释和技术支持）	由于纳税申报表须经税务机关审查或批准，如果管理层对纳税申报表承担责任，会计师事务所提供此类服务通常不对独立性产生不利影响

4. 计算当期所得税或递延所得税负债（或资产）

（1）不利情形。

基于进行会计处理的目的，为审计客户计算当期所得税或递延所得税负债（或资产），将因自我评价产生不利影响。不利影响的严重程度除上述提供税务服务所列因素外，还可能取决于该项计算是否可能对被审计财务报表产生重大影响。

（2）行为允许及防范措施。

如果审计客户不属于公众利益实体，或者审计客户属于公众利益实体，但为其计算的当期所得税或递延所得税对被审计财务报表不重要，举例来说，下列防范措施可能能够应对上述因自我评价产生的不利影响：

①由审计项目团队以外的专业人员提供此类服务。

②由不参与提供此类服务的适当复核人员复核所执行的审计工作或提供的此类服务。

（3）行为禁止。

①审计客户属于公众利益实体，但为其计算的当期所得税或递延所得税对被审计财务报表重要。

②审计客户属于公众利益实体的情况下，会计师事务所不得计算当期所得税或递延所得税，以用于编制对被审计财务报表具有重大影响的会计分录。

5. 税务筹划或其他税务咨询服务

（1）不利情形。

税务筹划或其他税务咨询服务有多种类型，例如，向审计客户提供如何节税，或如何运用新的税收法律法规的建议。提供税务筹划或其他税务咨询服务可能因自我评价或过度推介对独立性产生不利影响。

（2）不利影响的取决因素。

①在确定如何在财务报表中对税务建议进行处理时涉及的主观程度。

②在编制财务报表前，税务处理是否得到个别税务裁定的支持或税务机关的认可。例如，税务筹划或其他税务咨询服务提出的建议是否具有税务机关或其他先例作为明确的支持、是否属于既定惯例、是否具备税法依据。

③税务建议的结果是否对被审计财务报表产生重大影响。

④税务建议的有效性是否取决于会计处理或财务报表列报，以及根据相关财务报告编制基础，是否对会计处理或财务报表列报的适当性存有疑问。

（3）防范措施。

①由审计项目团队以外的专业人员提供此类服务，可能能够应对因自我评价或过度推介产生的不利影响。

②由未参与提供此类服务的适当复核人员复核所执行的审计工作或提供的此类服务，可能能够应对因自我评价产生的不利影响。

③获得税务机关的预先批准或建议，可能能够应对因自我评价或过度推介产生的不利影响。

（4）行为禁止。

如果税务建议的有效性取决于某项特定会

计处理或财务报表列报，并且同时存在下列情况，将因自我评价产生非常严重的不利影响，导致没有防范措施能够消除不利影响或将其降低至可接受的水平，会计师事务所不得为审计客户提供税务筹划及其他税务咨询服务：

①审计项目团队对于相关会计处理或财务报表列报的适当性存有疑问。

②税务建议的结果或执行后果将对被审计财务报表产生重大影响。

（5）基于纳税申报或税务筹划目的的评估业务。

在向审计客户提供税务服务时，会计师事务所可能应审计客户的要求提供评估服务，以协助客户进行纳税申报或税务筹划。具体如下表所示。

具体情形	不利影响及防范措施
评估服务仅为满足税务目的，其结果对财务报表没有直接影响且间接影响并不重大，或者评估服务经税务机关或类似监管机构外部复核	通常不对独立性产生不利影响
评估服务未经外部复核，并且其对财务报表的影响重大	产生不利影响。除上述提供税务服务所列影响因素外，不利影响存在与否及其严重程度还可能取决于下列因素： ①评估方法是否具有明确的税收法律法规、其他先例或以惯例作为依据，以及评估固有的主观程度。 ②基础数据的可靠性和范围。 防范措施包括： ①由审计项目团队以外的专业人员提供该服务。 ②由未参与提供该服务的适当复核人员复核所执行的审计工作或提供的服务。 ③得到税务机关的预先批准或建议

6. 帮助解决税务纠纷

（1）不利影响情形描述。

如果会计师事务所协助审计客户解决税务纠纷，一旦税务机关通知审计客户已经拒绝接受其对某项具体问题的主张，并且税务机关或审计客户已将该问题纳入正式的法律程序，则可能因过度推介或自我评价产生不利影响。

（2）不利影响的取决因素。

除上述提供税务服务所列影响因素外，不利影响存在与否及其严重程度还可能取决于下列因素：

①管理层在解决税务纠纷时所起的作用。

②引起税务纠纷的事项是否与会计师事务所的建议相关。

③税务纠纷的结果是否对被审计财务报表产生重大影响。

④该事项是否具有明确的税收法律法规、其他先例或惯例为依据。

⑤解决税务问题的程序是否公开。

（3）防范措施。

①由审计项目团队以外的专业人员提供该税务服务。

②由未参与提供该税务服务的适当复核人员复核所执行的审计工作或提供的服务。

（4）行为禁止。

在提供税务服务时，如果该服务涉及在公开审理或仲裁的税务纠纷中担任审计客户的辩护人，并且所涉金额对被审计财务报表具有重大影响，会计师事务所不得向审计客户提供涉及协助解决税务纠纷的税务服务。

【小贴士】在公开审理或仲裁期间，会计师事务所可以继续为审计客户提供有关法庭裁决事项的咨询。例如，协助客户对具体问题作出回复，提供背景材料或证词，或分析税收问题。

【经典例题】

【真题·简答题（部分）】（2014）上市公

司甲公司系ABC会计师事务所的常年审计客户，从事房地产开发业务。XYZ公司是ABC会计师事务所的网络事务所。在对甲公司2013年度财务报表执行审计的过程中存在下列事项：

（3）甲公司聘请ABC会计师事务所为其提供税务服务，服务内容为协助整理税务相关资料。ABC会计师事务所委派审计项目组以外的人员提供该服务，不承担管理层职责。

【要求】针对上述第（3）项，指出是否可能存在违反中国注册会计师职业道德守则有关独立性规定的情况，并简要说明理由。

【答案】

事项序号	是否可能违反（是/否）	理由
（3）	否	审计项目组以外的人员提供该税务服务，且未承担管理层职责，一般不会对独立性产生不利影响

（七）内部审计服务

1. 内部审计活动

内部审计的目标和工作范围因被审计单位的规模、组织结构、治理层和管理层需求的不同而存在很大差异。内部审计活动通常包括：

（1）监督内部控制。

（2）检查财务信息和经营信息。

（3）评价被审计单位的经营活动。

（4）评价对法律法规、其他外部要求以及管理层政策、指令和其他内部规定的遵守情况。

2. 允许提供内部审计服务的情况

为避免承担管理层职责，同时满足下列条件时，才能为审计客户提供内部审计服务：

（1）审计客户承担设计、执行和维护内部控制的责任，并指定合适的、具有胜任能力的员工（最好是高级管理人员），始终负责内部审计活动。

（2）客户治理层或管理层复核、评估并批准内部审计服务的工作范围、风险和频率。

（3）客户管理层评价内部审计服务的适当性，以及执行内部审计发现的事项。

（4）客户管理层评价并确定应当实施内部审计服务提出的建议，并对实施过程进行管理。

（5）客户管理层向治理层报告注册会计师在内部审计服务中发现的重大问题和提出的建议。

3. 不利影响及防范措施

具体情形	不利影响	防范措施
如果会计师事务所向审计客户提供内部审计服务，并且在审计中利用该服务的结果，可能导致审计项目团队不能恰当评价内部审计工作，或不会运用与会计师事务所以外的人员执行内部审计工作时相同水平的职业怀疑，这可能因自我评价对独立性产生不利影响	不利影响存在与否及其严重程度主要取决于下列因素：（1）相关财务报表金额的重要性。（2）与这些财务报表金额相关的认定层次错报风险。（3）审计客户对内部审计服务的依赖程度，以及审计项目团队对内部审计工作的依赖程度	由审计项目团队以外的专业人员提供该内部审计服务

4. 行为禁止

（1）承担管理层职责的内部审计服务。

①制定内部审计政策或内部审计活动的战略方针。

②指导该客户内部审计员工的工作并对其负责。

③决定应执行来源于内部审计活动的建议。

④代表管理层向治理层报告内部审计活动的结果。

⑤执行构成内部控制组成部分的程序。

⑥负责设计、执行、监督和维护内部控制。

⑦实施企业内部控制评价工作，包括对内部控制的设计与运行情况的全面评估。

⑧提供内部审计外包服务，包括全部内部审计外包服务和重要内部审计外包服务，并且负责确定内部审计工作的范围。

（2）不得向属于公众利益实体的审计客户提供的内部审计服务。

①财务报告内部控制的组成部分。

②财务会计系统。

③单独或累积起来对被审计财务报表具有重大影响的金额或披露。

【经典例题】

【真题·简答题（部分）】（2020）上市公司甲公司是ABC会计师事务所的常年审计客户。XYZ公司和ABC会计师事务所处于同一网络。审计项目组在甲公司2019年度财务报表审计中遇到下列事项：

（3）丙公司是甲公司的不重大子公司，其内审部聘请XYZ公司提供投资业务流程专项审计服务。提供该服务的项目组成员不是甲公司审计项目组成员。

【要求】针对上述第（3）项，指出是否可能存在违反中国注册会计师职业道德守则有关独立性规定的情况，并简要说明理由。

【答案】

事项序号	是否违反（违反/不违反）	理由
（3）	违反	所提供的内部审计服务涉及与财务报告相关的内部控制，因自我评价对独立性产生严重不利影响

【真题·简答题（部分）】（2018）上市公司甲公司是ABC会计师事务所的常年审计客户。XYZ公司和ABC会计师事务所处于同一网络。审计项目组在甲公司2017年度财务报表审计中遇到下列事项：

（5）甲公司内审部计划对新并购的子公司执行内部控制审计。因缺乏人手，甲公司聘请XYZ公司协助执行该项工作，但XYZ公司不参与制定内审计划或管理层决策。

【要求】针对上述第（5）项，指出是否可能存在违反中国注册会计师职业道德守则有关独立性规定的情况，并简要说明理由。

【答案】

事项序号	是否可能违反（违反/不违反）	理由
（5）	违反	该内部审计服务涉及甲公司与财务报告相关的内部控制，将因自我评价对独立性产生严重不利影响

（八）信息技术系统服务

1. 情形描述

（1）信息技术系统可用于积累原始数据，构成与财务报告相关的内部控制的组成部分，或生成影响会计记录或者财务报表的信息。

（2）信息技术系统也可能与审计客户的会计记录、财务报告内部控制和财务报表无关。

（3）会计师事务所提供信息技术系统服务是否因自我评价产生不利影响，取决于服务和信息技术系统的性质。

2. 不对独立性产生不利影响的信息技术系统服务

会计师事务所人员不承担管理层职责的下列信息技术系统服务：

（1）设计或操作与财务报告内部控制无

关的信息技术系统。

（2）设计或操作信息技术系统，其生成的信息不构成会计记录或财务报表的重要组成部分。

（3）实施由第三方开发的会计或财务信息报告软件。

（4）对由其他服务提供商或审计客户自行设计并实施的系统进行评价和提出建议。

3. 向审计客户提供信息技术系统服务

具体如下表所示。

行为允许的情形	不利影响	防范措施
如果向审计客户提供信息技术系统服务，会计师事务所应当确保同时满足下列条件： （1）审计客户认可其对建立和监督内部控制的责任。 （2）审计客户委派具有胜任能力的员工（最好是高级管理人员）负责作出有关系统设计和操作的所有管理决策。 （3）审计客户作出与系统设计和实施过程有关的所有管理决策。 （4）审计客户评价系统设计和实施的适当性及结果。 （5）审计客户对系统运行以及系统使用或生成的数据负责	不利影响存在与否及其严重程度主要取决于下列因素： （1）该服务的性质。 （2）信息技术系统的性质及其对客户会计记录或财务报表的影响程度。 （3）审计中对特定信息技术系统的依赖程度	由审计项目团队以外的专业人员提供该服务

4. 行为禁止

（1）承担管理层职责的信息技术系统服务。

（2）向属于公众利益实体的审计客户提供或设计与实施下列服务：

①信息技术系统构成财务报告内部控制的重要组成部分。

②信息技术系统生成的信息对会计记录或被审计财务报表影响重大。

【经典例题】

【真题·简答题（部分）】（2019）上市公司甲公司是ABC会计师事务所的常年审计客户。XYZ公司和ABC会计师事务所处于同一网络。审计项目组在甲公司2018年度财务报表审计中遇到下列事项：

（4）甲公司聘请XYZ公司提供人力资源系统的设计和实施服务，该系统包括考勤管理和薪酬计算等功能。

【要求】针对上述第（4）项，指出是否可能存在违反中国注册会计师职业道德守则有关独立性规定的情况，并简要说明理由。

【答案】

事项序号	是否可能违反（违反/不违反）	理由
（4）	违反	人力资源系统包括薪酬计算功能，生成的信息对甲公司会计记录或财务报表影响重大/构成财务报告内部控制的重要组成部分，将因自我评价对独立性产生严重不利影响

【真题·简答题（部分）】（2018）上市公司甲公司是ABC会计师事务所的常年审计客户。XYZ公司和ABC会计师事务所处于同一网络。审计项目组在甲公司2017年度财务报表审计中遇到下列事项：

（4）甲公司聘请系统实施服务商提供财务系统的优化设计和实施服务，聘请XYZ公司负责执行系统用户权限测试。系统实施服务商与ABC会计师事务所不属于同一网络。

【要求】针对上述第（4）项，逐项指出是否可能存在违反中国注册会计师职业道德守则有关独立性规定的情况，并简要说明理由。

【答案】

事项序号	是否可能违反（违反/不违反）	理由
（4）	违反	为甲公司进行财务系统的用户权限测试属于财务系统实施服务/且涉及承担管理层职责，将因自我评价对独立性产生严重不利影响

【真题·简答题（部分）】（2016）ABC会计师事务所委派A注册会计师担任上市公司甲公司2015年度财务报表审计项目合伙人。ABC会计师事务所和XYZ公司处于同一网络。审计项目组在审计中遇到下列事项：

（6）甲公司购买的成本核算软件由XYZ公司和一家软件公司共同开发和推广。该软件公司不是ABC会计师事务所的审计客户或其关联实体。

【要求】针对上述第（6）项，指出是否存在违反中国注册会计师职业道德守则有关独立性规定的情况，并简要说明理由。

【答案】

事项序号	是否可能违反（违反/不违反）	理由
（6）	违反	ABC会计师事务所的网络所参与了甲公司重要财务系统的设计/参与设计的成本核算软件构成甲公司财务报表内部控制的重要组成部分/生成的信息对会计记录或被审计财务报表影响重大，将因自我评价对独立性产生严重不利影响

（九）诉讼支持服务

1. 诉讼支持服务活动

（1）担任证人，包括专家证人。

（2）计算诉讼或其他法律纠纷涉及的估计损失或其他应收、应付的金额。

（3）协助管理和检索文件。

2. 不利影响的取决因素

会计师事务所向审计客户提供诉讼支持服务，可能因自我评价或过度推介产生不利影响。不利影响存在与否及其严重程度主要取决于下列事项：

（1）提供服务所处的法律和监管环境，例如，法院是否会选择或委任专家证人。

（2）服务的性质和特征。

（3）服务的结果是否对会计师事务所将发表意见的财务报表产生重大影响。

3. 防范措施

举例来说，如由审计项目团队以外的专业人员提供此类服务。

【小贴士】如果会计师事务所向审计客户提供诉讼支持服务涉及对损失或其他金额的估计，并且这些损失或其他金额影响被审计财务报表，会计师事务所应当遵守关于评估服务的规定。

（十）法律服务

1. 法律服务内容

主要包括为客户提供法律咨询、担任首席法律顾问、担任辩护人等服务。法律服务通常是指必须由符合下列条件之一的人员提供的服务：已取得执行法律业务所需要的专业资格；已通过执行法律业务所要求的培训。

2. 法律咨询服务

法律咨询服务内容	不利影响	防范措施
包含多种类型，例如： （1）合同支持服务。 （2）为审计客户执行一项交易提供支持。 （3）合并与收购。 （4）向客户内部法律部门提供帮助。 （5）法律尽职调查及重组	可能因自我评价或过度推介对独立性产生不利影响。不利影响存在与否及其严重程度主要取决于下列因素： （1）特定事项对审计客户财务报表的重要程度。 （2）法律事项的复杂程度以及提供该服务所需判断的程度	（1）由审计项目团队以外的专业人员提供该服务。 （2）由未参与提供法律服务的适当复核人员复核所执行的审计工作或提供的服务

3. 担任审计客户的首席法律顾问（禁止）

会计师事务所人员不得担任审计客户的首席法律顾问。

4. 担任审计客户的辩护人

情形描述	不利影响	防范措施	是否允许
纠纷或法律诉讼所涉金额对被审计财务报表无重大影响	因自我评价产生不利影响	（1）由审计项目团队以外的专业人员提供该服务。 （2）由未参与提供法律服务的适当复核人员复核所执行的审计工作或提供的服务	允许
纠纷或法律诉讼所涉金额对被审计财务报表有重大影响	将产生非常严重的不利影响	没有防范措施能够将其降低至可接受的水平	不允许（行为禁止）

【经典例题】

【真题·简答题（部分）】（2016）ABC会计师事务所委派A注册会计师担任上市公司甲公司2015年度财务报表审计项目合伙人。ABC会计师事务所和XYZ公司处于同一网络。审计项目组在审计中遇到下列事项：

（5）甲公司聘请XYZ公司担任某合同纠纷的诉讼代理人。诉讼结果将对甲公司财务报表产生重大影响。

【要求】针对上述第（5）项，指出是否存在违反中国注册会计师职业道德守则有关独立性规定的情况，并简要说明理由。

【答案】

事项序号	是否可能违反（违反/不违反）	理由
（5）	违反	为审计客户担任诉讼代理人，且该纠纷所涉金额对被审计财务报表有重大影响，将因自我评价/过度推介对独立性产生严重不利影响

（十一）招聘服务

1. 招聘服务内容

（1）制定岗位描述。

（2）制定识别和选择潜在候选人的流程。

（3）寻找或筛选候选人。

（4）通过下列方式筛选潜在的候选人：

①审核候选人的专业资格或胜任能力并确定其是否适合该职位。

②对职位候选人实施背景调查。

③面试、选择合适的候选人并就候选人的胜任能力提供建议。

（5）确定雇佣条款并协商如工资、工时及其他报酬等具体条件。

2. 不利影响的取决因素

向审计客户提供招聘服务，可能因自身利益、密切关系或外在压力对独立性产生不利影响。不利影响存在与否及其严重程度主要取决于下列事项：

（1）会计师事务所人员所提供协助的性质。

（2）拟招聘人员的职位。

（3）候选人和提供咨询意见或服务的会计师事务所之间可能存在的利益冲突或关系。

3. 防范措施

举例来说，如由审计项目团队以外的专业人员提供该服务。

4. 行为允许

当向审计客户提供下列不承担管理层职责的招聘服务时，通常不会对独立性产生不利影响：

（1）对多名候选人的专业资格进行审核，并就其是否适合该职位提供咨询意见。

（2）对候选人进行面试，并对候选人在财务会计、行政管理或内部控制等职位上的胜任能力提供咨询意见。

【小贴士】当向审计客户提供招聘服务时，为避免承担管理层职责，会计师事务所应当确保同时满足下列条件：

（1）客户委派具有胜任能力的员工（最好是高级管理人员），负责作出有关聘用该职位候选人的所有管理决策。

（2）客户就聘用程序作出所有管理决策，包括：①确定准候选人是否合适并选择适合该职位的候选人。②确定雇佣条款并协商如工资、工时及其他报酬等具体条件。

5. 行为禁止

（1）承担管理层职责的招聘服务。

（2）在向审计客户提供招聘服务时，会计师事务所不得代表客户与应聘者进行谈判。

（3）招聘对象属于审计客户拟招聘董事、高级管理人员，或所处职位能够对客户会计记录或被审计财务报表的编制施加重大影响的高级管理人员，会计师事务所不得提供下列招聘服务：①寻找或筛选候选人。②对候选人实施背景调查。

（十二）公司财务服务

1. 公司理财服务内容

（1）协助审计客户制定公司战略。

（2）为审计客户并购识别可能的目标。

（3）对资产处置交易提供建议。

（4）协助实施融资交易。

（5）对合理安排资本结构提供建议。

（6）对直接影响被审计财务报表金额的资本结构或融资安排提供建议。

2. 不利影响的取决因素

会计师事务所提供财务服务，可能因自我评价或过度推介对独立性产生不利影响。不利影响存在与否及其严重程度主要取决于下列因素：

（1）在确定如何恰当处理财务建议对财务报表产生的影响时，涉及的主观程度。

（2）财务建议的结果对在财务报表中记录的金额的直接影响程度，以及记录的金额对财务报表整体影响的重大程度。

（3）财务建议的有效性是否取决于某一特定会计处理或财务报表列报，并且根据适用的会计准则，对该会计处理或列报的适当性存有疑问。

3. 防范措施

（1）由审计项目团队以外的专业人员提供该服务。

（2）由未参与提供财务服务的适当复核人员复核已执行的审计工作或提供的服务。

4. 行为禁止

（1）会计师事务所不得提供涉及推荐、交易或承销审计客户股票的公司财务服务。

（2）如果财务建议的有效性取决于某一特定会计处理或财务报表列报，并且同时存在下列情形，会计师事务所不得提供此类财务建议：

①根据相关财务报告编制基础，审计项目团队对相关会计处理或列报的适当性存有疑问。

②公司财务建议的结果将对被审计财务报表产生重大影响。

【经典例题】

【真题·简答题（部分）】（2020）上市公司甲公司是ABC会计师事务所的常年审计客户。XYZ公司和ABC会计师事务所处于同一网络。审计项目组在甲公司2019年度财务报表审计中遇到下列事项：

（4）2019年10月，甲公司聘请XYZ公司提供招聘董事会秘书的服务，包括物色候选人、组织面试并向甲公司汇报面试结果。由甲公司董事会确定最终聘用人选。

【要求】针对上述第（4）项，指出是否可能存在违反中国注册会计师职业道德守则有关独立性规定的情况，并简要说明理由。

【答案】

事项序号	是否违反（违反/不违反）	理由
(4)	违反	为属于公众利益实体的审计客户提供高级管理人员的招聘服务，包括物色候选人，因自身利益、密切关系或外在压力对独立性产生严重不利影响

【真题·简答题（部分）】（2014）上市公司甲公司系ABC会计师事务所的常年审计客户，从事房地产开发业务。XYZ公司是ABC会计师事务所的网络事务所。在对甲公司2013年度财务报表执行审计的过程中存在下列事项：

（4）甲公司拟进军新的产业，聘请XYZ公司作为财务顾问，为其寻找、识别收购对象。双方约定服务费为10万元，该项收费对ABC会计师事务所不重大。

【要求】针对上述第（4）项，指出是否可能存在违反中国注册会计师职业道德守则有关独立性规定的情况，并简要说明理由。

【答案】

事项序号	是否可能违反（是/否）	理由
(4)	是	XYZ公司为甲公司寻找、识别收购对象，可能承担管理层职责，将因自我评价/过度推介对独立性产生不利影响

重难点16：收费★★★

【小贴士】该知识点2021年进行了小范围修订。

（一）收费结构

1. 从某一审计客户收取的全部费用占会计师事务所收费总额比重很大

情形描述	不利影响	防范措施
如果会计师事务所从某一审计客户收取的全部费用占其收费总额的比重很大，则对该客户的依赖及对可能失去该客户的担心将因自身利益或外在压力产生不利影响	不利影响的严重程度主要取决于下列因素： (1) 会计师事务所的业务类型及收入结构。 (2) 会计师事务所成立时间的长短。 (3) 该客户从性质和金额上对会计师事务所是否重要	(1) 扩大会计师事务所的客户群，从而降低对该客户的依赖程度。 (2) 实施外部质量复核。 (3) 就关键的审计判断向第三方咨询

2. 从某一审计客户收取的全部费用占某一合伙人或分部收费总额比重很大

情形描述	不利影响	防范措施
如果从某一审计客户收取的全部费用占某一合伙人从所有客户收取的费用总额比重很大，或占会计师事务所某一分部收取的费用总额比重很大，也将因自身利益或外在压力产生不利影响	不利影响的严重程度主要取决于下列因素： (1) 该客户在性质上或金额上对该合伙人或分部是否重要。 (2) 该合伙人或该分部合伙人的报酬对来源于该客户的收费的依赖程度	(1) 扩大该合伙人或分部的客户群，从而降低对来源于该客户的收费的依赖程度。 (2) 由审计项目团队以外的适当复核人员复核已执行的工作

3. 连续两年从某一属于公众利益实体的审计客户及其关联实体收取的全部费用比重较大

（1）披露要求。

如果会计师事务所连续两年从某一属于公众利益实体的审计客户及其关联实体收取的全部费用，占其从所有客户收取的全部费用的比重超过15%，会计师事务所应当向审计客户治理层披露这一事实。

如果两年后每年收费比例继续超过15%，则会计师事务所应当每年向治理层披露这一事实，并讨论选择采取下列哪种防范措施。

【小贴士】会计师事务所在计算收费占比时，应以向该审计客户提供所有服务收取的全部费用（即不仅仅是审计费）为分子，以向所有客户提供所有服务收取的全部费用为分母。

（2）防范措施。

①在对第二年度财务报表发表审计意见之前，由其他会计师事务所对该业务再次实施项目质量复核，或由其他专业机构实施相当于项目质量复核的复核（发表审计意见前复核）。

②在对第二年度财务报表发表审计意见之后、对第三年度财务报表发表审计意见之前，由其他会计师事务所对第二年度的审计工作再次实施项目质量复核，或由其他专业机构实施相当于项目质量复核的复核（发表审计意见后复核）。

【小贴士】如果两年后每年收费比例继续超过15%，则会计师事务所应当每年向治理层披露这一事实，并讨论选择采取上述哪种防范措施。在收费比例明显超过15%的情况下，如果采用发表审计意见后复核无法将不利影响降低至可接受的水平，会计师事务所应当采用发表审计意见前复核。

（二）逾期收费

1. 情形描述

如果审计客户长期未支付应付的费用，尤其是相当部分的费用在出具下一年度审计报告前仍未支付，可能因自身利益产生不利影响。

2. 不利影响

会计师事务所通常要求审计客户在审计报告出具前付清上一年度的费用。如果在审计报告出具后审计客户仍未支付该费用，会计师事务所应当评价不利影响存在与否及其严重程度，并在必要时采取防范措施消除不利影响或将其降低至可接受的水平。

3. 防范措施

（1）收取逾期的部分款项。

（2）由未参与执行审计业务的适当复核人员复核已执行的工作。

【小贴士】如果相当部分的费用长期逾期，会计师事务所应当确定：①逾期收费是否可能被视同向客户提供贷款。②会计师事务所是否继续接受委托或继续执行审计业务。

（三）或有收费

1. 定义

或有收费是指收费与否或收费多少取决于交易的结果或所执行工作的结果。如果一项收费是由法院或政府有关部门规定的，则该项收费不被视为或有收费。

2. 行为禁止

（1）会计师事务所提供审计服务时不得采用或有收费安排。

（2）会计师事务所提供非鉴证服务时不得采用或有收费安排的情形：

①非鉴证服务的或有收费由对财务报表发表审计意见的会计师事务所取得，并且对其影响重大或预期影响重大。

②网络事务所参与大部分审计工作，非鉴证服务的或有收费由该网络事务所取得，并且对其影响重大或预期影响重大。

③非鉴证服务的结果以及由此收取的费用金额，取决于与财务报表重大金额审计相关的未来或当期的判断。

3. 向审计客户提供非鉴证服务的不利影响和防范措施

（1）不利影响取决因素。

①可能的收费金额区间。

②是否由适当的权威方确定有关事项的结果，并且该结果作为确定或有收费金额的基础。

③针对会计师事务所执行的工作及收费的基础，向报告预期使用者作出的披露。

④非鉴证服务的性质。

⑤事项或交易对财务报表的影响。

（2）防范措施。

①由审计项目团队以外的适当复核人员复核该会计师事务所已执行的工作。

②预先就收费的基础与客户达成书面协议。

重难点17：影响独立性的其他事项★★

【小贴士】该知识点2021年进行了小范围修订。

（一）薪酬和业绩评价政策

1. 不利影响评价

如果某一审计项目团队成员的薪酬或业绩评价与其向审计客户推销的非鉴证服务挂钩，将因自身利益产生不利影响。不利影响的严重程度取决于下列因素：

（1）推销非鉴证服务的因素在该成员薪酬或业绩评价中的比重。

（2）该成员在审计项目团队中的角色。

（3）推销非鉴证服务的业绩是否影响该成员的晋升。

2. 防范措施

（1）修改该成员的薪酬计划或业绩评价程序。

（2）将该成员调离审计项目团队。

（3）由审计项目团队以外的适当复核人员复核该审计项目团队成员已执行的工作。

【小贴士】关键审计合伙人的薪酬或业绩评价不得与其向审计客户推销的非鉴证服务直接挂钩。

（二）礼品和款待

1. 不利影响评价

会计师事务所或审计项目团队成员接受审计客户的礼品或款待，可能因自身利益、密切关系或外在压力对独立性产生不利影响。

2. 行为禁止

（1）会计师事务所或审计项目团队成员不得接受审计客户的礼品。

（2）如果款待超出业务活动中的正常往来，会计师事务所或审计项目团队成员应当拒绝接受。

【小贴士】同时，注册会计师应当考虑款待是否具有不当影响注册会计师行为的意图，如果具有该意图，即使其从性质和金额上来说均明显不重要，会计师事务所或审计项目团队成员也不得接受该款待。

（三）诉讼或诉讼威胁

1. 情形描述

如果会计师事务所或审计项目团队成员与审计客户发生诉讼或很可能发生诉讼，将因自身利益和外在压力产生不利影响。

2. 不利影响取决因素

（1）诉讼的重要性。

（2）诉讼是否与前期审计业务相关。

3. 防范措施

（1）如果诉讼涉及某一审计项目团队成员，将该成员调离审计项目团队。

（2）由适当复核人员复核已执行的工作。

【经典例题】

【真题·简答题（部分）】（2016）ABC会计师事务所委派A注册会计师担任上市公司甲公司2015年度财务报表审计项目合伙人。ABC会计师事务所和XYZ公司处于同一网络。审计项目组在审计中遇到下列事项：

（4）A注册会计师受邀参加了甲公司年度股东大会。全体参会人员均获得甲公司生产的移动硬盘作为礼品。

【要求】针对上述第（4）项，指出是否存在违反中国注册会计师职业道德守则有关独立性规定的情况，并简要说明理由。

【答案】

事项序号	是否可能违反（违反/不违反）	理由
（4）	违反	注册会计师不得收受甲公司的任何礼品/收受甲公司礼品属于不当行为

通关练习

（一）单选题

1. 注册会计师独立性的内涵是（　　）。

A. 识别对独立性的不利影响

B. 评价不利影响的严重程度

C. 独立性包括实质上的独立性和形式上的独立性

D. 必要时采取防范措施消除不利影响或将其降低至可接受的水平

2. 下列关于网络事务所的说法中错误的是（　　）。

A. 网络事务所是指属于某一网络的会计师事务所或实体

B. 网络中的实体本身可能不是会计师事务所

C. 如果某一会计师事务所被视为网络事务所，应当与网络中其他会计师事务所的审计客户保持独立

D. 如果一个联合体旨在通过合作，在各实体之间分享重要的市场信息，应被视为网络

3. 下列关于公众利益实体说法中错误的是（　　）。

A. 公众利益实体包括上市公司和法律法规界定的公众利益实体

B. 大型非上市金融企业其债券在法律法规认可的证券交易所报价或挂牌，不是公众利益实体

C. 如果其他实体拥有数量众多且分布广泛的利益相关者，注册会计师应当考虑将其作为公众利益实体对待

D. 法律法规认可的证券交易所或其他类似机构的监管下进行交易的实体，应当作为公众利益实体对待

4. 下列关于关联实体的判断标准中说法错误的是（　　）。

A. 能够对客户施加直接或间接控制的实体，并且客户对该实体重要

B. 在客户内拥有直接经济利益的实体，并且该实体对客户具有重大影响，在客户内的利益对该实体重要

C. 客户拥有其直接经济利益的实体，并且客户能够对该实体施加重大影响，在实体内的经济利益对客户重要

D. 与客户处于同一控制下的实体

5. ABC 会计师事务所于 2019 年 11 月 21 日首次接受委托，承接甲公司 2019 年财务报表审计业务，在 2019 年审计业务约定书中双方约定审计报告出具日期为 2020 年 1 月 10 日，ABC 会计师事务所于 2020 年 1 月 10 日签发了审计报告，对业务期间理解正确的是（　　）。

A. 2019 年 11 月 21 日至 2020 年 11 月 21 日

B. 2019 年 11 月 21 日至 2020 年 12 月 31 日

C. 2019 年 11 月 21 日至 2020 年 1 月 10 日

D. 2019 年 1 月 1 日至 2020 年 1 月 10 日

6. 假设 ABC 会计师事务所于 2018 年 11 月 1 日首次接受委托，承接甲公司 2018 年和 2019 年财务报表审计业务，双方约定 2019 年 3 月 5 日和 2020 年 3 月 5 日分别对 2018 年和 2019 年度的财务报表出具审计报告，并且决定在 2020 年 5 月 1 日后双方终止审计业务关系。则 ABC 事务所应当保持独立性的期间是（　　）。

A. 2018 年 1 月 1 日至 2020 年 3 月 5 日

B. 2018年1月1日至2020年5月1日

C. 2018年11月1日至2020年3月5日

D. 2018年11月1日至2020年5月1日

（二）多选题

1. 会计师事务所防范业务期间对独立性不利影响的措施包括（　　）。

A. 不允许提供非鉴证服务的人员担任审计项目组成员

B. 必要时由其他的注册会计师复核审计和非鉴证工作

C. 由其他会计师事务所评价非鉴证业务的结果，或由其他会计师事务所重新执行非鉴证业务，并且所执行工作的范围能够使其承担责任

D. 评估在财务报表涵盖的期间或之后、接受审计业务委托之前，与审计客户之间存在的经济利益或商业关系

2. 上市公司甲公司是ABC会计师事务所的常年审计客户，与上市公司乙公司为同一母公司的重要子公司，乙公司不是该事务所的审计客户，下列事项中和关联实体存在关系构成不利影响的有（　　）。

A. 项目合伙人A注册会计师的爱人买入乙公司股票2 000股，该股权对A注册会计师的爱人而言不属于重大经济利益

B. B注册会计师曾作为审计经理签署了甲公司2013年度至2018年度审计报告，之后调离甲公司审计项目组，加入事务所质量控制部，负责复核所有上市公司审计客户的财务报表

C. 审计项目组成员的妻子在网贷平台上购买了互联网金融产品10万元。根据其与网贷平台及资金使用方签署的三方协议，该资金用于补充甲公司某不重要子公司的短期流动资金

D. 甲公司在海外设立子公司，聘请XYZ公司提供设立申请服务，以及业务流程和财务流程文档的编制服务

（三）简答题

1. 上市公司甲公司是ABC会计师事务所的常年审计客户。XYZ公司和ABC会计师事务所处于同一网络。注册会计师A为项目合伙人，审计项目组在甲公司2019年度财务报表审计中遇到下列事项：

（1）2019年10月，甲公司收购了戊公司30%的股权，戊公司成为甲公司的重要联营公司。审计项目合伙人A注册会计师在收购生效日前3天得知其妻子持有戊公司发行的价值5万元的企业债，承诺将在收购生效日后30天内出售该债券。

（2）2015年10月，审计项目组就某重大会计问题咨询了事务所技术部的B注册会计师。B注册会计师的妻子于2019年6月购买了甲公司的股票，于2019年12月卖出。

（3）项目组成员注册会计师C的爱人于甲公司2018年报公布后购买了甲公司股票5 000股，于2019年报审计开始前售出。

（4）项目组成员注册会计师D的女儿大学毕业后，应聘到甲公司财务部门工作，任职岗位为出纳，注册会计师D在本次审计中负责函证业务。

（5）项目组全体成员受邀参加甲公司年会，部分成员在年会抽奖环节中分别获得二、三等奖品。

（6）审计项目组成员E注册会计师的父亲在丙公司持有重大经济利益。丙公司为甲公司不重要的联营企业，不是ABC会计师事务所的审计客户。

【要求】针对上述第（1）~（6）项，指出是否可能存在违反中国注册会计师职业道德守则有关独立性规定的情况，并简要说明理由。将答案直接填入答题区相应的表格内。

事项序号	是否违反（违反/不违反）	理由
（1）		
（2）		

续表

事项序号	是否违反（违反/不违反）	理由
（3）		
（4）		
（5）		
（6）		

2. ABC会计师事务所委派A注册会计师担任上市公司甲公司2019年度财务报表审计项目合伙人。ABC会计师事务所和XYZ公司处于同一网络。审计项目组在审计中遇到下列事项：

（1）A注册会计师因继承其祖父的遗产获得甲公司股票10 000股，承诺将在有权处置这些股票之日起一个月内出售。

（2）甲公司研发的电动式行李箱于2019年12月上市。甲公司在ABC会计师事务所年会上特地为其员工进行了产品展示，针对事务所员工以成本价进行销售。

（3）乙公司是甲公司的子公司，从事行业信息指数发布业务。2019年12月，乙公司和ABC会计师事务所联合对外发布行业研究报告，对该行业现状与前景进行分析，并介绍了乙公司的业务。

（4）D注册会计师和A注册会计师同处一个分部，不是甲公司审计项目组成员。D的母亲和甲公司某董事岳母共同开办了一家出国留学中介。

（5）甲公司的子公司丁公司提供信息系统咨询服务，与XYZ公司组成联合服务团队，向目标客户推广代理记账、税务咨询和信息系统咨询一揽子服务。

（6）2018年12月，审计项目组成员B注册会计师通过银行按揭，按照市场价格300万元购买了甲公司出售的商品房一套。

【要求】针对上述第（1）~（6）项，逐项指出是否存在违反中国注册会计师职业道德守则有关职业道德和独立性规定的情况，并简要说明理由。

事项序号	是否违反（违反/不违反）	理由
（1）		
（2）		
（3）		
（4）		
（5）		
（6）		

3. 上市公司甲公司是ABC会计师事务所的常年审计客户。XYZ公司和ABC会计师事务所处于同一网络。审计项目组在甲公司2019年度财务报表审计中遇到下列事项：

（1）2019年度财务报表审计项目组合伙人为注册会计师A。A注册会计师曾担任甲公司2012~2016年度财务报表审计项目合伙人，之后调离甲公司审计项目组，担任乙公司2016~2018年度财务报表审计项目合伙人。乙公司是与甲公司无联系的非公众利益实体。

（2）2019年10月，丙公司被甲公司收购成为其重要子公司。2020年1月1日，甲公司审计项目组成员 B 的妻子加入丙公司并担任财务总监。

（3）审计项目组成员 C 曾担任甲公司成本会计，2018 年 5 月离职加入 ABC 会计师事务所，同年 10 月加入甲公司审计项目组，负责审计固定资产。

（4）XYZ 公司合伙人 D 的爱人于 2019 年 7 月加入甲公司并担任培训部经理。合伙人 D 没有为甲公司提供任何服务。

（5）E 注册会计师曾担任甲公司 2018 年度财务报表审计的项目质量控制复核人，于 2019 年 5 月退休，之后未和 ABC 会计师事务所保持交往。2020 年 1 月 1 日，E 注册会计师受聘担任甲公司独立董事。

（6）F 注册会计师自 2015 年度起担任已公司财务报表审计项目合伙人，在已公司被甲公司收购后，继续担任已公司 2019 年度财务报表审计项目合伙人，并成为甲公司的关键审计合伙人。

【要求】针对上述第（1）~（6）项，逐项指出是否可能存在违反中国注册会计师职业道德守则有关独立性规定的情况，并简要说明理由。将答案直接填入答题区相应的表格内。

事项序号	是否违反（违反/不违反）	理由
（1）		
（2）		
（3）		
（4）		
（5）		
（6）		

4. 上市公司甲公司是 ABC 会计师事务所的常年审计客户。XYZ 公司和 ABC 会计师事务所处于同一网络。审计项目组在甲公司 2019 年度财务报表审计中遇到下列事项：

（1）甲公司是乙公司的重要联营企业。2019 年 10 月，XYZ 公司接受乙公司委托对其拟投资的标的公司进行评估，作为定价参考。乙公司不是 ABC 会计师事务所的审计客户。

（2）丙公司是甲公司新收购的海外子公司，为甲公司不重要的子公司。丙公司聘请 XYZ 公司将其按照国际财务报告准则编制的财务报表转化为按照中国企业会计准则编制的财务报表。

（3）甲公司负责税务方面的财务人员离职，聘请 ABC 会计师事务所为其提供税务服务，服务内容为协助整理税务相关资料。ABC 会计师事务所委派审计项目组以外的人员按照公司财务经理的要求提供该服务，不承担管理层职责。

（4）甲公司内审部计划对新并购的子公司内部控制进行全面规范，因缺乏人手，甲公司聘请 XYZ 公司协助执行子公司内部控制该项工作，但 XYZ 公司参与制定内部控制制度制定但不参加管理层决策的讨论。

（5）甲公司聘请 XYZ 公司提供考勤系统的设计和实施服务。

（6）在一起经济纠纷中，甲公司聘请 ABC 会计师事务所注册会计师 B 担任专家证人，注册会计师 B 不是甲公司审计项目组成员。

【要求】针对上述第（1）~（6）项，逐项指出是否可能存在违反中国注册会计师职业道德守则有关独立性规定的情况，并简要说明理由。将答案直接填入答题区相应的表格内。

事项序号	是否违反（违反/不违反）	理由
(1)		
(2)		
(3)		
(4)		
(5)		
(6)		

5. ABC会计师事务所委派A注册会计师担任上市公司甲公司2019年度财务报表审计项目合伙人。ABC会计师事务所和XYZ公司处于同一网络。审计项目组在审计中遇到下列事项：

（1）甲公司聘请XYZ公司担任某合同纠纷的诉讼代理人。诉讼结果将对甲公司财务报表产生重大影响。

（2）甲公司拟进军新的产业，招聘财务人员，聘请XYZ公司作为招聘考核组顾问，为其寻找、识别招聘对象。双方约定服务费为3万元，该项收费对ABC会计师事务所不重大。

（3）由于上市公司监管愈来愈严格，部分审计客户开始流失，甲公司审计收费连续两年占ABC事务所全年收入20%左右。

（4）甲公司拟投资新项目，聘请XYZ公司共同制作投资可行性分析方案。

（5）审计项目组成员已经通过甲公司面试，拟于年度报表审计结束后受聘甲公司财务经理职位。

（6）审计项目组成员F注册会计师与甲公司出纳员是恋人关系，二人决定于2020年2月14日办理结婚登记手续。

【要求】针对上述第（1）~（6）项，逐项指出是否存在违反中国注册会计师职业道德守则有关独立性规定的情况，并简要说明理由。

事项序号	是否违反（违反/不违反）	理由
(1)		
(2)		
(3)		
(4)		
(5)		
(6)		

通关练习答案及解析

（一）单选题

1. 【答案】C

【解析】选项A、B、D是独立性概念框架的内涵，选项C是独立性的内涵，因此选择选项C。

2. 【答案】D

【解析】在下列情形中，共享的资源被视为不重要：（1）共享的资源仅限于共同的审计手册或审计方法；（2）共享培训资源，而并不交流人员、客户信息或市场信息；（3）没有一个共有的技术部门。共享以上资源的实体不应当被视为网络，因此选项 D 错误。

3.【答案】B

【解析】如某些大型非上市金融企业。对于其债券在法律法规认可的证券交易所报价或挂牌，或是在法律法规认可的证券交易所或其他类似机构的监管下进行交易的实体，也应当作为公众利益实体对待，因此选择选项 B。

4.【答案】D

【解析】关联实体是指与客户存在下列任一关系的实体：（1）能够对客户施加直接或间接控制的实体，并且客户对该实体重要（选项 A）；（2）在客户内拥有直接经济利益的实体，并且该实体对客户具有重大影响，在客户内的利益对该实体重要（选项 B）；（3）受到客户直接或间接控制的实体；（4）客户（或受到客户直接或间接控制的实体）拥有其直接经济利益的实体，并且客户能够对该实体施加重大影响，在实体内的经济利益对客户（或受到客户直接或间接控制的实体）重要（选项 C）；（5）与客户处于同一控制下的实体（即"姐妹实体"），并且该姐妹实体和客户对其控制方均重要。因此选择选项 D。

5.【答案】C

【解析】根据业务期间的定义，ABC 事务所承接甲公司财务报表审计业务时间的起点是接受委托的日期 2019 年 11 月 21 日，终点是出具审计报告日，2020 年 1 月 10 日。

6.【答案】B

【解析】ABC 事务所保持独立性期间的起点是 2018 年 1 月 1 日，审计业务具有连续性，终点是"解除业务关系与出具审计报告两者孰晚之日"，即 2020 年 5 月 1 日。

（二）多选题

1.【答案】ABC

【解析】选项 D 是会计师事务所确立是否对独立性产生不利影响的因素，不是防范措施，因此不选择选项 D。

2.【答案】ACD

【解析】审计项目组成员的主要近亲属不得在审计客户的关联实体中拥有直接经济利益，否则将因自身利益产生非常严重的不利影响，因此选择选项 A。审计项目组成员的主要近亲属不得在审计客户的关联实体中拥有重大间接经济利益，否则将因自身利益产生非常严重的不利影响，因此选择选项 C。ABC 会计师事务所的网络所为审计客户的关联实体提供构成财务报告内部控制重大组成部分的信息技术系统服务，将因自我评价产生不利影响，因此选择选项 D。关键审计合伙人在两年的冷却期内不得为该客户的审计业务实施质量控制复核，否则将因密切关系和自身利益产生不利影响，因此不选择选项 B。

（三）简答题

1.【答案】

事项序号	是否违反（违反/不违反）	理由
（1）	违反	收购日后戊公司成为甲公司的关联实体，A 注册会计师及其主要近亲属不得在乙公司拥有直接经济利益，应在收购生效日前处置该直接经济利益，得知持有该直接经济利益后立即处置该利益，否则将因自身利益对独立性产生严重不利影响
（2）	不违反	B 注册会计师属于审计项目组成员/B 注册会计师的咨询意见直接影响审计结果，其妻子在审计期间拥有直接经济利益，将因自身利益对独立性产生严重不利影响

续表

事项序号	是否违反（违反/不违反）	理由
（3）	违反	因针对甲公司的审计业务具有连续性，2018 年度审计报告出具后至 2019 年度审计工作开始前期间仍属于业务期间，C 注册会计师的妻子在该期间持有甲公司的股票，因自身利益对独立性产生严重不利影响
（4）	违反	D 注册会计师的女儿在审计客户担任出纳，能够对审计客户的财务状况、经营成果和现金流量施加重大影响，将对独立性产生不利影响
（5）	违反	审计项目组成员不得接受甲公司的礼品或款待/接受礼品或款待属于不当行为
（6）	违反	甲公司对丙公司有重大影响，且项目组成员 E 的父亲在丙公司持有重大经济利益，因自身利益对独立性产生严重不利影响

2. 【答案】

事项序号	是否违反（违反/不违反）	理由
（1）	违反	A 注册会计师应当在有权处置时立即处置甲公司股票，否则将因自身利益对独立性产生严重不利影响
（2）	违反	专场展示及成本价销售被视为 ABC 会计师事务所向其员工推销甲公司产品/属于禁止的商业关系，将因自身利益对独立性产生严重不利影响
（3）	违反	ABC 会计师事务所通过和乙公司共同发布的行业研究报告推广了乙公司的业务/属于禁止的商业关系
（4）	不违反	D 不是甲公司审计项目组成员，其母亲与甲公司董事岳母的合作不属于被禁止的商业关系
（5）	违反	XYZ 公司和丁公司以双方的名义捆绑提供服务，因自身利益/外在压力对独立性产生严重不利影响/上述关系属于守则禁止的商业关系
（6）	违反	该交易金额对 B 注册会计师而言较大，可能因自身利益对独立性产生不利影响

3. 【答案】

事项序号	是否违反（违反/不违反）	理由
（1）	不违反	A 注册会计师在冷却期结束后参与甲公司的审计业务，不会对独立性产生不利影响
（2）	违反	B 的妻子在甲公司审计业务期间/执行审计期间担任丙公司财务总监，将因自身利益、密切关系或外在压力对独立性产生严重不利影响
（3）	违反	C 在财务报表涵盖的期间曾担任甲公司的特定员工/财务人员，因自身利益、自我评价或密切关系对独立性产生严重不利影响
（4）	不违反	合伙人 D 不是审计项目组成员，且其爱人的职位对所审计的财务报表的编制不能施加重大影响，不会对独立性产生不利影响

续表

事项序号	是否违反（违反/不违反）	理由
(5)	违反	E注册会计师在2019年已审财务报表发布前就已担任甲公司独立董事，因密切关系和外在压力对独立性产生严重不利影响
(6)	不违反	F注册会计师在成为公众利益实体的关键审计合伙人后还可以继续服务两年

4. 【答案】

事项序号	是否违反（违反/不违反）	理由
(1)	不违反	对乙公司投资标的的评估结果不会对甲公司财务报表产生影响/不构成实施审计程序的对象，不会对独立性产生不利影响
(2)	违反	该服务不属于日常性和机械性的工作，将因自我评价对独立性产生严重不利影响
(3)	不违反	由审计项目组以外的人员提供该税务服务，且未承担管理层职责，一般不会对独立性产生不利影响
(4)	违反	该内部审计服务涉及甲公司与财务报告相关的内部控制，将因自我评价对独立性产生严重不利影响
(5)	违反	考勤系统生成的信息对甲公司会计记录或财务报表影响重大/构成财务报告内部控制的重要组成部分，将因自我评价对独立性产生严重不利影响
(6)	违反	会计师事务所向审计客户提供诉讼支持服务，可能因自我评价或过度推介产生不利影响

5. 【答案】

事项序号	是否违反（违反/不违反）	理由
(1)	违反	为审计客户担任诉讼代理人，且该纠纷所涉金额对被审计财务报表有重大影响，将因自我评价/过度推介对独立性产生严重不利影响
(2)	违反	XYZ公司为甲公司寻找、识别招聘对象，可能承担管理层职责，将因自我评价/过度推介对独立性产生不利影响
(3)	违反	连续两年从属于公众利益实体的某一审计客户收取的全部费用比重较大，会对独立性产生严重不利影响
(4)	违反	XYZ公司制作可靠性分析方案可能导致自我评价或过度推介产生不利影响
(5)	违反	审计项目组某一成员参加审计业务，当知道自己在未来某一事件将要加入审计客户时，将因自身利益产生不利影响
(6)	违反	审计项目组成员与审计客户的员工存在密切关系，将对独立性产生不利影响

第二部分 跨章节综合题演练

跨章节综合练习题

一、单选题

1. 对于下列存货认定，通过向生产和销售人员询问是否存在过时或周转缓慢的存货，注册会计师认为最可能证实的是（　　）。

A. 计价和分摊　　B. 权利和义务

C. 存在　　D. 完整性

2. 注册会计师通过风险评估初步确认被审计单位存在虚构收入的舞弊行为，则确定的具体审计目标应为（　　）。

A. 与交易与事项相关的“发生”目标

B. 与交易与事项相关的“准确性”目标

C. 与期末账户余额相关的“存在”目标

D. 与期末账户余额相关的“准确性、计价和分摊”目标

3. 下列各项工作中，通常不属于注册会计师要运用实际执行的重要性的是（　　）。

A. 运用实质性分析程序时，确定已记录金额与预期值之间的可接受差异额

B. 确定需要对哪些类型的交易、账户余额或披露实施进一步审计程序

C. 运用审计抽样实施细节测试时，确定可容忍错报

D. 确定未更正错报对财务报表整体的影响是否重大

4. 在识别出被审计单位的特别风险后，采取的下列应对措施中，不恰当的是（　　）。

A. 将特别风险所影响的财务报表项目与具体认定相联系

B. 对于管理层应对特别风险的控制，无论是否信赖，都需要进行了解

C. 应当专门针对识别的特别风险实施实质性程序

D. 对于管理层应对特别风险的控制，无论是否信赖，都需要进行测试

5. 在某些例外情况下，如果在审计报告日后实施了新的或追加的审计程序，或者得出新的结论，应当形成相应的审计工作底稿。下列各项中，无须包括在审计工作底稿中的是（　　）。

A. 有关例外情况的记录

B. 实施的新的或追加的审计程序、获取的审计证据、得出的结论及对审计报告的影响

C. 对审计工作底稿作出相应变动的时间和人员以及复核的时间和人员

D. 审计报告日后，修改后的被审计单位财务报表草稿

6. 关于注册会计师与被审计单位治理层的沟通，下列说法中正确的是（　　）。

A. 对于与治理层沟通的事项，应当事先与管理层讨论

B. 对于涉及舞弊等敏感信息的沟通，应当避免书面记录

C. 与治理层沟通的书面记录是一项审计证据，所有权属于会计师事务所

D. 如果注册会计师应治理层的要求向第三方提供为治理层编制的书面沟通文件的副本，注册会计师有责任向第三方解释其在使用中产生的疑问

7. 如果注册会计师在期中对营业收入执行了控制测试，并获取了控制在期中运行有效性的审计证据，下列说法中正确的是（　　）。

A. 如果在期末实施实质性程序未发现某项认定存在错报，说明与该项认定相关的控制是有效的，不需要再对相关控制进行测试

B. 如果某一控制在剩余期间内发生变动，在评价整个期间的控制运行有效性时，无须考虑期中测试的结果

C. 对某些自动化运行的控制，可以通过测试信息系统一般控制的有效性获取控制在剩余期间运行有效的审计证据

D. 如果某一控制在剩余期间内未发生变动，不需要补充剩余期间控制运行有效性的审计证据

8. 如果注册会计师在对销售与收款循环

业务实施控制测试时，拟利用以前年度获取的审计证据时，下列说法中错误的是（　　）。

A. 对于不属于旨在减轻特别风险的控制，如果在本年未发生变化，且上年经测试运行有效，本次审计中无须测试

B. 对于旨在减轻特别风险的控制，如果在本年未发生变化，可以依赖上年的测试结果

C. 如果相关事项未发生重大变化，则上年通过实质性测试获取的审计证据可能可以作为本年的有效审计证据

D. 一般而言，上年通过实质性测试获取的审计证据对本年只有很弱的证据效力或没有证据效力

9. 下列有关注册会计师记录与治理层沟通的重大事项的说法中，错误的是（　　）。

A. 对以口头形式沟通的事项，注册会计师应当形成审计工作底稿

B. 注册会计师应当保存沟通文件的副本，作为审计工作底稿的一部分

C. 如果根据业务环境不容易识别出适当的沟通人员，注册会计师应当记录识别治理结构中适当沟通人员的过程

D. 如果被审计单位编制了会议纪要，注册会计师应当将其副本作为对口头沟通的记录

10. 下列有关识别、评估和应对重大错报风险的说法中，错误的是（　　）。

A. 注册会计师应当将识别的重大错报风险与特定的某类交易、账户余额和披露的认定相联系

B. 在识别和评估重大错报风险时，注册会计师应当考虑发生错报的可能性以及潜在错报的重大程度

C. 对于某些重大错报风险，注册会计师可能认为仅通过实质性程序无法获取充分、适当的审计证据

D. 在实施进一步审计程序的过程中，注册会计师可能需要修正对认定层次重大错报风险的评估结果

11. 注册会计师在对生产与存货循环审计时，下列有关针对该循环的重大账户余额实施审计程序的说法中，正确的是（　　）。

A. 注册会计师应当实施实质性程序

B. 注册会计师应当实施细节测试

C. 注册会计师应当实施控制测试

D. 注册会计师应当实施控制测试和实质性程序

12. 注册会计师在对采购与付款循环审计时，下列有关控制测试程序的说法中，正确的是（　　）。

A. 注册会计师应当将观察与其他审计程序结合使用

B. 检查程序适用于所有控制测试

C. 重新执行程序适用于所有控制测试

D. 通常只有当询问、观察和检查程序结合在一起仍无法获得充分的证据时，注册会计师才考虑实施重新执行程序

13. 如果注册会计师实施风险评估后认为被审计单位存货数量存在舞弊导致的重大错报风险，下列审计程序中，通常不能应对该风险的是（　　）。

A. 利用专家的工作对特殊类型的存货实施更严格的检查

B. 要求被审计单位在报告期末或临近期末的时点实施存货盘点

C. 在不预先通知被审计单位的情况下对特定存放地点的存货实施监盘

D. 扩大与存货相关的内部控制测试的样本规模

14. 下列有关期后事项审计的说法中，错误的是（　　）。

A. 在财务报表报出后，如果被审计单位管理层修改了财务报表，且注册会计师提供了新的审计报告或修改了原审计报告，注册会计师应当在新的或经修改的审计报告中增加强调事项段或其他事项段予以说明

B. 如果组成部分注册会计师对某组成部分实施审阅，集团项目组可以不要求该组成部分注册会计师实施审计程序以识别可能需要在集团财务报表中调整或披露的期后事项

C. 在设计用以识别期后事项的审计程序

时，注册会计师应当考虑风险评估的结果，但无须考虑对之前已实施审计程序并已得出满意结论的事项执行追加的审计程序

D. 注册会计师应当设计和实施审计程序，以确定所有在财务报表日至审计报告日之间发生的事项均已得到识别

15. 注册会计师应当针对评估的由于舞弊导致的财务报表层次重大错报风险确定总体应对措施。下列各项措施中，错误的是（　　）。

A. 修改财务报表整体的重要性

B. 评价被审计单位对会计政策的选择和运用

C. 指派更有经验、知识、技能和能力的项目组成员

D. 在确定审计程序的性质、时间安排和范围时，增加审计程序的不可预见性

16. 下列有关具体审计目标的说法中，正确的是（　　）。

A. 如果财务报表中没有将一年内到期的长期借款列报为短期借款，违反了准确性和计价目标

B. 如果财务报表附注中没有分别对原材料、在产品和产成品等存货成本核算方法做出恰当的说明，违反了分类和可理解性目标

C. 如果财务报表中将低值易耗品列报为固定资产，违反了准确性和计价目标

D. 如果已入账的销售交易是对确已发出商品、符合收入确认条件的交易的记录，但金额计算错误，违反了准确性目标，但没有违反发生目标

17. A注册会计师与客户商定审计业务约定条款，如果管理层在拟议的审计业务约定条款中，提出将因客观原因对审计工作范围施加限制，并且这种限制将导致A注册会计师无法对财务报表发表审计意见，下列A注册会计师的做法中恰当的是（　　）。

A. 与管理层协商，将该项业务变更为简要财务报表审计业务

B. 在实施审计程序后，针对可审计部分出具审计报告

C. 告知管理层，不能将该项业务作为审计业务予以承接

D. 在实施审计程序后，出具无法表示意见的审计报告

18. 在下列各项中，A注册会计师通常认为不适合运用实质性分析程序的是（　　）。

A. 存款利息收入　　B. 借款利息支出

C. 营业外收入　　D. 房屋租赁收入

19. A注册会计师在对内部控制进行初步评价并进行风险评估后，以下项目中，通常不需要在审计工作底稿中形成结论的是（　　）。

A. 控制本身的设计是否有效

B. 控制是否得到执行

C. 是否信赖控制并实施控制测试

D. 是否实施实质性程序

二、多选题

1. 下列关于重大错报风险的说法中，错误的有（　　）。

A. 重大错报风险包括固有风险和检查风险

B. 注册会计师应当将重大错报风险与特定的交易、账户余额和披露的认定相联系

C. 在评估一项重大错报风险是否为特别风险时，注册会计师不应考虑控制对风险的抵销作用

D. 注册会计师对重大错报风险的评估，可能随着审计过程中不断获取审计证据而做出相应的变化

2. 下列各项中，属于注册会计师编制审计工作底稿的基本目的的有（　　）。

A. 提供充分、适当的记录，作为出具审计报告的基础

B. 便于实施质量控制复核与检查

C. 便于监管机构和注册会计师协会实施执业质量检查

D. 提供证据，证明已按照审计准则和法律法规的规定计划和执行了审计工作

3. 下列做法中，能提高审计程序的不可预见性的有（　　）。

A. 针对销售收入和销售退回延长截至测

试期间

B. 向以前没有询问过的被审计单位员工询问

C. 对以前通常不测试的金额较小的项目实施实质性程序

D. 对被审计单位银行存款年末余额实施函证

4. 关于注册会计师在计划和执行审计工作时保持职业怀疑的作用，下列说法中正确的有（　　）。

A. 降低检查风险

B. 降低审计成本

C. 避免过度依赖管理层提供的书面声明

D. 恰当识别、评估和应对重大错报风险

5. 在向甲公司治理层沟通审计的固有限制时，下列有关审计固有限制的说法中，A 注册会计师认为正确的有（　　）。

A. 审计工作可能因高级管理人员的舞弊行为而受到限制

B. 审计工作可能因审计收费过低而受到限制

C. 审计工作可能因项目组成员素质和能力的不足而受到限制

D. 审计工作可能因财务报表项目涉及主观决策而受到限制

6. 在对财务报表发表审计意见时，评价未更正错报的影响时，下列说法中，A 注册会计师认为正确的有（　　）。

A. 未更正错报的金额不得超过明显微小错报的临界值

B. A 注册会计师应当从金额和性质两方面确定未更正错报是否重大

C. A 注册会计师应当要求甲公司更正未更正错报

D. A 注册会计师应当考虑与以前期间相关的未更正错报对相关类别的交易、账户余额或披露以及财务报表整体的影响

7. 承接审计业务后，如果注意到被审计单位管理层对审计范围施加了限制，且认为这些限制可能导致对财务报表发表保留意见或无法表示意见，注册会计师采取的下列措施中，正确的有（　　）。

A. 与治理层沟通，要求其督促管理层消除这些限制

B. 如果无法获取充分、适当的审计证据，且未发现的错报（如存在）对财务报表的影响重大且具有广泛性，应当在可行时解除业务约定

C. 如果无法获取充分、适当的审计证据，且未发现的错报（如存在）对财务报表的影响重大且具有广泛性，若解除业务约定不可行，应当发表无法表示意见

D. 如果无法获取充分、适当的审计证据，且未发现的错报（如存在）可能对财务报表的影响重大，但不具有广泛性，应当发表保留意见

8. 以下有关函证的说法中，错误的有（　　）。

A. 如果注册会计师认为取得积极式函证回函是获取充分、适当的审计证据的必要程序，则替代程序不能提供注册会计师所需要的审计证据

B. 如果被审计单位与银行存款存在认定有关的内部控制设计良好并有效运行，注册会计师可适当减少函证的样本量

C. 注册会计师应当对应收账款实施函证程序，除非应收账款对财务报表不重要且评估的重大错报风险低

D. 如果注册会计师将重大错报风险评估为低水平，且预期不符事项的发生率很低，可以将消极式函证作为唯一的实质性程序

9. 以下审计程序中，注册会计师在细节测试可以考虑使用的有（　　）。

A. 函证　　B. 检查

C. 重新执行　　D. 询问

10. 下列关于注册会计师了解内部控制的说法中，正确的有（　　）。

A. 注册会计师应当了解与特别风险相关的控制

B. 注册会计师应当了解与会计估计相关

的控制

C. 注册会计师应当了解与超出被审计单位正常经营过程的重大关联方交易相关的控制

D. 注册会计师应当了解与会计差错更正相关的控制

11. 在注册会计师评估特别风险时，下列说法中不恰当的有（　　）。

A. 注册会计师应当将具有高度估计不确定性的会计估计评估为存在特别风险

B. 注册会计师应当将管理层凌驾于控制之上的风险作为特别风险

C. 注册会计师应当将涉及重大管理层判断和重大审计判断的事项评估为存在特别风险

D. 注册会计师应当将重大非常规交易评估为存在特别风险

12. 下列有关与特别风险相关的控制的说法中，正确的有（　　）。

A. 注册会计师应当了解和评价与特别风险相关的控制的设计情况，并确定其是否得到执行

B. 对于与特别风险相关的控制，注册会计师不能利用以前审计获取的有关控制运行有效性的审计证据

C. 如果被审计单位未能实施控制以恰当应对特别风险，注册会计师应当针对特别风险实施细节测试

D. 如果注册会计师实施控制测试后认为与特别风险相关的控制运行有效，对特别风险实施的实质性程序可以仅为实质性分析程序

13. 下列有关审计证据充分性的说法中，错误的有（　　）。

A. 初步评估的控制风险越低，需要通过控制测试获取的审计证据可能越少

B. 计划从实质性程序中获取的保证程度越高，需要的审计证据可能越少

C. 评估的重大错报风险越高，需要的审计证据可能越多

D. 审计证据质量越高，需要的审计证据可能越少

14. 注册会计师在实施进一步审计程序时间的说法中，恰当的有（　　）。

A. 如果被审计单位的控制环境良好，注册会计师可以更多地在期中实施进一步审计程序

B. 注册会计师在确定何时实施进一步审计程序时需要考虑能够获取相关信息的时间

C. 如果评估的重大错报风险为低水平，注册会计师可以选择资产负债表日前适当日期为截止日实施函证

D. 对于被审计单位发生的重大交易，注册会计师应当在期末或期末以后实施实质性程序

15. 以下关于期初余额审计的说法中错误的有（　　）。

A. 如果上期财务报表已经前任注册会计师审计，或未经审计，注册会计师可以在审计报告中增加其他事项段说明相关情况

B. 如果不能针对期初余额获取充分、适当的审计证据，注册会计师应当发表保留意见

C. 如果按照适用的财务报告编制基础确定的与期初余额相关的会计政策未能在本期得到一贯运用，注册会计师应当发表保留意见或否定意见

D. 如果期初余额存在对本期财务报表产生重大影响的错报，且错报的影响未能得到正确的会计处理和恰当的列报，注册会计师应当发表保留意见

16. 在识别和评估重大错报风险时，下列各项中，注册会计师不应当假定存在舞弊风险的有（　　）。

A. 存货的可变现净值计价

B. 复杂衍生金融工具的计价

C. 营业收入的确认

D. 应付票据的完整性

17. 下列关于内部控制的说法中，正确的有（　　）。

A. 如果认为仅通过实质性程序无法将认定层次的检查风险降至可接受的低水平，应当了解相关的内部控制

B. 针对特别风险，应当了解与该风险相

关的控制

C. 内部控制审计是针对财务报告内部控制发表意见

D. 应当了解所有与财务报告相关的控制

18. 以下审计意见类型中，同属于内部控制审计和财务报表审计的有（　　）。

A. 无保留意见　　B. 保留意见

C. 否定意见　　D. 无法表示意见

19. 在某些例外情况下，如果在审计报告日后实施了新的或追加的审计程序，或者得出新的结论，应当形成相应的审计工作底稿。下列各项中，需要包括在审计工作底稿中的有（　　）。

A. 有关例外情况的记录

B. 实施的新的或追加的审计程序、获取的审计证据、得出的结论及对审计报告的影响

C. 对审计工作底稿作出相应变动的时间和人员以及复核的时间和人员

D. 审计报告日后，修改后的被审计单位财务报表草稿

20. A注册会计师首次接受委托对被审计单位财务报表进行审计时，下列说法中，不正确的有（　　）。

A. 应当实施必要的审计程序，获取充分、适当的审计证据，对本期财务报表中的对应数据发表审计意见

B. 可以不与前任注册会计师沟通

C. 如果期初余额存在明显微小的错报，无须对此提出审计调整或披露建议

D. 如果前任注册会计师对上期财务报表发表了无保留意见，即使上期运用的会计政策不恰当，也无须提请被审计单位调整上期财务报表

21. 关于注册会计师执行财务报表审计工作的总体目标，下列说法中错误的有（　　）。

A. 对财务报表整体是否不存在由于舞弊或错报导致的重大错报获取合理保证，使得注册会计师能够对财务报表是否在所有重大方面按照适用的财务报告编制基础编制发表审计意见

B. 对被审计单位的持续经营能力提供合理保证

C. 对被审计单位内部控制是否存在值得关注的缺陷提供合理保证

D. 按照审计准则的规定，根据审计结果对财务报表出具审计报告，并与管理层和治理层沟通

三、简答题

1. 上市公司甲公司是ABC会计师事务所的常年审计客户。委派A注册会计师担任甲公司2020年度财务报表审计项目合伙人，B注册会计师担任项目质量控制复核合伙人。相关事项如下：

（1）依据ABC会计师事务所质量控制制度的规定，根据该项目的实际情况，由A注册会计师挑选B注册会计师担任项目质量控制复核合伙人。

（2）根据ABC会计师事务所质量控制制度的规定，由A注册会计师和B注册会计师对该项审计业务的总体质量负责。

（3）项目组对于B注册会计师执行的项目质量控制复核在审计工作底稿中作出以下记录：

①有关项目质量控制复核的政策所要求的程序已得到执行。

②项目质量控制复核在出具报告前业已完成。

③复核人员没有发现任何尚未解决的事项，使其认为项目组作出的重大判断及形成的结论不适当。

（4）A注册会计师委托B注册会计师代为复核甲公司下属重要子公司乙公司的审计工作底稿。

（5）A注册会计师拟利用会计师事务所聘请的外部信息技术专家，对甲公司的信息系统进行测试。该信息技术专家不是项目组成员，不受ABC会计师事务所质量保密政策的约束。

（6）A注册会计师就一项疑难会计问题同时咨询会计师事务所的技术部门和外部专家，得到的咨询意见存在分歧。A注册会计师决定采纳外部专家的意见，审计工作底稿中仅记录

向外部专家咨询的情况。

要求：针对上述第（1）~（6）项，逐项指出ABC会计师事务所或其注册会计师的做法是否恰当。如不恰当，简要说明理由。

2. ABC会计师事务所首次接受委托审计甲公司2020年度财务报表，委派A注册会计师担任项目合伙人。与首次承接审计业务相关的部分事项如下：

（1）DEF会计师事务所审计了甲公司2018年度财务报表。XYZ会计师事务所接受委托审计甲公司2019年度财务报表，但未完成审计工作。A注册会计师将DEF会计师事务所确定为前任注册会计师，与其进行了沟通。

（2）在实施应收账款函证程序时，A注册会计师将财务人员在发函信封上填写的客户地址与销售部门提供的客户清单中的地址进行核对后，亲自将询证函交予快递公司发出。

（3）甲公司根据销售合同在发出商品时确认收入。客户乙公司回函确认金额小于函证金额，甲公司管理层解释系期末发出商品在途所致。A注册会计师检查了合同、出库单以及签收单等支持性文件，并与乙公司财务人员电话确认了相关信息，结果满意。

（4）A注册会计师对2020年末的存货实施了监盘，将年末存货数量调节至期初存货数量，并抽样检查了2020年度存货数量的变动情况，据此认可了存货的期初余额。

（5）在征得甲公司管理层同意，并向前任注册会计师承诺不对任何人作出关于其是否遵循审计准则的任何评论后，A注册会计师通过查阅前任注册会计师的审计工作底稿，获取了有关甲公司固定资产期初余额的审计证据，并在审计报告的其他事项段中提及部分依赖了前任注册会计师的工作。

要求：针对上述第（1）~（5）项，逐项指出A注册会计师的做法是否恰当。如不恰当，简要说明理由。

3. ABC会计师事务所的A注册会计师作为项目负责人负责审计多家公司2020年度财务报表。审计工作底稿中部分内容摘录如下：

（1）甲公司2020年末的一笔大额银行借款已于2021年初到期归还。A注册会计师检查了还款凭证等支持性文件，结果满意，决定不实施函证程序，并在审计工作底稿中记录了不实施函证程序的理由。

（2）A注册会计师评估认为甲公司应收账款的重大错报风险较高，为尽早识别可能存在的错报，在期中审计时对截至2019年11月末的余额实施了函证程序，在期末审计时对剩余期间的发生额实施了细节测试，结果满意。

（3）乙公司采用连续编号的盘点标签记录盘点结果，并逐项录入盘点结果汇总表。A注册会计师将抽盘样本的数量与盘点标签记录的数量进行了核对，未发现差异，据此认可了盘点结果汇总表记录的存货数量。

（4）A注册会计师无法就丙公司年末与重大诉讼相关的预计负债获取充分、适当的审计证据，拟对财务报表发表保留意见。A注册会计师在审计报告日前取得并阅读了丙公司2020年度报告，未发现其他信息与财务报表有重大不一致或存在重大错报，拟在保留意见审计报告的其他信息部分说明无任何需要报告的事项。

（5）XYZ会计师事务所担任丁公司海外重要子公司的组成部分注册会计师。A注册会计师认为该事项与财务报表使用者理解审计工作相关，拟在对丁公司2020年度财务报表出具的无保留意见审计报告中增加其他事项段，说明该子公司经XYZ会计师事务所审计。

（6）因原董事长以公司名义违规对外提供多项担保，导致戊公司2020年发生多起重大诉讼，多个银行账户被冻结，业务停止，主要客户和员工流失。管理层在2020年度财务报表中确认了大额预计负债，并披露了持续经营存在的重大不确定性。A注册会计师认为存在多项对财务报表整体具有重要影响的重大不确定性，拟对戊公司财务报表发表无法表示意见。

要求：针对上述第（1）~（6）项，逐项指出A注册会计师的做法是否恰当。如不恰当，简要说明理由。

跨章节综合练习题答案及解析

一、单选题

1.【答案】A

【解析】选项A正确，存货周转缓慢意味着销售积压，最可能导致存货发生跌价，这与计价和分摊认定直接相关。

【小贴士】本题考点在第一章和第九章。

2.【答案】A

【解析】选项A正确，虚构收入的舞弊行为属于定性的问题，这与交易与事项相关的“发生”目标相关。

【小贴士】本题考点在第一章和第九章。

3.【答案】D

【解析】选项D错误，注册会计师确定未更正错报对财务报表整体是否重大时，需要运用财务报表整体的重要性。

【小贴士】本题考点在第二章、第三章、第四章、第八章。

4.【答案】D

【解析】选项A、B、C正确。对于不打算信赖的控制，注册会计师不需要执行控制测试，所以选项D不恰当。

【小贴士】本题考点在第八章和第九章。

5.【答案】D

【解析】审计工作底稿通常不包括已被取代的审计工作底稿的草稿或财务报表的草稿、反映不全面或初步思考的记录、存在印刷错误或其他错误而作废的文本，以及重复的文件记录等。

【小贴士】本题考点在第六章和第十八章。

6.【答案】C

【解析】选项C正确，与治理层沟通的书面记录属于审计工作底稿，审计工作底稿的所有权属于会计师事务所。选项A错误，在与治理层沟通某些事项前，注册会计师可能就这些事项与管理层讨论，除非这种做法并不适当。例如，就管理层的胜任能力或诚信与其讨论可能是不适当的。选项B错误，对于审计中发现的重大问题，如果根据职业判断认为采用口头形式沟通不适当，注册会计师应当以书面形式与治理层沟通。选项D错误，治理层可能希望第三方（如银行或特定监管机构）提供注册会计师书面沟通文件的副本，此时注册会计师对第三方不承担责任。

【小贴士】本题考点在第六章和第十四章。

7.【答案】C

【解析】选项C正确，对自动化运行的控制，注册会计师更可能测试信息系统一般控制的运行有效性，以获取控制在剩余期间运行有效性的审计证据。选项A错误，如果通过实施实质性程序未发现某项认定存在错报，这本身并不能说明与该认定有关的控制是有效运行的。选项B错误，如果控制在剩余期间发生了变化（如信息系统、业务流程或人事管理等方面发生变动），注册会计师需要了解并测试控制的变化对期中审计证据的影响。选项D错误，如果已获取有关控制在期中运行有效性的审计证据，并拟利用该证据，注册会计师应当确定针对剩余期间还需获取的补充审计证据。

【小贴士】本题考点在第八章和第九章。

8.【答案】B

【解析】选项B错误。鉴于特别风险的特殊性，对于旨在减轻特别风险的控制，不论该控制在本期是否发生变化，注册会计师都不应依赖以前审计获取的证据。

【小贴士】本题考点在第八章和第九章。

9.【答案】D

【解析】如果被审计单位编制的会议纪要是沟通的适当记录，注册会计师可以将其副本作为对口头沟通的记录。如果发现会议记录不能恰当地反映沟通的内容，且有差别的事项比较重大，注册会计师一般会另行编制沟通内容的纪要。

【小贴士】本题考点在第六章和第十四章。

10. 【答案】A

【解析】识别的重大错报风险可能与特定的某类交易、账户余额和披露认定相关，也可能与财务报表整体广泛相关。

【小贴士】本题考点在第一章和第八章。

11. 【答案】A

【解析】无论评估的重大错报风险结果如何，注册会计师都应当针对所有重大的各类交易、账户余额和披露实施实质性程序，选项A正确。实质性程序包括细节测试和实质性分析程序，选项B以偏概全，不正确；如果注册会计师预期控制无效，则无须实施控制测试，选项C、D错误。

【小贴士】本题考点在第九章和第十一章。

12. 【答案】D

【解析】观察程序可以单独使用，只是观察提供的证据仅限于观察发生的时点，选项A错误。检查适用于运行情况留有书面证据的控制，选项B错误。通常只有当询问、观察和检查程序结合在一起仍无法获得充分的证据时，注册会计师才考虑通过重新执行来证实控制是否有效运行，选项C错误，选项D正确。

【小贴士】本题考点在第三章、第八章和第十一章。

13. 【答案】D

【解析】如果注册会计师评估认为存货存在舞弊导致的重大错报风险，因此，相关的内部控制很可能无效，这样就应该减少对内部控制的信赖，主要依赖实质性程序，不能通过扩大控制测试的样本规模应对存货数量存在舞弊导致的重大错报风险，故选择选项D。

【小贴士】本题考点在第八章和第十一章。

14. 【答案】D

【解析】注册会计师应当设计和实施审计程序，获取充分、适当的审计证据，以确定所有在财务报表日至审计报告日之间发生的、需要在财务报表中调整或披露的事项均已得到识别，选项D错误。

【小贴士】本题考点在第十六章和第十八章。

15. 【答案】A

【解析】在针对评估的由于舞弊导致的财务报表层次重大错报风险确定总体应对措施时，注册会计师应当：

（1）在分派和督导项目组成员时，考虑承担重要业务职责的项目组成员所具备的知识、技能和能力（选项C），并考虑由于舞弊导致的重大错报风险的评估结果；

（2）评价被审计单位对会计政策（特别是涉及主观计量和复杂交易的会计政策）的选择和运用（选项B），是否可能表明管理层通过操纵利润对财务信息做出虚假报告。

（3）在选择审计程序的性质、时间安排和范围时，增加审计程序的不可预见性（选项D）。

（4）注册会计师不能人为地修改财务报表整体的重要性来降低重大错报风险，选项A错误。

【小贴士】本题考点在第八章和第十三章。

16. 【答案】D

【解析】如果财务报表中没有将一年内到期的长期借款列报为短期借款，违背了列报和披露的分类和可理解性，选项A错误；如果财务报表附注中没有分别对原材料、在产品和产成品等存货成本核算方法做出恰当的说明，违反了列报和披露的准确性和计价认定，选项B错误；如果财务报表中将低值易耗品列报为固定资产，违反了列报和披露的分类和可理解性，选项C错误。

【小贴士】本题考点在第一章和第三编。

17. 【答案】C

【解析】管理层对审计工作范围施加限制，不向注册会计师提供必要的工作条件，则注册会计师不应承接该项审计业务。

【小贴士】本题考点在第二章和第十九章。

18.【答案】C

【解析】营业外收入不具有稳定的预期关系，不适宜使用分析程序。

【小贴士】本题考点在第三章和第九章。

19.【答案】D

【解析】在对控制进行初步评价及风险评估后，注册会计师需要利用实施上述程序获得的信息，回答以下问题：(1) 控制本身的设计是否合理。(2) 控制是否得到执行。(3) 是否更多地信赖控制并拟实施控制测试。

【小贴士】本题考点在第六章和第八章。

二、多选题

1.【答案】AB

【解析】选项A错误，认定层次的重大错报风险包括固有风险和控制风险；选项B错误，财务报表层次的重大错报风险无法与特定的交易、账户余额和披露的认定相联系。

【小贴士】本题考点在第一章和第七章。

2.【答案】AD

【解析】注册会计师编制审计工作底稿的基本目的有：(1) 提供充分、适当的记录，作为出具审计报告的基础；(2) 提供证据，证明已按照审计准则和法律法规的规定计划和执行了审计工作。选项B、C属于其他目的。

【小贴士】本题考点在第六章和第二十一章。

3.【答案】ABC

【解析】选项D不正确。对被审计单位银行存款年末余额实施函证属于正常审计程序，不能增加“审计程序的不可预见性”。

【小贴士】本题考点在第八章和第三编。

4.【答案】ACD

【解析】选项B不正确，注册会计师在计划和执行审计工作时应当保持职业怀疑，不能以降低成本为目的，保持职业怀疑有助于注册会计师恰当运用职业判断，提高审计程序设计及执行的有效性，降低审计风险。

【小贴士】本题考点在第一章和第十八章。

5.【答案】AD

【解析】审计的固有限制除了源于财务报告的编制性质、审计程序的性质和审计成本三个主要方面的限制外，还有诸如：舞弊或管理层串通舞弊、关联方及其交易的完整性、无法持续经营的影响因素等。选项A、D正确。

【小贴士】本题考点在第一章和第十四章。

6.【答案】BCD

【解析】选项A不恰当。无论从规模、性质或其发生的环境来看，明显微小错报都是明显微不足道的，注册会计师在评价未更正错报影响时不需要考虑明显微小错报。

【小贴士】本题考点在第一章和第十八章。

7.【答案】BCD

【解析】选项A不正确，正确的措施是注册会计师首先要求管理层消除这些限制，如果管理层拒绝消除限制，应当与治理层沟通；选项B、C、D正确。在承接审计业务后，如果注意到管理层对审计范围施加了限制，且认为这些限制可能导致对财务报表发表保留意见或无法表示意见，注册会计师应当要求管理层消除这些限制。如果管理层拒绝消除限制，除非治理层全部成员参与管理被审计单位，注册会计师应当就此事项与治理层沟通，并确定能否实施替代程序以获取充分、适当的审计证据。如果无法获取充分、适当的审计证据，注册会计师应当通过下列方式确定其影响：(1) 如果未发现的错报（如存在）可能对财务报表产生的影响重大，但不具有广泛性，应当发表保留意见；(2) 如果未发现的错报（如存在）可能对财务报表产生的影响重大且具有广泛性，以至于发表保留意见不足以反映情况的严重性，应当在可行时解除业务约定（除非法律法规禁止）。当然，注册会计师应当在解除业务约定前，与治理层沟通在审计过程中发现的、将会导致发表非无保留意见的所有错报事项；如果在出具审计报告之前解除业务约定被禁止或不可行，应当发表无法表示意见。

【小贴士】本题考点在第八章和第十四章。

8. 【答案】BCD

【解析】注册会计师应当对银行存款（包括零余额账户和在本期内注销的账户）、借款及与金融机构往来的其他重要信息实施函证程序，除非有充分证据表明某一银行存款、借款及与金融机构往来的其他重要信息对财务报表不重要且与之相关的重大错报风险很低。因此选项B错误。注册会计师应当对应收账款实施函证程序，除非有充分证据表明应收账款对财务报表不重要，或函证很可能无效，因此选项C错误。注册会计师可以考虑采用消极的函证方式：（1）重大错报风险评估为低水平；（2）涉及大量余额较小的账户；（3）预期不存在大量的错误；（4）没有理由相信被询证者不认真对待函证。因此选项D错误。

【小贴士】本题考点在第三章和第十二章。

9. 【答案】ABD

【解析】重新执行适合于控制测试，因此不选择选项C。

【小贴士】本题考点在第三章和第八章。

10. 【答案】ABC

【解析】选项D属于被审计单位的错报，注册会计师需要评估错报的结果，因此不选择选项D。

【小贴士】本题考点在第七章和第十七章。

11. 【答案】ACD

【解析】应当评估为特别风险的事项只有三个：（1）舞弊导致的重大错报风险；（2）管理层凌驾于控制之上的风险；（3）超出被审计单位正常经营过程的重大关联方交易导致的重大错报风险。其余的事项都需要进一步评估才能确定是否存在特别风险。

【小贴士】本题考点在第七章、第九章、第十三章和第十七章。

12. 【答案】ABCD

【小贴士】本题考点在第七章和第八章。

13. 【答案】AB

【解析】初步评估的控制风险低，说明拟信赖被审计单位的内部控制制度，但需要通过实施控制测试获取较多的审计证据来获得印证，因此选择选项A。实质性程序获取的审计证据越多，说明审计证据充分，这样可以取得较高程度的保证，因此选择选项B。

【小贴士】本题考点在第三章和第八章。

14. 【答案】ABC

【解析】被审计单位发生的重大交易，注册会计师应当考虑在期末或接近期末实施实质性程序，因此不选择选项D。

【小贴士】本题考点在第三章和第八章。

15. 【答案】ABD

【小贴士】本题考点在第十七章和第十九章。

16. 【答案】ABD

【解析】审计准则规定，在识别和评估由于舞弊导致的重大错报风险时，注册会计师应当基于收入确认存在舞弊风险的假定，评价哪些类型的收入、收入交易或认定导致舞弊风险。

【小贴士】本题考点在第十三章和第三编。

17. 【答案】ABC

【解析】选项D错误。注册会计师需要了解和评价的内部控制只是与财务报表审计相关的内部控制，并非所有与财务报告相关的控制。

【小贴士】本题考点在第七章和第二十章。

18. 【答案】ACD

【解析】选项B不正确。内部控制审计意见没有保留意见。

【小贴士】本题考点在第十九章和第二十章。

19. 【答案】ABC

【解析】审计工作底稿通常不包括已被取代的审计工作底稿的草稿或财务报表的草稿、反映不全面或初步思考的记录、存在印刷错误或其他错误而作废的文本，以及重复的文件记录等。

【小贴士】本题考点在第六章和第十八章。

20. 【答案】ABD

【解析】选项C正确，注册会计师可能将

低于某一金额的错报界定为明显微小的错报，对这类错报不需要累积，因为注册会计师认为这些错报的汇总数明显不会对财务报表产生重大影响。选项A错误，注册会计师是对本期财务报表进行审计，不需要专门对对应数据发表审计意见。选项B错误，在接受委托前，必须与前任进行沟通。选项D错误，如果被审计单位上期适用的会计政策不恰当或与本期不一致，注册会计师在实施期初余额审计时应提请被审计单位进行调整或予以披露。

【小贴士】本题考点在第十七章和第十九章。

21.【答案】BC

【解析】对于选项B、C中的说法不适当，保持持续经营能力，设计、实施、维护内部控制是管理层的责任，不是注册会计师的责任，故选项B、C错误。

【小贴士】本题考点在第一章和第二十章。

三、简答题

1.【答案】

（1）恰当。

（2）不恰当。该项业务的质量应当由项目合伙人（A注册会计师）负责。

（3）恰当。

（4）不恰当。项目质量控制复核人员应当保持客观性，在复核期间不以其他方式参与该业务。

（5）不恰当。该信息技术专家即使不是项目组成员，也应该受ABC会计师事务所质量保密政策的约束。

（6）不恰当。审计项目组应当完整详细地记录咨询情况，包括向技术部门咨询的情况。审计项目组与技术部门之间存在意见分歧，应当予以解决。

【小贴士】本题考点在第六章和第二十一章。

2.【答案】

（1）不恰当。前任注册会计师还包括XYZ会计师事务所/在后任注册会计师之前接受委托对当期财务报表进行审计但未完成审计工作的会计师事务所。

【小贴士】本题考点在第十四章。

（2）不恰当。客户清单属于内部信息/客户清单并不是用以验证发函地址准确性的适当证据/应当通过合同、公开网站等来源核对地址。

【小贴士】本题考点在第三章。

（3）恰当。

【小贴士】本题考点在第三章。

（4）不恰当。还应对期初存货的计价实施审计程序。

【小贴士】本题考点在第十七章。

（5）不恰当。后任注册会计师应当对自身实施的审计程序/得出的审计结论负责。

【小贴士】本题考点在第十四章。

3.【答案】

（1）不恰当。应当对重要的银行借款实施函证程序。

【小贴士】本题考点在第三章。

（2）不恰当。重大错报风险较高时，应在期末或接近期末实施函证/在期末审计时应再次发函/只有重大错报风险评估为低水平，才可以在期中实施函证。

【小贴士】本题考点在第八章和第九章。

（3）不恰当。A注册会计师应当对盘点结果汇总表进行复核/应当将抽盘数量与盘点结果汇总表核对/应当将盘点标签数量与盘点结果汇总表核对。

【小贴士】本题考点在第十一章。

（4）不恰当。注册会计师需要考虑导致保留意见的事项对其他信息的影响/注册会计师需要在其他信息部分说明无法判断与导致保留意见的事项相关的其他信息是否存在重大错报。

【小贴士】本题考点在第十九章。

（5）不恰当。注册会计师对集团财务报表出具的审计报告不应提及组成部分注册会计师，除非法律法规另有规定。

【小贴士】本题考点在第十六章。

（6）恰当。

【小贴士】本题考点在第十七章。

第三部分 全真模拟试题及参考答案

2021 年注册会计师考试《审计》模拟试题（A 卷）

一、单项选择题（本题型共 25 小题，每小题 1 分，共 25 分。每小题只有一个正确答案，请从每小题的备选答案中选出一个你认为正确的答案。每小题所有答案选择正确的得分，不答、错答、漏答均不得分。）

1. 下列有关财务报表审计业务的说法中，正确的是（　　）。

A. 审计业务的最终产品是审计报告和后附的财务报表

B. 如果不存在除责任方之外的其他预期使用者，则该项业务不属于审计业务

C. 审计的目的是改善财务报表质量，因此，审计可以减轻被审计单位管理层对财务报表的责任

D. 执行审计业务获取的审计证据大多数是结论性而非说服性的

2. 下列各项中，不属于导致审计固有限制因素的是（　　）。

A. 许多财务报表项目涉及主观决策、评估或一定程度的不确定性

B. 注册会计师的胜任能力可能不足

C. 注册会计师获取审计证据的能力受到实务和法律上的限制

D. 注册会计师只能在合理的时间内以合理的成本完成审计工作

3. A 注册会计师对某被审计单位 2019 年度财务报表进行审计，于 2020 年 4 月 10 日出具审计报告，相关审计工作底稿于 2020 年 5 月 30 日归档。关于审计工作底稿的保存期限，下列说法中，正确的是（　　）。

A. 自 2019 年 1 月 1 日起至少 10 年　　B. 自 2020 年 4 月 10 日起至少 10 年

C. 自 2020 年 5 月 30 日起至少 10 年　　D. 自 2019 年 12 月 31 日起至少 10 年

4. 关于特定类别交易、账户余额或披露的重要性水平，下列说法中错误的是（　　）。

A. 确定特定类别交易、账户余额或披露的重要性水平时，可将与被审计单位所处行业相关的关键性披露作为一项考虑因素，如制药行业的研究与开发成本

B. 只有在适用的情况下，才需确定特定类别交易、账户余额或披露的重要性水平

C. 特定类别交易、账户余额或披露的重要性水平应低于财务报表整体的重要性

D. 不需确定特定类别交易、账户余额或披露的实际执行的重要性

5. 如果注册会计师在审计过程中，根据所获得的最新信息调低了最初确定的财务报表整体的重要性，下列各项中，不正确的是（　　）。

A. 注册会计师应当调高可接受的检查风险

B. 注册会计师应当确定是否有必要修改实际执行的重要性

C. 注册会计师应当确定进一步审计程序的性质、时间安排和范围是否仍然适当

D. 注册会计师在评估未更正错报对财务报表的影响时应当使用调整后的财务报表整体的重要性

6. 下列有关控制测试目的的说法中，正确的是（　　）。

A. 控制测试旨在确定控制是否得到执行

B. 控制测试旨在发现认定层次发生错报的金额

C. 控制测试旨在验证实质性程序结果的可靠性

D. 控制测试旨在评价内部控制在防止或发现并纠正认定层次重大错报方面的运行有效性

7. 下列有关后任注册会计师的说法中，错误的是（　　）。

A. 当会计师事务所发生变更时，正在考虑接受委托的会计师事务所是后任注册会计师

B. 当会计师事务所发生变更时，已经接受委托的会计师事务所是后任注册会计师

C. 会计师事务所以投标方式承接审计业务时，所有参与投标的会计师事务所均为后任注册会计师

D. 被审计单位的财务报表已经审计但需要重新审计时，接受委托执行重新审计的会计师事务所为后任注册会计师

8. 如果注册会计师与治理层之间的双向沟通不充分，并且这种情况得不到解决，下列有关注册会计师采取的措施中，错误的是（　　）。

A. 根据范围受到限制的情况，发表非无保留意见或增加其他事项段

B. 就采取不同措施的后果征询法律意见

C. 与被审计单位外部的在治理结构中拥有更高权力的组织或人员进行沟通

D. 在法律法规允许的情况下解除业务约定

9. 下列注册会计师的专家中，可以不受会计师事务所根据质量控制准则制定的政策和程序约束的是（　　）。

A. 会计师事务所的合伙人和员工　　B. 网络事务所的合伙人

C. 网络事务所的临时员工　　D. 外部专家

10. 注册会计师在评价专家的工作是否足以实现审计目的时，下列各项中，不需评价的是（　　）。

A. 专家工作结果或结论的合理性和相关性

B. 专家工作结果或结论与其他审计证据的一致性

C. 专家工作涉及使用的所有假设和方法的合理性和相关性

D. 专家工作涉及使用的重要原始数据的相关性、完整性和准确性

11. 下列有关期后事项审计的说法中，错误的是（　　）。

A. 期后事项是指财务报表日至财务报表报出日之间发生的事项

B. 期后事项是指财务报表日至审计报告日之间发生的事项，以及注册会计师在审计报告日后知悉的事实

C. 注册会计师仅需主动识别财务报表日至审计报告日之间发生的期后事项

D. 审计报告日后，如果注册会计师知悉某项若在审计报告日知悉将导致修改审计报告的事实，且管理层已就此修改了财务报表，应当对修改后的财务报表实施必要的审计程序，出具新的或经修改的审计报告

12. 下列有关书面声明日期的说法中，正确的是（　　）。

A. 审计业务开始后的任何日期　　B. 尽量接近审计报告日，但不得在其之后

C. 所审计会计期间截止日　　D. 注册会计师离开审计现场的日期

13. 下列各选项中，与审计证据相关性有关的是（　　）。

A. 用作审计证据的信息与相关认定之间的关系　　B. 被审计单位内部控制是否有效

C. 审计证据的来源　　D. 审计证据的存在形式

14. （　　）审计程序作为其他审计程序的补充，广泛应用于整个审计过程中。

A. 函证　　B. 检查　　C. 重新执行　　D. 询问

15. 下列有关用作风险评估程序的分析程序的说法中，正确的是（　　）。

A. 此类分析程序的主要目的在于针对评估的认定层次重大错报风险设计和实施审计程序

B. 此类分析程序通常需要考虑信息可分解的程度

C. 此类分析程序通常不需要确定预期值

D. 此类分析程序通常包括对账户余额变化的分析，并辅之以趋势分析和比率分析

16. 不属于审计抽样基本特征的是（　　）。

A. 对具有审计相关性的总体中低于百分之百的项目实施审计程序

B. 所有抽样单元都有被选取的机会

C. 以基于某一特征从总体中选出特定项目实施审计程序

D. 可以根据样本项目的测试结果推断出有关抽样总体的结论

17. 注册会计师实施下列审计程序中，可以使用审计抽样获取审计证据的是（　　）。

A. 风险评估程序　　B. 控制测试　　C. 实质性分析程序　　D. 细节测试

18. 注册会计师在进行控制测试时，通常不会使用（　　）。

A. 变量抽样　　B. 系统选样　　C. 随意选样　　D. 整群选样

19. 下列有关信息技术对审计影响的说法中，正确的是（　　）。

A. 被审计单位对信息技术的运用不改变注册会计师制定审计目标，不影响注册会计师需要获取的审计证据的数量

B. 被审计单位对信息技术的运用不改变注册会计师制定审计目标，不影响注册会计师需要获取的审计证据的性质

C. 被审计单位对信息技术的运用不改变注册会计师制定审计目标，不影响注册会计师的审计内容

D. 注册会计师的财务报表审计目标的制定不受被审计单位信息系统的设计和运行的直接影响

20. 下列有关了解被审计单位及其环境的说法中，错误的是（　　）。

A. 注册会计师应当了解可能对被审计单位经营活动有重大影响的法律法规及监管要求

B. 注册会计师对被审计单位及其环境了解的程度，低于管理层为经营管理企业而对被审计单位及其环境需要了解的程度

C. 对小型被审计单位，了解管理层使用的业绩指标，有助于注册会计师深入了解被审计单位的目标和战略

D. 注册会计师应当了解被审计单位的风险评估过程

21. 被审计单位的各项控制中，属于预防性控制的是（　　）。

A. 财务主管定期盘点现金和有价证券，月底复核会计编制的银行存款余额调节表

B. 财务总监复核并批准财务经理提出的撤销银行账号的申请

C. 管理层定期召开会议，分析评价实际业绩与预算的差异，并针对超过规定金额的差异调查原因

D. 董事会复核并批准由管理层编制的财务报表

22. 下列有关存货监盘的说法中，错误的是（　　）。

A. 注册会计师在存货监盘过程中除了观察程序外，还要检查被审计单位的相关记录等

B. 注册会计师在实施存货监盘过程中不应协助被审计单位的盘点工作

C. 注册会计师实施存货监盘可能获取存货所有权的部分审计证据

D. 由于不可预见的情况而导致无法在预定日期实施存货监盘，注册会计师可以实施替代审

计程序

23. 对特定情况，可能存在导致集团财务报表发生重大错报的特别风险的重要组成部分，代表集团项目组的组成部分注册会计师可以执行的工作不包括（　　）。

A. 使用组成部分重要性对组成部分财务信息实施审阅

B. 针对可能导致集团财务报表发生重大错报的特别风险相关的一个或多个账户余额实施审计

C. 针对可能导致集团财务报表发生重大错报的特别风险相关的一类或多类交易或事项实施审计

D. 集团项目组可以设计审计程序，应对导致集团财务报表发生重大错报的特别风险

24. 注册会计师如果识别出管理层未向注册会计师披露的重大关联方交易，拟采取的措施中不包括（　　）。

A. 立即将相关信息向项目组其他成员通报

B. 将与新识别的重大关联方交易相关的风险评估为特别风险

C. 询问与关联方关系及其交易相关的控制为何未能识别或披露该关联方关系或交易

D. 对新识别的重大关联方交易实施恰当的实质性程序

25. 如果注册会计师识别出可能导致对被审计单位持续经营能力产生重大疑虑的事项或情况，下列说法中错误的是（　　）。

A. 注册会计师有责任就管理层在编制和列报财务报表时运用持续经营假设的适当性获取充分、适当的审计证据

B. 假定治理层不参与管理被审计单位，注册会计师应当与治理层沟通这些事项或情况是否构成重大不确定性

C. 注册会计师未在审计报告中提及持续经营能力的不确定性，不能被视为对被审计单位持续经营能力的保证

D. 如果适用的财务报告编制基础不要求管理层对持续经营能力作出专门评估，注册会计师没有责任对被审计单位的持续经营能力是否存在重大不确定性作出评估

二、多项选择题（本题型共 10 小题，每小题 2 分，共 20 分。每小题均有多个正确答案，请从每小题的备选答案中选出你认为正确的所有答案。每小题所有答案选择正确的得分，不答、错答、漏答均不得分。）

1. 下列有关鉴证业务保证程度的说法中，错误的有（　　）。

A. 审计提供合理保证，审阅和其他鉴证业务提供有限保证

B. 合理保证是高水平的保证，有限保证是中等水平的保证

C. 合理保证以积极方式得出结论，有限保证以消极方式得出结论

D. 合理保证所需证据数量较多，有限保证所需证据数量较少

2. 为确定审计的前提条件是否存在，下列各项中，不属于注册会计师应当执行的工作有（　　）。

A. 确定被审计单位是否存在违反法律法规行为

B. 确定被审计单位的内部控制是否有效

C. 确定管理层在编制财务报表时采用的财务报告编制基础是否是可接受的

D. 确定管理层是否认可并理解其与财务报表相关的责任

3. 注册会计师在确定重要性时通常选定一个基准。下列因素中，注册会计师在选择基准时需

要考虑的有（　　）。

A. 被审计单位的性质

B. 以前年度审计调整的金额

C. 基准的相对波动性

D. 是否存在财务报表使用者特别关注的项目

4. 下列情形中，注册会计师可能认为需要在审计过程中修改财务报表整体的重要性的有（　　）。

A. 会计师事务所情况发生重大变化

B. 注册会计师获取新的信息

C. 通过实施进一步审计程序，注册会计师对被审计单位及其经营情况的了解发生变化

D. 审计过程中累积错报的汇总数接近财务报表整体的重要性

5. 下列有关采用总体审计方案的说法中，正确的有（　　）。

A. 注册会计师可以针对不同认定采用不同的审计方案

B. 注册会计师可以采用综合性方案或实质性方案应对重大错报风险

C. 注册会计师应当采用实质性方案应对特别风险

D. 注册会计师应当采用与前期审计一致的审计方案，除非评估的重大错报风险发生重大变化

6. 下列各项审计程序中，可以为营业收入发生认定提供审计证据的有（　　）。

A. 从营业收入明细账中选取若干记录，检查相关原始凭证

B. 对应收账款余额实施函证

C. 检查应收账款明细账的贷方发生额

D. 对于已经收款的业务，获取的银行对账单

7. 下列有关询证函回函可靠性的说法中，错误的有（　　）。

A. 被询证者对于函证信息的口头回复不能作为可靠的审计证据

B. 询证函回函中格式化的免责条款会削弱回函的可靠性

C. 由被审计单位转交给注册会计师的回函不是可靠的审计证据

D. 以电子形式收到的回函不是可靠的审计证据

8. 下列有关重大错报风险的说法中，错误的有（　　）。

A. 财务报表层次的重大错报风险通常是舞弊导致的，认定层次的重大错报风险通常是错误导致的

B. 多数经营风险最终都会产生财务后果，从而可能导致重大错报风险

C. 财务报表层次的重大错报风险通常会构成特别风险，而认定层次的重大错报风险通常不会构成特别风险

D. 财务报表层次的重大错报风险通常不是由经营风险直接引起的

9. 下列有关注册会计师评估特别风险的说法中，正确的有（　　）。

A. 注册会计师应当将管理层凌驾于控制之上的风险评估为特别风险

B. 注册会计师应当将舞弊导致的风险评估为特别风险

C. 注册会计师应当将重大非常规交易评估为存在特别风险

D. 注册会计师在判断重大错报风险是否为特别风险时，应当考虑识别出的控制对于相关风险的抵销效果

10. 下列有关审计会计估计的说法中，错误的有（　　）。

A. 注册会计师作出区间估计时可以使用与管理层不同的假设

B. 会计估计对假设变化的敏感性是影响会计估计的估计不确定性程度的因素之一

C. 注册会计师作出的区间估计需要包括所有合理且可能的结果

D. 如果注册会计师难以将区间估计的区间缩小至低于实际执行的重要性，可能意味着管理层对会计估计的确认存在问题，即会计估计相关的估计不确定性可能导致特别风险

三、简答题（本题型共 6 小题 36 分。其中一道小题可以选用中文或英文解答，请仔细阅读答题要求。如使用英文解答，须全部使用英文，答题正确的，增加 5 分。本题型最高得分为 41 分。）

1.（本小题 6 分。）上市公司甲公司是 ABC 会计师事务所的常年审计客户，A 注册会计师负责审计甲公司 2020 年度财务报表。2020 年，竞争对手推出新产品抢占市场，甲公司通过降价和增加广告投放促销。审计工作底稿中与确定重要性相关的部分内容摘录如下：

金额单位：万元

项目	2020 年	2019 年
营业收入	16 000 （未审数）	15 000 （已审数）
税前利润	40 （未审数）	2 000 （已审数）
财务报表整体的重要性	80	100
实际执行的重要性	60	75
明显微小错报的临界值	10	5

（1）2019 年度财务报表整体的重要性以税前利润的 5% 计算。2020 年，由于甲公司处于盈亏临界点，A 注册会计师以过去三年税前利润的平均值作为基准确定财务报表整体的重要性。

（2）由于 2019 年度审计中提出的多项审计调整建议金额均不重大，A 注册会计师确定 2020 年度实际执行的重要性为财务报表整体重要性的 75%，与 2019 年度保持一致。

（3）根据上年审计对甲公司的了解，为提高审计效率，A 注册会计师确定 2020 年度明显微小错报的临界值为 10 万元。

（4）甲公司 2020 年末非流动负债余额中包括一年内到期的长期借款 2 000 万元，占非流动负债总额的 50%。A 注册会计师认为，该错报对利润表没有影响，不属于重大错报，同意管理层不予调整。

（5）A 注册会计师仅发现一笔影响利润表的错报，即管理费用少计 45 万元。A 注册会计师认为，该错报金额小于财务报表整体的重要性，不属于重大错报，同意管理层不予调整。

要求：针对上述第（1）~（5）项，假定不考虑其他条件，逐项指出 A 注册会计师的做法是否恰当。如不恰当，简要说明理由。

2.（本小题 6 分。）上市公司甲公司是 ABC 会计师事务所的常年审计客户，拥有乙公司一家子公司。A 注册会计师担任甲公司 2020 年度财务报表审计项目合伙人，B 注册会计师担任项目质量控制复核合伙人。相关事项如下：

（1）A 注册会计师拟利用会计师事务所聘请的外部信息技术专家，对甲公司的信息系统进行测试。该信息技术专家不是项目组成员，不受 ABC 会计师事务所质量控制政策和程序的约束。

（2）ABC 会计师事务所的网络事务所受聘对乙公司财务信息进行尽职调查，经 A 注册会计师批准，借阅了过去 3 年审计工作底稿中与乙公司相关的部分。

（3）根据复核计划，审计项目组经理复核了审计工作底稿，A 注册会计师复核了财务报表和拟出具的审计报告，并与项目组成员予以讨论，对质量控制承担最终责任。

（4）审计项目组就某疑难会计问题向 ABC 会计师事务所的技术部咨询。技术部的 C 注册会计师曾于 2019 年前连续 5 年负责甲公司审计项目合伙人，对甲公司比较熟悉，技术部分派其负责处理该咨询。

（5）B 注册会计师采用了下列质量控制复核方法

①与项目合伙人进行讨论；

②复核财务报表或其他业务对象信息及报告，尤其考虑报告是否适当；

③选取与项目组作出重大判断及形成结论有关的工作底稿进行复核；

④复核有关处理和解决重大疑难问题或争议事项形成的工作底稿；

⑤复核重大事项概要等。

要求：（1）针对上述第（1）~（4）项，逐项指出 ABC 会计师事务所或其注册会计师的做法是否恰当。如不恰当，简要说明理由。

（2）针对上述第（5）项，指出 B 注册会计师在实施项目质量控制复核时，还应当考虑哪些事项。

3.（本小题 6 分。）ABC 会计师事务所承接了上市公司甲公司 2020 年财务报表和内部控制审计业务，A 注册会计师作为项目合伙人，在项目组的培训会议上 A 注册会计师讲述了个人对于内部控制审计的认识，部分内容摘录如下：

（1）在整合审计中，注册会计师是对财务报表涵盖的整个期间的内部控制的有效性发表意见。

（2）自上而下的方法始于认定层次，以注册会计师对财务报告内部控制整体风险的了解开始。

（3）企业层面的控制通常为应对企业财务报表整体层面的风险而设计，或作为其他控制运行的“基础设施”，通常在比业务流程更高的层面上乃至整个企业范围内运行，其作用比较重要，通常针对某个具体认定。

（4）在识别重要账户、列报及其相关认定时，注册会计师应当考虑控制的影响。

（5）在整合审计中，注册会计师控制测试所涵盖的期间应尽量与财务报表审计中拟信赖内部控制的期间保持一致。但是，对控制有效性测试的实施时间越接近基准日，提供的控制有效性的审计证据越有力。

（6）在确定一项控制缺陷或多项控制缺陷的组合是否构成重大缺陷时，注册会计师可以不评价补偿性控制的影响。

要求：针对上述第（1）~（6）项，逐项指出 A 注册会计师对于内部控制审计的认识是否恰当，若不恰当简要说明理由。

4.（本小题 6 分，可以选用中文或英文解答，如使用英文解答，须全部使用英文，答题正确的，增加 5 分，最高得分为 11 分。）上市公司甲公司是 ABC 会计师事务所的常年审计客户。A 注册会计师负责审计甲公司 2020 年度财务报表。与审计工作底稿相关的部分事项如下：

（1）A 注册会计师在风险评估的基础上，计划拟对主要产品销售与收款循环采用综合性方案，因在测试控制时发现相关控制运行无效，决定将其改为实质性方案，修订原审计方案，并替代了原具体审计计划工作底稿。

（2）A注册会计师在对销售发票实施细节测试时，将相关销售发票所载明的发票日期以及客户名称作为识别特征记录于审计工作底稿。

（3）A注册会计师拟利用2019年度审计中获取的有关生产与存货循环的控制运行有效性的审计证据，将信赖这些控制的理由和结论记录于审计工作底稿。

（4）在归整审计档案时，项目组成员删除了管理层书面声明的草稿。

（5）在完成审计档案归整工作后，A注册会计师收到一份应付账款询证函回函，其结果显示无差异。A注册会计师将其归入审计档案，并删除了在审计过程中实施的相关替代程序的审计工作底稿。

（6）A注册会计师决定自审计报告日起，对该项目的审计工作底稿保存15年。

要求：针对上述第（1）~（6）项，逐项指出A注册会计师的做法是否恰当。如不恰当，简要说明理由。

5.（本小题6分）。上市公司甲公司是ABC会计师事务所的常年审计客户。XYZ公司和ABC会计师事务所处于同一网络。审计项目组在甲公司2020年度财务报表审计中遇到下列事项：

（1）项目合伙人A注册会计师曾负责审计甲公司2014年度至2016年度财务报表，之后调离甲公司审计项目组，先后担任丙公司2018年度至2019年度、丁公司2020年度财务报表审计项目合伙人，丙公司、丁公司与甲公司没有任何经济利益关系。

（2）审计项目组成员B注册会计师的妻子在戊公司持有重大经济利益。戊公司为项目合伙人A注册会计师与项目组成员B注册会计师共同发起成立的一家财务咨询服务类公司，但没有为甲公司提供过税收筹划类服务。

（3）审计项目组成员C曾担任甲公司出纳员，2017年5月离职加入DEF公司，2019年10月加入ABC会计师事务所，同年12月加入甲公司审计项目组，此次负责审计固定资产。

（4）甲公司聘请XYZ公司提供往来款项催收系统的设计和实施服务，该系统包括往来客户资源库、电子催收函发出、超期往来款项预警提醒等功能。

（5）甲公司是己公司的重要联营企业。2019年10月，XYZ公司接受己公司委托对其拟收购的标的公司进行评估，作为定价参考。己公司不是ABC会计师事务所的审计客户。

（6）甲公司为了扩大销售范围，在线上开设大型购物网站，并于2019年11月11日举办网站开通仪式。甲公司财务负责人应邀参加ABC会计师事务所年会，并在年会上宣布公司网站将视事务所员工为其重要客户资源，凡是事务所员工购物永享最优折扣。

要求：针对上述第（1）~（6）项，逐项指出是否可能存在违反中国注册会计师职业道德守则有关独立性规定的情况，并简要说明理由。将答案直接填入答题区相应的表格内。

事项序号	是否违反（违反/不违反）	理由
（1）		
（2）		
（3）		
（4）		
（5）		
（6）		

6.（本小题6分，可以选用中文或英文解答，如使用英文解答，须全部使用英文，答题正确的，增加5分，最高得分为11分。）

ABC会计师事务所的A注册会计师负责审计甲公司2020年度财务报表，A注册会计师在审计工作底稿中记录了实施进一步审计程序的情况，部分内容摘录如下：

（1）因对甲公司管理层提供的银行对账单的真实性存有疑虑，A注册会计师在出纳陪同下前往银行获取银行对账单。在银行柜台人员打印对账单时，A注册会计师全程关注，回到驻地后，发现有两页对账单银行没有盖章，A认为是全程跟踪对账单打印，直接对对账单进行确认。

（2）A注册会计师向乙公司函证由其代销的甲公司某类产品的数量和状况，收到的传真件回函显示数量一致，状况良好。A注册会计师据此认可了回函结果。

（3）甲公司2020年末应收票据余额重大。A注册会计师于2020年12月31日检查了这些票据的复印件，并核对了相关信息，结果满意。

（4）甲公司的某企业客户通过日常与甲公司直接联系的快递公司，向A注册会计师寄回了询证函回函。A注册会计师认为回函可靠性受到影响，重新发函并要求该客户通过其他快递公司寄回询证函。

（5）因仅实施替代程序无法获取充分、适当的审计证据，A注册会计师就一份重要的询证函通过电话与被询证方确认了函证信息，被询证方告知回函已寄出，A注册会计师确认函证信息可靠，并形成审计结论。次日，A注册会计师收到回函，获取满意的审计证据。

要求：针对上述第（1）~（5）项，逐项指出A注册会计师的做法是否恰当。如不恰当，简要说明理由。

四、综合题（本题共19分。）

甲公司是ABC会计师事务所的常年审计客户。甲公司为大型综合性集团公司。A注册会计师负责审计甲公司2020年度财务报表，B注册会计师为项目质量控制复核人，项目组确定财务报表整体的重要性为300万元。（本题资料包括：资料一至资料五）

资料一：

A注册会计师在审计工作底稿中记录了所了解的甲公司情况及其环境，部分内容摘录如下：

（1）甲公司原租用的办公楼月租金为80万元。自2020年6月1日起，为拓展业务需要，甲公司租用新办公楼，租期3年，月租金80万元，出租方提供免租期6个月。

（2）2019年度，甲公司直销了200件a产品。2020年，甲公司引入经销商买断销售模式，对经销商的售价是直销价的85%，直销价较2019年基本没有变化。2020年度，甲公司共销售300件a产品，其中30%销售给经销商。

（3）2020年第四季度，甲公司推出新产品b产品，单价75万元。合同约定，为客户提供45天的免费信用期；如果在购买产品6个月内发现质量问题，客户有权退货。截至2020年末，甲公司售出20件b产品。因该产品上市时间较短，甲公司无法合理估计该产品的退货情况。

（4）c产品于2020年12月10日停产。2020年末，某经销商采用交款提货方式购买最后10件c产品。甲公司已收到货款500万元，已开具发票。经销商在验收时发现该批产品质量不符合合同要求，双方尚未就解决方案达成一致意见。

（5）甲公司自2018年起研发一项新产品技术，用于海外市场，于2020年12月末完成技术开发工作，并确认无形资产500万元。甲公司拟将其在美国市场出售，因受疫情和美国对华政策的影响，该技术尚无需求。

资料二：

A 注册会计师在审计工作底稿中记录了甲公司的财务数据，部分内容摘录如下：

金额单位：万元

项目	2020 年（未审数）			2019 年（已审数）
	a 产品	b 产品	c 产品	a 产品
营业收入	13 460	1 500	500	8 000
管理费用——租赁费	480			960
管理费用——研发费	0			200
税前利润	180			100
应收账款	500	260	0	400
存货——产成品	900	80	1 750	800
存货——存货跌价准备	0	0	(250)	0
无形资产——非专利技术	500			0

资料三：

A 注册会计师在审计工作底稿中记录了审计计划，部分内容摘录如下：

（1）A 注册会计师认为，如果发生与关联方及其交易相关的财务报表项目和披露错报，即使其金额低于财务报表整体重要性，仍可能影响财务报表使用者依据财务报表作出的经济决策，因此，确定与关联方及其交易相关的财务报表项目列报和披露的重要性水平为 300 万元。

（2）2020 年 12 月，甲公司以 5 000 万元的价格向其母公司购买一条生产线。A 注册会计师认为该交易超出甲公司正常经营过程，很可能不存在相关的内部控制，拟直接实施细节测试。

（3）甲公司 2020 年度销售费用为 1 100 万元。A 注册会计师认为尽管该费用金额重大，但是重大错报风险较低，实施的进一步审计程序拟实施控制测试。

（4）ABC 会计师事务所为提高审计质量，拟要求 A 注册会计师和 B 注册会计师在审计报告中签字。

资料四：

A 注册会计师在审计工作底稿中记录了实施的控制测试，部分内容摘录如下：

（1）甲公司年末存放在境外仓库的产品余额为 500 万元。由于无法实施监盘，A 注册会计师检查了甲公司相关产品的账簿记录、对账记录等，据此认可了该项存货的数量。

（2）超过赊销额度的赊销由销售总监和财务经理审批。自 2020 年 11 月 1 日起，改为由销售总监和财务总监审批。A 注册会计师测试了 2020 年 1 月至 10 月的该项控制，并于 2020 年 1 月询问了销售总监和财务总监控制在剩余期间的运行情况，未发现偏差。A 注册会计师认为控制在 2020 年度运行有效。

（3）通过了解甲公司内部控制，材料采购业务预期有效，A 注册会计师拟采用询问、检查、观察、穿行测试程序对采购业务实施控制测试。

资料五：

A 注册会计师在审计工作底稿中记录了实施的实质性程序，部分内容摘录如下：

（1）为应对甲公司管理层在收入确认领域的凌驾于控制之上的风险，A 注册会计师拟通过实施实质性分析应对评估的重大错报风险。

（2）2020 年底，甲公司因专利使用问题被境外某公司起诉至法院，内部法律顾问和外聘律师均认为败诉可能性较低，因此，管理层没有确认预计负债。A 注册会计师认为该事项存在重大错报风险，检查了相关文件，并获取了管理层和内部法律顾问的书面声明，以及自承接业务以来对管理层的诚信判断，据此认可管理层的判断。

（3）甲公司持有 W 公司 18% 的股份，自 2020 年起甲公司向 W 公司派驻一名董事，甲公司判断对 W 公司具有重大影响，就此将该年度的股权投资核算由成本法改为权益法。A 注册会计师询问了甲公司治理层，证实的确向 W 公司派驻一名董事，认可了甲公司的财务处理。

要求：

（1）针对资料一第（1）~（5）项，结合资料二，假定不考虑其他条件，逐项指出资料一所列事项是否可能表明存在重大错报风险。如果认为可能表明存在重大错报风险，简要说明理由，并说明该风险主要与哪些财务报表项目的哪些认定相关（不考虑税务影响）。将答案直接填入答题区的相应表格内。

事项序号	是否可能表明存在重大错报风险（是/否）	理由	财务报表项目名称及认定
（1）			
（2）			
（3）			
（4）			
（5）			

（2）针对资料三第（1）~（4）项，假定不考虑其他条件，逐项指出资料三所列审计计划是否恰当。如不恰当，简要说明理由。将答案直接填入答题区的相应表格内。

事项序号	审计计划是否恰当（是/否）	理由
（1）		
（2）		
（3）		
（4）		

（3）针对资料四第（1）~（3）项，假定不考虑其他条件，逐项指出资料四所列控制测试是否恰当。如不恰当，提出改进建议。将答案直接填入答题区的相应表格内。

事项序号	控制测试是否恰当（是/否）	改进建议
（1）		
（2）		
（3）		

（4）针对资料五第（1）~（3）项，假定不考虑其他条件，逐项指出资料五所列实质性程序是否恰当。如不恰当，简要说明理由。将答案直接填入答题区的相应表格内。

事项序号	实质性程序是否恰当（是/否）	理由
（1）		
（2）		
（3）		

2021 年注册会计师考试《审计》模拟试题（A 卷）答案及解析

一、单项选择题

1.【答案】B

【解析】选项 A 错误，注册会计师审计业务的最终产品是审计报告，不包括财务报表；选项 C 错误，审计的目的是改善财务报表的质量或内涵，增强预期使用者对财务报表的信赖程度，但是并不能减轻被审计单位管理层对财务报表的责任；选项 D 错误，执行审计业务获取的审计证据大多数是说服性而非结论性的。

2.【答案】B

【解析】选项 A 属于财务报告的性质；选项 C，属于审计程序的性质限制；选项 D，属于在合理的时间内以合理的成本完成审计的需要限制。选项 B，不能将其认定为固有限制，否则有损于注册会计师的职业谨慎要求。

3.【答案】B

【解析】选项 B 正确，审计工作底稿的保存期限是自审计报告日（2020 年 4 月 10 日）起至少 10 年。

4.【答案】D

【解析】选项 D 错误。根据被审计单位的特定情况：下列因素可能表明存在一个或多个特定类别的交易、账户余额或披露，其发生的错报金额虽然低于财务报表整体的重要性，但合理预期将影响财务报表使用者依据财务报表作出的经济决策：（1）法律法规或适用的财务报告编制基础是否影响财务报表使用者对特定项目计量或披露的预期；（2）与被审计单位所处行业相关的关键性披露；（3）财务报表使用者是否特别关注财务报表中单独披露的业务的特定方面。

5.【答案】A

【解析】如果注册会计师在审计过程中调低了最初确定的财务报表整体的重要性，那么评估的重大错报风险上升，在审计风险模型中重大错报风险与可接受的检查风险呈反向变动关系，所以 A 选项应当为注册会计师应当调低可接受的检查风险。

6.【答案】D

【解析】选项 D 正确。控制测试旨在评价内部控制在防止或发现并纠正认定层次重大错报方面的运行有效性，评价控制是否得一贯到执行。

7.【答案】C

【解析】当会计师事务所以投标方式承接审计业务时，只有中标的会计师事务所才是后任注册会计师。

8.【答案】A

【解析】如果注册会计师与治理层之间的双向沟通不充分，并且这种情况得不到解决，注册会计师可以采取下列措施：（1）根据范围受到的限制发表非无保留意见（没有其他事项段，选项 A 错误）；（2）就采取不同措施的后果征询法律意见（选项 B）；（3）与第三方（如监管机构）、被审计单位外部的在治理结构中拥有更高权力的组织或人员（如企业的业主，股东大会中的股东）或公共部门负责的政府部门进行沟通（选项 C）；（4）在法律法规允许的情况下解除业务约定（选项 D）。

9. 【答案】D

【解析】外部专家不是项目组成员，不受会计师事务所根据质量控制准则制定的质量控制政策和程序的约束。

10. 【答案】C

【解析】注册会计师应当评价专家的工作是否足以实现审计目的，包括：(1) 专家的工作结果或结论的相关性和合理性，以及与其他审计证据的一致性；(2) 如果专家的工作涉及使用重要的假设和方法，这些假设和方法在具体情况下的相关性和合理性（选项 C 错误）；(3) 如果专家的工作涉及使用重要的原始数据，这些原始数据的相关性、完整性和准确性。

11. 【答案】A

【解析】选项 A 不正确。期后事项是指财务报表日至审计报告日之间发生的事项，以及注册会计师在审计报告日后知悉的事实。

12. 【答案】B

【解析】选项 B 正确。书面声明的日期应当尽量接近对财务报表出具审计报告的日期，但不得在审计报告日后。

13. 【答案】A

【解析】用作审计证据的信息与相关认定之间的关系，指的是审计证据的相关性，因此选择选项 A。

14. 【答案】D

【解析】作为其他审计程序的补充，询问广泛应用于整个审计过程中，因此选择选项 D。

15. 【答案】D

【解析】选项 A 和选项 B 是用作实质性分析程序的内容。在运用分析程序时，注册会计师应重点关注关键的账户余额、趋势和财务比率关系等方面，对其形成一个合理的预期，选项 C 错误。因此选择选项 D。

16. 【答案】C

【解析】选项 A、B、D 是审计抽样应当同时具备的三个基本特征，因此选择选项 C。

17. 【答案】D

【解析】风险评估程序通常不涉及设计抽样，因此不选择选项 A；实施实质性分析程序时，注册会计师的目的不是根据样本项目的测试结果推断有关总体的结论，因而不宜使用审计抽样。因此不选择选项 C。当控制的运行留下轨迹时，注册会计师可以考虑使用审计抽样实施控制测试，因此不选择选项 B。在实施细节测试时，注册会计师可以使用审计抽样获取审计证据，因此选择选项 D。

18. 【答案】A

【解析】变量抽样主要用途是用于确定记录金额是否合理，因此不选择选项 A。

19. 【答案】D

【解析】注册会计师必须更深入了解企业的信息技术应用范围和性质，因为系统的设计和运行对审计风险的评价、业务流程和控制的了解、审计工作的执行以及需要收集的审计证据的性质都有直接的影响。因此选择选项 D。

20. 【答案】C

【解析】对小型被审计单位，了解管理层认为重要的关键业绩指标，有助于注册会计师深入了解被审计单位的目标和战略，因此选择选项 C。

21. 【答案】B

【解析】选项B是为了防止错报的发生，属于预防性控制。选项A的前半部分属于经常性控制，后半部分属于预防性控制。选项C、D的目的是为了发现流程中可能发生的错报，属于检查性控制。因此选择选项B。

22. 【答案】D

【解析】如果是不可预见的情况导致无法在预定日期实施现场监盘，注册会计师应当另择日期实施监盘，并对间隔期间发生的交易实施审计程序，因此选择选项D。

23. 【答案】A

【解析】可以执行的工作中包括使用组成部分重要性对组成部分的财务信息实施审计，因此选择选项A。

24. 【答案】B

【解析】选项B是针对关联方重大错报风险分析的识别和评估，不是风险应对措施，因此选择选项B。

25. 【答案】D

【解析】即使编制财务报表时采用的财务报告编制基础没有明确要求管理层对持续经营能力作出专门评估，注册会计师的这种责任仍然存在。因此选择选项D。

二、多项选择题

1. 【答案】AB

【解析】选项A错误，审计业务属于合理保证，审阅业务属于有限保证，其他鉴证业务也可能是合理保证的鉴证业务；选项B错误，合理保证是高水平的保证，有限保证是低于高水平的保证。

2. 【答案】AB

【解析】为确定审计的前提条件是否存在，注册会计师应当执行以下工作：（1）确定管理层在编制财务报表时采用的财务报告编制基础是否是可接受的（选项C正确）；（2）就管理层认可并理解其责任与管理层达成一致意见（选项D正确）。选项A、B属于注册会计师承接审计业务委托后的相关工作，不属于委托前考虑的事项。

3. 【答案】ACD

【解析】选择基准时，要基于当前的环境考虑：财务报表要素；报表使用者特别关注的项目（选项D）；被审计单位的性质、所处的生命周期阶段以及所处行业和经济环境（选项A）；基准的相对波动性（选项C）；以前年度审计调整的金额不属于考虑的因素，故选项B错误。

4. 【答案】BC

【解析】如果审计过程中被审计单位情况发生重大变化，或者注册会计师获取了新信息，或者注册会计师通过实施进一步审计程序对被审计单位及其经营的了解发生了变化，在这些情况下，注册会计师可能需要修改财务报表整体的重要性和特定类别的交易、账户余额或披露的重要性水平。故选项B、C正确。

5. 【答案】AB

【解析】注册会计师应当针对特别风险实施实质性程序，并不是实质性方案，选项C错误。注册会计师评估的财务报表层次重大错报风险以及采取的总体应对措施，对拟实施进一步审计程序的总体审计方案具有重大影响，无需考虑要与前期的审计方案一致，选项D错误。

6. 【答案】ABC

【解析】选项 A，是逆查，为营业收入发生认定提供证据；选项 BC，应收账款的存在通常伴随着营业收入的发生，因此可以为营业收入发生认定提供证据；选项 D，即使银行对账单是真实的收款，也不能证明营业收入的真实发生。

7. 【答案】BD

【解析】回函中存在免责或其他限制性条款是影响外部审计函证可靠性的因素之一，但这种限制不一定使回函失去可靠性，注册会计师能否依赖回函信息以及依赖的程度取决于免责或限制条款的性质和实质。因此选择选项 B。电子形式收到的回函，由于回函者的身份及其授权情况很难确定，对回函的更改也难以发觉，因此可靠性存在风险。注册会计师和回函者采用一定的程序为电子形式的回函创造安全环境，可以降低该风险。如果注册会计师确信这种程序安全并得到适当控制，则会提高相关回函的可靠性。因此选择选项 D。

8. 【答案】ACD

【解析】舞弊既可能导致财务报表层次重大错报风险，也可能导致认定层次的重大错报风险，因此选择选项 A。财务报表层次的重大错报风险和认定层次的重大错报风险可能构成特别风险，因此选择选项 C。经营风险可能对某类交易、账户余额和披露的认定层次重大错报风险或财务报表层次重大错报风险产生直接影响，因此选择选项 D。

9. 【答案】AB

【解析】应当评估为特别风险的事项只有三个：(1) 舞弊导致的重大错报风险；(2) 管理层凌驾于控制之上的风险；(3) 超出被审计单位正常经营过程的重大关联方交易导致的重大错报风险。其余的事项都需要进一步评估才能确定是否存在特别风险。因此选择选项 A、B。注册会计师在判断重大错报风险是否为特别风险时，不应考虑识别出的控制对相关风险的抵销效果，因此不选择选项 D。

10. 【答案】CD

【解析】在应对评估的重大错报风险时，当注册会计师认为运用区间估计（注册会计师的区间估计）来评价管理层点估计的合理性是恰当的时，作出的区间估计需要包括所有“合理”的结果而不是所有可能的结果，因此选择选项 C。如果注册会计师难以将区间估计的区间缩小至等于或低于实际执行的重要性，这并不必然否定管理层对会计估计的确认，但是可能意味着与会计估计相关的估计不确定性可能导致特别风险，因此选择选项 D。

三、简答题

1. 【答案】

(1) 恰当。

(2) 不恰当。2019 年度有多项审计调整，甲公司在 2020 年面临较大市场压力，显示项目总体风险较高，将实际执行的重要性确定为财务报表整体重要性的 75% 不恰当，应该为接近 50%。

(3) 不恰当，不能为提高审计效率，人为调整明显微小错报的临界值。

(4) 不恰当。该分类错报对其所影响的账户重大 / 很可能影响关键财务指标（如营运资金），应作为重大错报。

（5）不恰当。该错报虽然小于财务报表整体的重要性，但会使甲公司税前利润由盈利转为亏损，属于重大错报。

2. 【答案】

（1）第（1）项恰当。

第（2）项不恰当。在未获得客户授权的情况下，同意尽职调查团队借阅与乙公司相关的审计工作底稿不符合保密规定/除非客户已授权披露信息，会计师事务所人员有义务始终对业务工作底稿包含的信息予以保密。

第（3）项不恰当。对质量控制承担最终责任的应该是会计师事务所的主任会计师。

第（4）项不恰当。作为关键审计合伙人，C 注册会计师不应在“冷却期”为审计项目组提供任何形式的技术咨询。

（2）B 注册会计师在实施项目质量控制复核时，还应当考虑：

①项目组就具体业务对会计师事务所独立性做出的评价；

②项目组是否已就存在意见分歧的事项，或者其他疑难问题或争议事项进行适当咨询，以及咨询得出的结论；

③选取的用于复核的审计工作底稿，是否反映了项目组针对重大判断执行的工作，以及是否支持所得出的结论。

3. 【答案】

第（1）项不恰当。注册会计师是对基准日内部控制的有效性发表意见，而不是对财务报表涵盖的整个期间的内部控制的有效性发表意见。

第（2）项不恰当。自上而下的方法始于财务报表层次，以注册会计师对财务报告内部控制整体风险的了解开始。

第（3）项不恰当。企业层面的控制通常为应对企业财务报表整体层面的风险而设计，或作为其他控制运行的“基础设施”，通常在比业务流程更高的层面上乃至整个企业范围内运行，其作用比较广泛，通常不局限于某个具体认定。

第（4）项不恰当。在识别重要账户、列报及其相关认定时，注册会计师不应考虑控制的影响，因为内部控制审计的目标本身就是评价控制的有效性。

第（5）项恰当。

第（6）项不恰当。在确定一项控制缺陷或多项控制缺陷的组合是否构成重大缺陷时，注册会计师应当评价补偿性控制的影响。

4. 【答案】

第（1）项，不恰当。注册会计师应在审计工作底稿中记录在审计过程中对具体审计计划作出的任何重大修改和理由。

第（2）项，不恰当。识别特征应当具有唯一性，发票日期以及客户名称不具有唯一性/注册会计师应当将销售发票编号作为识别特征记录于审计工作底稿。

第（3）项，恰当。

第（4）项，恰当。

第（5）项，不恰当。在完成审计档案的归整工作后，注册会计师不应在规定的保存期限届满前删除或废弃任何性质的审计工作。

第（6）项，恰当。

5.【答案】

事项序号	是否违反（违反/不违反）	理由
（1）	违反	A注册会计师担任2014～2017年度甲公司关键审计合伙人累计达到三年或以上，冷却期应当为连续五年
（2）	不违反	戊公司对甲公司没有重大影响，不会因自身利益对独立性产生严重不利影响
（3）	违反	C在财务报表涵盖的期间曾担任甲公司的特定员工/财务人员，因自身利益、自我评价或密切关系对独立性产生严重不利影响
（4）	违反	往来客户资源库、电子催收函发出、超期往来款项预警提醒等功能，生成的信息对甲公司会计记录或财务报表影响重大/构成财务报告内部控制的重要组成部分，将因自我评价对独立性产生严重不利影响
（5）	不违反	对己公司拟收购标的公司的评估结果不会对甲公司财务报表产生影响/不构成实施审计程序的对象，不会对独立性产生不利影响
（6）	违反	永享最优折扣活动被视为甲公司向ABC会计师事务员工推销甲公司产品/属于禁止的商业关系，将因自身利益对独立性产生严重不利影响

6.【答案】

（1）不恰当。应全程关注银行对账单的打印过程/未对银行对账单获取过程保持控制。

（2）不恰当。注册会计师应当验证传真件回函的可靠性。

（3）不恰当。注册会计师应当检查应收票据原件/仅检查应收票据复印件不能获取充分、适当的审计证据/还应实施其他审计程序。

（4）恰当。

（5）不恰当。口头回复不能作为可靠的审计证据/审计结论形成前未获取充分、适当的审计证据。

四、综合题

【答案】

（1）

事项序号	是否可能表明存在重大错报风险（是/否）	理由	财务报表项目名称及认定
（1）	是	应在免租期内确认租金费用和负债，存在少计管理费用和负债的风险	管理费用（完整性） 其他应付款（完整性）
（2）	是	2020年，对经销商的售价是直销价的85%，直销价较2019年基本没有变化。2020年度，甲公司共销售300件a产品，其中30%销售给经销商。据此计算2020年营业收入应为11 460万元	营业收入（发生）

续表

事项序号	是否可能表明存在重大错报风险（是/否）	理由	财务报表项目名称及认定
（3）	是	b产品附有销售退回条件，且不能合理估计退货可能性，不满足收入确认条件，可能存在多计营业收入和营业成本的风险	营业收入（发生）/应收账款（存在） 营业成本（发生）/存货（完整性）
（4）	否	—	—
（5）	是	甲公司无法证明该无形资产能够给企业带来经济利益，可能存在多计无形资产的风险	管理费用（完整性） 无形资产（存在）

（2）

事项序号	审计计划是否恰当（是/否）	理由
（1）	否	确定的重要性水平应该低于300万元
（2）	否	超出正常经营过程的重大关联方交易应确定为特别风险，应了解相关的内部控制
（3）	否	针对重大类别的交易仅实施控制测试不足够 / 应针对重大类别的交易实施实质性程序
（4）	否	B注册会计师不能在审计报告中签字

（3）

序号	控制测试是否恰当（是/否）	改进建议
（1）	否	还应该向境外机构函证，或实施检查及其他适合具体情况的审计程序
（2）	否	应实施询问以外的其他测试程序
（3）	否	穿行测试用于了解内部控制，不能用于控制测试

（4）

序号	实质性程序是否恰当（是/否）	理由
（1）	否	管理层凌驾于控制之上的风险属于特别风险。应对特别风险时，如不依赖内部控制，不能仅实施实质性分析，应当实施细节测试
（2）	否	没有与外部法律顾问直接沟通/没有向外部法律顾问寄发询证函
（3）	否	不能仅凭借派驻一名董事就认定甲公司对W公司有重大影响，证据不够充分，还应该综合考虑其他因素

2021 年注册会计师考试《审计》模拟试题（B 卷）

一、单项选择题（本题型共 25 小题，每小题 1 分，共 25 分。每小题只有一个正确答案，请从每小题的备选答案中选出一个你认为正确的答案。每小题所有答案选择正确的得分，不答、错答、漏答均不得分。）

1. 下列有关实质性程序时间安排的说法中，不正确的是（　　）。

A. 注册会计师评估的某项认定的重大错报风险越高，越应当考虑将实质性程序集中在期末或接近期末实施

B. 控制环境和其他相关的控制越薄弱，注册会计师越不宜在期中实施实质性程序

C. 如果实施实质性程序所需信息在期中之后难以获取，注册会计师应考虑在期中实施实质性程序

D. 如果在期中实施了实质性程序，注册会计师应当针对剩余期间实施控制测试，以将期中测试得出的结论合理延伸至期末

2. ABC 会计师事务所作为后任注册会计师承接了 W 公司 2020 年度报表审计业务，A 注册会计师作为该项目的合伙人，下列有关 A 注册会计师对于前后任注册会计师沟通的说法中，错误的是（　　）。

A. 当会计师事务所通过投标方式承接审计业务时，前任注册会计师无须对所有参与投标的会计师事务所的询问进行答复

B. 如果被审计单位不同意前任注册会计师对后任注册会计师的询问作出答复，后任注册会计师应当拒绝接受委托

C. 接受委托后，如果需要查阅前任注册会计师的审计工作底稿，后任注册会计师应当征得被审计单位的同意

D. 接受委托前的沟通是必要的审计程序，接受委托后的沟通不是必要的审计程序

3. ABC 会计师事务所作为后任注册会计师承接了 W 公司 2020 年度报表审计业务，A 注册会计师作为该项目的合伙人，下列有关 A 注册会计师对于有关注册会计师实施进一步审计程序的时间的说法中，错误的是（　　）。

A. 注册会计师在确定何时实施进一步审计程序时需要考虑能够获取相关信息的时间

B. 如果评估的重大错报风险为低水平，注册会计师可以选择资产负债表日前适当日期为截止日实施函证

C. 如果被审计单位的控制环境良好，注册会计师可以更多地在期中实施进一步审计程序

D. 对于被审计单位发生的重大交易，注册会计师应当在期末或期末以后实施实质性程序

4. 对于审计过程中累积的错报，下列做法中，正确的是（　　）。

A. 如果错报单独或汇总起来未超过财务报表整体的重要性，注册会计师可以不要求管理层更正

B. 如果错报单独或汇总起来未超过实际执行的重要性，注册会计师可以不要求管理层更正

C. 如果错报在注册会计师的风险承受范围之内，注册会计师可以不要求管理层更正

D. 注册会计师应当要求管理层更正审计过程中累积的所有错报

5. 下列做法中，不能提高审计程序的不可预见性的是（　　）。

A. 针对销售收入和销售退回延长截止测试期间

B. 向以前没有询问过的被审计单位员工询问

C. 对以前通常不测试的金额较小的项目实施实质性程序

D. 对被审计单位银行存款年末零余额实施函证

6. 下列认定中，与销售信用批准控制最相关的是（　　）。

A. 发生　　B. 权利和义务　　C. 计价和分摊　　D. 完整性

7. 下列有关舞弊导致的重大错报风险的说法中，错误的是（　　）。

A. 侵占资产导致的重大错报风险，小于编制虚假财务报告导致的重大错报风险

B. 舞弊导致的重大错报未被发现的风险，大于错误导致的重大错报未被发现的风险

C. 所有被审计单位都存在管理层凌驾于控制之上的风险

D. 收入确认存在舞弊风险的假定可能不适用于所有审计项目

8. 下列有关前后任注册会计师的说法中，正确的是（　　）。

A. 前任注册会计师包括对前期财务报表执行商定程序的注册会计师

B. 在未发生会计师事务所变更的情况下，同处于某一会计师事务所的先后负责同一审计项目的不同注册会计师不属于前后任注册会计师的范畴

C. 在发生会计师事务所变更的情况下，先后就职于不同会计师事务所的同一注册会计师不属于前后任注册会计师的范畴

D. 如果委托人在相邻两个会计年度中连续变更多家会计师事务所，前任注册会计师不包括在后任注册会计师之前接受业务委托对当期财务报表进行审计但未完成审计工作的会计师事务所

9. 下列各项中，注册会计师在评价内部审计的客观性时需要考虑的是（　　）。

A. 内部审计的活动是否经过适当的监督和复核

B. 被审计单位是否存在有关内部审计人员的任用和培训政策

C. 内部审计是否具有与其履行职责相应的组织地位

D. 被审计单位是否存在适当的审计手册

10. 下列有关注册会计师利用外部专家工作的说法中，错误的是（　　）。

A. 外部专家需要遵守适用于注册会计师的相关职业道德要求中的保密条款

B. 外部专家不受会计师事务所按照质量控制准则制定的质量控制政策和程序的约束

C. 外部专家的工作底稿是审计工作底稿的一部分

D. 在审计报告中提及外部专家的工作并不减轻注册会计师对审计意见承担的责任

11. 如果被审计单位未纠正注册会计师在上一年度审计时识别出的值得关注的内部控制缺陷，注册会计师在执行本年度审计时，下列做法中正确的是（　　）。

A. 在制定审计计划时予以考虑，不再与管理层沟通

B. 以书面形式再次向治理层通报

C. 在审计报告中增加强调事项段予以说明

D. 在审计报告中增加其他事项段予以说明

12. 注册会计师对被审计单位2020年度财务报表进行审计，于2021年4月10日出具审计报告，相关审计工作底稿于2021年5月30日归档完毕。关于审计工作底稿的保存期限，下列说法中正确的是（　　）。

A. 自2021年1月1日起至少10年　　B. 自2021年4月10日起至少10年

C. 自2021年5月30日起至少10年　　D. 自2020年12月31日起至少10年

13. 下列各项中，不应当列入书面声明的是（　　）。

A. 管理层认为，未更正错报单独或汇总起来对财务报表整体的影响不重大

B. 被审计单位已向注册会计师披露了管理层注意到的、可能影响被审计单位的与舞弊或舞弊嫌疑相关的所有信息

C. 所有交易均已记录并反映在财务报表中

D. 被审计单位将及时足额支付审计费用

14. 下列有关审计程序的说法中，正确的是（　　）。

A. 针对特定账户及其项目相关的认定时，函证常常是相关的程序

B. 询问适用于风险评估、控制测试和实质性程序

C. 注册会计师应当就管理层对询问作出的口头答复获取书面声明

D. 检查有形资产可为其存在提供可靠的审计证据，也能够为其他认定提供可靠的审计证据

15. 通常不会影响注册会计师是否实施函证的决策的选项是（　　）。

A. 评估的认定层次重大错报风险

B. 函证信息与特定认定的相关性

C. 被询证者的客观性

D. 被审计单位管理层的配合程度

16. 下列有关实质性分析程序的说法中，正确的是（　　）。

A. 实质性分析程序达到的精确度通常高于细节测试

B. 实质性分析程序并不适用于所有财务报表认定

C. 针对认定层次的重大错报风险，注册会计师需要实施实质性分析程序

D. 当使用分析程序比细节测试能更有效地将认定层次的检查风险降至可接受的水平时，注册会计师应当运用实施实质性分析程序

17. 下列有关非抽样风险的说法中，正确的是（　　）。

A. 非抽样风险是人为因素造成的，注册会计师可以通过采取适当的控制和程序进行量化

B. 注册会计师在测试销售收入完整性认定时将主营业务收入日记账界定为总体可以避免非抽样风险的发生

C. 注册会计师可以通过采取适当的质量控制政策和程序降低非抽样风险

D. 注册会计师可以通过扩大样本规模降低非抽样风险

18. 下列有关注册会计师实施细节测试的说法中，错误的是（　　）。

A. 误受风险与样本规模反向变动

B. 对控制信赖不足给注册会计师和被审计单位造成的不便通常相对较大

C. 注册会计师需要考虑被审计单位对建议调整所持的态度

D. 按照总体的固定百分比确定样本规模通常缺乏效率

19. 下列有关信息系统的说法中，正确的是（　　）。

A. 信息技术一般控制旨在保证信息系统的安全

B. 信息技术环境复杂，意味着信息系统也是复杂的

C. 信息技术一般控制能对实现财务报表认定作出贡献

D. 注册会计师评估被审计单位信息系统的复杂度，应考虑系统中进行的复杂计算的数量

20. 注册会计师了解被审计单位内部控制的相关说法中，错误的是（　　）。

A. 注册会计师在了解被审计单位内部控制时，应当确定其是否得到一贯执行

B. 注册会计师在了解被审计单位内部控制时，需要了解的只是与财务报表审计相关的内部控制

C. 注册会计师询问被审计单位人员不足以评价内部控制设计的有效性

D. 注册会计师可以通过穿行测试跟踪交易在财务报告信息系统中的处理过程来获取控制设计和执行的审计证据

21. 注册会计师在确定某项重大错报风险是否为特别风险时，通常无须考虑的项目是（　　）。

A. 风险是否涉及重大的关联方交易

B. 风险是否与近期经济环境的重大变化相关

C. 风险是否与近期会计处理方法的重大变化相关

D. 被审计单位财务人员的胜任能力

22. 下列审计程序中，不能够为注册会计师对被审计单位 2020 年 12 月 31 日银行存款余额调节表中以转账支票支付赊购材料款形成的“企业已付、银行未付”调节项提供审计证据的有（　　）。

A. 检查付款申请单是否经适当批准

B. 注册会计师就 2020 年 12 月 31 日相关供应商的应付账款余额实施函证

C. 注册会计师检查被审计单位转账支票开具日期

D. 注册会计师检查 2021 年 1 月的被审计单位银行对账单

23. 对于集团财务报表审计，集团项目组与组成部分注册会计师沟通的内容不包括（　　）。

A. 组成部分注册会计师的独立性和专业胜任能力的要求

B. 组成部分注册会计师的总体发现、得出的结论和形成的意见

C. 因违反法律法规而可能导致集团财务报表发生重大错报的信息

D. 识别出的与组成部分注册会计师工作相关的由于舞弊导致集团财务报表发生重大错报的特别风险

24. 注册会计师审计会计估计时，在风险评估阶段实施的程序中不包括（　　）。

A. 注册会计师需要了解管理层用以作出会计估计的方法与前期相比是否已经发生变化或应当发生变化

B. 复核上期财务报表中会计估计的结果

C. 询问管理层，了解管理层如何识别需要作出会计估计的情形

D. 评估会计估计的合理性

25. 下列关于注册会计师首次接受委托时就期初余额实施审计的说法中，正确的是（　　）。

A. 如果上期财务报表已经审计，注册会计师可以通过查阅前任注册会计师的审计工作底稿获取有关期初余额的审计证据

B. 如果前任注册会计师对上期财务报表发表了非无保留审计意见，注册会计师在评估本期财务报表重大错报风险后，也应当发表非无保留审计意见

C. 对流动资产和流动负债，注册会计师可以通过本期实施的审计程序获取有关期初余额的审计证据

D. 如果上期财务报表已经前任注册会计师审计，或未经审计，注册会计师可以在审计报告中增加其他事项段说明相关情况

二、多项选择题（本题型共 10 小题，每小题 2 分，共 20 分。每小题均有多个正确答案，请从每小题的备选答案中选出你认为正确的所有答案。每小题所有答案选择正确的得分，不答、错答、漏答均不得分。）

1. 下列有关财务报表审计业务三方关系人的说法中，正确的有（　　）。

A. 如果注册会计师无法识别出使用审计报告的所有组织或人员，则预期使用者主要是指那些与财务报表有重要和共同利益的主要利益相关者

B. 审计业务的三方关系人分别是注册会计师、被单位管理层和财务报表预期使用者

C. 委托人通常是财务报表预期使用者之一，也可能由责任方担任

D. 如果责任方和财务报表预期使用者来自于同一企业，则两者是同一方

2. 下列有关审计计划的说法中，不正确的有（　　）。

A. 制定总体审计策略的过程通常在具体审计计划之前

B. 具体审计计划的核心是确定审计的范围和审计方案

C. 制定审计计划的工作应当在实施进一步审计程序之前完成

D. 总体审计策略不受具体审计计划的影响

3. 下列各项中，注册会计师在确定明显微小错报临界值时通常需要考虑的因素有（　　）。

A. 重大错报风险的评估结果

B. 以前年度审计中识别出的错报

C. 被审计单位的财务报表是否分发给广大范围的使用者

D. 被审计单位治理层和管理层对注册会计师与其沟通错报的期望

4. 在确定实际执行的重要性时，下列各项因素中，注册会计师认为应当考虑的有（　　）。

A. 对被审计单位的了解，实施风险评估程序的结果

B. 根据本期识别出的错报对本期错报作出的预期

C. 前期审计工作中识别出的错报的性质和范围

D. 被审计单位管理层和治理层的期望值

5. 下列有关存货监盘的说法中，不正确的有（　　）。

A. 注册会计师在制定监盘计划时，需要考虑是否在监盘中利用专家的工作

B. 如果存货盘点在财务报表日以外的其他日期进行，注册会计师除实施监盘相关审计程序外，还应当实施其他程序，以确定盘点日与财务报表日之间的存货变动已得到恰当记录

C. 如果存货存放在不同地点，注册会计师的监盘应当覆盖所有存放地点

D. 如果由于不可预见的情况，无法在存货盘点现场实施监盘，注册会计师应当实施替代审计程序

6. 下列各项中，可能表明被审计单位存在值得关注的内部控制缺陷的有（　　）。

A. 被审计单位内部缺乏通常应当建立的风险评估过程

B. 注册会计师识别出被审计单位内部控制未能防止的管理层舞弊

C. 被审计单位重述以前公布的财务报表，以更正由于错误或舞弊导致的重大错报

D. 管理层未对注册会计师以前已沟通的值得关注的内部控制缺陷采取适当的纠正措施

7. 下列有关审计证据的充分性和适当性的说法中，正确的有（　　）。

A. 审计证据的充分性和适当性分别是对审计证据质量和数量的衡量

B. 只有充分且适当的审计证据才有证明力

C. 审计证据的充分性会影响审计证据的适当性

D. 审计证据的适当性会影响审计证据的充分性

8. 下列与内部控制有关的审计工作中，通常不宜使用审计抽样的有（　　）。

A. 评价内部控制设计的合理性

B. 对未留下运行轨迹的控制的运行有效性实施测试

C. 测试自动化应用控制的运行有效性

D. 测试留下运行轨迹的人工控制的运行有效性

9. 注册会计师应对管理层凌驾于控制之上的风险，通常需要考虑的事项有（　　）。

A. 确认重大关联方交易是否得到适当授权

B. 被审计单位作出的会计估计所依据的假设是否由管理层或专家进行复核

C. 被审计单位作出的重大会计估计是否由治理层批准

D. 被审计单位是否采用复杂的计算或会计处理方法

10. 被审计单位存在下列（　　）事项时，通常可能导致财务报表层次重大错报风险出现。

A. 被审计单位是房地产行业公司，出于融资需求，从国际500强的金融公司聘任财务总监已经入职9个月

B. 被审计单位的长期资产减值准备存在高度的估计不确定性

C. 被审计单位在新聘财务总监的建议下，从事复杂的金融工具投资

D. 被审计单位的资产流动性出现问题

三、简答题（本题型共6小题36分。其中一道小题可以选用中文或英文解答，请仔细阅读答题要求。如使用英文解答，须全部使用英文，答题正确的，增加5分。本题型最高得分为41分。）

1.（本小题6分。）ABC会计师事务所以投标方式承接了上市公司甲公司2020年度财务报表，A注册会计师作为该项目的合伙人，审计完成阶段的部分工作底稿内容摘录如下：

（1）甲公司持续经营假设适当但存在重大不确定性，财务报表附注中对此已经充分披露，拟在审计报告中增加强调事项段。

（2）发现含有已审计财务报表的公司年度报告中披露的年度利润总额与已审计财务报表中列示的利润金额存在重大不一致，注册会计师实施审计程序后认为，需要修改公司年度报告，但管理层拒绝修改公司年度报告。A注册会计师认为，上述情形不会影响审计意见，因此无须采取任何行动。

（3）A注册会计师在征得被审计单位同意的情况下，查阅了前任审计工作底稿。A注册会计师拟出具无保留意见审计报告，在审计报告中增加其他事项段说明审计过程中部分利用了前任的工作。

要求：（1）针对上述第（1）项和第（2）项，分别指出A注册会计师采取的应对措施是否恰当。如不恰当，简要说明恰当的应对措施。

（2）针对上述第（3）项，指出A注册会计师做法是否恰当，若不恰当简要说明理由。

（3）结合本题，简要回答需要在审计报告中增加其他事项段中的情形。

2.（本小题6分。）ABC会计师事务所2020年更换了主任会计师（事务所法人），新任主任会计师就事务所业务质量控制提出了新的要求，部分内容摘录如下：

（1）经主任会计师指派，副主任会计师可以分管会计师事务所质量控制工作。

（2）执行项目质量控制复核的范围为上市公司审计项目中被评估为高风险的审计项目。

（3）如果项目组成员与被咨询人员发生意见分歧，应当采纳被咨询人员的意见。

（4）以三年为周期，选取每一位合伙人已完成的一个项目进行检查。如果合伙人在连续两次的检查中被评为优秀，以后可每隔四年检查一次。

（5）会计师事务所建立专门的系统用于记录对客户关系和具体业务的接受与保持的评估。根据该系统的信息化程度太高，故决定该系统中记录的信息无需纳入业务工作底稿。

（6）项目组应当自鉴证业务报告日后六十日内将业务工作底稿归档。归档后，项目组需要删除或增加业务工作底稿，须经主任会计师批准。

要求：针对上述第（1）~（6）项，逐项指出ABC会计师事务所业务质量控制制度是否符合质量控制准则和审计准则的规定，并简要说明理由。

3.（本小题6分。）上市公司甲公司是ABC会计师事务所的常年审计客户。A注册会计师负责审计甲公司2020年度财务报表。在审计过程中，A注册会计师遇到下列事项：

（1）甲公司为医药行业的一家生产仿制药的企业，所处行业整体竞争激烈，市场处于饱和状态，随着国家医保局不断推出药品降价政策，主要产品的毛利率逐渐降低。同行业公司的主要产品毛利率低于15%，但甲公司董事会仍要求管理层将2020年度主要产品毛利率确定为不低于25%。检查管理层编制的甲公司2020年度财务报表及有关资料，显示2020年度主要产品毛利率为25.1%。

（2）甲公司薪酬政策规定，中层以上管理层干部除领取固定薪酬外，其奖金金额与当年完成利润的计划情况挂钩。

（3）在2018年、2019年审计中，A注册会计师没有发现甲公司收入确认方面存在舞弊行为，因此，在2020年度审计中，A注册会计师未将收入确认作为由于舞弊导致的重大错报风险领域。

（4）在对日常会计核算过程中作出的会计分录以及编制财务报表过程中作出的其他调整进行测试时，A注册会计师向参与财务报告编制过程的人员询问了与处理会计分录和其他调整相关的不恰当或异常的活动。

要求：（1）针对事项（1）和事项（2），分析甲公司是否存在舞弊风险因素，并简要说明理由。

（2）针对事项（3），分析A注册会计师未将收入确认作为由于舞弊导致的重大错报风险领域是否恰当，并简要说明理由。

（3）针对事项（4），简要说明A注册会计师除实施询问程序外，还应当实施哪些程序。

4.（本小题6分。）上市公司甲公司是ABC会计师事务所的常年审计客户。甲公司为国内造纸行业的一家上市公司，A注册会计师负责审计甲公司2020年度财务报表。与存货监盘审计工作底稿相关的摘录如下：

（1）A注册会计师与甲公司管理层沟通，被审计单位同意在盘点过程中停止生产并关闭存货存放地点以确保停止存货的移动，有利于保证盘点的准确性。

（2）在被审计单位盘点存货前，A注册会计师观察了盘点现场，确定所有库存的存货是否已经适当整理和排列，并附有盘点标识，防止遗漏或重复盘点。

（3）A注册会计师实施如下抽盘程序用以发现差异：

①从存货盘点记录追查至存货实物，确认存货盘点记录的完整性。

②从存货实物追查至盘点记录，确认存货盘点记录的准确性。

（4）实施抽盘程序时发现差异，A注册会计师要求被审计单位对所有已盘点过的存货重新盘点。

（5）对于生产纸浆用树木，通过高空摄影以确定其存在，对不同时点的数量进行比较，并依赖实地存货记录。

（6）在被审计单位存货盘点结束前，A注册会计师实施如下程序：

①再次观察盘点现场，以确定所有应纳入盘点范围的存货是否均已盘点。

②取得并检查已填用和未使用盘点表单的号码记录，确定其是否连续编号，查明已发放的表单是否均已收回，并与存货盘点的汇总记录进行核对。

要求：针对上述第（1）~（6）项，逐项指出A注册会计师的做法是否恰当。如不恰当，简要说明理由。

5.（本小题6分。）ABC会计师事务所注册会计师A作为项目合伙人在2020年度中负责两家公司的审计业务。其中甲公司是首次与ABC会计师事务所签约的新客户，乙集团公司是事务所常年客户。审计业务相关部分事项如下：

（1）注册会计师于2021年1月10日对甲公司的存货实施了监盘，在将监盘的存货数量调节至期初存货数量，抽样检查了2019年度存货数量的变动情况，据此认可了存货的期初余额。

（2）甲公司一项工期两年的在建工程于2020年12月完工结转固定资产。A注册会计师测试了该项在建工程的本期增加额，检查了与结转固定资产相关的批准文件、资产明细清单和验收报告等，据此认可了该项在建工程的期初余额。

（3）甲公司2019年度财务报表经过审计后被出具非标准审计意见。A注册会计师发现2019年末资产负债表的存货余额存在一项重大的分类错报，要求管理层进行更正，管理层对此进行意见陈述后，并表示不能更改，A注册会计师认为存在该项对财务报表整体具有重要影响的重大不确定性，拟对甲公司财务报表发表无法表示意见。

（4）乙集团公司的重要子公司2019年至2020年处于停产状态，其核心技术人员已离职成立新公司，与乙公司竞争并占据主要市场份额。乙集团公司管理层拟在两年内收购离职人员创办的新公司，基于该假设编制的预计未来现金流量现值显示，收购该公司后，将形成新的利润增长点。A注册会计师认为离职人员创办的新公司的技术研发不存在技术壁垒，存在可替代性，收购成功的可能性存在重大不确定性，拟在无保留意见的审计报告中增加了强调事项段提醒报表使用者关注。

（5）A注册会计师就乙集团公司管理层确认的某项预计负债作出了区间估计，该区间包括了乙集团公司所有可能承担的赔偿金额。管理层确认的预计负债处于该区间内，A注册会计师据此认可了管理层确认的金额。

（6）由于2020年人员工资和维修材料价格持续上涨，乙集团公司实际发生的产品售后维修费用支出与以前年度的支出额存在较大差异。A注册会计师要求管理层就该差异进行追溯调整。

要求：针对上述第（1）~（6）项，逐项指出A注册会计师的做法是否恰当。如不恰当，简要说明理由。

6.（本小题6分，可以选用中文或英文解答，如使用英文解答，须全部使用英文，答题正确的，增加5分，最高得分为11分。）

上市公司甲公司是ABC会计师事务所的常年审计客户。XYZ公司和ABC会计师事务所处于同一网络。注册会计师A为项目合伙人，审计项目组在甲公司2020年度财务报表审计中遇到下列事项：

（1）A注册会计师因继承其祖父的遗产获得甲公司股票10 000股，承诺将在有权处置这些股票之日起一个月内出售。

（2）乙公司是甲公司的子公司，从事行业信息指数发布业务。2018年至2020年12月，乙公司和ABC会计师事务所连续3年联合对外发布行业研究报告，对该行业现状与前景进行分析，并介绍了乙公司的业务。

（3）项目组成员注册会计师B的女儿大学毕业后，应聘到甲公司财务部门工作，任职岗位为出纳，注册会计师B在本次审计中负责函证业务。

（4）XYZ公司合伙人C的爱人于2019年7月加入甲公司并担任培训部经理。合伙人C没有为甲公司提供任何服务。

（5）甲公司内审部计划对新并购的子公司内部控制进行全面规范，因缺乏人手，甲公司聘请

XYZ 公司协助执行子公司内部控制该项工作，XYZ 公司参与制定内部控制制度制定但不参加管理层决策的讨论。

（6）2018 年 12 月，审计项目组成员 D 注册会计师通过银行按揭，按照市场价格 500 万元购买了甲公司出售的商品房一套。

要求：针对上述第（1）~（6）项，逐项指出是否存在违反中国注册会计师职业道德守则有关职业道德和独立性规定的情况，并简要说明理由。将答案直接填入答题区的相应表格内。

事项序号	是否违反（违反/不违反）	理由
（1）		
（2）		
（3）		
（4）		
（5）		
（6）		

四、综合题（本题共 19 分。）

甲公司是 ABC 会计师事务所的常年审计客户，主要从事药品生产、研发及药品、医疗器械营销。A 注册会计师负责审计甲公司 2020 年度财务报表，B 注册会计师为项目质量控制复核人，项目组确定财务报表整体的重要性为 1 000 万元，实际执行的重要性为 500 万元。

资料一：

A 注册会计师在审计工作底稿中记录了所了解的甲公司情况及其环境，部分内容摘录如下：

（1）因 2019 年 a 产品生产线的产能利用率已接近饱和，甲公司于 2020 年初开始建设一条新的生产线，预计工期 20 个月。

（2）甲公司于 2020 年 2 月响应政府需求，利用 10 天时间，将 b 产品生产线调整防护口罩专用生产线，加班加点生产，提供政府需要的防护口罩。乙公司（该公司今年 1 月份注册，规模较小，资信状况一般）于 2020 年 3 月向甲公司开具 1 500 万元的期限为 6 个月的商业承兑汇票，作为购买口罩支付的货款。

（3）2020 年 3 月，甲公司与丙公司签订销售合同，为其定制防护专用产品 c，并应丙公司要求与其签订采购合同，向其购买防护专用产品 c 的主要原材料。

（4）2020 年，由于疫情全球变化，国际国内市场发生重大变化，甲公司传统产品 d 的订单量锐减。

（5）2019 年 1 月，甲公司获得某医疗器械 e 的进口代理权，2020 年末国家卫计委集中带量采购，医疗器械 e 的进口价格直线下跌，价格跌幅达 90%。

资料二：

A 注册会计师在审计工作底稿中记录了甲公司的财务数据，部分内容摘录如下：

金额单位：万元

项目	未审数	已审数
	2020 年	2019 年
营业收入——a 产品	50 000	30 000
营业成本——a 产品	40 000	18 000

续表

项目	未审数	已审数
	2020 年	2019 年
营业收入——b 产品	100	10 000
营业成本——b 产品	80	7 000
营业收入——c 产品	20 000	0
营业成本——c 产品	18 800	0
营业收入——d 产品	1 200	10 000
营业成本——d 产品	1 000	8 500
营业收入——e 产品	22 000	40 000
营业成本——e 产品	18 000	20 000
存货——a 产品	16 000	14 000
存货——c 产品主要原材料	12 000	0
存货——d 产品	100	800
在建工程——a 产品生产线	5 400	0

资料三：

A 注册会计师在审计工作底稿中记录了审计计划，部分内容摘录如下：

（1）甲公司利用生产管理系统中的自动化控制进行生产工人的考勤管理，以提高管理效率。A 注册会计师认为该控制是基于工作效率出发，与审计无关，拟不纳入了解内部控制的范围。

（2）甲公司供应商数量多，采购交易量大。A 注册会计师拟对采购与付款循环相关的财务报表项目实施综合性方案，采用随意抽样测试相关内部控制的运行有效性，采用货币单元抽样测试应付账款的准确性和完整性。

（3）甲公司 2020 年度销售费用为 4 000 万元。A 注册会计师认为该费用金额重大，但医药行业整体销售费用都偏高，重大错报风险较低，拟在进一步审计程序时实施控制测试进行验证。

（4）ABC 会计师事务所为提高审计质量，要求 B 注册会计师全程参加 A 注册会计师项目组审计，并及时进行质量复核，以便控制审计质量。

资料四：

A 注册会计师在审计工作底稿中记录了实施进一步审计程序的情况，部分内容摘录如下：

（1）A 注册会计师抽样测试了与职工薪酬相关的控制，发现一个偏差。针对职工薪酬实施实质性程序未发现错报，A 注册会计师认为该偏差不构成缺陷，相关控制运行有效。

（2）甲公司年末存放在客户仓库、药房等处的产品余额为 4 500 万元。由于无法实施监盘，且认为函证很可能无效，A 注册会计师检查了甲公司相关产品的发出和客户签收记录、与客户的对账记录以及期后结算单据，据此认可了该项存货的数量。

（3）甲公司原材料年末余额为 20 000 万元，包括 2 000 个项目。A 注册会计师在实施计价测试时，抽样选取了 30 个项目作为测试样本，发现两个样本存在错报，这两个样本的账面金额为 100 万元和 80 万元，审定金额为 90 万元和 72 万元。A 注册会计师采用比率法推断的总体错报为 2 000 万元。

资料五：

A 注册会计师在审计工作底稿中记录了重大事项的处理情况，部分内容摘录如下：

（1）A 注册会计师在审计过程中发现，甲公司营销人员贾某利用公司内部控制缺陷挪用客户采购公司产品的资金 800 万元。甲公司管理层追回了该款项，并将贾某开除。因该事项未对甲公司造成实质性损失，且在与管理层沟通时得到管理层已向治理层汇报的回复，A 注册会计师认为无须再与治理层沟通。

（2）甲公司为了便于疫情期间提高决策效率，于 2020 年 4 月初更换了管理层，由公司董事长直接兼任公司执行总裁，并授权给总经理在如果出现董事长患病住院的情况，可代行执行总裁的职责。A 注册会计师基于常年审计客户的事实，未要求公司管理层提供书面声明。

（3）2020 年 9 月，乙公司出具的商业承兑汇票由于资金紧张无法兑付，和甲公司协商后，取得甲公司谅解，重新出具票面利息为 4.5%，为期 6 个月的商业承兑汇票。甲公司由于资金紧张，持该票据向银行申请贴现，A 注册会计师查阅公司重要票据登记簿及承兑汇票复印件后认为事实清楚。

（4）在审计报告日后、财务报表报出日前，甲公司 2018 年末的一项医疗器械引发的决诉讼终审结案，管理层根据判决结果调整了 2020 年度财务报表。A 注册会计师针对该调整实施审计程序后，认为未对已审财务报表构成实质性影响，仅对原审计报告进行日期调整。

要求：

（1）针对资料一第（1）~（5）项，结合资料二，假定不考虑其他条件，逐项指出资料一所列事项是否可能表明存在重大错报风险。如果认为可能表明存在重大错报风险，简要说明理由，并说明该风险主要与哪些财务报表项目的哪些认定相关（不考虑税务影响）。将答案直接填入答题区的相应表格内。

事项序号	是否可能表明存在重大错报风险（是/否）	理由	财务报表项目名称及认定
（1）			
（2）			
（3）			
（4）			
（5）			

（2）针对资料三第（1）~（4）项，假定不考虑其他条件，逐项指出 A 注册会计师的做法是否恰当。如不恰当，简要说明理由。将答案直接填入答题区的相应表格内。

事项序号	是否恰当（是/否）	理由
（1）		
（2）		
（3）		
（4）		

（3）针对资料四第（1）~（3）项，假定不考虑其他条件，逐项指出 A 注册会计师的做法是否恰当。如不恰当，简要说明理由。将答案直接填入答题区的相应表格内。

事项序号	是否恰当（是/否）	理由
（1）		
（2）		
（3）		

（4）针对资料五第（1）~（4）项，假定不考虑其他条件，逐项指出A注册会计师的做法是否恰当。如不恰当，简要说明理由。将答案直接填入答题区的相应表格内。

事项序号	是否恰当（是/否）	理由
（1）		
（2）		
（3）		
（4）		

2021 年注册会计师考试《审计》模拟试题（B 卷）答案及解析

一、单项选择题

1.【答案】D

【解析】选项 D 错误，如果在期中实施了实质性程序，注册会计师应当针对剩余期间实施进一步的实质性程序，或者将实质性程序和控制测试结合使用。

2.【答案】B

【解析】选项 B 错误，如果被审计单位不同意前任注册会计师对后任注册会计师的询问作出答复，后任注册会计师一般应当拒绝接受委托，除非可以通过其他方式获知必要的事实，或有充分的证据表明被审计单位财务报表的审计风险水平非常低。

3.【答案】D

【解析】选项 D 错误，针对被审计单位发生的重大交易，注册会计师应当在期末或者接近期末实施实质性程序。

4.【答案】D

【解析】除非法律法规禁止，注册会计师应当及时将审计过程中累积的所有错报与适当层级的管理层进行沟通。注册会计师还应当要求管理层更正这些错报，选项 D 正确。错报是否更正与注册会计师的风险承受力无关，故选项 C 错误。

5.【答案】D

【解析】选项 D 不正确。对被审计单位银行存款年末零余额实施函证属于正常审计程序，不能增加“审计程序的不可预见性”。

6.【答案】C

【解析】设计信用批准控制的目的是为了降低坏账风险，因此与应收账款账面余额的“计价和分摊”认定有关。

7.【答案】A

【解析】侵占资产导致的重大错报风险与编制虚假财务报告导致的重大错报风险之间没有明显的大小关系，侵占资产通常伴随着虚假或误导性的文件记录。

8.【答案】B

【解析】前任注册会计师，是指已对被审计单位上期财务报表进行审计，但被现任注册会计师接替的其他会计师事务所的注册会计师，选项 A 错误。前后任注册会计师指的就是变更会计师事务所的情形，选项 B 正确，选项 C 错误。当会计师事务所发生变更时（变更已经发生或正在进行之中），前任注册会计师通常包含两种情况：（1）已对最近一期财务报表发表了审计意见的某会计师事务所的注册会计师；（2）接受委托但未完成审计工作的某会计师事务所的注册会计师，选项 D 错误。

9.【答案】C

【解析】评价内部审计的客观性需考虑内部审计是否具有与其履行职责相应的组织地位，选项 C 正确；选项 A、D 与评价是否可能保持应有的职业关注相关；选项 B 与评价专业胜任能力相关。

10.【答案】C

【解析】除非协议另作安排，外部专家的工作底稿属于外部专家，不是审计工作底稿的一部分。

11. 【答案】B

【解析】注册会计师应当以书面形式及时向治理层通报审计过程中识别出的值得关注的内部控制缺陷，选项 B 正确。

12. 【答案】B

【解析】选项 B 正确，审计工作底稿的保存期限是自审计报告日（2021 年 4 月 10 日）起至少 10 年。

13. 【答案】D

【解析】选项 D 不正确。书面声明，是指管理层向注册会计师提供的书面陈述，用以确认某些事项或支持其他审计证据，审计费用不属于书面声明的具体内容。

14. 【答案】B

【解析】作为其他审计程序的补充，询问广泛应用于整个审计过程中，因此选择选项 B。

15. 【答案】D

【解析】函证是注册会计师直接从第三方（被询证者）获取书面答复以作为审计证据的过程，因此选择选项 D。

16. 【答案】B

【解析】分析程序有其运用的前提和条件，它并不适用于所有的财务报表认定，因此选择选项 B。

17. 【答案】C

【解析】非抽样风险是由人为因素造成的，虽然难以量化非抽样风险，但通过采取适当的质量控制政策和程序，对审计工作进行适当的指导、监督和复核，仔细设计审计程序，以及对审计实务的适当改进，注册会计师可以将非抽样风险降至可接受的水平。因此选择选项 C。

18. 【答案】B

【解析】由于替代性审计程序比较容易实施，因此对控制信赖不足给注册会计师和被审计单位造成的不便通常相对较小，因此选择选项 B。

19. 【答案】A

【解析】信息技术环境复杂并不一定意味着信息系统是复杂的，反之亦然，选项 B 错误。信息技术一般控制通常会对实现部分或全部财务报表认定作出间接贡献，选项 C 错误。评估被审计单位信息系统的复杂度，无须考虑系统中进行的复杂计算的数量，选项 D 错误。信息技术一般控制是指为了保证信息系统的安全，对整个信息系统以及外部各种环境要素实施的，对所有的应用或控制模块具有普遍影响的控制措施，因此选择选项 A。

20. 【答案】A

【解析】注册会计师确定内部控制是否得到一贯执行，属于控制测试，不属于了解内部控制，因此选择选项 A。

21. 【答案】D

【解析】选项 A、B、C 属于注册会计师在确定特别风险时，应考虑的事项。因此选择选项 D。

22. 【答案】A

【解析】检查付款申请单是否经适当批准没有时间界定范围，与 12 月 31 日以支票支付赊购材料款的对应关系不明确，因此选择选项 A。

23. 【答案】D

【解析】选项 D 是集团项目组向组成部分注册会计师通报的内容，因此选择选项 D。

24.【答案】D

【解析】选项A、B、C属于风险评估阶段实施的程序。评估会计估计的合理性属于注册会计师应对评估的会计估计重大错报风险的措施，因此选择选项D。

25.【答案】A

【解析】如果上期财务报表已经审计，注册会计师可以通过查阅前任注册会计师的审计工作底稿获取有关期初余额的审计证据，因此选择选项A。

二、多项选择题

1.【答案】ABC

【解析】选项D错误，在某些情况下，管理层和预期使用者可能来自同一企业，但并不意味着两者就是同一方，例如企业普通员工可能是预期使用者，但不是责任方。

2.【答案】BCD

【解析】选项A正确，总体审计策略是用以确定审计范围、时间安排和方向，并指导具体审计计划的制定，制定总体审计策略的过程通常在具体审计计划之前；选项B不正确，确定审计的范围和审计方案是总体审计策略的内容；选项C不正确，审计计划的修改贯穿在整个审计过程；选项D不正确，尽管总体审计策略对具体审计计划具有统御作用，但是具体审计计划反过来也会影响总体审计策略。

3.【答案】ABD

【解析】在确定明显微小错报的临界值时，注册会计师可能考虑以下因素：（1）以前年度审计中识别出的错报的数量和金额（选项B）；（2）重大错报风险的评估结果（选项A）；（3）被审计单位治理层和管理层对注册会计师与其沟通错报的期望（选项D）；（4）被审计单位的财务指标是否勉强达到监管机构的要求或投资者的期望。而选项C，财务报表的使用范围不属于考虑因素。

4.【答案】AC

【解析】注册会计师需要考虑的因素为对被审计单位的了解，实施风险评估程序的结果（选项A正确）；根据前期识别出的错报对本期错报作出的预期（选项B不正确）；前期审计工作中识别出的错报的性质和范围（选项C正确）；但是，如果注册会计师与管理层、治理层沟通过程中，管理层、治理层特别向注册会计师提出他们关注和重视某些账户余额或事项的错报，这些关注可能影响注册会计师对实际重要性水平高低的考虑（选项D不正确）。

5.【答案】CD

【解析】选项C，注册会计师通常应当考虑被审计单位的重要存货存放地点，将这些存货地点列入监盘地点；选项D，如果是不可预见情况导致无法在存货盘点现场实施监盘，应当另择日期实施监盘，并对间隔期内发生的交易实施审计程序。

6.【答案】ABCD

【解析】表明存在值得关注的内部控制缺陷的迹象举例如下：

（1）控制环境无效的证据。例如：①与管理层经济利益相关的重大交易没有得到治理层适当审查；②识别出被审计单位内部控制未能防止的管理层舞弊（无论是否重大）（选项B）；③管理层未能对以前已经沟通的值得关注的内部控制缺陷采取适当的纠正措施（选项D）；（2）被审计单位内部缺乏通常应当建立的风险评估过程（选项A）；（3）被审计单位风险评估过程无效的证据，例如，管理层未能识别出注册会计师预期被审计单位的风险评估过程应当识别出的重大错报风险；（4）没有有效应对识别出的特别风险的证据（如缺乏针对这种风险的控制）；（5）注册会计师实施程序发现的、被审计单位的内部控制未能防止或发现并纠正的错报；（6）重述以前公布的财务报表，以更正由于错误或舞弊导致的重大错报（选项C）；（7）管理层无力监督财务报表编制的证据。

7.【答案】BD

【解析】审计证据的充分性是对审计证据数量的衡量，审计证据的适当性是对审计证据质量的衡量，选项A错误。如果审计证据的质量存在缺陷，那么注册会计师仅靠获取更多的审计证据可能无法弥补其质量上的缺陷，选项C错误。因此选择选项B、D。

8.【答案】ABC

【解析】评价内部控制设计的合理性，通常不涉及审计抽样，因此选择选项A；对于未留下运行轨迹的控制，注册会计师通常实施询问、观察等审计程序，以获取有关控制运行有效性的审计证据，此时不宜使用抽样审计，因此选择选项B；在被审计单位采用信息技术处理各类交易及其他信息时，注册会计师通常只需要测试信息技术一般控制，并从各类交易中选取一笔或几笔交易进行测试，就能获取有关信息技术应用控制运行有效性的审计证据，此时不需使用审计抽样，因此选择选项C。

9.【答案】BC

【解析】管理层凌驾于控制之上的风险属于特别风险，选项B、C属于注册会计师考虑与特别风险相关的控制内容，因此选择选项B、C。

10.【答案】AD

【解析】选项A财务总监缺乏必要的胜任能力属于控制环境的影响因素，可能导致财务报表层次重大错报风险。某些重大错报风险可能与财务报表整体广泛相关，进而影响多项认定。例如，在经济不稳定的国家和地区开展业务、资产的流动性出现问题（选项D）。这些风险与财务报表整体相关，因此选择选项A、D。选项B、C中的长期资产减值准备、某项销售交易涉及复杂的安排仅影响个别项目，属于认定层次的重大错报风险。

三、简答题

1.【答案】

（1）事项（1）不恰当。财务报表附注已经作充分披露，应该在审计报告中“与持续经营相关的重大不确定性”段落单独披露。

事项（2）不恰当。属于出具审计报告日前获取的信息，注册会计师需要采取的措施为：考虑对审计报告的影响，并就注册会计师计划如何在审计报告中处理重大错报与治理层进行沟通；在相关法律法规允许的情况下，解除业务约定。

（2）不恰当。不应在审计报告中增加其他事项段说明审计过程中部分利用了前任的工作。

（3）增加其他事项段的情形：

①与使用者理解审计工作相关的情形；

②与使用者理解注册会计师的责任或审计报告相关的情形；

③对两套以上财务报表出具审计报告的情形；

④限制审计报告分发和使用的情形。

2.【答案】

第（1）项符合规定。

第（2）项不符合规定。所有上市公司审计项目均应执行质量控制复核。

第（3）项不符合规定。应当采用合理方式解决分歧，而不是盲目采纳被咨询人员的意见。

第（4）项不符合规定。业务检查的周期不得超过3年，每3年至少应检查每个合伙人的业务一次。

第（5）项不符合规定。应将有关客户关系和审计业务的接受与保持的评估结论形成审计工作底稿。

第（6）项不符合规定。归档后，可以增加和修改，但不能删除或废弃审计工作底稿。

3.【答案】

（1）存在舞弊风险因素。因为在事项（1）中，甲公司所处行业竞争激烈且市场处于饱和状态，甲公司超过行业平均毛利率，管理层受到毛利增长期望过高的压力；在事项（2）中，甲公司管理层报酬中有相当一部分取决于利润的完成情况。

（2）不恰当。注册会计师应当在整个审计过程中保持职业怀疑，不应受到以前对管理层正直和诚信形成判断的影响，并且在识别和评估由于舞弊导致的重大错报风险时，注册会计师应当假定收入确认存在舞弊风险。

（3）注册会计师还应当选择在报告期末作出的会计分录和其他调整进行测试，并考虑是否有必要测试整个会计期间的会计分录和其他调整。

4.【答案】

第（1）项恰当。

第（2）项不恰当。在被审计单位盘点存货前，注册会计师应当观察盘点现场，确定应纳入盘点范围的存货是否已经适当整理和排列，并附有盘点标识，防止遗漏或重复盘点。对未纳入盘点范围的存货，注册会计师应当查明未纳入的原因。

第（3）项不恰当。实施抽盘程序时发现差异。

①从存货盘点记录追查至存货实物，确认存货盘点记录的准确性。

②从存货实物追查至盘点记录，确认存货盘点记录的完整性。

第（4）项不恰当。实施抽盘程序时发现差异，注册会计师可要求被审计单位重新盘点。但重新盘点的范围可限于某一特殊领域的存货或特定盘点小组。

第（5）项不恰当。生产纸浆用木材，通过高空摄影以确定其存在，对不同时点的数量进行比较，并依赖永续存货记录。

第（6）项不恰当。在被审计单位存货盘点结束前，注册会计师应当：

①再次观察盘点现场，以确定所有应纳入盘点范围的存货是否均已盘点。

②取得并检查已填用、作废及未使用盘点表单的号码记录，确定其是否连续编号，查明已发放的表单是否均已收回，并与存货盘点的汇总记录进行核对。

5.【答案】

（1）不恰当。应当对期初存货项目的计价实施审计程序。

（2）恰当。

（3）不恰当。应当对本期期初余额实施恰当的审计程序以确定期初余额不存在重大错报。

（4）不恰当。乙公司的持续经营假设适当，但是存在重大不确定性，A注册会计师应当在无保留意见的审计报告中增加“与持续经营相关的重大不确定性”的单独部分，而不是增加强调事项段。

（5）不恰当。作出的区间估计需要包括所有合理的结果而不是所有可能的结果。

（6）不恰当。资产负债表日后价格的变化并不表明前期会计估计存在差错。

6. 【答案】

事项序号	是否违反（违反/不违反）	理由
（1）	违反	A注册会计师应当在有权处置时立即处置甲公司股票，否则将因自身利益对独立性产生严重不利影响
（2）	违反	ABC会计师事务所通过和乙公司共同发布的行业研究报告推广了乙公司的业务/属于禁止的商业关系
（3）	违反	B注册会计师的女儿在审计客户担任出纳，能够对审计客户的财务状况、经营成果和现金流量施加重大影响，将对独立性产生不利影响
（4）	不违反	合伙人C不是审计项目组成员，且其爱人的职位对所审计的财务报表的编制不能施加重大影响，不会对独立性产生不利影响
（5）	违反	该内部审计服务涉及甲公司与财务报告相关的内部控制，将因自我评价对独立性产生严重不利影响
（6）	违反	该交易金额对D注册会计师而言较大，可能因自身利益对独立性产生不利影响

四、综合题

【答案】

（1）

事项序号	是否可能表明存在重大错报风险（是/否）	理由	财务报表项目名称及认定
（1）	是	2019年产能利用率已接近饱和，2020年营业收入大幅增长，可能存在多计营业收入、营业成本的风险	营业收入（发生） 营业成本（发生）
（2）	是	客户开具的商业承兑汇票可能存在不能兑付的风险	信用减值损失（发生） 应收票据（准确性、计价）
（3）	是	c产品的主要原材料由客户提供，且毛利率很低，该业务可能是受托加工业务/需要采用净额法确认收入，可能存在多计存货、营业收入和营业成本的风险	存货（存在） 营业收入（发生） 营业成本（发生）
（4）	是	产品d订单锐减，可能导致相关的资产出现减值，可能存在少计资产减值的风险	资产减值损失（准确性）
（5）	是	由于甲公司代理的进口医疗器械e价格下跌严重，可能存在库存医疗器械出现减值，可能存在少计资产减值的风险	资产减值损失（准确性）

（2）

事项序号	是否恰当（是/否）	理由
（1）	否	考勤管理涉及工资薪酬的计算，可能影响产品成本和利润
（2）	否	货币单元抽样不适用于测试总体的低估/完整性
（3）	否	测试范围还应当包括标准会计分录
（4）	否	B注册会计师作为质量复核人，不能参与审计过程

（3）

事项序号	是否恰当（是/否）	理由
（1）	否	实施实质性程序未发现错报，并不能说明相关的控制运行有效
（2）	否	还应实施检查及其他适合具体情况的审计程序
（3）	是	推断的总体错报应为2 000万元

（4）

事项序号	是否恰当（是/否）	理由
（1）	否	该事项表明存在值得关注的内部控制缺陷，应当与治理层沟通
（2）	否	应出具新的管理层书面声明
（3）	否	还应检查票据贴现相关凭证
（4）	否	还应将对期后事项的审计程序延伸至新的审计报告日